독자의 1초를
아껴주는 정성을
만나보세요!

세상이 아무리 바쁘게 돌아가더라도 책까지 아무렇게나 빨리 만들 수는 없습니다.
인스턴트 식품 같은 책보다 오래 익힌 술이나 장맛이 밴 책을 만들고 싶습니다.
땀 흘리며 일하는 당신을 위해 한 권 한 권 마음을 다해 만들겠습니다.
마지막 페이지에서 만날 새로운 당신을 위해 더 나은 길을 준비하겠습니다.

C# 교과서

C# Textbook

초판 발행 · 2020년 5월 29일
초판 5쇄 발행 · 2023년 2월 15일

지은이 · 박용준
발행인 · 이종원
발행처 · (주)도서출판 길벗
출판사 등록일 · 1990년 12월 24일
주소 · 서울시 마포구 월드컵로 10길 56(서교동)
대표전화 · 02)332-0931 | **팩스** · 02)323-0586
홈페이지 · www.gilbut.co.kr | **이메일** · gilbut@gilbut.co.kr

기획 및 책임편집 · 안윤경(yk78@gilbut.co.kr) | **디자인** · 장기춘 | **제작** · 이준호, 손일순, 이진혁
영업마케팅 · 임태호, 전선하, 차명환, 박민영, 지운집, 박성용 | **영업관리** · 김명자 | **독자지원** · 윤정아, 최희창

교정교열 · 김윤지 | **전산편집** · 여동일 | **출력 및 인쇄** · 예림인쇄 | **제본** · 예림바인딩

ISBN 979-11-6521-161-5 93000 (길벗 도서번호 006890)

정가 30,000원

독자의 1초를 아껴주는 정성 길벗출판사

길벗 | IT실용서, IT/일반 수험서, IT전문서, 경제실용서, 취미실용서, 건강실용서, 자녀교육서
더퀘스트 | 인문교양서, 비즈니스서
길벗이지톡 | 어학단행본, 어학수험서
길벗스쿨 | 국어학습서, 수학학습서, 유아학습서, 어학학습서, 어린이교양서, 교과서

페이스북 · www.facebook.com/gbitbook
예제 소스 · https://github.com/gilbutITbook/006890

박용준 지음

C#
교과서

C#
TEXTBOOK

C# 프로그래밍 세계에 오신 것을 환영합니다. 이 책은 C# 프로그래밍 언어를 처음 배우는 분들을 위한 책입니다. 독자분들이 생애 첫 프로그래밍 언어로 C#을 배운다고 가정하고 집필했습니다. 물론 C 언어, 자바, 파이썬 등 다른 프로그래밍 경험이 있어도 좋습니다.

이 책은 응용 프로그래머를 위한 C# 입문서로, C#을 사용하여 게임, 웹, 모바일, 데스크톱(Windows Forms, WPF, ASP.NET Web Forms, ASP.NET Core, Unity, Azure Functions) 등을 개발할 때 필요한 C# 기초 문법을 익히고 기본기를 탄탄하게 다지는 것이 목적입니다.

따라서 책 전체를 물 흐르듯 볼 수 있도록 입문자에게 꼭 필요한 내용을 최대한 간결하고 이해하기 쉽게 정리하고, 600개가 넘는 코드 조각과 실습 예제로 직접 실습하며 실력을 향상시킬 수 있게 하고자 노력했습니다.

프로그래밍 학습 효율을 높이려면 **학습 순서**가 가장 중요합니다. 백과사전 역할을 하는 마이크로소프트 공식 문서(Microsoft Docs)(https://docs.microsoft.com)는 매우 방대한 양의 설명서입니다. 입문자가 보기에는 내용이 너무 많고 또 모두 알 필요도 없습니다. 오랫동안 C#을 가르치고 개발해 온 경험을 바탕으로 입문하기에 최적인 학습 순서로 목차를 구성했습니다.

책은 다음과 같이 크게 네 부로 나눕니다.

1부는 C# 프로그래밍 학습을 위한 소개 및 프로그래밍 설치 등 본격적인 학습을 위해 준비합니다.

2부는 C#의 기초 문법을 학습하고 사용하는 데 초점을 맞춥니다.

3부는 개체 지향 프로그래밍 기법 및 C# 활용 내용을 배웁니다.

4부는 모던 C#처럼 적어도 한 번 정도는 다루어야 하는 C# 확장 기능들을 맛보기로 살펴봅니다.

모든 내용을 책에 담을 수는 없기에 필수 내용을 학습한 이후에는 특정 키워드로 검색 엔진과 마이크로소프트 공식 문서를 추가로 확인하라는 문구가 많습니다. 기초를 끝냈다면 꼭 한 번씩 확인해 보길 권장합니다. 또 이 책의 모든 용어는 마이크로소프트 언어 포털(https://www.microsoft.com/ko-kr/language)을 기준으로 합니다.

야구 선수는 하루에 몇 백 번씩 방망이를 휘두르는 연습을 한 후에야 홈런을 칠 수 있다고들 하죠. 프로그래머도 이미 알고 있는 내용이더라도 반복해서 연습하면 실전에서 프로그래밍할 때 실수하지 않고 더 정교하게 작업할 수 있습니다. 그래서 가능하다면 책에 나오는 모든 실습 예제를 직접 입력하고 실행해 보길 추천합니다.

이 책을 집필하는 데 벌써 4년이란 시간이 흘렀습니다. 준비 기간까지 하면 더 깁니다. 모쪼록 이 책이 최신 응용 프로그램 제작 기술인 C#의 전반적인 내용을 이해하는 데 많은 도움이 되었으면 합니다. 책에서 다루지 못했거나 변경된 부분에 대한 가이드는 필자 블로그인 닷넷 코리아 (https://www.dotnetkorea.com)에서 추가로 제공할 예정입니다.

필자가 집필하는 동안 여러모로 많은 도움을 주신 대한민국 최고의 .NET 커뮤니티 Taeyo.NET 의 김태영 님과 최용기, 성지용, 유경상, 박대식, 김명신, 김홍석, 최재헌, 송원석, 김만수, 정재훈, 최지훈, 김기범, 유재인, 김충호, 원기욱, 김경균, 노영선, 정호중, 김지훈, 김현석, 정석모, 김정훈, 양경희, 김광곤, 김경영, 송진호, 이호진, 한상훈 님께 감사드리며, JYP엔터테인먼트 박찬 팀장님과 데브렉 김동준 대표님, 한국 Microsoft MVP의 모든 팀원과 이 팀을 이끌어 주시는 마이크로소프트 이소영 이사님께 감사드립니다.

끝으로 이 책을 집필할 수 있도록 도움을 주신 길벗출판사 안윤경 차장님과 임직원 모두에게 감사드리며, 집필하는 동안 나를 믿고 도와준 사랑하는 아내 윤정과 아들 지호와 딸 지은 그리고 부모님께 감사드립니다.

2020년 5월

박용준

예제 파일 내려받기

이 책에서 사용하는 예제 파일은 길벗출판사 웹 사이트에서 도서명으로 검색하여 내려받거나 깃허브에서 내려받을 수 있습니다.

- **길벗출판사 웹 사이트**: http://www.gilbut.co.kr
- **출판사 깃허브**: https://github.com/gilbutITbook/006890
- **저자 깃허브**: https://github.com/VisualAcademy/DotNet
- **저자 블로그**: https://www.dotnetkorea.com
  저자 블로그에서는 책에서 다루지 못했거나, 출간 이후에 변경된 부분에 대한 가이드, 일부 책 내용의 동영상 강의를 게재하고, 온라인 실시간 강의(블로그에 공지)를 진행할 예정입니다.

예제 파일 구조 및 참고 사항

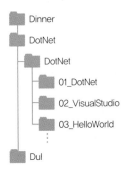

- 폴더 구성은 다음과 같습니다.
  - 전체: DotNet 폴더
  - 클래스라이브러리/테스트: Dul 폴더
  - 비동기: Dinner 폴더
- 책에 사용된 레슨별 예제는 DotNet 폴더 〉 DotNet 폴더에서 확인할 수 있습니다.
- 비주얼 스튜디오 2019와 C# 8.0을 기준으로 합니다.
- 이 책의 모든 용어는 마이크로소프트 언어 포털(https://www.microsoft.com/ko-kr/language)을 기준으로 합니다.

베타 리딩 후기

이전에 C나 C++를 학습할 때는 교재에서 다루지 않는 내용이 궁금할 때마다 따로 찾아봐야 했습니다. 이 책으로 C#을 처음 접했는데, 궁금할 만한 내용이 빠짐없이 포함되어 있었습니다. 책에서는 C#이 어떤 언어인지부터 시작하여 개발 환경 구축 과정과 기초 문법 등을 세세하게 알려줍니다. 또한, 예제 코드에 주석이 하나하나 달려 있어 어떤 역할을 하는 코드인지 이해하기 쉽습니다. 프로그래밍 언어를 처음 접하는 분들에게 추천합니다.

| 1~20강 | **김상연_가톨릭대 학생**

C#과 닷넷의 쓰임새부터 최신 8.0 버전 문법까지 이해하기 쉽게 설명합니다. 표기법, int main 등 C#을 처음 접하는 분들이 이해하기 쉽도록 설명한 부분들이 좋습니다. C#이 처음이 아닌 분들도 잘 알지 못하는 상태에서 사용하던 문법들을 다시 한 번 정리하면서 습득할 수 있을 것입니다. 특히, C, C++를 모르는 상태에서 C#을 먼저 공부해도 괜찮을지 고민하는 분들에게 이 책을 적극 추천합니다.

| 1~20강 | **정다연_SW 개발자**

C#을 좋아하는 사람으로서 매우 반가운 책입니다. C#의 기본부터 시작해서 고급 문법과 알고리즘까지 풍부한 예제로 설명합니다. 특히 일반 코드 예제와 람다 식 표현을 이용하여 다시 한 번 설명하는 부분이 있어, 많은 사람이 어려워하는 람다, 대리자, Action 같은 문법을 좀 더 쉽게 이해할 수 있습니다. 다른 부분 역시 잘 서술하고 있기 때문에 프로그래밍을 처음 시작하는 분들, 이전에 C#을 접했지만 한 번 더 정리가 필요한 분들에게 충분히 도움이 될 수 있는 책입니다.

| 1~40강 | **박두현_프리랜서 SW 개발자**

C#은 자바나 파이썬에 비해 폭발적인 인기를 끌지는 못하지만 늘 수요가 있고, 절대 사라질 수 없는 중요한 언어입니다. 마이크로소프트에 종속적이지만 윈도가 사라지지 않는 이상 중요한 언어임이 틀림없습니다. 이 책은 이러한 C#을 기초부터 차근차근 설명합니다. 기초부터 고급까지 책에 실린 많은 예제를 소화하다 보면 어느새 C#에 익숙해질 것입니다. C#을 처음 시작하는 데 가장 적합한 책이라고 생각합니다.

| 1~40강 | **배윤성_제이아이엔 책임연구원**

이 책은 핵심 주제 중심의 튜토리얼 형태로 구성되어 있어 부담 없이 학습을 시작할 수 있습니다. 또한, 코드 예제들은 개념을 이해하기에 용이합니다. C# 프로그래머라도 최신 기능을 모르는 경우가 있는데, 모던 C#을 잘 설명하고 있습니다. 특히 CSX(C# 인터렉티브)는 입문서에서 잘 다루지 않거나 모르는 경우가 많은데, 작은 코드 예제를 CSX 형태로 실행해 볼 수 있게 소개합니다.

책에서 가장 좋았던 부분은 초보자가 많이 헷갈리는 특성(attribute)을 깔끔하게 설명한다는 점입니다. '가장 많이 쓰는 패턴'을 알려주고 사용자가 직접 특성을 구성할 수 있게 합니다. 공식 문서만으로는 이해되지 않는 부분을 잘 설명하고 있습니다. DB 예제(57강) 역시 실제 C# 프로그래머에게 유용합니다. 중간 규모 이상의 프로그램을 작성할 때 반드시 나오는 내용입니다. 이외에도 '비동기, 개체와 개체 지향, NuGet'을 다루는 부분도 유용합니다. 함수형 C#도 다룹니다.

C#은 단순히 언어를 익히는 것이 아니라 개발에 필요한 생태계를 익히는 것이 더 중요한데, 이 부분에 대한 내용도 잘 설명하고 있습니다. 개인적으로는 실제 비즈니스 로직과 유사한 예제가 좀 더 추가되었으면 하는 아쉬움이 있었고, 비주얼 스튜디오보다는 닷넷 툴로 구성하면 더 좋지 않았을까 합니다.

| 41~62강 | 원동식_SW 개발자

편집자 후기

이 책은 C#을 첫 프로그래밍 언어로 배우는 사람을 대상으로 합니다. 기초부터 활용까지 다루기에 기존 C# 개발자에게도 유용합니다. 비주얼 스튜디오 2019와 C# 8.0을 기준으로 하며, 책을 따라 하면 모든 실습을 손쉽게 할 수 있습니다. 4부부터는 실습이 좀 더 복잡하기 때문에 책을 꼼꼼하게 읽고 실습을 진행하길 권장합니다.

실습 환경 Visual Studio 2019, C# 8.0

DAY 1	DAY 2	DAY 3	DAY 4	DAY 5
1~3강	4~6강	7~9강	10~12강	13~15강

DAY 10	DAY 9	DAY 8	DAY 7	DAY 6
22~23강	20~21강	19강	18강	16~17강

DAY 11	DAY 12	DAY 13	DAY 14	DAY 15
24~25강	26~27강	28~29강	30강	31~32강

DAY 20	DAY 19	DAY 18	DAY 17	DAY 16
42~43강	40~41강	38~39강	36~37강	33~35강

DAY 21	DAY 22	DAY 23	DAY 24	DAY 25
44~45강	46~47강	48~49강	50~52강	53~55강

DAY 30	DAY 29	DAY 28	DAY 27	DAY 26
부록 A~B	61~62강	59~60강	57~58강	56강

1^부

C# 준비

01 C# 프로그래밍 언어 이해하기

C#은 마이크로소프트에서 만든 프로그래밍 언어입니다. '씨샵'으로 읽습니다. 오랜 기간 프로그래머에게 사랑받아 온 언어인 C#을 배워 봅시다.

1.1 프로그래밍 언어 알아보기

컴퓨터는 하드웨어(hardware)와 소프트웨어(software)로 구성됩니다. 하드웨어는 PC, 스마트폰 같은 장치를 의미하고, 소프트웨어는 이러한 하드웨어에 설치된 운영 체제, 앱 등을 의미합니다. 그리고 소프트웨어를 만드는 행위를 프로그래밍(programming)이라고 하며, 소프트웨어를 만드는 사람을 프로그래머(programmer) 또는 개발자(developer)라고 합니다.

- 프로그래머
- 소프트웨어 개발자

그렇다면 컴퓨터에 일을 지시하려면 어떻게 해야 할까요? "이렇게 저렇게 하라." 하고 명령 (instruction)하면 됩니다. 이 명령은 프로그래밍 언어로 할 수 있습니다. 이처럼 명령으로 일을 지시할 수 있도록 프로그램을 만드는 소프트웨어가 바로 프로그래밍 언어입니다. 사람이 어휘와 문법을 사용하여 대화를 하듯이 프로그래밍 언어는 예약어(키워드)와 문법으로 무언가를 만들 수 있습니다. 세상에는 C, C++, C#, 자바(Java), 자바스크립트(JavaScript), 파이썬(Python) 등 많은 프로그래밍 언어가 있습니다. 이 책은 그중 C# 프로그래밍 언어를 다룹니다.

> Note ≡ **코드와 코딩**
>
> - **코드(code)**: 텍스트로 된 소프트웨어를 만드는 명령 집합으로, 소스(source)라고도 합니다.
> - **코딩(coding)**: 프로그래밍 언어의 코드로 프로그램을 만드는 과정입니다. 코딩은 컴퓨터 프로그래밍과 개념이 비슷합니다.

1.2 C# 소개하기

C#은 마이크로소프트에서 만든 개체 지향 프로그래밍 언어입니다(개체 지향 개념은 나중에 배웁니다). C# 프로그래밍 언어를 사용하면 데스크톱, 웹, 모바일, 게임 프로그램 등 분야를 가리지 않고 프로그램을 작성할 수 있습니다. 2000년 7월에 발표했으며, 전 세계 개발자가 오랫동안 사용하고 있는 프로그래밍 언어 중 하나입니다.

C# 프로그래밍 언어

C#은 소프트웨어, 즉 응용 프로그램을 만드는 프로그래밍 언어입니다. C# 프로그래밍 언어만으로도 데스크톱 프로그램 및 웹 프로그램, 모바일과 게임 프로그램 등을 제작할 수 있습니다. 따라서 강력하고 재사용 가능한 응용 프로그램을 쉽게 만들 수 있습니다. 마이크로소프트의 최고 엔지니어 개발자인 앤더스 헤일스버그(Anders Hejlsberg)가 디자인했으며, 주기적으로 버전을 업데이트합니다. C# 5.0 버전까지는 버전마다 변화가 많았지만, 6.0 버전부터는 작지만 개발자에게 도움을 주는 기능을 다수 추가하는 방식으로 업데이트하고 있습니다.

C# 프로그래밍 언어는 다음 특징이 있습니다. 대부분 처음 보는 용어일 텐데, 일단 가볍게 읽고 넘어가세요. 자세한 내용은 이어지는 강의에서 계속해서 학습할 예정입니다.

- C#은 .NET(닷넷)을 위한 많은 언어 중 하나로, 마이크로소프트의 닷넷 플랫폼을 기반으로 합니다.
- 절차적 언어와 개체 지향적 언어의 특징, 그리고 함수형 프로그래밍 스타일을 제공하는 다중 패러다임 프로그래밍 언어입니다.
- C#은 C, C++, 자바, 자바스크립트와 기초 문법이 비슷합니다.
- C#은 자동으로 메모리를 관리합니다.

- C#은 컴파일 기반 언어입니다.

- C#은 C나 자바스크립트와 달리 전역 함수나 변수가 없고, 모두 클래스 안에서 생성됩니다.

- C#은 강력한 형식(strongly typed)의 언어입니다.

- C#은 제네릭과 LINQ의 편리한 기능을 제공합니다.

C#은 일반적인 프로그래밍 영역을 모두 다룹니다.

- 데스크톱 응용 프로그램

- 웹 응용 프로그램

- 모바일 응용 프로그램

- 데이터베이스 응용 프로그램

- 게임 프로그램

- 클라우드 프로그램

- IoT 프로그램

C# 버전

C#은 1.0 버전부터 8.0 버전까지 오랜 기간 발전해 왔습니다. 이 책 전체에서 C#의 기능을 거의 모두 학습합니다. 다음 표는 앞으로 배울 내용이니 간단히 읽고 넘어가세요. C#이 오랫동안 꾸준히 프로그래밍 언어로써 발전해 왔다는 것을 확인할 수 있습니다.

▼ 표 1-1 C# 버전

버전	발표	특징
1.0	2002년 2월 13일	• C#의 첫 번째 버전 • 닷넷 프레임워크(.NET Framework) 1.0 • 간결하고 현대화된 언어 • 관리된 코드(managed code) • 자동화된 가비지 컬렉션(garbage collection)
1.1	2003년	비주얼 스튜디오 도구 기능 향상
2.0	2005년	• 제네릭(generic) • 부분(partial) 클래스 • 무명 메서드(anonymous method) • 이터레이터(반복기, iterator) • null 가능 형식(nullable type) • Static 클래스

● 계속

버전	발표	특징
3.0	2006년	• 암시적으로 형식화된 변수(implicitly typed local variables) • 개체 이니셜라이저(object initializer) • 컬렉션 이니셜라이저(collection initializer) • 무명 형식(anonymous types, 익명 형식) • 확장 메서드(extension methods) • 람다 식(lambda expression) • 자동 구현 속성(auto-implemented properties) • 쿼리 식(query expressions) • 익스프레션 트리(expression trees)
3.5	2007년	LINQ(Language INtegrated Query)
4.0	2010년	• 다이나믹 바인딩(dynamic binding) • 명명된 또는 선택적 인수(named & optional arguments)
4.5	2012년	
5.0	2013년	• 비동기(async와 await) • 비동기 메서드(asynchronous methods)
6.0	2014년	• 문자열 보간법(string interpolation) • 정적 멤버를 위한 using static 구문 • 자동 속성 이니셜라이저(auto-property initializers) • null 조건부 연산자(null-conditional operator) • 식 본문 멤버(expression-bodied members) • nameof 연산자
7.0	2016년	• 튜플(tuple)과 튜플 해체(deconstruction) • 패턴 매칭(pattern matching) • 숫자 구분자(digit separator)와 이진 리터럴(binary literals) • 로컬 함수(local functions) • out 키워드 기능 향상(out var)
8.0	2019년	• nullable 참조 형식 • 비동기 스트림

C#의 독특한 특징 중 하나는 100% 하위 호환성을 지킨다는 점입니다. C#은 1.0 버전부터 8.0 버전까지 낮은 버전에서 지원하던 기능이 높은 버전으로 올라가면서 없어진 것이 단 하나도 없습니다.

새로운 C# 그리고 닷넷

처음 C#이 만들어질 당시에는 윈도(Windows) 기반의 닷넷 프레임워크에서 실행했지만, 지금은 크로스 플랫폼을 지원하는 닷넷 코어 기반으로 제공됩니다. 닷넷 프레임워크와 닷넷 코어를 합쳐서 그냥 닷넷이라고 합니다.

1.3 닷넷 생태계

닷넷(.NET)은 소프트웨어 프레임워크로, 응용 프로그램의 개발 속도를 높이는 데 도움이 되는 API(Application Programming Interface) 및 서비스 모음입니다. 2002년 2월 13일 1.0 버전으로 세상에 공개했고, 동일하게 C#도 1.0 버전으로 출시했습니다. 닷넷 프레임워크(.NET Framework), 닷넷 코어(.NET Core), 닷넷 스탠다드(.NET Standard)처럼 닷넷으로 시작하는 용어들은 모두 닷넷 생태계에 포함됩니다. C#은 닷넷 생태계의 모든 영역에서 사용할 수 있는 프로그래밍 언어입니다. 필자가 C#을 가장 많이 쓰는 이유는 닷넷의 모든 영역에서 사용할 수 있고 LINQ 기능으로 쉽게 프로그래밍할 수 있기 때문입니다.

▼ 그림 1-1 닷넷 생태계

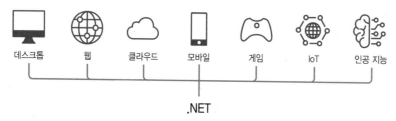

닷넷은 다음과 같이 간단히 정리할 수 있습니다.

- 무료, 오픈 소스, 크로스 플랫폼 개발 환경
- 런타임 엔진(여러 명령어 집합)
- **여러 언어 제공**: C#, 비주얼 베이직(Visual Basic), F#
- 웹, 데스크톱, 모바일, 게임, IoT, 클라우드 등 모든 영역의 개발 환경 제공

닷넷 프레임워크

닷넷 프레임워크는 응용 프로그램을 만드는 또 다른 종류의 소프트웨어입니다. 윈도 기반 운영 체제에 설치되고 ASP.NET, Windows Forms, WPF 등 기술을 포함합니다. C#은 이러한 닷넷 프레임워크의 일부로, 닷넷 프레임워크는 실행 환경이라고 생각하면 됩니다.

닷넷 코어

닷넷 코어는 크로스 플랫폼을 지원하고 ASP.NET Core, Blazor, Windows Forms, WPF 등 기술을 포함합니다. 서로 다른 버전을 머신 하나에서 함께 실행할 수 있으며 닷넷 프레임워크 기반보다 성능 향상에 중점을 두고 있습니다.

자마린

C# 프로그래밍 언어를 사용하여 모바일 응용 프로그램을 제작할 수 있습니다. 이때 사용할 수 있는 기술이 자마린(Xamarin)입니다. 자마린을 사용하면 iOS, 안드로이드(Android) 기반 모바일 응용 프로그램을 C#과 XAML 기술로 만들 수 있습니다.

닷넷 스탠다드

닷넷 프레임워크, 닷넷 코어, 자마린 영역에서 공통으로 사용할 코드를 모아 프로젝트 하나로 관리할 수 있습니다. 이것을 닷넷 스탠다드라고 합니다.

유니티

닷넷 생태계에 직접적으로 포함되지는 않지만, 유명한 게임 엔진인 유니티(Unity)에서 많이 사용하는 언어 중 하나가 C#입니다. 유니티 스크립트는 C# 프로그래밍 언어를 사용합니다.

마지막으로 닷넷은 내부적으로 CLR(Common Language Runtime)(런타임 엔진으로 닷넷의 모든 소프트웨어를 돌리는 엔진 역할)과 FCL(Framework Class Library)(닷넷 개발에 필요한 필수 라이브러리 클래스의 집합)로 구분할 수 있습니다.

1.4 책에서 다루는 범위

이 책에서는 C#과 닷넷으로 할 수 있는 굉장히 많은 부분 중에서 다음과 같이 첫 번째에 해당하는
C# 기초를 다룹니다.

▼ 그림 1-2 C# 범위

프로그래밍을 학습할 때 처음으로 C#을 선택했다면 이는 탁월한 선택입니다. C#은 가장 현대적
인 프로그래밍 문법과 도구를 제공하고 모든 영역의 프로그래밍을 가능하게 합니다. 이 책 전체에
서 C# 프로그래밍 언어를 사용하여 프로그램을 작성할 수 있는 기초를 다져 봅시다.

02 C# 개발 환경 구축하기: 비주얼 스튜디오 설치

프로그래밍을 한다는 것은 소스 코드를 작성하는 것입니다. 소스 코드를 작성하는 데 운영 체제에 내장된 기본 편집기나 비주얼 스튜디오 코드 같은 무료 편집기(에디터) 프로그램을 사용할 수 있습니다.

편집기(에디터(editor))란 간단한 텍스트를 편집하는 도구를 의미합니다. 대표적인 편집기로는 비주얼 스튜디오 코드가 있습니다. 이러한 편집기 및 디버거 등 기능을 모두 제공하는 소프트웨어를 통합 개발 환경(Integrated Development Environment, IDE)이라고 하며, 대표적인 IDE로는 비주얼 스튜디오가 있습니다.

비주얼 스튜디오는 마이크로소프트에서 만든 통합 개발 환경이며 소프트웨어를 개발할 때 사용하는 소프트웨어입니다. C#, ASP.NET, C, C++, Node.js, 파이썬, 자바스크립트, 타입스크립트 등 주요 프로그래밍 개발 환경을 제공합니다. 비주얼 스튜디오는 커뮤니티용, 프로페셔널용, 엔터프라이즈용 세 가지가 있습니다. C# 역시 실행할 수 있는 여러 가지 방식이 있지만 책에서는 무료로 가장 손쉽게 쓸 수 있는 비주얼 스튜디오 커뮤니티(community)를 사용할 것입니다.

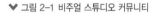

▼ 그림 2-1 비주얼 스튜디오 커뮤니티

C#은 크로스 플랫폼을 지원하기에 이 책의 모든 코드는 윈도, macOS, 리눅스(Linux)에서 컴파일할 수 있습니다. 비주얼 스튜디오도 기준 버전은 윈도이지만 Visual Studio for Mac처럼 macOS용 프로그램도 제공합니다. 리눅스에서는 주로 비주얼 스튜디오 코드(Visual Studio Code)를 사용합니다.

2.1 비주얼 스튜디오 2019 커뮤니티

마이크로소프트는 C# 개발 도구인 비주얼 스튜디오 2019 커뮤니티 버전을 무료로 제공합니다. 비주얼 스튜디오 2019 커뮤니티 버전의 한국어판은 비주얼 스튜디오(https://www.visualstudio.

com)의 다운로드 페이지에서 무료로 내려받을 수 있습니다. 이 책에서는 비주얼 스튜디오 2019 커뮤니티의 여러 워크로드 중 **데스크톱 개발 환경**을 설치하여 실습할 것입니다.

C#은 하위 호환성이 잘되어 있기에 이 책의 소스는 앞으로 나올 비주얼 스튜디오 다음 버전에서도 작성 및 실행이 가능합니다. 새롭게 준비되는 미리보기 버전은 http://www.visualstudio.com/preview에서 볼 수 있습니다.

2.2 비주얼 스튜디오 2019 커뮤니티 설치하기

C# 학습용 개발 도구인 비주얼 스튜디오의 최신 버전을 내려받아 설치해 보겠습니다. 집필 시점에서 최신 버전은 비주얼 스튜디오 2019이며, 이후 버전이 출시되어도 진행 과정은 비슷할 것입니다.

1. 웹 브라우저를 열고 다음 URL을 주소창에 입력하여 비주얼 스튜디오 다운로드 페이지에 접속합니다.

   https://www.visualstudio.com/downloads/

2. 'Community' 항목의 **무료 다운로드** 링크를 클릭하여 설치 파일을 내려받습니다. 참고로 설치 파일 이름은 책과 다를 수 있습니다.

❤ 그림 2-2 비주얼 스튜디오 다운로드 페이지

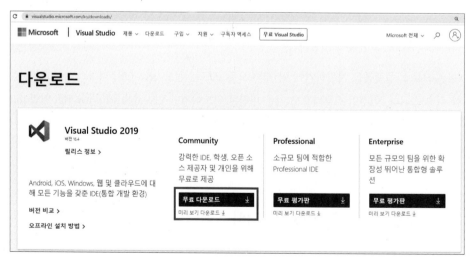

3. 내려받으면 다음 화면이 나옵니다.

▼ 그림 2-3 비주얼 스튜디오 설치 파일 내려받기 완료

4. 내려받은 설치 파일을 더블 클릭하여 실행하면(또는 웹 브라우저 아래의 EXE 파일을 클릭하면) 다음과 같이 Visual Studio Installer가 시작합니다.[1] 사용 조건에 동의하려면 **계속**을 누릅니다.

▼ 그림 2-4 Visual Studio Installer 실행

---

1 '이 앱이 디바이스를 변경할 수 있도록 허용하겠어요?'라는 알림창이 뜨면 **예**를 누르세요.

5. 비주얼 스튜디오 설치 옵션을 선택할 수 있는 워크로드 화면이 나옵니다. 이 책을 학습할 때 필요한 **.NET 데스크톱 개발**을 선택한 후 **설치**를 눌러 계속 진행합니다. 용량이 크기 때문에 설치하는 데 오래 걸립니다.

▼ 그림 2-5 워크로드 선택

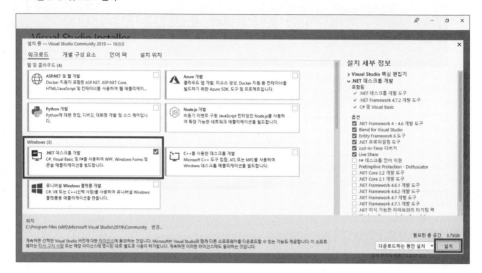

6. 설치가 완료되면 Visual Studio Installer에 다음과 같이 비주얼 스튜디오 커뮤니티 2019 목록이 추가됩니다. 참고로 필자 환경에는 다음과 같이 이전 버전인 비주얼 스튜디오 2017이 함께 설치되어 있습니다.

▼ 그림 2-6 Visual Studio Installer에 설치된 버전 리스트 표시

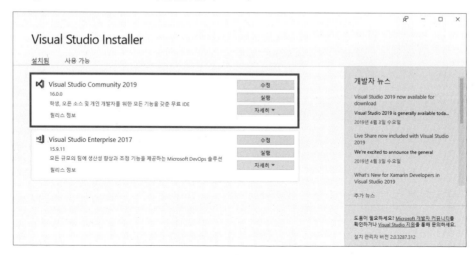

Note ☰   다시 시작

설치 중 다음과 같이 다시 시작해야 한다는 알림창이 뜨면 **다시 시작**을 누릅니다.

▼ 그림 2-7 다시 시작 알림창

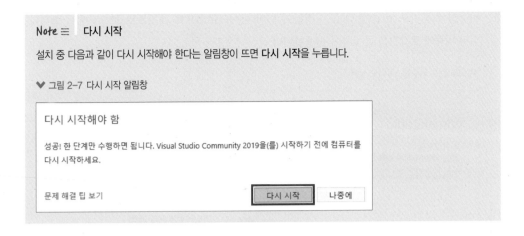

다시 시작해야 함

성공! 한 단계만 수행하면 됩니다. Visual Studio Community 2019을(를) 시작하기 전에 컴퓨터를
다시 시작하세요.

문제 해결 팁 보기   **다시 시작**   나중에

7. 설치가 완료되면 윈도 시작 버튼을 클릭합니다. 설치된 앱에서 Visual Studio 2019를 찾아
클릭하여 비주얼 스튜디오 2019를 시작합니다.

▼ 그림 2-8 비주얼 스튜디오 2019 실행 메뉴 선택

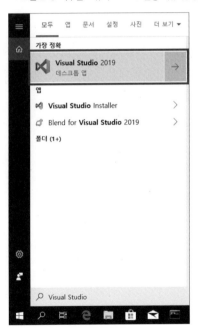

8. 비주얼 스튜디오 2019를 처음 실행하면 먼저 마이크로소프트 계정으로 로그인해야 합니다. 일단 **나중에 로그인**을 클릭하여 진행합니다.

▼ 그림 2-9 비주얼 스튜디오 실행

9. 이제 개발 설정 테마를 선택하는 화면이 나옵니다. 책에서는 **개발 설정**으로 'Visual C#', **색 테마 선택**으로 기본 선택 테마인 '파랑'을 선택했습니다. 여기에서 개발 설정을 다르게 선택하면 이후 메뉴 구성이 조금 다를 수 있습니다. **Visual Studio 시작**을 클릭합니다.[2]

▼ 그림 2-10 비주얼 스튜디오 색 테마 선택

---

2 개발 설정 및 테마는 실행 후 **도구 > 설정 가져오기 및 내보내기**에서 **모두 다시 설정** 옵션을 선택하면 다시 설정할 수 있습니다.

10. 비주얼 스튜디오 2019 시작 화면이 나오면 오른쪽 아래에 있는 **코드를 사용하지 않고 계속**을 클릭하여 메인 화면으로 이동합니다.

▼ 그림 2-11 비주얼 스튜디오 2019 시작 화면

11. 다음은 비주얼 스튜디오 2019의 메인 화면입니다.

▼ 그림 2-12 비주얼 스튜디오 2019 메인 화면

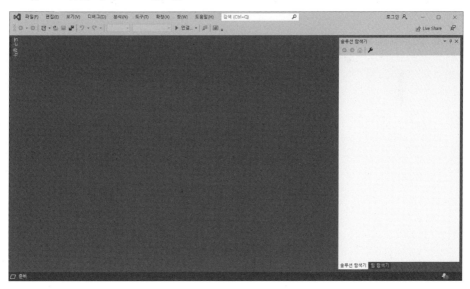

Note ☰ 글꼴 변경

비주얼 스튜디오 메뉴의 **도구 › 옵션 › 환경 › 글꼴 및 색 › 글꼴**에서 글꼴을 변경할 수 있습니다. 필자는 Consolas 글꼴로 변경했습니다.

▼ 그림 2-13 비주얼 스튜디오의 텍스트 편집기 글꼴 및 크기 변경

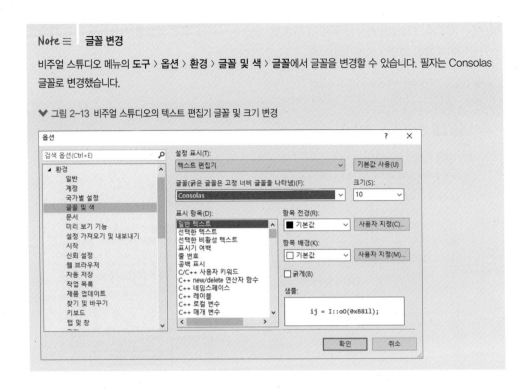

비주얼 스튜디오를 설치했다면 C# 프로그래밍 학습을 위한 최고의 도구를 준비한 것입니다. 다음 강의부터는 실제 코드를 작성하면서 C# 기능들을 하나씩 학습합시다.

03 첫 C# 프로그램 작성하기

개발 환경을 준비했다면 이제 첫 프로그램을 만들고 출력해 봅시다. 이 책이 프로그래밍을 학습하는 첫 번째 책이라면 여러분 인생에서 첫 번째 프로그램을 만들어 보는 시간을 갖게 될 것입니다.

3.1 Hello World 프로그램

Hello World 프로그램은 C 언어를 만든 데니스 리치가 화면에 "Hello World"를 처음 출력한 것에서 유래했습니다. 우리도 C#으로 첫 Hello World 프로그램을 만들어 봅시다.

비주얼 스튜디오로 Hello World 출력하기

비주얼 스튜디오를 사용하여 프로젝트를 만들고 화면에 "Hello World" 문자열을 출력하는 간단한 프로그램을 만들어 보겠습니다. 이 실습 내용은 앞으로 수백 번 사용하니 여러 번 반복해서 연습해 보세요.

> Note ≡ 소스 코드는 DotNet 폴더에서 DotNet > 03_HelloWorld > HelloWorld > HelloWorld.cs처럼 레슨별로 정리되어 있습니다. 자세한 내용은 책 앞쪽에 있는 '이 책의 활용법'을 참고하세요.

1. 윈도 시작 버튼을 클릭한 후 Visual Studio 2019를 찾아 실행합니다. 참고로 C#은 macOS, 리눅스 등 여러 플랫폼을 지원하지만, 책에서는 윈도 운영 체제를 기반으로 설명합니다.

✔ 그림 3-1 비주얼 스튜디오 2019 실행 메뉴 선택

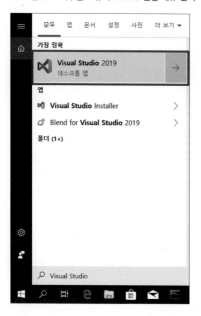

2. 비주얼 스튜디오 2019를 실행하면 다음 화면이 나옵니다. 오른쪽 아래에 있는 **코드를 사용하지 않고 계속**을 클릭하여 메인 화면으로 이동합니다.

✔ 그림 3-2 비주얼 스튜디오 2019 시작 화면

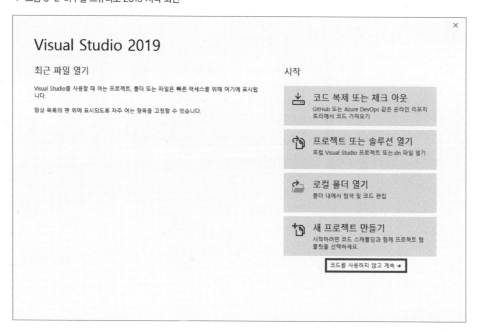

3. 다음과 같이 **파일 > 새로 만들기 > 프로젝트**를 선택합니다.

❤ 그림 3-3 비주얼 스튜디오에서 새 프로젝트 만들기

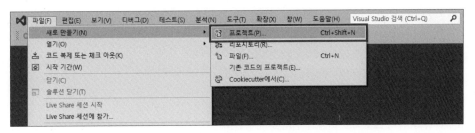

4. 새 프로젝트 만들기 화면에서 다음과 같이 'C#, 콘솔'로 검색한 후 **콘솔 앱(.NET Core)**을 선택하고 **다음**을 누릅니다. 콘솔 앱은 .NET Core와 .NET Framework 두 가지 중 아무것이나 선택해도 상관없습니다.

❤ 그림 3-4 콘솔 앱 템플릿 선택

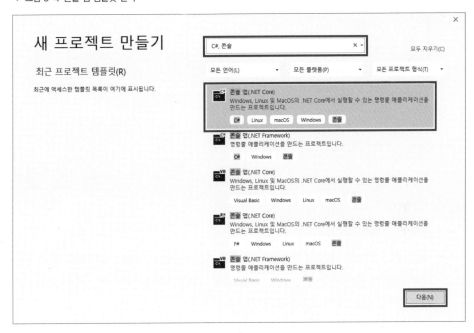

5. 다음과 같이 **프로젝트 이름**과 **위치**를 지정한 후 **만들기**를 눌러 새 프로젝트를 만듭니다.

▼ 그림 3-5 콘솔 앱 프로그램 선택 및 프로젝트 이름 지정

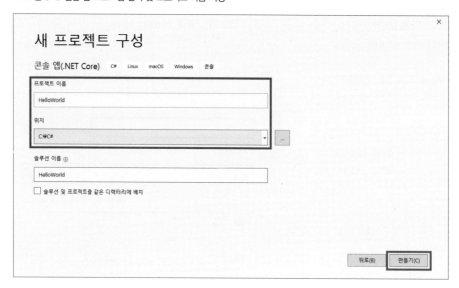

- **프로젝트 이름**: HelloWorld

- **위치**: 솔루션과 프로젝트를 만들 디렉터리입니다. 우리는 C:\C# 아래에 만들겠습니다. C 드라이브에 C# 폴더가 없을 경우, 그림과 같이 C:\C#이라고 입력하면 비주얼 스튜디오에서 프로젝트를 만들 때 폴더도 함께 생성합니다.

- **솔루션 이름**: 프로젝트 이름을 설정할 때 자동으로 생성되는 값인 HelloWorld를 그대로 사용합니다.

- **솔루션 및 프로젝트를 같은 디렉터리에 배치**: 솔루션과 프로젝트 파일을 한 폴더에 넣을 때 사용합니다. 여기에서는 체크하지 않습니다.

Note ☰ 프로젝트와 솔루션

- **프로젝트(project)**: 프로그램 하나를 이루는 가장 작은 단위가 되는 프로그램을 의미합니다. 비주얼 스튜디오에서 프로젝트는 확장자가 CSPROJ(c# 프로젝트를 의미)인 파일로, 관련된 여러 파일을 이름 하나로 묶는 역할을 합니다.
- **솔루션(solution)**: 하나 이상의 프로젝트를 모아서 만든 프로그램입니다. 비주얼 스튜디오에서 솔루션은 확장자가 SLN(솔루션의 약자)인 파일로 하나 이상의 프로젝트를 묶어서 관리할 때 사용합니다.

즉, 솔루션은 하나 이상의 프로젝트로, 프로젝트는 하나 이상의 C# 소스 파일로 구성됩니다. 프로젝트는 비주얼 스튜디오의 솔루션 탐색기(solution explorer)에서 표시됩니다.

▼ 그림 3-6 프로젝트와 솔루션

6. 프로젝트가 생성되면 다음과 같이 비주얼 스튜디오에서 기본으로 제공하는 화면이 나옵니다. 솔루션 탐색기가 보이지 않으면 비주얼 스튜디오 메뉴에서 **보기** > **솔루션 탐색기**를 선택합니다. 단축키 Ctrl + ; 으로도 열 수 있습니다.

▼ 그림 3-7 기본값으로 만든 프로젝트 화면

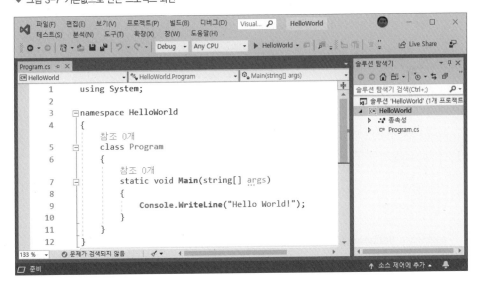

7. 비주얼 스튜디오의 솔루션 탐색기에서 Program.cs 파일을 마우스 오른쪽 버튼으로 누른 후 **이름 바꾸기**를 선택하고 HelloWorld.cs로 이름을 변경합니다. 파일 이름을 바꾸지 않아도 되지만, 이 책 전체에서는 구별하기 쉽게 프로그램 의미를 지닌 CS 파일 이름으로 통일하겠습니다.

▼ 그림 3-8 파일 이름 바꾸기

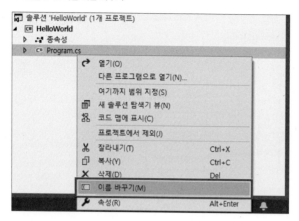

이때 변경하는 과정에서 관련 이름을 모두 바꾸겠냐는 경고창이 뜬다면 **예**를 누릅니다.

▼ 그림 3-9 Program.cs 파일 이름을 HelloWorld.cs로 변경

8. 본격적으로 학습하기 전에 간단히 Hello World를 출력해 볼까요? 메인 편집 영역에 있는 코드를 다음과 같이 변경합니다. 그냥 출력만 할 것이므로 자세한 내용은 몰라도 됩니다. 단 C#은 대·소문자를 구분하는 언어이므로 반드시 대·소문자를 구분해서 작성하세요.

```
//HelloWorld.cs
using System;

namespace HelloWorld
{
    class HelloWorld
    {
        static void Main(string[] args)
```

```
        {
            Console.WriteLine("Hello World!");
        }
    }
}
```

코드를 입력한 형태는 다음과 같습니다.

❤ 그림 3-10 코드 작성

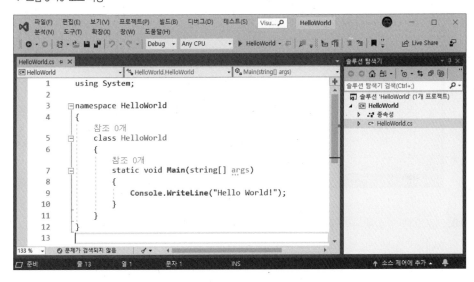

Note ≡ **코드를 입력할 때 팝업창이 떠요!**

바로 앞 코드에서는 Console을 입력할 때 팝업창이 뜹니다. 이러한 팝업창을 인텔리센스(IntelliSense) 기능이라고 합니다. 일반적으로 가장 많이 사용하는 명령어 가이드를 제공하므로 익숙해지면 좀 더 빠르고 정확하게 코드를 작성할 수 있습니다.

❤ 그림 3-11 인텔리센스

9. 소스 코드 입력이 끝났으므로 실행해 봅시다. 프로그램을 실행하려면 비주얼 스튜디오 메뉴의 **디버그** › **디버그하지 않고 시작**을 선택합니다. 단축키 `Ctrl`+`F5`를 눌러도 됩니다.

▼ 그림 3-12 프로그램을 실행하는 [디버그하지 않고 시작] 메뉴 선택

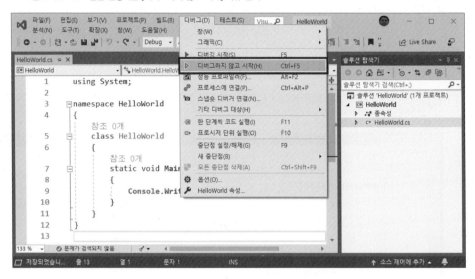

10. 프로그램이 실행되면 간단한 빌드(컴파일) 과정을 거친 후 다음과 같이 콘솔창에 "Hello World!"를 텍스트로 출력합니다. 콘솔창에 뜨는 다른 안내 메시지는 무시합니다.

▼ 그림 3-13 콘솔창

Note ≡ **소스 코드 컴파일**

C# 파일은 HelloWorld.cs처럼 확장자가 CS인데, 컴파일 과정을 거치면 실행 가능한 EXE 파일을 생성합니다(윈도가 아닌 다른 환경이라면 DLL 파일을 생성합니다). 지금은 C# 소스 코드가 컴파일 과정을 거친다는 것만 기억하세요.

▼ 그림 3-14 C# 소스 코드 컴파일

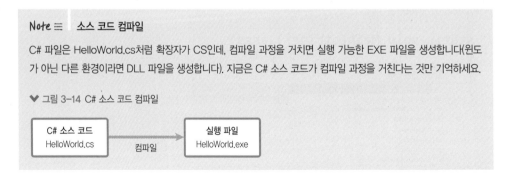

Note ≡   비주얼 스튜디오에서 솔루션 빌드

비주얼 스튜디오에서는 솔루션 탐색기에서도 빌드할 수 있습니다. 선택 메뉴로는 **빌드(Build)**와 **다시 빌드(ReBuild)**, **정리(Clean)** 등이 있습니다. **빌드**는 처음 빌드 이후로는 변경된 내용만 빌드를 진행하고, **다시 빌드**는 기존 빌드 내용을 모두 제거한 후 다시 새롭게 전체를 빌드합니다. **정리**는 빌드된 내용을 지웁니다. **다시 빌드**는 **정리** 후 **빌드**와 역할이 동일합니다.

❤ 그림 3-15 솔루션을 빌드할 때 선택하는 메뉴

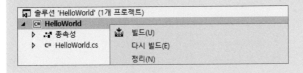

11. 프로그램이 정상적으로 실행되었다면 비주얼 스튜디오에서 HelloWorld 프로젝트를 마우스 오른쪽 버튼으로 누릅니다. **파일 탐색기에서 폴더 열기**를 선택하면 현재 프로젝트가 어디에 만들어졌는지 파일 탐색기에서 확인할 수 있습니다.

❤ 그림 3-16 파일 탐색기에서 폴더 열기

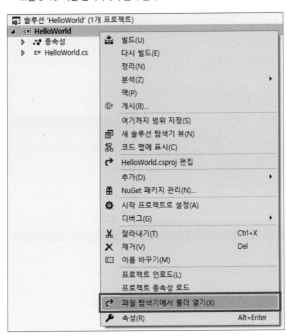

12. 이 실습에서 만든 HelloWorld.cs 파일을 파일 탐색기에서 확인할 수 있습니다.

❤ 그림 3-17 파일 탐색기에서 소스 파일 확인

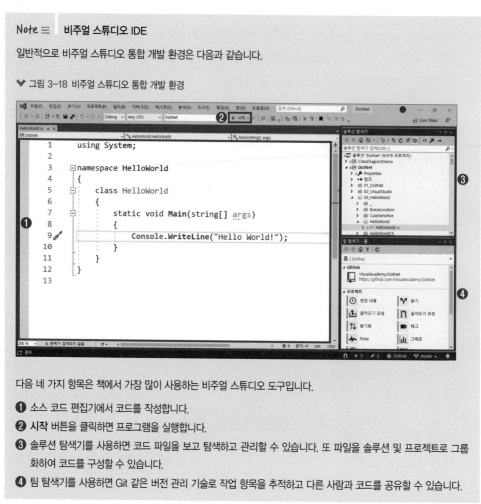

Note ☰ 비주얼 스튜디오 IDE

일반적으로 비주얼 스튜디오 통합 개발 환경은 다음과 같습니다.

❤ 그림 3-18 비주얼 스튜디오 통합 개발 환경

다음 네 가지 항목은 책에서 가장 많이 사용하는 비주얼 스튜디오 도구입니다.

❶ 소스 코드 편집기에서 코드를 작성합니다.

❷ **시작** 버튼을 클릭하면 프로그램을 실행합니다.

❸ 솔루션 탐색기를 사용하면 코드 파일을 보고 탐색하고 관리할 수 있습니다. 또 파일을 솔루션 및 프로젝트로 그룹화하여 코드를 구성할 수 있습니다.

❹ 팀 탐색기를 사용하면 Git 같은 버전 관리 기술로 작업 항목을 추적하고 다른 사람과 코드를 공유할 수 있습니다.

C# 인터렉티브로 Hello World 출력하기

C# 인터렉티브(interactive)(대화형)는 한 줄씩 코드를 실행하면서 C#의 여러 명령을 학습할 수 있는 도구입니다. 간단한 코드는 C# 인터렉티브를 사용합니다. 그럼 C# 인터렉티브에서 "Hello World"를 출력해 봅시다.

1. 비주얼 스튜디오 위쪽 검색창에서 'C# Interactive'를 검색하면 C# 인터렉티브를 실행할 수 있습니다(한글 버전의 비주얼 스튜디오에서는 'C# 대화형'으로 검색하세요).

   ▼ 그림 3-19 C# 인터렉티브 실행

   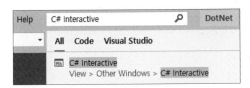

2. C# 인터렉티브에서 Console.WriteLine("Hello World!");라고 입력한 후 Enter를 누르면 Main() 메서드를 만들지 않고도 바로 화면에 "Hello World!" 문자열을 출력할 수 있습니다.

   ▼ 그림 3-20 C# 인터렉티브에서 Hello World 출력

   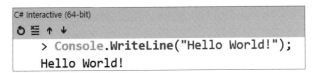

Note ☰   **책의 코드 표기법**

특별한 경우가 아니라면 전체 소스 코드를 책에 모두 표기할 예정입니다. 다만 간단한 코드 사용법을 보여 줄 때는 다음과 같이 C# 인터렉티브에 사용하는 방식으로 표시합니다.

```
> Console.WriteLine("필요한 소스만 화면에 표시");
  필요한 소스만 화면에 표시
```

비주얼 스튜디오 메뉴에서 **보기 > 다른 창 > C# Interactive(C# 대화형)**를 선택하거나 프로젝트 기반 소스 코드에서 특정 코드를 블록으로 선택한 후 Ctrl + E를 두 번 누르면 자동으로 C# 인터렉티브 창에 소스 코드가 표시됩니다. 다만 C# 인터렉티브는 한글이 제대로 표시되지 않을 수 있으니 필요한 부분만 입력하면서 실행해 보는 것이 좋습니다.

지금까지 첫 C# 프로그램을 만들어 보았습니다. C# 프로그램을 만드는 단계는 일반적으로 다음 절차를 따릅니다. 책의 모든 소스 코드는 이 절차를 따라 작성할 것입니다.

▼ 그림 3-21 프로그램 작성 및 실행 단계

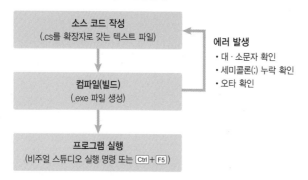

Note ≡ **비주얼 스튜디오 주요 단축키**

- F5 : 디버깅 시작
- Ctrl + F5 : 디버그하지 않고 시작
- Ctrl + Shift + F : 파일 찾기
- Ctrl + S : 현재 파일 저장
- Ctrl + A : 전체 선택

- Ctrl + C : 복사(copy)
- Ctrl + V : 붙여 넣기(paste)
- Ctrl + ; : 솔루션 탐색기 열기
- Ctrl + , : 특정 파일 또는 클래스 찾기

3.2 C#의 기본 코드 구조

Hello World를 출력해 보았습니다. 본격적으로 C# 코드의 구조를 살펴봅시다. 다음은 가장 최소한의 코드로 구성된 C#의 기본 코드입니다. 앞에서 만든 첫 Hello World 프로그램과 유사합니다.

C# 프로그램은 class와 Main( ) 메서드가 반드시 있어야 하고, 하나 이상의 문(statement)이 있어야 합니다. 자세한 내용은 뒷부분에서 설명하므로 형태만 간략히 보고 넘어가세요.

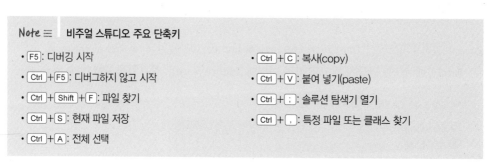

```
        Console.WriteLine("Hello World!"); ----- 세미콜론: 명령어의 끝
    }
}
```

C#의 기본 코드는 위쪽에 네임스페이스 선언부와 Main() 메서드가 오고, 중괄호 시작과 끝을 사용하여 프로그램 범위를 구분합니다.

- **네임스페이스**: 자주 사용하는 네임스페이스를 위쪽에 미리 선언해 둘 수 있습니다.
- **Main() 메서드**: 프로그램의 시작 지점이며, 반드시 있어야 합니다.
- **중괄호({})**: 프로그램 범위(스코프)를 구분 짓습니다.
- **세미콜론(;)**: 명령어(문, 문장)의 끝을 나타냅니다.

기본 코드 구조를 좀 더 자세히 살펴봅시다.

using 키워드와 네임스페이스

C#은 네임스페이스, 클래스, Main() 메서드로 구성됩니다.

▼ 그림 3-22 C#의 기본 코드 구조

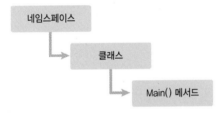

콘솔 화면에 문자열을 출력하려면 네임스페이스.클래스.메서드(); 형태로 사용해야 합니다. 하지만 매번 네임스페이스를 입력하면 번거롭습니다. 이때 using 키워드를 사용하여 코드 위쪽에 using System;처럼 구문을 넣으면 네임스페이스를 생략하고 클래스.메서드(); 형태로 줄여서 쓸 수 있습니다. 즉, C#의 모든 명령문 체계는 다음과 같이 네임스페이스.클래스.메서드(); 형태이거나 네임스페이스를 제외한 클래스.메서드(); 형태로 주로 사용합니다.

▼ 그림 3-23 네임스페이스, 클래스, 메서드

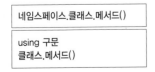

예를 들어 다음 두 코드는 동일합니다. 왼쪽 코드는 네임스페이스.클래스.메서드(); 형태고, 오른쪽 코드는 네임스페이스를 using으로 선언했기 때문에 클래스.메서드(); 형태입니다. 이 책에서는 오른쪽 코드처럼 using 문을 사용할 것입니다.

```
//using을 사용하지 않는 코드 형태
class UsingDemo
{
  static void Main()
  {
    System.Console.WriteLine("Hello World");
  }
}
```

```
//using을 사용하는 코드 형태
using System;

class UsingDemo
{
  static void Main()
  {
    Console.WriteLine("Hello World");
  }
}
```

using static 구문

C# 6.0 버전 이후부터는 using static System.Console; 구문으로 System.Console을 생략한 WriteLine() 메서드만 사용할 수 있습니다. Console 클래스의 WriteLine() 메서드는 C#을 학습할 때 워낙 많이 사용하는 구문이기에 using static 구문으로 위쪽에 System.Console을 정의해 두면 WriteLine() 메서드만 호출해도 됩니다.

```
//WriteLineDemo.cs
using static System.Console;

class WriteLineDemo
{
    static void Main()
    {
        WriteLine("명령 프롬프트에 출력할 내용");
    }
}
```

다음과 같이 구문 2개를 동시에 위쪽에 둘 수도 있습니다. 형태만 참고하세요.

```
using static System.Console;
using static System.Math;
```

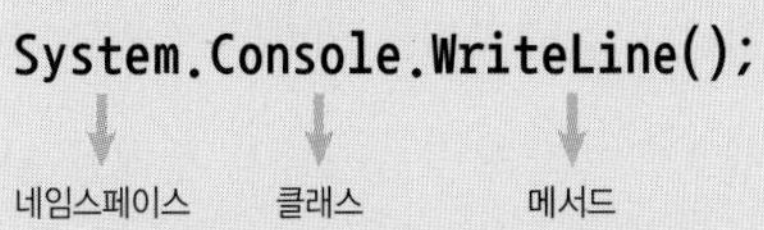

Main() 메서드: 프로그램의 진입점

C# 기본 구조에서 반드시 사용되는 Main() 메서드는 프로그램의 시작점입니다. 반드시 Main() 메서드가 있어야 하고 Main() 메서드에서 프로그램을 실행하고 종료합니다.

▼ 그림 3-25 Main() 메서드는 C# 프로그램의 시작점

시작점

Main() 메서드

- Main() 메서드 앞에 static 키워드가 있어 앞으로 배울 개체를 생성하지 않고 바로 클래스에 있는 Main() 메서드를 실행할 수 있습니다.
- Main() 메서드가 2개이면 "프로그램에 진입점이 2개 이상 정의되어 있습니다."라는 에러 메시지가 출력되어 프로그램이 컴파일되지 않습니다.

중괄호 위치

클래스와 Main() 메서드처럼 프로그램의 시작과 끝을 나타낼 때는 중괄호 열기({)와 닫기(})를 사용합니다. 이때 중괄호 위치는 크게 두 가지 스타일로 사용할 수 있습니다.

중괄호의 시작과 끝을 맞추는 형태인 Allman 스타일과 줄의 맨 마지막에 시작 중괄호를 넣는 K&R 스타일을 가장 많이 사용합니다.

```
//Allman 스타일: 시작과 끝을 맞추는 형태
class BraceLocation
{
    static void Main()
    {

    }
}


//K&R 스타일: 줄의 맨 마지막에 시작 중괄호를 넣는 형태
class BraceLocation {
    static void Main() {

    }
}
```

어느 형태든 상관없으나 C#과 이 책에서는 Allman 스타일을 사용합니다.

대 · 소문자 구분하기

C#은 대 · 소문자를 구분합니다. 예를 들어 Console.Writeline("안녕하세요.")처럼 WriteLine() 메서드의 대 · 소문자를 정확히 입력하지 않으면 에러가 발생합니다.

예제로 확인해 볼까요? 다음 내용을 비주얼 스튜디오의 소스 코드 편집창에 입력한 후 Ctrl + F5 를 눌러 실행해 보세요.

C#은 대 · 소문자를 제대로 쓰지 않으면 에러 발생: CaseSensitive.cs

```
using system;

class casesensitive
{
    static void main()
    {
```

```
            console.writeline("C#은 대소문자 구분 언어");
        }
    }
```

예제를 실행하면 다음 에러가 발생합니다.

- **CS0246 'system' 형식 또는 네임스페이스 이름을 찾을 수 없습니다. using 지시문 또는 어셈블리 참조가 있는지 확인하세요.**: System의 첫 글자를 소문자로 써서 발생했습니다.
- **CS0103 'console' 이름이 현재 컨텍스트에 없습니다.**: Console의 첫 글자를 소문자로 써서 발생했습니다.

System과 Console을 대문자로 변경한 후 다시 컴파일합니다. 또 에러가 발생했네요.

- **CS5001 프로그램에는 진입점에 적합한 정적 'Main' 메서드가 포함되어 있지 않습니다.**: Main의 첫 글자를 소문자로 써서 발생했습니다.
- **CS0117 'Console'에는 'writeline'에 대한 정의가 포함되어 있지 않습니다.**: WriteLine의 첫 글자를 소문자로 써서 발생했습니다.

main()을 Main()으로 바꾸고 writeline을 WriteLine으로 바꾸어서 컴파일합니다. 이제는 정상적으로 컴파일되고 실행됩니다.

완성된 코드 및 실행 결과는 다음과 같습니다.

C#은 대·소문자 구분: CaseSensitive.cs

```
using System;

class CaseSensitive
{
    static void Main()
    {
        Console.WriteLine("C#은 대소문자 구분 언어");
    }
}
```

\ 실행 결과 /

```
C#은 대소문자 구분 언어
```

지금까지 Hello World 프로그램을 작성해 보았습니다. 비주얼 스튜디오 도구로 프로젝트를 만들고, CS 파일에 C# 코드를 작성하고 실행해서 콘솔창에 문자열을 출력했습니다. 이 과정을 거쳐 C# 프로그램 실행 방법과 기본 코드 구조를 알아보았습니다. Hello World 프로그램을 작성하면서 익힌 내용을 잘 기억해 두고, 다음 강의부터 수많은 예제를 실습하며 학습할 것입니다.

04 C# 기본 문법 이해하기

이 강의에서는 C# 프로그래밍에서 사용하는 주요 문법과 코드를 작성하는 방법을 본격적으로 살펴보겠습니다. 문법은 코드 작성 규칙이기에 반드시 지켜야 하며, 책 전반에 거쳐 이러한 규칙을 학습할 예정입니다.

> Note ≡ **문법, 스타일, 패턴**
>
> 프로그래밍에서 문법(syntax)은 반드시 지켜야 하는 규칙(rule)이고, 스타일(style)은 프로그램 작성 가이드라인(guideline)이며, 패턴(pattern)은 자주 사용하는 규칙과 스타일 모음입니다.

3강에서 C#의 기본 코드 구조를 살펴보았습니다. 앞에서 class와 Main() 메서드가 반드시 있어야 하고, 하나 이상의 문이 있어야 하며, 문이 끝나면 반드시 세미콜론(;)을 붙인다고 이야기했습니다.

```
//ClassSimple.cs
using System; ----- 네임스페이스 선언부

class ClassSimple
{ ----- 중괄호 사용: 프로그램 범위를 그룹화
    static void Main(string[] args) ----- Main() 메서드
    {
        Console.WriteLine("Hello World!"); ----- 세미콜론: 명령어의 끝
    }
}
```

우선적으로 살펴볼 문법은 다음과 같습니다.

- 출력문
- 주석문
- 들여쓰기
- 공백 처리
- 이스케이프 시퀀스
- 자리 표시자

4.1 출력문

명령 프롬프트(터미널)에 문자열을 한 줄씩 출력하려면 System.Console.WriteLine(); 코드를 사용합니다. WriteLine() 메서드는 반드시 괄호를 사용해야 합니다. 다음은 이 메서드의 사용 예입니다.

```
//WriteLineDemo1.cs
class WriteLineDemo1
{
    static void Main()
    {
        System.Console.WriteLine("명령 프롬프트에 출력할 내용");
    }
}
```

앞에서 언급했던 것처럼 C# 코드 위쪽에 using System; 코드 구문을 사용하여 다음과 같이 줄여서 표현할 수 있습니다.

```
//WriteLineDemo2.cs
using System;

class WriteLineDemo2
{
    static void Main()
    {
        Console.WriteLine("명령 프롬프트에 출력할 내용");
    }
}
```

Console.WriteLine()과 Console.Write() 메서드

앞에서는 명령 프롬프트에서 한 줄씩 출력할 때는 Console.WriteLine() 메서드를 사용했습니다. WriteLine() 메서드는 자동으로 줄 바꿈을 합니다. 자동 줄 바꿈을 하지 않으려면 어떻게 해야 할까요? Console 클래스의 Write() 메서드를 사용하면 자동으로 줄 바꿈을 하지 않습니다.

다음 내용을 비주얼 스튜디오의 소스 코드 편집창에 입력한 후 실행해 보세요.

WriteLine()과 Write() 메서드의 줄 바꿈 차이: ConsoleWrite.cs

```csharp
using System;

class ConsoleWrite
{
    static void Main()
    {
        Console.Write("줄 바꿈 없음");
        Console.WriteLine("줄 바꿈 포함");
    }
}
```

\ 실행 결과 /

줄 바꿈 없음줄 바꿈 포함

Console.Write() 메서드는 이와 같이 줄 바꿈을 포함하지 않아 Ctrl + F5 를 눌러 실행하면 "줄 바꿈 없음줄 바꿈 포함" 형태로 이어서 출력됩니다.

> Note ≡　**필요한 기능은 검색하자!**
>
> C#의 모든 내용을 알 필요는 없습니다. 특정 기능이 필요하면(예를 들어 콘솔의 글자 색을 변경하는 방법: Console 클래스의 ForegroundColor나 BackgroundColor 사용) 검색을 해서 그때마다 해당 기능을 적용할 줄 알면 됩니다. 검색 능력은 학습을 진행하면서 조금씩 늘려 나가면 좋습니다. 검색 엔진을 사용하여 검색해 보면 알겠지만, C#과 닷넷의 모든 명령어 도움말은 마이크로소프트 Docs(https://docs.microsoft.com)에 모두 있습니다.

줄 바꿈 기호: \n

콘솔(명령 프롬프트)에서 내용을 출력할 때 자동으로 줄 바꿈을 하려면 역슬래시(\)와 n을 합친 \n 기호를 사용합니다. 이러한 특수 기호를 이스케이프 시퀀스라고 하는데, 뒤에서 다시 다루겠습니다.

다음 내용을 소스 코드 편집창에 입력한 후 실행해 보세요.

줄 바꿈 기호 사용: NewLine.cs

```csharp
using System;

class NewLine
{
    static void Main()
```

```
    {
        Console.WriteLine("줄\n바꿈");
    }
}
```

\ 실행 결과 /

```
줄
바꿈
```

프로그래밍 언어에서 사용하는 역슬래시(\)는 원(₩) 기호와 동일합니다. 글꼴 형태가 영문이면
역슬래시로 표현하고, 한글이면 원(₩)으로 표현합니다.

4.2 주석문(코드 설명문)

주석문(comment)은 실행에 영향을 주지 않는 코드 설명문으로 프로그램 설명이나 프로그램 이름,
사용자 이름, 작성일 등 필요한 내용을 기록하는 용도로 사용합니다. 주석문은 프로그램을 컴파
일(compile)할 때 실행되지 않고 실행 파일에도 영향을 주지 않습니다. 또 주석문을 사용하면 소스
코드를 지우지 않고 실행되지 않게 숨길 수 있습니다. 슬래시 기호를 2개 사용하여 더블 슬래시
(//)로 표기하면 // 뒤의 나머지 코드들을 주석으로 처리합니다.

다음 내용을 소스 코드 편집창에 입력한 후 실행해 보세요.

주석문 사용: Comment.cs

```
using System;

class Comment
{
    static void Main()
    {
        Console.WriteLine("주석문");  //실행에 영향을 주지 않는 코드 설명문
    }
}
```

\ 실행 결과 /

```
주석문
```

한 줄 주석(//)과 여러 줄 주석(/* */)

C#에서 주석문은 크게 두 가지로 나눌 수 있는데, 기본은 한 줄 주석인 //입니다. //를 사용하는 한 줄 주석은 // 뒤에 나오는 모든 구문을 주석 처리합니다.

```
> //Console.WriteLine("현재 구문은 실행되지 않습니다.");
```

여러 줄 주석 또는 블록 주석은 슬래시 별표(/*)로 시작해서 별표 슬래시(*/)를 사용하며, /*와 */ 사이의 모든 내용을 주석으로 처리합니다.

```
> /*
. Console.WriteLine("현재 구문은 실행되지 않습니다.");
. Console.WriteLine("현재 구문은 실행되지 않습니다.");
. */
```

4.3 들여쓰기

프로그램 소스 코드는 가독성(readability)을 고려하여 들여쓰기(indent)를 해야 합니다. 일반적으로 시작 중괄호 다음 코드는 들여쓰기를 합니다.

▼ 그림 4-1 들여쓰기

```
using System;

class Indent
{
들여쓰기 ┌┈┈┐static void Main()
들여쓰기 └┈┈┘{
들여쓰기 ┌┈┈┐┌┈┈┐Console.WriteLine("들여쓰기는 공백 4칸을 사용");
들여쓰기 └┈┈┘}
}
```

들여쓰기는 공백 4칸을 사용하되 Space 를 네 번 누르면 되는데, 비주얼 스튜디오에서는 Tab 을 한 번 누르면 기본값으로 4칸을 들여쓰기 합니다.

이외에도 2칸 들여쓰기와 Tab 을 이용할 수 있지만 2칸, 4칸, Tab 은 함께 사용하지 않는 것이 좋습니다. 들여쓰기는 프로그램 코드의 시작과 끝을 명확히 해서 나중에 코드를 다시 살펴보거나 다른 사람이 보았을 때 이해하기 쉽게 하려는 것이므로, 동일한 기준으로 들여쓰기를 하세요.

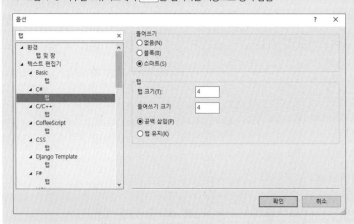

♥ 그림 4-2 들여쓰기 방법

```
using System;

class IndentSpaceTab
{
····static void Main()
····{
공백 2칸···· ⸥⸤Console.WriteLine("2칸");
공백 4칸···· ⸤···⸥Console.WriteLine("4칸");
  탭→_____→_____Console.WriteLine("탭");
····}
}
```

Note ≡ 비주얼 스튜디오에서 [Tab] 자동 들여쓰기 수정 및 공백 보기

비주얼 스튜디오에서는 [Tab]을 사용하면 기본으로 공백 4칸으로 처리합니다. 이 설정을 바꾸려면 비주얼 스튜디오 메뉴에서 **도구 > 옵션 > 텍스트 편집기 > C# > 탭**을 선택한 후 **탭 크기**와 **들여쓰기 크기**를 수정합니다.

♥ 그림 4-3 비주얼 스튜디오에서 [Tab]을 입력하면 자동으로 공백 삽입

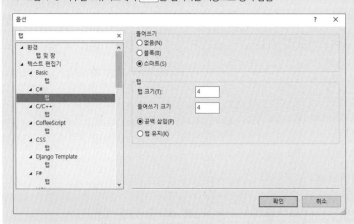

또 **편집 > 고급 > 공백 보기**를 선택하면 공백을 시각적으로 표시합니다.

♥ 그림 4-4 [공백 보기] 메뉴 선택

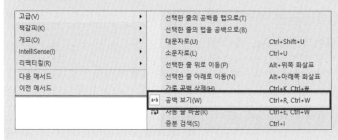

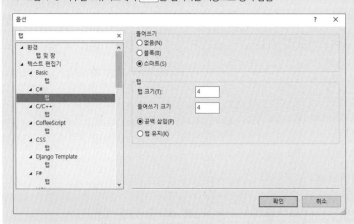

4.4 공백 처리

C#에서 공백(whitespace)은 무시됩니다. 프로그램 코드를 작성할 때 명령어 사이의 점(.) 기호와 괄호 사이의 공백은 무시되고, 줄 바꿈 또한 프로그램 실행에 영향을 주지 않습니다. 공백을 포함하여 Tab, 줄 바꿈 등도 실행할 때 무시합니다.

공백을 처리하는 코드를 살펴볼 수 있게 비주얼 스튜디오에서 새 프로젝트를 만듭니다. 혹은 "Hello World"를 출력할 때 사용한 프로젝트를 그대로 써도 됩니다. 프로젝트가 준비되었다면 다음 내용을 소스 코드 편집창에 입력한 후 Ctrl + F5를 눌러 실행해 보세요.

공백은 무시: Whitespace.cs

```
using System;

class Whitespace
{
    static void Main(string[] args)
    {
        Console.WriteLine("C#");
        Console.  WriteLine (  "C#"  ) ;
        Console
            .WriteLine(
                "C#")
        ;
    }
}
```

\ 실행 결과 /

```
C#
C#
C#
```

모두 같은 결과가 나왔죠? 이 중에서 첫 번째 방식을 권장하고, 줄 바꿈 등은 가독성을 고려해서 적절하게 사용하면 됩니다.

4.5 이스케이프 시퀀스

C#은 WriteLine() 메서드에서 사용할 확장 문자를 제공하는데, 이를 이스케이프 시퀀스(escape sequence)라고 합니다. 역슬래시(\) 기호와 특정 문자를 조합하면 특별한 기능을 제공합니다. 예를 들어 이스케이프 시퀀스는 역슬래시로 시작하는데 \n은 new line을 의미하여 콘솔 화면에서 줄 바꿈을 합니다.

자주 사용하는 확장 문자는 다음 표와 같습니다.

▼ 표 4-1 주요 이스케이프 시퀀스

종류	설명
\n	한 줄 내리기(다음 행으로 이동), newline
\t	Tab 들여쓰기(Tab 크기만큼 들여쓰기), tab
\r	캐리지 리턴(줄의 시작으로 이동), carriage-return
\'	작은따옴표 문자 하나 출력
\"	큰따옴표 문자 하나 출력

다음은 C# 인터렉티브에서 출력한 내용입니다.

```
> Console.WriteLine("안녕 \" 난 큰따옴표야.");
안녕 " 난 큰따옴표야.
> Console.WriteLine("안녕 \' 난 작은따옴표야.");
안녕 ' 난 작은따옴표야.
```

이스케이스 시퀀스 사용하기

다음은 프로젝트 기반으로 출력한 내용입니다. 다음 내용을 소스 코드 편집창에 입력한 후 실행해 보세요.

따옴표를 출력하는 이스케이프 시퀀스 사용: Quotes.cs

```
using System;

class Quotes
{
    static void Main()
    {
```

```
        Console.WriteLine("[1] \" 난 큰따옴표야.");
        Console.WriteLine("[2] \' 난 작은따옴표야.");
    }
}
```

\ 실행 결과 /

```
[1] " 난 큰따옴표야.
[2] ' 난 작은따옴표야.
```

일반적으로 작은따옴표는 \'처럼 역슬래시 기호와 함께 사용하지 않고 바로 '를 사용합니다.

Note ≡   **비주얼 스튜디오에서 키보드에 없는 특수 문자 입력**

키보드를 한글 입력으로 설정한 후 한글 자음을 입력하고 한자를 누르면 각 한글 자음에 해당하는 특수 문자 리스트가 출력됩니다. 이 방식은 메모장에서도 동일하게 사용할 수 있습니다.

4.6 자리 표시자

프로그램 실행 결과를 화면에 출력할 때 사용하는 출력문 등에서는 자리 표시자(틀) 개념을 이용해서 출력 서식을 지정할 수 있습니다. {n} 형태로 {0}, {1}, {2} 순서대로 자리를 만들고 그다음에 있는 값을 차례로 넘겨받아 출력합니다. {0}, {1} 식으로 뒤에 이어 나올 값에 대한 자리 번호(인덱스)를 지정해 놓는 방법을 자리 표시자(place holder) 또는 서식 지정자(format specifier)라고 합니다. 번호 인덱스는 0부터 시작합니다. 다음 코드를 살펴보세요.

```
> Console.WriteLine("{0}", "Hello, C#");
Hello, C#
```

WriteLine()에 {0} 형태로 0번째 자리를 만들어 놓으면 콤마 뒤에 있는 "Hello, C#" 문자열이 {0} 자리에서 실행됩니다.

♥ 그림 4-5 자리 표시자를 사용하여 문자열 출력

```
Console.WriteLine("{0}", "Hello, C#");
```

동일한 자리 표시자를 여러 개 사용하기

자리 표시자를 "{0}, {0}", "Hello, C#" 형태로 지정하면 어떻게 될까요? 어떤 에러가 발생할까요? 다음 내용을 소스 코드 편집창에 입력한 후 실행해 보세요.

```
> Console.WriteLine("{0}", "Hello, C#");
Hello, C#
> Console.WriteLine("{0}, {0}", "Hello, C#");
Hello, C#, Hello, C#
```

{0} 형태의 자리 표시자는 콤마 뒤에 오는 첫 번째 문자열을 출력하는데 {0}, {0} 식으로 두 번 지정하면 문자열을 두 번 출력합니다.

자리 표시자를 사용하여 문자열이 출력될 자리를 만들고 뒤에서 값을 채우는 방식은 반복해서 사용하거나 출력되는 형태를 일괄적으로 바꿀 때 유용합니다.

자리 표시자의 인덱스를 증가시켜 사용하기

하나 이상의 자리를 만들 때는 {0}, {1}, {2} 식으로 자리 표시에 대한 인덱스를 증가시켜 사용할 수 있습니다. 이때는 인덱스의 수와 뒤에서 지정할 내용이 일치해야 한다는 점에 주의합니다.

```
> Console.WriteLine("{0}, {1}", "Hello", "C#");
Hello, C#
```

이 코드의 {0} 자리에서 "Hello"가 출력되고 {1} 자리에서 "C#"이 출력됩니다.

▼ 그림 4-6 자리 표시자를 여러 개 지정

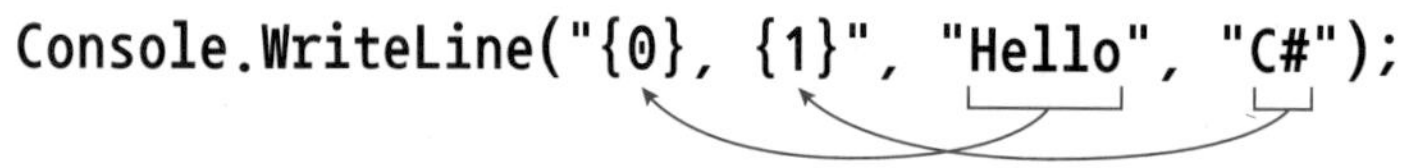

```
Console.WriteLine("{0}, {1}", "Hello", "C#");
```

자리 표시자를 2개 만들었는데 출력할 문자열을 하나만 넘겨주면 다음 에러가 발생합니다.

```
> Console.WriteLine("{0}, {1}", "하나만 넘겨주면");
0에서 시작하는 인덱스는 0보다 크거나 같아야 하며 인수 목록의 크기보다 작아야 합니다.
```

자리 표시자의 순서 변경하기

그렇다면 자리 표시자를 "{1}, {0}", "Hello", "C#" 형태로 지정하면 어떻게 될까요? 어떤 에러가 발생할까요? 다음 내용을 소스 코드 편집창에 입력한 후 실행해 보세요.

```
> Console.WriteLine("{1}, {0}", "Hello", "C#");
C#, Hello
```

잘 실행되네요. 자리 표시자의 번호 순서를 변경하면 콤마 뒤에 오는 순서대로 {0}, {1} 자리에서 문자열이 표시됩니다.

▼ 그림 4-7 자리 표시자의 순서 변경

```
Console.WriteLine("{1}, {0}", "Hello", "C#");
```

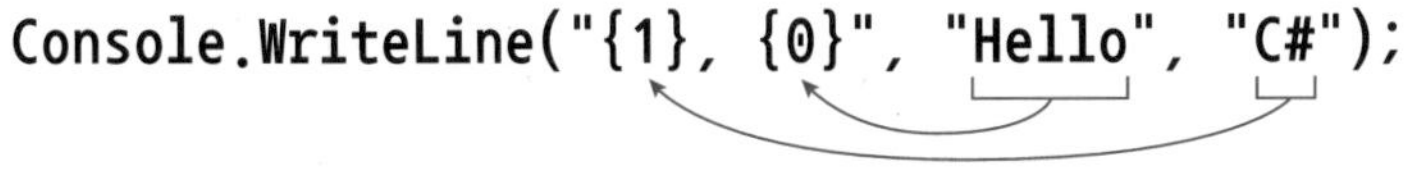

자리 표시자의 추가 정보는 부록 B의 "자리표시자 주요 서식" 부분을 참고하세요.

참고로 이 책은 C#의 모든 키워드를 다루지는 않습니다. 예를 들어 volatile처럼 현업 개발자들도 어려워하는 키워드 및 문법은 다루지 않고 반드시 알아야 하거나 한 번 정도 경험해 보면 좋은 내용 위주로 다룹니다.

memo

2^부

C# 기초

05 변수 만들기

프로그램에서 사용되는 많은 데이터는 데이터 형식(data type)에 따라 변수(variable)(프로그램에서 사용할 데이터를 임시로 저장해 놓는 그릇)에 저장됩니다. 프로그래밍의 가장 기본적인 데이터 형식과 변수를 알아봅시다.

5.1 변수

프로그램에서 값을 다루려면 데이터를 메모리에 잠시 보관해 놓고 사용할 수 있는 임시 저장 공간이 필요합니다. 이때 변수를 사용합니다. 변수를 사용하려면 먼저 선언을 해야 하는데, '데이터를 담아 놓을 그릇을 만드는 작업'이라고 생각하면 됩니다. 변수를 만들 때는 변수 이름과 값, 데이터 형식이 필요합니다.

변수는 다음과 같이 선언할 수 있습니다.

▼ 그림 5-1 변수 선언

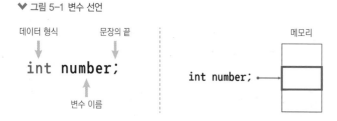

C#에서 변수를 선언할 때는 데이터 형식 다음에 변수 이름이 옵니다. 숫자와 문자를 지정하는 여러 가지 데이터 형식이 있습니다. 정수형은 int를 사용합니다. 그림 5-1에서는 정수가 들어갈 수 있는 number 변수를 선언하여 메모리에 임시 저장 공간을 할당받았습니다. 이 number 변수에는 1, 2, 3, 0, -1, -2 등 정수형 데이터가 저장됩니다.

C#에서 자주 사용하는 데이터 형식(타입)은 다음과 같습니다.

▼ 표 5-1 데이터 형식

데이터 형식	설명
int	정수형 데이터를 저장합니다. 더 큰 정수는 long을 사용합니다.
string	문자열 데이터를 저장합니다.
bool	참 값 또는 거짓 값을 true와 false 키워드로 저장합니다.
double	실수형 데이터를 저장합니다. double과 float 모두 실수 저장이 가능합니다.
object	C#에서 사용하는 모든 데이터를 저장합니다. 모든 데이터 형식을 담을 수 있습니다.

각 데이터 형식은 뒤에서 자세히 다룹니다.

> Note ☰   기본 형식

C#에서 기본으로 제공하는 데이터 형식을 기본 형식(primitive type)이라고 합니다. 앞으로 배울 클래스를 사용해서 만든 형식을 '사용자 정의 형식'이라고 합니다. 다음 샘플 코드에서 int 키워드는 기본 형식이고 MyClass는 기본 형식이 아닌 사용자 정의 형식임을 표현했습니다. 지금은 몰라도 되니 참고만 하고 넘어갑니다.

```
> typeof(int).IsPrimitive
true
> class MyClass { }
> typeof(MyClass).IsPrimitive
false
```

변수 만들고 사용하기

변수를 사용하려면 변수 이름이 필요한데, 변수 이름을 지을 때는 다음 규칙을 지켜야 합니다. 이 규칙은 프로그래밍을 학습하면서 자연스레 익히는 내용이니 간단히 읽고 넘어갑니다.

- 변수의 첫 글자는 반드시 문자로 지정합니다. 숫자는 변수 이름의 처음에 올 수 없습니다.

- 길이는 255자 이하로 하고 공백을 포함할 수 없습니다.

- C#은 유니코드를 지원하므로 영어, 한글, 한자 등을 사용 가능하고, 영문자와 숫자, 언더스코어(_) 조합으로 사용하며, 기타 특수 기호는 사용할 수 없습니다.

- C#에서 사용하는 키워드(예약어나 메서드 등의 이름)는 사용할 수 없습니다. 예를 들어 C# 기본 코드에서 사용하는 using, public, class, static, void, Main 등의 키워드는 사용할 수 없습니다. 다만 키워드 앞에 @ 기호를 붙이면 키워드도 변수로 사용 가능하지만 권장하지 않습니다.

- 변수는 대 · 소문자를 구분하고, 일반적으로 소문자로 시작합니다.

- 변수 이름은 한글로 선언해도 상관없습니다. 오히려 한글 변수를 사용함으로써 프로그램 코드의 가독성을 높일 수 있습니다. 다만 여러 개발자가 프로그램을 분석하고 사용하는 상황에서는 공통 언어인 영어를 사용하기에 대체로 한글 변수 이름은 잘 사용하지 않습니다.

변수를 선언했으면 값을 넣어 주어야 합니다. 변수에 값을 저장하는 것을 값을 대입 또는 할당한다고 표현합니다. 변수는 다음과 같이 선언한 후 값을 할당할 수 있습니다.

♥ 그림 5-2 변수 만들고 값 할당

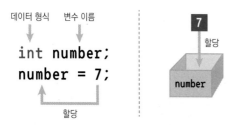

변수를 선언하고 값을 할당한 후의 메모리 상태를 그림으로 표현하면 다음과 같습니다. 정수형을 담을 수 있는 number 변수를 선언한 후 7을 할당한 상태입니다.

♥ 그림 5-3 number 변수에 7을 할당한 후의 메모리 상태

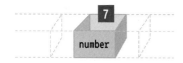

앞에서 설명한 내용을 전체 코드로 보면 다음과 같습니다. 소스 코드를 입력한 후 실행해 보세요.

변수 선언 후 값 할당: Variable.cs

```
using System;

class Variable
{
    static void Main()
    {
        int number;                 //① 정수형 변수 선언하기
        number = 7;                 //② 변수에 값 대입(할당)하기
        Console.WriteLine(number);  //③ 변수 값을 화면에 출력하기
    }
}
```

```
7
```

①에서 이름이 number인 정수(int) 형식의 변수를 선언합니다. ②처럼 정수 데이터를 저장합니다. 값을 저장할 때는 대입 연산자인 = 기호를 사용합니다. 변수에 들어 있는 값을 화면에 출력하려면 ③처럼 Console.WriteLine() 메서드에 변수 이름을 넣어 줍니다.

5.2 리터럴 사용하기

변수에는 직접 정수형 또는 문자열 값을 저장할 수 있는데, 이 값 자체를 리터럴(literal)이라고 합니다. 리터럴 중에는 값 자체를 가지지 않는 널(null) 리터럴도 있습니다. 변수에는 정수 리터럴, 실수 리터럴, 문자열 리터럴 등을 저장하여 사용할 수 있습니다. 정수는 숫자 그대로 표현하고, 실수는 대문자 F 또는 소문자 f를 접미사로 붙여 표현합니다. 반드시 문자는 작은따옴표로 묶어야 하고 문자열은 큰따옴표로 묶어야 합니다.

리터럴을 사용해 보겠습니다. 다음 코드를 비주얼 스튜디오의 소스 코드 편집창에 입력한 후 실행해 보세요.

여러 가지 리터럴: Literal.cs

```
using System;

class Literal
{
    static void Main()
    {
        Console.WriteLine(1234);        //정수 리터럴
        Console.WriteLine(3.14F);       //실수 리터럴
        Console.WriteLine('A');         //문자 리터럴
        Console.WriteLine("HELLO");     //문자열 리터럴
    }
}
```

```
1234
3.14
A
HELLO
```

리터럴을 사용하여 소스 코드에서 정수, 실수, 문자와 문자열을 표현해 보았습니다. 이러한 리터럴은 변수에 저장해서 사용합니다.

5.3 변수를 만들어 값 저장 후 사용하기

비주얼 스튜디오에서 새 콘솔 앱 프로그램 프로젝트를 생성하여 변수를 선언하고 사용하는 예제를 만들어 보겠습니다.

1. 새로운 C# 콘솔 프로젝트를 다음과 같이 만듭니다. 참고로 C#에서는 프로젝트 이름 및 C# 파일 이름에 한글도 사용할 수 있습니다.

프로젝트 형식	템플릿	이름	위치
Visual C#	콘솔 앱 프로그램	VariableNote	C:\C#

2. 비주얼 스튜디오의 솔루션 탐색기에서 Program.cs 파일을 VariableNote.cs 파일로 이름을 변경합니다. 이미 만든 모든 코드를 삭제한 후 다음과 같이 프로그램을 작성하고 실행해 보세요.

변수를 만들고 값 저장 후 사용: VariableNote.cs

```
using System;

class VariableNote
{
    static void Main()
    {
        int i;                      //① i 이름으로 변수 만들기(선언)
        i = 1234;                   //② 변수에 값을 저장하기(대입, 할당)
        Console.WriteLine(i);       //③ 변수에 들어 있는 값 사용하기(참조)
    }
}
```

```
1234
```

3. i 변수에 들어 있는 값인 1234를 화면에 출력합니다. 전체적인 코드 흐름은 다음과 같습니다.

   ① int 키워드를 사용하여 i라는 이름의 정수를 담을 수 있는 그릇을 만듭니다. 즉, 변수를 선언합니다. 처음 작성하는 예제이기에 i라는 변수를 사용했지만, 일반적으로는 의미 있는 변수 이름을 씁니다.

   ② 정수형 변수 i에 등호(=) 기호를 사용하여 1234를 저장합니다.

   ③ 변수를 선언했으니 Console.WriteLine() 메서드로 변수 값을 출력합니다.

이처럼 변수 값을 사용하는 것을 "변수를 참조한다."라고 표현합니다.

5.4 변수 선언과 동시에 초기화하기

이 예제에서는 변수를 선언과 동시에 값을 할당하여 초기화하는 내용을 다루어 보겠습니다. 변수를 선언하면 변수 이름으로 메모리 공간이 만들어지는데, 처음에는 쓰레기 값이 저장되어 있습니다. 이곳에 실제 사용할 값을 저장하는 것을 초기화라고 합니다. 다음은 변수를 선언하고 초기화하는 것을 그림으로 표현한 것입니다.

▼ 그림 5-4 변수 선언과 동시에 초기화

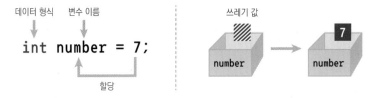

변수를 생성하고 바로 값을 초기화한 후 사용하는 예제를 만들어 보겠습니다. 다음 코드를 소스 코드 편집창에 입력한 후 실행해 보세요.

변수 선언과 동시에 초기화: VariableDemo.cs

```
using System;

class VariableDemo
{
```

```
static void Main()
{
    int number = 7;  //변수 선언과 동시에 초기화
    Console.WriteLine("{0}", number);
}
}
```

```
7
```

int 키워드를 사용하여 number라는 이름의 정수를 저장할 수 있는 변수를 만들고 값으로 7을 대입한 후 콘솔 화면에 출력하는 코드입니다.

> **Note** ≡ **int 형식에 실수 데이터 입력 시도**
>
> 실수 데이터는 int 형식 변수에 값을 넣을 수 없습니다. 예를 들어 다음 샘플 코드처럼 int 형식 변수인 number에 3.14 값을 넣으려고 하면 에러가 발생합니다. 3.14는 실수 자료형이라 정수형 변수에 담을 수 없습니다.
>
> ```
> > int number = 3.14;
> (1,14): error CS0266: 암시적으로 'double' 형식을 'int' 형식으로 변환할 수 없습니다. 명시적
> 변환이 있습니다. 캐스트가 있는지 확인하세요.
> ```

5.5 형식이 같은 변수 여러 개를 한 번에 선언하기

이번에는 변수 여러 개를 한 번에 선언하는 방법을 알아보겠습니다. C#에서는 데이터 형식이 같은 변수를 콤마(,) 기호로 구분해서 여러 개 선언할 수 있습니다.

> 데이터형식 변수1, 변수2, 변수3;

다음과 같이 따로따로 변수를 선언하는 방법과 콤마로 구분해서 한 번에 선언하는 방법은 기능이 같습니다.

❤ 그림 5-5 데이터 형식이 같은 변수 3개 선언

```
int a;
int b;    =    int a, b, c;
int c;
```

콤마로 한 줄에 변수 여러 개를 선언하는 방법을 살펴보겠습니다. 다음 코드를 소스 코드 편집창에 입력한 후 실행해 보세요.

05

변수 만들기

변수 여러 개를 한 번에 선언: VariableComma.cs

```csharp
using System;

class VariableComma
{
    static void Main()
    {
        int number1, number2, number3;  //변수 여러 개를 선언

        number1 = 1;
        number2 = 2;
        number3 = 3;

        Console.WriteLine("{0}, {1}, {2}", number1, number2, number3);
    }
}
```

\ 실행 결과 /

```
1, 2, 3
```

선언하려는 변수의 데이터 형식이 다르다면 따로 선언해야 합니다.

형식이 같은 변수 여러 개를 선언하고 동일한 값으로 초기화

형식이 같은 변수 여러 개를 동일한 값으로 초기화할 때는 좀 더 편하게 = 기호를 사용하여 다음 코드처럼 a = b = c = 10; 형태로 초기화할 수 있습니다.

변수 여러 개를 선언하고 동일한 값으로 초기화: VariableSameValue.cs

```csharp
using System;

class VariableSameValue
{
    static void Main()
    {
        int a, b, c;
```

```
            a = b = c = 10;   //변수 여러 개를 선언하고 동일한 값으로 초기화

            Console.WriteLine("{0}, {1}, {2}", a, b, c);
        }
    }
```

```
10, 10, 10
```

필자는 이처럼 같은 데이터로 한 번에 초기화하는 방법이 있더라도 변수는 한 줄에 하나씩만 선언하고 초기화하는 방법을 주로 사용합니다.[1]

Note ☰ 표기법

일반적으로 프로그래밍에서 변수 이름을 짓는 방법은 세 가지입니다.

- **헝가리안 표기법**: 변수 이름에 데이터 형식에 맞는 접두사를 붙입니다.
  `예` `int intNum = 0;   //int 접두사를 붙임`

- **파스칼 표기법**: 단어를 대문자로 구분합니다.
  `예` `int MyNum = 0;   //_로 구분`

- **낙타 표기법**: 변수 이름의 첫 글자는 소문자로 시작하고, 그다음 단어들의 첫 글자는 대문자로 시작합니다.
  `예` `int myNum = 0;     //마치 낙타 등 모양처럼 들쑥날쑥하게 구분`

이 표기법은 규칙이 아니라 가이드라인이므로 반드시 따를 필요는 없습니다. C#은 낙타 표기법을 가장 선호합니다. 책에서는 이 세 가지 방법을 혼용해서 사용할 것입니다.

5.6 상수 사용하기

변수를 선언할 때 앞에 const 키워드를 붙이면 변수는 상수(constant)가 됩니다. 한 번 상수로 선언된 변수는 다시 값을 바꿀 수 없고, 반드시 선언과 동시에 초기화해야 합니다. 이러한 const 키워드를 붙인 변수를 상수 또는 지역(local) 상수라고 합니다.

---

1 최근에 나온 언어들은 변수를 한 줄에 하나씩만 선언하도록 강제하고 있습니다. 그래서 필자도 한 줄에 하나씩만 선언하는 방법을 사용하는 편입니다.

```
```

상수 선언과 동시에 초기화

```
const int MAX = 100;
```

다음 코드처럼 상수를 초기화한 후 새로운 값으로 다시 설정하려고 하면 에러가 발생합니다.

```
> const int MinValue = 0;
> MinValue = 100;
(1,1): error CS0131: 할당식의 왼쪽은 변수, 속성 또는 인덱서여야 합니다.
```

상수를 한 줄로 정의하면 '변하지 않는 변수, 읽기 전용 변수'로 표현할 수 있습니다. 다음은 상수를 여러 의미로 정리한 것인데, 가볍게 읽고 넘어가세요.

- 변수와 마찬가지로 메모리상의 임시 데이터 저장소를 의미합니다.
- 변수와 달리 선언 후 그 값이 변하지 않는 수를 의미합니다.
- 읽기 전용 변수로 보아도 무관합니다.
- 반드시 선언과 동시에 특정 값으로 초기화해야 합니다.

상수 만들고 사용하기

이번에는 상수를 사용해 보겠습니다. 모든 변수 앞에 const를 붙여 상수로 만들 수 있습니다. 다음 코드를 소스 코드 편집창에 입력한 후 실행해 보세요.

상수 선언과 동시에 초기화: ConstantDemo.cs

```csharp
using System;

class ConstantDemo
{
    static void Main()
    {
        const int MAX = 100;   //정수 형식의 상수 선언과 동시에 초기화
        Console.WriteLine("최댓값 : {0}", MAX);
    }
}
```

최댓값 : 100

int MAX = 100; 코드 앞에 const 키워드를 붙여 MAX 변수를 상수로 만들었습니다. 상수는 반드시 선언과 동시에 초기화해야 하며, 한 번 선언한 후에는 그 값을 변경할 수 없다는 점을 꼭 기억하세요.

이름 하나로 데이터 형식 하나를 임시로 보관해 놓는 그릇 역할을 하는 변수를 알아보았습니다. 계속해서 변수 선언에 사용하는 여러 가지 데이터 형식을 알아보겠습니다.

06 숫자 데이터 형식 사용하기

프로그래밍을 하다 보면 정수 및 실수 데이터를 자주 사용합니다. 숫자 데이터 형식(int, long, float, double, decimal 등 키워드로 숫자 데이터 저장)을 알아봅시다.

6.1 숫자 데이터 형식

C#에서는 숫자 형식의 데이터를 다룰 때 사용하는 int 키워드를 포함하여 여러 가지 키워드를 제공합니다. 숫자 데이터 형식은 크게 정수 데이터 형식과 소수점이 있는 실수 데이터 형식으로 나누며, 다시 부호 있는 숫자와 부호 없는 숫자로 나눕니다.

❤ 그림 6-1 숫자 데이터 형식

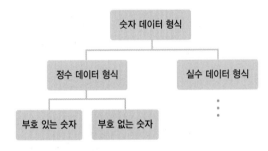

6.2 정수 데이터 형식

정수형 키워드에는 s와 u 접두사가 붙는데 이는 signed와 unsigned의 약자로, 부호를 붙이느냐 붙이지 않느냐 하는 차이가 있습니다.

- **부호 있는**(signed): +, - 부호가 있는 정수형입니다. 즉, 양수와 음수를 모두 지원합니다.
- **부호 없는**(unsigned): 부호 없이 + 값만 다루는 정수형입니다. 즉, 양수만 지원합니다.

각 정수 데이터 형식의 키워드는 그와 동일한 역할을 하는 닷넷(.NET) 형식을 제공합니다. 예를 들어 int 형식과 동일한 닷넷 데이터 형식은 System.Int32입니다.

변수를 선언할 때도 마찬가지로 int 대신 System.Int32를 사용할 수 있습니다. 코드 위쪽에 System 네임스페이스를 using 구문으로 선언했으면 Int32로 줄여서 표현도 가능합니다.

▼ 그림 6-2 정수 데이터 형식 = 닷넷 형식

int = System.Int32

정수 데이터 형식의 종류는 다음 표를 참고하세요. 정수 데이터 형식을 표현하는 데 키워드 8개를 사용합니다.

▼ 표 6-1 정수 데이터 형식

종류	데이터 형식	닷넷 형식
부호 있는 정수(+, −)	sbyte	System.SByte
	short	System.Int16
	int	System.Int32
	long	System.Int64
부호 없는 정수(+)	byte	System.Byte
	ushort	System.UInt16
	uint	System.UInt32
	ulong	System.UInt64

변수를 공부할 때 이미 int 키워드로 정수형 변수를 선언하는 방법을 사용했습니다. 이번에는 정수형 변수가 가질 수 있는 최솟값과 최댓값을 저장한 후 출력하는 예제를 만들어 보겠습니다. 다음 내용을 입력한 후 실행해 보세요.

정수형 변수 선언하고 초기화: IntegerDemo.cs

```
using System;

class IntegerDemo
{
    static void Main()
    {
        int min = -2147483648;  //정수형이 가질 수 있는 최솟값
        int max = +2147483647;  //정수형이 가질 수 있는 최댓값
```

```
        Console.WriteLine("int 변수의 최솟값 : {0}", min);
        Console.WriteLine("int 변수의 최댓값 : {0}", max);
    }
}
```

\ 실행 결과 /

```
int 변수의 최솟값 : -2147483648
int 변수의 최댓값 : 2147483647
```

int 키워드를 사용한 정수형은 최소 -21억부터 최대 +21억까지 데이터를 저장합니다. 이 예제에서 실행된 결괏값을 외울 필요는 없습니다.

> **Note ≡   숫자 구분자 사용**
>
> C# 7.0 버전부터는 언더스코어(_) 문자를 사용하는 숫자 구분자(digit separator)를 제공하여 세 자리마다 콤마로 구분되는 긴 숫자 형태를 표현할 수 있습니다.
>
> ```
> > int number = 1_000_000;
> > Console.WriteLine(number);
> 1000000
> ```
>
> 숫자 형식을 표현할 때 언더스코어(_) 문자는 무시합니다. 숫자 구분자를 사용하면 숫자를 표시할 때 가독성이 높아집니다. 현재 출력 결과는 콤마를 표시하지 않았는데요. 뒤에서 출력 결과에 세 자리마다 콤마를 찍는 방법도 다룹니다.

6.3 부호 있는 정수 데이터 형식

C#은 +와 - 정수를 다룰 수 있는 데이터 형식을 제공합니다. sbyte, short, int, long 순서대로 작은 수부터 큰 수까지 담아 놓을 수 있습니다. 상세한 내용은 다음 표와 같습니다. 값의 범위를 외우거나 자세히 기억할 필요는 없으니 간단히 살펴보고 넘어갑니다.

▼ 표 6-2 부호 있는 정수 데이터 형식

데이터 형식	비트	범위	닷넷 형식
sbyte	8비트	-128~+127	System.SByte
short	16비트	-32768~+32767	System.Int16
int	32비트	-2147483648~+2147483647	System.Int32
long	64비트	-9223372036854775808~+9223372036854775807	System.Int64

부호 있는 정수 데이터 형식의 네 가지 키워드를 사용해서 예제를 작성해 보겠습니다. 다음 내용을 입력한 후 실행해 보세요.

부호 있는 정수 데이터 형식 사용: SignedInteger.cs

```
using System;

class SignedInteger
{
    static void Main()
    {
        sbyte iSByte = 127;
        short iInt16 = 32767;
        int iInt32 = 2147483647;
        long iInt64 = 9223372036854775807;

        Console.WriteLine("8비트 sbyte : {0}", iSByte);
        Console.WriteLine("16비트 short : {0}", iInt16);
        Console.WriteLine("32비트 int : {0}", iInt32);
        Console.WriteLine("64비트 long : {0}", iInt64);
    }
}
```

\ 실행 결과 /

```
8비트 sbyte : 127
16비트 short : 32767
32비트 int : 2147483647
64비트 long : 9223372036854775807
```

이 코드는 sbyte, short, int, long 키워드로 선언된 변수가 가질 수 있는 가장 큰 값을 넣은 후 출력합니다.

6.4 부호 없는 정수 데이터 형식

부호 없는 정수 데이터 형식은 - 값을 사용할 수 없지만, + 값을 부호 있는 정수형의 2배 크기로 사용할 수 있는 데이터 형식을 제공합니다.

부호 없는 정수 데이터 형식은 byte, ushort, uint, ulong 키워드 4개를 사용합니다. 각 범위는 표 6-3과 같이 부호 있는 범위보다 2배 더 큰 양의 정수 값을 제공합니다.

▼ 표 6-3 부호 없는 정수 데이터 형식

데이터 형식	비트	범위	닷넷 형식
byte	8비트	0~+255	System.Byte
ushort	16비트	0~+65535	System.UInt16
uint	32비트	0~+4294967295	Sytem.UInt32
ulong	64비트	0~+18446744073709551615	System.UInt64

일반적으로 사람 나이는 sbyte 형식으로도 충분하지만, 간혹 sbyte의 최댓값인 127을 넘을 때가 있어 byte 형식을 사용하기도 합니다.

```
> byte age = 100;
> age
100
```

부호 없는 정수 데이터 형식을 나타내는 byte, ushort, uint, ulong 키워드를 사용하는 예제를 다음 과 같이 입력한 후 실행해 보세요.

부호 없는 정수 데이터 형식 사용: UnsignedInteger.cs

```csharp
using System;

class UnsignedInteger
{
    static void Main()
    {
        byte iByte = 255;
        ushort iUInt16 = 65535;
        uint iUInt32 = 4294967295;
        ulong iUInt64 = 18446744073709551615;

        Console.WriteLine("8비트 byte : {0}", iByte);
        Console.WriteLine("16비트 ushort : {0}", iUInt16);
        Console.WriteLine("32비트 uint : {0}", iUInt32);
        Console.WriteLine("64비트 ulong : {0}", iUInt64);
    }
}
```

```
8비트 byte : 255
16비트 ushort : 65535
32비트 uint : 4294967295
64비트 ulong : 18446744073709551615
```

이 코드는 byte, ushort, uint, ulong 키워드로 선언된 변수가 가질 수 있는 가장 큰 값을 넣은 후 출력합니다. 부호 있는 정수형보다 2배 큰 값을 넣을 수 있습니다.

정수 데이터 형식의 범위를 넘는 숫자를 넣으면 어떻게 될까요? 다음 내용을 입력해 보세요. 코드가 실행되지 않고 바로 에러가 발생합니다. byte 형식 변수는 0에서 255까지 정수를 저장할 수 있어 그보다 큰 256은 저장할 수 없습니다.

```
> byte b = 256;
(1,10): error CS0031: '256' 상수 값을 'byte'(으)로 변환할 수 없습니다.
```

> **Note ≡ MinValue와 MaxValue 속성으로 최솟값과 최댓값 출력**
>
> 부호 있는 정수형 데이터 형식인 sbyte, short, int, long과 부호 없는 데이터 형식인 byte, ushort, uint, ulong의 최솟값과 최댓값은 다음과 같이 MinValue와 MaxValue 속성으로 출력할 수 있습니다.
>
> ```
> > Console.WriteLine("[32비트] int 최솟값 : {0}", int.MinValue);    //부호 있는 정수형
> [32비트] int 최솟값 : -2147483648
> > Console.WriteLine("[32비트] int 최댓값 : {0}", int.MaxValue);
> [32비트] int 최댓값 : 2147483647
>
> > Console.WriteLine("[08비트] byte 최솟값 : {0}", byte.MinValue);  //부호 없는 정수형
> [08비트] byte 최솟값 : 0
> > Console.WriteLine("[08비트] byte 최댓값 : {0}", byte.MaxValue);
> [08비트] byte 최댓값 : 255
> ```

6.5 실수 데이터 형식

소수점 이하의 숫자를 다루는 실수 데이터 형식(부동소수점 데이터 형식)을 살펴보겠습니다. 부동소수점 데이터 형식으로 표현되는 실수를 컴퓨터에서 표현하는 방법은 복잡합니다. 이러한 표현 방법을 설명하는 것은 책 범위를 벗어나기에, 실수 데이터 형식은 3.14처럼 평상시에 사용하던 방식인 실수 그 자체로 이해하면 됩니다.

실수 데이터는 부동소수점 방식과 10진 방식을 다루는 세 가지 데이터 형식 키워드인 double, float, decimal을 제공합니다.

▼ 그림 6-3 실수 데이터 형식

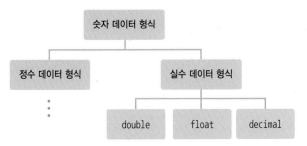

double, float는 부동소수점 방식입니다. decimal은 10진 방식이며, 소수점 28자리 정도까지의 자료를 다루는 금융 관련 프로그램을 만들 때 유용합니다. 너무 어렵게 생각할 필요 없이 double, float, decimal 키워드가 실수 데이터를 표현한다는 것만 기억하세요.

실수 데이터 형식이 갖는 크기와 값의 범위는 다음 표와 같습니다(외우지 말고 필요할 때만 찾아보세요). 다음 표기법은 지수 표기법으로 표현했는데, float 데이터 형식의 최댓값은 약 3.4×10^{38} 정도로 볼 수 있습니다.

▼ 표 6-4 실수 데이터 형식

데이터 형식	비트	범위	닷넷 형식
float	32비트	−3.402823E+38~+3.402823E+38	System.Single
double	64비트	−1.79769313486232E+308~ +1.79769313486232E+308	System.Double
decimal	128비트	−79228162514264337593542950335~ +79228162514264337593542950335	System.Decimal

Note ≣ **지수 표기법**

아주 큰 수와 작은 수를 표현할 때는 지수 표기법(exponential notation)을 사용합니다. 지수 표기법은 과학적 표기법(scientific notation)이라고도 합니다.

지수 표기법은 숫자를 '−d.ddd…E+ddd' 또는 '−d.ddd…e+ddd' 형태의 문자열로 변환합니다. 여기에서 각 d는 숫자(0~9)를 나타냅니다. 숫자가 음수이면 문자열 앞에 빼기 기호가 붙습니다. 소수점 앞에는 항상 숫자가 하나만 있어야 합니다.

• **실수E+지수**: 실수 곱하기 지수만큼 10의 거듭제곱을 나타냅니다.
  −3.4E+38: −3.4 x 10^{38} 1.7E+308: 1.7 x 10^{308}

double 키워드(System.Double)

double 데이터 형식은 64비트 실수 데이터를 저장할 수 있습니다. double 변수에 실수 데이터를 입력하면 기본값으로 double 데이터 형식이 됩니다. double 데이터 형식을 명확하게 설정할 때는 실수 데이터 값 뒤에 접미사로 대문자 D 또는 소문자 d를 지정하여 double d = 100D; 형태를 사용합니다.

다음 코드는 간단히 원주율을 저장해 놓고 출력하는 예제입니다. 내용을 입력한 후 실행해 보세요.

double 키워드로 실수 데이터 형식 선언 및 초기화: DoubleDemo.cs

```
using System;

class DoubleDemo
{
    static void Main()
    {
        double PI = 3.141592;
        Console.WriteLine("{0}", PI);
    }
}
```

\ 실행 결과 /

```
3.141592
```

Note ≡   Double.MaxValue와 Double.MinValue

double 데이터 형식이 가질 수 있는 최솟값과 최댓값은 닷넷 형식인 Double의 MinValue와 MaxValue 속성으로 구할 수 있습니다.

```
> double min = Double.MinValue;  //double 형식의 최솟값
> min
-1.7976931348623157E+308
> double max = Double.MaxValue;  //double 형식의 최댓값
> max
1.7976931348623157E+308
```

float 키워드(System.Single)

float 데이터 형식은 32비트 부동소수점 방식을 사용합니다. 간단히 실수 데이터를 저장하고 출력하는 예제를 다음과 같이 입력한 후 실행해 보세요.

float 키워드로 실수 데이터 형식 선언 및 초기화: FloatDemo.cs

```csharp
using System;

class FloatDemo
{
    static void Main()
    {
        float f = 99.99F;
        Console.WriteLine("{0}", f);
    }
}
```

\ 실행 결과 /

```
99.99
```

float 키워드로 실수 데이터를 직접 입력할 때는 대문자 F 또는 소문자 f를 접미사로 사용하여 대입해야 합니다. 접미사를 사용하지 않으면 실수 값을 기본적으로 double 형식으로 인식하여 float 형식 변수에 담을 수 없습니다. 그래서 float 형식 변수를 선언할 때는 접미사 F를 붙여야 합니다.

> Note ≡　Single.MaxValue와 Single.MinValue
>
> float 데이터 형식의 최솟값과 최댓값은 Single 데이터 형식의 MinValue와 MaxValue 속성으로 구할 수 있습니다.
>
> ```
> > Single.MinValue  //float 형식의 최솟값
> -3.40282347E+38
> > Single.MaxValue  //float 형식의 최댓값
> 3.40282347E+38
> ```

decimal 키워드(System.Decimal)

decimal 키워드는 실수 형식의 데이터를 다룰 때 사용하는데, 이진수 체계로 처리되는 double이나 float와 달리 십진수로 표현합니다. decimal은 128비트의 숫자를 표현할 수 있습니다. float와 double 데이터 형식에 비해서 가장 정밀도가 높은 정확한 자료를 담을 수 있습니다. 값 자체의

범위는 float와 double 데이터 형식에 비해서 작지만, 소수점 28자리까지는 정확도(유효 자릿수)가 높기에 세금과 환율 계산 등 주로 금융 프로그램을 만들 때 사용합니다.

다음 샘플 코드를 보면 실수는 부동소수점 수를 이진수로 표현하기에 소수점 처리에 오류가 발생합니다. 이때는 decimal 형식을 사용하여 오차가 발생하지 않도록 해야 합니다.

```
> (2.0 - 1.1)
0.89999999999999991
> Convert.ToDecimal(2.0 - 1.1)
0.9
```

다음 샘플 코드처럼 decimal.TryParse() 메서드를 사용하면 숫자 형식의 문자열을 decimal 형식으로 변환하여 decimal 변수에 담을 수 있습니다. 또 decimal 키워드로 선언된 변수에 숫자 리터럴을 입력할 때는 반드시 대문자 M 또는 소문자 m 접미사를 사용해야 합니다. TryParse() 메서드의 두 번째에는 out 키워드를 사용했는데요. 이러한 내용은 뒤에서 자세히 다루니 지금은 샘플 코드만 살펴보세요.

```
> decimal d = 0M;
> decimal.TryParse("12.34", out d);
> d
12.34
```

실수 데이터를 decimal 변수에 넣고 출력하는 예제를 다음과 같이 입력한 후 실행해 보세요.

decimal 키워드로 실수 데이터 형식 선언 및 초기화: DecimalDemo.cs

```
using System;

class DecimalDemo
{
    static void Main()
    {
        decimal d = 12.34M;
        Console.WriteLine("{0}", d);
    }
}
```

＼ 실행 결과 ／

```
12.34
```

6.6 숫자 형식의 리터럴 값에 접미사 붙이기

정수형 데이터를 표현하는 리터럴을 만들 때는 접미사를 붙입니다. int 형은 접미사를 따로 붙이지 않고, long 형은 대문자 L과 소문자 l을 접미사로 붙입니다. U와 u를 접미사로 붙이면 uint를, UL과 ul을 접미사로 붙이면 ulong 형을 나타냅니다.

실수형 데이터를 표현하는 리터럴을 만들 때도 접미사를 사용할 수 있습니다. F 또는 f를 붙이면 float 형을 나타내고, D 또는 d를 붙이면 double 형을 나타냅니다. M 또는 m은 decimal 형을 나타내는 접미사입니다.

이러한 정수형과 실수형을 나타내는 접미사는 대문자를 사용하면 좀 더 보기에 편합니다.

```
> float   f = 3.14F;
> double  d = 3.14D;
> decimal m = 3.14M;
> Console.WriteLine("{0}, {1}, {2}", f, d, m);
3.14, 3.14, 3.14
```

숫자 데이터 형식을 나타내는 키워드는 많지만 그중 int, long, float, double, decimal을 가장 많이 사용합니다. 그리고 모든 숫자 데이터 형식은 최댓값과 최솟값을 제공하지만 범위를 외울 필요는 없습니다. 프로그램을 만들면서 자연스럽게 각 범위에 맞는 데이터 형식을 사용하는 방법을 익히면 됩니다.

07 숫자 이외의 데이터 형식 사용하기

숫자 이외의 데이터 형식(bool, char, string 등 키워드로 숫자 이외의 데이터 저장)인 문자(char), 문자열(string), 참/거짓 값을 다루어 보겠습니다.

7.1 문자 데이터 형식: char

문자형 변수는 2바이트 공간에 문자 하나를 저장합니다. 문자형 변수는 char 키워드로 선언하고 값을 초기화할 때는 작은따옴표 2개를 사용하여 문자 하나를 묶어 줍니다.

문자 하나를 담을 변수를 선언하고 사용하는 샘플 코드는 다음과 같습니다. C# 인터렉티브에서는 Console.WriteLine()을 사용하는 대신 다음과 같이 변수를 입력하여 직접 출력할 수도 있습니다.

```
> char grade = 'A';
> grade
'A'
```

▼ 그림 7-1 문자 변수 선언 및 초기화

```
char grade = 'A';
```

문자 데이터 형식인 char 키워드로 선언된 변수는 문자 하나를 저장하는 데 사용합니다. char 데이터 형식은 16비트 저장 공간을 차지합니다. char 키워드로 선언되는 변수는 단일 유니코드(unicode) 문자를 저장합니다. 일반적인 영문 및 한글 등 모든 언어 문자를 표현할 수 있습니다. 단일 문자는 작은따옴표(')로 묶습니다. char 자료형에는 문자 여러 개를 저장할 수 없습니다. 즉, 작은따옴표 안에는 문자 하나만 넣을 수 있습니다. char 데이터 형식의 닷넷 형식은 System.Char 입니다. 잠시 후에 설명하겠지만 $"{a}, {b}" 형태를 사용하여 한 번에 문자 또는 문자열을 묶어 출력할 수 있습니다.

```
> char a = 'A';
> Char b = 'B';
> $"{a}, {b}"
"A, B"
> System.Char c = 'ABC';   //문자를 여러 개 저장하면 에러 발생
(1,17): error CS1012: Too many characters in character literal
```

이제 문자 변수에 문자를 저장하고 출력하는 내용을 살펴보겠습니다. 다음 내용을 입력한 후 실행해 보세요.

문자(char) 데이터 형식 변수 선언: CharacterDemo.cs

```
using System;

class CharacterDemo
{
    static void Main()
    {
        char grade = 'A';
        char kor = '가';

        Console.WriteLine(grade);
        Console.WriteLine(kor);
    }
}
```

＼ 실행 결과 ／

```
A
가
```

char 변수에 'A', '가'처럼 문자 하나를 작은따옴표로 묶어서 저장했습니다. char 변수에 문자를 하나 이상 지정하면 "문자 리터럴에 문자가 너무 많습니다."라는 에러 메시지가 출력됩니다.

7.2 문자열 데이터 형식: string

일반적으로 가장 많이 사용하는 데이터 형식은 문자열을 나타내는 string입니다. string 키워드를 사용하면 문자열 데이터 형식의 변수를 선언할 수 있습니다. 문자열은 반드시 큰따옴표(")로 묶습니다. string 키워드에 해당하는 닷넷 프레임워크 형식은 System.String입니다.

문자열 변수를 선언하는 내용을 살펴보겠습니다. 다음 내용을 입력한 후 실행해 보세요.

07

문자열(string) 데이터 형식 변수 선언: StringKeyword.cs

```
using System;

class StringKeyword
{
    static void Main()
    {
        string name = "박용준";
        Console.WriteLine("안녕하세요. {0}입니다.", name);
    }
}
```

\ 실행 결과 /

```
안녕하세요. 박용준입니다.
```

하나 이상의 문자로 구성된 문자열은 큰따옴표로 묶어서 string 변수에 담습니다. C#에서 기본으로 제공하는 데이터 형식 중에서 앞으로 가장 많이 사용할 형태입니다.

@ 기호로 여러 줄 문자열 저장하기

문자열 앞에 @ 기호를 붙이면 문자열 자체를 그대로 문자열로 저장합니다. 이때 이스케이프 시퀀스도 함께 저장합니다. 다음 예제를 살펴보세요.

@ 기호로 여러 줄 문자열 사용: MultiLineString.cs

```
using System;

class MultiLineString
{
    static void Main()
    {
        string multiLines = @"
            안녕하세요.
            반갑습니다.
        ";

        Console.WriteLine(multiLines);
    }
}
```

안녕하세요.
반갑습니다.

실행하면 줄 바꿈 및 소스 코드에 있는 빈 공백까지 모두 포함하여 문자열로 저장되는 것을 확인할 수 있습니다.

이처럼 C# 코드 기반에서 디렉터리 경로나 자바스크립트 코드 블록, SQL 문 등 여러 줄에 걸쳐 작성할 내용은 @ 기호를 앞에 붙여 문자열 하나로 인식하게 할 수 있습니다.

문자열 보간법

문자열 보간법(string interpolation) 또는 보간된 문자열 기능은 문자열을 묶을 때 편리하게 사용할 수 있습니다. 문자열 템플릿(string template) 또는 템플릿 문자열(template string)이라고도 합니다. 프로그래밍을 하다 보면 문자열을 묶어서 결과를 출력할 일이 많습니다. 이때 효과적으로 문자열을 처리하려고 String.Format() 메서드 등을 주로 사용합니다. C# 6.0 버전부터는 템플릿 문자열이라는 문자열 보간법을 제공해서 $"{}" 형태로 문자열을 묶어서 출력하는 간결한 형태를 유지할 수 있습니다. 이 방식은 처음에는 복잡해 보일 수 있으나 사용할수록 편리하다고 느낄 것입니다.

```
> string message = "Hello";
> $"{message}"
"Hello"
```

Console.WriteLine() 메서드에서 제공하는 {0}, {1} 형태의 자리 표시자 대신 직접 특정 변수 값을 중괄호 기호로 표현할 수 있습니다. 이때 문자열 앞에는 $ 기호가 와야 합니다.

```
> int number = 3;
> string result = "홀수";
> Console.WriteLine($"{number}은(는) {result}입니다.");
3은(는) 홀수입니다.
```

문자열 보간법에 사용되는 변수 값은 모두 문자열로 처리됩니다.

String.Format() 메서드로 문자열 묶기

우선 String.Format() 메서드를 사용해 보겠습니다. String.Format() 또는 string.Format() 메서드는 모두 동일한 표현법입니다.

```
> string msg = string.Format("{0}님, {1}", "백승수", "안녕하세요.");
> Console.WriteLine(msg);
백승수님, 안녕하세요.
```

String.Format()은 Console.WriteLine() 메서드처럼 {0}, {1}, {2} 순서대로 뒤에서 오는 문자열을 채워 문자열로 반환해 줍니다.

문자열을 묶는 여러 가지 방법 비교

문자열을 묶어서 출력하는 여러 가지 방법을 비교하여 살펴보겠습니다. 다음 내용을 입력한 후 실행해 보세요. 문자열 앞에 $ 기호를 두고, 문자열 내에서 중괄호 기호를 사용하여 특정 변수 값을 문자열에 포함할 수 있습니다.

```
> string message = "String Interpolation";
> Console.WriteLine("Message : {0}", message);    //WriteLine() 메서드 기본 제공
Message : String Interpolation
> Console.WriteLine("Message : " + message);    //더하기 연산자
Message : String Interpolation
> Console.WriteLine($"Message : {message}");    //문자열 보간법
Message : String Interpolation
```

이 예제에서 살펴본 세 가지 방법을 이 책에서는 모두 사용하지만, 세 번째 방법인 문자열 보간법 사용을 적극 권장합니다.

익숙해질 수 있도록 문자열 보간법으로 문자열을 표현하는 방법을 한 번 더 살펴봅시다. 다음 내용을 입력한 후 실행해 보세요.

```
> string name = "C#";
> string version = "8.0";
> Console.WriteLine("{0} {1}", name, version);    //WriteLine() 메서드의 기본 기능 사용
C# 8.0
> string result = String.Format("{0} {1}", name, version);    //String.Format() 메서드 사용
> Console.WriteLine(result);
C# 8.0
> Console.WriteLine($"{name} {version}");        //문자열 보간법 사용
```

```
C# 8.0
> $"{name} {version}"   //C# 인터렉티브에서는 Console.WriteLine() 생략 가능
"C# 8.0"
```

C# 6.0 버전에서 새로 소개된 문자열 보간법을 사용하면 String.Format() 메서드 대신 $ 기호와 여는 중괄호와 닫는 중괄호 사이에 직접 변수 값을 지정할 수 있는데, 이것으로 코드를 좀 더 간소화할 수 있습니다.

7.3 논리 데이터 형식: bool

논리 데이터 형식인 참(true) 또는 거짓(false) 값을 저장하려면 bool 키워드를 사용합니다. bool 키워드로 선언하는 변수는 논리형 값인 참(true)과 거짓(false) 정보를 저장합니다. 이를 사용하면 어떤 상태를 참과 거짓으로 구분하여 제어할 수 있습니다. bool 데이터 형식은 1비트의 저장 공간을 차지합니다. 1비트 공간을 채우는 키워드는 true와 false입니다. bool 데이터 형식에는 true와 false 키워드로 표현되는 값을 2개만 저장할 수 있습니다. 이것으로 결괏값을 참/거짓, 예/아니요 등으로 표현할 수 있습니다. bool 키워드에 해당하는 닷넷 형식은 System.Boolean입니다.

이번에는 bool 변수를 사용해 보겠습니다. 다음 내용을 입력한 후 실행해 보세요.

참(True) 또는 거짓(False) 값 저장: BooleanDemo.cs

```
using System;

class BooleanDemo
{
    static void Main()
    {
        bool bln = true;
        Console.WriteLine(bln);

        bool isFalse = false;
        Console.WriteLine(isFalse);
    }
}
```

\ 실행 결과 /

```
True
False
```

C#에서 논리 데이터 형식에 사용하려고 미리 정의된 키워드는 true와 false입니다. 다만 Console.WriteLine() 메서드로 출력되는 문자열은 True와 False로 표현됩니다.

7.4 변하지 않는 값: 상수

실수 데이터와 문자열 데이터를 저장하는 상수를 사용해 보겠습니다. 문자열 변수에 const 키워드를 붙이면 상수로 선언됩니다. 다음 내용을 C# 인터렉티브에 입력한 후 실행해 보세요.

```
> const double PI = 3.14;              //상수 선언과 동시에 초기화
> const string SITE_NAME = "닷넷코리아";  //상수 참조
> PI
3.14
> SITE_NAME
"닷넷코리아"
```

변수를 선언할 수 있는 모든 데이터 형식 앞에 const를 붙여 상수로 만들었습니다. 이 책에서는 상수 이름을 주로 대문자로 표현합니다.

상수 내용은 변경할 수 없습니다. 상수를 선언한 후 상수 값을 새로운 값으로 변경하려고 하면 에러가 발생합니다.

```
> string name = "박용준";
> name = "레드플러스";   //변수: 변경 가능
> const int age = 20;  //상수: age는 20으로 고정
> age = 45;                //age를 45로 변경하려고 하면 에러 발생
(1,1): error CS0131: The left-hand side of an assignment must be a variable, property
or indexer
> Console.WriteLine($"{name} - {age}"); //변수와 상수 사용
레드플러스 - 20
> const double PI = 3.14;
> const string SITE_NAME = "닷넷코리아";
> PI
3.14
> SITE_NAME
"닷넷코리아"
```

7.5 닷넷 데이터 형식

문자, 문자열, 논리 데이터를 표현할 때는 char, string, bool 키워드를 사용했습니다. 이와 동일
한 표현인 닷넷 데이터 형식은 System.Char, System.String, System.Boolean입니다.

이번에는 닷넷 데이터 형식을 사용해서 변수를 만들어 보겠습니다. 다음 내용을 입력한 후 실행해
보세요.

닷넷 데이터 형식 사용: CharStringBoolean.cs

```
using System;

class CharStringBoolean
{
    static void Main()
    {
        Char c = 'A';
        String s = "안녕하세요.";
        Boolean b = true;

        Console.WriteLine("{0}\n{1}\n{2}", c, s, b);
    }
}
```

＼ 실행 결과 ／

```
A
안녕하세요.
True
```

Char, String, Boolean을 사용해서 변수를 선언하는 방식은 char, string, bool 키워드를 표현하는 방식과 동일합니다.

7.6 래퍼 형식

데이터 형식을 지정할 때 사용되는 int, string 등 키워드는 닷넷 데이터 형식으로도 제공합니다. 이러한 닷넷 데이터 형식을 다른 말로 래퍼 형식(wrapper type)이라고 합니다. 래퍼 형식은 int, string 같은 기본 형식을 클래스 또는 구조체로 감싼 닷넷 데이터 형식을 의미합니다.

```
> int number1 = 1234;     //int 키워드: 기본 형식
> Int32 number2 = 1234;   //System.Int32 구조체: 닷넷 형식
> $"{number1}, {number2}"
"1234, 1234"
> string str1 = "안녕";    //string 키워드: 기본 형식
> String str2 = "안녕";    //System.String 클래스: 닷넷 형식
> $"{str1}, {str2}"
"안녕, 안녕"
```

> Note ☰ **날짜 형식**
>
> 날짜 형식은 22강에서 자세히 다룹니다. 간단히 살펴보면 다음과 같습니다. 한 번 읽어 보거나 C# 인터렉티브에서 실행한 후 넘어가도 됩니다. DateTime에서 날짜 관련 정보를 제공합니다.
>
> ```
> > DateTime.Now  //날짜 전체
> [2020-02-17 오전 7:23:57]
> > $"{DateTime.Now.Year}-{DateTime.Now.Month}-{DateTime.Now.Day}"  //항목별 출력
> "2020-2-17"
> > $"{DateTime.Now.Hour}:{DateTime.Now.Minute}:{DateTime.Now.Second}"
> "7:24:21"
> ```

지금까지 문자, 문자열 논리 형식을 다루어 보았습니다. 간단히 데이터 형식만 사용해 보았지만, 앞으로 배울 모든 영역에서 자세히 다룰 예정입니다.

08 사용자한테 얻은 정보를 변수에 저장하기

프로그램을 실행할 때마다 서로 다른 값을 입력받으려면 콘솔에서 입력한 값을 변수에 저장할 수 있어야 합니다. 키보드로 입력받고 모니터로 출력하는 일반적인 내용을 표준 입출력(standard input/output)이라고 합니다.

8.1 문자열 입력 관련 메서드

Console 클래스로는 사용자가 콘솔에서 데이터를 입력하고 이를 다시 콘솔 화면에 출력할 수 있습니다. 지금까지 콘솔에 데이터를 출력할 때는 Console.Write() 또는 Console.WriteLine() 메서드를 사용했습니다. 사용자에게서 콘솔로 데이터를 입력받을 때는 다음 메서드를 주로 사용합니다.

- Console.ReadLine(): 콘솔에서 한 줄을 입력받습니다. 또 콘솔 앱 프로그램에는 현재 시점에서 잠시 멈추는 기능이 있어 Enter를 누를 때까지 대기합니다.
- Console.Read(): 콘솔에서 한 문자를 정수로 입력받습니다.
- Console.ReadKey(): 콘솔에서 다음 문자나 사용자가 누른 기능 키를 가져옵니다.

책에서 가장 많이 사용할 Console.ReadLine() 메서드는 콘솔에 대기하고 있다 사용자가 한 줄을 입력한 후 Enter를 누르면 해당 문자열을 입력받아 그 결괏값을 반환합니다.

Console.ReadLine() 메서드 사용하기

Console.ReadLine() 메서드를 사용하여 콘솔 화면에서 대기하도록 하겠습니다. Console.ReadLine() 같은 입력 메서드는 C# 인터렉티브에서는 사용할 수 없습니다.

콘솔 화면에서 Enter를 누를 때까지 대기: ReadLineDemo.cs

```
using System;

class ReadLineDemo
```

```
    {
        static void Main()
        {
            Console.ReadLine();   //<- 이 시점에서 대기하는 효과
        }
    }
```

실행하면 다음과 같이 콘솔 화면에서 대기합니다. Console.ReadLine() 메서드가 실행되고 프로그램을 종료합니다.

▼ 그림 8-1 빈 콘솔 화면에서 대기

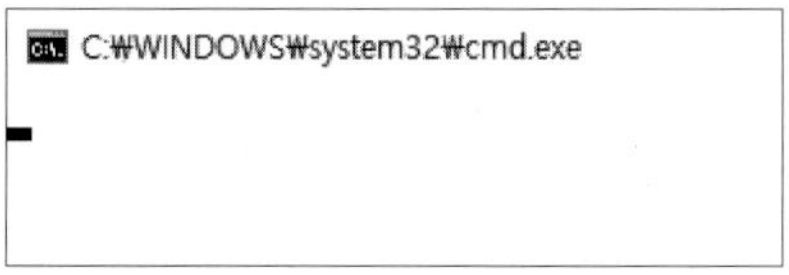

C:\WINDOWS\system32\cmd.exe

이번에는 콘솔에서 입력한 값을 그대로 출력하도록 만들어 봅시다. 다음과 같이 코드를 작성한 후 [Ctrl]+[F5]로 실행해 보세요. 콘솔에서 아무 문자열이나 입력한 후 [Enter]를 누르면 그 값이 그대로 출력됩니다.

콘솔에서 입력받은 문자열을 그대로 콘솔에 출력: ConsoleReadLineDemo.cs

```
using System;

class ConsoleReadLineDemo
{
    static void Main()
    {
        Console.WriteLine(Console.ReadLine());
    }
}
```

프로그램을 실행한 후 한 줄을 입력하고 [Enter]를 누르면 입력한 문자열이 그대로 출력됩니다. "안녕하세요." 문자열을 입력하면 이 값을 입력받아 Console.WriteLine() 메서드로 다음과 같이 출력합니다.

```
C:\WINDOWS\system32\cmd.exe
안녕하세요.
안녕하세요.
계속하려면 아무 키나 누르십시오 . . . ▮
```

이번에는 Console.ReadLine() 메서드로 콘솔에서 값을 입력받아 변수에 저장한 후 사용해 보겠습니다. 다음 내용을 입력한 후 실행해 보세요.

콘솔에서 이름을 입력받아 출력: InputName.cs

```csharp
using System;

class InputName
{
    static void Main()
    {
        Console.Write("이름을 입력하시오 => ");   //① "이름을 입력하시오" 출력
        string name = Console.ReadLine();        //② 입력받은 문자열을 name 변수에 저장
        Console.WriteLine("안녕하세요. {0}님.", name);   //③ name 변수 값을 {0}에 출력
    }
}
```

실행한 후 '박용준'을 입력하면 다음과 같이 입력받은 값을 출력합니다.

▼ 그림 8-3 값을 입력받아 변수에 저장한 후 사용

```
C:\WINDOWS\system32\cmd.exe
이름을 입력하시오 => 박용준
안녕하세요. 박용준님.
계속하려면 아무 키나 누르십시오 . . . ▮
```

코드에서 ①은 단순히 화면에 문자열을 출력하는 역할을 합니다.

②에서 Console.ReadLine() 메서드는 콘솔에서 Enter 를 누를 때까지 문자열을 입력받는 기능을 제공합니다. string 형 변수인 name에는 Console.ReadLine() 메서드로 입력한 문자열을 저장합니다.

Console.Read() 메서드 사용하기

Console.Read() 메서드를 사용하면 콘솔에서 문자를 하나만 입력받을 수 있습니다. 입력 값은 우리가 입력한 값과 다르게 문자에 해당하는 정수로 반환됩니다. 정수에 해당하는 문자를 출력할 때는 Convert.ToChar() 메서드를 사용합니다. Convert 클래스는 잠시 후에 다시 살펴보겠습니다.

Console.Read() 메서드로 문자 하나를 정수로 입력받기: ConsoleReadDemo.cs

```
using System;

class ConsoleReadDemo
{
    static void Main()
    {
        int x = Console.Read();   //① 콘솔에서 문자 하나를 입력한 후 [Enter]
        Console.WriteLine(x);     //② A를 입력했다면 A에 해당하는 정수 값 65 출력
        Console.WriteLine(Convert.ToChar(x));   //③ 65에 해당하는 유니코드 문자 출력
    }
}
```

＼ 실행 결과 ／

```
A [Enter]
65
A
```

실행하면 Console.Read() 메서드를 사용하여 콘솔에서 문자 하나를 입력받습니다. 이렇게 입력된 문자는 정수형 변수로 반환됩니다. 예를 들어 A를 입력하면 아스키코드가 65를 저장합니다. 다시 65에 해당하는 문자를 표현하려면 Convert.ToChar() 메서드로 묶어 줍니다.

8.2 형식 변환

Console.ReadLine() 메서드를 사용하여 콘솔에서 입력받은 데이터는 문자열입니다. 문자열 대신 정수나 실수 데이터를 입력받고 싶다면 입력된 문자열을 원하는 데이터 형식으로 변환할 수 있어야 합니다.

같은 형식의 데이터끼리는 따로 형식 변환(type conversion)을 하지 않아도 그대로 값이 대입됩니다.

```
> int number1 = 1234;      //정수 1234를 number1 변수에 저장
> int number2 = number1;   //number1 값을 다시 number2 변수에 저장
> number2
1234
```

암시적 형 변환과 명시적 형 변환

형식 변환은 크게 암시적(implicit)(묵시적) 형 변환과 명시적(explicit) 형 변환으로 구분할 수 있습니다. 암시적 형 변환은 변환 형식이 안전하게 유지되며 데이터가 손실되지 않아 특수한 구문이 필요 없습니다. 예를 들어 숫자 형식 중 int 형식은 그보다 더 큰 long 형식 변수에 그대로 담을 수 있습니다.

```
> int number1 = 1234;
> long number2 = number1;   //number1 값을 그보다 큰 long 형식 변수인 number2에 저장
> number2
1234
```

하지만 반대로 long 형식의 변수를 int 형식의 변수에 저장하려면 다음 샘플 코드처럼 명시적으로 (int)를 붙여 long을 int로 변경해야 합니다. 명시적 형 변환은 캐스팅(casting)이라고도 합니다.

```
> long number1 = 1234;
> int number2 = (int)number1;   //long 형식의 변수를 int 형식의 변수로 변환해서 저장
> number2
1234
```

이 경우에는 데이터가 손실되어 엉뚱한 데이터가 저장될 수도 있습니다. 에러는 발생하지 않지만 잘못된 값이 저장되는 경우를 살펴보겠습니다. 다음 내용을 입력한 후 실행해 보세요. 참고로 소스 코드에서 변수 이름은 L의 소문자인 l과 I의 소문자인 i를 사용했습니다.

long을 int로 명시적 형 변환: TypeConversionError.cs

```
using System;

class TypeConversionError
{
    static void Main()
    {
        long l = long.MaxValue;  //① long 형식 변수의 가장 큰 값을 l 변수에 저장
        Console.WriteLine($"l의 값 : {1}");
        int i = (int)l;          //② l 변수 값을 int 형식으로 변환하여 i 변수에 저장
```

```
            Console.WriteLine($"i의 값 : {i}");
        }
    }
```

```
l의 값 : 9223372036854775807
i의 값 : -1
```

(int) 표현식을 사용하여 long 형식의 변수를 int 형식의 변수로 변환했습니다. 다만 int 형식 변수의 크기를 벗어나는 데이터를 저장하면 잘못된 데이터가 저장될 수 있으니 주의해야 합니다.

마찬가지로 정수 형식을 담을 수 있는 int 형식의 변수 값을 0~255만 담을 수 있는 정수 형식 변수인 byte에 담을 때는 (byte)를 붙여야 합니다. 값이 255 이상이라면 잘못된 데이터가 저장되니 주의해야 합니다. 다음은 int를 byte로 변환하는 예제입니다.

int를 byte로 명시적 형 변환: IntToByte.cs

```
using System;

class IntToByte
{
    static void Main()
    {
        int x = 255;
        byte y = (byte)x;

        Console.WriteLine($"{x} -> {y}");   //보간된 문자열을 사용하여 x와 y의 값 출력
    }
}
```

```
255 -> 255
```

Convert 클래스를 사용하여 형식 바꾸기

데이터 형식 변환은 괄호 기호 이외에 Convert 클래스의 주요 메서드도 사용할 수 있습니다.

메서드	설명
Convert.ToString()	숫자 데이터 형식을 문자열로 변경합니다.
Convert.ToInt32()	숫자 데이터 형식을 정수 형식으로 변경합니다.
Convert.ToDouble()	숫자 데이터 형식을 실수 형식으로 변경합니다.
Convert.ToChar()	입력받은 숫자 또는 문자열 하나를 문자로 변경합니다.

예를 들어 숫자 데이터 형식을 문자열로 변경하고 싶다면 Convert.ToString() 메서드를 사용합니다. 다음은 정수형 변수 a를 선언한 후 문자열로 변경하여 문자열 변수 b에 대입하는 샘플 코드입니다.

```
int a = 1234;
string b = Convert.ToString(a);
```

그럼 Convert 클래스를 사용하여 형식을 변환해 봅시다. 다음 내용을 입력한 후 실행해 보세요.

Convert 클래스로 형식 변환: TypeConversion.cs

```
using System;

class TypeConversion
{
    static void Main()
    {
        double d = 12.34;
        int i = 1234;

        d = i;       //큰 그릇에 작은 그릇의 값을 저장
        Console.WriteLine("암시적 형식 변환 = " + d);

        d = 12.34;
        i = (int)d;  //() 사용: 정수형 데이터만 저장됨
        Console.WriteLine("명시적 형식 변환 = " + i);

        string s = "";
        s = Convert.ToString(d);
        Console.WriteLine("형식 변환 = " + s);
    }
}
```

```
암시적 형식 변환 = 1234
명시적 형식 변환 = 12
형식 변환 = 12.34
```

Convert.ToInt32()는 int.Parse() 메서드로, Convert.ToDouble()은 double.Parse() 메서드로 대체해서 사용할 수도 있습니다. 나중에 제어문을 학습하고 나면 int.TryParse(), double.TryParse() 같은 메서드를 사용하여 좀 더 안전하게 데이터를 변환할 것입니다.

정수 형식으로 변환하는 세 가지 방법

정수 형태의 문자열을 정수 형식으로 변환하는 세 가지 방법은 다음 샘플 코드와 같습니다.

```
> string strNumber = "1234";
> int number1 = Convert.ToInt32(strNumber);
> $"{number1} - {number1.GetType()}"
"1234 - System.Int32"
> int number2 = int.Parse(strNumber);
> $"{number2} - {number2.GetType()}"
"1234 - System.Int32"
> int number3 = Int32.Parse(strNumber);
> $"{number3} - {number3.GetType()}"
"1234 - System.Int32"
```

코드의 GetType() 메서드는 닷넷에서 제공하고, 이를 사용하면 모든 값의 데이터 형식을 알 수 있습니다. 다음 내용을 입력한 후 실행해 보세요.

GetType() 메서드로 데이터 형식 확인: GetTypeDemo.cs

```
using System;

class GetTypeDemo
{
    static void Main()
    {
        int i = 1234;
        string s = "안녕하세요.";
        char c = 'A';
        double d = 3.14;
        object o = new Object();  //개체: 개체를 생성하는 구문
```

```
            Console.WriteLine(i.GetType());
            Console.WriteLine(s.GetType());
            Console.WriteLine(c.GetType());
            Console.WriteLine(d.GetType());
            Console.WriteLine(o.GetType());
        }
    }
```

\ 실행 결과 /

```
System.Int32
System.String
System.Char
System.Double
System.Object
```

모든 변수에 GetType() 메서드를 요청하면 해당 변수의 닷넷 데이터 형식을 알려 줍니다. object o = new Object(); 형태의 코드는 모든 데이터 형식을 담을 수 있는 그릇을 만드는 작업인데요. 개체를 생성하는 작업입니다. 이러한 형태는 앞으로 계속 알아 갈 테니 지금은 GetType() 메서드의 결과에 집중합니다.

여러 가지 형식으로 변환하기

여러 가지 형식으로 변환해 봅시다. 먼저 콘솔창에서 문자열을 입력받아 정수로 변환하는 방법을 알아보겠습니다. 다음 내용을 입력한 후 실행해 보세요.

입력받은 문자열을 정수로 변환해서 출력: ReadLineInteger.cs

```
using System;

class ReadLineInteger
{
    static void Main()
    {
        Console.Write("정수를 입력하세요 : ");
        string input = Console.ReadLine();     //문자열 입력
        int number = Convert.ToInt32(input);   //정수로 형식 변환
        Console.WriteLine($"{number}-{number.GetType()}");
    }
}
```

110

Console.ReadLine() 메서드의 결괏값은 문자열이기에 이를 정수형으로 변경하려면 Convert 클래스의 Int32() 메서드로 묶어 줍니다. 정수형으로 변경할 수 없는 문자열이 들어올 때는 다음 에러가 발생합니다.

> **Convert.ToInt32("Hello")**
입력 문자열의 형식이 잘못되었습니다.

이번에는 콘솔창에서 실수를 문자열로 입력받아 실수로 변환해 보겠습니다.

실수를 문자열로 입력받아 실수로 변환: ReadLineRealNumber.cs

```
using System;

class ReadLineRealNumber
{
    static void Main()
    {
        Console.Write("실수를 입력하세요 : ");
        string input = Console.ReadLine();      //실수 입력
        double PI = Convert.ToDouble(input);   //실수로 변환
        Console.WriteLine(PI);
    }
}
```

\ 실행 결과 /

실수를 입력하세요 : **3.14** Enter
3.14

Console.ReadLine()으로 입력받은 실수 형태의 문자열을 실제 실수 데이터 형식으로 변경할 때는 Convert.ToDouble() 메서드로 묶어 주면 됩니다. 실수 데이터 형식을 입력받을 때는 ToDouble() 메서드 이외에 ToSingle()과 ToDecimal()도 사용할 수 있습니다.

문자열 및 숫자 이외에 문자 하나만 입력받을 수도 있습니다. 콘솔에서 문자열을 문자로 변환하여 입력받는 방법을 살펴보겠습니다. 참고로 이 예제는 문자 하나 이상을 입력하면 에러가 발생합니다.

```
using System;

class ReadLineCharacter
{
    static void Main()
    {
        Console.Write("문자를 입력하세요 : ");
        string input = Console.ReadLine();  //문자열 입력
        char c = Convert.ToChar(input);     //문자로 변환
        Console.WriteLine(c);
    }
}
```

\ 실행 결과 /

문자를 입력하세요 : 가 [Enter]
가

8.3 이진수 다루기

우리가 평소에 사용하는 숫자 체계는 십진수입니다. 컴퓨터에서는 이진수를 사용하죠. 그래서 컴퓨터가 숫자를 인식하게 하려면 십진수를 이진수로 변환해야 합니다. C#에서는 컴퓨터에서 사용하는 숫자 체계인 이진수를 표현할 때 다음 방식을 사용합니다.

Convert.ToString(숫자, 2)

Convert 클래스의 ToString() 메서드는 특정 숫자의 값을 문자열로 변환할 수 있습니다. 정수 값을 이진수 문자열로 얻고 싶다면 Convert.ToString(정수, 2); 형태로 두 번째 옵션에 이진수를 나타내는 2를 지정합니다.

```
> Convert.ToString(10, 2)
"1010"
> Convert.ToString(5, 2)
"101"
```

이때 이진수의 결괏값이 0010이라면 앞에 00이 생략된 10까지만 출력됩니다. 그래서 보통 비트 연산식은 이해하기 편하게 여덟 자리로 잡고, 00000010 형태로 이진수로 출력할 때는 Convert. ToString() 뒤에 한 번 더 PadLeft() 메서드를 사용해서 8칸을 기준으로 이진수 문자열을 출력하고 앞부분은 0으로 채웁니다.

```
Convert.ToString(숫자, 2).PadLeft(8, '0');
```

예를 들어 다음과 같이 사용할 수 있습니다.

```
> Convert.ToString(5, 2).PadLeft(4, '0')
"0101"
```

그럼 Convert.ToString().PadLeft()를 사용해서 정수를 이진수 문자열로 표현해 볼까요?

정수를 이진수 문자열로 표현: BinaryString.cs

```
using System;

class BinaryString
{
    static void Main()
    {
        byte x = 10;  //0000 1010

        Console.WriteLine(
            $"십진수: {x} -> 이진수: {Convert.ToString(x, 2).PadLeft(8, '0')}");
    }
}
```

\ 실행 결과 /

```
십진수: 10 -> 이진수: 00001010
```

이 코드처럼 정수를 이진수로 표현하는 공식과 같은 코드인 Convert.ToString().PadLeft() 사용법을 꼭 익혀 두세요.

십진수를 이진수로 또는 이진수를 십진수로 변환시키는 것을 진법 변환이라고 하는데 C#에서는 Convert 클래스의
ToString( )과 ToInt32( ) 메서드를 사용하여 변환이 가능합니다. 다음 코드는 참고용으로 살펴보세요.

진법 변환: RadixTransformation.cs

```
using System;

class RadixTransformation
{
    static void Main()
    {
        Console.WriteLine($"십진수 10을 이진수로 변경 : {Convert.ToString(10, 2)}");
        Console.WriteLine($"이진수 1010을 십진수로 변경 : {Convert.ToInt32("1010", 2)}");
    }
}
```

\ 실행 결과 /

```
십진수 10을 이진수로 변경 : 1010
이진수 1010을 십진수로 변경 : 10
```

이진수 리터럴

정수 앞에 숫자 0과 영문자 b를 붙이는 0b 또는 0B 접두사를 붙여 특별한 과정 없이 바로 이진수
로 표현할 수 있습니다. 0b0010처럼 표현하면 이진수 0010이 됩니다. 0b 접두사를 붙여 이진수
를 직접 코드로 표현하는 방법인 이진수 리터럴(binary literal)을 코드로 살펴보겠습니다.

```
> byte b1 = 0b0010;   //이진수 0010 -> 십진수 2
> byte b2 = 0B1100;   //이진수 1100 -> 십진수 12
> $"십진수 : {b1}"     //컴퓨터에서는 자동으로 십진수 단위로 처리함
"십진수 : 2"
> $"십진수 : {b2}"
"십진수 : 12"
```

프로그램 소스 코드에서는 기본적으로 십진수 단위로 자료가 처리됩니다. 하지만 컴퓨터가 사용
하는 이진수를 표현할 때는 0b와 0B 접두사를 두고 이진수 리터럴을 표현합니다.

언더스코어(_) 문자로 숫자 구분하기

현실 세계에서는 100만을 숫자 1,000,000 형태로 세 자리마다 콤마를 넣어 쉽게 구분할 수 있게 하는데요. 프로그램 소스 코드에서는 콤마 기호를 사용할 수 없는 대신 밑줄 문자인 언더스코어(_)를 사용하여 구분할 수 있습니다.

이진수, 십진수, 16진수 등을 표현할 때는 언더스코어(_) 문자를 사용하여 숫자를 구분할 수 있습니다. 언더스코어(_) 문자는 1개 이상(또는 여러 개) 사용할 수 있습니다. 긴 숫자를 표현할 때 숫자 구분자를 두면 가독성이 높아집니다.

```
> int bin = 0b0001_0001;   //0001 0001
> bin
17
> int dec = 1_000_000;     //1,000,000
> dec
1000000
> int hex = 0xA0_B0_C0;    //A0 B0 C0
> hex
10531008
```

0b 접두사는 이진수 리터럴을 나타냅니다. 현실 세계에서 1,000,000처럼 구분자가 있는 숫자는 1_000_000처럼 표현할 수 있습니다. 0x를 접두사로 붙여 16진수를 표현할 수 있는데, 16진수도 언더스코어(_) 문자를 구분자로 둘 수 있습니다.

8.4 var 키워드로 암시적으로 형식화된 로컬 변수 만들기

제목이 상당히 어려운데요. 변수를 선언할 때 int, string 등 기본 제공 키워드 대신 var 키워드를 사용하면 입력되는 값에 따라 자동으로 형식이 결정됩니다. C#에서 var는 매우 강력한 형식입니다. C# 컴파일러는 var로 선언된 변수에 저장되는 값을 자동으로 추론해서 적당한 형식으로 변환하는데, 이 기능을 형식 추론(type inference)이라고 합니다.

```
> int number = 1234;   //명시적으로 형식화된(explicit typing)
> var number = 1234;   //암시적으로 형식화된(implicit typing)
```

그럼 var 키워드로 변수를 선언하고 초기화하는 방법을 살펴봅시다. 다음 내용을 입력한 후 실행해 보세요.

```
using System;

class Var
{
    static void Main()
    {
        var name = "C#";     //string 형식으로 변환함
        Console.WriteLine(name);

        var version = 8.0;   //double 형식으로 변환함
        Console.WriteLine("{0:0.0}", version);
    }
}
```

\ 실행 결과 /

```
C#
8.0
```

var 키워드로 선언된 변수에 문자열이 들어오면 자동으로 string 형식으로 선언됩니다. 마찬가지로 실수형 데이터가 저장되면 double 형식의 변수가 만들어집니다.

var 키워드로 선언된 변수의 데이터 형식을 확인할 수도 있습니다. 다음 샘플 코드처럼 모든 변수에 GetType() 메서드를 요청하면 해당 변수의 데이터 형식을 알려 줍니다.

```
> var number = 1234;         //= int number;
> number.GetType()
[System.Int32]
> var message = "안녕하세요.";  //= string message;
> message.GetType()
[System.String]
```

Note ≡ | var와 dynamic 키워드

자바스크립트 같은 다른 프로그래밍 언어를 알고 있다면 var 키워드가 모든 값을 담고 있어 C#도 동일하다고 오해하곤 합니다. 하지만 C#의 var 키워드는 프로그램 소스 코드 작성의 편의성을 위해 만든 키워드이지 모든 값을 다 담을 수 있는 키워드가 아닙니다. 자바스크립트의 var에 해당하는 C# 키워드는 dynamic입니다.

Console.ReadLine() 메서드의 입력 값을 var로 선언한 변수로 받기

콘솔에서 사용자가 입력하는 값을 var로 선언된 변수에 담아 사용할 수도 있습니다.

08

입력 값을 var로 선언한 변수로 받기: VarInput.cs

```
using System;

class VarInput
{
    static void Main()
    {
        var s = Console.ReadLine();                //문자열 입력받기
        var c = Convert.ToChar(Console.Read());    //문자 하나 입력받기
        Console.WriteLine($"{s} : {s.GetType()}, {c} : {c.GetType()}");
    }
}
```

\ 실행 결과 /

```
Hello Enter
C Enter
Hello : System.String, C : System.Char
```

Console.ReadLine() 메서드의 반환값은 string 형식인 것을 알기에 s 변수는 자동으로 string 형식의 변수가 됩니다. 마찬가지로 Convert.ToChar() 메서드의 반환값은 char 형식이기에 c 변수의 형식은 자동으로 char 형식이 됩니다.

Note ☰ **키보드의 키 값 입력받기**

다음 코드는 Console.ReadKey() 메서드를 사용하여 키보드에서 입력한 키 값을 알아냅니다. ConsoleKeyInfo 구조체와 ConsoleKey 열거형을 사용했는데요. 구조체와 열거형에 대한 내용은 뒤에서 자세히 다룰 예정이니, 현재 시점에서는 코드를 한 번 작성한 후 실행해 보는 정도로 넘어갑니다.

키보드에서 입력한 값 알아내기: KeyboardInput.cs

```
using System;

class KeyboardInput
{
    static void Main()
    {
        Console.WriteLine("아무키나 누르세요.");
```

○ 계속

```
        ConsoleKeyInfo cki = Console.ReadKey(true);   //키보드 키 값 입력
        Console.WriteLine("{0}", cki.Key);             //키
        Console.WriteLine("{0}", cki.KeyChar);         //유니코드
        Console.WriteLine("{0}", cki.Modifiers);       //Ctrl, Shift, Alt 조합
        if (cki.Key == ConsoleKey.Q)
        {
            Console.WriteLine("Q를 입력하셨군요...");
        }
    }
}
```

╲ 실행 결과 ╱

```
아무키나 누르세요.
Q Enter
Q
Shift
Q를 입력하셨군요...
```

이것은 Shift 와 Q 를 함께 눌렀을 때의 실행 결과입니다.

8.5 변수의 기본값을 default 키워드로 설정하기

변수를 선언하고 초기화할 때는 해당 변수의 데이터 형식으로 초기화하면 됩니다. C#에서 기본으로 제공하는 값으로 초기화하고 싶다면 다음과 같이 default 키워드를 사용합니다.

```
> int i = default;
> double d = default;
> char c = default;
> string s = default;
> $"[{i}], [{d}], [{c}], [{s}]"
"[0], [0], [\0], []"
> $"[{i}], [{d}], [{c == Char.MinValue}], [{s == null}]"
"[0], [0], [True], [True]"
```

숫자 데이터 형식은 0을, char는 \0을, string은 null을 기본값으로 가집니다.

118

Note ≣   default 키워드로 C# 형식의 기본값 가져오기

특정 형식의 기본값을 반환해 주는 키워드도 default입니다. default(T) 형태로도 사용하며, T 자리에는 특정 형식이 들어오는데 이를 기본 식(default expression)이라고 합니다. 이것을 사용하면 int, bool, string 등 기본값을 알 수 있습니다. 코드에 있는 StringBuilder는 나중에 배울 내용이므로 지금은 코드를 작성한 후 한 번 실행해 봅니다.

```
> int intDefault = default(int);        //int 형식의 기본값
> intDefault
0
> bool boolDefault = default(bool);     //bool 형식의 기본값
> boolDefault
false
> string strDefault = default(string);  //string 형식의 기본값
> strDefault
null
> using System.Text;
> StringBuilder sbDefault =             //StringBuilder 클래스의 기본값
.       default(StringBuilder);
> sbDefault
null
```

실행 결과처럼 특정 형식이 가지는 기본값은 default 키워드 또는 default(T) 형태로 알 수 있습니다. 최근 필자는 default(T) 대신 짧은 형태인 default만 사용합니다.

Note ≣   튜플 리터럴

C#에서는 튜플 리터럴(tuple literal)을 제공합니다. 튜플 리터럴은 뒤에서 자세히 다룹니다. 미리 간단히 살펴보면 다음 샘플 코드처럼 처리할 수 있습니다.

var 키워드로 변수를 선언한 후 괄호에 콤마를 구분해서 숫자 데이터를 넣으면 자동으로 t.Item1, t.Item2 형태로 값이 저장되어 그 값을 사용할 수 있습니다.

```
> var t = (100, 200);
> Console.WriteLine(t.Item1);
100
> Console.WriteLine(t.Item2);
200
```

Item1, Item2처럼 자동 생성되는 형태를 사용하지 않을 때는 다음과 같이 변수 여러 개를 괄호 안에 선언할 수 있는데, x에는 300이 저장되고 y에는 400이 저장됩니다.

```
> var (x, y) = (300, 400);
> Console.WriteLine($"{x}, {y}");
300, 400
```

Console.ReadLine( ) 메서드로 사용자한테서 데이터를 입력받는 내용과 Convert 클래스로 형식을 변환하는 방법을 알아보았습니다. 또 var 키워드로 입력되는 형식을 자동으로 유추하여 데이터 형식을 결정시켜 주는 방법도 살펴보았습니다. 여러 가지 방법으로 만든 변수들을 사용하여 연산을 수행하는 연산자는 9강부터 이어서 알아보겠습니다.

09 연산자 개요 및 단항·산술 연산자 사용하기

데이터를 가공하는 데 사용하는 여러 연산자(데이터와 변수를 가지고 더하기(+), 빼기(-) 등 연산 작업 수행)를 알아보겠습니다.

9.1 연산자

데이터로 연산 작업을 수행할 때는 연산자(operator)를 사용합니다. 연산자는 기능에 따라 대입·산술·관계·논리·증감·조건·비트·시프트 연산자 등으로 나누며, 이용 형태에 따라 항 1개로 연산을 하는 단항(unary) 연산자와 항 2개로 연산을 하는 이항(binary) 연산자, 항 3개로 연산을 하는 삼항(ternary) 연산자로 나눕니다.

▼ 그림 9-1 연산자

연산자 피연산자

피연산자1 연산자 피연산자2

(식) ? 피연산자1 : 피연산자2

단항 연산자   이항 연산자   삼항 연산자

연산자와 피연산자

이러한 연산에는 연산자와 피연산자가 있습니다. 예를 들어 다음 코드를 봅시다.

```
> int num = 1000;
> int number = num + 1234;
> number
2234
```

+ 기호를 연산자라고 하며, num과 1234는 피연산자입니다.

식과 문

값 하나 또는 연산을 진행하는 구문의 계산식을 식(expression) 또는 표현식이라고 합니다. 예를 들어 3 + 5 같은 코드는 식입니다. 표현식을 사용하여 명령 하나를 진행하는 구문을 문(statement) 또는 문장이라고 합니다. 예를 들어 x = 3 + 5; 같은 코드가 바로 문입니다.

식과 문을 사용하는 예를 실행해 봅시다.

```
> 3 + 5
8
> 3 - 5
-2
> Console.WriteLine(3 * 5);
15
> Console.WriteLine(3 / 5);
0
```

3 + 5 형태를 식이라고 하며, 일반적으로 세미콜론으로 구분하는 문장 하나를 문이라고 합니다.

9.2 단항 연산자

단항 연산자는 연산자 하나로 식을 처리합니다. 단항 연산자의 가장 기본인 +와 - 연산자를 먼저 살펴보겠습니다.

- **+ 연산자**: 특정 정수형 변수 값을 그대로 출력합니다. 사실 단항 연산자인 + 연산자는 특정 기능이 없습니다.
- **- 연산자**: 특정 정수형 변수 값을 음수로 변경하여 출력합니다. 음수 값이 들어 있다면 양수로 변환해서 반환합니다.

단항 연산자를 사용해 봅시다. 다음 내용을 C# 인터렉티브에 입력한 후 실행해 보세요.

```
> int value = 0;
> value = 8;
> value = +value;   //+ 기호를 붙여 있는 그대로 표현
> value
8
> value = -8;
> value = +value;   //+ 기호를 붙여 있는 그대로 표현
> value
```

```
-8
> value = 8;
> value = -value;   //- 기호를 붙여 부호를 반대로 변경
> value
-8
> value = -8;
> value = -value;   //- 기호를 붙여 부호를 반대로 변경
> value
8
```

+ 연산자는 변수 값을 그대로 반환합니다. 이와 달리 - 연산자는 변수 값의 부호를 반대로 변경합니다.

9.3 변환 연산자: () 기호로 데이터 형식 변환하기

() 기호를 사용하여 특정 값을 원하는 데이터 형식으로 변환할 수 있습니다. (int)3.14를 사용하면 실수 리터럴인 3.14를 정수형으로 변환해서 3을 반환합니다.

변환 연산자를 사용해 보겠습니다.

```
> int number = (int)3.14;   //3.14를 정수(int)로 변환
> number
3
```

실수 데이터 형식인 3.14에 (int)를 붙여 정수 데이터 형식 변수에 담았습니다. 변환 연산자는 다음과 같이 (long), (double) 형태로도 사용할 수 있습니다.

```
> long number = (long)3.141592;
> number
3
> double number = (double)3.141592;
> number
3.141592
```

9.4 산술 연산자

이번에는 사칙 연산을 할 수 있는 방법을 알아보겠습니다. C#에서는 사칙 연산을 위해 산술 연산자(arithmetic operator)를 제공합니다. 산술 연산자는 더하기(add), 빼기(subtract), 곱하기(multiply), 나누기(divide), 나머지(remainder, modulus)의 수학적 연산을 하는 데 사용합니다. 또 정수 형식과 실수 형식의 산술 연산에 사용합니다.

❤ 표 9-1 산술 연산자

산술 연산자	의미	예	설명
+	더하기	A + B	A와 B를 더한 결과를 반환합니다.
-	빼기	A - B	A에서 B를 뺀 결과를 반환합니다.
*	곱하기	A * B	A와 B를 곱한 결과를 반환합니다.
/	나누기	A / B	A를 B로 나눈 결과를 반환합니다.
%	나머지	A % B	A를 B로 나눈 후 몫이 아닌 정수형 나머지 값을 반환합니다.

※ + 연산자는 문자열과 문자열을 묶는 기능도 합니다.

다음 샘플 코드는 + 연산자를 사용하여 더한 값을 출력합니다.

```
> int i = 10;
> int j = 20;
> int k = i + j;
> k
30
```

더하기 연산자: +

먼저 더하기(+) 연산자를 사용해 보겠습니다. 다음 내용을 입력한 후 실행해 보세요.

더하기(+) 연산자: OperatorAdd.cs

```
using System;

class OperatorAdd
{
    static void Main()
    {
        int i = 10;
        int j = 20;
```

```
            int k = i + j;

            Console.WriteLine(k);
        }
    }
```

\ 실행 결과 /

```
30
```

k 변수에는 i와 j 변수에 있는 값을 더한 후 그 결괏값을 저장합니다. 10과 20의 합을 더한 결괏값
인 30이 k에 저장되어 출력됩니다.

빼기 연산자: −

이번에는 빼기 연산자를 사용해 보겠습니다. 정수와 마찬가지로 산술 연산자는 실수도 동일하게
산술 연산을 처리합니다. 실수 데이터를 저장할 수 있는 decimal 형식은 3.14M 형태처럼 M을 접미
사로 붙여 초기화합니다.

```
> decimal i = 3.14M;
> decimal j = 3.14M;
> decimal k = i - j;
> k
0.00
```

빼기(−) 연산자를 사용하면 정수 또는 실수 데이터 형식의 변수를 빼는 기능을 합니다. k = i - j;
코드로 i 값에서 j 값을 뺀 결괏값이 k에 담깁니다.

곱하기 연산자: *

이번에는 곱하기 연산자를 사용해 보겠습니다.

```
> long i = 100;
> long j = 200;
> long k = i * j;
> k
20000
```

곱하기(*) 연산자는 키보드의 * 기호를 사용합니다. k = i * j; 코드로 i 값과 j 값을 곱한 결괏값
이 k에 담깁니다.

나누기 연산자: /

이번에는 나누기(/) 연산자를 사용해 보겠습니다.

```
> double i = 1.5;
> double j = 0.5;
> double k = i / j;
> k
3
> 3 / 0
(1,1): error CS0020: Division by constant zero
```

수학에서 사용하는 나누기 기호는 키보드에 없기 때문에 슬래시(/) 기호를 사용하여 나누기 기능을 구현합니다. k = i / j; 코드로 i 값을 j 값으로 나눈 결괏값이 k에 담깁니다. 나누기 연산은 0으로 나누면 에러가 발생합니다.

나머지 연산자: %

C#에서 퍼센트(%) 기호를 사용하는 나머지 연산자는 나머지 연산의 결과 중 몫이 아닌 나머지를 구하는 연산자입니다.

```
> 5 % 3
2
```

나머지(%) 연산자를 사용해 봅시다.

나머지(%) 연산자: OperatorRemainder.cs

```csharp
using System;

class OperatorRemainder
{
    static void Main()
    {
        int i = 5;
        int j = 3;
        int k = i % j;

        Console.WriteLine(k);
    }
}
```

k = i % j; 코드로 i 값을 j 값으로 나눈 후 나머지 값이 k에 담깁니다.

나머지 연산자의 결괏값이 0인 경우는 나눈 수로 정확히 나누어떨어진다는 것을 의미하여 짝수 또는 홀수 등 특정 수의 배수를 판별할 때 유용합니다. 예를 들어 모든 수를 2로 나누었을 때 나머지가 0이면 짝수를 의미하고 나머지가 1이면 홀수를 의미하는데, 이러한 식을 구현할 때 나머지 연산자(%)를 사용합니다.

참고로 다음 식으로는 나머지 연산자 없이 나머지 값을 구할 수 있습니다.

```
r = x - (x / y) * y
```

나머지 연산자 내용을 한 번 더 살펴보겠습니다.

```
> int f = 10;
. int s = 5;
. int r = f % s;   //r 변수에는 (f / s) 결과의 나머지 값을 저장
. Console.WriteLine("{0} % {1} = {2}", f, s, r);
10 % 5 = 0
```

f % s 식으로 10 % 5가 되는데, 몫은 2이고 나머지는 0이 됩니다. 이때 나머지 값인 0이 r 변수에 담깁니다.

산술 연산자 전체 사용하기

간단하게 변수 2개를 사용해서 산술 연산을 하는 프로그램을 작성해 보겠습니다. 특히 나머지 값을 구하는 % 연산자를 주의 깊게 살펴보세요.

여러 산술 연산자 사용: OperatorArithmetic.cs

```
using System;

class OperatorArithmetic
{
    static void Main()
    {
        int a = 5;
        int b = 3;
```

```
        Console.WriteLine(a + b);
        Console.WriteLine(a - b);
        Console.WriteLine(a * b);
        Console.WriteLine(a / b);
        Console.WriteLine(
            "{0} % {1} = {2}", a, b, (a % b));
    }
}
```

\ 실행 결과 /

```
8
2
15
1
5 % 3 = 2
```

나머지를 구하는 % 연산자는 프로그램 코드에서 자주 사용됩니다.

9.5 문자열 연결 연산자

산술 연산자 중 하나인 + 연산자는 경우에 따라 산술 연산 또는 문자열 연결 연산을 수행합니다.

- **+ 연산자**: 두 항이 숫자일 때는 산술(+) 연산 기능, 문자열일 때는 문자열 연결 기능

문자열 연결 연산자(addition operator)의 기본 사용 예는 다음과 같습니다.

▼ 표 9-2 문자열 연결 연산자 사용 예

예	출력 결과
"Hello" + "World"	"HelloWorld"
"Hi" + " " + "everyone"	"Hi everyone"
"123" + "456" "123" + 456 123 + 456	"123456" "123456": 혼동하는 경우가 발생 579: 산술 연산(+)

또 다음과 같이 다양하게 활용할 수 있습니다.

더하기 연산자의 두 가지 기능을 다양하게 활용: AdditionOperator.cs

```csharp
using System;

class AdditionOperator
{
    static void Main()
    {
        Console.WriteLine("Hello" + "World");  //문자열 더하기
        Console.WriteLine("Hi" + " " + "everyone");

        Console.WriteLine("123" + "456");       //숫자형 문자열은 문자열로 취급
        Console.WriteLine("123" + 456);         //문자열과 숫자형은 문자열로 취급
        Console.WriteLine(123 + "456");
        Console.WriteLine(123 + 456);           //숫자끼리는 산술 연산
        Console.WriteLine("123" + true);        //bool 형식과 더하기는 문자열 취급
        //Console.WriteLine("123" - 456); 에러 발생: 문자열에서 정수를 뺄 수 없음
    }
}
```

\ 실행 결과 /

```
HelloWorld
Hi everyone
123456
123456
123456
579
123True
```

+ 연산자는 문자열과 문자열을 묶어 줍니다. 또 숫자 형태의 문자열과 숫자는 문자열로 묶어 줍니다. 그리고 더하기 연산자와 달리 빼기 연산은 에러가 발생합니다.

> `"123" - 456`
  `(1,1): error CS0019: Operator '-' cannot be applied to operands of type 'string' and 'int'`

지금까지 단항 연산자인 +와 -, 산술 연산자인 +, -, *, /, %를 살펴보았습니다. 계속해서 연산자들을 학습해 나가겠습니다.

10 할당 연산자와 증감 연산자 사용하기

변수에 값을 대입하는 할당 연산자(=, +=, -=, *=, /=, %=)와 변수 값을 증가 또는 감소시키는 증감 연산자(++, --)를 알아보겠습니다.

10.1 할당 연산자

할당 연산자(assignment operator)는 변수에 데이터를 대입하는 데 사용합니다. 할당 연산자를 대입 연산자라고도 합니다. C#에서 = 기호는 같다는 의미가 아니라 오른쪽에 있는 값 또는 식의 결과를 왼쪽 변수에 할당하라고 지시합니다.

▼ 표 10-1 할당 연산자

할당 연산자	예	설명
=	A = B	A에 B 값을 대입합니다.
+=	A += B	A에 B를 더한 후 그 값을 다시 A에 대입합니다.
-=	A -= B	A에서 B를 뺀 후 그 값을 다시 A에 대입합니다.
*=	A *= B	A에 B를 곱한 후 그 값을 다시 A에 대입합니다.
/=	A /= B	A에서 B를 나눈 후 몫을 다시 A에 대입합니다.
%=	A %= B	A에서 B를 나눈 후 나머지 값을 다시 A에 대입합니다.

지금까지 변수를 선언한 후 초기화할 때 사용한 = 연산자가 바로 데이터를 할당하는 할당 연산자입니다.

```
> var name = "C#";      //name 변수에 문자열 대입
> var version = 8.0;    //version 변수에 숫자 대입
> $"{name} {version}"
"C# 8"
```

대입하는 값에 따라 자동으로 유추되어 name 변수는 string 형식으로, version 변수는 double 형식으로 선언됩니다.

변수 값 서로 바꾸기

프로그래밍을 하다 보면 변수 값을 서로 변경해야 할 때가 있습니다. 이때는 일반적으로 임시 변수를 하나 더 두고 이곳에 먼저 나온 데이터를 임시 보관하는 방식으로 데이터를 바꿉니다. 다음 코드를 살펴보세요.

```
> var i = 100;
> var j = 200;
> $"처음 : {i}, {j}"
"처음 : 100, 200"
```

i 값과 j 값을 변경하려면 임시 변수인 temp를 만들고 i 값을 저장합니다. 그런 다음 i에 j를 대입한 후 마지막으로 j에 temp를 대입합니다. 이 과정을 거치면 두 변수의 데이터가 변경됩니다.

```
> var temp = i;   //① 임시 변수에 i 값 담기
> i = j;          //② i 값을 j 값으로 덮어 쓰기
> j = temp;       //③ j 값을 i 값이 담겨 있던 temp 값으로 덮어 쓰기
> $"변경 : {i}, {j}"
"변경 : 200, 100"
```

변수 값을 1 증가 · 감소시키기

이번에는 변수 값을 1 증가시키는 코드를 만들어 보겠습니다.

```
> int num = 10;
> num = num + 1;  //1 증가
> num
11
```

변수 값을 1 감소시킬 수도 있습니다.

```
> int num = 10;
> num = num - 1;  //1 감소
> num
9
```

할당 연산자 축약형 사용하기

할당 연산자는 += 형태의 축약형으로도 사용할 수 있습니다. 이번에는 x = x + 2; 형태를 x += 2; 형태로 축약해서 사용할 수 있는 연산자인 +=를 사용해 보겠습니다.

```
> int x = 3;
> int y = 3;
> x = x + 2;   //기본형
> y += 2;      //축약형
> $"x : {x}, y : {y}"
"x : 5, y : 5"
```

기본형과 축약형은 모두 동일하게 x와 y 변수에 2를 더해서 저장합니다.

할당 연산자 축약형 중에서 A += B 같은 연산은 단지 A = A + B 같은 구문을 줄여서 사용하려는 목적이 큽니다. 이처럼 C#에서는 개발자가 최소한의 입력으로 동일한 효과를 보여 줄 수 있는 풍부한 연산자를 제공합니다. +=와 -= 연산자를 사용해 봅시다.

```
> int a = 3;
> int b = 5;
> b += a;   //누적: b 변수에 a 변수의 값을 누적
> b
8
> b -= a;   //b에서 a를 뺀 후 다시 b에 할당
> b
5
```

할당 연산자 중에는 += 말고도 -=, *=, /=, %= 연산자 등이 있습니다.

10.2 증감 연산자

변수 값을 1 증가시키거나 1 감소시키는 연산자가 있습니다. 증가 또는 감소 연산자라고 하여 줄여서 증감 연산자(increment/decrement operator)라고도 합니다. ++ 연산자는 증가 연산자고 -- 연산자는 감소 연산자입니다. 증감 연산자는 정수형 변수 값을 1 증가 또는 1 감소하는 기능을 하는 단항 연산자입니다. 증감 연산자가 변수 앞에 위치하느냐, 뒤에 위치하느냐에 따라 연산 처리 우선순위가 결정됩니다.

- **++(증가 연산자)**: 변수 값에 1을 더합니다.
- **--(감소 연산자)**: 변수 값에서 1을 뺍니다.

증가 연산자는 다음과 같이 사용합니다.

```
> int num = 100;
> ++num;  //1 증가
> num
101
```

감소 연산자는 다음과 같이 사용합니다.

```
> int num = -100;
> --num;  //1 감소
> num
-101
```

전위 증감 연산자와 후위 증감 연산자

증감 연산자가 변수 앞에 붙으면 전위 증감 연산자라고 하며, 변수 뒤에 붙으면 후위 증감 연산자
라고 합니다.

▼ 표 10-2 전위 증감 연산자와 후위 증감 연산자

구분	설명	예
전위(prefix) 증감 연산자	정수형 변수 앞에 연산자가 위치하여 변수 값을 미리 증감한 후 나머지 연산을 수행합니다.	++a; --b;
후위(postfix) 증감 연산자	정수형 변수 뒤에 연산자가 위치하여 연산식(대입)을 먼저 실행한 후 나중에 변수 값을 증감합니다.	a++; b--;

전위 증감 연산자를 사용해 보겠습니다. 앞에 붙는 증감 연산자는 해당 라인에서 실행 우선순위가
가장 높습니다.

```
> int i = 3;
> int j = ++i;
> j
4
```

++i 형태로 앞에 붙는 경우에는 i 값을 우선적으로 1 증가시킵니다. 이 예제에서는 i 값이 3에서
4로 증가한 후 이 값이 j에 할당되어 j 값이 4가 됩니다.

후위 증감 연산자는 해당 라인에서 대입 연산자보다 우선순위가 낮습니다.

```
> int x = 3;
> int y = x++;
> y
3
> x
4
```

x++ 형태로 뒤에 증가 연산자가 붙어 x 값 3이 먼저 y에 할당된 후 증가하기에 y 변수에는 3이 대입된 상태가 됩니다.

즉, 다음 구문 3개는 모두 기능이 동일합니다.

❤ 그림 10-1 변수 값을 1 증가시키기

a = a + 1; = a += 1; = ++a;

지금까지 할당 연산자인 =, +=, -=, *=, /=, %=와 증가 또는 감소 연산자인 ++, --를 다루어 보았습니다. 계속해서 비교 연산자와 논리 연산자를 알아보겠습니다.

11 관계형 연산자와 논리 연산자 사용하기

두 변수의 관계를 따지는 관계형 연산자(< 작음, <= 작거나 같음, > 큼, >= 크거나 같음, == 같음, != 다름)와 참 또는 거짓의 논리를 따지는 논리 연산자(&& 논리곱, || 논리합, ! 논리부정)를 알아봅시다.

11.1 관계형 연산자

관계형 연산자(relational operator)(또는 비교 연산자(comparative operator))는 두 항이 큰지, 작은지 또는 같은지 등을 비교하는 데 사용합니다. 관계형 연산자의 결괏값은 논리 데이터 형식인 참(True) 또는 거짓(False)으로 출력됩니다.

관계형 연산자의 종류는 다음과 같습니다.

▼ 표 11-1 관계형 연산자

연산자	예	의미	설명
<	A < B	작은지(LessThan)	A가 B보다 작으면 True, 그렇지 않으면 False
<=	A <= B	작거나 같은지(LessThanEqual)	A가 B보다 작거나 같으면 True, 그렇지 않으면 False
>	A > B	큰지(GreaterThan)	A가 B보다 크면 True, 그렇지 않으면 False
>=	A >= B	크거나 같은지(GreaterThanEqual)	A가 B보다 크거나 같으면 True, 그렇지 않으면 False
==	A == B	같은지(Equal)	A와 B가 같으면 True, 그렇지 않으면 False
!=	A != B	다른지(NotEqual)	A와 B가 같지 않으면 True, 그렇지 않으면(같으면) False

관계형 연산자를 사용해 보겠습니다. 다음 내용을 C# 인터렉티브에 입력한 후 실행해 보세요.

```
> int x = 3;
> int y = 5;
> x == y
false
```

```
> x != y
true
> x > y
false
> x >= y
false
> x < y
true
> x <= y
true
```

C#에서 두 데이터를 비교할 때 사용하는 비교 연산자 중에서 == 연산자는 데이터가 같은 값인지 확인합니다. 같으면 참(true)을, 다르면 거짓(false)의 데이터인 bool(불) 형식의 데이터를 반환합니다. 나머지 관계형 연산자도 그 의미에 맞게 논리 형식의 결과가 주어집니다.

== 연산자를 사용하여 문자열 값 비교하기

비교 연산자 중에서 == 연산자는 왼쪽 항과 오른쪽 항의 값이 같은지 물어봅니다. 같으면 참을, 다르면 거짓을 반환합니다. 다음 코드는 문자열을 비교하는 식인데 대·소문자를 구분하기 때문에 "AAA"와 "aaa"는 서로 다른 문자열로 인식하여 결괏값은 False가 출력됩니다.

```
> Console.WriteLine("AAA" == "aaa");
False
```

C#에서는 ==, != 등 관계형 연산자 없이는 프로그램을 작성할 수 없습니다. 다른 연산자도 마찬가지로 사용할 때 연산자 기호는 띄어쓰기를 하면 안 되고, 연산자와 피연산자 사이에는 공백을 하나 두는 방식을 추천합니다.

11.2 논리 연산자

논리 연산자(logical operator)는 논리곱(AND), 논리합(OR), 논리부정(NOT)의 조건식에 대한 논리 연산을 수행합니다. 연산의 결과 값은 참(True) 또는 거짓(False)의 bool 형식으로 반환되어 Boolean(불리언) 연산자라고도 합니다. 논리 연산자도 비교 연산자와 마찬가지로 결괏값은 참 또는 거짓을 반환합니다.

논리 연산자의 종류는 다음 표와 같습니다.

▼ 표 11-2 논리 연산자

연산자	예	의미	설명
&&	A && B	논리곱 AND 조건	• A항과 B항 모두 참(True)일 때만 참(True), 그렇지 않으면 거짓(False). 즉, 항 2개 중 하나라도 거짓(False)이면 거짓(False) • '~이고, 그리고' 의미로 사용 • 양쪽 모두 참(True)일 때 참
||	A || B	논리합 OR 조건	• A항과 B항 모두 거짓(False)일 때만 거짓(False), 그렇지 않으면 참(True). 즉, 항 2개 중 하나라도 참(True)이면 참(True) • '~이거나, 또는' 의미로 사용 • 양쪽 중 한쪽만 참(True)이라도 참
!	!A	논리부정 NOT 조건	• A항이 참(True)이면 거짓(False)을, A항이 거짓(False)이면 참(True)을 반환 • '~가 아닌' 의미로 사용 • 참(True)과 거짓(False)을 뒤집음

A항(식)과 B항(식)의 값에 따른 세 가지 결과의 논리표(진리표(truth table))는 다음 표와 같이 표시할 수 있습니다.

▼ 표 11-3 논리표

A	B	A AND B	A OR B	NOT A
A	B	A && B	A || B	!A
True	True	True	True	False
True	False	False	True	False
False	True	False	True	True
False	False	False	False	True

논리 AND 연산자(&&) 사용하기

논리 AND 연산자는 둘 다 참일 때만 참을 반환합니다. 다음 내용을 먼저 살펴보세요.

```
> Console.WriteLine(true && true);    //둘 다 참일 때 참
True
> Console.WriteLine(true && false);   //하나라도 거짓이면 거짓
False
```

AND 연산자인 && 연산자를 프로젝트 기반 코드로 사용해 보겠습니다. 다음 내용을 입력한 후 실행해 보세요.

논리 연산자 && 사용: LogicalAnd.cs

```
using System;

class LogicalAnd
{
    static void Main()
    {
        Console.WriteLine($"true  && true  -> {true && true}  ");
        Console.WriteLine($"true  && false -> {true && false} ");
        Console.WriteLine($"false && true  -> {false && true} ");
        Console.WriteLine($"false && false -> {false && false}");
    }
}
```

\ 실행 결과 /

```
true  && true  -> True
true  && false -> False
false && true  -> False
false && false -> False
```

실행 결과처럼 && 연산자는 둘 다 참일 때만 참을 반환합니다.

논리 OR 연산자(||) 사용하기

OR 연산자인 || 연산자를 사용해 보겠습니다.

```
> false || true    //하나라도 참이면 참
true
> false || false   //둘 다 거짓일 때만 거짓
false
```

OR 연산자의 네 가지 유형을 살펴보겠습니다. 다음 내용을 입력한 후 실행해 보세요.

논리 연산자 || 사용: LogicalOr.cs

```
using System;

class LogicalOr
```

```
{
    static void Main()
    {
        Console.WriteLine($"true  || true  -> {true || true}  ");
        Console.WriteLine($"true  || false -> {true || false} ");
        Console.WriteLine($"false || true  -> {false || true} ");
        Console.WriteLine($"false || false -> {false || false}");
    }
}
```

\ 실행 결과 /

```
true  || true  -> True
true  || false -> True
false || true  -> True
false || false -> False
```

실행 결과처럼 || 연산자는 하나라도 참이면 참을 반환하고, 둘 다 거짓일 때는 거짓을 반환합니다.

> Note ≡   단락 평가
>
> C#에서 단락(short-circuiting) 기능은 AND 연산과 OR 연산을 진행할 때 부분의 결괏값에 따라서 나머지 연산 결과가 결정됩니다. 다음 두 가지 유형이 있습니다.
>
> • (연산식1 && 연산식2): 연산식1이 거짓(False)이면 연산식2와 상관없이 전체 결괏값은 거짓(False)이 됩니다.
> • (연산식1 || 연산식2): 연산식1이 참(True)이면 연산식2의 결괏값과 상관없이 전체 결괏값은 참(True)이 됩니다.

논리 NOT 연산자(!) 사용하기

논리 NOT 연산자(논리부정 연산자)인 ! 연산자를 사용해 보겠습니다. 먼저 다음 샘플 코드를 살펴보세요.

```
> (1 == 1)
true
> !(1 == 1)
false
> (1 != 1)
false
> !(1 != 1)
true
```

다음 내용을 입력한 후 실행해 보세요. NOT 연산자는 항이 하나인 단항 연산자입니다.

```csharp
using System;

class LogicalNot
{
    static void Main()
    {
        Console.WriteLine($"!true  -> {!true}  ");
        Console.WriteLine($"!false -> {!false} ");
    }
}
```

\ 실행 결과 /

```
!true  -> False
!false -> True
```

실행 결과처럼 ! 연산자는 조건식 결과를 반대로 바꾸어 줍니다.

세 가지 논리 연산자 모두 사용하기

간단하게 변수 2개를 사용해서 논리 연산을 하는 프로그램을 만들어 보겠습니다. 다음 내용을 입력한 후 실행해 보세요.

```csharp
using static System.Console;   //System.Console까지 생략 가능

class LogicalOperator
{
    static void Main()
    {
        var i = 3;
        var j = 5;
        var r = false;

        r = (i == 3) && (j != 3);   //r = true && true => true
        WriteLine(r);

        r = (i != 3) || (j == 3);   //r = false || false => false
```

```
        WriteLine(r);

        r = (i >= 5);                      //r => false
        WriteLine("{0}", !r);              //false <-> true

        WriteLine(false && true);          //false
        WriteLine((1 == 1) || (1 != 1));   //true
        WriteLine(!(1 == 1));              //true -> false
    }
}
```

```
True
False
True
False
True
False
```

웹 사이트의 로그인 페이지 등을 작성하다 보면 아이디와 암호가 모두 정확(True)해야 하는 로그인을 처리할 경우가 있는데, 이때는 AND(&&) 연산을 수행합니다. 그리고 로그인 후 관리자 또는 회원만 게시판에 글을 작성하도록 처리할 경우에는 OR(||) 연산을 주로 수행합니다.

Note ≡　디버거 사용하기

C#에서 코드 분석을 쉽게 하려면 F10 (프로시저 단위 실행) 또는 F11 (한 단계씩 코드 실행)을 적절히 사용하면 도움이 됩니다. 이것과 관련한 내용은 "부록 A. 디버거 사용하기"를 참고하세요.

디버깅 모드에서 (i == 3) 같은 조건식에 마우스 커서를 올리면 True와 False의 값을 알려 줍니다. 책에서 따로 디버그 기능을 언급하지 않더라도 예제를 분석할 때마다 사용하길 권장합니다.

지금까지 값을 비교하는 관계형 연산자와 논리적인 참 또는 거짓을 다루는 논리 연산자를 다루어 보았습니다.

12 비트 연산자와 시프트 연산자로 비트 단위 연산하기

비트 연산자(&, ¦, ^, ~)와 시프트 연산자(<<, >>)는 이진수 비트 단위로 연산을 수행합니다. 변수 값을 비트 단위로 연산하는 비트 연산자와 시프트 연산자의 사용법을 알아봅시다.

12.1 비트 연산자

비트 연산자(bit operator)는 정수형 데이터의 값을 이진수 비트 단위로 연산을 수행할 때 사용합니다. 비트 연산자의 종류는 다음 표와 같습니다.

▼ 표 12-1 비트 연산자

연산자	의미	설명
&	논리곱(AND)	비트 값이 둘 다 1일 때만 1, 그렇지 않으면 0
¦	논리합(OR)	비트 값이 하나라도 1이면 1, 그렇지 않으면 0
^	배타적 논리합(XOR, Exclusive OR)	비트 값이 서로 다를 때만 1, 그렇지 않으면 0
~	NOT	비트 값이 1이면 0, 0이면 1

비트 AND 연산자(&) 사용하기

본격적으로 비트 연산자를 사용해 볼까요? 먼저 비트 AND 연산자인 & 연산자를 사용해 봅시다.

```
> byte x = 0b1010;  //10
> byte y = 0b1100;  //12
> Console.WriteLine($"  {Convert.ToString(x, 2)} -> {x}");  //x를 이진수 -> 십진수
  1010 -> 10
> Console.WriteLine($"& {Convert.ToString(y, 2)} -> {y}");  //y를 이진수 -> 십진수
& 1100 -> 12
>
> //x AND y를 이진수로 표현 -> 십진수로 2칸 잡고 표현
> Console.WriteLine($"  {Convert.ToString(x & y, 2)} -> {x & y, 2}");
  1000 ->  8
```

비트 AND 연산자인 & 연산자처럼 항을 2개 갖는 2항 연산자는 앞뒤로 공백을 두면 가독성이 좋습니다. x%y보다는 x % y 형태를 추천합니다.

비트 OR 연산자(|) 사용하기

이번에는 비트 OR 연산자인 | 연산자를 사용해 보겠습니다. | 연산자는 키보드의 파이프 기호(버티컬 바)를 사용합니다.

```
> using static System.Console;   //System.Console 줄여서 사용
>
> byte x = 0b1010;
> byte y = 0b1100;
> WriteLine($"  {Convert.ToString(x, 2)} -> {x}");
  1010 -> 10
> WriteLine($"| {Convert.ToString(y, 2)} -> {y}");
| 1100 -> 12
>
> //x OR y를 이진수 -> 십진수
> WriteLine($"  {Convert.ToString(x | y, 2)} -> {x | y,2}");
  1110 -> 14
```

나중에 프로그래머로 일을 하다 보면 이진수 처리가 중요한 분야가 있을 수 있지만, 지금은 '이러한 연산자를 사용하면 이렇게 나오는구나' 정도로 가볍게 읽고 넘어갑니다.

비트 XOR 연산자(^) 사용하기

비트 XOR 연산자인 ^ 연산자는 두 비트의 값이 서로 다를 때 1입니다. 1 ^ 0과 0 ^ 1일 때만 1이고 나머지는 0입니다.

```
> using static System.Console;
>
> byte x = 0b_1010;
> byte y = 0b_1100;
> WriteLine($"  {Convert.ToString(x, 2)} -> {x}");
  1010 -> 10
> WriteLine($"^ {Convert.ToString(y, 2)} -> {y}");
^ 1100 -> 12
>
> //x XOR y를 이진수로 표현 -> 십진수로 표현
> WriteLine($"  {Convert.ToString(x ^ y, 2).PadLeft(4, '0')} -> {x ^ y,2}");
  0110 -> 6
```

서문에서 언급했듯이 이 책은 모바일, 웹, 데스크톱 개발을 하는 응용 프로그래머를 위한 책이다 보니, ^ 연산자를 포함한 몇몇 비트·시프트 연산자는 이 강의 이외에는 다루지 않습니다.

비트 NOT 연산재(~) 사용하기

비트 NOT 연산자인 ~ 연산자는 물결(틸드) 기호를 사용합니다. ~ 연산자는 비트 값이 1이면 0으로, 0이면 1로 바꿉니다. 이렇게 비트가 바뀌는 것을 '비트 반전'이라고 합니다.

```
> using static System.Console;
>
> byte x = 0b_0000_1010;  //10
>
> //x를 8자리 이진수로 표현 -> 십진수로 3자리 잡고 표현
> WriteLine($"~ {Convert.ToString(x, 2).PadLeft(8, '0')} -> {x, 3}");
~ 00001010 ->  10
>
> //NOT x를 8자리 이진수로 표현 -> 십진수로 3자리 잡고 표현
> WriteLine($"  {Convert.ToString((byte)~x, 2).PadLeft(8, '0')} -> {~x, 3}");
  11110101 -> -11
```

음수를 이진수로 표현하는 것은 2의 보수법을 활용합니다. C#은 알아서 이진수 값을 양수 또는 정수로 출력해 줍니다.

비트 연산자 네 가지 모두 사용하기

이번에는 비트 연산자 4개를 모아서 사용해 보겠습니다. 다음 내용을 입력한 후 실행해 보세요.

&, |, ~, ^ 비트 연산자 모두 사용: BitwiseOperator.cs

```
using System;

class BitwiseOperator
{
    static void Main()
    {
        var x = Convert.ToInt32("1010", 2);
        var y = Convert.ToInt32("0110", 2);

        var and = x & y;
        Console.WriteLine($"{and} : {Convert.ToString(and, 2)}");

        var or = x | y;
```

```
        Console.WriteLine($"{or} : {Convert.ToString(or, 2)}");

        var xor = x ^ y;
        Console.WriteLine($"{xor} : {Convert.ToString(xor, 2)}");

        var not = ~x;  //2의 보수법에 따라서 1010 + 1 그리고 부호를 -로 -1011 => -11
        Console.WriteLine($"{not} : {Convert.ToString(not, 2)}");
    }
}
```

\ 실행 결과 /

```
2 : 10
14 : 1110
12 : 1100
-11 : 11111111111111111111111111110101
```

이진수 1010과 0110에서 &, |, ^ 연산자를 사용한 결과와 1010에 ~ 연산자를 붙여 비트를 반전시키는 연산의 사용 결과가 나옵니다.

12.2 시프트 연산자

시프트 연산자(shift operator)는 정수 데이터가 담겨 있는 메모리의 비트를 왼쪽(≪) 또는 오른쪽(≫)으로 지정한 비트만큼 이동시킵니다.

시프트 연산자를 사용하면 비트의 자리를 이동할 수 있습니다. 예를 들어 정수형 데이터인 2를 이진수로 표현하면 0010입니다. 왼쪽(≪) 시프트 연산자를 사용하여 한 칸 이동하면 0100이 됩니다. 오른쪽(≫) 시프트 연산자를 사용하여 한 칸 이동하면 0001이 됩니다.

시프트 연산자의 종류는 다음 표와 같습니다.

▼ 표 12-2 시프트 연산자

연산자	의미	예	설명
≪	왼쪽 시프트	변수 ≪ 비트 값;	• 비트 값만큼 왼쪽으로 비트 이동 • 결괏값이 변수 값 * 2의 비트 값 승 == 비트당 2배 • 변수 값 곱하기 2의 거듭제곱
≫	오른쪽 시프트	변수 ≫ 비트 값;	• 비트 값만큼 오른쪽으로 비트 이동 • 결괏값이 변수 값 / 2의 비트 값 승 == 비트당 1/2배 • 변수 값 나누기 2의 거듭제곱

시프트 연산자 내용을 그림으로 표현하면 다음과 같습니다.

▼ 그림 12-1 시프트 연산자

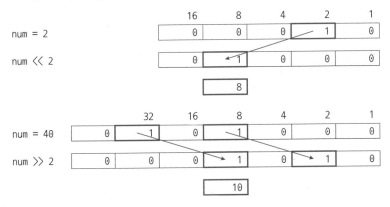

정수 2의 이진수인 0010을 왼쪽으로 2칸 이동하면 1000이 되어 정수 8이 됩니다. 정수 32의 이진수인 0101000을 오른쪽으로 2칸 이동하면 0001010이 되어 정수 10이 됩니다.

그럼 시프트 연산자를 사용해 봅시다.

```
> int number = 2;                        //0010
>
> Console.WriteLine(number << 1);  //0010 -> 0100
4
>
> Console.WriteLine(number >> 1);  //0010 -> 0001
1
```

0010을 왼쪽으로 비트 한 칸을 이동하면 0100이 되고, 0010을 오른쪽으로 비트 한 칸을 이동하면 0001이 됩니다. 시프트 연산자는 내부적으로는 이진수로 계산되지만 정수형 데이터이기에 출력할 때는 그대로 십진수로 표현됩니다.

비트 연산자와 시프트 연산자를 대입 연산자와 함께 사용하기

비트 연산자와 시프트 연산자도 대입 연산자와 함께 사용할 수 있습니다. 사용 방법은 일반적인 대입 연산자와 동일합니다.

- A &= B;
- A |= B;

- A ^= B;

- A <<= B;

- A >>= B;

이번에는 대입 연산자와 함께 비트 연산자, 시프트 연산자를 사용해 보겠습니다. 다음 내용을 입력한 후 실행해 보세요.

```
> byte num1 = 4;   //4: 0000_0100
> num1 &= 5;        //5(0101) & 4(0100) => 4(0000_0100)
> Console.WriteLine(num1);
4
>
> byte num2 = 4;   //4: 0000_0100
> num2 |= 1;        //1(0001) | 4(0100) => 5(0000_0101)
> Console.WriteLine(num2);
5
>
> byte num3 = 4;   //4: 0000_0100
> num3 ^= 2;        //2(0010) ^ 4(0100) => 6(0000_0110)
> Console.WriteLine(num3);
6
>
> byte num4 = 4;   //4: 0000_0100
> num4 <<= 1;       //4(0100) << 1 => 8(0000_1000)
> Console.WriteLine(num4);
8
>
> byte num5 = 4;   //4: 0000_0100
> num5 >>= 1;       //4(0100) >> 1 => 2(0000_0010)
> Console.WriteLine(num5);
2
```

이진수 비트 연산 후 그 결괏값을 다시 변수에 할당한 내용이 출력됩니다.

비트 연산자와 시프트 연산자는 C 언어 같은 프로그래밍 언어로 성능이 낮은 장치에서 프로그래밍을 할 때 많이 사용합니다. 다만 C#에서 응용 프로그램을 제작할 때는 자주 사용하지 않습니다. 책에서 다루는 내용 정도만 이해하고 다음으로 넘어가도 충분합니다.

12.3 기타 연산자

앞에서 살펴본 연산자 외에도 여러 연산자가 있습니다. 그중 조건 연산자와 나열 연산자, sizeof 연산자를 살펴봅시다.

조건 연산자

조건 연산자(conditional operator)는 조건에 따라서 참일 때와 거짓일 때 결과를 다르게 반환하며, ? : 형태의 연산자입니다. 조건 연산자는 항이 3개여서 3항 연산자(ternary operator)라고도 합니다. 3항 연산자는 뒤에서 다룰 if~else 문의 축약형이기도 합니다.

```
> (5 > 3) ? "TRUE" : "FALSE"
"TRUE"
```

3항 연산자인 ? : 연산자는 항이 3개 있는 연산자로 다음과 같이 조건을 처리합니다. 조건식이 참이면 식1이 실행되고, 조건식이 거짓이면 식2가 실행됩니다.

> 조건식 ? 식1 : 식2;

3항 연산자의 결괏값이 특정 값을 반환하기에 다음과 같이 표현하기도 합니다.

> 조건식 ? 값1 : 값2;

3항 연산자인 조건 연산자를 사용해 보겠습니다. 다음 내용을 입력한 후 실행해 보세요.

3항 연산자(조건 연산자) 사용: ConditionalOperator.cs

```
using System;

class ConditionalOperator
{
    static void Main()
    {
        int number = 3;

        //number가 짝수이면 result 변수에 "짝수"를 담고, 그렇지 않으면 "홀수" 담기
```

```
        string result = (number % 2 == 0) ? "짝수" : "홀수";

        Console.WriteLine($"{number}은(는) {result}입니다.");
    }
}
```

\ 실행 결과 /

```
3은(는) 홀수입니다.
```

number 변수에 3을 넣은 후 (number % 2 == 0)을 물어보면 거짓(false)이 됩니다. ? 기호 앞의 식이 false이기에 '홀수'가 result 변수에 담깁니다. 즉, 조건식이 참이면 '짝수'를 반환하고 그렇지 않으면 '홀수'를 반환합니다. 조건 연산자(3항 연산자)는 앞으로 배울 제어문의 if 문으로 대체할 수 있습니다.

조건 연산자를 사용하여 최댓값 정하기

이번에는 조건 연산자를 사용하여 우리가 원하는 값으로 최댓값을 정하는 방법을 알아보겠습니다. 다음 코드는 들어오는 값이 20 이상이면 20으로 초기화하고, 20 미만이면 해당 값으로 초기화합니다.

```
> const int max_size = 20;
> int pageSize = 0;
> pageSize = 10;
> pageSize = (pageSize > max_size) ? max_size : pageSize;
> pageSize
10
> pageSize = 50;
> pageSize = (pageSize > max_size) ? max_size : pageSize;
> pageSize
20
```

pageSize 변수에 들어오는 값이 20보다 작으면 pageSize 값 그대로 출력하고, 20 이상이면 20으로 고정하는 기능을 구현해 보았습니다.

조건 연산자를 사용하여 문자 비교하기

이번에는 조건 연산자를 사용하여 문자 크기를 비교해 보겠습니다.

```
> string result = "";
>
> //'A'는 'B'보다 작으므로 참 -> 앞의 문자열을 result 변수에 저장
> result = ('A' < 'B') ? "'A'는 'B'보다 작습니다." : "A B C 순서로 커집니다.";
> result
"'A'는 'B'보다 작습니다."
>
> //'Z'는 'a'보다 작으므로 참 -> 앞의 문자열을 result 변수에 저장
> result = ('Z' < 'a') ? "'Z'는 'a'보다 작습니다." : "대문자보다 소문자가 더 큽니다.";
> result
"'Z'는 'a'보다 작습니다."
```

프로그래밍 언어에서는 A, B, C, …, Z, a, b, c, …, z 순서로 크기가 정해져 있습니다. 이러한 크기를 조건 연산자의 조건식에 두고 크기를 비교해 보았습니다.

조건(3항) 연산자로 절댓값 구하기

조건 연산자인 3항 연산자를 사용하면 다음 코드처럼 정수의 절댓값을 편하게 구할 수 있습니다.

```
> var num = -21;
> var abs = (num < 0) ? -num : num;  //3항 연산자로 음수만 부호 변환
> Console.WriteLine($"{num}의 절댓값 : {abs}");
-21의 절댓값 : 21
```

나열(콤마) 연산자

이미 변수를 선언할 때 다루어 보았지만, 콤마를 구분자로 하여 한 문장에 변수 여러 개를 선언할 때 사용합니다. 이러한 콤마 연산자(comma operator)를 나열 연산자라고도 합니다.

나열 연산자는 다음과 같이 사용합니다.

```
> int a = 10, b = 20, c = 30;
```

이처럼 콤마로 할당문 3개를 지정하면 a, b, c 변수 모두 int 형 변수로 선언됩니다.

sizeof 연산자

sizeof 연산자는 단항 연산자로 데이터 형식 자체의 크기를 구하는 데 사용합니다. sizeof(int) 형태로 사용하며, int의 데이터 형식 크기인 4가 값으로 나옵니다. 운영 체제와 컴퓨터마다 결괏값이 다르게 나올 수 있습니다. sizeof 연산자로 데이터 형식을 구해 봅시다.

```
> Console.WriteLine("sizeof(데이터 형식)");
sizeof(데이터 형식)
> Console.WriteLine($"  char 형식 : {sizeof(  char)} byte");
  char 형식 : 2 byte
> Console.WriteLine($"   int 형식 : {sizeof(   int)} byte");
   int 형식 : 4 byte
> Console.WriteLine($"  long 형식 : {sizeof(  long)} byte");
  long 형식 : 8 byte
> Console.WriteLine($" float 형식 : {sizeof( float)} byte");
 float 형식 : 4 byte
> Console.WriteLine($"double 형식 : {sizeof(double)} byte");
double 형식 : 8 byte
```

sizeof 연산자는 다른 연산자와 달리 sizeof( ) 형태로 괄호로 묶어 줍니다. 예를 들어 C#에서 기본으로 제공하는 double 같은 형식은 sizeof(double) 형태로 구할 수 있습니다.

12.4 연산자 우선순위

연산자 여러 개를 함께 사용할 때는 연산자 우선순위(precedence)에 따라 계산됩니다. 예를 들어 산술 연산자에서는 +보다 * 우선순위가 더 높습니다. ( ) 연산자를 사용하면 우선순위를 변경할 수 있습니다.

▼ 표 12-3 우선순위가 적용된 산술 연산 구문

int A; int B; int C; int D; A = 2; B = 3; C = 4; D = A + B * C; Console.WriteLine(D); 2 + 3 * 4 = 14	int A; int B; int C; int D; A = 2; B = 3; C = 4; D = (A + B) * C; Console.WriteLine(D); (2 + 3) * 4 = 20

다음은 C#에서 사용하는 주요 연산자의 우선순위입니다.

❤ 표 12-4 연산자 우선순위

항목	연산자	우선순위
괄호 연산자	( )	높음
증감 연산자	++, --	
산술 연산자	-(음수)	
	*, /	
	%	
	+, -	
연결 연산자	+	
관계 연산자	==, !=, 〈, 〉, 〈=, 〉=	
논리 연산자	!(Not)	
	&&(And)	
	¦¦(Or)	낮음

연산자 우선순위는 따로 외울 필요 없이 괄호 연산자만 잘 사용해도 무방합니다. 나머지는 자연스레 프로그래밍을 배우면서 알아 가면 됩니다. 다음 코드는 참고용으로 살펴보세요.

```
> 3 + 4 * 2
11
> (3 + 4) * 2
14
> 10 / 5 * 2 + 1
5
> 15 / (5 * (2 + 1))
1
```

3항 연산자인 조건 연산자는 조건식이 참일 때와 거짓일 때에 따라 서로 다른 값을 받고 싶을 때 사용합니다. 이 연산자는 다음 강의에서 배울 if 문으로 대체가 가능합니다.

그 외에 콤마 연산자와 연산자 우선순위도 학습했습니다. 연산자는 이 정도로 정리하고 다음 강의부터는 제어문을 학습하겠습니다.

13

제어문 소개 및 if/else 문

우리는 살면서 수많은 선택을 하고 반복된 일을 합니다. 이는 프로그래밍에서도 마찬가지인데, 여러 갈래 중 하나를 선택하려면 조건문을 사용하고 자주 반복되는 일은 반복문으로 처리할 수 있습니다. 여기에서는 이러한 선택과 반복 내용을 다루는 키워드들을 학습합니다. 선택과 반복을 제어한다고 해서 제어문이라고 합니다.

13.1 제어문

제어문(control statement)은 프로그램 실행 순서를 제어하거나 프로그램 내용을 반복하는 작업 등을 처리할 때 사용하는 구문으로 조건문과 반복문으로 구분합니다. 먼저 제어문이 무엇인지 알아본 후 하나씩 살펴보겠습니다. 다음 내용은 그냥 읽고 넘어가세요. 뒤에서 차례대로 배웁니다.

▼ 표 13-1 제어문의 종류

제어문	설명	종류
순차문	기본적으로 모든 실행문은 순서대로 실행됩니다.	
조건문(선택문)	조건의 참 또는 거짓에 따라 서로 다른 명령문을 실행할 수 있는 구조입니다. 조건문은 다른 말로 분기문 또는 비교 판단문이라고도 합니다.	• if 문(조건 하나 비교) • else 문(조건 분기) • switch 문(다양한 조건)
반복문	특정 명령문을 지정된 수만큼 반복해서 실행할 때나 조건식이 참일 동안 반복시킬 때 사용합니다.	• for 문(구간 반복) • do 문(선행 반복) • while 문(조건 반복) • foreach 문(배열 반복)
기타	• break 문: 반복문 내에서 반복을 중지합니다. • continue 문: 반복문 내에서 그다음 반복문으로 이동합니다. • goto 문: C#에서 자주 사용하지 않지만, 레이블(레이블 이름과 콜론(:)으로 만듦)로 지정된 곳으로 직접 이동시킵니다.	

13.2 순차문: 순서대로 실행하기

프로그램은 기본적으로 다음 순서대로 실행됩니다. Main() 메서드 시작 지점부터 끝 지점까지 코드가 나열되면 순서대로 실행 후 종료합니다.

▼ 그림 13-1 순차문 흐름

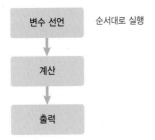

순서대로 실행

다음 코드처럼 국어 점수와 영어 점수의 총점과 평균을 구하는 예제를 살펴보겠습니다. 모든 로직은 순서대로 실행해서 그 결과가 출력됩니다. 지금까지 우리가 해 오던 방식입니다. 이러한 순서를 변경할 수 있는 구조가 있는데, 이 강의부터 살펴볼 제어문입니다. 다음 내용을 입력한 후 실행해 보세요.

총점과 평균 구하기: SequenceDemo.cs

```csharp
using System;

class SequenceDemo
{
    static void Main()
    {
        int kor = 100;
        int eng = 90;

        int tot = 0;
        double avg = 0.0;

        tot = kor + eng;  //총점 구하기
        avg = tot / 2.0;  //평균 구하기

        Console.WriteLine("총점 : {0}", tot);
        Console.WriteLine("평균 : {0:F1}", avg);
    }
}
```

```
총점 : 190
평균 : 95.0
```

순서대로 변수를 선언하고, 총점과 평균을 구하고, 그 값을 출력하는 형태로 실행하고 있습니다. 이처럼 프로그램은 기본적으로 Main( ) 메서드에서 순서대로 실행하게 되어 있습니다.

13.3 조건문: if 문과 가지치기

프로그램 흐름을 여러 가지 갈래로 가지치기(branching)할 수 있는데, 이때 if 문을 사용합니다. if 문은 조건을 비교해서 판단하는 구문으로 if, else if, else 세 가지 키워드가 있습니다. 다음과 같이 if 키워드 다음에 괄호를 사용하여 조건문을 기록합니다.

if 문의 기본 형태는 다음과 같습니다.

```
if (조건식)
{
    조건문의 조건을 만족할 때 실행할 실행문들...
}
```

if 문은 if (조건식) 실행문; 형태인데, 괄호 안의 조건식(논리식)이 참이면 실행문(문장)을 실행합니다. if 문은 다음과 같이 중괄호가 없는 형태로도 사용합니다. 이 경우를 단문(single statement)이라고 하는데, 실행문이 하나만 있을 때는 중괄호를 생략할 수 있습니다.

```
if (조건식)
    실행문;
```

단문을 사용하는 if (조건식) 문장; 형태는 한 줄로 쓰거나 바로 그다음 줄에 작성할 수 있습니다. 또는 괄호를 사용할 수도 있습니다. 복문이면 반드시 블록 기호인 중괄호({ })가 있어야 합니다.

▼ 표 13-2 단문과 복문

단문	`if (1 == 1) Console.WriteLine("단문 1");`
	`if (1 == 1)` `    Console.WriteLine("단문 2");`

	`if (1 == 1)`
	`{`
	`    Console.WriteLine("단문 3");`
	`}`

복문	`if (1 == 1)`
	`{`
	`    Console.WriteLine("복문 A");`
	`    Console.WriteLine("복문 B");`
	`}`

if 문 흐름을 그림으로 표시하면 다음과 같습니다. 이러한 그림을 순서도(flowchart)라고 합니다.

▼ 그림 13-2 if 문

if 문을 사용하여 조건 하나 처리하기

자, 그럼 처음으로 if 문을 사용해 보겠습니다. 다음 내용을 입력한 후 실행해 보세요. If.cs 파일의 클래스 이름인 If는 반드시 대문자로 시작해야 합니다. 그렇지 않으면 if 문의 if 키워드와 혼동되어 에러가 발생합니다.

```
using System;

class If
{
    static void Main()
    {
        int score = 60;

        if (score >= 60)   //score가 60 이상이면 '합격' 출력
        {
            Console.WriteLine("합격");
        }
    }
}
```

\ 실행 결과 /

합격

if 문 괄호에는 조건식이 들어옵니다. (score >= 60) 식 결과가 참이면 '합격'을 출력하는 실행문을 실행하고, 조건식 결과가 거짓이면 아무것도 실행하지 않습니다. 이처럼 if 문은 조건식이 참이면 실행하고 그렇지 않으면 아무것도 실행하지 않는 구조입니다.

Note ≡   if 문에 대한 코드 조각

비주얼 스튜디오에서 C# 코드를 작성할 때 if를 입력한 후 Tab 을 두 번 누르면 자동으로 if 문 코드를 생성합니다. if 문 및 앞으로 나올 else, for, while, do 등 주요 명령어에 대한 코드 조각을 모두 제공합니다.

- if Tab Tab
- else Tab Tab
- for Tab Tab

---

if 문을 비교 연산자와 함께 사용하기

조건문인 if 문은 말 그대로 조건을 판단하기에 비교 연산자와 함께 자주 사용합니다. 다음 내용을 입력한 후 실행해 보세요.

```
using System;
```

```
class IfDemo
{
    static void Main()
    {
        int x = 10;

        if (x == 10)
        {
            Console.WriteLine($"x는 {x}입니다.");
        }

        if (x != 20)
        {
            Console.WriteLine($"x는 20이 아닙니다.");
        }
    }
}
```

\ 실행 결과 /

```
x는 10입니다.
x는 20이 아닙니다.
```

비교 연산자 결과가 참이면 if 문을 수행하고, 거짓이면 if 문을 수행하지 않고 다음으로 진행합니다.

if 문을 사용하여 문자열 비교하기

문자열을 비교할 때 대·소문자를 구분합니다. 이 때문에 if 문과 같은 곳에서 문자열을 비교할 때는 주의해야 합니다. 이번에는 if 문을 사용하여 문자열을 비교해 보겠습니다.

```
> string s1 = "Hello.";
> string s2 = "Hello.";
> s1 == s2
true
> if (s1 == s2)   //s1과 s2가 같으면 true
. {
.     Console.WriteLine("Same.");
. }
Same.
```

두 변수 값이 같으면 Same.을 출력하고, 같지 않으면 아무것도 출력하지 않습니다.

!(NOT) 연산자를 if 문의 조건식에서 사용하기

if 문의 조건식 결과가 거짓이 아니면, 즉 참이면 실행문을 실행하는 형태를 살펴보겠습니다. 다음 내용을 입력한 후 실행해 보세요.

참이면 실행문 실행: IfNot.cs

```
using System;

class IfNot
{
    static void Main()
    {
        bool bln = false;
        if (!bln)
        {
            Console.WriteLine("bln : false -> ! -> true");
        }
    }
}
```

\ 실행 결과 /

```
bln : false -> ! -> true
```

'~가 아니라면 ~를 실행하라'는 의미로 if 문과 !(NOT) 연산자는 짝을 이루어서 많이 사용합니다.

중첩 if 문

당연한 이야기이지만, if 문 안에는 또 다른 if 문을 넣을 수 있습니다. 이러한 형태를 중첩 if 문이라고 합니다. 조건을 하나 만족하고 또 다른 조건을 만족할 때 어떤 일을 진행해야 한다면 중첩 if 문을 사용할 수 있습니다.

다음 내용을 입력한 후 실행해 보세요.

중첩 if 문: IfNested.cs

```
using System;

class IfNested
{
    static void Main()
    {
        string name = "C#";
```

```
        int version = 8;

        if (name == "C#")        //첫 번째 조건
        {
            if (version == 8)  //두 번째 조건
            {
                Console.WriteLine($"{name} {version}");
            }
        }
    }
}
```

```
C# 8
```

name과 version에 들어 있는 값이 if 문 조건식에 맞으면 최종적으로 "C# 8" 문자열이 출력되는 예제입니다. 조건 여러 개를 만족하고자 할 때는 이처럼 if 문 여러 개로 묶어서 비교할 수 있는데, 이를 중첩 if 문이라고 합니다.

if 문으로 한 번에 조건 여러 개 처리하기

논리 연산자를 if 문과 함께 사용하면 if 문 하나로 조건 여러 개를 처리할 수 있습니다. 다음 코드를 실행해 보세요.

```
> int number = 1234;
> if (number == 1234 && number >= 1000)   //조건 2개를 모두 만족하면
. {
.     Console.WriteLine("맞습니다.");
. }
맞습니다.
> if (number == 1234 || number <= 1000)   //조건 2개 중 하나라도 만족하면
. {
.     Console.WriteLine("하나라도 참이면 참");
. }
하나라도 참이면 참
```

이 예제에서 살펴본 것처럼 if 문 조건식은 &&와 || 연산자를 사용하여 하나 이상의 조건을 함께 처리할 수 있습니다.

이 예제는 미리보기 형식으로, 현재 시점에서는 이해하지 않아도 상관없으니 편한 마음으로 읽고 넘어갑니다.

out 키워드는 인라인 out 변수라는 out var 형태의 코드로, 문자열에서 특정 값으로 변환되는 값을 담는 변수를 자동으로 선언해 줍니다. 말이 조금 어려운데요. 바로 예제로 out var를 사용해 보겠습니다. 다음 내용을 입력한 후 실행해 보세요. out var 구문은 C# 7.0 버전에서 처음 소개했습니다.

out var 구문 사용: OutVariable.cs

```
using System;

class OutVariable
{
    static void Main()
    {
        //C# 6.0까지 사용 방법: 변수를 미리 선언
        int r;
        if (int.TryParse("안녕", out r))
        {
            //"안녕"은 int 형으로 변환이 불가능하기에 이 코드는 실행되지 않음
            Console.WriteLine("{0}", r);
        }

        //C# 7.0 이후 out var 방식
        if (int.TryParse("1234", out var result))
        {
            //"1234"는 int 형식으로 변환이 가능하기에 result 선언과 동시에 1234가 저장됨
            Console.WriteLine(result);
        }
        Console.WriteLine(result);  //if 문 밖에서도 사용 가능
    }
}
```

\ 실행 결과 /

```
1234
1234
```

int.TryParse(), double.TryParse() 등 형식 변환 메서드는 자주 사용합니다. 문자열로 입력받은 자료를 특정 형식으로 변환 가능하다면, 바로 해당 변수를 선언한 후 코드 내에서 사용할 수 있도록 편리한 기능을 제공하는 것이 out var 코드입니다. 필자도 처음에는 이것이 필요할까 싶었는데, 막상 사용해 보니 편리해서 자주 쓰는 편입니다.

13.4 else 문

else 문은 단독으로 사용할 수 없고 if 문 다음에 else 문이 오는 구조입니다. else 문을 사용하면 if 문 조건이 거짓일 때 원하는 실행문을 실행할 수 있어 두 방향으로 분기하는 구조를 만들 수 있습니다.

if~else 문 구조는 다음과 같습니다. 조건식이 참이면 실행문1을 실행하고, 그렇지 않으면 실행문2를 실행합니다.

```
if (조건식)
{
    조건식이 참일 때 실행할 실행문1;
}
else
{
    조건식이 거짓일 때 실행할 실행문2;
}
```

if~else 문 흐름을 순서도로 표현하면 다음과 같습니다.

▼ 그림 13-3 if~else 문

if~else 문은 다음 샘플 코드의 형태처럼 사용합니다. 조건식 (1 != 1)이 거짓이므로 실행문2가 실행됩니다.

```
> if (1 != 1)
. {
```

```
.          Console.WriteLine("조건식이 참이기에 현재 문장이 실행됩니다.");
. }
. else
. {
.          Console.WriteLine("조건식이 거짓이기에 현재 문장이 실행됩니다.");
. }
조건식이 거짓이기에 현재 문장이 실행됩니다.
```

if~else 문은 이 샘플 코드처럼 조건식이 참이면 첫 번째 문장이 실행되고, 조건식이 거짓이면
두 번째 문장이 실행되는 구조입니다.

else 문으로 두 가지 조건 처리하기

이번에는 else 문을 직접 사용해 봅시다. 다음 내용을 입력한 후 실행해 보세요. 비주얼 스튜디오
편집기에서 else를 입력한 후 [Tab]을 두 번 누르면 자동으로 else 문의 중괄호가 생성됩니다.

두 가지 조건 처리: Else.cs

```
using System;

class Else
{
    static void Main()
    {
        int score = 59;

        if (score >= 60)
        {
            Console.WriteLine("합격");
        }
        else
        {
            Console.WriteLine("불합격");
        }
    }
}
```

\ 실행 결과 /

불합격

164

(score >= 60) 조건식이 거짓이므로 else 문이 실행되어 '불합격'이 출력됩니다. 조건이 같은지 물어보려면 다음과 같이 합니다.

```
> double pi = 3.14;
>
> if (pi == 3.14)
. {
.     Console.WriteLine("pi는 3.14입니다.");        //참일 때 실행
. }
. else
. {
.     Console.WriteLine("pi는 3.14가 아닙니다.");   //거짓일 때 실행
. }
pi는 3.14입니다.
```

다음과 같이 두 수를 입력한 후 그중 큰 수를 출력하게 할 수 있습니다.

두 수에서 큰 수 출력 : GreaterThanEqual.cs

```
using System;

class GreaterThanEqual
{
    static void Main()
    {
        Console.Write("첫 번째 수 : ");
        int first = Convert.ToInt32(Console.ReadLine());
        Console.Write("두 번째 수 : ");
        int second = Convert.ToInt32(Console.ReadLine());

        if (first >= second)
        {
            Console.WriteLine("큰 값 : {0}", first);
        }
        else
        {
            Console.WriteLine("큰 값 : {0}", second);
        }
    }
}
```

```
첫 번째 수 : 3 Enter
두 번째 수 : 5 Enter
큰 값 : 5
```

(first >= second) 조건식을 만족하면 first 변수 값이 더 큰 값이고, 조건을 만족하지 않으면 second 변수 값이 더 큰 값이 됩니다.

다음과 같이 두 수 차이를 양의 정수로 구할 수도 있습니다.

```
> int first = 3;
> int second = 5;
> int diff = 0;
>
> if (first > second)
. {
.     diff = first - second;   //first 변수가 더 큼
. }
. else
. {
.     diff = second - first;   //second 변수가 더 큼
. }
>
> Console.WriteLine($"{first}와 {second}의 차이 : {diff}");
3와 5의 차이 : 2
```

단순히 두 수 차이를 구하려면 첫 번째 변수에서 두 번째 변수 값을 빼면 됩니다. 하지만 차이를 양의 정수로 구하려면 두 수 중에서 큰 값을 먼저 계산한 후 큰 값에서 작은 값을 빼면 됩니다.

다음 코드는 if~else 문으로 입력 문자에 대한 대 · 소문자를 구분해서 알려 주는 프로그램입니다. 비주얼 스튜디오에서 실행해 보세요.

입력받은 문자의 대 · 소문자 구별: CharTest.cs

```
using System;

class CharTest
{
    static void Main()
    {
        Console.WriteLine("영문 대문자 또는 소문자 하나를 입력하세요.");
        char c = Convert.ToChar(Console.ReadLine());

        if (c >= 'A' && c <= 'Z')
```

```
        {
            Console.WriteLine($"{c}는 대문자입니다.");
        }
        else
        {
            Console.WriteLine($"{c}는 소문자입니다.");
        }
    }
}
```

영문 대문자 또는 소문자 하나를 입력하세요.
a Enter
a는 소문자입니다.

중첩 if~else 문

다음은 콘솔창에서 문자 하나를 입력받은 후 입력된 문자가 'y'이면 "Yes"를 출력하고, 'n'이면
"No"를 출력하고, 다른 문자가 입력되면 "Cancel"을 출력하는 프로그램입니다. 다음 내용을 입
력한 후 실행해 보세요.

입력받은 문자에 따라 Yes, No, Cancel 출력: ElseNested.cs

```
using System;

class ElseNested
{
    static void Main()
    {
        Console.Write("문자를 입력하세요. (y/n/c) : ");
        char input = Convert.ToChar(Console.ReadLine());
        if (input == 'y')
        {
            Console.WriteLine("Yes");
        }
        else
        {
            if (input == 'n')
            {
                Console.WriteLine("No");
            }
            else
            {
                Console.WriteLine("Cancel");
```

```
                }
            }
        }
    }
}
```

\ 실행 결과 /

문자를 입력하세요. (y/n/c) : y [Enter]
Yes

if~else 문 안에 또 다른 if~else 문을 두어 하나 이상의 조건을 반복해서 처리하는 내용을 살펴
보았습니다. 조건식에는 &&와 || 연산자를 사용해서 여러 조건을 처리할 수도 있고 if 문 자체를
여러 번 사용해서 여러 조건을 처리할 수도 있습니다.

중첩 if~else 문으로 사용자에게서 점수를 입력받아 서로 다른 상장을 수여하는 프로그램을 만
들어 보겠습니다.

입력받은 점수에 따라 상장 수여: IfElseScoreGrade.cs

```csharp
using System;

class IfElseScoreGrade
{
    static void Main()
    {
        Console.Write("점수 : ");
        int score = Convert.ToInt32(Console.ReadLine());
        string grade = "";

        if (score >= 90)
        {
            grade = "금메달";
        }
        else
        {
            if (score >= 80)
            {
                grade = "은메달";
            }
            else
            {
                if (score >= 70)
                {
                    grade = "동메달";
                }
```

```
            else
            {
                grade = "노메달";
            }
        }
    }

    Console.WriteLine($"{grade}을 수상했습니다.");
    }
}
```

점수 : **90** Enter
금메달을 수상했습니다.

if~else 문을 세 번 중첩해서 조건 4개를 구하는 프로그램을 만들어 보았습니다.

13.5 else if 문(다중 if 문, 조건식 여러 개 처리)

앞에서는 if~else 문을 여러 개 중첩해서 사용하여 다중으로 조건을 처리할 수 있었습니다. else if 문을 사용하면 중첩하지 않고 여러 조건을 처리할 수 있습니다. else if 문의 형태는 다음과 같습니다. else if 문 부분을 여러 개 두어 더 많은 조건을 처리할 수 있는 구조입니다. 조건식1이 참이면 실행문1을 실행하고, 그렇지 않고 조건식2가 참이면 실행문2를 실행합니다. 어떤 조건식도 만족하지 않으면 실행문n을 실행합니다.

```
if (조건식1)
{
    실행문1;
}
else if (조건식2)
{
    실행문2;
}
...
else
{
    실행문n;
}
```

다중 if 문의 순서도 형태는 다음과 같습니다.

❤ 그림 13-4 다중 if 문

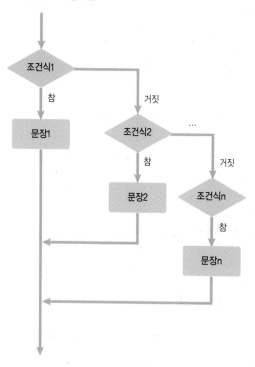

else if 문을 사용해 봅시다.

```
> int number1 = 10;
> int number2 = 20;
>
> if (number1 > number2)      //조건 처리 1
. {
.     Console.WriteLine("number1이 더 큽니다.");
. }
. else if (number1 < number2)  //조건 처리 2
. {
.     Console.WriteLine("number2가 더 큽니다.");
. }
. else
. {
.     Console.WriteLine("둘 다 같습니다.");
. }
number2가 더 큽니다.
```

첫 번째 if 문에서 첫 번째 조건을 처리한 후 조건을 만족하지 않으면 두 번째 else if 문의 조건을 따집니다. 두 번째 else if 문의 조건이 참이면 실행하고, 그렇지 않으면 else 문을 실행합니다.

양수, 음수, 0을 판단하는 프로그램

else if 문으로 양수인지 음수인지 0인지를 판단하는 프로그램을 만들 수 있습니다.

양수, 음수, 0을 판단: PositiveNegativeZero.cs

```
using System;

class PositiveNegativeZero
{
    static void Main()
    {
        int number = -10;      //① 원하는 정수 데이터 입력

        if (number > 0)        //ⓐ 양수인지 판단
        {
            Console.WriteLine($"{number}은 양수입니다.");
        }
        else if (number < 0)  //ⓑ 음수인지 판단
        {
            Console.WriteLine($"{number}은 음수입니다.");  //*
        }
        else
        {
            Console.WriteLine($"{number}은 0입니다.");
        }
    }
}
```

\ 실행 결과 /

```
-10은 음수입니다.
```

①에 입력한 데이터가 -10이기에 ⓑ else if 문이 실행됩니다.

성적 분류 프로그램

이번에는 else if 문을 사용하여 성적 결과를 나타내는 프로그램을 만들어 보겠습니다.

```
using static System.Console;

class ElseIf
{
    static void Main()
    {
        int score = 59;

        if (score >= 90)
        {
            WriteLine("A");
        }
        else if (score >= 80)
        {
            WriteLine("B");
        }
        else if (score >= 70)
        {
            WriteLine("C");
        }
        else if (score >= 60)
        {
            WriteLine("D");
        }
        else
        {
            WriteLine("F");
        }
    }
}
```

\ 실행 결과 /

```
F
```

else if 문 여러 개를 사용하여 다중으로 조건을 처리하고 마지막 else 문을 기본값으로 사용하는 다중 if 문의 예입니다.

또 다음과 같이 사용자가 입력하는 점수에 따라 학점을 계산하는 프로그램도 만들 수 있습니다. 다음 내용을 입력한 후 실행해 보세요. 단 점수는 반드시 정수로 입력해야 합니다.

```csharp
using System;

class ScoreGrade
{
    static void Main()
    {
        int score = 0;
        char grade = 'F';

        Console.WriteLine("당신의 점수는? ");
        score = Convert.ToInt32(Console.ReadLine());

        if (score >= 90)
        {
            grade = 'A';
        }
        else if (score >= 80)
        {
            grade = 'B';
        }
        else if (score >= 70)
        {
            grade = 'C';
        }
        else if (score >= 60)
        {
            grade = 'D';
        }
        else
        {
            grade = 'F';
        }

        Console.WriteLine($"점수 : {score}점");
        Console.WriteLine($"학점 : {grade}학점");
    }
}
```

\ 실행 결과 /

```
당신의 점수는?
100 Enter
점수 : 100점
학점 : A학점
```

13.6 조건문(if 문)을 사용한 조건 처리 전체 정리

if 문을 사용하는 예제로 C# 프로그래밍 언어의 조건을 처리하는 세 가지 스타일과 기법을 정리해 봅시다.

if 문 조건 처리: IfElseAll.cs

```csharp
using System;

class IfElseAll
{
    static void Main()
    {
        Console.Write("정수 입력 : _\b");
        int a = Convert.ToInt32(Console.ReadLine());

        //① if 문
        if (a % 2 == 0)  //짝수라면...
        {
            Console.WriteLine("짝수");
        }

        //② else 문
        if (a % 2 != 0)  //홀수
        {
            Console.WriteLine("홀수");
        }
        else
        {
            Console.WriteLine("짝수");
        }

        //③ else if 문
        if (a % 3 == 0)
        {
            Console.WriteLine("3의 배수");
        }
        else if (a % 5 == 0)
        {
            Console.WriteLine("5의 배수");
        }
        else if (a % 7 == 0)
        {
```

```
                Console.WriteLine("7의 배수");
            }
            else
            {
                Console.WriteLine("3, 5, 7의 배수가 아닌 수");
            }
        }
    }
```

＼ 실행 결과 ／ 콘솔에서 4를 입력했을 때

```
정수 입력 : 4 Enter
짝수
짝수
3, 5, 7의 배수가 아닌 수
```

＼ 실행 결과 ／ 콘솔에서 13을 입력했을 때

```
정수 입력 : 13 Enter
홀수
3, 5, 7의 배수가 아닌 수
```

① if 문: 입력된 숫자 값을 2로 나누었을 때 나머지가 0과 같으면(즉, 짝수이면) 메시지가 출력되고, 그렇지 않으면 다음 구문으로 넘어갑니다.

② else 문: 입력된 숫자 값을 2로 나누었을 때 나머지가 0과 다르면, 즉 홀수이면 첫 번째 문장(홀수)을 수행하고 그렇지 않으면 두 번째 문장(짝수)을 수행합니다.

③ else if 문: 입력된 숫자 값을 3으로 나누었을 때 나머지가 0이면(즉, 3의 배수이면) 첫 번째 문장을 수행합니다. 그렇지 않고 입력된 숫자 값을 5로 나누었을 때 나머지가 0이면(즉, 5의 배수이면) 두 번째 문장을 수행하고, 아니면 나머지 문장을 수행합니다.

if 문과 같은 조건문은 어떤 문제를 해결할 때 주로 해당 데이터를 필터링(걸러 냄)하는 역할을 합니다. 주어진 데이터에서 짝수만 걸러 낸다든가, 오늘 작성한 글만 검색한다든가 등 역할을 수행할 때도 if 문을 사용합니다.

기본 데이터 형식의 TryParse( ) 메서드로 형식 변환이 가능한지 판단

if~else 문과 TryParse( ) 메서드를 함께 사용하면 특정 형식으로 변환이 가능한지 체크할 수 있습니다. 다음 내용을 C# 인터렉티브에서 단계별로 실행해 보세요.

```
> string data = "1234";
> int result;
> if (int.TryParse(data, out result))
. {
.     Console.WriteLine("변환 가능 : {0}", result);
. }
. else
. {
.     Console.WriteLine("변환 불가");
. }
변환 가능 : 1234
> double d;
> if (Double.TryParse(data, out d))
. {
.     Console.WriteLine("변환 가능 : {0}", d);
. }
변환 가능 : 1234
```

TryParse( ) 메서드는 특정 형식으로 변환이 가능하면 true를 반환합니다. C# 7.0 버전 이후로는 out var 형식을 지원하기에, 다음 코드처럼 미리 변수를 선언할 필요 없이 if 문에 out var r 형식으로 r 변수를 직접 만들어 사용할 수 있습니다.

```
> if (double.TryParse("3.14", out var r))
. {
.     WriteLine($"{r} : {r.GetType()}");  //3.14 : System.Double
. }
. else
. {
.     WriteLine("변환 불가");
. }
3.14 : System.Double
> r
3.14
```

변환이 가능하면 r 변수에는 변환된 값이 저장되고, 그렇지 않으면 데이터 형식의 기본값이 저장됩니다.

C#에서 제공하는 조건문인 if 문과 else 문 조합은 프로그래밍에 많이 사용하는 필수 구문입니다. 이 강의에서 여러 가지 형태의 사용법을 모두 소개한 것 같습니다. 이를 바탕으로 추가 제어문을 학습해 나가겠습니다.

14 조건문: switch 문으로 다양한 조건 처리하기

선택문(switch와 case, default 키워드를 사용하여 다양한 조건 처리)인 switch 문은 값에 따라 다양한 제어를 처리할 수 있습니다. 앞에서 살펴본 다중 if 문을 사용할 때 조건을 처리할 내용이 많다면 switch 문[1]을 대신 사용할 수 있습니다.

14.1 switch 문 소개

switch 문의 형태는 다음과 같습니다. 표현식 값이 값1~값n 중 하나와 일치하면 해당 실행문을 실행하고, 일치하지 않으면 default 실행문을 실행합니다.

```
switch (표현식)
{
    case 값1: 실행문1; break;
    case 값2: 실행문2; break;
    ...
    case 값n: 실행문n; break;
    default: 실행문; break;
}
```

즉, 표현식의 결괏값이 '값1'이면 '실행문1'을 수행하고, '값2'이면 '실행문2'를 수행하는 식으로 표현식에 맞는 실행문을 수행합니다.

switch 문에는 추가로 case와 default 키워드가 사용되는데요. 이를 case와 default 레이블이라고 합니다. case 레이블에는 상수(값)가 들어오고, default 레이블은 생략 가능합니다.

---

1   이 책에서는 switch 문을 switch 선택문 또는 switch 분기문이라고도 합니다.

14.2 switch 문 사용하기

이번에는 switch 문을 사용해 보겠습니다. 다음 내용을 입력한 후 실행해 보세요.

switch 문: SwitchExpression.cs

```
using System;

class SwitchExpression
{
    static void Main()
    {
        int x = 2;

        switch (x)
        {
            case 1:
                Console.WriteLine("1입니다.");  //x가 1일 때 실행
                break;
            case 2:
                Console.WriteLine("2입니다.");  //x가 2일 때 실행
                break;
        }
    }
}
```

\ 실행 결과 /

2입니다.

x 변수 값을 1로 두면 "1입니다."가 출력되고, x 변수 값을 2로 두면 "2입니다."가 출력됩니다. 1과 2 이외의 값을 지정하면 현재 switch 문은 아무것도 출력하지 않습니다. 객관식 문제에서 하나를 선택하는 유형을 처리할 때는 이와 같은 switch 문이 유용합니다.

입력한 값에 따른 출력 구문을 switch 문으로 선택하기

다음은 사용자에게서 정수를 입력받은 후 값이 1, 2, 3일 때는 그에 해당하는 문자열을 출력하고, 나머지 정수는 default 레이블에서 지정한 문자열을 출력하도록 하는 예제입니다. 다음 내용을 입력한 후 실행해 보세요.

```csharp
using System;

class Switch
{
    static void Main()
    {
        Console.WriteLine("정수를 입력하세요.");
        int answer = Convert.ToInt32(Console.ReadLine());

        //선택문
        switch (answer)
        {
            case 1:
                Console.WriteLine("1을 선택했습니다.");
                break;
            case 2:
                Console.WriteLine("2를 선택했습니다.");
                break;
            case 3:
                Console.WriteLine("3을 선택했습니다.");
                break;
            default:
                Console.WriteLine("그냥 찍으셨군요.");
                break;
        }
    }
}
```

\ 실행 결과 /

정수를 입력하세요.
3 [Enter]
3을 선택했습니다.

원하는 값을 입력하면 그에 해당하는 문자열을 출력하는 것을 확인할 수 있습니다.

좋아하는 프로그래밍 언어 선택하기

가장 좋아하는 프로그래밍 언어를 물어보는 프로그램을 다음과 같이 switch 문을 사용하여 만들
수 있습니다.

```csharp
using System;
using static System.Console;

class SwitchStatement
{
    static void Main()
    {
        WriteLine("가장 좋아하는 프로그래밍 언어는? ");
        Write("1. C\t");
        Write("2. C++\t");
        Write("3. C#\t");
        Write("4. Java\n");

        int choice = Convert.ToInt32(ReadLine());

        switch (choice)
        {
            case 1:
                WriteLine("C 선택");
                break;
            case 2:
                WriteLine("C++ 선택");
                break;
            case 3:
                WriteLine("C# 선택");
                break;
            case 4:
                WriteLine("Java 선택");
                break;
            default:
                WriteLine("C, C++, C#, Java가 아니군요.");
                break;
        }
    }
}
```

＼ 실행 결과 ／

```
가장 좋아하는 프로그래밍 언어는?
1. C    2. C++  3. C#   4. Java
3 Enter
C# 선택
```

switch 문을 사용하여 오늘 날씨 물어보기

오늘 날씨를 문자열로 입력받은 후 그에 해당하는 메시지를 출력하는 예제를 만들어 보겠습니다.
다음 내용을 입력한 후 실행해 보세요.

날씨 묻기: SwitchWeather.cs

```
using System;

class SwitchWeather
{
    static void Main()
    {
        Console.WriteLine("오늘 날씨는 어떤가요? (맑음, 흐림, 비, 눈, ...)");
        string weather = Console.ReadLine();

        switch (weather)
        {
            case "맑음":
                Console.WriteLine("오늘 날씨는 맑군요.");
                break;
            case "흐림":
                Console.WriteLine("오늘 날씨는 흐리군요.");
                break;
            case "비":
                Console.WriteLine("오늘 날씨는 비가 오는군요.");
                break;
            default:
                Console.WriteLine("혹시 눈이 내리나요?");
                break;
        }
    }
}
```

\ 실행 결과 /

```
오늘 날씨는 어떤가요? (맑음, 흐림, 비, 눈, ...)
맑음 Enter
오늘 날씨는 맑군요.
```

이 예제처럼 case 레이블에 문자열로 값을 비교하는 것도 가능합니다.

원하는 값을 편하게 선택할 수 있게 하는 switch 문을 알아보았습니다. 이 switch 문은 뒤에서 패턴 매칭을 다룰 때도 사용합니다. 조건문과 선택문을 알아보았으니 계속해서 반복문을 알아보겠습니다.

15 반복문(for 문)을 사용하여 구간 반복하기

반복문을 사용하면 반복적으로 처리해야 할 일을 컴퓨터가 빠르게 수행할 수 있습니다. 반복문의 첫 번째인 for 문(for 루프, 초기식부터 조건식까지 만족하는 동안 실행문을 실행하고 증감식을 진행)을 알아보겠습니다.

15.1 for 문으로 반복하기

for 문은 특정 구문을 여러 번 반복(iteration)해서 실행할 때 사용합니다. for 문 형식은 다음과 같습니다. 일반적으로 for 문을 지칭할 때 for 루프(loop)라고도 합니다.

```
for (초기식; 조건식; 증감식)
{
    실행문;
}
```

for 문은 초기식부터 조건식까지 증감식 크기만큼 증가 또는 감소시키면서 작업 명령문을 반복하여 실행합니다. 말이 조금 어렵죠? 실제 사용 가능한 코드를 여러 번 반복하다 보면 금방 이해할 수 있으니 걱정하지 않아도 됩니다. 중요한 것은 소스 코드를 반드시 입력한 후 결과를 보고, 그 내용을 이해하려고 노력해야 한다는 점입니다.

for 문을 순서도로 표현하면 그림 15-1과 같습니다.

▼ 그림 15-1 for 문 순서도

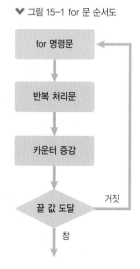

for 문을 사용하여 '안녕하세요.' 세 번 출력하기

for 문을 사용하여 반복해서 출력하는 내용을 다루어 보겠습니다. 다음 내용을 입력한 후 실행해 보세요. 참고로 비주얼 스튜디오에서 for를 입력한 후 Tab을 두 번 누르면 자동으로 for 문에 대한 코드 조각을 생성해 줍니다.

'안녕하세요.' 세 번 출력: ForDescription.cs

```
using System;

class ForDescription
{
    static void Main()
    {
        for (int i = 0; i < 3; i++)  //i가 0, 1, 2일 때
        {
            Console.WriteLine("안녕하세요.");
        }
    }
}
```

\ 실행 결과 /

```
안녕하세요.
안녕하세요.
안녕하세요.
```

이 코드는 for (초기식; 조건식; 증감식) {} 형태의 구문에 "안녕하세요."를 출력하는 코드를 넣어 세 번 출력합니다.

실행 순서를 정리하면 다음과 같습니다.

1. int i = 0; → 초기식 할당

2. 0 < 3; → 비교하면 true가 되어 for 문 진입

3. Console.WriteLine("안녕하세요."); → 출력

4. i++;를 실행하여 i 변수 1 증가

5. 1 < 3; → 비교하면 true가 되어 for 문 다시 진입

6. Console.WriteLine("안녕하세요."); → 다시 출력

7. i++;를 실행하여 i 변수 1 증가

8. 2 < 3; → 비교하면 true가 되어 for 문 다시 진입

9. Console.WriteLine("안녕하세요."); → 다시 출력

10. i++;를 실행하여 i 변수 1 증가

11. 3 < 3; → 비교하면 false가 되어 for 문 종료

"부록 A. 디버거 사용하기"를 참고하여 F11을 여러 번 눌러 가면서 for 문 진행 순서를 하나씩 살펴볼 수 있습니다.

다양하게 for 문 사용하기

① 1부터 5까지 출력하기

먼저 for 루프를 사용하여 1부터 5까지 출력해 보겠습니다. 다음 내용을 입력한 후 실행해 보세요.

```
> for (int i = 1; i <= 5; i++)
. {
.     Console.WriteLine("Count : {0}", i);
. }
Count : 1
Count : 2
Count : 3
Count : 4
Count : 5
```

for (int i = 1; i <= 5; i++)에 따라 1부터 5까지 1씩 증가하여 총 다섯 번을 반복해서 출력문을 실행합니다. 이때 i 값은 1부터 5까지 출력합니다.

② 0부터 4까지 2씩 증가시키기

이번에는 0부터 4까지 2씩 증가시키는 예제를 만들어 보겠습니다. for 문에서는 기본적으로 1씩 증가(증감)합니다. 2씩 증가시키려면 i = i + 2 형태로 지정합니다.

```
> for (int i = 0; i < 5; i = i + 2)
. {
.     Console.WriteLine(i);
. }
0
2
4
```

for 문의 증감식 영역에 i++ 대신에 i = i + 2 형태를 지정해서 i 값을 2씩 증가시킬 수 있습니다.

③ 1부터 3까지 반복하여 합계 구하기

이번에는 for 문을 사용하여 i 변수를 1부터 3까지 반복하여 합계를 구하는 예제를 만들어 봅시다.

```
> int n = 3;
> int sum = 0;
> for (int i = 1; i <= n; i++)
. {
.     sum = sum + i;
. }
>
> $"1부터 {n}까지의 합 : {sum}"
"1부터 3까지의 합 : 6"
```

for 문을 사용하면 지정된 범위에서 숫자의 합 등을 쉽게 구할 수 있습니다. 1부터 3까지 반복하면서 sum 변수에 i 값을 누적하는 내용입니다. 당연한 이야기이지만 sum = sum + i; 코드는 sum += i; 형태로 줄여서 표현할 수 있습니다.

④ 짝수 합 구하기

지정된 범위의 숫자 중에서 짝수 합만 구해 봅시다. 다음 내용을 입력한 후 실행해 보세요.

1부터 n까지 정수 중 짝수의 합: ForSumEven.cs

```
using System;

class ForSumEven
{
    static void Main()
    {
        int n = 5;
        int sum = 0;

        for (int i = 1; i <= n; i++)  //n == 5이므로 i가 1, 2, 3, 4일 때
        {
            if (i % 2 == 0)
            {
                sum += i;              //짝수 2, 4 더하기
            }
        }

        Console.WriteLine($"1부터 {n}까지 짝수의 합 : {sum}");
    }
}
```

> 1부터 5까지 짝수의 합 : 6

for 문으로 1부터 5까지 반복하면서 다시 if 문을 사용하여 짝수(2로 나누었을 때 0)일 때만 i 값을 누적하여 합계를 구할 수 있습니다.

⑤ 1부터 100까지 정수의 합 구하기

이번에는 1부터 100까지 정수의 합을 구해 보겠습니다. 다음 내용을 입력한 후 실행해 보세요.

1부터 100까지 정수의 합: SeeSharpSum100.cs

```csharp
using System;

class SeeSharpSum100
{
    static void Main()
    {
        //입력
        int sum = 0;

        //처리
        for (int i = 1; i <= 100; i++)   //i를 1에서 100까지 100번 반복
        {
            sum += i;                    //sum = sum + i;
        }

        //출력
        Console.WriteLine("1부터 100까지 정수의 합 : {0}",  sum);
    }
}
```

\ 실행 결과 /

> 1부터 100까지 정수의 합 : 5050

사람이 직접 수작업으로 1부터 100까지 정수의 합을 구하려면 시간이 많이 필요합니다. 하지만 컴퓨터를 사용하여 프로그래밍하면 아주 빠른 시간에 구할 수 있습니다. 1부터 1000까지 또는 1부터 1만까지도 for 문의 조건식만 바꾸면 바로 구할 수 있습니다.

⑥ 숫자를 증가시키거나 감소시켜 출력하기

for 문에 대한 일반적인 코드는 0번째 인덱스부터 특정 값까지 증가하는 형태인데, 다음 코드처럼 그 반대로 값을 감소시키면서 반복을 진행할 수 있습니다. for 문의 형태는 이처럼 다양하게 사용할 수 있습니다.

자, 그럼 for 문을 사용하여 숫자를 증가시키거나 감소시키는 방법을 알아보겠습니다.

```
> for (int i = 0; i < 5; i++)      //i 변수 값이 0, 1, 2, 3, 4로 증가
. {
.     Console.Write($"{i + 1}\t");  //탭(\t)으로 간격 띄우기
. }
1       2       3       4       5
>
> for (int i = 5; i > 0; i--)      //변수 값이 5, 4, 3, 2, 1로 감소
. {
.     Console.Write($"{i}\t");
. }
5       4       3       2       1
```

일반적으로 0부터 인덱스 변수가 시작합니다. 초기식에서 i 값을 5로 설정한 후 조건을 판별하고, 증감식에서 i-- 형태로 지정하면 5부터 하나씩 감소하면서 반복을 진행합니다.

⑦ 1부터 100까지 짝수 합 구하기

이번에는 1부터 100까지 짝수 합을 구하는 방법을 알아보겠습니다. 다음 내용을 입력한 후 실행해 보세요.

1부터 100까지 짝수의 합: ForEven.cs

```
using System;

class ForEven
{
    static void Main()
    {
        //① 입력
        int sum = 0;

        //② 처리: 주어진 범위(for 문)에 주어진 조건(if 문)
        for (int i = 1; i <= 100; i++)
        {
            if (i % 2 == 0)  //짝수만 필터링
```

```
        {
            sum += i;     //짝수일 때만 합 구하기
        }
    }

    //③ 출력
    Console.WriteLine($"1부터 100까지 짝수의 합 : {sum}");
    }
}
```

\ 실행 결과 /

1부터 100까지 짝수의 합 : 2550

프로그래밍에서 알고리즘은 주어진 문제를 해결하는 절차를 의미합니다. 일반적인 알고리즘은 입력(input), 처리(process), 출력(output) 절차를 거칩니다. 1부터 100까지 짝수 합을 구하려면 1부터 100까지 범위와 짝수라는 조건이 필요한데, 이를 각각 for 문과 if 문을 사용하여 처리할 수 있습니다.

반복문과 연산자를 함께 사용하면 여러 형태로 값을 출력할 수 있습니다.

반복문과 연산자를 사용하여 출력: ForDemo.cs

```
using System;

class ForDemo
{
    static void Main()
    {
        //① 1부터 5까지 3개씩 출력하는 프로그램
        for (int i = 1; i <= 5; i++)
        {
            Console.Write("{0}\t", i);
            if (i % 3 == 0)
            {
                Console.WriteLine();
            }
        }
        Console.WriteLine();

        //② 1부터 100까지 정수 합을 구하는 프로그램
        int sum1 = 0;   //합을 저장할 변수
```

```
        for (int i = 1; i <= 100; i++)
        {
            sum1 += i;   //누적
        }
        Console.WriteLine($"1부터 100까지의 합 : {sum1}");

        //③ 1부터 100까지 정수 중 짝수 합을 구하는 프로그램
        int sum2 = 0;
        for (int i = 1; i <= 100; ++i)
        {
            if (i % 2 == 0)
            {
                sum2 += i;   //짝수만...
            }
        }
        Console.WriteLine($"1부터 100까지 짝수의 합 : {sum2}");
    }
}
```

\ 실행 결과 /

```
1        2        3
4        5
1부터 100까지의 합 : 5050
1부터 100까지 짝수의 합 : 2550
```

⑧ for 문을 사용하여 별표 기호로 삼각형 만들기

이번에는 for 문 2개를 사용하여 특정 문자열을 반복해서 출력하는 내용을 다루어 보겠습니다.
다음 내용을 입력한 후 실행해 보세요.

별표 기호로 삼각형 만들기: ForTriangle.cs

```
using System;

class ForTriangle
{
    static void Main()
    {
        //행 반복
        for (int i = 1; i <= 5; i++)
        {
            //열 반복
            for (int j = 1; j <= i; j++)
```

```
            {
                Console.Write("*");
            }
            Console.WriteLine();
        }
    }
}
```

\ 실행 결과 /

```
*
**
***
****
*****
```

바깥쪽 for 문은 일반적으로 행을 반복하는 데 사용합니다. 그리고 안쪽 for 문은 열을 반복할 때
사용합니다.

15.2 무한 루프

프로그래밍에서 무한 루프(infinite loop)는 루프를 멈추지 않고 계속 실행하여 프로그램을 종료하
지 않음을 의미합니다. 잘못 작성한 코드로 무한 루프가 발생하면 프로그램에 심각한 문제가 생
깁니다. 다음 내용을 입력한 후 실행해 보세요. 실행하면 무한 루프가 발생하여 "무한 루프" 문
자열을 계속해서 출력합니다. 명령 프롬프트에서 무한 루프를 종료하려면 **닫기**를 클릭하거나
Ctrl + C 를 누릅니다.

무한 루프: InfiniteLoop.cs

```
using System;

class InfiniteLoop
{
    static void Main()
    {
        //무한 루프
        for ( ; ; )
        {
            Console.WriteLine("무한 루프");
```

```
            }
        }
    }
```

```
무한 루프
무한 루프
무한 루프
무한 루프
...(이하 생략)
```

이 실행 결과는 4개만 실행된 것처럼 보이지만, 실제로는 강제로 종료하기 전까지 "무한 루프" 문자열을 계속 출력합니다.

15.3 for 문으로 1부터 4까지 팩토리얼 값을 출력하는 프로그램

이번에는 약간 복잡한 수학인 팩토리얼 값을 구하는 예제를 다루어 보겠습니다. 팩토리얼이란 1부터 양의 정수 n까지 정수를 모두 곱한 것입니다. 1~4 팩토리얼 값은 1 * 2 * 3 * 4의 결괏값인 24입니다. 다음 내용을 입력한 후 실행해 보세요.

1부터 4까지 팩토리얼 값 출력: ForFactorial.cs

```csharp
using System;

class ForFactorial
{
    static void Main()
    {
        int fact = 0;

        for (int i = 1; i <= 4; i++)
        {
            Console.Write($"{i}! -> ");
            fact = 1;                //1로 초기화
            for (int j = 1; j <= i; j++)
            {
                fact = fact * j;  //1 * (1 * 2 * 3 * 4)
            }
            Console.WriteLine($"{fact,2}");
```

```
            }
        }
    }
```

```
1! -> 1
2! -> 2
3! -> 6
4! -> 24
```

팩토리얼을 구하는 방법은 굉장히 많이 있는데요. 가장 단순한 형태로 fact 변수에 1부터 n까지 정수 값을 곱해서 누적하는 방법이 있습니다. $"{fact,2}" 형태를 사용하여 두 자릿수를 잡고 숫자를 출력하고 있습니다.

15.4 구구단을 가로로 출력하기

for 문을 2개 사용하는 예제를 소개하고자 합니다. 프로그래밍을 학습할 때 가장 많이 사용하는 구구단 프로그램을 세로가 아닌 가로로 출력하는 프로그램을 다음과 같이 만들 수 있습니다. 다음 내용을 입력한 후 실행해 보세요.

구구단 가로로 출력: TimesTable.cs

```csharp
using System;

class TimesTable
{
    static void Main()
    {
        for (int i = 2; i <= 9; i++)
        {
            Console.Write($"{i, 4}단  ");
        }
        Console.WriteLine();

        for (int i = 1; i <= 9; i++)      //행(세로) 출력
        {
            for (int j = 2; j <= 9; j++)  //열(가로) 출력
            {
```

192

```
        Console.Write($"{j}*{i}={j * i, 2}  ");  //i와 j 위치를 바꾸어 출력
      }
      Console.WriteLine();                        //1줄 출력 후 줄 바꿈
    }
  }
}
```

2단	3단	4단	5단	6단	7단	8단	9단
2*1= 2	3*1= 3	4*1= 4	5*1= 5	6*1= 6	7*1= 7	8*1= 8	9*1= 9
2*2= 4	3*2= 6	4*2= 8	5*2=10	6*2=12	7*2=14	8*2=16	9*2=18
2*3= 6	3*3= 9	4*3=12	5*3=15	6*3=18	7*3=21	8*3=24	9*3=27
2*4= 8	3*4=12	4*4=16	5*4=20	6*4=24	7*4=28	8*4=32	9*4=36
2*5=10	3*5=15	4*5=20	5*5=25	6*5=30	7*5=35	8*5=40	9*5=45
2*6=12	3*6=18	4*6=24	5*6=30	6*6=36	7*6=42	8*6=48	9*6=54
2*7=14	3*7=21	4*7=28	5*7=35	6*7=42	7*7=49	8*7=56	9*7=63
2*8=16	3*8=24	4*8=32	5*8=40	6*8=48	7*8=56	8*8=64	9*8=72
2*9=18	3*9=27	4*9=36	5*9=45	6*9=54	7*9=63	8*9=72	9*9=81

안쪽 for 문을 반복하면서 열을 반복했고, 먼저 2부터 9까지 반복하면서 i 값인 1을 곱해서 2*1부터 9*1을 출력합니다. 그리고 그다음 행에서는 3*2부터 9*2가 출력되는 형태로 구구단을 만들었습니다.

모든 프로그래밍 언어에는 for 문 같은 반복문이 있습니다. 컴퓨터는 사람과 달리 연산 처리가 굉장히 빠르기에 반복해서 사용해야 하는 부분은 for 문으로 프로그래밍하면 효율적으로 빠르게 작업할 수 있습니다. 이러한 for 문과 기능이 비슷한 반복문들을 계속해서 학습해 나가겠습니다.

16 while 문과 do 문, foreach 문으로 반복 처리하기

여기에서는 앞에서 살펴본 for 문(구간 반복)과 마찬가지로 반복을 처리하는 while 문(조건 반복), do 문(실행 반복), foreach 문(배열 반복)을 다룹니다.

16.1 while 문

while 문은 조건식이 참일 동안 문장을 반복 실행합니다. 코드 형태는 다음과 같습니다.

```
while (조건식)
{
    조건식이 참일 때까지 실행할 문장들...
}
```

while 문의 조건식이 true일 동안 실행문을 반복하여 실행합니다. 반복을 중지하려면 while 문 안쪽 코드에서 증감식 등을 사용하여 조건식 값을 변경해야 합니다. while 문을 순서도로 표현하면 다음과 같습니다.

▼ 그림 16-1 while 문 순서도

while 문으로 '안녕하세요.' 여러 번 출력하기

이 예제에서는 while 문으로 '안녕하세요.' 문자열을 반복해서 출력해 보겠습니다. 다음 내용을 입력한 후 실행해 보세요.

'안녕하세요' 여러 번 출력: WhileDescription.cs

```csharp
using System;

class WhileDescription
{
    static void Main()
    {
        int count = 0;                              //초기식
        while (count < 3)                           //조건식
        {
            Console.WriteLine("안녕하세요.");  //실행문
            count++;                                //증감식
        }
    }
}
```

＼ 실행 결과 ／

```
안녕하세요.
안녕하세요.
안녕하세요.
```

while 문은 for 문과 마찬가지로 반복문입니다. 반복문은 일반적으로 초기식, 조건식, 실행문, 증감식의 식과 문을 가집니다. 다만 for 문과 while 문이 그 위치가 조금 다를 뿐입니다.

다양하게 while 문 사용하기

① while 문을 사용하여 1부터 5까지 출력하기

이번에는 카운트 변수 또는 인덱스 변수를 1부터 시작하는 예제를 만들어 보겠습니다. 다음 내용을 입력한 후 실행해 보세요.

1부터 5까지 출력: WhileDemo.cs

```csharp
using System;

class WhileDemo
{
```

```
    static void Main()
    {
        int i = 1;        //초기식부터
        while (i <= 5)   //조건식을 만족하는 동안
        {
            Console.WriteLine("카운트 : {0}", i);   //실행문을 실행하고
            i++;              //증감식을 사용하여 인덱스 변수를 1씩 증가
        }
    }
}
```

```
카운트 : 1
카운트 : 2
카운트 : 3
카운트 : 4
카운트 : 5
```

초기식인 1부터 조건식인 5까지 반복하면서 카운트를 출력하고, 증감식에서 1씩 증가시켜 총 다섯 번 반복하는 내용을 보여 줍니다. 이 예제 역시 for 문과 달리 초기식, 조건식, 증감식, 실행문 위치가 조금 다릅니다.

② 카운트 증가 프로그램

while 문의 구성 요소는 초기식, 조건식, 실행문, 증감식입니다. 다음 내용을 입력한 후 실행해 보세요.

1에서 3까지 카운트 증가: WhileLoop.cs

```
using System;

class WhileLoop
{
    static void Main()
    {
        int count = 1;                          //초기식
        while (count <= 3)                      //조건식
        {
            Console.WriteLine($"카운트 : {count}");  //실행문
            count++;                            //증감식
        }
    }
}
```

196

```
카운트 : 1
카운트 : 2
카운트 : 3
```

1부터 3까지 반복하여 카운트를 증가시키는 기본적인 while 문의 형태입니다.

③ 초깃값을 감소시켜서 반복하기

일반적으로 반복문은 반복되는 카운트를 설정하는 인덱스 변수를 작은 수에서 큰 수로 증가하면서 루프를 실행했습니다. 이번에는 큰 수로 설정한 후 인덱스 변수 값을 감소시키면서 반복을 실행하는 예제를 만들어 보겠습니다.

초깃값 감소시켜 반복: WhileDecrement.cs

```csharp
using System;

class WhileDecrement
{
    static void Main()
    {
        int index = 5;
        while (index > 0)
        {
            Console.WriteLine($"안녕하세요. {index}");
            index--;
        }
    }
}
```

```
안녕하세요. 5
안녕하세요. 4
안녕하세요. 3
안녕하세요. 2
안녕하세요. 1
```

index가 5로 설정된 상태에서 증감식에서 index--로 루프를 한 번 실행할 때마다 1씩 감소하도록 했습니다. index가 0이 되는 순간에 while 문을 종료하는 형태로 인덱스 변수 값을 감소시키면서 반복 실행할 수 있습니다.

16

while 문과 do 문, foreach 문으로 반복 처리하기

④ while 문을 사용하여 1부터 100까지 합을 구하는 프로그램

앞에서 for 문을 사용하여 합을 구하는 프로그램을 while 문으로 다시 만들어 보겠습니다. 다음 내용을 입력한 후 실행해 보세요.

1부터 100까지 합: WhileSum.cs

```
using System;

class WhileSum
{
    static void Main()
    {
        const int N = 100;
        int sum = 0;

        int i = 1;
        while (i <= N)
        {
            sum += i;
            i++;
        }

        Console.WriteLine($"1부터 {N}까지의 합 : {sum}");
    }
}
```

＼ 실행 결과 ／

```
1부터 100까지의 합 : 5050
```

1부터 100까지 1씩 증가시키면서 반복하여 1부터 100까지 정수 합을 구하는 프로그램입니다.

⑤ while 문을 사용하여 짝수 합 구하기

이번에는 while 문을 사용하여 1부터 100까지 정수의 짝수 합을 구해 보겠습니다. 다음 내용을 입력한 후 실행해 보세요.

1부터 100까지 짝수 합: WhileEven.cs

```
using System;

class WhileEven
{
```

```
    static void Main()
    {
        int sum = 0;

        int i = 1;            //초기식
        while (i <= 100)      //조건식
        {
            if (i % 2 == 0)   //필터링(조건 처리)
            {
                sum += i;     //실행문
            }
            i++;              //증감식
        }

        Console.WriteLine($"1부터 100까지 짝수의 합 : {sum}");
    }
}
```

\ 실행 결과 /

1부터 100까지 짝수의 합 : 2550

초기식부터 조건식을 만족할 때까지 필터링된 실행문을 실행하고 증감식을 진행하는 전형적인 반복문 형태를 예제로 살펴보았습니다.

16.2 피보나치 수열을 while 문으로 표현하기

조금은 어렵지만 while 문을 사용하여 수학의 피보나치 수열을 표현해 보겠습니다. 이 예제는 1부터 20까지 범위 내에 있는 피보나치 수열을 출력합니다. 다음 내용을 입력한 후 실행해 보세요.

피보나치 수열: WhileFibonacci.cs

```
//피보나치 수열: 1 1 2 3 5 8 13 21 ...
using System;

class WhileFibonacci
{
    static void Main()
    {
        int first = 0;
```

```
            int second = 1;

            while (second <= 20)
            {
                Console.WriteLine(second);
                int temp = first + second;
                first = second;
                second = temp;
            }
        }
    }
```

```
1
1
2
3
5
8
13
```

반복 회차에 맞는 first, second 변수의 출력 값을 정리해 보면 다음과 같습니다.

회차	first	second	temp
1	0	1	0 + 1
2	1	1	1 + 1
3	1	2	1 + 2
4	2	3	2 + 3
5	3	5	3 + 5
6	5	8	5 + 8
7	8	13	8 + 13

second 변수 값을 출력하면 1부터 20 사이의 피보나치 수열을 출력합니다. while 문도 디버거를
사용하여 F11 을 여러 번 눌러 가면서 단계별로 진행되는 코드 상태를 살펴봅니다.

16.3 do while 반복문으로 최소 한 번은 실행하기

이번에는 또 다른 반복문인 do 문을 살펴보겠습니다. do 문은 while 문과 비슷하지만, 일단 문장을 한 번 실행한 후 그다음에 조건을 따지는 구문입니다. 이 또한 조건식이 참일 동안 문장을 반복 실행합니다. do 문 형식은 다음과 같습니다.

```
do
{
    실행문;
} while (조건식);
```

do 문 조건식이 true일 동안 실행문을 반복하여 실행합니다. 이때 do 문은 마지막에 세미콜론(;) 기호로 끝나야 하는 것에 주의합니다. do 문은 while (조건식)이 뒤에 오므로 무조건 한 번은 실행문이 실행됩니다.

do while 문을 사용하여 '안녕하세요.' 세 번 출력하기

do while 문을 사용하여 '안녕하세요.'를 세 번 출력하는 프로그램을 만들어 보겠습니다. 다음 내용을 입력한 후 실행해 보세요.

'안녕하세요.' 출력: DoWhile.cs

```
using System;

class DoWhile
{
    static void Main()
    {
        int count = 0;                          //초기식
        do
        {
            Console.WriteLine("안녕하세요.");   //실행문
            count++;                            //증감식
        } while (count < 3);                    //조건식
    }
}
```

안녕하세요.
안녕하세요.
안녕하세요.

앞에서 살펴본 while 문과 달리 조건식이 맨 마지막에 나와서 한 번은 실행문을 실행하게 됩니다.

do while 문으로 합 구하기

do while 문을 사용하여 합을 구하는 프로그램을 만들어 보겠습니다. 다음 내용을 입력한 후 실행해 보세요.

1부터 5까지 합: DoWhileSum.cs

```
using System;

class DoWhileSum
{
    static void Main()
    {
        int sum = 0;

        int i = 1;          //초기식
        do
        {
            sum += i;       //실행문
            i++;            //증감식
        } while (i <= 5);   //조건식

        Console.WriteLine($"합계 : {sum}");
    }
}
```

\ 실행 결과 /

합계 : 15

do while 문은 while 문과 기능이 동일합니다. 다만 조건식이 뒤에 오는 것만 다릅니다.

1에서 100까지 3의 배수이면서 4의 배수인 정수 합 구하기

do~while 문은 먼저 실행 후 반복한다고 해서 선행 반복이라고 합니다. 다음 내용을 입력한 후 실행해 보세요.

1에서 100까지 3의 배수이면서 4의 배수인 정수 합: DoWhileDemo.cs

```csharp
using System;

class DoWhileDemo
{
    static void Main()
    {
        int sum = 0;

        int i = 1;                              //초기식
        do
        {
            if (i % 3 == 0 && i % 4 == 0)  //필터링(조건식)
            {
                sum += i;                       //실행문(문장)
            }
            i++;                                //증감식
        } while (i <= 100);                     //조건식(평가할 식)

        Console.WriteLine(sum);
    }
}
```

\ 실행 결과 /

```
432
```

이 예제는 do 문을 사용하여 1부터 100까지 반복하며 3의 배수이면서 4의 배수인 정수 합을 구합니다.

16.4 foreach 문으로 배열 반복하기

반복을 처리할 수 있는 또 다른 반복문인 foreach 문을 살펴보겠습니다. foreach 문은 앞으로 배울 내용인 배열(array)이나 컬렉션(collection) 같은 값을 여러 개 담고 있는 데이터 구조에서 각각의 데이터가 들어 있는 만큼 반복하는 반복문입니다. 데이터 개수나 반복 조건을 처리할 필요 없이 데이터가 있는 만큼 반복하는 구조입니다. 다음 형식 및 설명을 간단히 읽어 본 후 실습하면서 사용법을 알아보겠습니다. 여기에서는 foreach 문을 사용해 보는 관점으로 간단히 알아보고 넘어갑니다.

foreach 문은 반복 가능한 항목들을 반복해서 가져옵니다. foreach 문의 형태는 다음과 같습니다.

```
foreach (항목 in 항목들) { ... }
```

foreach 문은 값 여러 개 중 하나를 특정 데이터 형식으로 뽑아 해당 변수에 임시로 담은 후 실행문에서 사용하는 형태입니다.

```
foreach (데이터형식 변수 in 컬렉션형식)
{
    문장; //변수에 들어 있는 값을 사용하는 문장이 온다
}
```

이 형태를 보면 컬렉션 형식에 데이터가 들어 있는 만큼 문장을 실행시킵니다. 여기에서는 변수에 데이터 형식에 맞는 데이터가 반복될 때마다 하나씩 저장합니다.

데이터가 들어 있는 만큼 반복하기

아직 배운 내용은 아니지만 미리보기로 다음 코드를 살펴보겠습니다. foreach 문을 다음과 같이 사용하면 names에 저장된 문자열 2개가 출력됩니다.

```
> string[] names = { "C#", "ASP.NET" };
> foreach (string name in names)
. {
.     Console.WriteLine(name);
. }
C#
ASP.NET
```

문자열에서 문자 하나씩 뽑아 출력하기

문자열은 그 자체가 문자 집합입니다. 이러한 문자열에서 문자 하나씩을 뽑아 사용할 때는 foreach 문 같은 제어문이 도움이 됩니다. foreach 문을 사용하여 문자열에서 문자를 하나씩 뽑아 출력하는 프로그램을 만들어 보겠습니다. 다음 내용을 입력한 후 실행해 보세요. 참고로 코드 내에서 foreach를 입력한 후 Tab 을 두 번 누르면 자동으로 코드 조각이 생성됩니다.

문자열에서 문자 하나씩 뽑아 출력 1: ForEach.cs

```
using System;

class ForEach
{
    static void Main()
    {
        string str = "ABC123";

        foreach (char c in str)
        {
            Console.Write($"{c}\t");
        }
        Console.WriteLine();
    }
}
```

\ 실행 결과 /

A	B	C	1	2	3

이 코드에서 문자열은 string 변수에 담고, 문자열에서 하나씩 뽑은 문자는 char 변수에 담깁니다. 이러한 코드에서는 다음과 같이 var 키워드를 사용해도 됩니다. 다음 내용을 입력한 후 실행해 보세요.

문자열에서 문자 하나씩 뽑아 출력 2: ForEachUp.cs

```
using System;

class ForEachUp
{
    static void Main()
    {
```

```
        var str = "ABC123";

        foreach (var c in str)
        {
            Console.Write($"{c}\t");
        }
        Console.WriteLine();
    }
}
```

A	B	C	1	2	3

지금은 foreach 문을 이해하기가 어려울 수도 있습니다. 이는 배열과 컬렉션을 배울 때 반복해서 학습을 진행할 예정이니 간단히 살펴보고 다음으로 넘어가겠습니다.

지금까지 C#에서 제공하는 반복문인 for, while, do, foreach 문을 알아보았습니다. 계속해서 나머지 제어문도 학습해 나가겠습니다.

17 break, continue, goto로 반복문 제어하기

이번에는 제어문의 나머지 항목을 살펴보겠습니다. break 문은 반복문과 switch 문을 빠져나가는 역할을 합니다. continue 문은 반복문의 나머지 코드를 실행하지 않고 반복문 다음 처리 영역으로 넘어갑니다. goto 문은 특정 레이블로 지정된 영역으로 이동합니다. 각 항목을 하나씩 살펴봅시다.

17.1 break 문

반복문(for, while, do)을 빠져나올 때는 break 문을 사용할 수 있습니다.

아무것도 하지 않는 프로그램

다음 코드는 말 그대로 아무것도 하지 않는 프로그램입니다. for 문 안에 break를 두어 바로 for 문을 빠져나옵니다. 다음 내용을 입력한 후 실행해 보세요.

아무것도 하지 않는 프로그램: BreakFor.cs

```
class BreakFor
{
    static void Main()
    {
        for (int i = 0; i < 5; i++)
        {
            if (i >= 0)
            {
                break;  //현재 코드를 만나면 현재 for 문을 종료함
            }
        }
    }
}
```

\ 실행 결과 /

계속하려면 아무 키나 누르십시오 . . .

이처럼 break 키워드를 사용하여 for, while, do 반복문을 바로 빠져나올 수 있습니다.

무한 루프 빠져나오기

프로그래밍 언어에서 무한 루프는 조건이 맞지 않아 루프를 무한정 도는 경우입니다. 특정 조건을 만족할 때 루프를 빠져나오는 구문은 continue 또는 break를 사용할 수 있습니다.

무한 루프 빠져나오기: BreakInfiniteLoop.cs

```
using System;

class BreakInfiniteLoop
{
    static void Main()
    {
        int number = 0;

        while (true)   //무한 루프
        {
            Console.WriteLine(++number);

            if (number >= 5)
            {
                break;
            }
        }
    }
}
```

\ 실행 결과 /

```
1
2
3
4
5
```

while (true)는 무한 루프입니다. while 문이 계속해서 반복하도록 설정한 후 number 값을 1씩 증가시켜 출력하고, 5보다 커지면 break로 while 문을 빠져나오도록 했습니다.

break로 반복문 끝내기

이번에는 0부터 99까지 반복하는 코드에서 5일 때 for 문(while 문도 동일)을 종료해 보겠습니다. 다음 내용을 입력한 후 실행해 보세요.

반복문 종료: BreakDemo.cs

```csharp
using System;

class BreakDemo
{
    static void Main()
    {
        for (int i = 0; i < 100; i++)
        {
            if (i == 5)
            {
                break;  //i == 5일 때 for 문 종료
            }
            Console.Write($"{(i + 1)}번 반복\t");
        }
        Console.WriteLine();
    }
}
```

\ 실행 결과 /

| 1번 반복 | 2번 반복 | 3번 반복 | 4번 반복 | 5번 반복 |

for 문과 while 문에서 break를 만나면 바로 반복문을 더 이상 실행하지 않고 빠져나옵니다.

break 문을 사용하여 while 문 빠져나오기

이번에는 while 문에 break 문을 사용하여 빠져나오는 예제를 살펴보겠습니다. 다음 내용을 입력한 후 실행해 보세요.

1~10에서 정수 합을 구하다 22 이상이 되면 멈추는 프로그램: WhileBreak.cs

```csharp
using System;

class WhileBreak
{
    static void Main()
```

```
    {
        int goal = 22;
        int sum = 0;

        int i = 1;
        while (i <= 10)
        {
            sum += i;

            if (sum >= goal)
            {
                break;
            }

            i++;
        }

        Console.WriteLine(
            $"1부터 {i}까지의 합은 {sum}이고, 목표치 {goal} 이상을 달성했습니다.");
    }
}
```

\ 실행 결과 /

1부터 7까지의 합은 28이고, 목표치 22 이상을 달성했습니다.

합을 계속 구해 나가는 과정에서 22 이상이 되면 더 이상 합계를 구하지 않고 반복문을 빠져나올 때 break 키워드를 사용합니다.

17.2 continue 문으로 코드 건너뛰기

이번에는 continue 문을 사용하여 일부 코드를 실행하지 않고 건너뛰어 보겠습니다. 코드를 실행하면 1부터 5까지 숫자 중 홀수만 출력합니다. 코드 작성 후 "부록 A. 디버거 사용하기"를 참고하여 F10과 F11을 누르면서 한 줄씩 실행해 보면 좋습니다.

continue 문을 사용하여 다음 반복으로 이동: ForIfContinue.cs

```
using System;

class ForIfContinue
```

```
{
    static void Main()
    {
        for (int i = 1; i <= 5; i++)
        {
            if (i % 2 == 0)
            {
                //현재 반복 중지 후 다음 반복으로 이동
                continue;           //짝수 건너뛰기
            }
            Console.WriteLine(i);   //1, 3, 5
        }
    }
}
```

17

break, continue, goto로 반복문 제어하기

\ 실행 결과 /

```
1
3
5
```

for를 사용하여 1부터 5까지 반복합니다. 그리고 if를 사용하여 짝수인지 판단하여 짝수이면 continue를 실행합니다. 반복문에서 continue를 만나면 continue 아래 코드는 실행하지 않고 반복문의 다음 반복으로 이동합니다. for 문에서는 증감식(i++)으로 이동합니다. 이러한 continue의 동작은 for, while, do 문에서도 동일합니다.

continue 문으로 3의 배수를 제외한 수의 합 구하기

이번에는 continue 문을 사용하여 3의 배수를 제외한 수의 합을 구해 보겠습니다.

```
> int sum = 0;
> for (int i = 1; i <= 100; i++)
. {
.     if (i % 3 == 0)
.     {
.         continue;  //3의 배수이면 [i++] 코드 영역으로 이동
.     }
.     sum += i;
. }
> Console.WriteLine("SUM : {0}", sum);
SUM : 3367
```

if (i % 3 == 0) { continue; } 코드로 3의 배수일 때는 continue를 만나서 이후 실행문을 실행하지 않고 다음 반복으로 넘어갑니다. 그래서 3의 배수를 제외한 수의 합만 sum 변수에 저장됩니다.

17.3 goto로 프로그램 흐름을 원하는 대로 바꾸기

goto 구문은 특정 레이블로 이동하는 기능을 합니다. C#에서 레이블은 콜론(:) 기호를 레이블 이름 뒤에 붙여 만듭니다. 이렇게 만든 레이블 코드는 평상시에는 주석처럼 아무 의미 없는 코드로 사용하지만, goto 구문 뒤에 레이블을 지정하면 해당 레이블로 이동하는 기능을 합니다.

> 레이블:
> goto 레이블;

이번에는 goto 문을 사용해 보겠습니다. 다음 내용을 입력한 후 실행해 보세요.

지정한 책갈피로 이동: GoToDemo.cs

```
using System;

class GoToDemo
{
    static void Main()
    {
        Console.WriteLine("시작");
        Start:
        Console.WriteLine("0, 1, 2 중 하나 입력 : _\b");
        int chapter = Convert.ToInt32(Console.ReadLine());

        if (chapter == 1)
        {
            goto Chapter1;   //①번 코드 영역으로 이동
        }
        else if (chapter == 2)
        {
            goto Chapter2;   //②번 코드 영역으로 이동
        }
        else
        {
            goto End;        //③번 코드 영역으로 이동
        }
```

```
        Chapter1:                //①
        Console.WriteLine("1장입니다.");

        Chapter2:                //②
        Console.WriteLine("2장입니다.");

        goto Start;

        End:                     //③
        Console.WriteLine("종료");
    }
}
```

\ 실행 결과 /

```
시작
0, 1, 2 중 하나 입력 : _
1 Enter
1장입니다.
2장입니다.
0, 1, 2 중 하나 입력 : _
2 Enter
2장입니다.
0, 1, 2 중 하나 입력 : _
1 Enter
1장입니다.
2장입니다.
0, 1, 2 중 하나 입력 : _
2 Enter
2장입니다.
0, 1, 2 중 하나 입력 : _
0 Enter
종료
```

사용자한테 0, 1, 2 중 하나를 입력받은 후 1이면 Chapter1로 설정된 레이블로 이동하고, 2이면 Chapter2로 이동하고, 나머지 값이 입력되면 End 레이블로 이동하여 프로그램을 종료합니다.

C#에서 제공하는 문(statement)에서 점프문을 사용해 보았습니다. 점프문은 for, while, do, foreach 등과 함께 사용하여 실행 시점을 다른 곳으로 이동(점프)시키는 역할을 합니다. 참고로 goto 문은 최근에는 거의 사용하지 않는 구문입니다. 제어문은 여기까지 다루고, 다음 강의부터는 여러 데이터를 다루는 배열을 학습하겠습니다.

18 배열 사용하기

배열(이름 하나로 같은 데이터 형식을 여러 개 보관해 놓는 그릇)은 동일한 데이터 형식을 갖는 데이터의 집합체를 의미합니다. 배열을 사용하면 편리하게 데이터를 모아서 관리할 수 있습니다.

18.1 컬렉션

이름 하나로 데이터 여러 개를 담을 수 있는 그릇을 컬렉션(collection)이라고 합니다. C#에서 다루는 컬렉션은 배열(array), 리스트(list), 사전(dictionary) 등이 있는데요. 먼저 배열을 학습합니다.

본격적으로 학습하기 전에 간단히 샘플 코드를 살펴보면서 감을 잡아 봅시다.

① 배열 미리보기 코드 샘플

```
> var array = new string[] { "Array", "List", "Dictionary" };
> foreach (var arr in array) { Console.WriteLine(arr); }
Array
List
Dictionary
```

② 리스트 미리보기 코드 샘플

```
> var list = new List<string> { "Array", "List", "Dictionary" };
> foreach (var item in list) { Console.WriteLine(item); }
Array
List
Dictionary
```

③ 사전 미리보기 코드 샘플

```
> var dictionary = new Dictionary<int, string> {
.     { 0, "Array" }, { 1, "List" }, { 2, "Dictionary" } };
> foreach (var pair in dictionary) {
.     Console.WriteLine($"{pair.Key} - {pair.Value}"); }
0 - Array
1 - List
2 - Dictionary
```

18.2 배열

이름 하나로 데이터 여러 개를 저장하는 데이터 구조를 배열이라고 합니다.

❤ 그림 18-1 변수와 배열 비교

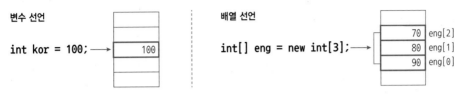

다음은 계속 반복해서 설명하는 내용이라서 가볍게 읽고 넘어가세요.

- 변수 하나에 값 하나만 저장할 수 있는 변수와 달리 배열에는 배열 이름 하나에 데이터 여러 개를 보관할 수 있습니다. 이처럼 변수 여러 개를 이름 하나로 관리하는 것을 배열이라고 합니다.
- 배열은 요소들의 순서 있는 집합입니다. 각 요소는 인덱스로 접근할 수 있으며, 인덱스는 0부터 시작합니다.
- 배열 하나에는 데이터 형식(정수형 배열, 문자열 배열 등) 하나만 보관할 수 있습니다.
- 배열은 메모리의 연속된 공간을 미리 할당하고, 이를 대괄호([])와 0부터 시작하는 정수형 인덱스를 사용하여 접근하는 구조입니다.
- 배열을 선언할 때는 new 키워드로 배열을 생성한 후 사용할 수 있습니다.
- 배열에서 값 하나는 요소(element) 또는 항목(item)으로 표현합니다.

배열을 사용하면 다음 장점이 있습니다.

- 이름 하나로 변수 여러 개를 묶어 관리하기에 편합니다.
- 반복문으로 쉽게 반복해서 값을 사용할 수 있습니다.
- 필요한 데이터 개수를 정확히 정한다면 메모리를 적게 사용하여 프로그램 크기가 작아지고 성능이 향상됩니다.

그렇다면 배열은 왜 필요할까요? 예를 들어 배열이 아닌 변수를 사용하여 학생 10명의 국어 점수를 기록하는 일을 진행한다고 합시다. 먼저 변수를 10개 선언해야 합니다. 할 만하군요. 하지만 학생 수가 20명, 30명으로 늘어날 때마다 매번 변수를 선언할 수는 없는 노릇입니다. 이때 배열을 사용하면 이름 하나로 학생 20명, 30명의 점수를 보관할 수 있습니다.

다음 샘플 코드는 학생 3명의 총점을 구합니다. 이러한 방식이라면 학생이 30명일 때는 변수를 30개 선언해야 하는데, 변수는 하나면 충분합니다. 그래서 배열이 필요한 것입니다.

```
> var kor1 = 90;  //1번 학생
> var kor2 = 80;  //2번 학생
> var kor3 = 70;  //3번 학생
> var tot = kor1 + kor2 + kor3;
> $"총점 : {tot}"
"총점 : 240"
```

문자열에서 문자 하나씩 뽑아 오기

배열을 사용하기 전에 문자 집합인 문자열을 분해해 보겠습니다. 우리가 흔히 말하는 문자열은 문자의 배열을 의미합니다. 문자열은 그 자체를 문자 배열로 분리해서 사용할 수 있습니다.

문자열을 분해해서 문자를 하나씩 출력하는 내용을 살펴보겠습니다.

```
> //문자열 == 문자의 배열
> string arr = "C#8";
> Console.WriteLine(arr[0]);
C
> Console.WriteLine(arr[1]);
#
> Console.WriteLine(arr[2]);
8
```

문자열 변수 뒤에 [0], [1], [2]를 붙여 0번째 위치부터 n − 1번째 위치까지 들어 있는 문자를 하나씩 빼낼 수 있습니다. 이처럼 0번째부터 시작하는 숫자를 인덱스(index) 또는 첨자(subscript)라고 합니다.

문자열에 직접 인덱서([ ]) 사용하기

변수 이름이 아닌 문자열 자체에 직접 인덱서([ ]) 기호를 사용하여 특정 인덱스에 해당하는 문자 값을 직접 뽑아낼 수도 있습니다.

```
> "ABC"[0]
'A'
> "ABC"[1]
'B'
> "ABC"[2]
```

```
'C'
> "ABC".GetType()
[System.String]
> "ABC"[0].GetType()
[System.Char]
```

이와 같이 문자열에서 인덱서 기호인 [ ]를 사용하여 뽑아낸 자료 하나는 Char 형식이 됩니다.

18.3 배열 선언하기

배열은 데이터 형식 이름 뒤에 [ ] 기호를 사용하여 선언합니다. 배열에 저장된 데이터는 정수형 인덱스로 접근 가능합니다. 배열에 있는 데이터는 for 문 또는 foreach 문을 사용하여 반복해서 출력할 수 있습니다.

❤ 그림 18-2 배열 표기법

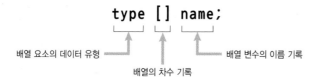

예를 들어 정수형 배열은 다음과 같이 선언할 수 있습니다.

```
> int[] numbers;
```

배열의 요소 개수를 생성하는 방법을 살펴보겠습니다. 배열 선언 후 new 연산자를 사용하여 배열 크기만큼 메모리 영역을 잡을 수 있습니다. 배열을 선언할 때 사용된 new 키워드는 형식을 인스턴스화(instantiate)[1]시켜 주는 연산자입니다. 특정 형식(여기에서는 배열)을 실제 사용 가능한 개체로 만들어 줍니다. 말이 조금 어렵죠? 쉽게 말해 new 키워드는 배열을 지정한 크기로 만들어 주는 연산자라고 할 수 있습니다.

정수형 배열을 선언한 후 요소 개수를 다음과 같이 생성할 수 있습니다.

```
> int[] numbers;
> numbers = new int[3];
```

---

1   프로그래밍에서 인스턴스(instance)는 새로운 실체 또는 개체(object)를 의미합니다. 즉, 새로운 개체를 만드는 작업을 인스턴스화라고 합니다.

또는 다음과 같이 한 줄로 줄여서 표현해도 됩니다.

```
> int[] intArray = new int[3];
```

배열 크기를 생성할 때 사용하는 숫자를 첨자라고 합니다. 첨자는 흔히 인덱스라고 하고요. 이 코드에서 intArray의 첨자는 3입니다.

선언된 배열은 0부터 시작하는 인덱스를 사용하여 접근할 수 있습니다. 예를 들어 intArray[0], intArray[1], intArray[2] 순서대로 첨자 3으로 선언된 배열은 0, 1, 2인 인덱스 3개를 가집니다. 일상생활에서는 1부터 숫자를 세지만 C#에서는 0부터 숫자를 세는데, 이러한 규칙을 0 기반(zero base) 또는 (n - 1) 규칙이라고 합니다. 따라서 인덱스는 0부터 시작된다는 것에 주의하세요.

인덱스는 보통 0부터 n - 1(전체 요소에서 1개를 뺀)까지 배열과 컬렉션의 요소를 반복해서 출력해 주는 용도로 사용합니다.

배열을 만드는 방법을 한글로 표현하면 다음과 같습니다.

> 데이터형식[ ] 배열이름 = new 데이터형식[크기];

이러한 배열에는 세 가지 종류가 있습니다.

- **1차원 배열**: 배열의 첨자를 하나만 사용하는 배열
- **다차원 배열**: 첨자 2개 이상을 사용하는 배열(2차원, 3차원, …)
- **가변**(jagged) **배열**: '배열의 배열'이라고도 하며, 이름 하나로 다양한 차원의 배열을 표현

18.4 1차원 배열

1차원 배열을 선언하여 메모리 영역을 확보하는 코드 형태는 다음과 같습니다.

> 데이터형식[ ] 배열이름;

1차원 배열의 요소에 값을 대입하는 코드는 다음과 같습니다.

> 배열이름[인덱스] = 값;

1차원 배열의 참조는 정수형 인덱스를 사용하여 접근할 수 있습니다.

```
Console.WriteLine(배열이름[인덱스]);
```

1차원 배열 관련 용어에서 인덱스와 첨자는 같은 뜻으로 사용하며, 인덱스로 배열의 요소 하나를 가져올 수 있습니다.

▼ 표 18-1 인덱스와 요소

인덱스 또는 첨자	복수의 데이터를 구분 짓는 번호 `int[] intNum = new int[10];` ← 여기에서 숫자 10이 인덱스(첨자)
요소	배열의 요소: 첨자 하나를 가지는 배열 사원번호[3] ← 세 번째 배열의 요소

예를 들어 다음과 같이 arr 이름의 배열을 선언하면, 메모리상에 다음과 같이 공간이 5개 잡힙니다.

```
> int[] arr = new int[5];
```

▼ 그림 18-3 arr 배열 선언 후

arr[0]	arr[1]	arr[2]	arr[3]	arr[4]

인덱스가 5이므로 C#에서 배열의 첨자는 0부터 시작해서 선언할 때 첨자인 (5 - 1)까지 5개를 만듭니다. C#에서는 (n - 1) 규칙 또는 0 기반(zero base) 또는 제로 오프셋(zero offset)이라고 해서 모든 배열과 같은 데이터 구조의 인덱스는 0번째부터 사용된다는 것을 기억하세요.

1차원 배열 만들기

자, 처음으로 1차원 배열을 만들어 보겠습니다. 자주 사용하지 않는 데이터 형식이지만, 복습 차원에서 int 형 대신에 ushort 형을 사용해 보았습니다.

```
> ushort[] numbers;            //① 배열 선언
> numbers = new ushort[2];     //② 배열의 요소 개수 생성: 요소 개수가 2이므로 [0], [1] 사용
>
> numbers[0] = 3840;           //③ 배열 초기화
> numbers[1] = 2160;
>
```

```
> Console.WriteLine($"{numbers[0]} * {numbers[1]}");   //④ 배열 사용
3840 * 2160
```

정수형 배열인 numbers를 생성한 후 요소 개수 2를 new 키워드로 할당합니다. 배열의 요소 개수를 직접 지정할 때는 반드시 new 키워드를 사용합니다.

요소 개수를 2로 선언했으므로 [0], [1]로 요소가 2개 생성됩니다. 각 요소에는 [0], [1] 형태의 인덱스를 사용하여 값을 할당할 수 있습니다.

배열 값은 numbers[n] 형태로 가져와 사용할 수 있습니다. 요소를 2개 지정하여 배열을 만들면 0, 1의 인덱스를 사용할 수 있지만, 다음과 같이 2를 지정하면 에러가 발생합니다.

```
> ushort[] numbers = new ushort[2];
> numbers[2]
인덱스가 배열 범위를 벗어났습니다.
```

1차원 배열에 문자열 저장하기

이번에는 문자열 정보 여러 개를 저장하는 1차원 배열을 사용해 보겠습니다. 다음 내용을 입력한 후 실행해 보세요.

```
> string[] phones;            //① 배열 생성
> phones = new string[2];     //② 배열의 요소 생성
>
> phones[0] = "112";          //③ 배열에 값 대입
> phones[1] = "119";
>
> Console.WriteLine("{0}, {1}", phones[0], phones[1]);   //④ 배열 값 사용
112, 119
```

문자열 배열을 선언하고 요소 2개를 생성합니다. 각 요소에는 '112'와 '119'의 값을 넣고 출력했습니다.

배열 선언과 동시에 초기화해서 코드 줄이기

지금부터는 네 단계에 거쳐 배열을 선언하고 초기화해서 코드를 줄여 나가는 내용을 살펴볼 것인데요. 먼저 다음과 같이 선언 따로, 요소 개수 생성 따로, 초기화 따로 하는 코드부터 살펴봅니다. 다음 내용을 입력한 후 실행해 보세요.

```csharp
using System;

class ArrayOne1
{
    static void Main()
    {
        int[] intArray;                //1차원 배열 선언
        intArray = new int[3];         //메모리 영역 확보(0, 1, 2)

        intArray[0] = 1;               //배열 초기화
        intArray[1] = 2;
        intArray[2] = 3;

        //① for 문 사용 출력: 정확하게 배열 범위를 알고 있을 때
        for (int i = 0; i < 3; i++)  //배열 참조
        {
            Console.WriteLine($"{i}번째 인덱스 : {intArray[i]}");
        }

        //② foreach 문 사용 출력: intArray에 데이터가 있는 동안 반복
        foreach (int intValue in intArray)
        {
            Console.WriteLine("{0}", intValue);
        }
    }
}
```

\ 실행 결과 /

```
0번째 인덱스 : 1
1번째 인덱스 : 2
2번째 인덱스 : 3
1
2
3
```

이번에는 이 코드를 한 단계 줄여서 선언과 동시에 초기화하는 코드로 변환해 보겠습니다. 다음 내용을 입력한 후 실행해 보세요.

```csharp
using System;

class ArrayOne2
```

18

배열 사용하기

```
{
    static void Main()
    {
        //1차원 배열 선언, 요소 생성, 초기화를 동시에...
        int[] intArray = new int[3] { 1, 2, 3 };

        for (int i = 0; i < 3; i++)
        {
            Console.WriteLine($"{i}번째 인덱스 : {intArray[i]}");
        }

        foreach (int intValue in intArray)
        {
            Console.WriteLine("{0}", intValue);
        }
    }
}
```

\ 실행 결과 /

```
0번째 인덱스 : 1
1번째 인덱스 : 2
2번째 인덱스 : 3
1
2
3
```

배열을 선언할 때 바로 요소 생성 및 초기화를 할 수 있습니다. 이때는 var 키워드로 코드를 줄일 수 있고, 요소 개수를 생략할 수도 있습니다. 다음 내용을 입력한 후 실행해 보세요.

1차원 배열 선언 및 초기화 3: ArrayOne3.cs

```
using System;

class ArrayOne3
{
    static void Main()
    {
        //1차원 배열 선언, 요소 생성, 초기화를 동시에...
        //요소 개수 생략 가능: 생략하면 뒤에서 지정한 요소 개수만큼 자동 생성
        var intArray = new int[] { 1, 2, 3 };

        for (int i = 0; i < 3; i++)
        {
            Console.WriteLine($"{i}번째 인덱스 : {intArray[i]}");
```

```
        }

        foreach (int intValue in intArray)
        {
            Console.WriteLine("{0}", intValue);
        }
    }
}
```

```
0번째 인덱스 : 1
1번째 인덱스 : 2
2번째 인덱스 : 3
1
2
3
```

마지막으로 선언과 동시에 초기화할 때는 new 키워드와 배열형([ ])까지 생략할 수 있습니다. 다음
내용을 입력한 후 실행해 보세요.

1차원 배열 선언 및 초기화 4: ArrayOne4.cs

```
using System;

class ArrayOne4
{
    static void Main()
    {
        //1차원 배열 선언, 요소 생성, 초기화를 동시에...
        //new 키워드와 int[] 생략하고 바로 초기화 가능
        int[] intArray = { 1, 2, 3 };

        for (int i = 0; i < 3; i++)
        {
            Console.WriteLine($"{i}번째 인덱스 : {intArray[i]}");
        }

        foreach (int intValue in intArray)
        {
            Console.WriteLine("{0}", intValue);
        }
    }
}
```

```
0번째 인덱스 : 1
1번째 인덱스 : 2
2번째 인덱스 : 3
1
2
3
```

네 단계를 거쳐 1차원 배열을 선언하고, 요소 개수를 생성하고, 요소 값을 초기화하고 이를 출력
하는 내용을 살펴보았습니다.

문자열 배열 선언과 동시에 초기화하여 출력하기

다음 코드는 문자열 배열을 생성하고 문자열 3개를 입력한 후 배열의 인덱스를 사용하여 출력합
니다. 코드를 입력한 후 실행해 보세요.

```
> string[] languages = { "Korean", "English", "Spanish" };
> Console.WriteLine($"{languages[0]}, {languages[1]}, {languages[2]}");
Korean, English, Spanish
```

문자열 배열을 선언할 때 new 키워드 없이 바로 중괄호를 사용하여 요소 개수 생성과 동시에 초기
화할 수 있습니다. 마찬가지로 배열에 들어 있는 값은 [0], [1], [2] 식으로 정수형 인덱스를 사용
하여 출력할 수 있습니다.

숫자 구분자와 함께 사용하기

이번에는 배열의 요소에 숫자 구분자(digit separator)를 사용해 보겠습니다.

```
> int[] numbers = { 1, 1_000, 10_000, 1_000_000 };
>
> foreach (int number in numbers)   //배열에 데이터가 있는 만큼 반복
. {
.       Console.WriteLine(number);
. }
1
1000
10000
1000000
```

이 코드의 주석 처리한 부분보다는 숫자 구분자를 사용한 부분이 숫자 요소의 내용을 확인할 때 좀 더 가독성이 좋아집니다.

이진수 리터럴을 배열에 저장하기

1차원 배열에 이진수 리터럴(binary literal)을 저장한 후 출력해 보겠습니다.

```
> int[] numbers = { 0b1, 0B10, 0b0100, 0B00001000 };   //이진수(1, 2, 4, 8)가 저장된 배열
>
> foreach (var n in numbers)
. {
.     Console.WriteLine(n);
. }
1
2
4
8
```

이진수 리터럴을 사용하여 이진수 데이터 4개를 1차원 정수 배열에 저장한 후 출력해 보는 간단한 예제였습니다.

이진수 리터럴과 숫자 구분자를 사용하면 여러 데이터에서 가독성이 좋아집니다. 0b 접두사를 붙이고 이진수를 네 자리 단위로 표시할 수도 있습니다.

```
> int[] numbers = { 0b1, 0b10, 0b100, 0b1000, 0b1_0000, 0b10_0000 };
> numbers[0]
1
> numbers[1]
2
```

다음 샘플 코드처럼 이진수 문자열과 숫자 구분자를 함께 쓰면 가독성이 더욱 좋아지겠죠?

```
> int[] numbers = { 0b1, 0B10, 0b0100, 0B0000_1000 };
> numbers
int[4] { 1, 2, 4, 8 }
```

Length 속성으로 배열 크기 구하기

배열 크기인 요소 개수를 얻으려면 [배열이름.Length] 형태로 Length 속성(property)을 사용합니다. 배열은 0부터 시작하는 정수형 인덱스를 사용하기에 주로 for 문 같은 반복문과 함께 씁니다.

문자 여러 개를 배열에 저장한 후 출력하는 예제를 살펴보겠습니다.

```
> char[] characters = { 'a', 'b', 'c', 'd' };   //문자 배열
> characters.Length
4
>
> for (int i = 0; i < characters.Length; i++)   //배열 크기만큼 반복
. {
.     Console.WriteLine(characters[i]);
. }
a
b
c
d
```

배열 내용을 출력할 때 for 문 같은 반복문을 사용하면 편리하게 많은 수의 배열 요소를 출력할 수 있습니다. 배열 형식의 Length 속성을 사용하면 반복문에서 반복 범위를 쉽게 결정할 수 있습니다.

배열 인덱스에 증감 연산자 사용하기

배열 인덱스는 정수형이기에 다음 코드처럼 증감 연산자와 함께 사용할 수도 있습니다. 여기에서 주의할 점은 인덱스가 정해진 크기를 벗어나면 에러가 발생한다는 것입니다.

```
> int[] array = { 1, 2, 3 };
> array[3]
System.IndexOutOfRangeException: 인덱스가 배열 범위를 벗어났습니다.
>
> int index = 0;   //배열 인덱스는 0부터 시작하기에 0으로 index 변수 초기화
>
> Console.WriteLine(array[index++]);   //array[0] 출력 후, index == 1로 증가
1
> Console.WriteLine(array[index++]);   //array[1] 출력 후, index == 2로 증가
2
> Console.WriteLine(array[index++]);   //array[2] 출력 후, index == 3으로 증가
3
>
> Console.WriteLine(array[--index]);   //index == 2로 감소 후, array[2] 출력
3
> Console.WriteLine(array[--index]);   //index == 1로 감소 후, array[1] 출력
2
```

```
> Console.WriteLine(array[--index]);   //index == 0으로 감소 후, array[0] 출력
1
> array[--index]
System.IndexOutOfRangeException: 인덱스가 배열 범위를 벗어났습니다.
```

배열 인덱스를 지정하는 [ ] 영역에는 정수형 값이 필요합니다. 이 정수형 값을 표현할 때는 ++, -- 등 증감 연산자를 함께 사용할 수 있습니다.

배열을 사용하여 국어 점수의 총점과 평균 구하기

이번에는 배열을 사용하여 국어 점수의 총점과 평균을 구하는 프로그램을 만들어 보겠습니다. 배열을 사용하지 않는다면 학생 3명의 점수를 저장하는 변수를 3개 선언해야 합니다. 학생이 50명이라면 변수를 50개 선언해야 합니다. 배열을 사용하면 데이터 여러 개를 편리하게 처리할 수 있습니다. 다음 내용을 입력한 후 실행해 보세요.

국어 점수의 총점과 평균: ArrayTotalAvg.cs

```
using System;

class ArrayTotalAvg
{
    static void Main()
    {
        int[] kor = new int[3];   //int 형식 요소를 3개 갖는 1차원 배열 선언
        int sum = 0;              //합계가 담길 변수 sum 선언과 동시에 0으로 초기화
        float avg = 0;            //평균이 담길 실수형 변수 avg 선언과 동시에 0으로 초기화

        kor[0] = 100;             //배열의 각 요소에 값 대입
        kor[1] = 90;
        kor[2] = 80;

        sum = kor[0] + kor[1] + kor[2];   //총점 계산
        avg = sum / (float)3.0;           //평균 계산

        //총점과 평균 출력: 평균은 소수점 두 자리까지 출력
        Console.WriteLine($"총점 : {sum}, 평균 : {avg:0.00}");
    }
}
```

\ 실행 결과 /

```
총점 : 270, 평균 : 90.00
```

총점을 구하는 부분을 수작업으로 진행했지만, 반복문을 사용해서 합을 구하면 훨씬 편합니다. 참고로 실수형 자료에서는 다음과 같이 간단히 소수 둘째 자리까지 표현 가능합니다.

```
> $"{3.141592:0.00}"
"3.14"
```

값을 입력받아 배열에 저장한 후 출력하기

이번에는 Console.ReadLine() 메서드로 입력된 값을 배열에 저장한 후 출력해 보겠습니다. 다음 내용을 입력한 후 실행해 보세요. 콘솔에서 반드시 정수 3개를 입력해야 정상적으로 실행됩니다.

학생 3명의 점수를 입력받아 총점 구하기: ArrayStudents.cs

```
using System;

class ArrayStudents
{
    static void Main()
    {
        //요소가 3개인 1차원 배열 생성
        int[] students = new int[3];

        //사용자에게 정수 데이터 3개를 입력받아 배열에 저장
        students[0] = Convert.ToInt32(Console.ReadLine());
        students[1] = Convert.ToInt32(Console.ReadLine());
        students[2] = Convert.ToInt32(Console.ReadLine());

        //총점 구하고 출력
        int total = students[0] + students[1] + students[2];
        Console.WriteLine($"총점 : {total}");
    }
}
```

\ 실행 결과 /

```
100 Enter
90 Enter
80 Enter
총점 : 270
```

콘솔에서 입력된 정수를 배열의 요소 3개로 받은 후 값 3개를 더하여 출력하는 간단한 예제입니다.

배열 값을 foreach 문으로 반복해서 출력하기

앞에서 몇 번 나왔던 내용인데요. 이번에는 foreach 문을 사용하여 배열 값을 반복해서 출력하는 방법을 알아보겠습니다.

```
> float[] arr = { 10.5f, 20.1f, 30.2f };
> float sum = 0.0f;
>
> foreach (float f in arr)   //arr 변수에 데이터가 있는 동안 반복해서 실행
. {
.     sum += f;
. }
> sum
60.8000031
> Console.WriteLine(sum);
60.8
```

실수형 배열인 arr을 생성한 후 값 3개로 초기화합니다. 배열의 데이터는 foreach 문으로 있는 만큼 반복해서 가져와 사용할 수 있습니다.

참고로 중간에 sum을 출력해 보니 60.8000031처럼 오차가 발생합니다. 이때는 좀 더 정밀한 데이터로 바꾸어 사용할 수 있습니다. 다음 코드처럼 float를 decimal 형식으로 변경하면 됩니다.

```
> decimal[] arr = { 10.5M, 20.1M, 30.2M };
> decimal sum = 0.0M;
> foreach (decimal d in arr)
. {
.     sum += d;
. }
> sum
60.8
> Console.WriteLine(sum);
60.8
```

18.5 다차원 배열

2차원 배열 및 3차원 배열처럼 차원이 2 이상인 배열을 다차원 배열이라고 합니다. 다차원 배열은
다음과 같이 선언합니다.

데이터형식[,] 배열이름; //2차원 배열 선언
데이터형식[,,] 배열이름; //3차원 배열 선언

2차원 배열의 인덱스는 다음과 같이 표현할 수 있습니다.

▼ 그림 18-4 2차원 배열의 인덱스

arr[0,0]	arr[0,1]	arr[0,2]
arr[1,0]	arr[1,1]	arr[1,2]

1차원, 2차원, 3차원 배열을 선언하는 방법은 다음과 같습니다. C#에서 배열을 선언할 때는 콤마를 기준으로 차원을 구분합니다.

```
int[] oneArray;        //1차원 배열 선언
int[,] twoArray;       //2차원 배열 선언
int[,,] threeArray;    //3차원 배열 선언
```

배열을 선언하고 나서 사용하려면 값을 초기화해야 하는데, 차수별 배열을 초기화하는 형태는 다음과 같습니다.

```
//배열 초기화: 배열 이름 = new 데이터 형식[요소 개수, 요소 개수];
oneArray = new int[2] { 1, 2 };
twoArray = new int[2, 2] { { 1, 2 }, { 3, 4 } };
threeArray = new int[2, 2, 2] { { { 1, 2 }, { 3, 4 } }, { { 5, 6 }, { 7, 8 } } };
```

2차원 배열 만들기

이번에는 2차원 배열을 선언하고 초기화한 후 이를 사용하는 예제를 만들어 보겠습니다.

```
> char[,] arr = new char[2, 2];   //① 2차원 배열 선언
>
> arr[0, 0] = 'A';                //② 2차원 배열 초기화
> arr[0, 1] = 'B';
> arr[1, 0] = 'C';
> arr[1, 1] = 'D';
>
> $"{arr[0, 0]}, {arr[0, 1]}"     //③ 2차원 배열 사용
"A, B"
> $"{arr[1, 0]}, {arr[1, 1]}"
"C, D"
```

2차원 배열은 표 형태로 데이터를 관리할 때 유용합니다.

2차원 배열 생성 및 반복문으로 사용하기

2차원 배열을 생성한 후 값을 대입하고, 이를 for 문을 사용하여 출력하는 예제를 만들어 보겠습니다. 반복을 여러 번 하는 복잡한 예제이므로 "부록 A. 디버거 사용하기"를 참고하여 F10을 여러번 누르면서 단계별로 코드를 실행해 보면 좋습니다.

2차원 배열 생성 및 반복문 사용: ArrayTwo1.cs

```csharp
using System;

class ArrayTwo1
{
    static void Main()
    {
        int[,] intArray;              //2차원 배열 선언
        intArray = new int[2, 3];     //2 * 3개의 요소 생성

        intArray[0, 0] = 1;           //2차원 배열 초기화
        intArray[0, 1] = 2;
        intArray[0, 2] = 3;
        intArray[1, 0] = 4;
        intArray[1, 1] = 5;
        intArray[1, 2] = 6;

        for (int i = 0; i < 2; i++)
        {
            for (int j = 0; j < 3; j++)
            {
                Console.Write($"{intArray[i, j]}_");
            }
            Console.Write("\n");   //행 출력 후 개행
        }
    }
}
```

\ 실행 결과 /

```
1_2_3_
4_5_6_
```

2차원 배열을 출력할 때는 for 문을 2개 사용하여 반복해서 접근합니다.

2차원 배열 선언과 동시에 초기화하기

이번에는 2차원 배열을 선언과 동시에 초기화하는 예제를 살펴보겠습니다. 다음 내용을 입력한 후 실행해 보세요.

2차원 배열 선언과 동시에 초기화: ArrayTwo2.cs

```csharp
using System;

class ArrayTwo2
{
    static void Main()
    {
        //2차원 배열 선언과 동시에 초기화
        int[,] intArray = new int[2, 3] { { 1, 2, 3 }, { 4, 5, 6 } };

        for (int i = 0; i < 2; i++)
        {
            for (int j = 0; j < 3; j++)
            {
                Console.Write($"{intArray[i, j]}_");
            }
            Console.Write("\n");
        }
    }
}
```

\ 실행 결과 /

```
1_2_3_
4_5_6_
```

이외에도 2차원 배열은 다음 두 방법처럼 선언과 동시에 초기화할 수도 있습니다.

- **첫 번째 방법**

    ```csharp
    int[,] intArray = new int[,] { { 1, 2, 3 }, { 4, 5, 6 } };
    ```

- **두 번째 방법**

    ```csharp
    int[,] intArray = { { 1, 2, 3 }, { 4, 5, 6 } };
    ```

2차원 배열의 요소를 초기화하는 것은 이중 중괄호로 초기화한 후 이중 for 문을 사용하여 출력하는 구조입니다.

```
using System;

class ArrayTwoFor
{
    static void Main()
    {
        int[,] arr = { { 1, 2, 3 }, { 4, 5, 6 } };
        for (int i = 0; i < 2; i++)  //이중 for 문으로 2차원 배열 출력
        {
            for (int j = 0; j < 3; j++)
            {
                Console.WriteLine($"arr[{i},{j}] = {arr[i, j]}");
            }
        }
    }
}
```

\ 실행 결과 /

```
arr[0,0] = 1
arr[0,1] = 2
arr[0,2] = 3
arr[1,0] = 4
arr[1,1] = 5
arr[1,2] = 6
```

이 예제처럼 이중 for 문을 사용하는 구조는 알고리즘을 학습하는 샘플 소스에서 굉장히 많이 볼 수 있습니다. 귀찮더라도 "부록 A. 디버거 사용하기"를 참고하여 F10을 여러 번 누르면서 단계별로 코드가 실행되는 순서를 익혀 둡니다.

3행 3열짜리 2차원 배열에 행과 열이 같으면 1, 다르면 0을 입력한 후 출력하기

3행 3열짜리 배열을 만들고 행과 열이 같은 배열 위치에 1을 입력한 후 출력하는 내용을 다루어 보겠습니다. 다음 내용을 입력한 후 실행해 보세요.

```
using System;

class ArraySameIndex
{
    static void Main()
```

```
{
    int[,] arr = new int[3, 3];
    for (int i = 0; i < 3; i++)
    {
        for (int j = 0; j < 3; j++)
        {
            if (i == j)
            {
                arr[i, j] = 1;  //행과 열이 같으면 1로 채우기
            }
            else
            {
                arr[i, j] = 0;
            }

            Console.Write(arr[i, j]);
        }
        Console.WriteLine();
    }
}
```

\ 실행 결과 /

```
100
010
001
```

2차원 배열을 출력할 때 for 문과 if 문의 조합으로 인덱스가 같으면 1을 저장하고, 다르면 0으로 저장하여 출력하는 예제를 만들어 보았습니다.

2차원 배열을 사용하여 합계와 평균 구하기

다음과 같이 학생 3명의 국어와 영어 점수 합계와 평균을 구하는 내용을 2차원 배열을 사용해서 표현해 보겠습니다.

▼ 표 18-2 학생 3명의 점수와 합계, 평균

이름	국어	영어	합계	평균
백승수	90	100	190	95
이세영	80	90	170	85
권경민	100	80	180	90

다음 내용을 입력한 후 실행해 보세요.

```csharp
using System;

class ArraySumAverage
{
    static void Main()
    {
        int[,] scores =
        {
            { 90, 100, 0, 0 },
            { 80, 90, 0, 0 },
            { 100, 80, 0, 0 }
        };

        for (int i = 0; i < 3; i++)
        {
            scores[i, 2] = scores[i, 0] + scores[i, 1];  //합계
            scores[i, 3] = scores[i, 2] / 2;             //평균
        }
        Console.WriteLine("국어 영어 합계 평균");

        for (int i = 0; i < 3; i++)
        {
            for (int j = 0; j < 4; j++)
            {
                Console.Write($"{scores[i, j],4} ");
            }
            Console.WriteLine();
        }
    }
}
```

＼실행 결과 ／

국어	영어	합계	평균
90	100	190	95
80	90	170	85
100	80	180	90

2차원 배열은 일반적으로 테이블 형태의 데이터를 다루기에 현업에서 가장 많이 사용하는 구조입니다.

3차원 배열 만들기

이번에는 3차원 배열을 만들어 보겠습니다. 다음 내용을 입력한 후 실행해 보세요.

18

3차원 배열(층, 행, 열): ArrayThreeDescription.cs

```csharp
using System;

class ArrayThreeDescription
{
    static void Main()
    {
        //① 3차원 배열 선언
        string[,,] names = new string[2, 2, 2];  //2 * 2 * 2 = 8

        //② 3차원 배열 초기화
        names[0, 0, 0] = "C#";
        names[0, 0, 1] = "ASP.NET";

        names[0, 1, 0] = "Windows Forms";
        names[0, 1, 1] = "WPF";

        names[1, 0, 0] = "Xamarin";
        names[1, 0, 1] = "Unity";

        names[1, 1, 0] = "UWP";
        names[1, 1, 1] = "Azure";

        //③ 3차원 배열 사용
        Console.WriteLine("\n0층");
        Console.WriteLine($"{names[0, 0, 0],20}, {names[0, 0, 1],20}");
        Console.WriteLine($"{names[0, 1, 0],20}, {names[0, 1, 1],20}");

        Console.WriteLine("\n1층");
        Console.WriteLine($"{names[1, 0, 0],20}, {names[1, 0, 1],20}");
        Console.WriteLine($"{names[1, 1, 0],20}, {names[1, 1, 1],20}");
    }
}
```

\ 실행 결과 /

```
0층
               C#,              ASP.NET
    Windows Forms,                  WPF

1층
          Xamarin,                Unity
              UWP,                Azure
```

3차원 배열은 행과 열로 구성된 2차원 배열을 층으로 쌓아 관리하는 형태의 데이터 구조를 다룰 때 사용합니다. 인덱스 3개를 사용하기에 꽤 복잡하지만, 평상시에는 많이 사용하지 않는 데이터 구조라서 예제로만 살펴보면 됩니다.

3차원 배열을 만들고 for 문 3개로 출력하기

이번에는 3차원 배열을 반복문으로 출력해 보겠습니다.

3차원 배열을 만든 후 for 문으로 출력: ArrayThree.cs

```
using System;

class ArrayThree
{
    static void Main()
    {
        int[,,] intArray = new int[2, 3, 4]
        {
            { { 1, 2, 3, 4 }, { 5, 6, 7, 8 }, { 9, 10, 11, 12 } },           //0층
            { { 13, 14, 15, 16 }, { 17, 18, 19, 20 }, { 21, 22, 23, 24 } } } //1층
        };

        for (int i = 0; i < 2; i++)          //층 반복
        {
            for (int j = 0; j < 3; j++)          //행 반복
            {
                for (int k = 0; k < 4; k++)  //열 반복
                {
                    Console.Write("{0,2} ", intArray[i, j, k]);
                }
                Console.Write("\n");
            }
            Console.WriteLine();
        }
    }
}
```

\ 실행 결과 /

```
 1  2  3  4
 5  6  7  8
 9 10 11 12

13 14 15 16
17 18 19 20
21 22 23 24
```

238

[, ,] 형태로 3차원 배열을 선언하고 의미상으로 층, 행, 열로 된 데이터 구조를 저장할 수 있습니다. 3차원 배열은 for 문 3개를 사용하여 각 차원을 구분해서 출력합니다. 3차원 배열은 일반적인 환경에서는 사용 빈도가 아주 적으니 앞 예제만 실행해 보는 정도로 넘어갑니다.

배열 관련 Rank, Length 속성과 GetLength() 메서드 사용하기

모든 배열은 요소 개수 및 각 차원에 해당하는 요소 크기를 확인할 수 있습니다. 먼저 배열은 Length 속성을 사용하여 배열 길이를 알 수 있습니다. 추가로 Rank 속성을 사용하면 배열의 차수를 구할 수 있는데, 3차원 배열이면 3을 반환합니다. 또 각 차수에 해당하는 길이를 알고자 할 때는 GetLength(n)을 사용하여 GetLength(0), GetLength(1), GetLength(2) 형태로 1차원, 2차원, 3차원의 Length를 구할 수 있습니다.

3차원 배열을 선언하고 Rank와 Length, GetLength()를 사용해 보겠습니다. 다음 내용을 입력한 후 실행해 보세요.

Rank와 Length, GetLength() 사용: ArrayGetLengthDemo.cs

```csharp
using System;

class ArrayGetLengthDemo
{
    static void Main()
    {
        //3차원 배열 선언(요소 개수 생성), 초기화(층/행/열)
        int[,,] arr = new int[2, 2, 2]
            { { { 1, 2 }, { 3, 4 } }, { { 5, 6 }, { 7, 8 } } };

        Console.WriteLine("차수 출력 : {0}", arr.Rank);
        Console.WriteLine("길이 출력 : {0}", arr.Length);

        //층(면), 행, 열 구분해서 출력
        for (int i = 0; i < arr.GetLength(0); i++)          //층
        {
            for (int j = 0; j < arr.GetLength(1); j++)      //행
            {
                for (int k = 0; k < arr.GetLength(2); k++)  //열
                {
                    Console.Write("{0}\t", arr[i, j, k]);
                }
                Console.WriteLine();
            }
```

```
                Console.WriteLine();
            }
        }
    }
```

배열의 Rank 속성으로 1차원, 2차원, 3차원 배열을 구분할 수 있습니다. 또는 각 차원의 Length는 GetLength() 메서드로 구할 수 있습니다.

18.6 가변 배열

차원이 2개 이상인 배열은 다차원 배열이고, 배열 길이가 가변 길이인 배열은 가변 배열이라고 합니다. 지그재그 형태의 배열이며, 데이터형식[][] 배열이름; 형태로 사용합니다(예 int[][] zagArray;).

가변 배열의 사용 예제를 살펴보겠습니다. 다음 내용을 입력한 후 실행해 보세요.

가변 배열: ZigZag.cs

```
using System;

class ZigZag
{
    static void Main()
    {
        //[2][] 형태로 두 번째를 비워 두면 동적으로 자료 n개로 초기화 가능
        int[][] zagArray = new int[2][];

        zagArray[0] = new int[] { 1, 2 };       //0번째 행에 요소 2개로 초기화
        zagArray[1] = new int[] { 3, 4, 5 };    //1번째 행에 요소 3개로 초기화
```

```
        for (int i = 0; i < 2; i++)
        {
            //n번째 행의 길이만큼 반복: 두 번, 세 번 반복
            for (int j = 0; j < zagArray[i].Length; j++)
            {
                Console.Write($"{zagArray[i][j]}\t");
            }
            Console.WriteLine();
        }
        Console.WriteLine();
    }
}
```

\ 실행 결과 /

1	2	
3	4	5

가변 배열을 사용하여 [0]번째 행에는 데이터 2개를 저장하고, [1]번째 행에는 데이터 3개를 저장한 후 데이터가 있는 만큼 출력해 보았습니다.

18.7 var 키워드로 배열 선언하기

이미 우리는 var 키워드를 사용하여 변수를 선언하는 방법을 알고 있습니다. 마찬가지로 배열도 선언과 동시에 초기화할 때 배열 이름 앞에 int[] 같은 배열 형식 대신에 var 키워드를 사용하여 선언할 수 있습니다.

변수를 선언할 때 var 키워드를 사용한 후 입력 값의 형식을 GetType() 메서드로 출력해 보겠습니다. 다음 내용을 입력한 후 실행해 보세요.

var 키워드로 배열 선언: ArrayWithVarKeyword.cs

```
using System;

class ArrayWithVarKeyword
{
    static void Main()
    {
        var i = 5;          //자동으로 정수 형식이 설정됨 -> int i = 5;
```

```
        Console.WriteLine("i : {0}, 타입 : {1}", i, i.GetType());

        var s = "Hello";   //문자열 형식으로 형식화됨
        Console.WriteLine("s : {0}, 타입 : {1}", s, s.GetType());

        var numbers = new int[] { 1, 2, 3 };   //배열 형식
        foreach (var item in numbers)          //var item에서 item은 numbers 형식
        {
            Console.WriteLine("item : {0}, 타입 : {1}", item, item.GetType());
        }
    }
}
```

\ 실행 결과 /

```
i : 5, 타입 : System.Int32
s : Hello, 타입 : System.String
item : 1, 타입 : System.Int32
item : 2, 타입 : System.Int32
item : 3, 타입 : System.Int32
```

변수 및 배열을 선언하자마자 동시에 초기화할 때는 var 키워드를 사용할 수 있습니다. 이를 암시적으로 형식화된 로컬 변수 또는 배열이라고 합니다. var 키워드로 변수 또는 배열을 선언하면 자동으로 저장되는 값을 유추하여 해당 형식으로 초기화합니다.

이름 하나로 데이터 여러 개를 저장해 놓는 컬렉션 구조의 첫 번째인 배열을 알아보았습니다. C#에서 배열, 리스트, 사전 데이터 형식은 매우 중요한 역할을 합니다. 잠시 함수를 알아보고 계속해서 C#의 여러 컬렉션 구조를 학습하겠습니다.

19 함수 사용하기

함수(function) 또는 메서드(method)는 재사용을 목적으로 만든 특정 작업을 수행하는 코드 블록입니다. 여기에서는 반복되는 코드를 줄일 수 있는 함수 사용법을 알아봅니다.

19.1 함수

프로그래밍을 하다 보면 같은 유형의 코드를 반복할 때가 많습니다. 이 코드들을 매번 입력하면 불편하고 입력하다 실수도 할 수 있습니다. 이때 '함수'를 사용합니다.

프로그래밍 언어에서 함수는 어떤 동작 및 행위를 표현합니다. 함수의 사용 목적은 코드 재사용에 있습니다. 한 번 만들어 놓은 함수는 프로그램에서 한 번 이상 사용할 수 있습니다. 지금까지 사용한 Main() 메서드는 C#의 시작 지점을 나타내는 특수한 목적의 함수로 볼 수 있습니다. 또 Console 클래스의 WriteLine() 메서드도 함수로 볼 수 있습니다.

함수는 반복하여 사용하도록 이름 하나로 만들어 놓은 코드 집합입니다. C#에서는 이러한 함수를 부를 때 함수(function)보다는 메서드(method)로 표현합니다. 이 책에서는 메서드, 함수, 서브 프로시저(sub procedure)를 모두 메서드로 지칭합니다. 단 이 강의와 클래스 내의 또 다른 메서드를 표현할 때는 함수로 지칭하겠습니다.

- 함수란 어떤 값을 받아서 그 값을 가지고 가공을 거쳐 어떤 결괏값을 반환시켜 주는 코드입니다.
- 함수는 프로그램 코드 내에서 특정한 기능을 처리하는 독립적인 하나의 단위 또는 모듈을 가리킵니다.

참고로 오래된 프로그래밍 책에서는 함수와 메서드를 동일한 단어인 루틴(routine)으로 표현하며, 서브 프로시저, 서부 루틴(sub routine)이라고도 합니다.

입력, 처리, 출력

함수는 다음 처리를 담당하는 부분을 따로 이름 있는 코드 블록으로 지정하는 것을 의미합니다.

▼ 그림 19-1 함수의 실행 단계

함수의 종류(내장 함수와 사용자 정의 함수)

함수에는 내장 함수와 사용자 정의 함수가 있습니다. 내장 함수는 C#이 자주 사용하는 기능을 미리 만들어서 제공하는 함수로, 특정 클래스의 함수로 표현됩니다. 내장 함수도 그 사용 용도에 따라 문자열 관련 함수, 날짜 및 시간 관련 함수, 수학 관련 함수, 형식 변환 관련 함수 등으로 나눌수 있습니다. 이러한 내장 함수를 API(Application Programming Interface)로 표현합니다. 내장 함수의 주요 기능은 뒤에서 자세히 다루겠습니다. 내장 함수와 달리 사용자 정의 함수는 프로그래머가 필요할 때마다 새롭게 기능을 추가하여 사용하는 함수입니다.

19.2 함수 정의하고 사용하기

함수 정의(define)는 함수를 만드는 작업입니다. 함수 호출(call)은 함수를 사용하는 작업입니다. 함수 생성 및 호출은 반드시 소괄호가 들어갑니다. 함수를 정의하는 형태는 지금까지 사용한 Main( ) 메서드와 유사합니다. 다음 코드는 함수를 만드는 가장 기본적인 형태를 보여 줍니다.

```
static void 함수이름( )
{
    함수내용
}
```

만든 함수를 호출하는 형태는 다음 세 가지가 있습니다.

```
함수이름( );
함수이름(매개변수);
결괏값 = 함수이름(매개변수);
```

함수를 만들고 호출하여 사용하기

이번에는 함수의 가장 기본적인 형태를 만들고 사용해 보겠습니다. 다음 내용을 입력한 후 실행해 보세요. 참고로 다음 코드의 Show( )는 Main( ) 메서드 밑에 작성해도 상관없습니다.

함수를 만들고 호출하여 사용: FunctionDemo.cs

```csharp
using System;

class FunctionDemo
{
    static void Show()   //① Show( ) 메서드(함수)
    {
        Console.WriteLine("Hello World");
    }

    static void Main()   //Main( ) 메서드(함수)
    {
        Show();           //② 호출
    }
}
```

\ 실행 결과 /

```
Hello World
```

이 코드는 ①에서 Show( ) 이름의 함수를 만들고, 이를 Main( ) 메서드의 ②에서 호출합니다. Show( ) 함수는 가장 간단한 형태의 함수로, 매개변수(parameter)도 없고 반환값(return value)도 없는 형태입니다. 매개변수와 반환값은 잠시 후에 알아봅니다.

함수를 만들고 반복하여 사용하기

함수를 만드는 목적 중 하나는 반복 사용에 있습니다. 함수를 만들고 여러 번 호출해서 사용하는 방법을 알아보겠습니다. 다음 내용을 입력한 후 실행해 보세요.

함수를 만들고 반복하여 사용: FunctionCall.cs

```csharp
using System;

class FunctionCall
{
```

```
static void Hi()        //① 함수 만들기(정의, 선언)
{
    Console.WriteLine("안녕하세요.");
}

static void Main()
{
    Hi(); Hi(); Hi();  //② 함수 사용하기(호출): 여러 번 호출
}
}
```

\ 실행 결과 /

```
안녕하세요.
안녕하세요.
안녕하세요.
```

이 코드에서는 Hi() 이름으로 함수를 만들고, 이를 Main() 메서드에서 세 번 호출하여 사용합니다. 일반적으로 프로그래밍에서 함수 선언은 함수를 호출하기에 코드가 앞에 위치해야 하지만 C#에서는 Main() 메서드 앞 또는 뒤에 위치해도 전혀 상관없습니다. 함수의 첫 번째 사용 목적 중 하나는 반복 사용에 있습니다. 한 번 코드로 만들어 놓은 함수를 여러 번 호출하여 사용할 수 있습니다.

19.3 매개변수와 반환값

함수를 만들어 놓고 기능이 동일한 함수만 사용하지는 않습니다. 호출할 때마다 조금씩 다른 기능을 적용할 때는 함수의 매개변수를 달리하여 호출할 수 있습니다. 매개변수(인자, 파라미터)는 함수에 어떤 정보를 넘겨주는 데이터를 나타냅니다. 이러한 매개변수는 콤마를 기준으로 여러 개 설정할 수 있으며, 문자열과 숫자 등 모든 데이터 형식을 사용할 수 있습니다.

- **매개변수(인자, 파라미터)가 없는 함수**: 매개변수도 없고 반환값도 없는 함수 형태는 가장 단순한 형태의 함수입니다. 함수 이름 뒤에 따라오는 괄호에 인자로 아무 값도 지정하지 않는 형태를 의미합니다. 앞에서 사용한 함수 중에서 모든 변수에 있는 값을 문자열로 변환시키는 ToString() 메서드처럼 빈 괄호만 있는 함수 형식을 나타냅니다.

- **매개변수가 있는 함수**: 특정 함수에 인자 값을 1개 이상 전달하는 방식입니다. 정수형, 실수형, 문자형, 문자열형, 개체형 등 여러 가지 데이터 형식을 인자 값으로 전달할 수 있습니다.

- **반환값이 있는 함수(결괏값이 있는 함수)**: 함수의 처리 결과를 함수를 호출한 쪽으로 반환할 때는 return 키워드를 사용하여 데이터를 돌려줄 수 있습니다.
- **매개변수가 가변(여러 개)인 함수**: C#에서는 클래스 하나에 매개변수의 형식과 개수를 달리 하여 이름이 동일한 함수를 여러 개 만들 수 있습니다. 이를 가리켜 함수 중복 또는 함수 오버로드(overload)라고 합니다. 이 내용은 뒤에서 자세히 다루겠습니다.

19.4 매개변수가 있는 함수

이번에는 매개변수가 있는 함수를 만들고 사용해 보겠습니다. 다음 내용을 입력한 후 실행해 보세요.

매개변수가 있는 함수를 만들고 호출: FunctionParameter.cs

```
using System;

class FunctionParameter
{
    static void ShowMessage(string message)  //매개변수가 있는 함수
    {
        Console.WriteLine(message);          //넘어온 매개변수 값을 출력
    }

    static void Main()
    {
        ShowMessage("매개변수");      //ShowMessage() 함수에 "매개변수" 문자열 전달
        ShowMessage("Parameter");   //ShowMessage() 함수에 "Parameter" 문자열 전달
    }
}
```

\ 실행 결과 /

```
매개변수
Parameter
```

함수의 괄호 안에는 매개변수를 선언할 수 있는데, ShowMessage(string message) 형태로 함수를 호출할 때 문자열을 받아 message 변수에 저장합니다. 함수를 호출할 때는 동일한 데이터 형식을 전달해야 합니다. 함수의 매개변수는 콤마 기호를 구분으로 하나 이상 줄 수 있습니다.

19.5 반환값이 있는 함수

함수의 여러 가지 특징 중 하나인 반환값(return value)은 함수에서 어떤 처리를 진행한 후 그 결과를 다시 함수를 호출한 부분으로 되돌려 주는 것을 의미합니다. 되돌려 주는 값은 매개변수와 마찬가지로 C#의 모든 데이터 형식으로 줄 수 있습니다. 반환값이 있는 함수를 만들 때는 반환값이 없다는 의미인 void 키워드 자리에 반환되는 데이터 형식을 기술하면 됩니다. 반환값이 없는 함수는 void로 지정합니다. 즉, 지금까지 사용한 C#의 기본 코드인 Main() 메서드의 void 자리는 반환값 형식을 나타냅니다.

문자열 반환값이 있는 함수 만들고 사용하기

문자열 데이터를 반환하는 함수를 만들고 호출해 보겠습니다. 다음 내용을 입력한 후 실행해 보세요.

반환값이 있는 함수를 만들고 호출하기: ReturnValue.cs

```
using System;

class ReturnValue
{
    static string GetString()
    {
        return "반환값(Return Value)";        //return 키워드로 단순 문자열 반환
    }

    static void Main()
    {
        string returnValue = GetString();  //함수 호출
        Console.WriteLine(returnValue);      //반환값을 returnValue 변수에 저장
    }
}
```

＼ 실행 결과 ／

```
반환값(Return Value)
```

GetString() 함수를 호출하면 return 키워드로 '반환값(Return Value)' 문자열이 함수를 호출한 부분으로 반환됩니다. 이 반환된 문자열을 returnValue 변수에 담아 Main() 메서드에서 사용합니다.

정수형 반환값이 있는 함수 만들고 사용하기

이번에는 int 형식의 반환값이 있는 함수를 사용해 보겠습니다. 다음 내용을 입력한 후 실행해 보세요.

반환값이 있는 함수(메서드): FunctionReturnValue.cs

```csharp
using System;

class FunctionReturnValue
{
    static int SquareFunction(int x)   //입력: 매개변수도 있고
    {
        int r = x * x;                 //처리: 함수의 본문
        return r;                      //출력: 반환값도 있는
    }

    static void Main()
    {
        int r = SquareFunction(2);     //함수 호출 및 반환값 받기
        Console.WriteLine(r);
    }
}
```

\ 실행 결과 /

```
4
```

매개변수 x로 정수형 데이터가 넘어오면 그 값을 두 번 곱하여 함수를 호출한 Main() 메서드 영역으로 그 결괏값을 되돌려 주는 내용입니다. 입력, 처리, 출력이 있는 전형적인 함수 유형으로 이러한 함수 스타일은 앞으로 계속해서 사용할 것입니다.

두 수의 합을 구하는 함수

다음 코드는 실수 데이터 2개를 받아 합을 구한 후 그 값을 결괏값으로 되돌려 주는 함수입니다. 다음 내용을 입력한 후 실행해 보세요.

두 수의 합을 구하는 함수: GetSumTwoNumber.cs

```csharp
using System;

class GetSumTwoNumber
```

```
{
    static double GetSum(double x, double y)  //두 수의 합을 구하는 함수(메서드)
    {
        double r = x + y;
        return r;
    }

    static void Main()
    {
        double result = GetSum(3.0, 0.14);
        Console.WriteLine(result);
    }
}
```

＼ 실행 결과 ／

```
3.14
```

GetSum( ) 함수는 double 형식 2개를 받아 더한 후 그 결과를 다시 Main( ) 메서드로 돌려주는 형태
입니다.

> **Note ≡ 함수 선언 형식과 관련 용어 정리**
>
> 함수(메서드) 관련 용어를 정리해 보겠습니다. 앞으로도 계속 다룰 내용이기에 한 번 정도 읽고 넘어갑니다.
>
> ```
> public static void Main(string[] args)
> {
>
> }
> ```
>
> • Main() 메서드 선언 형식: 메서드는 앞 코드와 구조가 같습니다. 메서드를 만들 때 사용하는 public, static,
> void는 다른 값으로 변경되어 서로 다른 형태로 보일 수 있는데, 이를 메서드 시그니처(signature)라고 합니다.
> • public: 메서드의 액세스 한정자(access modifier)를 나타냅니다. public이면 현재 메서드를 모든 클래스에서 사
> 용 가능하고, private이면 현재 클래스에서만 사용 가능한 메서드를 만들 수 있습니다. 아직까지는 public을 생
> 략한 채로 코드를 작성합니다.
> • static: static 키워드가 붙느냐(정적인 메서드) 붙지 않느냐(인스턴스 메서드)에 따라 그 의미가 다릅니다. 일단 지
> 금까지는 모든 메서드에 static을 붙이고 있습니다. 뒤에서 클래스 만들기를 배우고 나서 static이 빠지는 형태
> 의 함수를 다룰 것입니다.
> • void: 메서드의 반환 형식이 오는 자리이며, void 키워드는 반환값이 없다는 것을 나타냅니다. 이는 메서드 수행 결
> 과 어떤 값을 반환하고자 할 때 반환하려는 데이터 형식을 의미합니다.
> • Main: 메서드 이름을 나타내며 영문 대문자로 시작합니다.

➊ 계속

- **string[ ] args**: 매개변수 영역으로, 메서드에 어떤 값을 넘겨줄 때 또는 넘겨받을 때 이를 잠시 보관해 놓는 그 릇 역할을 하는 매개체가 되는 변수(배열)를 나타냅니다. 매개변수는 콤마 기호를 구분으로 0개 이상 둘 수 있습니다. Main( ) 메서드에서는 다른 메서드와 달리 string[ ] args를 사용하는데, 이는 다른 말로 명령줄 인수 (command line arguments)라고 합니다. 예전 운영 체제인 도스(DOS) 시절에 주로 사용하던 방식으로, 어떤 실행 파일(EXE 파일)에 인수(argument) 값을 넘겨줄 때 넘어온 인수 값을 가리켜 명령줄 인수라고 합니다. 이를 C# 에서는 Main( ) 메서드의 매개변수로 받아 사용합니다.
- **블록({})**: 메서드 실행 범위를 나타내며, 메서드 블록 내에서 선언된 변수는 해당 메서드가 종료되면 소멸합니다.

> **Note ≡** | **public 키워드**
>
> 클래스를 만드는 코드와 함수를 만드는 코드 앞에는 public이 붙을 수도 있고 붙지 않을 수도 있습니다. 학습 내용상 현재까지는 둘 다 동일합니다. 굳이 신경 쓰지 않아도 됩니다. 책에서는 최소한의 코드로 보여 주려고 public을 생략하는 편입니다. 액세스 한정자인 public, private, protected 키워드 등은 뒤에서 자세히 다룹니다.

19.6 함수를 사용하여 큰 값과 작은 값, 절댓값 구하기

매개변수도 있고 반환값도 있는 함수를 사용하여 두 수 중에서 큰 값과 작은 값을 구해 보겠습니다. 다음 내용을 입력한 후 실행해 보세요.

함수를 사용하여 큰 값과 작은 값 구하기: MaxMinFunction.cs

```csharp
using System;

class MaxMinFunction
{
    static int Max(int x, int y)  //Max 함수: 두 수 중에서 큰 수를 반환시켜 주는 함수
    {
        return (x > y) ? x : y;  //3항 연산자로 큰 수 구하기
    }

    static int Min(int x, int y)  //Min 함수: 두 수 중에서 작은 수를 반환시켜 주는 함수
    {
        //if else 문으로 작은 수 구하기
        if (x < y)
        {
            return x;  //작은 값
        }
```

```
        else
        {
            return y;
        }
    }

    static void Main()
    {
        Console.WriteLine(Max(3, 5));
        Console.WriteLine(Min(-3, -5));
    }
}
```

```
5
-5
```

Max( ) 함수는 정수 2개를 받아 그중 큰 수를 반환합니다. Min( ) 함수는 정수 2개를 받아 그중 작은 수를 반환합니다.

다음 코드를 사용하여 절댓값을 구할 수 있습니다.

```
> static int Abs(int num)
. {
.     return (num < 0) ? -num : num;
. }
> int num = -21;
> int abs = Abs(num);
> Console.WriteLine($"{num}의 절댓값 : {abs}");
-21의 절댓값 : 21
```

19.7 XML 문서 주석을 사용하여 함수 설명 작성하기

비주얼 스튜디오로 프로그램을 만들 때 특정 함수 사용법과 같은 설명을 표시하려면 /// <summary> ~ /// </summary> 형태로 슬래시 기호 3개를 연속해서 주석 영역에 작성합니다. 이것을 XML 문서 주석이라고 합니다. XML 문서 주석을 사용하면 비주얼 스튜디오에서 해당 함수에 마우스를 올리거나 코드를 작성할 때 관련 설명을 볼 수 있습니다.

XML 문서 주석을 사용하는 내용을 다루어 보겠습니다. 다음 내용을 입력한 후 실행해 보세요. XML 문서 주석은 AddNumbers() 함수를 먼저 만든 후 함수 선언문 앞에서 /// 코드를 작성하면 자동으로 완성합니다. <summary> 코드가 만들어지면 그 안에 함수 설명과 매개변수, 반환값 설명을 넣어 줍니다.

```
using System;

class FunctionAddNumbers
{
    /// <summary>
    /// 두 수를 더하여 그 결괏값을 반환시켜 주는 함수
    /// </summary>
    ///<param name="a">첫 번째 매개변수</param>
    ///<param name="b">두 번째 매개변수</param>
    ///<returns>a + b 결과</returns>
    static int AddNumbers(int a, int b)
    {
        return a + b;
    }

    static void Main()
    {
        int a = 3;
        int b = 5;
        int c = AddNumbers(3, 5);
        Console.WriteLine($"{a} + {b} = {c}");
    }
}
```

\ 실행 결과 /

```
3 + 5 = 8
```

XML 문서 주석에는 해당 함수 이름과 매개변수 설명, 반환값을 작성할 수 있습니다. XML 문서 주석은 프로그램을 만든 후 유지보수를 할 때 함수 내용을 금방 알 수 있어 편리합니다.

19.8 기본 매개변수

메서드를 선언할 때 매개변수를 선언과 동시에 초기화해 놓으면, 메서드를 호출할 때 매개변수를 지정하지 않아도 기본값으로 자동 설정합니다. 이 기능을 기본 매개변수(default parameter) 또는 선택적 인수(optional argument)라고 합니다. 기본 매개변수를 사용해 보겠습니다. 다음 내용을 입력한 후 실행해 보세요.

기본 매개변수 사용: DefaultParameter.cs

```csharp
using System;

class DefaultParameter
{
    static void Main()
    {
        Log("디버그");     //두 번째 매개변수 생략
        Log("에러", 4);   //전체 매개변수 사용
    }

    //① 기본 매개변수(선택적 매개변수): 매개변수 선언과 동시에 초기화
    static void Log(string message, byte level = 1)
    {
        Console.WriteLine($"{message}, {level}");
    }
}
```

＼ 실행 결과 ／

```
디버그, 1
에러, 4
```

Log() 메서드는 매개변수 2개를 갖습니다. 두 번째 매개변수를 1로 초기화(byte level = 1)해 놓은 상태라서 생략하면 기본값 1로 설정됩니다. 생략하지 않고 값을 지정하면 해당 값으로 전달됩니다.

19.9 명명된 매개변수

이번에는 명명된 매개변수(named parameter)를 사용해 보겠습니다. 명명된 매개변수를 사용하면 함수를 호출할 때 필요한 매개변수 이름을 직접 지정할 수 있어 편리합니다. 다음 내용을 입력한 후 실행해 보세요.

함수의 매개변수 이름을 지정하여 호출: NamedParameter.cs

```csharp
using System;

class NamedParameter
{
    static void Main()
    {
        Sum(10, 20);                //기본 형태
        Sum(first: 10, second: 20);  //① 매개변수 이름과 콜론(:) 기호를 사용하여 호출
        Sum(second: 20, first: 10);  //② 매개변수 이름을 지정하면 변수 위치 변경 가능
    }

    static void Sum(int first, int second)  //명명된 매개변수
    {
        Console.WriteLine(first + second);
    }
}
```

\ 실행 결과 /

```
30
30
30
```

①처럼 함수를 호출할 때 함수의 매개변수 이름과 콜론(:) 기호를 붙여 값을 지정할 수 있습니다. 이렇게 하면 매개변수 순서와 상관없이 매개변수 값을 설정할 수 있습니다.

②는 매개변수 순서를 변경하여 호출하는 형태입니다.

19.10 함수 오버로드: 다중 정의

클래스 하나에 매개변수를 달리해서 이름이 동일한 함수 여러 개를 정의할 수 있는데, 이를 함수 오버로드라고 합니다. 우리말로는 함수 '다중 정의', 즉 여러 번 정의한다는 의미입니다.

함수 오버로드 사용하기

이번에는 함수 오버로드(다중 정의)를 사용해 보겠습니다. 다음 내용을 입력한 후 실행해 보세요.

메서드(함수) 오버로드: MethodOverloadNumber.cs

```
using System;

class MethodOverloadNumber
{
    static void GetNumber(int number)   //GetNumber 함수: int 매개변수
    {
        Console.WriteLine($"Int32 : {number}");
    }

    static void GetNumber(long number)   //GetNumber 함수: long 매개변수
    {
        Console.WriteLine($"Int64 : {number}");
    }

    static void Main()
    {
        GetNumber(1234);
        GetNumber(1234L);
    }
}
```

\ 실행 결과 /

```
Int32 : 1234
Int64 : 1234
```

GetNumber() 함수는 int와 long 매개변수 중 하나를 받습니다. 매개변수로 넘어온 데이터가 1234이면 int로 받고, 1234L처럼 L 접미사를 사용하면 long으로 받습니다. 이처럼 넘겨주는 매개변수에 해당하는 함수를 자동으로 호출합니다.

매개변수가 없거나 있는 함수 오버로드

이번에는 전혀 다른 매개변수를 전달하는 함수 오버로드 예제를 살펴보겠습니다. 다음 내용을 입력한 후 실행해 보세요.

매개변수가 없거나 있는 함수 오버로드: MethodOverload.cs

```csharp
using System;

class MethodOverload
{
    static void Hi()            //매개변수가 없는 Hi() 함수
    {
        Console.WriteLine("안녕하세요.");
    }

    static void Hi(string msg)  //매개변수가 있는 Hi() 함수
    {
        Console.WriteLine(msg);
    }

    static void Main()
    {
        Hi();
        Hi("반갑습니다.");
    }
}
```

\ 실행 결과 /

```
안녕하세요.
반갑습니다.
```

Hi(); 형태로 함수를 호출하면 매개변수가 없는 Hi() 함수가 호출되고, Hi("반갑습니다."); 형태로 호출하면 매개변수가 문자열인 Hi(string msg) 함수가 호출됩니다.

서로 다른 매개변수를 갖는 함수 오버로드

이번에는 함수 오버로드 중 서로 다른 매개변수의 데이터 형식을 사용하는 예제를 살펴보겠습니다. 다음 내용을 입력한 후 실행해 보세요.

```csharp
using System;

class FunctionOverload
{

    static void Multi()
    {
        Console.WriteLine("안녕하세요.");
    }

    static void Multi(string message)
    {
        Console.WriteLine(message);
    }

    static void Multi(string message, int count)
    {
        for (int i = 0; i < count; i++)
        {
            Console.WriteLine("{0}", message);
        }
    }

    static void Main()
    {
        Multi();
        Multi("반갑습니다.");
        Multi("또 만나요.", 3);
    }
}
```

\ 실행 결과 /

```
안녕하세요.
반갑습니다.
또 만나요.
또 만나요.
또 만나요.
```

함수를 호출할 때는 함수 호출 형태에 따라 그와 동일한 메서드 시그니처를 갖는 함수를 찾아서 실행합니다.

- Multi() => Multi() 함수 호출

- Multi("반갑습니다.") => Multi(string message) 함수 호출

- Multi("또 만나요.", 3) => Multi(string message, int count) 함수 호출

Multi(1234) 형태처럼 없는 함수를 호출하면 에러가 발생합니다.

19.11 재귀 함수

함수에서 함수 자신을 호출하는 것을 재귀(recursion) 또는 재귀 함수라고 합니다.

이번에는 재귀 함수를 사용해 보겠습니다. 반복문에서 만들어 본 팩토리얼 문제를 재귀 함수를 사용하여 다시 만들어 보겠습니다. 다음 내용을 입력한 후 실행해 보세요. 재귀 함수 예제는 코드로 이해하기 어려우니 "부록 A. 디버거 사용하기"를 참고하여 F10 또는 F11을 여러 번 누르면서 하나씩 코드를 실행해 보길 권장합니다.

재귀 함수 사용: RecursionDemo.cs

```
using System;

class RecursionDemo
{
    static void Main()
    {
        //재귀 호출을 사용하여 팩토리얼 구하기: 4! = 4 * 3 * 2 * 1 = 24
        Console.WriteLine(4 * 3 * 2 * 1);
        Console.WriteLine(FactorialFor(4));
        Console.WriteLine(Factorial(4));
        Console.WriteLine(Fact(4));
    }

    //3항 연산자를 사용한 팩토리얼 구하기
    static int Fact(int n)
    {
        return (n > 1) ? n * Fact(n - 1) : 1;
    }

    //재귀 함수를 사용한 팩토리얼 함수 만들기: 재귀 함수는 트리 구조 탐색에 유리
    static int Factorial(int n)
    {
```

```
    //종료
    if (n == 0 || n == 1)
    {
        return 1;
    }
    return n * Factorial(n - 1);  //재귀 호출
}

//단순한 팩토리얼은 이 방법이 좋음
static int FactorialFor(int n)
{
    int result = 1;
    for (int i = 1; i <= n; i++)
    {
        result *= i;  //(((( 1 * 1) * 2) * 3) * 4)
    }
    return result;
}
}
```

\ 실행 결과 /

```
24
24
24
24
```

Fact()와 Factorial() 함수는 둘 다 함수 내에서 자기 자신을 호출합니다. 이 과정을 거쳐 숫자 4를 넘겨주면 4 * 3 * 2 * 1을 만들어 주는 형태로 팩토리얼을 구할 수 있습니다.

재귀 호출은 스택(stack) 메모리에 저장되는 형태로 실행합니다. 너무 많은 재귀 처리는 스택 오버플로(stack overflow) 에러가 발생하기 쉽습니다. 그러기에 많은 양의 데이터를 처리하는 코드를 작성할 때는 재귀 호출보다는 반복문 등으로 풀어 쓰는 것이 훨씬 좋습니다.

재귀 함수를 사용하여 n의 m승을 구하는 기능 구현하기

이번에는 재귀를 사용하여 2^n 패턴을 구하는 프로그램을 만들어 보겠습니다. 다음 내용을 입력한 후 실행해 보세요.

```
using System;

class RecursionPower
{
    static int MyPower(int num, int cnt)
    {
        if (cnt == 0)
        {
            return 1;
        }
        return num * MyPower(num, --cnt);  //2 * (2 * (1))
    }

    static void Main()
    {
        Console.WriteLine(MyPower(2, 2));  //2 * 2 * 1 = 4
    }
}
```

\ 실행 결과 /

```
4
```

MyPower() 함수에 MyPower(2, 2) 형태를 전달하면 2^2인 4를 구합니다. 또 MyPower(2, 10) 형태를 전달하면 2를 총 열 번 곱해서 2^{10}을 구합니다.

19.12 함수 범위: 전역 변수와 지역 변수

클래스와 같은 레벨에서 선언된 변수를 전역 변수(global variable) 또는 필드(field)라고 하며, 함수 레벨에서 선언된 변수를 지역 변수(local variable)라고 합니다. 이때 동일한 이름으로 변수를 전역 변수와 함수 내의 지역 변수로 선언할 수 있습니다. 함수 내에서는 함수 범위에 있는 지역 변수를 사용하고, 함수 범위 내에 선언된 변수가 없으면 전역 변수 내에 선언된 변수를 사용합니다. 단 C#에서는 전역 변수가 아닌 필드라는 단어를 주로 사용하며, 전역 변수는 언더스코어(_) 또는 m_ 접두사를 붙이는 경향이 있습니다.

이번에는 함수 범위를 알아보겠습니다. 다음 내용을 입력한 후 실행해 보세요.

```csharp
using System;

public class FunctionScope
{
    static string message = "전역 변수";  //필드

    static void ShowMessage()
    {
        string message = "지역 변수";
        Console.WriteLine(message);        //지역 변수
    }

    static void Main()
    {
        ShowMessage();
        Console.WriteLine(message);        //전역 변수
    }
}
```

＼ 실행 결과 ／

```
지역 변수
전역 변수
```

Main() 메서드와 동일한 레벨에 static string message = "전역 변수"; 형태로 문자열 변수를 선언할 수 있습니다. 이렇게 클래스 내에서 선언하는 변수는 Main() 메서드와 ShowMessage() 함수에서 모두 사용할 수 있는 전역 변수가 됩니다. 다만 ShowMessage() 함수에서는 이름이 동일한 message 변수를 선언하고 사용하기에 전역 변수가 아닌 함수 내에서 선언된 지역 변수를 씁니다. 지금까지 우리가 선언하고 사용한 모든 변수는 지역 변수에 해당됩니다. 전역 변수, 즉 필드는 뒤에서 자세히 다루겠습니다.

19.13 화살표 함수: =>

화살표 모양의 연산자인 화살표 연산자(=>)를 사용하여 메서드 코드를 줄일 수 있습니다. 이를 화살표 함수(arrow function)라고 합니다. 프로그래밍에서 화살표 함수 또는 화살표 메서드는 람다 식(lambda expression)의 또 다른 이름입니다. 화살표 함수를 사용하면 함수를 줄여서 표현할 수 있습

니다. 함수 고유의 표현을 줄여서 사용하면 처음에는 어색할 수 있습니다. 하지만 이 방식에 익숙해지면 차차 코드의 간결함을 유지할 수 있는 형태로 프로그램 코드를 작성할 수 있습니다.

화살표 함수 사용하기

이제 화살표 함수를 사용해 보겠습니다. 다음 내용을 입력한 후 실행해 보세요. 참고로 Hi()와 Multiply() 함수가 Main() 메서드 뒤에 나오지만, 프로그램에서는 Hi()와 Multiply() 함수를 먼저 작성한 후 Main()에서 호출해야 합니다.

화살표 함수 사용: ArrowFunction.cs

```csharp
using System;

class ArrowFunction
{
    static void Main()
    {
        Hi();
        Multiply(3, 5);
    }

    static void Hi() => Console.WriteLine("안녕하세요.");
    static void Multiply(int a, int b) => Console.WriteLine(a * b);
}
```

\ 실행 결과 /

```
안녕하세요.
15
```

메서드 본문이 단순한 형태일 때는 중괄호를 생략하고 바로 화살표 연산자(=>)를 사용하여 화살표 함수로 구현할 수 있습니다. 참고로 필자는 화살표 연산자를 영어 원문 그대로 'goes to'로 발음합니다.

19.14 식 본문 메서드

화살표 함수는 함수를 축약해서 표현하는 기능입니다. 이러한 함수 축약의 영어 표현은 'expression bodied method'로 '식 본문 메서드'로 번역할 수 있습니다.

```csharp
using System;

class ExpressionBodiedMethod
{
    static void Main()
    {
        Log("함수 축약");   //아래에 함수를 먼저 만들고 호출해야 함
        Console.WriteLine(IsSame("A", "B"));
    }

    static void Log(string message) => Console.WriteLine(message);

    static bool IsSame(string a, string b) => a == b;
}
```

\ 실행 결과 /

```
함수 축약
False
```

참고로 Log()와 IsSame() 같은 사용자 정의 함수는 Main() 메서드 앞에 둡니다.

19.15 로컬 함수

C# 7.0 버전부터는 로컬 함수(local function) 기능을 제공합니다. 로컬 함수는 함수 내에서만 사용하는 또 다른 함수를 만드는 것입니다. 특정 함수 내에서만 사용하는 또 다른 함수를 로컬 함수라고 합니다. 다음 간단한 코드를 살펴보세요.

로컬 함수 사용: LocalFunctionDemo.cs

```csharp
using System;

class LocalFunctionDemo
{
    static void Main()
    {
        void Display(string text)
        {
            Console.WriteLine(text);
```

264

```
            }

            Display("로컬 함수");
        }
    }
```

```
로컬 함수
```

Main() 메서드 내에는 Display()라는 로컬 함수를 두고, 이를 Main() 메서드에서 문자열 출력 용도로 사용할 수 있습니다. 로컬 함수는 해당 위치를 벗어난 다른 함수에서는 호출되지 않습니다.

로컬 함수에 화살표 연산자 사용하기

다음 코드는 Main() 메서드 내에 화살표 연산자를 사용하여 로컬 함수 2개를 만듭니다.

로컬 함수에 화살표 연산자 사용: LocalFunctionAdd.cs

```csharp
using System;

class LocalFunctionAdd
{
    static void Main()
    {
        //로컬 함수 만들기
        int Add(int a, int b) => a + b;
        decimal Subtract(decimal x, decimal y) => x - y;

        //로컬 함수 사용하기
        Console.WriteLine($"3 + 5 = {Add(3, 5)}");
        Console.WriteLine($"34.56 - 12.34 = {Subtract(34.56M, 12.34M)}");
    }
}
```

```
3 + 5 = 8
34.56 - 12.34 = 22.22
```

19.16 Main 메서드의 명령줄 인수

비주얼 스튜디오로 C# 콘솔 앱 프로그램 프로젝트를 만들면 Main() 메서드에 문자열 배열이 매개변수로 포함된 Main(string[] args) 형태가 됩니다. Main() 메서드의 매개변수인 string[] args도 문자열 배열인 것을 이제는 알 수 있습니다. args 배열은 명령 프롬프트에서 실행 파일 이름 뒤에 오는 문자열을 배열로 받아 사용할 수 있는 기능을 제공합니다. 이를 명령줄 인수(command line arguments 또는 command line parameters)라고 하는데, 명령줄에서 넘어오는 매개변수를 하나씩 받아 사용할 수 있습니다. 예를 들어 도스 명령어 중에서 dir.exe *.*처럼 dir.exe 명령어 뒤에 오는 옵션 문자열들을 명령줄 인수라고 합니다.

명령줄 인수로 문자열 데이터 2개 입력받기

처음으로 Main() 메서드에 매개변수로 명령줄 인수를 사용해 보겠습니다. 다음 내용을 입력한 후 실행해 보세요. 지금까지는 Main() 메서드에 아무런 매개변수도 넣지 않았지만, Main(string[] args) 형태로 매개변수를 지정했습니다.

명령줄 인수로 문자열 데이터 입력받기: CommandLineArgument.cs

```csharp
using System;

class CommandLineArgument
{
    static void Main(string[] args)
    {
        foreach (string arg in args)
        {
            Console.WriteLine(arg);
        }
    }
}
```

\ 실행 결과 /

C:\C#\CommandLineArgument\CommandLineArgument\bin\Debug>CommandLineArgument.exe이(가) 종료되었습니다.

코드를 작성한 후 `Ctrl`+`F5`를 눌러 실행하면 아무것도 실행되지 않습니다. 문자열 배열인 args 배열을 foreach 문으로 데이터가 있는 만큼 반복해서 하나씩 뽑아 문자열을 출력하는 구문입니다. 명령줄 인수는 도스창이라고 하는 명령 프롬프트 또는 터미널에서 실행 파일 뒤에 추가적으로 문자열을 전달할 때 이를 공백을 기준으로 문자열 배열로 받는 역할을 합니다.

현재 프로젝트를 실행하면 실행 파일이 위치하는 경로를 보여 줍니다. 명령 프롬프트를 실행하여 이 경로로 이동한 후 다음과 같이 CommandLineArgument.exe Hello World를 지정하면 "Hello"와 "World"가 각각 args[0]과 args[1]에 저장됩니다. 그리고 args.Length를 요청하면 요소가 2개 있으므로 2를 반환합니다.

▼ 그림 19-2 명령 프롬프트에서 실행

```
C:\C#\CommandLineArgument\CommandLineArgument\bin\Debug>CommandLineArgument.exe Hello World
Hello
World
```

명령줄 인수는 큰따옴표를 사용하여 공백을 포함한 문자열을 받을 수 있습니다. 다음과 같이 '안녕 Hello'처럼 입력하면 이 값은 args[0]에 저장됩니다.

```
C:\C#\CommandLineArgument\CommandLineArgument\bin\Debug>CommandLineArgument.exe "안녕
Hello" World
안녕 Hello
World
```

비주얼 스튜디오 프로젝트 속성에서 명령줄 인수 제공받기

비주얼 스튜디오에서는 직접 명령 프롬프트(cmd.exe)로 이동하여 명령줄 인수를 테스트하지 않고 옵션으로 바로 설정할 수 있는 기능을 제공합니다.

세 단계에 거쳐 비주얼 스튜디오에서 명령줄 인수 값을 지정하는 방법을 살펴보겠습니다.

1. 다음 내용을 비주얼 스튜디오의 소스 코드 편집창에 입력하세요.

```
//CommandLineParameterDemo.cs
using System;

class CommandLineParameterDemo
{
    static void Main(string[] args)
    {
        for (int i = 0; i < args.Length; i++)
        {
            Console.WriteLine(args[i]);
        }
    }
}
```

2. 비주얼 스튜디오의 CommandLineParameterDemo 프로젝트에서 마우스 오른쪽 버튼을 누른 후
속성을 선택하여 속성창을 엽니다. 다음과 같이 속성창이 열리면 **디버그**를 선택합니다. **명령줄
인수** 영역에 '안녕하세요 반갑습니다' 문자열을 입력합니다.

▼ 그림 19-3 속성창 입력 1

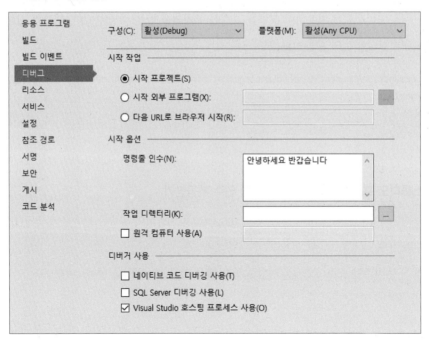

3. 비주얼 스튜디오에서 Ctrl + F5를 눌러 프로젝트를 실행합니다. 프로젝트를 실행하면 args[0]에는 "안녕하세요"가, args[1]에는 "반갑습니다"가 저장된 후 for 문으로 args 배열 값을 각각 출력합니다.

```
안녕하세요
반갑습니다
```

이와 같이 세 단계를 거치면 직접 명령 프롬프트로 이동하지 않고도 명령줄 인수를 손쉽게 테스트할 수 있습니다.

지금까지 우리가 사용해 온 Main() 메서드는 매개변수(파라미터)로 문자열 배열을 받습니다. 이 문자열 배열은 명령 프롬프트에서 C# 프로그램을 실행하면 뒤에다 특정 문자열을 지정해서 추가 기능을 구현할 수 있도록 문자열을 받습니다.

C#에서 명령줄 인수는 string[] args로 받습니다. args는 원하는 이름으로 바꾸어도 무방합니다. 명령 프롬프트에서 C# 콘솔 앱 프로그램을 실행할 때는 공백을 기준으로 args[0], args[1], ... 순서로 문자열 값을 받습니다. 또 args.Length 속성으로 배열의 요소 개수를 알아낼 수 있습니다.

예를 들어 **명령줄인수**라는 이름으로 프로그램을 만들었다면 다음과 같이 호출할 수 있습니다.

```
C:\C#\명령줄인수 안녕하세요 반갑습니다 또만나요
```

명령줄 인수에 공백을 기준으로 값을 전달하면 다음과 같이 각 배열의 요소가 생성되고 초기화됩니다.

```
args[0] => 안녕하세요
args[1] => 반갑습니다
args[2] => 또만나요
```

명령줄 인수로 숫자 데이터 2개 입력받기

이번에는 비주얼 스튜디오에서 Main( ) 메서드의 명령줄 인수를 전달하여 그 값을 사용해 보겠습니다. 다음 내용을 입력한 후 실행해 보세요. 주의할 점은 반드시 프로젝트 속성의 **디버그**에서 **명령줄 인수**에 '1 2'를 입력해야 한다는 것입니다. 그렇지 않으면 실행할 때 에러가 발생합니다.

명령줄 인수로 숫자 데이터 입력받기: CommandLineDemo.cs

```csharp
using System;

class CommandLineDemo
{
    static void Main(string[] args)
    {
        int first = int.Parse(args[0]);        //1
        int second = Convert.ToInt32(args[1]);  //2
        Console.WriteLine(first + second);      //1 + 2 = 3
    }
}
```

\ 실행 결과 /

```
3
```

명령줄 인수에 값을 입력하지 않고 실행하면 다음 에러 메시지가 출력됩니다.

```
처리되지 않은 예외: System.IndexOutOfRangeException: 인덱스가 배열 범위를 벗어났습니다.
```

명령줄 인수에 값을 정상적으로 CommandLineDemo.exe 3 5 형태로 전달하면 3과 5를 합한 8이 결과로 출력될 것입니다.

C#에서 프로젝트를 만든 후 기본 CS 파일을 생성하면 Main() 메서드에 기본적으로 명령줄 인수가 붙어 있는 상태가 됩니다. 하지만 책에서는 대부분 string[] args는 생략한 채로 코드를 표시할 예정입니다.

함수(메서드)는 C# 프로그래밍에서 가장 중요한 요소입니다. 그러다 보니 여기에서는 많은 내용을 다루었습니다. 이 강의에서 배운 내용은 계속 반복해서 나올 예정입니다. 함수를 사용하여 반복되는 코드와 중복되는 코드를 줄여서 효율성을 높일 수 있습니다.

20

C# 인터렉티브로 출력문부터 함수까지 내용 복습하기

프로그래밍 학습은 기본적으로 프로젝트를 하나 만들고, 이곳에 소스 코드를 사용하여 실행하는 과정으로 진행됩니다. 이미 앞에서 여러 번 사용한 C# 인터렉티브로 좀 더 빠르게 C#의 여러 기능을 테스트하면서 학습할 수 있습니다. C# 학습에 최적화된 도구인 C# 인터렉티브를 사용하여 지금까지 배운 내용을 복습해 보는 시간을 가져 보겠습니다.

20.1 C# 인터렉티브

이미 C# 인터렉티브(대화형 창)를 사용해 왔습니다. 이러한 C# 인터렉티브를 자세히 정리해 보겠습니다.

비주얼 스튜디오에서는 C# Interactive Window를 제공합니다. C# Interactive Window를 우리말로 표현하면 'C# 대화형 창'이라고 할 수 있는데, 책에서는 원문 그대로 C# 인터렉티브로 표현하겠습니다. C# 인터렉티브는 C# 프로그래밍 언어와 양방향으로 대화하는 화면이라고 할 수 있습니다.

C# 인터렉티브는 Visual Studio > 보기 > 다른 창 > C# Interactive(C# 대화형)에서 열 수 있습니다. 다시 설정, 화면 지우기, 이전 기록, 다음 기록 등 네 가지 아이콘의 도구 모음도 제공합니다.

▼ 그림 20-1 C# 인터렉티브

C# 인터렉티브는 C# 콘솔 앱 프로그램처럼 프로젝트를 만들지 않고도 C# 코드에 대한 즉각적인 피드백을 제공하여 C# 언어 기능 및 닷넷의 여러 API를 빨리 배울 수 있습니다. C# 인터렉티브는 여러 프로그래밍 환경에서 제공하는 REPL(Read Eval Print Loop)과 비슷한 기능입니다.

C# 인터렉티브의 기능은 다음과 같이 산술식이 필요한 경우 직접 필요한 코드만 입력한 후 바로 실행 결과를 확인할 수 있습니다.

```
> 3 + 5
8
```

지금까지 사용한 출력문인 Console.WriteLine() 메서드도 바로 실행 가능합니다. 이때 System 네임스페이스는 생략 가능합니다. 참고로 집필 시점까지도 한글이 잘 지원되지 않았습니다.

```
> Console.WriteLine("C# 인터렉티브 창에서 문자열 출력하기");
C# 인터렉티브 창에서 문자열 출력하기
```

일반적으로 콘솔 앱 프로그램에서 작성할 수 있는 대부분의 기능을 구현할 수 있습니다. 차이점이 있다면 Main() 메서드 구문은 사용하지 않고 Main() 메서드에서 구현하는 코드를 C# 인터렉티브에서 직접 테스트할 수 있다는 것입니다.

C# 인터렉티브 실행하기

1. 비주얼 스튜디오에서 **보기** > **다른 창** > C# Interactive를 실행합니다. 비주얼 스튜디오의 솔루션 탐색기 위쪽에 있는 빠른 실행(Ctrl+Q)에서 C# Interactive(또는 C# 대화형)를 직접 검색해서 실행해도 됩니다. 참고로 한글 버전의 비주얼 스튜디오에서는 **C# 대화형**으로 표현할 수도 있습니다.

▼ 그림 20-2 C# 인터렉티브 실행

2. C# 인터렉티브에서 '#help'를 입력하고 Enter 를 누르면 다음과 같이 도움말을 볼 수 있습니다.

▼ 그림 20-3 도움말 보기

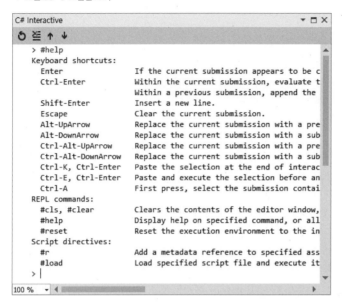

3. '#cls' 또는 '#clear'를 사용하여 화면을 지운 후 필요한 명령을 수행합니다. C# 인터렉티브에서도 인텔리센스 및 코드에 색상 표시 기능을 제공합니다.

▼ 그림 20-4 화면 지우기

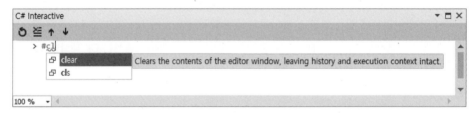

출력문 사용하기

1. using System; 구문을 포함하여 Console.WriteLine() 메서드로 C# 인터렉티브에 문자열 등 값을 출력할 수 있습니다. 각 라인의 코드를 작성하면 자동으로 구문을 분석해서 다음 코드를 입력받거나 바로 실행합니다.

```
> using System;
> Console.WriteLine("Gilbut C#");
Gilbut C#
```

2. 다음과 같이 using 구문은 생략 가능합니다.

```
> Console.WriteLine("C# 인터렉티브");
C# 인터렉티브
```

3. 문자열과 숫자 등 리터럴은 Console.WriteLine() 메서드를 생략하고 직접 문자열을 출력할 수 있습니다. C# 인터렉티브(Interactive)를 일반적으로 REPL이라고 합니다.

```
> "REPL(Read Eval Print Loop)"
"REPL(Read Eval Print Loop)"
```

4. 일반적인 식도 직접 입력해서 출력할 수 있습니다.

```
> 2 + 3
5
```

5. 지금까지 알고 있는 모든 식을 사용할 수 있습니다.

```
> 2 * (1 + 3)
8
```

6. 주석문도 사용 가능합니다.

```
> Console.WriteLine("Visual C#");  //주석문도 사용 가능
Visual C#
```

변수 사용하기

1. 변수를 선언하여 직접 출력할 수 있습니다. 현재 세션 또는 컨텍스트라는 창이 하나 열린 상태에서는 해당 변수 값을 계속 사용할 수 있습니다. 이를 초기화할 때는 다시 설정(reset)을 클릭하여 사용할 수 있습니다.

```
> var number = 1234;
> number
1234
```

2. int, string 등 모든 변수 유형을 그대로 사용할 수 있습니다.

```
> var hello = "Hello C#";
> hello
"Hello C#"
```

연산자 사용하기

1. 산술 · 대입 · 논리 · 증감 · 조건 연산자 등을 모두 테스트할 수 있습니다.

```
> (10 % 2 == 0) ? "Even" : "Odd"
"Even"
```

2. 변수와 연산자 등을 조합하여 계산식을 테스트할 수 있습니다.

```
> var a = 3;
> var b = 5;
> var c = ++a * b--;
> c
20
```

제어문 사용하기

1. for 문을 사용하여 0부터 2까지 반복해서 출력해 보겠습니다. 완성되지 않은 구문을 작성한 후 [Enter]를 누르면 다음과 같이 점으로 표시되어 여러 줄에 작성할 수 있습니다.

```
> for (var i = 0; i < 3; i++)
. {
.     Console.WriteLine(i);
. }
0
1
2
```

2. '1부터 100까지 3의 배수 또는 4의 배수 합'을 구하는 코드를 작성합니다.

```
> var sum = 0;
> for (int i = 1; i <= 100; i++)
. {
.     if (i % 3 == 0 || i % 4 == 0)
.     {
.         sum += i;
.     }
. }
> sum
2551
```

배열 사용하기

1. 1차원 배열을 만들고 정수 인덱스를 사용하여 배열 값을 출력합니다.

```
> var arr = new int[] { 10, 20, 30 };
> arr[0]
10
> arr[1]
20
> arr[2]
30
```

2. 1차원 배열 선언 및 이를 반복문으로 출력하는 코드는 다음과 같습니다.

```
> string[] colors = { "Red", "Green", "Blue" };
> foreach (var color in colors)
. {
.     Console.WriteLine(color);
. }
Red
Green
Blue
```

함수 사용하기

1. 함수를 만들고 호출할 수 있습니다.

```
> static void Hi()
. {
.     Console.WriteLine("Hi");
. }
> Hi();
Hi
```

2. static 키워드를 생략하고 함수 시그니처만 사용하여 선언한 후 호출 가능합니다.

```
> void Hello()
. {
.     Console.WriteLine("Hello");
. }
> Hello()
Hello
```

C# 인터렉티브를 사용하면 프로젝트를 생성하지 않고도 C#의 여러 기능 및 API를 바로 테스트할 수 있습니다. 이와 같은 기능은 프로젝트를 생성하고 기본 코드를 사용하는 등 짧은 시간조차 줄일 수 있기에 빠르게 학습할 때 유용합니다.

더 많은 C# 인터렉티브의 기능은 #help 명령어를 실행하여 도움말 내용을 살펴보세요.

> **Note** ≡ **DLL 참조 추가**
>
> 아직 배우지는 않았지만, #r 구문으로 외부 DLL 파일들을 참조하여 사용할 수 있습니다. DLL 파일처럼 재사용이 가능한 DLL 파일 만들기는 뒤에서 자세히 배웁니다.
>
> ```
> > #r "dll 파일의 경로"
> ```
>
> 지금까지 배운 내용 외에 앞으로 C#이 할 수 있는 여러 영역에서도 C# 인터렉티브가 유용할 수 있는데, Windows Forms 실행 예는 다음과 같습니다.
>
> ```
> > #r "System.Windows.Forms"
> > using System.Windows.Forms;
> > var f = new Form { BackColor = System.Drawing.Color.Yellow };
> > f.ShowDialog();
> ```
>
> 코드를 작성하고 실행하면 C# 인터렉티브에서 다음과 같이 배경색이 Yellow인 빈 폼이 하나 생성됩니다.
>
> ▼ 그림 20-5 폼 생성
>
>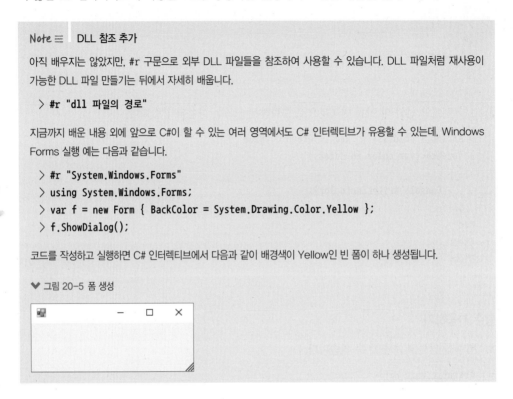

이 책으로 닷넷 프레임워크에서 제공하는 많은 양의 API를 학습해야 합니다. C# 인터렉티브를 사용하면 빠르고 쉽게 특정 API를 테스트할 수 있기에 콘솔 앱 프로그램을 만들지 않고도 API 학습을 빠르게 진행할 수 있습니다. 다만 완성된 프로그램은 프로젝트 기반이기에 C# 인터렉티브는 학습 및 테스트 도구로 사용하고, 실제 프로그램은 프로젝트 기반으로 진행합니다. 앞으로는 C# 콘솔 앱 프로그램과 C# 인터렉티브를 병행해서 C# 문법을 학습하겠습니다.

3^부

C# 활용

21 닷넷 API

C#이 사용할 수 있는 API 집합체인 닷넷(닷넷 프레임워크와 닷넷 코어)에는 굉장히 많은 API가 있습니다. 이 강의에서는 닷넷에 내장된 여러 가지 유용한 클래스를 찾고 사용할 수 있는 방법을 설명합니다.

21.1 닷넷 API 탐색기와 Docs

마이크로소프트는 닷넷 API 탐색기를 제공하여 웹에서 모든 API 검색을 할 수 있습니다. 다음 URL에서 닷넷 API 탐색기를 실행할 수 있습니다.

https://docs.microsoft.com/en-us/dotnet/api/

▼ 그림 21-1 닷넷 API 탐색기

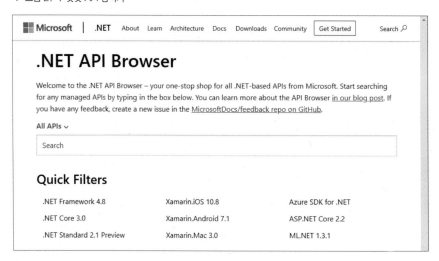

21.2 클래스, 구조체, 열거형, 네임스페이스

닷넷에서 제공하는 대부분의 API는 클래스입니다. 그리고 구조체, 열거형이 있고, 이러한 클래스, 구조체, 열거형을 특정 이름으로 묶어 관리하는 네임스페이스가 있습니다.

- **클래스**(class): Console 클래스, String 클래스 등 거의 대부분이 클래스입니다. 클래스는 계속해서 알아볼 것입니다.
- **구조체**(struct): DateTime 구조체, TimeSpan 구조체 형태로 표현하며, 클래스와 거의 동일하게 사용합니다.
- **열거형**(enumeration): Color 열거형 등이 있으며, 특정 목록을 관리할 때 편리합니다.
- **네임스페이스**(namespace): System 네임스페이스처럼 많은 양의 클래스와 구조체, 열거형을 묶어서 관리합니다.

21.3 Math 클래스 사용하기

닷넷 API와 Math 클래스를 사용해 보겠습니다. 닷넷에서 제공하는 수학 관련 내장 클래스인 Math는 다음 기능들을 제공합니다. 더 많은 기능은 마이크로소프트 Docs 온라인 설명서를 참고하세요.

- Math.E: 자연 로그 상수 값 출력
- Math.PI: 원주율 출력
- Math.Abs(): 절댓값 출력
- Math.Max(): 최댓값 출력
- Math.Min(): 최솟값 출력
- Math.Pow(): 거듭제곱 출력
- Math.Ceiling() 메서드: 지정된 십진수보다 크거나 같은 정수 값 반환
  - Decimal 환경에서는 Decimal.Ceiling() 형태로 사용 가능
- Math.Floor() 메서드: 지정된 십진수보다 작거나 같은 최대 정수 값 반환
  - Decimal 환경에서는 Decimal.Floor() 형태로 사용 가능

C# 응용 프로그램을 만들 때 자주 사용하는 수학 관련 메서드 기능을 알아보겠습니다. 원본 소스는 MathDemo.cs 파일입니다. 다음 내용을 C# 인터렉티브에서 단계별로 실행해 보세요.

Math.E로는 자연 로그 상수를 출력할 수 있고, Math.PI로는 원주율을 출력할 수 있습니다.

```
> $"자연 로그 : {Math.E}"
"자연 로그 : 2.71828182845905"
> $"원주율(PI) : {Math.PI}"
"원주율(PI) : 3.14159265358979"
```

Math.Abs()로 절댓값을 구합니다.

```
> $"-10의 절댓값 : {Math.Abs(-10)}"
"-10의 절댓값 : 10"
```

Math 클래스의 Max()와 Min() 메서드로 두 수 중에서 큰 값과 작은 값을 구할 수 있습니다.

```
> Math.Max(3, 5)
5
> Math.Min(3, 5)
3
```

Math.Pow() 메서드는 거듭제곱을 구할 때 사용합니다.

```
> $"거듭제곱 : 2의 10제곱: {Math.Pow(2, 10)}"
"거듭제곱 : 2의 10제곱: 1024"
```

Math.Round() 메서드로는 특정 자리에서 반올림할 수 있습니다.

```
> $"3.15를 소수점 둘째자리에서 반올림 : {Math.Round(3.15, 1)}"
"3.15를 소수점 둘째자리에서 반올림 : 3.2"
```

추가로 Math 클래스의 Round(), Ceiling(), Floor() 메서드를 사용하면 반올림, 올림, 내림을 쉽게 구할 수 있습니다.

```
> Math.Round(1.1F)
1
> Math.Ceiling(1.1F)
2
> Math.Floor(1.1F)
1
```

다음 코드에서 Math 클래스의 Sqrt() 함수(메서드)는 9라는 값을 매개변수로 입력하면 무조건 3을 반환합니다. 이러한 함수는 몇 번을 실행해도 매개변수가 동일하다면 같은 결과를 반환하기에 순수 함수(pure function)라고 합니다.

```
> Math.Sqrt(9)
3
> Math.Sqrt(9)
3
```

앞으로 배울 랜덤 값을 반환하는 Random 클래스의 Next() 메서드는 비순수 함수(impure function)라고 합니다. 매개변수 없이 매번 실행할 때마다 서로 다른 값이 나오는 비순수 함수입니다.

```
> (new Random()).Next()
1552527668
> (new Random()).Next()
700201841
```

이 예제로 알아본 기능 외에 인텔리센스를 사용하여 Math 클래스의 멤버를 살펴보면 더 많은 멤버가 나타납니다. 이러한 내용들은 마이크로소프트 Docs 온라인 설명서에서 추가로 살펴볼 수 있습니다.

Math 클래스와 using static 구문 함께 사용하기

Console 클래스와 마찬가지로 Math 클래스도 using static 구문을 사용하여 줄여서 표현할 수 있습니다. 이번에는 using static 지시문을 사용해 보겠습니다. 다음 내용을 입력한 후 실행해 보세요.

Math 클래스와 using static 구문 함께 사용: UsingStaticClassesDemo.cs

```
using System;
using static System.Console;
using static System.Math;

class UsingStaticClassesDemo
{
    static void Main()
    {
        //① 기본 사용 방식
        WriteLine(Math.Pow(2, 10));

        //② using static 지시문으로 줄여서 표현
        WriteLine(Pow(2, 10));
        WriteLine(Max(3, 5));
    }
}
```

```
1024
1024
5
계속하려면 아무 키나 누르십시오 . . .
```

Console과 Math 클래스를 여러 번 사용한다면 using static 구문으로 생략하여 코드를 간결하게 유지할 수 있습니다.

21.4 클래스 또는 메서드 이름을 문자열로 가져오기: nameof 연산자

프로그래밍에서는 클래스 또는 메서드 이름 자체를 문자열로 사용할 필요가 있습니다. 이때는 nameof 연산자를 사용하여 문자열로 가져올 수 있습니다. nameof 연산자는 특정 변수, 메서드, 속성에 대한 이름 자체를 문자열로 가져올 때 사용합니다. 단순하게 System 같은 네임스페이스를 "System" 형태의 문자열로 관리하기보다는 nameof(System)으로 관리하면, System을 다른 네임스페이스로 한꺼번에 변경하는 등 리팩터링 기능을 적용할 때 도움을 받을 수 있습니다.

Console 클래스 또는 WriteLine() 메서드를 nameof() 연산자로 묶으면 문자열로 반환합니다.

```
> nameof(System)
"System"
> nameof(Console)
"Console"
> nameof(Console.WriteLine)
"WriteLine"
```

닷넷에서 제공하는 API는 너무 많습니다. 닷넷 API 탐색기를 사용하면 필요한 API 도움말을 얻을 수 있지만, 처음에는 쉽지 않습니다. 그래서 이 책에서는 여기저기 흩어져 있는 API를 학습 난이도에 맞게 순서를 정해서 단계별로 학습할 수 있도록 구성했습니다. 계속해서 지금까지 이야기한 수많은 API를 학습해 나가겠습니다.

22 구조체 사용하기

이름 하나로 서로 다른 데이터 형식을 묶어 관리하는 구조체(struct)를 살펴보겠습니다.

22.1 구조체란?

구조체는 이름 하나로 데이터를 묶어 관리하는 역할을 합니다. 앞에서 배운 변수는 이름 하나로 공간을 하나 갖고, 배열은 이름 하나로 데이터 형식이 동일한 공간을 여러 개 갖습니다. 변수와 배열을 확장하여 이름 하나로 데이터 형식을 1개 또는 여러 개 보관하는 그릇 역할을 하는 것이 바로 구조체입니다.

구조체는 int, string 등 서로 다른 자료를 한 집단으로 정의하여 이름 하나로 지정할 수 있는 여러 항목의 모임입니다. 즉, 구조체 변수란 이름 하나로 데이터 형식 1개 이상을 하나로 보관해 놓는 그릇 역할을 합니다. 그리고 구조체 배열은 이름 하나로 데이터 형식 1개 이상을 여러 개 보관해 놓는 그릇 역할을 합니다.

C#에서는 구조체를 확장한 클래스(class) 개념을 제공하기에 닷넷에 이미 만들어 둔 내장 구조체를 몇 개 정도 학습한 후 뒤에서 배울 클래스 위주로 사용하면 좋습니다.

22.2 구조체 만들기

구조체를 만드는 방법은 다음과 같습니다. 구조체를 의미하는 struct 키워드를 사용하여 구조체를 만들고, 중괄호 안에 구조체 멤버들을 생성합니다.

```
struct 구조체이름
{
    데이터형식 변수1;
    데이터형식 변수2;
    데이터형식 변수3;
}
```

여기에서 구조체 이름은 새로운 데이터 형식이 되며, 변수를 선언할 때 구조체 이름을 사용할 수 있습니다. 구조체를 가리켜 사용자 정의 데이터 형식이라고도 합니다.

다음 샘플 코드는 Point 이름으로 X와 Y를 담을 수 있는 구조체를 만들고 값을 저장한 후 이를 다시 출력합니다.

```
> struct Point
. {
.     public int X;
.     public int Y;
. }
> Point p;
> p.X = 100;
> p.Y = 200;
> $"{p.X}, {p.Y}"
"100, 200"
```

이처럼 구조체를 사용하면 이름 하나로 여러 데이터를 저장하여 사용할 수 있습니다.

구조체를 사용하여 하나 이상의 변수 또는 배열을 묶어 관리하기

구조체로 변수를 하나 이상 묶어 사용하는 방법을 예제로 먼저 살펴보겠습니다. 다음 내용을 입력한 후 실행해 보세요.

구조체를 사용하여 변수나 배열을 묶어 관리: StructDemo.cs

```
using System;

struct Point
{
    public int X;   //public 키워드로 외부에서 int X 변수를 사용하도록 설정
    public int Y;
}

class StructDemo
{
    static void Main()
    {
        Point point;      //Point 구조체 형식의 변수 선언
        point.X = 100;  //점을 구분해서 X 변수에 값을 할당
        point.Y = 200;  //점을 구분해서 Y 변수에 값을 할당
        Console.WriteLine($"X : {point.X}, Y : {point.Y}");
```

```
    }
  }
```

```
X : 100, Y : 200
```

구조체를 선언할 때는 struct 키워드를 사용합니다. 여기에서는 struct Point {} 형태로 이름이 Point인 구조체를 만들었습니다. 만든 구조체는 int, string 형식의 변수 선언과 동일한 방법으로 선언한 후 사용할 수 있습니다. 변수는 값을 하나만 저장하지만, 구조체는 점(.)으로 구분하여 구조체를 선언할 때 사용한 변수 여러 개를 이름 하나(point)로 묶어 쓸 수 있습니다.

22.3 구조체 선언 및 사용하기

앞 예제에서 살펴본 것처럼 구조체를 선언하고 사용하려면 먼저 구조체 변수를 선언합니다. 다음 예제를 C# 인터렉티브에서 단계별로 실행해 보세요. 한글 주석은 생략하세요. 프로젝트로 만든 소스 코드는 StructNote.cs 파일입니다.

구조체 선언은 struct 키워드와 public을 붙인 변수를 사용하여 만듭니다.

```
> struct BusinessCard
. {
.     public string Name;   //Name 필드: 필드 개념은 따로 24강(클래스)에서 배움
.     public int Age;
.     public string Address;
. }
```

선언된 구조체 이름을 사용하여 마치 int, string 형식처럼 변수를 만들 수 있습니다.

```
> BusinessCard my;
```

이와 같이 명함을 의미하는 BusinessCard라는 이름의 구조체를 선언하고 메모리상에 다음 공간이 잡힙니다.

▼ 그림 22-1 BusinessCard 구조체를 선언할 때의 메모리 공간

Name	Age	Address

구조체 형식 변수인 my는 이름 하나로 Name, Age, Address를 묶어 저장할 수 있습니다.

```
> my.Name = "백승수";
. my.Age = 21;
. my.Address = "서울시";
```

구조체의 각 항목을 일반적으로 구조체 멤버(member)라고 합니다. 구조체 멤버에 값을 할당할 때는 점(.)으로 구분해서 값을 입력합니다.

> 구조체변수이름.멤버이름 = 값;

이렇게 구조체를 사용하면 서로 다른 데이터 형식을 묶어 관리하므로 편합니다. 다음과 같이 점(.)으로 구분하여 각 멤버를 호출해서 사용합니다.

```
> Console.WriteLine($"{my.Name}, {my.Age}, {my.Address}");
백승수, 21, 서울시
```

구조체를 사용하여 변수 하나로 여러 개를 묶어 관리하기

구조체를 사용하여 변수 하나로 여러 개를 묶어 관리하는 예제를 살펴보겠습니다. 다음 내용을 입력한 후 실행해 보세요. 참고로 프로그램에서는 아래 영역에 있는 Product 구조체를 먼저 작성해야 합니다.

구조체를 사용하여 변수 하나로 여러 개를 묶어 관리: StructVariable.cs

```
using System;

class StructVariable
{
    static void Main()
    {
        Product product;   //구조체 형식 변수 선언

        product.Id = 1;    //구조체 변수의 각 멤버에 값을 할당
        product.Title = "좋은 책";
        product.Price = 10000M;

        //구조체 형식 변수 사용
        string message =
```

```
                $"번호 : {product.Id}\n상품명 : {product.Title}\n가격 : {product.Price}";
            Console.WriteLine(message);
        }
    }

    //① 멤버가 3개인 Product 구조체 선언
    struct Product
    {
        public int Id;
        public string Title;
        public decimal Price;
    }
```

\ 실행 결과 /

```
번호 : 1
상품명 : 좋은 책
가격 : 10000
```

struct 키워드로 만든 개체는 일반 변수처럼 사용할 수 있습니다. 구조체 내에 전역적으로 선언
된 변수를 멤버 변수라고 합니다. 멤버 변수는 외부에서 사용하도록 public 키워드를 붙입니다.
public 키워드를 액세스 한정자(access modifier)라고도 합니다.

구조체를 사용하면 이름 하나로 서로 다른 데이터 형식을 여러 개 가지는 변수들을 묶어 관리할
수 있습니다. 구조체 변수를 사용하면 점(.)을 찍어 멤버 변수 여러 개의 목록을 볼 수 있어 편리
합니다.

①에서 구조체 멤버가 되는 변수들은 public 액세스 한정자를 붙여 외부에서 사용 가능하도록 설
정합니다.

22.4 구조체 배열

구조체에도 배열을 사용할 수 있습니다. 다음과 같이 구조체 배열을 사용하여 명함 구조체를
1000개 만들 수 있습니다.

```
명함구조체[ ] 명함배열 = new 명함구조체[1000];
```

만든 구조체 배열은 다음과 같이 0번째 인덱스부터 999번째 인덱스까지 배열로 이름, 주소, 전화번호 멤버에 접근해서 값을 할당하거나 참조해서 사용할 수 있습니다.

▼ 그림 22-2 만든 구조체 배열 형태

이름	주소	전화번호
명함배열[0].이름	명함배열[0].주소	명함배열[0].전화번호
...	...	...
명함배열[999].이름	명함배열[999].주소	명함배열[999].전화번호

구조체 배열을 사용해서 데이터 대입 및 출력하기

이번에는 변수와 배열을 이미 알고 있는 데이터 형식이 아닌 새롭게 만든 데이터 형식으로 사용하는 방법을 알아봅니다. 즉, 구조체를 만들어 그 구조체 형식 변수 및 배열을 사용하는 방법을 알아보겠습니다.

다음 내용을 입력한 후 실행해 보세요. 다음 코드에서는 구조체와 클래스를 namespace 키워드를 사용하여 한 번 더 묶어 주었습니다.

구조체 배열을 사용하여 데이터 대입 및 출력: StructArray.cs

```
using System;

namespace StructArray
{
    struct BusinessCard        //① 구조체 선언
    {
        public string Name;
        public int Age;
    }

    class StructArray
    {
        static void Print(string name, int age)  //출력 전담 함수
            => Console.WriteLine($"{name}은(는) {age}살입니다.");

        static void Main()
        {
            BusinessCard biz;  //구조체 형식 변수 선언
            biz.Name = "백승수";
```

```
        biz.Age = 17;
        Print(biz.Name, biz.Age);

        BusinessCard[] names = new BusinessCard[2];   //구조체 형식 배열 선언
        names[0].Name = "이세영"; names[0].Age = 102;
        names[1].Name = "권경민"; names[1].Age = 31;
        for (int i = 0; i < names.Length; i++)
        {
            Print(names[i].Name, names[i].Age);
        }
    }
  }
}
```

\ 실행 결과 /

백승수은(는) 17살입니다.
이세영은(는) 102살입니다.
권경민은(는) 31살입니다.

BusinessCard 구조체를 사용하여 변수와 배열을 만들어 보았습니다. C#에서 구조체 사용은 클래스 사용에 비해서 빈도가 극히 적은 편입니다. 하지만 간단한 구조의 데이터를 모아 처리할 때는 클래스보다 처리 속도가 좋기에 적절하게 사용합니다.

22.5 구조체 매개변수: 함수의 매개변수에 구조체 사용하기

이번에는 함수의 매개변수로 구조체를 전달하는 구조체 매개변수를 사용해 보겠습니다. 다음 내용을 입력한 후 실행해 보세요.

구조체 매개변수 사용: StructParameter.cs

```
using System;

struct Member   //Member 구조체 선언
{
    public string Name;
    public int Age;
}
```

```
class StructParameter
{
    static void Main()
    {
        string name = "백승수";    //변수 사용
        int age = 21;
        Print(name, age);         //매개변수를 따로 선언

        Member m;                 //구조체 사용
        m.Name = "이세영";
        m.Age = 100;
        Print(m);                 //구조체 매개변수를 사용하여 전달
    }

    static void Print(string name, int age) =>
        Console.WriteLine($"이름 : {name}, 나이 : {age}");

    static void Print(Member member) =>
        Console.WriteLine($"이름 : {member.Name}, 나이 : {member.Age}");
}
```

＼ 실행 결과 ／

```
이름 : 백승수, 나이 : 21
이름 : 이세영, 나이 : 100
```

변수로 Print 함수에 name과 age를 전달하는 형태와 구조체로, Print 함수에 구조체 변수인
member를 전달하는 두 가지 형태를 확인할 수 있습니다.

한 번에 함수에 전달해야 하는 매개변수가 많다면, 이처럼 구조체로 묶어 구조체 변수 하나로 사
용하면 복잡하지 않고 편리하게 매개변수를 전달할 수 있습니다. 추후 클래스를 배운 후에는 여러
값을 전달할 때 주로 클래스의 개체를 사용합니다.

22.6 내장형 구조체

닷넷 프레임워크에 이미 내장(built-in)된 구조체 중에서 날짜 처리를 전담하는 DateTime과 TimeSpan
구조체, 문자 관련 처리를 담당하는 Char 구조체를 자주 사용합니다. 여기에서 살펴볼 내장형 구
조체 네 가지를 미리 정리하면 다음과 같습니다.

- **DateTime 구조체**: 시간/날짜 관련 모든 정보를 제공합니다.
- **TimeSpan 구조체**: 시간/날짜 간격에 대한 모든 정보를 제공합니다.
- **Char 구조체**: 문자 관련 모든 정보를 제공합니다. 예를 들어 특정 문자가 숫자 형식인지 기호 문자인지 공백 문자인지 등을 판단하는 기능을 제공합니다.
- **Guid 구조체**: 절대로 중복되지 않는 유일한 문자열을 생성합니다.

날짜 관련 구조체 사용하기

날짜 관련 내장 구조체에는 DateTime과 TimeSpan이 있습니다. 먼저 닷넷 프레임워크에 내장된 구조체 중에서 날짜 관련 구조체인 DateTime을 사용해 보겠습니다.

```
> Console.WriteLine($"현재 시간 : {DateTime.Now}");  //① 현재 시간 출력
현재 시간 : 2019-09-23 오후 3:59:38
> DateTime.Now.Year              //② 년, 월, 일, 시, 분, 초 출력
2019
> DateTime.Now.Month
9
> DateTime.Now.Day
23
> DateTime.Now.Hour
16
> DateTime.Now.Minute
2
> DateTime.Now.Second
4
> DateTime.Now.Millisecond
188
>
> DateTime now = DateTime.Now;   //③ DateTime 형식의 변수 선언 후 속성 또는 메서드 호출
> Console.WriteLine(now.Date);
2019-09-23 오전 12:00:00
> Console.WriteLine(now.ToLongTimeString());
오후 4:00:15
```

DateTime 구조체의 Now 속성은 현재 사용 중인 컴퓨터의 시간과 관련한 모든 정보를 알려 줍니다. 단순하게 날짜 전체 정보를 화면에 출력하려면 DateTime.Now를 사용합니다. 각각의 날짜와 시간 정보를 따로 호출하려면 DateTime.Now.Year부터 DateTime.Now.Millisecond까지 사용해서 문자열을 묶어 원하는 모든 날짜와 시간 정보를 얻을 수 있습니다.

이번에는 날짜와 시간 차이를 구해 주는 TimeSpan 구조체를 사용해 보겠습니다. 다음 내용을 입력한 후 실행해 보세요.

TimeSpan 구조체 사용: TimeSpanDemo.cs

```csharp
using System;

class TimeSpanDemo
{
    static void Main()
    {
        //시간 차(D-Day) 구하기: TimeSpan 구조체
        TimeSpan dday = Convert.ToDateTime("2020-12-25") - DateTime.Now;
        Console.WriteLine(
            $"{DateTime.Now.Year}년도 크리스마스는 {(int)dday.TotalDays}일 남음");

        //지난 시간 구하기
        TimeSpan times = DateTime.Now - Convert.ToDateTime("2005-05-27");
        Console.WriteLine($"내가 지금까지 며칠 살아왔는지? {(int)times.TotalDays}");
    }
}
```

\ 실행 결과 /

```
2020년도 크리스마스는 286일 남음
내가 지금까지 며칠 살아왔는지? 5404
```

날짜 차이는 TimeSpan 구조체를 사용할 수 있습니다. 앞으로 남은 시간은 (해당 시간 - 현재 시간)을 TimeSpan 구조체 변수에 담고, 이 변수의 주요 속성을 사용하여 여러 가지 형태로 값을 추출해 낼 수 있습니다.

인라인 out 변수로 문자열 형식의 날짜를 날짜 형식으로 변환하기

문자열 형식의 날짜를 실제 날짜 형식으로 변환할 때 out var 또는 out DateTime으로 변수를 선언하자마자 사용하는 예제를 만들어 보겠습니다. 다음 내용을 입력한 후 실행해 보세요.

문자열 형식의 날짜를 날짜 형식으로 변환: OutVariableDemo.cs

```csharp
using System;

class OutVariableDemo
{
```

```
    static void Main()
    {
        if (DateTime.TryParse("2019/12/25", out var xmas))
        {
            Console.WriteLine(xmas);
        }
    }
}
```

\ 실행 결과 /

2019-12-25 오전 12:00:00

이 코드에서는 문자열 형식의 날짜이기에 날짜 형식인 DateTime의 xmas 변수를 생성하고 사용합니다. 여기에서 out var xmas는 out DateTime xmas 형태로 명확하게 지정할 수도 있습니다.

1부터 8760까지 정수에 해당하는 날짜를 반환하는 함수

DateTime 구조체의 AddHours() 같은 메서드를 사용하면 다음 유형을 구할 때 편리합니다.

일반적으로 1년은 365일 8760시간입니다. 1년을 시간으로 환산하면 1부터 8760까지로 표현할 수 있습니다. 1은 20XX년 1월 1일 0시고, 8760은 20XX년 12월 31일 23시입니다. 다음과 같은 기능을 하는 함수를 예제로 만들어 보겠습니다.

- f(1) => 2019년 1월 1일 0시
- f(8760) => 2019년 12월 31일 23시
- f(x) => 해당 숫자에 맞는 일시

다음 내용을 입력한 후 실행해 보세요.

1~8760 정수에 해당하는 날짜 반환: GetDateTimeFromYearlyHour.cs

```
using System;

class GetDateTimeFromYearlyHour
{
    static void Main()
    {
        Console.WriteLine(GetDateTimeFromYearlyHourNumber(1));
        Console.WriteLine(GetDateTimeFromYearlyHourNumber(8760/2));
        Console.WriteLine(GetDateTimeFromYearlyHourNumber(8760));
```

22

구조체 사용하기

```
    }

    static DateTime GetDateTimeFromYearlyHourNumber(int number)
    {
        return (new DateTime(2019, 1, 1, 0, 0, 0)).AddHours(--number);
    }
}
```

```
2019-01-01 오전 12:00:00
2019-07-02 오전 11:00:00
2019-12-31 오후 11:00:00
```

DateTime 구조체의 AddHours( ) 메서드는 현재 시간에 시간 값을 더한 후 다시 그 값을 돌려줍니다. 이것으로 1월 1일 0시부터 12월 31일 23시까지의 시간을 1부터 8760에 해당하는 시간 정보로 변환해 알려 줍니다.

문자 관련 구조체 사용하기

이번에는 문자 관련 구조체인 Char를 사용해 보겠습니다. Char 구조체를 사용하면 문자 내용을 대문자, 소문자, 숫자인지 등 판단할 수 있습니다. 다음 내용을 입력한 후 실행해 보세요.

문자 관련 구조체 사용: CharStruct.cs

```
using System;

class CharStruct
{
    static void Main()
    {
        char a = 'A'; char b = 'a';
        char c = '1'; char d = '\t';   //이스케이프 시퀀스도 문자 하나로 인식

        if (Char.IsUpper(a))           //대문자인지?
        {
            Console.WriteLine("{0}은(는) 대문자", a);
        }
        if (Char.IsLower(b))           //소문자인지?
        {
            Console.WriteLine("{0}은(는) 소문자", b);
        }
```

```
        if (Char.IsNumber(c))              //숫자형인지?
        {
            Console.WriteLine("{0}은(는) 숫자형", c);
        }
        if (Char.IsWhiteSpace(d))          //공백 문자인지?
        {
            Console.WriteLine("{0}은(는) 공백 문자", d);
        }

        Console.WriteLine(Char.ToLower(a));  //A -> a
        Console.WriteLine(Char.ToUpper(b));  //a -> A

        string s = "abc";
        if (Char.IsUpper(s[0]))            //첫 글자가 대문자인지?
        {
            Console.WriteLine("첫 글자가 대문자로 시작합니다.");
        }
        else
        {
            Console.WriteLine("첫 글자가 소문자로 시작합니다.");
        }

        Console.WriteLine(Char.MinValue);   //문자의 최솟값
        Console.WriteLine(Char.MaxValue);   //문자의 최댓값
    }
}
```

＼실행 결과 ／

```
A은(는) 대문자
a은(는) 소문자
1은(는) 숫자형
        은(는) 공백 문자
a
A
첫 글자가 소문자로 시작합니다.

?
```

이 실행 결과는 콘솔창에서 제대로 출력되지 않을 수 있습니다. System 네임스페이스에 있는 Char 구조체는 여러 가지 속성과 메서드를 제공합니다. 이것으로 특정 문자에 대한 속성을 가져오거나 다른 문자 형태로 변환하는 등 작업을 할 수 있습니다.

Guid 구조체로 유일한 값 출력하기

닷넷 프레임워크에 내장된 구조체 중에서 Guid는 GUID(Globally Unique IDentifier) 값을 출력합니다. GUID 값은 유일한 값을 의미하는데, 실행할 때마다 동일한 값을 만날 확률이 0입니다.

이번에는 Guid 구조체를 사용해 보겠습니다. 다음 내용을 입력한 후 실행해 보세요.

Guid 구조체 사용: GuidDemo.cs

```csharp
using System;

class GuidDemo
{
    static void Main()
    {
        string unique = Guid.NewGuid().ToString();
        Console.WriteLine($"유일한 값 : {unique}");

        Console.WriteLine($"유일한 값 : {Guid.NewGuid().ToString("D")}");
    }
}
```

\ 실행 결과 /

```
유일한 값 : 86f84261-ed4d-4ac3-ac4b-07714326e0b6
유일한 값 : 30ead7ae-39ea-44fd-b394-675179b9c0cd
```

Guid.NewGuid().ToString() 형태로 실행할 때마다 서로 다른 문자열을 출력할 수 있습니다. 이렇게 출력되는 문자열은 데이터 레코드를 구분하는 고유한 키 값으로도 많이 사용합니다.

Guid 값을 ToString() 메서드로 출력할 때 형식 지정자로 D를 사용해 보았습니다. D를 사용하면 하이픈으로 구분된 32자리 숫자로 표현됩니다. D 이외에 N, B, P, X 등이 있는데, 해당 옵션에 대한 자세한 사항은 마이크로소프트 Docs 온라인 설명서를 참고합니다.

DateTime과 TimeSpan 같은 내장 구조체는 많이 쓰지만, 사용자가 직접 만드는 사용자 정의 구조체는 잘 쓰지 않습니다. 그 이유는 뒤에서 배울 클래스 때문인데요. 요즘은 클래스가 구조체 역할까지 하기에 주로 사용하며, 구조체는 내장 구조체를 기본으로 사용합니다.

23 열거형 형식 사용하기

이 강의에서는 이름 하나로 서로 관련 있는 항목들을 묶어 관리하는 열거형 형식(열거형)을 학습하겠습니다.

23.1 열거형 형식 사용하기

C#에서 열거형(enumeration) 형식은 기억하기 어려운 상수들을 기억하기 쉬운 이름 하나로 묶어 관리하는 표현 방식입니다. 일반적으로 열거형으로 줄여 말합니다. 열거형을 사용하면 값 리스트 여러 개를 이름 하나로 관리할 수 있는 장점이 있습니다. 열거형은 enum 키워드를 사용하고 이늄 또는 이넘으로 읽습니다. 학습 초반에는 보통 이미 만들어 놓은 열거형을 편리하게 사용하며, 직접 만들어서 사용하는 경우는 적습니다.

ConsoleColor 열거형으로 콘솔의 전경색 및 배경색 바꾸기

닷넷 프레임워크에 내장된 열거형을 먼저 사용해 보겠습니다. 이번에는 내장된 열거형인 ConsoleColor 열거형을 사용해 보겠습니다. 다음 내용을 입력한 후 실행해 보세요.

내장된 ConsoleColor 열거형 사용: ConsoleColorDemo.cs

```
using System;

class ConsoleColorDemo
{
    static void Main()
    {
        //전경색
        Console.ForegroundColor = ConsoleColor.Blue;
        Console.WriteLine("Blue");
        Console.ResetColor();

        //배경색
```

```
            Console.BackgroundColor = ConsoleColor.Yellow;
            Console.ForegroundColor = ConsoleColor.Red;
            Console.WriteLine("Red");
            Console.ResetColor();
        }
    }
```

예제를 실행하면 다음 화면이 나옵니다.

▼ 그림 23-1 실행 결과

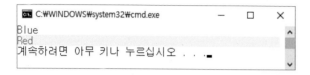

ConsoleColor 열거형은 Red, Green, Blue 같은 색상 값을 편리하게 기억할 수 있게 합니다. ConsoleColor 열거형을 Console.ForegroundColor와 Console.BackgroundColor 속성에 대입하면 글자색 및 배경색을 바꿀 수 있습니다.

비주얼 스튜디오에서 ConsoleColor를 입력한 후 점(.)을 누르면 ConsoleColor 열거형의 목록이 나타나 콘솔에서 사용할 수 있는 색상 값을 편리하게 지정할 수 있습니다. 이처럼 ConsoleColor 같은 열거형을 사용하면 색상 항목 여러 개를 모두 기억할 필요 없이 ConsoleColor 열거형 이름 하나만 기억하면 되므로 프로그램 코드를 작성할 때 편리합니다.

23.2 열거형 만들기

이미 만들어 있는 열거형이 아닌 우리가 원하는 열거형을 직접 정의해서 사용할 수도 있습니다. 이를 사용자 정의 열거형이라고 합니다. 사용자 정의 열거형은 다음과 같이 enum 키워드를 사용하여 선언할 수 있습니다.

```
enum 열거형이름
{
    열거형변수1,
    열거형변수2,
    열거형변수3
}
```

열거형을 선언할 때 다음과 같이 기본값을 설정할 수도 있습니다.

```
enum 열거형이름
{
    열거형변수1 = 기본값1,
    열거형변수2 = 기본값2,
    열거형변수3 = 기본값3
}
```

그럼 사용자 정의 열거형을 만들어 보겠습니다. 다음 내용을 입력한 후 실행해 보세요.

사용자 정의 열거형 사용: EnumerationDemo.cs

```csharp
using System;

enum Priority   //우선순위를 묶어 관리할 수 있는 Priority 열거형 생성
{
    High,
    Normal,
    Low
}

class EnumerationDemo
{
    static void Main()
    {
        Priority high = Priority.High;   //인텔리센스의 도움을 받을 수 있어 편리함
        Priority normal = Priority.Normal;
        Priority low = Priority.Low;

        Console.WriteLine($"{high}, {normal}, {low}");
    }
}
```

\ 실행 결과 /

```
High, Normal, Low
```

우선순위를 나타내는 Priority 열거형에 High, Normal, Low 세 가지 항목을 줍니다. Priority high 변수에는 Priority.High 값을 주는 형태로 Priority 열거형을 사용할 수 있습니다. 열거형 변수 값을 콘솔에서 문자열로 출력하면 열거형의 멤버 이름이 문자열로 출력됩니다.

23.3 열거형 항목에 상수 값 주기

방향을 나타내는 Align 열거형을 만든다고 가정해 보겠습니다. 다음과 같이 Top, Bottom, Left, Right 항목을 멤버로 줄 수 있습니다.

```
enum Align
{
    Top,
    Bottom,
    Left,
    Right
}
```

앞처럼 열거형을 선언하면 기본적으로 Align.Top은 0, Align.Bottom은 1, Align.Left는 2, Align.Right는 3의 상수 값을 가집니다. 기본값 이외의 값으로 설정하려면 다음 코드 샘플처럼 각 항목에 원하는 값을 지정합니다.

```
enum Align
{
    Top = 0,
    Bottom = 2,
    Left = 4,
    Right = 8
}
```

요일 정보를 열거형으로 관리하면 다음과 같이 선언할 수 있습니다.

```
enum Weekday
{
    Sunday,   Monday,   Tuesday,   Wednesday,   Thursday,   Friday,   Saturday
}
```

마찬가지로 커피 사이즈에 대한 열거형은 다음과 같이 선언할 수 있습니다.

```
enum CoffeeSize
{
    Small,   Medium,   Large
}
```

이처럼 열거형을 사용하면 여러 개로 구성된 상수들을 열거형 이름 하나로 묶어 관리하기 편합니다.

열거형으로 관련 있는 항목을 묶어 관리하기

이번에는 열거형을 사용하여 편리하게 여러 항목을 이름 하나로 관리하는 내용을 알아보겠습니다. 다음 내용을 입력한 후 실행해 보세요. 열거형은 특정 클래스 내 선언해서 사용해도 됩니다.

열거형으로 관련 있는 항목 묶기: EnumAnimal.cs

```
using System;

class EnumAnimal
{
    enum Animal { Mouse, Cow, Tiger }

    static void Main()
    {
        Animal animal = Animal.Tiger;
        Console.WriteLine(animal);

        if (animal == Animal.Tiger)
        {
            Console.WriteLine("호랑이");
        }
    }
}
```

\ 실행 결과 /

```
Tiger
호랑이
```

프로그램 소스 코드를 작성할 때 비주얼 스튜디오는 다음과 같이 자동으로 열거형 목록을 인텔리센스로 제공합니다.

▼ 그림 23-2 열거형 목록 제공

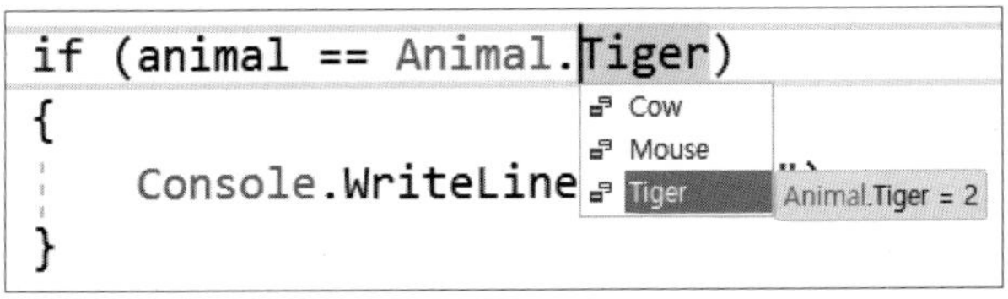

```
if (animal == Animal.Tiger)
{
    Console.WriteLine        Cow
}                            Mouse
                             Tiger    Animal.Tiger = 2
```

열거형을 사용하면 항목 여러 개를 이름(Animal) 하나로 관리하기에 프로그램을 비주얼 스튜디오의 인텔리센스 도움을 받으면서 만들 수 있어 편리합니다.

열거형 값을 정수형 또는 문자열로 사용하기

열거형 값을 정수형과 문자열로 표현하는 방법을 살펴보겠습니다. 열거형의 각 항목은 지정하는 순서대로 0번째 인덱스부터 정수형 값이 저장됩니다. 열거형 값을 정수형으로 변환하면 각각의 인덱스를 반환합니다. 다음 내용을 입력한 후 실행해 보세요.

열거형 값을 정수형이나 문자열로 사용: EnumIndex.cs

```
using System;

namespace EnumIndex
{
    enum Animal { Rabbit, Dragon, Snake }

    class EnumIndex
    {
        static void Main()
        {
            Animal animal = Animal.Dragon;
            int num = (int)animal;
            string str = animal.ToString();
            Console.WriteLine($"Animal.Dragon : {num}, {str}");
        }
    }
}
```

\ 실행 결과 /

```
Animal.Dragon : 1, Dragon
```

Animal 열거형은 Rabbit, Dragon, Snake 3개를 멤버로 가집니다. 또 각 멤버는 0, 1, 2의 인덱스 값을 가집니다. 열거형 변수인 animal을 정수형으로 변환하여 출력하면 각 멤버가 가지는 인덱스 값이 출력되고, 문자열로 변환하여 출력하면 각 멤버 이름이 출력됩니다.

열거형 인덱스 순서 변경하기

열거형 인덱스의 기본값은 0, 1, 2이지만 새로운 값으로 설정할 수 있습니다. 다음 내용을 입력한 후 실행해 보세요.

열거형 인덱스 순서 변경: EnumIndexChange.cs

```
using System;

enum Animal
{
    Horse,        //0
    Sheep = 5,    //1 => 5
    Monkey        //2 => 6
}

class EnumIndexChange
{
    static void Main()
    {
        Console.WriteLine((int)Animal.Monkey);
    }
}
```

\ 실행 결과 /

```
6
```

Animal 열거형의 세 가지 항목인 Horse, Sheep, Monkey는 기본적으로 0, 1, 2의 값을 가집니다. Sheep 값을 5로 설정하면 Monkey는 그다음 값인 6으로 자동 설정됩니다.

열거형과 switch 문 함께 사용하기

열거형 값을 비교할 때는 switch 문을 사용하면 편리합니다. 다음 내용을 입력한 후 실행해 보세요.

열거형과 switch 문 함께 사용: EnumSwitch.cs

```
using System;

namespace EnumSwitch
{
    enum Animal { Chicken, Dog, Pig }
```

```
class EnumSwitch
{
    static void Main()
    {
        Animal animal = Animal.Dog;

        switch (animal)
        {
            case Animal.Chicken:
                Console.WriteLine("닭");
                break;
            case Animal.Dog:
                Console.WriteLine("개");
                break;
            case Animal.Pig:
                Console.WriteLine("돼지");
                break;
            default:
                Console.WriteLine("기본값 설정 영역");
                break;
        }
    }
}
```

\ 실행 결과 /

```
개
```

코드 자체만 보아서는 값을 비교하는 부분이 길어 보입니다. 하지만 비주얼 스튜디오에서는 열거형 값을 switch 문에 대입하면 자동으로 열거형 항목에 해당하는 case 문을 만드는 기능을 제공하기에 편리하게 입력할 수 있습니다.

23.4 열거형 관련 클래스 사용하기

열거형 관련 클래스인 Enum을 사용해 보겠습니다. 학습상 현재 시점에서 그리 중요한 내용도 아니고 이해하기도 어려울 수 있으니 다음 예제 2개는 살펴보기 식으로 한 번 실행한 후 넘어갑니다.

지정된 열거형의 상수 리스트를 배열로 가져오기

Enum 클래스의 GetNames() 메서드를 사용하면 지정된 열거형에서 상수 이름의 배열을 검색합니다. 다음 내용을 입력한 후 실행해 보세요. 실행 결과는 3개만 표현했습니다.

지정된 열거형의 상수 리스트를 배열로 가져오기: EnumGetNames.cs

```
using System;

class EnumGetNames
{
    static void Main()
    {
        Type cc = typeof(ConsoleColor);         //ConsoleColor 열거형의 Type을 cc 변수에 저장
        string[] colors = Enum.GetNames(cc);    //모든 색상 이름을 반환

        foreach (var color in colors)           //출력
        {
            Console.WriteLine(color);
        }
    }
}
```

\ 실행 결과 /

```
Black
Yellow
White
... 이하 생략
```

ConsoleColor 같은 열거형의 모든 멤버를 문자열 배열로 얻을 때는 Enum.GetNames() 메서드에 해당 열거형 형식을 typeof 연산자로 지정하면 됩니다. 참고로 실행 결과는 다르게 나올 수 있습니다.

문자열을 특정 열거형으로 변환하기

Enum.Parse() 메서드로 문자열을 사용하여 실제 열거형을 만들 수 있습니다. 하나 이상 열거된 상수 이름이나 숫자 값의 문자열 표현을 해당하는 열거형 개체로 변환합니다.

```
using System;

class EnumParse
{
    static void Main()
    {
        string color = "Red";   //열거형에 없는 상수 문자열을 지정하면 예외

        //① 문자열로 지정 문자열에 해당하는 열거 상수 가져오기
        Console.ForegroundColor = //ConsoleColor.Red;
            (ConsoleColor)Enum.Parse(typeof(ConsoleColor), color);

        Console.WriteLine("Red");
        Console.ResetColor();
    }
}
```

\ 실행 결과 /

Red

①에서 직접 ConsoleColor.Red를 지정할 수 있습니다. "Red" 문자열을 받으면 Red 상수로 변경하고, "Black" 문자열을 받으면 Black 상수로 변경하는 등 프로그래밍을 할 때 Enum.Parse() 메서드를 사용할 수 있습니다.

열거형을 사용하면 변수에 어떤 값을 저장해야 하는지 명확한 값 목록을 제공합니다. 이때 비주얼 스튜디오의 인텔리센스 기능을 이용하면 점(.)만 찍으면 해당 목록이 제공되기에 편리함을 느낄 수 있습니다. 처음에 열거형을 만드는 수고는 큰 프로그램을 제작할 때 여러모로 도움이 되는 C#의 필수 기능입니다. 학습 초반에는 이미 있는 기능 위주로 사용하다 점점 사용자 정의 열거형을 만들어 가면 좋습니다.

24 클래스 사용하기

C#의 모든 코드에 반드시 들어가는 클래스(class)(닷넷의 공용 형식 시스템의 기본 구문 중 하나로 데이터와 함수를 묶어 관리)의 주요 기능을 알아보겠습니다.

24.1 클래스 소개하기

클래스는 지금까지 작성한 모든 예제에서 기본이 되는 C#의 핵심 코드입니다. public class 클래스이름 {} 같은 코드 블록을 사용하여 정의할 수 있습니다. 클래스를 정의하는 전반적인 내용과 클래스 내부 또는 외부에 올 수 있는 구성 요소는 다음 장에서 살펴볼 것입니다. 여기에서는 이미 닷넷 프레임워크에서 만들어 놓은 유용한 내장 클래스를 사용하는 방법을 살펴보겠습니다.

클래스의 구성 요소는 많지만, 그중 속성과 메서드를 가장 많이 사용합니다. 속성은 데이터를 다루고, 메서드는 로직을 다룹니다.

- **클래스**
  - 속성: 데이터
  - 메서드: 로직

클래스는 그 의미에 따라, 이미 닷넷 프레임워크에서 만들어 놓은 내장 형식(built-in type)과 사용자가 직접 클래스 구조를 만드는 사용자 정의 형식(user defined type)으로 구분할 수 있습니다. 예를 들어 Console, String, Math 등 클래스는 내장 형식입니다. 그리고 class 키워드로 Product, Note, User, Group처럼 새로운 형식을 정의할 수 있는데, 이를 사용자 데이터 형식이라고 합니다.

24.2 클래스 만들기

클래스를 정의하면 다음과 같습니다.

"클래스는 개체를 생성하는 틀(템플릿)입니다."
"클래스는 무엇인가를 만들어 내는 설계도입니다."

클래스는 C# 프로그래밍의 기본 단위로 새로운 개체(실체)를 생성하는 설계도(청사진) 역할을 합니다. 예를 들어 자동차라는 개체(object)를 만들려면 자동차 설계도가 필요합니다. 이와 마찬가지로 프로그래밍에서도 설계도가 필요한데, 이 역할을 하는 것이 클래스(class)입니다. 즉, 클래스는 개체를 생성하는 틀(템플릿)이며, 더 간단히 말하자면 '무엇인가를 만들어 내는 설계도'입니다.

클래스 선언하기

클래스를 선언하는 형태는 다음과 같습니다. 클래스 이름은 반드시 대문자로 시작합니다.

```
public class 클래스이름
{
    //클래스 내용 구현
}
```

지금까지는 클래스를 선언할 때 public 키워드를 다음과 같이 생략해서 사용했습니다.

```
> class MyClass { }
```

하지만 클래스를 여러 개 사용할 때는 public 키워드를 써야 합니다. public 키워드가 붙은 클래스는 클래스 외부에서 해당 클래스를 바로 호출해서 사용할 수 있도록 공개되었다는 의미입니다. 반대 의미는 private 키워드를 사용합니다.

클래스 레벨의 메서드 호출하기

클래스에 메서드를 하나 만들고 클래스.메서드(); 형태로 호출하는 내용을 먼저 살펴보겠습니다. 편집기를 열고 다음과 같이 작성한 후 실행해 보세요.

클래스 레벨의 메서드 호출: ClassNote.cs

```
using System;

class ClassNote
{
    static void Run()
    {
        Console.WriteLine("ClassNote 클래스의 Run 메서드");
    }
```

```
    static void Main()
    {
        Run();              //① 메서드 레벨: 같은 클래스의 메서드 호출
        ClassNote.Run();    //② 클래스 레벨: 클래스.메서드(); 형태로 호출
    }
}
```

\ 실행 결과 /

```
ClassNote 클래스의 Run 메서드
ClassNote 클래스의 Run 메서드
```

①은 지금까지 우리가 사용해 오던 방식입니다. 이때 Main() 메서드와 동일한 형태(static이 붙은)의 Run() 메서드를 만들고, 이를 ②처럼 클래스.메서드(); 형태인 ClassNote.Run();으로 Run() 메서드를 클래스 레벨에서 호출할 수 있습니다. 클래스가 같은 메서드를 호출할 때는 ① 방식을 사용하지만, 다른 클래스에 있는 메서드는 ② 방식으로 호출해서 사용합니다.

static과 정적 메서드

C#에서는 static을 정적으로 표현합니다. 말이 조금 어려울 수 있는데요. 의미가 같은 다른 말로 표현하면 공유(shared)입니다. static이 붙는 클래스의 모든 멤버는 해당 클래스 내에서 누구나 공유해서 접근할 수 있습니다. 메서드에 static이 붙는 메서드를 정적 메서드라고 하는데, 이를 공유 메서드(shared method)라고도 합니다.

다음 코드는 Square 클래스에 정적 메서드인 GetName() 메서드를 만들고, 이를 Square.GetName()으로 호출해서 사용합니다.

```
> public class Square    //클래스의 정적 멤버 호출
. {
.     public static string GetName()
.     {
.         return "정사각형";
.     }
. }
>
> //Square 클래스의 정적 멤버인 GetName() 메서드 호출
> string square = Square.GetName();
> square
"정사각형"
```

정적 메서드와 인스턴스 메서드

닷넷의 많은 API처럼 우리가 새롭게 만드는 클래스는 메서드를 포함한 각 멤버에 static 키워드 유무에 따라 정적 또는 인스턴스 멤버가 될 수 있습니다. 앞으로 계속해서 다룰 내용인데요. 먼저 다음 예제를 실행해 보세요.

정적 메서드와 인스턴스 메서드: MyFirstClass.cs

```
using System;

class MyFirstClass
{
    static void StaticMethod() => Console.WriteLine("[1] 정적 메서드");

    void InstanceMethod() => Console.WriteLine("[2] 인스턴스 메서드");

    static void Main()
    {
        MyFirstClass.StaticMethod();              //① 정적 메서드 호출
        MyFirstClass my = new MyFirstClass();  //② 인스턴스 메서드 호출
        my.InstanceMethod();
    }
}
```

＼실행 결과 ／

```
[1] 정적 메서드
[2] 인스턴스 메서드
```

①은 static이 붙은 정적 메서드를 클래스.메서드(); 형태로 호출합니다. 정적 메서드는 클래스에서 공유해서 사용하기에 공유 메서드라고도 합니다.

②는 static이 붙지 않은 인스턴스 멤버를 클래스의 인스턴스로 생성한 후 해당 인스턴스 개체를 사용하여 호출합니다. 이처럼 클래스 내 멤버를 구성할 때 static이 붙으면 정적 멤버가 되고, static이 붙지 않으면 인스턴스 멤버가 됩니다.

24.3 클래스 여러 개 만들기

이번에는 C# 파일 하나에 클래스를 여러 개 만들어 보겠습니다. 다음 내용을 입력한 후 실행해 보세요. 새롭게 만든 클래스와 메서드에 public 키워드가 붙은 것을 주의 깊게 살펴보세요.

```csharp
using System;

public class MyClass
{
    public static void MyMethod()
    {
        Console.WriteLine("클래스");
    }
}

class ClassDescription
{
    static void Main()
    {
        MyClass.MyMethod();   //클래스이름.메서드이름()
    }
}
```

\ 실행 결과 /

클래스

앞 예제에서는 CS 파일 하나에 MyClass와 ClassDescription 클래스 2개를 만들어 보았습니다. Main() 메서드를 포함하는 ClassDescription 클래스와 새롭게 MyClass 이름으로 클래스를 만들고 해당 클래스에 MyMethod() 이름으로 메서드를 만들었습니다. 메서드 시그니처는 Main() 메서드와 동일한 구조에 public 키워드를 붙였습니다. 메서드 또는 클래스를 만들 때 public 키워드를 사용하면 해당 클래스 또는 메서드에 접근 권한을 설정할 수 있는데, 공용(public)으로 외부에서 접근할 수 있다는 의미입니다. 즉, 외부에서 접근할 수 있는 클래스 또는 메서드에는 public 키워드를 붙여야 합니다. 이러한 기능을 액세스(접근) 한정자라고 합니다.

public 키워드가 있고 Main() 메서드처럼 static이 붙은 MyMethod() 메서드는 클래스이름.메서드이름(); 형태로 호출할 수 있습니다. Main() 메서드와 동일하게 static 키워드를 붙인 메서드이기에 바로 클래스 이름 뒤에 점(.)을 붙여 정적(static) 호출을 할 수 있습니다.

C#에서 정적 메서드를 호출하는 방법은 클래스이름.메서드이름(); 형태를 사용합니다. 정적 메서드를 만들려면 메서드를 정의할 때 static 키워드를 붙입니다. 참고로 프로그램 빈도상 static을 붙이지 않은 멤버를 더 많이 사용합니다.

ClassDescription 클래스와 Main() 메서드도 앞에 public 키워드를 붙입니다. 여러 클래스 단위로 학습할 때는 public 키워드를 기본 구조로 보면 됩니다.

클래스 사용하기

24.4 클래스 시그니처

클래스는 다음 시그니처를 가집니다.

```
> public class Car { }
```

public 액세스 한정자를 생략하면 기본값인 internal을 갖는데 internal은 해당 프로그램 내에서 언제든지 접근 가능합니다. 하지만 학습 단계에서는 클래스에 public만 사용해도 괜찮습니다. 그리고 class 키워드 다음에 클래스 이름이 오는데, 클래스 이름은 대문자로 시작하는 명사를 사용합니다.

클래스 본문 또는 몸통(바디)(Class Body)을 표현하는 중괄호 안에는 지금까지 배운 메서드와 앞으로 다룰 필드, 속성, 생성자, 소멸자 등이 올 수 있는데, 이 모두를 가리켜 클래스 멤버라고 합니다.

클래스 이름 짓기

클래스 이름은 의미 있는 이름을 사용하면 좋습니다. 이름은 명사를 사용하며, 첫 글자는 꼭 대문자여야 합니다. 또 클래스 이름을 지을 때는 축약형이나 특정 접두사, 언더스코어(_) 같은 특수 문자는 쓰지 않습니다.

클래스의 주요 구성 요소

클래스 시작과 끝, 즉 클래스 블록 내에는 다음 용어(개념)들이 포함될 수 있습니다. 클래스 구성 요소를 가리킬 때 클래스 멤버란 용어와 혼용해서 사용합니다. 다음 내용은 앞으로 자세히 다룰 예정이니 간단히 읽어 보고 넘어갑니다.

- **필드**(field): 클래스(개체)의 부품 역할을 합니다. 클래스 내에 선언된 변수나 데이터를 담는 그릇으로, 개체 상태를 저장합니다.
- **메서드**(method): 개체 동작이나 기능을 정의합니다.
- **생성자**(constructor): 개체 필드를 초기화합니다. 즉, 개체를 생성할 때 미리 수행해야 할 기능을 정의합니다.
- **소멸자**(destructor): 개체를 모두 사용한 후 메모리에서 소멸될 때 실행합니다.
- **속성**(property): 개체의 색상, 크기, 형태 등을 정의합니다.

액세스 한정자

클래스를 생성할 때 public, private, internal, abstract, sealed 같은 키워드를 붙일 수 있습니다. 이를 액세스 한정자라고 합니다. 액세스 한정자는 클래스에 접근할 수 있는 범위를 결정하는데 도움이 됩니다. 이 책에서는 특별히 지정하지 않는 한 public 액세스 한정자를 기본으로 사용할 것입니다.

클래스와 멤버

이번에는 클래스를 만들고 메서드 멤버를 생성하는 방법을 살펴보겠습니다. 다음 내용을 입력한 후 실행해 보세요.

클래스와 멤버 생성: ClassAndMember.cs

```
using System;

public class ClassName                  //①-1 클래스 생성
{
    public static void MemberName()   //①-2 멤버 생성: 메서드 멤버 생성
    {
        Console.WriteLine("클래스의 멤버가 호출되어 실행됩니다.");
    }
}

public class ClassAndMember
{
    public static void Main()
    {
        ClassName.MemberName();        //②-1 클래스 사용, 정적 멤버 접근
    }
}
```

\ 실행 결과 /

```
클래스의 멤버가 호출되어 실행됩니다.
```

Main() 메서드와 이 메서드를 포함하는 클래스에도 public 액세스 한정자를 붙였습니다. 그리고 새롭게 생성한 ClassName의 클래스에 MemberName() 이름으로 메서드를 만들었습니다. 클래스 멤버 중에 static 키워드가 붙는 멤버들은 모두 정적인 멤버로 클래스이름.멤버이름(); 형태로 호출됩니다.

24
클래스 사용하기

C#에서 메서드는 static이 붙은 정적 메서드와 개체의 인스턴스를 생성하여 사용하는 인스턴스 메서드로 나눌 수 있습니다.

24.5 자주 사용하는 내장 클래스

우리가 직접 만드는 클래스는 앞으로 계속해서 살펴볼 예정입니다. 우선은 닷넷에서 기본으로 제공되는 클래스 위주로 사용해 보겠습니다. 즉, 사용법을 먼저 충분히 익히고 그러한 기능을 직접 만들어 보는 순서대로 학습해 나가겠습니다.

C#에서 주로 사용하는 내장 클래스는 상당히 많지만, 시작하는 단계에서는 다음 클래스만 살펴보겠습니다. 나중에 나오는 클래스들은 그때그때 정리하면서 학습할 것입니다.

- **String 클래스**: 프로그램을 만들 때 가장 많이 사용하는 문자열 처리와 관련한 속성과 메서드를 다양하게 제공합니다.
- **StringBuilder 클래스**: 대용량 문자열 처리와 관련된 속성 및 메서드를 제공합니다. 보통은 string을 사용하여 문자열을 저장하고, 큰 규모의 문자열 저장이 필요할 때는 StringBuilder 클래스를 사용하길 권장합니다. StringBuilder 클래스는 System.Text 네임스페이스에 들어 있습니다.
- **Array 클래스**: 배열과 관련한 주요 속성 및 메서드를 제공합니다.

24.6 Environment 클래스로 프로그램 강제 종료하기

우선 닷넷 프레임워크에 내장된 간단한 클래스부터 살펴보겠습니다. Environment 클래스의 Exit() 메서드를 사용하면 콘솔 프로그램을 강제로 종료할 수 있습니다. 다음 내용을 입력한 후 실행해 보세요.

Environment 클래스를 사용하여 강제 종료: EnvironmentExit.cs

```
using System;

class EnvironmentExit
{
    static void Main()
    {
        Console.WriteLine("출력됩니다.");
```

```
        Environment.Exit(0);

        Console.WriteLine("출력될까요?");
    }
}
```

\ 실행 결과 /

출력됩니다.

System 네임스페이스에 있는 Environment 클래스의 Exit( ) 메서드에 0 값을 매개변수로 전달하면 현재 프로그램을 종료합니다. 이 코드 뒤로 아무리 많은 코드가 와도 실행되지 않습니다.

24.7 환경 변수 사용하기

이번에는 Environment 클래스의 여러 가지 속성을 사용하여 환경 변수를 출력해 보겠습니다.

```
> Environment.SystemDirectory      //시스템 폴더
"C:\\WINDOWS\\system32"
> Environment.Version              //닷넷 기준 버전
[4.0.30319.42000]
> Environment.OSVersion            //운영 체제 버전
[Microsoft Windows NT 6.2.9200.0]
> Environment.MachineName          //컴퓨터 이름
"VISUALACADEMY"
> Environment.UserName             //사용자 이름
"RedPlus"
> Environment.CurrentDirectory     //현재 폴더
"C:\\Users\\RedPlus"
> Environment.GetFolderPath(Environment.SpecialFolder.MyDocuments)   //문서 폴더
"C:\\Users\\RedPlus\\Documents"
```

Environment 클래스의 여러 가지 속성을 사용하여 컴퓨터의 환경 변수 값을 출력해 보았습니다. 이 환경 변수는 컴퓨터마다 서로 다른 값을 출력하므로 실행 결과는 다릅니다.

> Note ≡   C# 프로젝트의 bin 폴더와 obj 폴더
>
> • bin 폴더: 완전한 바이너리(어셈블리) 파일들을 저장하는 폴더입니다. bin 폴더는 binary의 약자로 실행 파일이 들어옵니다.
> • obj 폴더: 컴파일 과정에서 최종 바이너리를 생성하는 데 사용하는 임시 파일과 기타 파일을 저장합니다.

24.8 EXE 파일 실행하기

C#에서는 이미 만들어 놓은 EXE 실행 파일도 실행할 수 있습니다. Process 클래스의 Start() 메서드를 사용하면 프로그램 코드 내에서 EXE 파일을 실행할 수 있습니다.

다음 내용을 입력한 후 실행해 보세요. 참고로 이 코드는 윈도 10 운영 체제 환경에서 실행했습니다.

EXE 파일 실행: ProcessStartDemo.cs

```csharp
using System.Diagnostics;

namespace DotNet
{
    class ProcessStartDemo
    {
        static void Main()
        {
            Process.Start("Notepad.exe");  //① 메모장 실행
            //② 웹 브라우저를 열고 매개변수로 URL을 전달합니다.
            Process.Start("Explorer.exe", "https://dotnetkorea.com");
        }
    }
}
```

이 코드를 실행하면 콘솔창이 열리면서 동시에 메모장과 웹 브라우저를 실행합니다. 이처럼 System.Diagnostics 네임스페이스에 있는 Process 클래스의 Start() 메서드를 사용하면 EXE 실행 파일을 실행할 수 있습니다. 참고로 Notepad.exe와 Explorer.exe는 운영 체제에 따라 실행되지 않고 에러가 발생할 수 있습니다.

▼ 그림 24-1 실행 결과

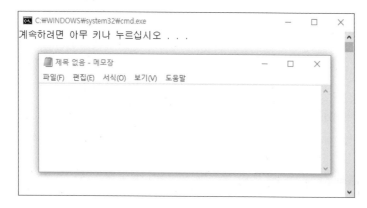

24.9 Random 클래스

랜덤(random)은 임의의 값을 나타냅니다. 숫자로 따지면 임의의 수인 난수를 의미합니다. C#에서는 난수를 발생시키는 기능을 Random 클래스로 구현할 수 있습니다.

Random 클래스를 사용하려면 Random 클래스의 인스턴스(instance)를 생성해야 합니다. 예를 들어 다음 코드처럼 Random 클래스의 인스턴스를 생성하여 random 개체(object)를 만든 후 Next() 메서드를 호출해서 난수를 얻을 수도 있습니다.[1]

```
> Random random = new Random();
> random.Next()
1038741625
```

Random 클래스를 사용하여 임의의 정수 출력하기

비주얼 스튜디오에서 Random 클래스를 사용해 보겠습니다. 다음 내용을 입력한 후 실행해 보세요.

Random 클래스를 사용하여 임의의 정수 출력: RandomDemo.cs

```
using System;

class RandomDemo
{
    static void Main()
    {
        Random random = new Random();          //Random 클래스의 인스턴스 생성
        Console.WriteLine(random.Next());      //임의의 정수
        Console.WriteLine(random.Next(5));     //0~4
        Console.WriteLine(random.Next(1, 10)); //1~9
    }
}
```

\ 실행 결과 /

```
14286524
4
7
```

---

1 클래스, 개체, 인스턴스 세 가지는 앞으로도 계속해서 알아볼 것이므로, 여기에서는 이러한 용어가 있다는 것만 알고 넘어가세요.

이 실행 결과는 실행할 때마다 다르게 나옵니다. Next() 메서드는 정수를 반환하고, NextDouble() 메서드는 실수를 반환합니다.

로또 번호 생성기 만들기

이번에는 간단한 로또 번호 생성기를 만들어 보겠습니다. 다음 내용을 입력한 후 실행해 보세요.

로또 번호 생성기: RandomClassDemo.cs

```csharp
using System;

class RandomClassDemo
{
    static void Main()
    {
        Console.Write("이번 주의 로또 : ");
        Random ran = new Random();
        int[] arr = new int[6];        //데이터 6개
        int temp = 0;
        for (int i = 0; i < 6; i++)
        {
            temp = ran.Next(45) + 1;   //1~45
            bool flag = false;
            if (i > 0 && i < 6)
            {
                for (int j = 0; j <= i; j++)
                {
                    if (arr[j] == temp)
                    {
                        flag = true;   //중복되면 true로 설정
                    }
                }
            }
            if (flag)
            {
                --i;                   //중복되었다면 현재 인덱스를 재반복
            }
            else
            {
                arr[i] = temp;         //중복된 데이터가 없다면 저장
            }
        }
        for (int i = 0; i < 6; i++)
```

```
        {
            Console.Write("{0} ", arr[i]);
        }
        Console.WriteLine();
    }
}
```

이번 주의 로또 : 18 17 37 30 32 31

로또 데이터를 담아 놓을 배열을 arr 이름으로 생성하고, Random 클래스의 Next( ) 메서드를 사용
하여 1부터 45까지 정수를 랜덤하게 생성합니다.

생성된 데이터를 arr 배열에 입력하기 전에 이미 들어간 데이터가 있으면 인덱스를 감소하고 다시
랜덤 값을 구한 후 arr 배열에 입력하는 식으로 숫자 6개를 생성합니다.

가위 바위 보 게임 만들기

이번에는 간단한 가위 바위 보 게임 프로그램을 만들어 보겠습니다. 다음 내용을 입력한 후 실행
해 보세요.

가위 바위 보 게임: RockPaperScissors.cs

```
using System;

class RockPaperScissors
{
    static void Main()
    {
        int iRandom = 0;                      //1(가위), 2(바위), 3(보)
        int iSelection = 0;                   //사용자 입력(1~3)
        string[] choice = { "가위", "바위", "보" };

        iRandom = (new Random()).Next(1, 4);  //컴퓨터의 랜덤 값 지정

        Console.Write("1(가위), 2(바위), 3(보) 입력 : _\b");
        iSelection = Convert.ToInt32(Console.ReadLine());

        Console.WriteLine("\n 사용자 : {0}", choice[iSelection - 1]);
        Console.WriteLine(" 컴퓨터 : {0}\n", choice[iRandom - 1]);
```

24

클래스 사용하기

```
        if (iSelection == iRandom)   //결과 출력
        {
            Console.WriteLine("비김");
        }
        else
        {
            switch (iSelection)
            {
                case 1: Console.WriteLine((iRandom == 3) ? "승" : "패"); break;
                case 2: Console.WriteLine((iRandom == 1) ? "승" : "패"); break;
                case 3: Console.WriteLine((iRandom == 2) ? "승" : "패"); break;
            }
        }
    }
}
```

\ 실행 결과 /

```
1(가위), 2(바위), 3(보) 입력 : 2 [Enter]

 사용자 : 바위
 컴퓨터 : 바위

비김
```

사용자에게 1, 2, 3을 입력받아 이에 해당하는 랜덤 값과 비교해서 간단한 가위 바위 보 프로그램을 만들 수 있습니다. 참고로 앞 프로그램에서는 1, 2, 3 이외의 값이 입력되면 에러가 발생하니 예외 처리 및 반복 등 코드는 여러분 스스로 업그레이드해 보길 바랍니다.

24.10 프로그램 실행 시간 구하기

이번에는 프로그램 실행 시간을 계산하는 프로그램을 만들어 보겠습니다. 다음 내용을 입력한 후 실행해 보세요. Stopwatch 클래스를 사용하여 간단히 특정 프로세스(메서드, 로직)의 경과 시간을 밀리초 단위로 표시하는 기능을 구현하는 예제입니다.

Stopwatch 클래스로 프로그램 실행 시간 계산: StopwatchDemo

```
using System;
using System.Diagnostics;
using System.Threading;
```

```
class StopwatchDemo
{
    static void Main()
    {
        Stopwatch timer = new Stopwatch();
        timer.Start();
        LongTimeProcess();
        timer.Stop();

        //밀리초 단위로 표시
        Console.WriteLine("경과 시간 : {0}밀리초", timer.Elapsed.TotalMilliseconds);

        //초 단위로 표시
        Console.WriteLine("경과 시간 : {0}초", timer.Elapsed.Seconds);
    }

    static void LongTimeProcess()
    {
        //3초간 대기: Thread.Sleep() 메서드로 현재 프로그램 3초간 대기
        Thread.Sleep(3000);
    }
}
```

\ 실행 결과 /

```
경과 시간 : 3000.6727밀리초
경과 시간 : 3초
```

Stopwatch 클래스는 Start()와 Stop() 메서드를 제공하여 프로그램 실행 시간을 잴 수 있습니다. 실행 시간은 Elapsed 속성의 TotalMilliseconds와 Seconds 같은 속성을 사용할 수 있습니다.

24.11 정규식

모든 프로그래밍 언어는 정규식(regular expression)을 지원합니다. 정규식은 간단히 말해 문자열에서 특정 패턴을 찾아 주는 기능입니다. 정규식은 따로 설명하지 않고 예제를 2개 정도 작성한 후 실행하는 형태로 넘어가겠습니다.

정규식으로 공백 여러 개를 하나로 변경하기

정규식을 사용하여 공백 여러 개를 하나로 치환하는 내용은 다음 소스 코드처럼 Regex 클래스의 힘을 빌려 손쉽게 구현 가능합니다. 다음 내용을 입력한 후 실행해 보세요.

공백 여러 개를 하나로 변경: RegexReplace.cs

```
using System;
using System.Text.RegularExpressions;

class RegexReplace
{
    static void Main()
    {
        string s = "안녕하세요.    반갑습니다.    또 만나요.";
        var regex = new Regex("\\s+");    //하나 이상의 공백 패턴 검사
        string r = regex.Replace(s, " ");  //하나 이상의 공백을 공백 하나로 변환
        Console.WriteLine(s);
        Console.WriteLine(r);
    }
}
```

\ 실행 결과 /

```
안녕하세요.    반갑습니다.    또 만나요.
안녕하세요. 반갑습니다. 또 만나요.
```

Regex 클래스의 생성자에 전달된 \s 기호는 공백 문자를 의미합니다. 즉, 하나 이상의 공백 문자를 검사해서 공백 하나로 변환하는 코드입니다.

정규식을 사용하여 이메일 형태인지 검증하기

이번에는 정규식을 사용하여 특정 문자열이 이메일 형태인지 검사하는 내용을 살펴보겠습니다. 다음 내용을 입력한 후 실행해 보세요.

이메일 형태인지 검증: RegexDemo.cs

```
using System;
using System.Text.RegularExpressions;

class RegexDemo
{
```

```
static void Main()
{
    string email = "abcd@aaa.com";
    Console.WriteLine(IsEmail(email));
}

static bool IsEmail(string email)
{
    bool result = false;

    //① 이메일을 검사하는 정규식은 인터넷에서 검색하여 사용 가능
    Regex regex = new Regex(
        @"^[A-Za-z0-9](([_\.\-]?[a-zA-Z0-9]+)*)@([A-Za-z0-9]+)" +
        @"(([\.\-]?[a-zA-Z0-9]+)*)\.([A-Za-z]{2,})$");

    result = regex.IsMatch(email);  //패턴이 맞으면 true

    return result;
}
}
```

\ 실행 결과 /

```
true
```

①에서 설명했듯이 이메일인지 확인하거나 웹 사이트, 전화번호, 사업자번호 등 특정 패턴에 대한 정규식은 인터넷에서 검색하면 많은 샘플을 얻을 수 있습니다. 정규식 자체를 만드는 것으로 접근하기보다는 닷넷 API를 사용하는 것처럼 정규식을 검색으로 찾아서 학습하면 좀 더 쉽습니다.

24.12 닷넷에 있는 엄청난 양의 API

C#에서 사용할 수 있는 수많은 구조체와 클래스, 그 안에 들어 있는 메서드 같은 명령어는 필자도 아직 써 보지 않은 것이 더 많습니다. 닷넷에는 프로그래밍 개발에 필요한 경우의 수를 모두 처리할 수 있도록 수많은 명령어(API)를 제공합니다. 이 책으로 C#에 입문하고 나면 이러한 수많은 API 중에서 필요한 것을 골라 스스로 명령어를 찾아 가며 프로그래밍할 수 있는 시기가 올 것입니다. 우선은 책에 나오는 내용만이라도 반드시 학습한 후 나중에 무언가를 만들 때 필요한 각 API를 학습하고 적용해 나가는 방향을 추천합니다.

24.13 값 형식과 참조 형식

클래스나 구조체 같은 데이터 형식을 말할 때 값 형식(value type)과 참조 형식(reference type)으로 구분 짓기도 합니다.

- **값 형식**: 개체에 값 자체를 담고 있는 구조입니다. 지금까지 다룬 int, double 등은 내부적으로 구조체로 된 전형적인 값 형식의 데이터 구조입니다.

  ▼ 그림 24-2 값 형식

- **참조 형식**: 개체가 값을 담고 있는 또 다른 개체를 포인터로 바라보는 구조입니다. 여러 값이 동일한 개체를 가리킬 수 있습니다.

  ▼ 그림 24-3 참조 형식

  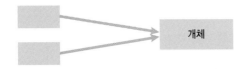

24.14 박싱과 언박싱

프로그래밍을 하다 보면 데이터의 형식 변환이 필요합니다. 이러한 변환 과정에서 값 형식의 데이터를 참조 형식의 데이터로 변경하는 것을 박싱(boxing)이라고 합니다. 반대로 참조 형식의 데이터를 값 형식의 데이터로 변경하는 것을 언박싱(unboxing)이라고 합니다.

박싱

박싱이란 말 그대로 박스에 포장을 하는 것입니다. C#에서 박싱은 값 형식의 데이터를 참조 형식의 데이터로 변환하는 작업을 의미합니다. 예를 들어 다음 코드처럼 정수 형식의 데이터를 오브젝트 형식의 데이터에 담는 형태를 박싱이라고 합니다.

```
> int i = 1234;
> object o = i;
> o
1234
```

좀 더 어렵게 말하면 스택 메모리 영역에 저장된 값 형식의 데이터를 힙 메모리 영역에 저장하는 단계를 거치기 때문에 시간과 공간이 소비되는 비용이 발생합니다.

언박싱

다음 코드는 object 변수에 저장된 1234를 실제 정수 형식의 데이터로 변환하는 모습을 보여 줍니다. 참조 형식의 데이터를 값 형식의 데이터로 변환하는 과정이 포장을 푸는 것과 비슷해서 언박싱이라고 합니다. 언박싱을 캐스트(cast) 또는 캐스팅(casting)으로도 표현합니다.

```
> object o = 1234;
> int i = (int)o;
> i
1234
```

object 형 변수에 들어 있는 데이터 중에서 숫자 형식의 데이터는 바로 int 형 변수에 대입할 수 없습니다. object 형 변수 값을 int 형 변수에 대입하려면 형식 변환을 해야 합니다. 형식 변환은 캐스팅이나 Convert 클래스 같은 변환 API를 사용하면 됩니다. 즉, (int) 또는 Convert.ToInt32() 같은 형식 변환 관련 기능을 명시적으로 지정해 주어야 합니다.

```
> object o = 12.34;
> int i = Convert.ToInt32(o);
> i
12
```

당연한 이야기이지만, 데이터 형식에 맞지 않게 형식 변환을 잘못하면 에러가 발생합니다.

```
> object o = "Hello";
> int i = (int)o;
지정한 캐스트가 잘못되었습니다.
```

24.15 is 연산자로 형식 비교하기

특정 개체가 특정 형식인지 검사할 때는 is 연산자를 사용합니다. **개체.GetType() == typeof(형식)**의 줄임 표현으로 다음과 같이 사용합니다.[2]

---

2   자바나 자바스크립트 등의 instanceof 연산자와 동일한 의미로 사용합니다.

- 개체 is 형식

- 변수 is 데이터 형식

특정한 값 또는 식에 대해 특정 형식인지 물어보는 연산자로 is 연산자의 결괏값은 불 값입니다. 다음 코드는 IsWhat 함수에 int, string, DateTime 형태를 넘겨주면 각각의 데이터 형식에 해당하는 if 구문을 실행합니다.

```
> void IsWhat(object o)
. {
.     if (o is int)
.         Console.WriteLine("Int");
.     else if (o is string)
.         Console.WriteLine("String");
.     else if (o is DateTime)
.         Console.Write("DateTime");
. }
>
> IsWhat(1234)
Int
> IsWhat("Hello")
String
> IsWhat(DateTime.Now)
DateTime
```

is 연산자로 특정 형식인지 물어보기

is 연산자로 특정 형식인지 물어보는 예제를 만들어 보겠습니다. 다음 내용을 입력한 후 실행해 보세요.

is 연산자로 형식(타입) 비교: Is.cs

```
using System;

class Is
{
    static void Main()
    {
        object x = 1234;

        if (x is int)
        {
```

```
            Console.WriteLine($"{x}는 정수형으로 변환이 가능합니다.");
        }
    }
}
```

1234는 정수형으로 변환이 가능합니다.

x is int 식으로 x 변수 값이 int 형식인지 비교합니다. int 형식이거나 int 형식으로 변환 가능하
면 true를 반환합니다.

is 연산자로 문자열 또는 정수 형식인지 확인하기

이번에는 is 연산자로 문자열 형식도 비교해 보겠습니다.

```
> object s = "안녕하세요.";
> object i = 1234;
> s is string
true
> if (s is string)   //특정 형식인지 비교
. {
.     Console.WriteLine(
.         $"[1] {s}는 null이 아니며 문자열 형식으로 변환이 가능합니다.");
. }
[1] 안녕하세요.는 null이 아니며 문자열 형식으로 변환이 가능합니다.
>
> i is int
true
> if (i is int)
. {
.     Console.WriteLine($"[2] {i}는 정수형으로 변환이 가능합니다.");
. }
[2] 1234는 정수형으로 변환이 가능합니다.
```

문자열을 담은 변수인 s를 **s is string** 식을 사용하여 string으로 변환 가능한지 검사합니다. 검
사를 통과하면 true를 반환합니다.

24

클래스 사용하기

24.16 as 연산자로 형식 변환하기

as 연산자는 특정 데이터를 특정 데이터 형식으로 변환하는 데 사용합니다. 해당 데이터 형식이면 변환하고 그렇지 않으면 null을 반환하는 것에 주의하세요. 다음 코드는 x가 1234이면 as 연산자를 사용하여 string 형식으로 변환할 수 없고, x가 "1234"이면 string 형식으로 변환할 수 있다는 것을 보여 줍니다.

```
> object x = 1234;
> string s = x as string;
> s
null
> object x = "1234";
> string s = x as string;
> s
"1234"
```

as 연산자로 object 형식을 string 형식으로 변환하기

비주얼 스튜디오에서 as 연산자를 사용해 보겠습니다. 다음 내용을 입력한 후 실행해 보세요.

object 형식을 string 형식으로 변환: As.cs

```
using System;

class As
{
    static void Main()
    {
        object x = 1234;
        string s = x as string;
        Console.WriteLine(s == null ? "null" : s);
    }
}
```

\ 실행 결과 /

```
null
```

x 변수는 1234처럼 정수 형식의 데이터이기에 as 연산자로는 string 형식으로 변환이 불가능합니다. 따라서 null 값이 s 변수에 담깁니다.

as 연산자로 변환이 가능하면 변환하고, 그렇지 않으면 null 반환하기

또 다른 as 연산자를 사용하는 예제를 다루어 보겠습니다. 다음 내용을 입력한 후 실행해 보세요.

as 연산자로 변환하거나 불가능하면 null 반환: AsDemo.cs

```csharp
using System;

class AsDemo
{
    static void Main()
    {
        object s = "반갑습니다.";
        string r1 = s as string;
        Console.WriteLine($"[1] {r1}");

        object i = 1234;
        string r2 = i as string;
        if (r2 == null)
        {
            Console.WriteLine("[2] null입니다.");
        }

        object i2 = 3456;
        if (i2 is string)
        {
            string r3 = i2 as string;
            Console.WriteLine($"[3] {r3}");
        }
        else
        {
            Console.WriteLine("[3] 변환 불가.");
        }
    }
}
```

\ 실행 결과 /

```
[1] 반갑습니다.
[2] null입니다.
[3] 변환 불가.
```

Convert.ToString() 메서드는 형식 변환이 가능하면 변환해 주는 것과 달리, as 연산자는 반드시 지정한 데이터 형식만 변환하고 그렇지 않으면 null을 저장합니다.

24.17 패턴 매칭: if 문과 is 연산자 사용하기

C#은 if 문 또는 switch 문을 사용하는 패턴 매칭을 제공합니다. 다음 내용은 가볍게 살펴보고 넘어가세요.

앞에서 살펴본 is 연산자를 if 문에서 사용할 때 패턴이 일치하면 새로운 변수를 선언하고 해당 값을 변수에 할당합니다. 다음 코드를 살펴보면, x를 string 형식으로 변환 가능할 때는 s라는 string 형식의 변수를 선언하고 해당 값인 "1234"를 저장하여 사용할 수 있습니다. 특이한 점은 s 변수는 if 구문과 같은 범위에서 생성되는 변수라는 것입니다.

```
> object x = "1234";
> if (x is string s) { }
> s
"1234"
```

패턴 매칭을 if 구문과 is 연산자를 사용하여 구현하는 예제를 만들어 보겠습니다. 다음 내용을 입력한 후 실행해 보세요.

if 구문과 is 연산자로 패턴 매칭 구현: PatternMatchingWithIf.cs

```
using System;
using static System.Console;

class PatternMatchingWithIf
{
    static void Main()
    {
        PrintStars(null);
        PrintStars("하나");
        PrintStars(5);
    }

    static void PrintStars(object o)
    {
        if (o is null)
        {
            return;  //null 제외
        }

        if (o is string)
        {
```

```
        return;  //문자열 제외
    }

    //패턴 매칭: 넘어온 값이 정수 형식이면 int number = o;
    if (!(o is int number))
    {
        return;  //정수형 이외의 값 제외
    }
    WriteLine(new String('*', number));
    }
}
```

\ 실행 결과 /

```
*****
```

앞 코드의 PrintStars() 함수는 넘어온 값이 정수일 때만 해당 숫자만큼 * 기호를 반복해서 출력
할 수 있습니다. null 또는 문자열 값이 넘어오면 아무 기능도 하지 않고 정수 형식만 받아 number
변수에 담아서 사용하는 형식으로 is 연산자로 패턴 매칭을 구현할 수 있습니다.

클래스는 C#의 필수 구성 요소입니다. 반드시 C# 프로그램에는 클래스가 하나 이상 있어야 합니
다. 이러한 클래스는 앞으로 배울 모든 클래스의 여러 멤버가 되는 구성 요소를 묶어 관리하는 역
할을 합니다. 우리가 지금까지 여러 번 사용했던 메서드 및 속성을 포함하여 클래스의 구성 요소
들을 계속해서 학습해 나가겠습니다.

24

클래스 사용하기

25 문자열 다루기

닷넷 프레임워크에 내장된 클래스 중에서 문자열 관련 클래스(String, StringBuilder)는 문자열 길이 반환, 문자열 공백 제거, 대 · 소문자로 변환 등 기능을 하는 메서드를 제공합니다. C#의 문자열은 유니코드(unicode) 문자열이기에 다국어를 지원하고, 문자열 관련 모든 기능도 다국어를 제대로 처리합니다.

25.1 문자열 다루기

프로그래밍할 때 자주 사용하는 String 클래스 외에 문자열 관련 속성 또는 메서드는 다음 표와 같습니다. 표에 싣지 않은 메서드들은 실습으로 알아보겠습니다.

▼ 표 25–1 문자열 관련 주요 속성 및 메서드

속성 및 메서드	설명
Length	문자열 길이 값 반환
ToUpper()	문자열을 모두 대문자로 변환
ToLower()	문자열을 모두 소문자로 변환
Trim()	문자열 양쪽 공백을 잘라 냄
Replace(원본문자열, 대상문자열)	원본 문자열을 대상 문자열로 변경
Substring(문자열인덱스, 길이)	지정된 문자열 인덱스부터 길이만큼 반환

문자열 관련 주요 메서드 다루기

문자열 관련 주요 메서드를 사용해 보겠습니다.

```
> string message = "hello, World!";
> Console.WriteLine(message.ToUpper());  //대문자
HELLO, WORLD!
> Console.WriteLine(message.ToLower());  //소문자
hello, world!
```

```
> message.Replace("hello", "안녕하세요.").Replace("World", "세계.")  //바꾸기
"안녕하세요., 세계.!"
```

소문자로만 된 문자열을 담은 message 변수 값은 ToUpper() 메서드를 사용하면 대문자로 변경할 수 있고, ToLower() 메서드를 사용하면 소문자로 변경할 수 있습니다. 문자열 변수에 Replace() 메서드를 적용하면 특정 문자열을 새로운 문자열로 변경할 수 있고, Replace() 메서드를 여러 번 호출할 때마다 계속해서 값을 바꿀 수 있습니다. 이렇게 메서드를 여러 번 점(.)을 찍어 구분하면서 호출하는 방법을 메서드 체인 또는 메서드 체이닝이라고 합니다.

메서드 체이닝

C#에서 문자열 같은 개체 하나에서 메서드를 여러 번 호출하는 방법을 메서드 체인(method chain) 또는 메서드 체이닝(method chaining) 또는 파이프라인(pipelines)이라고 합니다.

다음 코드는 이 강의에서 배울 메서드들을 사용하여 " Hello " 문자열에서 "Hello"를 "Hi"로 변경합니다. 그리고 시작 공백을 없애고(TrimStart) 마지막 공백을 없앤 후(TrimEnd) 양쪽 공백을 없애는(Trim) 추가 작업을 표현해 보았습니다.

```
> " Hello ".Replace("Hello", "Hi").TrimStart().TrimEnd().Trim()
"Hi"
```

참고로 이러한 메서드 체이닝은 C#으로 함수형 프로그래밍을 표현하는 방법 중 하나입니다.

String 클래스

필자가 C# 프로그램을 만들 때 가장 많이 사용하는 클래스는 String입니다. System.String 클래스는 string 키워드와 동일하게 문자열 변수를 생성할 때 사용합니다. 이번에는 String 클래스로 변수를 선언해 보겠습니다.

```
> String s1 = "안녕하세요.";  //String 클래스
> string s2 = "반갑습니다.";  //string 키워드
> $"{s1} {s2}"
"안녕하세요. 반갑습니다."
```

소문자로 시작하는 string 키워드는 대문자로 시작하는 String 클래스와 기능이 동일합니다. 이 코드는 우리가 지금까지 사용한 것과 별반 다르지 않으나, String 클래스와 string 키워드를 구분 짓고자 예제를 만들어 보았습니다.

참고로 String 클래스에 문자 배열을 전달하면 문자열로 변환할 수 있습니다.

```
> char[] charArray = { 'A', 'B', 'C' };
> String str = new String(charArray);
> str
"ABC"
```

Length 속성을 사용하여 문자열 길이 구하기

이번에는 문자열 변수의 Length 속성을 사용하여 문자열 길이를 구하는 방법을 살펴보겠습니다.

```
> string s1 = "Hello.";
> string s2 = "안녕하세요.";
> $"{s1.Length}, {s2.Length}"   //문자열 길이: String.Length 속성
"6, 6"
```

문자열 변수에 괄호가 붙지 않는 Length 속성을 요청하면 문자열 길이를 알려 줍니다. 영문이나 한글에 상관없이 동일하게 문자 개수를 알려 줍니다.

String.Concat() 메서드를 사용하여 문자열 연결하기

이번에는 String.Concat() 메서드로 문자열을 연결하는 방법을 살펴보겠습니다.

```
> string s1 = "안녕" + "하세요.";
> string s2 = String.Concat("반갑", "습니다.");
> $"{s1} {s2}"
"안녕하세요. 반갑습니다."
```

C#에서 문자열을 묶는 방법은 여러 가지가 있습니다. 더하기 연산자를 사용하거나 간단히 문자열 2개를 묶을 때는 String.Concat() 메서드를 사용할 수 있습니다.

문자열을 묶는 세 가지 표현 방법 정리하기

이번에는 문자열을 묶는 세 가지 표현 방법을 알아보겠습니다.

```
> var displayName = "";
> var firstName = "승수";
> var lastName = "백";
>
> //① 더하기(+) 연산자 사용
```

```
> displayName = "이름 : " + lastName + firstName;
> displayName
"이름 : 백승수"
>
> //② string.Format(), String.Format() 메서드 사용
> displayName = string.Format("이름 : {0}{1}", lastName, firstName);
> displayName
"이름 : 백승수"
>
> //③ 문자열 보간법 사용
> displayName = $"이름 : {lastName}{firstName}";
> displayName
"이름 : 백승수"
```

이 예제처럼 더하기 연산자, String.Format() 메서드, $""와 {} 형태의 문자열 보간법을 사용하여 문자열을 묶을 수 있습니다. 추가로 String.Concat() 메서드도 사용할 수 있습니다.

문자열을 비교하는 두 가지 방법 정리하기

C#에서 == 연산자를 사용한 문자열 비교는 대·소문자를 구분합니다. 대·소문자를 구분하지 않고 문자열을 비교하려면 문자열 변수의 Equals() 메서드에 추가 옵션인 StringComparison 열거형의 OrdinalIgnoreCase 값을 사용해야 합니다.

이번에는 문자열을 비교하는 두 가지 방법을 알아보겠습니다.

```
> string userName = "RedPlus";
> string userNameInput = "redPlus";
>
> if (userName.ToLower() == userNameInput.ToLower())  //① == 연산자 사용
. {
.     Console.WriteLine("[1] 같습니다.");
. }
[1] 같습니다.
>
> if (string.Equals(userName, userNameInput,  //② string.Equals() 메서드 사용
.     StringComparison.InvariantCultureIgnoreCase))
. {
.     Console.WriteLine("[2] 같습니다.");
. }
[2] 같습니다.
```

String.Equals() 메서드는 문자열 변수 2개의 값을 비교합니다. 기본값은 대 · 소문자를 구별하지만, 세 번째 매개변수로 StringComparison.InvariantCultureIgnoreCase 열거형을 옵션으로 주면 대 · 소문자를 구별하지 않습니다.

문자열의 대 · 소문자 비교하기

다시 한 번 문자열의 대 · 소문자를 구분하지 않고 비교하는 방법을 살펴보겠습니다.

```
> string s1 = "Gilbut";
> string s2 = "gilbut";
>
> //① 문자열 값의 대소문자를 구분
> if (s1 == s2)
. {
.     Console.WriteLine("같다.");
. }
. else
. {
.     Console.WriteLine("다르다.");
. }
다르다.
>
> //② 문자열의 대소문자를 구분하지 않고 비교
> if (s1.Equals(s2, StringComparison.OrdinalIgnoreCase))
. {
.     Console.WriteLine("같다.");
. }
같다.
```

문자열 변수의 Equals() 메서드를 사용하여 대 · 소문자를 비교하는 방법을 살펴보았습니다. 또다른 간단한 방법은 문자열 변수의 ToLower()와 ToUpper() 메서드를 사용하여 한 가지 방식으로 변경한 후 == 연산자로 비교할 수 있습니다.

ToCharArray() 메서드로 문자열을 문자 배열로 변환하기

이번에는 ToCharArray() 메서드로 문자열을 문자 배열로 변환하는 방법을 알아보겠습니다.

```
> string s = "Hello.";
> char[] ch = s.ToCharArray();   //문자열을 문자 배열로 변환
> ch
```

```
  char[6] { 'H', 'e', 'l', 'l', 'o', '.' }
> for (int i = 0; i < ch.Length; i++)
. {
.     Console.Write($"{ch[i]}\t");
. }
  H     e     l     l     o     .
```

문자열 변수에 ToCharArray() 메서드를 실행하면 문자열을 문자의 배열로 반환합니다. 그렇게 생성된 ch 배열을 for 문을 사용하여 문자로 하나씩 출력하면 문자열이 문자 배열로 변환되어 출력하는 것을 확인할 수 있습니다.

Split() 메서드로 문자열 분리하기

이번에는 콤마 같은 구분자를 사용하여 문자열을 분리하는 방법을 알아보겠습니다.

```
> string src = "Red,Green,Blue";
> string[] colors = src.Split(',');  //특정 구분자를 사용하여 문자열 배열 만들기
> colors
  string[3] { "Red", "Green", "Blue" }
```

원본 문자열인 src 변수에는 콤마로 구분하여 문자열 3개가 저장됩니다. 이러한 형태에서는 콤마 같은 구분자를 바탕으로 새로운 문자열 배열을 만들 때 Split() 메서드를 사용합니다.

문자열의 null 값 및 빈 값 체크하기

문자열 변수에는 ""처럼 빈 값이나 null 값이 들어올 수 있습니다. string.IsNullOrEmpty() 메서드로 문자열 변수를 묶어 주면 null 또는 빈 값인지 알 수 있습니다.

이번에는 string.IsNullOrEmpty() 메서드를 사용해 보겠습니다.

```
> var str = "";
> var str = String.Empty;
>
> if (str == null || str == "")   //① null 비교와 "" 값 비교를 사용하여 처리
. {
.     WriteLine($"{nameof(str)} 변수 값은 null 또는 빈 값(Empty)입니다.");
. }
  str 변수 값은 null 또는 빈 값(Empty)입니다.
>
> if (string.IsNullOrEmpty(str))  //② string.IsNullOrEmpty() 메서드를 사용하여 처리
```

```
.   {
.       WriteLine($"{nameof(str)} 변수 값은 null 또는 빈 값(Empty)입니다.");
.   }
str 변수 값은 null 또는 빈 값(Empty)입니다.
```

①처럼 null과 ""를 비교하는 코드를 한 번에 해 주는 API가 ②의 string.IsNullOrEmpty() 메서드입니다. String.IsNullOrEmpty()와 string.IsNullOrEmpty()처럼 String은 대문자 클래스 이름 또는 소문자 키워드 중 하나로 표현됩니다.

문자열 변수의 유효성을 검사하는 세 가지 방법

이번에는 문자열 변수에서 유효성 검사를 진행하는 세 가지 방법을 살펴보겠습니다.

```
> string userName = "a_b_c";
>
> //① 빈 값(Empty)과 null 값 확인
> userName = null;
> if (userName != "" && userName != null)
. {
.       var s = userName.Split('_');   //null일 때 에러 발생
. }
>
> //② ①과 동일한 표현 방법
> userName = "";
> if (!string.IsNullOrEmpty(userName))
. {
.       var s = userName.Split('_');
. }
>
> //③ (①, ②) + "공백"까지 처리
> userName = " ";
> if (!string.IsNullOrWhiteSpace(userName))
. {
.       var s = userName.Split('_');
. }
```

이 코드는 if 문 3개가 한 번도 실행되지 않고, 출력 내용이 없어 실행 결과도 출력하지 않습니다.

25.2 문자열 처리 관련 주요 API 살펴보기

C# 응용 프로그램을 만들 때 자주 사용하는 String 클래스의 문자열 처리 관련 기능을 정리해 보겠습니다.

1. 비주얼 스튜디오를 열고 C# 인터렉티브를 실행합니다. 프로젝트 기반 소스는 StringClassNote. cs 파일입니다.

2. 문자열 변수는 초기화하지 않으면 기본적으로 null 값으로 초기화합니다. 일반적으로 빈 문자열을 의미하는 "" 또는 String.Empty 속성으로 초기화합니다.

   ```
   > string str = "";
   > str = String.Empty;
   ```

3. 몇 가지 문자열 관련 API를 연습할 수 있게 앞뒤 공백 및 대 · 소문자를 구분한 후 문자열로 초기화하고 출력합니다.

   ```
   > str = " Abc Def Fed Cba ";
   > str
   " Abc Def Fed Cba "
   ```

4. 문자열 변수의 Length 속성을 사용하여 문자열 길이를 구할 수 있습니다. 한글 및 영문 모두 한 글자로 표현합니다.

   ```
   > str.Length
   17
   ```

5. 문자열은 문자 배열을 의미합니다. Str[5] 형태로 다섯 번째 인덱스의 문자 하나를 구할 수 있습니다.

   ```
   > str[6 - 1]
   'D'
   ```

6. ToUpper() 메서드로는 대문자로 변경하고, ToLower() 메서드로는 소문자로 변경합니다.

   ```
   > str.ToUpper()
   " ABC DEF FED CBA "
   > str.ToLower()
   " abc def fed cba "
   ```

7. Trim() 메서드를 사용하면 문자열의 시작과 끝부분에서 하나 이상의 공백을 제거할 수 있습니다. 시작 공백 또는 마지막 공백을 제거할 때는 TrimStart()와 TrimEnd() 메서드를 사용합니다.

```
> str.Trim()
"Abc Def Fed Cba"
> str.TrimStart()
"Abc Def Fed Cba "
> str.TrimEnd()
" Abc Def Fed Cba"
```

8. Replace() 메서드는 매개변수 2개 중 첫 번째 매개변수를 문자열에서 검색한 후 있으면 두 번째 매개변수로 변경한 값을 반환합니다.

```
> str.Replace("Def", "디이에프")
" Abc 디이에프 Fed Cba "
```

9. 모든 문자열 처리 관련 메서드는 하나 이상을 연결해서 호출할 수 있습니다. 이를 메서드 체이닝이라고 합니다.

```
> str.Replace("Def", "디이에프").Replace("Fed", "XYZ").ToLower()
" abc 디이에프 xyz cba "
```

10. IndexOf() 메서드는 문자열 앞부분부터 검색을 시작하여 지정된 문자의 위치(인덱스)를 알려 줍니다. LastIndexOf() 메서드는 문자열 뒤에서부터 검색을 시작하여 지정된 문자의 위치(인덱스)를 구할 때 사용합니다. 즉, 처음 요소의 인덱스는 IndexOf() 메서드를 사용하고, 마지막 요소의 인덱스는 LastIndexOf() 메서드를 사용하여 구합니다.

```
> str.IndexOf('e')
6
> str.LastIndexOf('e')
10
```

11. Substring() 메서드는 Substring(5, 3) 형태로 다섯 번째 인덱스부터 세 글자를 읽어 올 수 있고, Substring(5) 형태로 다섯 번째 인덱스 이후로 나오는 모든 문자열을 반환할 수 있습니다.

```
> str.Substring(5, 3)
"Def"
> str.Substring(5)
"Def Fed Cba "
```

12. Remove() 메서드는 매개변수로 지정한 위치의 문자 또는 문자열을 제거하여 출력할 수도 있습니다.

```
> str.Remove(5, 3)
" Abc  Fed Cba "
```

13. 문자열 비교는 == 연산자, String.Compare() 메서드, String.Equals() 메서드 등을 사용하여 값을 비교할 수 있습니다.

```
> str[2 - 1] == str[16 - 1]
false
> String.Compare("A", "C")
-1
> "A".CompareTo("C")
-1
> "Abc".Equals("Abc")
true
> String.Equals("Abc", "aBC")
false
```

14. StartsWith() 메서드로 특정 문자열로 시작하는지 여부를 알 수 있고, EndsWith() 메서드로 특정 문자열로 끝나는지 여부를 알 수 있습니다.

```
> "http://www.dotnetkorea.com".StartsWith("http")
true
> "http://www.dotnetkorea.com".EndsWith(".com")
true
```

15. 문자열을 연결할 때는 더하기 연산자, String.Concat() 메서드, String.Format() 메서드 및 문자열 보간법 등을 사용합니다.

```
> var hi1 = "안녕";
> var hi2 = "하세요.";
> hi1 + hi2
"안녕하세요."
> String.Concat(hi1, hi2)
"안녕하세요."
> String.Format("{0} {1} {0}", hi1, hi2)
"안녕 하세요. 안녕"
> $"{hi1} {hi2}"
"안녕 하세요."
```

16. String.Format() 메서드 및 문자열 보간법은 문자열에 지정된 숫자 값을 바탕으로 통화량(C) 또는 세 자리마다 콤마를 찍는 문자열을 출력하도록 할 수 있습니다.

```
> String.Format("{0:C}", 1000)
"₩1,000"
> String.Format("{0:#,###}", 1000)
"1,000"
```

17. Split() 메서드는 지정한 문자를 구분자로 하여 문자열에서 또 다른 문자열 배열을 뽑아냅니다. str 변수는 공백을 기준으로 구분되어 있습니다. Split(' ') 형태로 공백 하나를 구분자로 해서 문자열 배열로 구분하여 strArray 배열을 채우면 Abc Def Fed Cba 순서로 배열 요소가 생성됩니다.

```
> string[] strArray = str.Trim().Split(' ');
> foreach (string s in strArray)
. {
.     Console.WriteLine(s);
. }
Abc
Def
Fed
Cba
```

18. 기타 Insert() 메서드로 문자열을 삽입하거나 Remove() 메서드로 문자열을 제거할 수 있습니다.

```
> string original = "Hello";
> string modified = original.Insert(5, "World");
> modified
"HelloWorld"
> string original = "HelloWorld";
> string modified = original.Remove(5);
> modified
"Hello"
```

19. 문자열에 PadLeft()와 PadRight()를 사용하여 특정 문자를 왼쪽 또는 오른쪽에 채울 수 있습니다.

```
> string number = "1234";
> number.PadLeft(10, '0')
"0000001234"
> number.PadRight(10, '_')
"1234_____"
```

상당히 긴 코드로 C#에서 주로 사용하는 문자열 처리 관련 기능들을 살펴보았습니다. 이 실습에서 제시한 메서드들은 프로그래밍에서 많이 사용하는 코드이므로 실습이 길더라도 여러 번 연습하길 바랍니다.

25.3 StringBuilder 클래스를 사용하여 문자열 연결하기

string 키워드로 선언된 문자열 변수는 더하기 연산자 등을 사용하여 문자열을 연결할 수 있습니다. System.Text 네임스페이스에 포함된 StringBuilder 클래스는 문자열을 추가 및 삭제하는 등 유용한 API를 제공함으로써 긴 문자열을 묶어 처리할 때 편리하게 사용할 수 있습니다.

StringBuilder 클래스는 Console.WriteLine() 또는 String.Format()과 달리 직접 StringBuilder. 메서드(); 형태로 사용하지 않습니다.

StringBuilder 클래스의 주요 멤버들은 앞으로 자세히 다룰 인스턴스 멤버이기에 클래스의 인스턴스인 개체를 생성한 후 호출할 수 있습니다. 클래스를 사용하려고 새로운 개체를 만드는 것을 인스턴스 생성이라고 합니다. 개체 만들기 강의에서 자세히 다루겠지만, 간단한 구문은 다음과 형태가 같습니다.

> 클래스 개체 = new 클래스();

StringBuilder 클래스를 사용하려면 다음과 같이 builder 등 새로운 이름의 개체(인스턴스)를 생성해야 합니다.

```
> StringBuilder builder = new StringBuilder();
```

StringBuilder 클래스의 Append() 메서드로 문자열 연결하기

StringBuilder 클래스의 모든 멤버도 다 설명하지 않고 필요한 내용 몇 가지만 다루어 보겠습니다.

```
> using System.Text;
> StringBuilder sb = new StringBuilder();   //① StringBuilder 클래스의 인스턴스 생성
>
> sb.Append("January\n");                    //② Append() 메서드로 문자열 추가
> sb.Append("February\n");
> sb.AppendLine("March");
>
> sb
[January
February
March
]
> sb.ToString()                              //③ ToString() 메서드로 문자열로 출력
"January\nFebruary\nMarch\r\n"
```

StringBuilder 클래스는 인스턴스를 생성한 후 Append() 등 메서드를 사용하여 문자열을 추가합니다. AppendLine() 메서드를 사용하면 문자열 끝에 \r\n을 추가합니다.

StringBuilder의 개체인 sb 변수는 그 자체가 StringBuilder이기에 이 안에 묶여 있는 문자열을 출력하려면 ToString() 메서드로 문자열로 변환한 후 사용 가능합니다.

메서드 체이닝으로 StringBuilder 클래스의 여러 메서드 호출하기

StringBuilder 클래스도 메서드 체이닝을 사용하여 여러 메서드를 단계별로 호출할 수 있습니다.

```
> using System.Text;
> var message = new StringBuilder()
.       .AppendFormat("{0} 클래스를 사용한 ", nameof(StringBuilder))
.       .Append("메서드 ")
.       .Append("체이닝 ")
.       .ToString()
.       .Trim();
> message
"StringBuilder 클래스를 사용한 메서드 체이닝"
```

StringBuilder 클래스 사용하기

이번에는 StringBuilder 클래스의 여러 메서드를 함께 사용해 보겠습니다. StringBuilder 클래스는 긴 문자열을 묶을 때 효과적입니다.

```
> using System.Text;
> StringBuilder sb = new StringBuilder();
>
> sb.Append("<script>");
> sb.AppendFormat("window.alert(\"{0}\");", DateTime.Now.Year);
> sb.AppendLine("</script>");
> sb.ToString()
"<script>window.alert(\"2020\");</script>\r\n"
```

StringBuilder 클래스의 인스턴스를 생성한 후 Append(), AppendFormat(), AppendLine() 등 메서드를 사용해서 문자열을 여러 방식으로 추가할 수 있습니다.

25.4 String과 StringBuilder 클래스의 성능 차이 비교하기

이번에는 String과 StringBuilder 클래스의 성능 차이를 알아보겠습니다. 먼저 문자열 변수를 더하기 연산자로 1만 번 연결하는 시간을 재 보겠습니다. 다음 내용을 입력한 후 실행해 보세요.

String과 StringBuilder 클래스의 성능 비교: StringPerformance.cs

```csharp
using System;

class StringPerformance
{
    static void Main()
    {
        DateTime start = DateTime.Now;

        string msg = "";
        for (int i = 0; i < 10000; i++)
        {
            msg += "안녕하세요.";
        }

        DateTime end = DateTime.Now;
        double exec = (end - start).TotalMilliseconds;
        Console.WriteLine(exec);
    }
}
```

＼ 실행 결과 ／

```
62.5
```

문자열 변수를 더하기 연산자로 묶는 작업을 1만 번 수행했을 때 필자 컴퓨터에서는 60~70밀리초 정도가 소비되었습니다.

이제 동일한 작업을 StringBuilder 클래스의 Append() 메서드로 묶어 보겠습니다. 다음 내용을 입력한 후 실행해 보세요.

StringBuilder 클래스의 Append() 메서드로 묶기: StringBuilderPerformance.cs

```csharp
using System;
using System.Text;

class StringBuilderPerformance
{
    static void Main()
    {
```

```
        DateTime start = DateTime.Now;

        StringBuilder sb = new StringBuilder();
        for (int i = 0; i < 10000; i++)
        {
            sb.Append("안녕하세요.");
        }

        DateTime end = DateTime.Now;
        double exec = (end - start).TotalMilliseconds;
        Console.WriteLine(exec);
    }
}
```

\ 실행 결과 /

```
1.0001
```

String 변수로 묶는 작업과 달리 StringBuilder를 사용했을 때는 1밀리초 정도로 아주 빠르게 실행합니다. 이처럼 많은 양의 문자열을 반복해서 묶는 작업이 필요할 때는 StringBuilder 클래스를 사용하면 효율적입니다.

Note ☰   정수를 문자열로 표현할 때 +, − 기호 붙이기

숫자 형식의 문자를 +, − 기호를 붙여 표현할 때는 ToString() 또는 String.Format() 메서드에 서식을 주어 표현할 수 있습니다.

```
> 10.ToString("+#;-#;0")  //10 -> +10, -10 -> -10, 0 -> 0
"+10"
>
> string.Format("{0:+#;-#;0}", -10)
"-10"
>
> $"{10:+#;-#;0}"
"+10"
```

ToString()과 string.Format() 메서드, 문자열 보간법 등에는 +#;-#;0 형식을 사용하여 숫자에 +, − 기호를 붙입니다.

프로그래밍에서 문자열을 다루는 것은 언제 어디서든 필요한 기능입니다. 닷넷에서 문자열을 다룰 때는 String과 StringBuilder 클래스를 자주 사용합니다. 문자열 변수나 String과 StringBuilder 클래스에서 제공되는 여러 메서드를 이 강의에서 모두 다루지는 않았습니다. 그러나 거의 대부분은 다루어 보았으므로 각 기능의 사용 방법을 잘 기억해 두세요.

26 예외 처리하기

이 강의에서는 예외(에러)가 발생했을 때 처리하는 예외 처리(exception handling) 구문을 학습합니다. 예외 처리는 try~catch~finally와 throw를 사용합니다.

26.1 예외와 예외 처리

C# 프로그래밍에서 예외(exception)는 프로그램이 실행되는 동안 발생하는 에러(error)(오류)를 의미합니다. 코드를 잘못 작성하거나 기타 다른 이유로 발생한 예외는 프로그램을 강제적으로 종료하거나 틀린 결과가 나오는 식으로 발생합니다. 이러한 예외에 대한 대비로 예외 처리를 해야 합니다.

오류(에러)는 문법(컴파일) 오류, 런타임(실행) 오류, 알고리즘(논리) 오류 등으로 분류됩니다.

- **문법 오류**(syntax error): 잘못된 명령어를 입력했거나 입력 실수로 발생하는 오류입니다. 문법 오류는 컴파일 오류라고도 하며, 대부분 C# 컴파일러가 잡아 줍니다. 문법 오류를 방지하려면 많은 예제를 접하면서 C#의 기초 문법을 확실하게 이해해야 합니다.

- **런타임 오류**(runtime error): 프로그램을 만든 후 실행할 때 발생하는 오류입니다. 컴파일 과정에서는 발생하지 않고 실행할 때 발생하기에 많은 테스트를 진행하면서 잡을 수 있습니다.

- **알고리즘 오류**(logic error): 주어진 문제에서 잘못된 해석으로 잘못된 결과를 초래하는 오류를 알고리즘 오류 또는 논리(로직) 오류라고 합니다. 문법 오류나 런타임 오류는 쉽게 발견할 수 있습니다. 하지만 알고리즘 오류는 처리 결과가 틀렸는데도 알 수 없는 경우가 많기 때문에 가장 해결하기가 어렵습니다. 알고리즘 오류를 해결하려면 다양한 도서를 읽고 코드를 분석하거나 많은 코드를 직접 만들어 보는 등 에러를 찾아내는 능력을 키워야 합니다.

26.2 try~catch~finally 구문

C#에는 예외 처리를 위해 try, catch, finally 같은 세 가지 키워드가 준비되어 있습니다. try 블록은 혹시 모를 예외가 발생할 만한 구문을 묶어 주고, catch 블록은 예외가 발생했을 때 처리해야 하는 구문을 묶어 주며, finally 블록은 예외가 발생 또는 발생하지 않아도 마무리 관련 처리를 해야 할 구문을 묶어 주는 데 사용합니다.

```
try
{
    //예외가 발생할 만한 코드 작성
}
catch
{
    //예외가 발생할 때 처리해야 할 코드 블록
}
finally
{
    //예외가 발생하거나 정상일 때 모두 처리해야 할 코드 블록
}
```

try와 catch 구문으로 예외 처리하기

C#에서는 try, catch, finally 같은 키워드를 사용하여 예외가 발생했을 때 그에 대한 처리를 담당하는 구문을 작성할 수 있습니다. 에러가 발생할 때 비정상적으로 종료되지 않고 정상적으로 종료시키려면 try~catch 구문을 사용합니다. 다음 내용을 입력한 후 실행해 보세요.

try와 catch 구문으로 예외 처리: TryCatch.cs

```csharp
using System;

class TryCatch
{
    static void Main()
    {
        try
        {
            int[] arr = new int[2];
            arr[100] = 1234;  //예외(에러) 발생: System.IndexOutOfRangeException
```

```
        }
        catch
        {
            Console.WriteLine("에러가 발생했습니다.");
        }
    }
}
```

에러가 발생했습니다.

정수형 배열인 arr은 요소 2개를 담을 수 있습니다. 그런데 arr[100] 형태로 없는 인덱스에 값을
입력하면 예외가 발생합니다. try로 묶인 코드 내에서 에러가 발생하면 catch 절이 실행됩니다.
앞 코드는 일부러 에러를 발생시킨 것으로, catch 절이 실행되는 것을 확인할 수 있습니다.

26.3 Exception 클래스로 예외 처리하기

닷넷에서 모든 예외에 대해 처리할 주요 기능을 담아 놓은 클래스가 Exception입니다. Exception
클래스 외에 상당히 많은 예외 관련 클래스가 있지만, 처음 C# 개발자로 들어설 때는 Exception
클래스만 사용해도 괜찮습니다. Exception 클래스의 주요 속성에는 Message가 있는데, 현재 예외
설명을 출력합니다.

예외 처리 구문에 Exception 클래스 사용하기

Exception 클래스를 사용하여 에러를 출력하는 내용을 살펴보겠습니다. 다음 내용을 입력한 후
실행해 보세요.

예외 처리 구문에 Exception 클래스 사용: ExceptionDemo.cs

```
using System;

class ExceptionDemo
{
    static void Main()
    {
        try
        {
            int[] arr = new int[2];
```

26

예외 처리하기

```
            arr[100] = 1234;
        }
        catch (Exception ex)   //ex 변수에는 상세한 예외 정보가 담김
        {
            Console.WriteLine(ex.Message);
        }
    }
}
```

\ 실행 결과 /

인덱스가 배열 범위를 벗어났습니다.

TryCatch.cs 내용과 동일한데 catch (Exception ex) 형태로 catch 절을 변경했습니다. 이렇게 하면 예외 내용을 Exception 클래스 형식의 변수인 ex에 담습니다. Exception 클래스는 Message 속성으로 예외 내용을 알려 줍니다.

우리가 일부러 배열의 인덱스 범위를 벗어난 구문을 만들었기에 이에 대한 공식 에러 메시지를 Exception 클래스에서 알 수 있습니다.

일반적으로 catch 절의 형태는 다음과 같이 e 또는 ex 변수로 사용합니다.

- catch (Exception e)
- catch (Exception ex)

FormatException 클래스 형식의 예외받아 처리하기

Exception 클래스와 마찬가지로 FormatException 같은 클래스들은 각각 고유의 예외가 발생했을 때 해당 예외 정보를 담고 있습니다. 다음 코드에서 inputNumber에 정수 문자열이 아닌 실수 문자열을 입력하면 Convert.ToInt32() 메서드는 FormatException 형태의 에러를 발생시킵니다.

FormatException 클래스 형식의 예외받아 처리: FormatExceptionDemo.cs

```
using System;
using static System.Console;

class FormatExceptionDemo
{
    static void Main()
    {
        string inputNumber = "3.14";
        int number = 0;
```

```
    try
    {
        number = Convert.ToInt32(inputNumber);
        WriteLine($"입력한 값 : {number}");
    }
    catch (FormatException fe)
    {
        WriteLine($"에러 발생 : {fe.Message}");
        WriteLine($"{inputNumber}는 정수여야 합니다.");
    }
  }
}
```

\ 실행 결과 /

에러 발생 : 입력 문자열의 형식이 잘못되었습니다.
3.14는 정수여야 합니다.

코드를 실행했더니 잘못된 값이 입력되어 FormatException 예외가 발생했고, 이를 catch 절에서
잡아 예외 처리했습니다.

간헐적으로 발생하는 예외 처리하기

프로그램을 컴파일한 후 실행합니다. 이때 런타임할 경우 try 절에서 발생한 예외를 catch 절에서
처리하는 내용을 살펴보겠습니다. 다음 프로그램은 DateTime.Now.Second API를 사용하여 현재 프
로그램을 실행하는 시점의 초를 구해 옵니다. 구한 값이 짝수이면 (now % 2) 코드 부분이 0으로 되
어 2 / 0; 형태가 됩니다. 모든 수는 0으로 나눌 수 없기에 이 부분에서 에러가 발생합니다. 에러
가 발생하면 catch 절이 실행되고 프로그램이 정상적으로 종료됩니다. 구한 초가 홀수라면 정상
적으로 메시지가 출력되고, 프로그램도 정상적으로 종료됩니다.

간헐적으로 발생하는 예외 처리: TryCatchDemo.cs

```
using System;

class TryCatchDemo
{
    static void Main()
    {
        try
        {
            int now = DateTime.Now.Second;
            Console.WriteLine($"[0] 현재 초 : {now}");
```

```
        //실행 시간이 짝수이면 0으로 나누기에 에러 발생
        int result = 2 / (now % 2);
        Console.WriteLine("[1] 홀수 초에서는 정상 처리");
    }
    catch
    {
        Console.WriteLine("[2] 짝수 초에서는 런타임 에러 발생");
    }
}
}
```

\ 실행 결과 / 실행시키는 시점에 초(Second)의 값이 홀수일 때

```
[0] 현재 초 : 25
[1] 홀수 초에서는 정상 처리
```

\ 실행 결과 / 실행시키는 시점에 초의 값이 짝수일 때

```
[0] 현재 초 : 8
[2] 짝수 초에서는 런타임 에러 발생
```

이처럼 예외 처리 구문을 사용하면 런타임할 때 발생할지 모르는 예외에서도 예외 처리를 할 수 있습니다.

26.4 예외 처리 연습하기

이번에는 예외 처리를 단계별로 살펴보겠습니다. 이 실습의 원본 소스는 TryCatchFinallyDemo .cs 파일입니다.

TryCatchFinallyDemo 콘솔 앱 프로그램 프로젝트 만들기

TryCatchFinallyDemo 이름으로 콘솔 앱 프로그램 프로젝트를 만듭니다. 기본 작성된 Program. cs 파일을 제거합니다. 이제 CS 파일을 4개 만들 것입니다. 그리고 각 CS 파일에는 각각 Main() 메서드를 하나씩 둘 것입니다. 비주얼 스튜디오를 사용하면 이처럼 한 프로젝트에 Main() 메서드를 여러 개 둘 수 있습니다. 하지만 해당 파일을 실행하려면 그때마다 프로젝트 속성창에서 대표가 될 시작 개체를 Main() 메서드 중에서 선택해야 합니다. 일단 여기에서는 Program.cs 파일만 삭제합니다.

첫 번째 CS 파일: 에러가 나지 않는 코드 작성하기

프로젝트에 TryCatchFinallyDemo1.cs 파일을 만듭니다. 다음 내용을 입력한 후 실행해 보세요.

첫 번째 CS 파일: TryCatchFinallyDemo1.cs

```
using System;

class TryCatchFinallyDemo1
{
    static void Main()
    {
        int x = 5;
        int y = 3;
        int r;

        r = x / y;

        Console.WriteLine($"{x} / {y} = {r}");
    }
}
```

\ 실행 결과 /

```
5 / 3 = 1
```

5 / 3 식은 프로그램 내에서 정상적으로 실행됩니다. 현재 코드는 아무런 문제없이 잘 실행됩니다.

Note ≡   시작 개체 설정

바로 앞에서 설명했듯이 프로젝트 하나에 클래스 이름이 다른 Main( ) 메서드 여러 개를 넣을 수 있습니다. 이때 원하는 Main( ) 메서드를 시작 개체로 설정하려면 솔루션 탐색기의 프로젝트에서 마우스 오른쪽 버튼을 누른 후 **상황 〉속성**을 선택하여 다음과 같이 시작 개체를 클래스 이름으로 변경합니다.

▼ 그림 26-1 시작 개체 변경

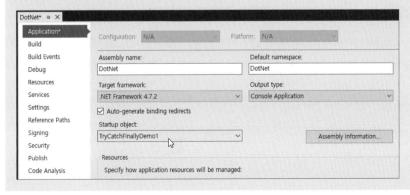

예외 처리하기

두 번째 CS 파일: 무조건 에러 발생시키기

프로젝트에 TryCatchFinallyDemo2.cs 파일을 만듭니다. 다음 내용을 입력한 후 실행해 보세요. CS 파일이 여러 개이므로 프로젝트 속성창에서 시작 개체를 TryCatchFinallyDemo2로 설정한후 실행합니다.

두 번째 CS 파일: TryCatchFinallyDemo2.cs

```
using System;

class TryCatchFinallyDemo2
{
    static void Main()
    {
        int x = 5;
        int y = 0;
        int r;

        r = x / y;  //0으로 나누기 시도

        Console.WriteLine($"{x} / {y} = {r}");
    }
}
```

\ 실행 결과 /

```
처리되지 않은 예외: System.DivideByZeroException: 0으로 나누려 했습니다.
   위치: TryCatchFinallyDemo2.Main()
파일 C:\C#\TryCatchFinallyDemo\TryCatchFinallyDemo\TryCatchFinallyDemo2.cs:줄 11
```

모든 수는 0으로 나눌 수 없습니다. 런타임할 때 y 값이 0이므로 0으로 나누어지기에 무조건 예외가 발생합니다.

세 번째 CS 파일: try~catch~finally 구문으로 예외 처리하기

프로젝트에 TryCatchFinallyDemo3.cs 파일을 만듭니다. 다음 내용을 입력한 후 실행해 보세요. 프로젝트 속성창에서 시작 개체를 TryCatchFinallyDemo3으로 설정한 후 실행합니다.

세 번째 CS 파일: TryCatchFinallyDemo3.cs

```
using static System.Console;

class TryCatchFinallyDemo3
```

```
{
    static void Main()
    {
        int x = 5;
        int y = 0;
        int r;

        try        //예외가 발생할 만한 구문이 들어오는 곳
        {
            r = x / y;
            WriteLine($"{x} / {y} = {r}");
        }
        catch      //try 절에서 예외가 발생하면 실행
        {
            WriteLine("예외가 발생했습니다.");
        }
        finally    //예외가 발생하든 하지 않든 간에 실행
        {
            WriteLine("프로그램을 종료합니다.");
        }
    }
}
```

\ 실행 결과 /

```
예외가 발생했습니다.
프로그램을 종료합니다.
```

try 절에서 에러가 발생하면 catch 절이 실행됩니다. 특정 에러 정보를 알 필요가 없고, 에러가 발생했을 때 이 에러 처리만을 위한 catch 절을 실행하려면 이러한 형태로 사용합니다.

네 번째 CS 파일: Exception 클래스로 예외 정보 얻기

프로젝트에 TryCatchFinallyDemo4.cs 파일을 만듭니다. 다음 내용을 입력한 후 실행해 보세요. 프로젝트 속성창에서 시작 개체를 TryCatchFinallyDemo4로 설정한 후 실행합니다.

네 번째 CS 파일: TryCatchFinallyDemo4.cs

```
using System;
using static System.Console;

class TryCatchFinallyDemo4
{
    static void Main()
```

```
        {
            int x = 5;
            int y = 0;
            int r;

            try      //예외가 발생할 만한 구문이 들어오는 곳
            {
                r = x / y;
                WriteLine($"{x} / {y} = {r}");
            }
            catch (Exception ex)
            {
                WriteLine($"예외 발생 : {ex.Message}");
            }
            finally  //예외가 발생하든 하지 않든 간에 실행
            {
                WriteLine("프로그램을 종료합니다.");
            }
        }
    }
```

＼ 실행 결과 ／

예외 발생 : 0으로 나누려 했습니다.
프로그램을 종료합니다.

catch 절에서 좀 더 자세한 예외 정보를 얻으려면 Exception 클래스의 개체를 받아 사용합니다.

C#에서 제공하는 예외 처리 구문인 try~catch~finally 구문은 예외가 발생되면 비정상적으로 종료되는 프로그램을 정상적으로 종료되는 프로그램으로 바꾸어 줍니다.

26.5 throw 구문으로 직접 예외 발생시키기

C#에서 throw 구문은 이름에서도 알 수 있듯이 무엇인가를 던집니다. 여기에서 무엇인가는 바로 인위적으로 예외(에러)를 발생시키는 것을 의미합니다.

try~catch~finally 구문과 함께 예외 처리를 할 때는 throw 구문을 사용할 수 있는데, throw 는 무조건 특정 예외를 발생시킵니다. throw 키워드 뒤에 특정 예외 관련 클래스(Exception, ArgumentException, ...)의 인스턴스를 넘겨주면 해당 예외를 직접 발생시킵니다.

> throw new Exception();
'System.Exception' 형식의 예외가 Throw되었습니다.
  + <Initialize>.MoveNext()
> throw new ArgumentException();
값이 예상 범위를 벗어났습니다.

throw 구문으로 무작정 에러 발생시키기

이번에는 throw 절을 사용해 보겠습니다. 다음 내용을 입력한 후 실행해 보세요.

무작정 에러 발생시키기: TryFinallyDemo.cs

```csharp
using System;

class TryFinallyDemo
{
    static void Main()
    {
        Console.WriteLine("[1] 시작");

        try      //예외가 발생할 만한 구문이 들어오는 곳
        {
            Console.WriteLine("[2] 실행");
            throw new Exception();  //무작정 에러 발생
        }

        finally  //예외가 발생하든 하지 않든 간에 실행(마무리 영역)
        {
            Console.WriteLine("[3] 종료");
        }
    }
}
```

\ 실행 결과 /

```
[1] 시작
[2] 실행

처리되지 않은 예외: System.Exception: 'System.Exception' 형식의 예외가 Throw되었습니다.
   위치: TryFinallyDemo.Main()
   파일 C:\C#\TryFinallyDemo\TryFinallyDemo\TryFinallyDemo.cs:줄 13
[3] 종료
```

다음 구문으로 try 절에서 무조건 에러가 발생됩니다.

```
> throw new Exception();
```

이 구문은 다음 구문의 줄임 표현입니다.

```
> Exception ex = new Exception();
> throw ex;
```

예외 처리 관련 키워드인 try, catch, finally, throw를 모두 사용해 보겠습니다. 다음 내용을 입력한 후 실행해 보세요.

try, catch, finally, throw 모두 사용: ExceptionHandling.cs

```
using System;

class ExceptionHandling
{
    static void Main()
    {
        int a = 3;
        int b = 0;

        try
        {
            a = a / b;  //① b가 0이므로 런타임 에러 발생
        }
        catch (Exception ex)
        {
            Console.WriteLine($"예외(에러)가 발생됨 : {ex.Message}");
        }
        finally
        {
            Console.WriteLine("try 구문을 정상 종료합니다.");
        }

        try
        {
            //② Exception 클래스에 에러 메시지를 지정하여 무조건 에러 발생
            throw new Exception("내가 만든 에러");
        }
        catch (Exception e)
        {
```

```
            Console.WriteLine($"예외(에러)가 발생됨 : {e.Message}");
        }
        finally
        {
            Console.WriteLine("try 구문을 정상 종료합니다.");
        }
    }
}
```

```
예외(에러)가 발생됨 : 0으로 나누려 했습니다.
try 구문을 정상 종료합니다.
예외(에러)가 발생됨 : 내가 만든 에러
try 구문을 정상 종료합니다.
```

예외 처리를 할 때는 try~catch~finally가 쌍을 하나 이룹니다. 코드로는 다루지 않았지만, catch 절은 Exception 클래스 같은 예외 형식을 다르게 하여 여러 번 지정할 수 있습니다. 특정 경우에 무조건 예외를 발생시키고자 할 때는 throw 절을 사용합니다.

프로그래밍에서 예외 처리는 중요한 부분입니다. 프로그램 코드를 좀 더 안정화하려면 기본 코드를 작성한 후 예외 처리 코드를 추가하는 식으로 점진적으로 향상시켜 나가길 추천합니다.

이 책에서는 분량 때문에 앞으로 다루는 코드에서는 예외 처리 부분을 많이 사용하지 않지만, 여러분이 필요하다고 판단되는 부분에서는 try~catch~finally 구문으로 묶어 관리하길 권장합니다.

26

예외 처리하기

27 컬렉션 사용하기

배열처럼 특정 항목의 집합을 리스트 또는 컬렉션이라고 합니다. 이 강의에서는 닷넷에서 제공하는 유용한 컬렉션 관련 클래스들을 학습합니다. 컬렉션은 배열, 리스트, 사전을 사용하여 관련 개체의 그룹을 만들고 관리합니다.

27.1 배열과 컬렉션

C#에서 배열(array)과 컬렉션(collection), 리스트(list)는 학습 레벨에서 동일하게 취급합니다. 컬렉션 클래스는 데이터 항목의 집합을 메모리상에서 다루는 클래스로, 문자열 같은 간단한 형태도 있습니다. 그리고 특정 클래스 형식의 집합 같은 복잡한 형태도 있습니다.

배열을 학습할 때도 잠깐 언급했지만, C#의 컬렉션은 다음 세 종류로 나눕니다.

- **배열**: 일반적으로 숫자처럼 간단한 데이터 형식을 저장합니다.
- **리스트**: 간단한 데이터 형식을 포함한 개체들을 저장합니다.
- **사전**(dictionary): 키와 값의 쌍으로 관리되는 개체들을 저장합니다.

일반적으로 기본형 그룹을 배열로 보고, 새로운 타입(클래스)의 그룹을 컬렉션으로 비교하기도 합니다.

- **배열**: 정수형, 문자열 등 집합을 나타냅니다.
- **컬렉션**: 개체의 집합을 나타냅니다. 리스트, 집합, 맵, 사전도 컬렉션과 같은 개념으로 사용합니다.

여러 데이터를 저장하는 형태라면 배열, 리스트, 컬렉션은 모두 의미가 같습니다.

```
> string[] colors = { "red", "green", "blue" };
> colors.Length
3
> colors[0]
```

```
"red"
> colors[1]
"green"
> colors[2]
"blue"
```

데이터를 그룹으로 묶어 관리할 때는 일반적으로 배열로 관리합니다. 배열은 크기가 고정되어 있습니다. 배열은 크기가 고정되어 있어 새로운 데이터를 추가할 수 없습니다. 이러한 단점을 제거한 것이 바로 컬렉션입니다.

- 컬렉션은 반복하여 사용할 수 있는 형식 안정성으로 크기를 동적으로 변경할 수 있는 장점이 있습니다.
- 컬렉션은 데이터를 조회, 정렬, 중복 제거, 이름과 값을 쌍으로 관리하는 등 여러 장점이 있습니다.

닷넷에는 컬렉션과 관련한 여러 클래스를 제공합니다.

- Stack 클래스
- Queue 클래스
- ArrayList 클래스

정적인 멤버를 가지는 Math 클래스와 달리 컬렉션 관련 클래스들을 사용하려면, 먼저 클래스의 인스턴스를 선언해야 합니다.

닷넷 프레임워크에는 많은 양의 컬렉션 클래스가 있습니다. 다음 표는 간단히 훑어보세요.

▼ 표 27-1 닷넷 컬렉션의 역사

버전	추가된 클래스	항목
1.0 버전	ArrayList: object 형식으로 데이터를 받는 컬렉션 클래스	
2.0 버전	제네릭 클래스 제공(필요한 형식으로 데이터를 받는 컬렉션 클래스)	HashSet⟨T⟩, Stack⟨T⟩, Queue⟨T⟩, LinkedList⟨T⟩, List⟨T⟩, Dictionary⟨TKey, TValue⟩
3.0 버전	LINQ	
4.0 버전	Concurrent Collections	
4.5 버전	읽기 전용 인터페이스	IReadOnlyList⟨T⟩, IReadOnlyCollection⟨T⟩, Immutable Collections
7.0 버전	Span⟨T⟩	

컬렉션(리스트) 관련 클래스들은 다음과 같이 몇몇 네임스페이스에 있습니다. 각 네임스페이스에는 다음 목록에서 제시한 클래스를 포함하여 더 많은 클래스가 있습니다.

▼ 표 27-2 컬렉션의 종류

컬렉션 관련 클래스가 있는 네임스페이스	항목
System 네임스페이스	Array 클래스
System.Collections 네임스페이스	Stack 클래스, Queue 클래스, ArrayList 클래스
System.Collections.Generic 네임스페이스	List⟨T⟩ 클래스, LinkedList⟨T⟩ 클래스, Stack⟨T⟩ 클래스, Queue⟨T⟩ 클래스
System.Collections.Concurrent 네임스페이스	ConcurrentStack⟨T⟩ 클래스, ConcurrentQueue⟨T⟩ 클래스

27.2 리스트 출력 구문

리스트에 담긴 모든 요소를 사용할 때는 foreach 문을 쓰고, 필요한 영역의 리스트를 사용할 때는 for 문을 써서 리스트를 출력합니다.

▼ 표 27-3 foreach 문과 for 문

리스트 출력 구문	특징
foreach 문	• 빠르고 쉽습니다. • 모든 요소를 반복 출력합니다. 필요한 속성만 선별해서 출력도 가능합니다.
for 문	• 복잡하지만 유연합니다. • 모든 요소 또는 필요한 영역의 요소를 반복 출력합니다. 요소에 읽고 쓰기가 가능합니다.

27.3 Array 클래스

컬렉션 관련 클래스를 다루기 전에 먼저 배열을 사용할 때 유용한 기능을 제공하는 Array 클래스를 알아보겠습니다. Array 클래스는 배열을 매개변수로 받아 정렬, 역순, 변환 등 작업을 진행합니다. Array 클래스의 주요 메서드는 다음과 같습니다.

- Array.Sort(): 배열을 정렬합니다.
- Array.Reverse(): 배열을 역순으로 바꿉니다.
- Array.ConvertAll(): 배열을 특정 값으로 변환합니다.

예제를 사용하여 각 메서드를 익혀 보겠습니다.

Array 클래스의 Sort( ) 메서드로 배열 정렬하기

다음과 같이 arr 배열에 정수 데이터가 무작위로 저장되었을 때 Array.Sort( ) 메서드에 배열을 매개변수로 입력한 후 실행하면 arr 배열이 정렬됩니다.

```
> int[] arr = { 3, 2, 1, 4, 5 };
> Array.Sort(arr);  //정렬
> foreach (var item in arr)
. {
.     Console.WriteLine(item);
. }
1
2
3
4
5
```

Array 클래스의 Reverse( ) 메서드로 배열을 거꾸로 변환하기

이번에는 Array 클래스의 Reverse( ) 메서드를 사용해 보겠습니다.

```
> int[] arr = { 1, 2, 3 };
> Array.Reverse(arr);  //배열을 역순으로 변환
> arr
int[3] { 3, 2, 1 }
```

코드 실행 결과처럼 Array 클래스의 여러 메서드 중에서 Reverse( )를 사용하면 배열에 저장된 데이터를 역순으로 반환합니다.

Array 클래스의 ConvertAll 메서드로 형식 변환하기

Array.ConvertAll( ) 메서드를 사용하면 숫자 모양의 문자열 배열을 정수형 배열로 변경할 수 있습니다. 숫자 형태로 저장된 문자열 배열을 정수형 배열로 변경할 때는 다음과 같이 사용합니다.

```
> string[] strArr = { "10", "20", "30" };
> int[] intArr = Array.ConvertAll(strArr, int.Parse);
> foreach (var number in intArr)
```

```
. {
.     Console.WriteLine(number);
. }
10
20
30
```

사실 Array.ConvertAll() 메서드는 자주 사용하지 않습니다. 참고만 합니다.

27.4 컬렉션 클래스

닷넷에는 Stack, Queue, ArrayList, Hashtable 등 자료 구조를 다루는 컬렉션 클래스를 제공합니다.

- Stack 클래스
- Queue 클래스
- ArrayList 클래스
- Hashtable 클래스

이어서 각 컬렉션 클래스를 예제와 함께 알아보겠습니다.

27.5 Stack 클래스

Stack 클래스는 단어 그대로 음식을 담는 접시처럼 아래에서 위로 데이터를 쌓는 형태의 자료 구조를 다룹니다. Stack 클래스는 LIFO(Last In First Out)(후입선출) 특성을 보이는데, 나중에 들어온 데이터가 먼저 출력되는 자료 구조입니다.

Stack 클래스의 주요 속성 및 메서드는 다음과 같습니다.

- Count: 스택에 있는 데이터 개수 조회
- Push(): 스택에 데이터 저장
- Pop(): 스택에서 데이터 꺼내기

스택 구조를 다룰 때 가장 많이 나오는 단어는 오버플로(Overflow)입니다. 오버플로는 스택이 꽉 차는 것을 의미합니다. 반대로 언더플로(Underflow)는 스택이 비어 있는 것을 의미합니다.

Stack 클래스 사용하기

먼저 Stack 클래스를 사용하려면 System.Collections 네임스페이스를 포함해야 합니다.

> `using System.Collections;`

Stack 클래스의 인스턴스를 stack 이름으로 생성합니다. Stack 클래스의 인스턴스인 소문자 stack은 일반적으로 stack 개체로 읽습니다.

> `Stack stack = new Stack();`

Stack 클래스는 Push() 메서드로 object 형식의 데이터를 저장할 수 있습니다.

> `stack.Push("First");`
> `stack.Push("Second");`

Stack 클래스에 저장된 데이터는 Pop() 메서드로 읽어 올 수 있습니다. 이때 나중에 입력된(Push) 데이터가 먼저 출력됩니다.

> `stack.Pop()`
`"Second"`
> `stack.Pop()`
`"First"`

스택에 저장된 데이터가 아무것도 없는데, Pop() 메서드를 요청하면 다음과 같이 에러가 발생합니다.

> `stack.Pop()`
스택이 비어 있습니다.
  `+ System.Collections.Stack.Pop()`

Stack 클래스의 주요 멤버 사용하기

이번에는 프로젝트를 만들어 Stack 클래스를 사용해 보겠습니다. 다음 내용을 입력한 후 실행해 보세요.

Stack 클래스의 주요 멤버 사용: StackNote.cs

```
using System;
using System.Collections;   //주요 자료 구조 관련 클래스들
```

```
class StackNote
{
    static void Main()
    {
        Stack stack = new Stack();          //① Stack 클래스의 인스턴스 생성


        stack.Push("첫 번째");              //② 데이터 입력
        stack.Push("두 번째");
        stack.Push("세 번째");


        Console.WriteLine(stack.Pop());  //③ 데이터 출력: 세 번째
        Console.WriteLine(stack.Pop());  //③ 데이터 출력: 두 번째
        Console.WriteLine(stack.Pop());  //③ 데이터 출력: 첫 번째

        //비어 있는 스택에서 Pop( ) 요청하면 에러
        try
        {
            Console.WriteLine(stack.Pop());   //언더플로 에러
        }
        catch (Exception ex)
        {
            Console.WriteLine($"예외 내용 : {ex.Message}");
        }
    }
}
```

\ 실행 결과 /

```
세 번째
두 번째
첫 번째
예외 내용 : Stack empty.
```

Stack 클래스에 Push( ) 메서드로 데이터를 입력한 후 이를 Pop( ) 메서드로 꺼내어 쓰는 내용입니다. 더 이상 스택에 데이터가 없을 때는 'Stack empty.' 예외가 발생합니다. 참고로 스택에 너무 많은 데이터가 저장되어 스택이 꽉 차면 '스택 오버플로' 에러가 발생합니다.

Stack 클래스의 Peek() 메서드로 최근 데이터만 가져오기

이번에는 Stack 클래스의 또 다른 메서드를 사용해 보겠습니다.

```
> using System.Collections;
>
> Stack stack = new Stack();          //① Stack 개체 생성
>
> stack.Push("닷넷노트");              //② Push()로 데이터 저장
> stack.Push("닷넷코리아");
> stack.Push("비주얼아카데미");
>
> $"{stack.Peek()}, {stack.Count}"    //③ Peek()로 제일 위(마지막) 데이터 반환
"비주얼아카데미, 3"
> stack.Pop();                        //④ Pop()로 현재 스택의 가장 마지막 데이터 제거
> $"{stack.Peek()}, {stack.Count}"    //⑤ 스택의 마지막 데이터 반환: 비어 있으면 에러
"닷넷코리아, 2"
>
> if (stack.Count > 0)               //⑥ Count로 스택의 데이터 개수 확인
. {
.     stack.Pop();                    //가장 마지막 데이터 제거
.     Console.WriteLine($"{stack.Peek()}, {stack.Count}");
. }
닷넷노트, 1
>
> stack.Clear();                      //⑦ Clear()로 스택 비우기
> stack.Count
0
```

Stack 클래스의 Peek() 메서드는 스택 위에 있는 데이터를 가져오지만 Pop() 메서드처럼 제거하지는 않습니다. 스택에 데이터를 넣고 계속해서 사용만 할 때는 Peek() 메서드를 씁니다.

27.6 Queue 클래스

Queue 클래스는 Stack 클래스와 달리 먼저 들어온 데이터가 먼저 나옵니다. 일반적으로 은행에서 먼저 온 사람을 처리하는 것처럼 큐(Queue)라는 단어는 기다림 통로(은행 줄서기) 또는 FIFO(First In First Out)(선입선출)로 표현되며, 먼저 들어온 것이 먼저 나가는 형태의 데이터를 다룹니다.

이번에는 Queue 클래스를 사용해 보겠습니다. 다음 내용을 입력한 후 실행해 보세요. 여기에서 Enqueue()는 큐에 데이터를 저장하는 메서드고, Dequeue()는 큐에서 데이터를 출력하는 메서드입니다.

```
> using System.Collections;
>
> var queue = new Queue();       //① Queue 클래스의 인스턴스 생성
>
> queue.Enqueue(10);             //② 큐(대기 행렬)에 데이터 입력: Enqueue()
> queue.Enqueue(20);
> queue.Enqueue(30);
>
> queue.Dequeue()               //③ 큐에서 데이터 출력: Dequeue()
10
> queue.Dequeue()
20
> queue.Dequeue()
30
> queue.Dequeue()
System.InvalidOperationException: 큐가 비어 있습니다.
    + System.Collections.Queue.Dequeue()
```

큐 개체에 Enqueue() 메서드로 10, 20, 30 형태로 데이터를 저장한 후 Dequeue() 메서드를 호출하면 다시 10, 20, 30 형태로 순서대로 데이터를 출력하는 구조가 바로 큐 클래스입니다.

27.7 ArrayList 클래스

C# 1.0 버전부터 제공되던 ArrayList 클래스는 컬렉션 형태의 데이터를 저장하고 관리하는 여러 편리한 API를 제공합니다. 다만 C# 2.0 버전부터 제공되는 제네릭 관련 컬렉션 클래스를 제공하기에 이 예제 이후로는 ArrayList 클래스는 사용하지 않습니다.

```
> using System.Collections;
>
> ArrayList list = new ArrayList();
> list.Add("C#");
> list.Add("TypeScript");
>
> for (int i = 0; i < list.Count; i++)
. {
```

```
.          Console.WriteLine(list[i].ToString());
.    }
C#
TypeScript
```

ArrayList 클래스의 인스턴스인 list를 생성한 후 Add() 메서드로 문자열 등을 저장할 수 있습니다. 그런 다음 for 문 등으로 list[i] 형태로 ArrayList에 저장된 값을 읽어 사용할 수 있습니다. ArrayList의 Add() 메서드는 매개변수로 object 형식을 받기에 문자열을 포함한 C#의 모든 데이터 형식을 저장하고 사용할 수 있습니다. 이 예제에서는 다루지 않지만, Add()로 추가된 항목은 Remove() 같은 메서드로 제거할 수 있습니다.

27.8 Hashtable 클래스

Hashtable 클래스는 정수 인덱스 및 문자열 인덱스를 사용할 수 있습니다. 이번에는 Hashtable 클래스를 사용해 보겠습니다.

```
> //① Hashtable의 인스턴스 생성
> Hashtable hash = new Hashtable();
>
> //② 배열형 인덱서를 사용 가능한 구조 및 문자열 인덱스 사용 가능
> hash[0] = "닷넷코리아";            //ⓐ 배열과 같은 n번째 형태 사용 가능
> hash["닉네임"] = "레드플러스";    //ⓑ 문자열 인덱스 사용 가능
> hash["사이트"] = "비주얼아카데미";
>
> //③ 직접 출력
> hash[0]
"닷넷코리아"
> hash["닉네임"]
"레드플러스"
> hash["사이트"]
"비주얼아카데미"
>
> //④ key와 value 쌍으로 출력 가능
> foreach (object o in hash.Keys)
. {
.          Console.WriteLine(hash[o]);
. }
레드플러스
비주얼아카데미
닷넷코리아
```

컬렉션 사용하기

Hashtable은 배열처럼 hash[0], hash[1], ... 형태로 데이터를 저장할 수 있고, hash["닉네임"], hash["사이트"]처럼 문자열 형태의 인덱스를 사용할 수 있다는 특징이 있습니다.

닷넷에서는 컬렉션 관련 클래스를 굉장히 많이 제공합니다. 이 책에서 모두 다루지는 않지만 자주 사용하는 클래스들은 한 번씩 다룰 예정입니다. Stack, Queue, ArrayList 등은 전통적으로 많이 사용하는 클래스이므로 반드시 기억하고 넘어가되, 뒤에서 제네릭 버전의 클래스로 대체해서 사용해야 합니다. 자, 그럼 이어서 C#의 유용한 특징 중 하나인 제네릭을 학습하겠습니다.

28 제네릭 사용하기

C# 2.0 버전부터는 제네릭(generic)이라고 해서 특정 형식을 지정하여 컬렉션에 저장하고 사용할 수 있습니다. 제네릭 컬렉션은 다른 데이터 형식을 추가할 수 없도록 형식 안정성을 적용합니다. 고전적인 컬렉션 클래스와 달리 System.Collections.Generic 네임스페이스에 들어 있는 제네릭 컬렉션 클래스는 요소를 다룰 때 데이터 형식 변환 등 작업이 따로 필요하지 않습니다. 제네릭은 Cup〈T〉를 Cup of T로 발음하여 형식 매개변수인 T에 따른 Cup 클래스의 개체를 생성하는 것입니다.

28.1 Cup of T

컵(Cup)에 들어가는 Tea(T)가 무엇인지에 따라 오렌지 주스 컵, 커피 컵, 사이다 컵 등이 결정됩니다. 이처럼 넘어오는 데이터 형식에 따라 해당 개체 성격을 변경하는 구조를 제네릭이라고 합니다. 제네릭을 사용하면 여러 목적의 컬렉션 형식을 만들 수 있습니다. 제네릭을 직접 만드는 것은 나중에 알아보고, 이 강의에서는 닷넷에서 제공하는 제네릭 클래스를 먼저 사용해 보겠습니다.

28.2 Stack 제네릭 클래스 사용하기

우리가 앞에서 학습한 Stack 클래스의 제네릭 버전은 Stack〈T〉 형태로 표현합니다. 영어 발음으로는 Stack of T로 발음합니다. T는 특정 형식을 받아들이는 형식 매개변수입니다. Stack 클래스의 제네릭 버전에 대한 다음 예제는 StackOfType.cs에서 볼 수 있습니다.

1. 먼저 Stack〈T〉 클래스를 사용하려면 System.Collections.Generic 네임스페이스를 포함합니다.

   > `using System.Collections.Generic;`

2. 제네릭 클래스의 인스턴스를 생성하려면 Stack〈T〉 형태인 Stack〈string〉으로 문자열만 다룰 수 있는 Stack 클래스를 만들어야 합니다.

   > `Stack<string> stack = new Stack<string>();`

3. Stack⟨string⟩으로 선언된 stack 개체는 문자열만 입력받을 수 있습니다.

```
> stack.Push("First");
```

4. 마찬가지로 Pop( ) 메서드의 결과도 문자열로 바로 출력됩니다.

```
> stack.Pop()
"First"
```

일반 클래스인 Stack과 제네릭 클래스인 Stack⟨T⟩는 하는 일이 동일합니다. 다만 Stack 클래스는 데이터를 object로 다루고, Stack⟨T⟩ 클래스는 T로 지정한 데이터로 다룹니다. object로 만든 데이터를 실제 사용하려는 string과 같은 형식으로 표현할 때는 중간에 변환 과정을 거치기 때문에 이 부분에서 추가 작업을 진행하는 비용이 발생합니다. 그래서 정확한 데이터 형식을 쓸 수 있는 Stack⟨T⟩ 같은 제네릭 클래스를 사용하면 좋습니다.

제네릭 클래스 사용의 장점

제네릭 클래스를 사용할 때 얻는 장점을 다음 단계별 코드로 살펴보겠습니다. 프로젝트 기반 소스는 GenericPros.cs 파일입니다.

1. 먼저 제네릭 클래스가 아닌 Stack 클래스를 사용해 보겠습니다. Stack 클래스는 System. Collections 네임스페이스에 있는 오래된 클래스입니다.

```
> //① 제네릭 사용 전
> using System.Collections;
> Stack stack = new Stack();
> stack.Push(3840);
> int width = (int)stack.Pop();   //Convert 필요
> width
3840
```

일반 클래스를 사용하면 Push( ) 메서드에 object로 값을 받고 Pop( ) 메서드에서도 object로 반환하기에 (int) 코드를 붙이는 것과 같은 형식 변환이 필요합니다.

2. Stack⟨T⟩ 클래스는 제네릭 클래스로 System.Collections.Generic 네임스페이스에 있습니다.

```
> //② 제네릭 사용 후
> using System.Collections.Generic;
> Stack<int> stack = new Stack<int>();
> stack.Push(2160);
> int height = stack.Pop();   //Convert 필요 없음
> height
2160
```

제네릭 클래스를 사용하면 Stack⟨T⟩ 클래스에 지정된 Stack⟨int⟩ 형태로 int 형식의 데이터만 받고, Pop( ) 메서드에서도 int 형식으로 반환하기에 따로 형식 변환이 필요 없습니다.

3. Stack이 아닌 Stack⟨T⟩ 클래스를 사용하면 값형 데이터를 참조형 데이터로 변환하는 박싱 작업과 그 반대로 참조형 데이터를 값형 데이터로 변환하는 언박싱 작업을 하지 않아도 되므로 성능이 향상됩니다. 또 Stack⟨int⟩처럼 명확하게 int 형식 데이터만 받게 지정하면 string 형식이 들어올 때 에러를 발생시키므로 안정적입니다.

```
> //제네릭 장점: ⓐ 박싱과 언박싱에 대한 비용
> Stack stack = new Stack();
> stack.Push(1234);            //int(값형) to object(참조형): 박싱
> int num = (int)stack.Pop();  //참조형 to 값형: 언박싱
> num
1234
>
> //제네릭 장점: ⓑ 필요한 데이터 형식만 사용하여 형식이 안정적
> Stack⟨int⟩ stack = new Stack⟨int⟩();
> stack.Push("Hello");
(1,12): error CS1503: Argument 1: cannot convert from 'string' to 'int'
> stack.Push(5678);
> int num = stack.Pop();
> num
5678
```

28.3 List⟨T⟩ 제네릭 클래스 사용하기

List⟨T⟩는 List of T로 읽습니다. 즉, 무언가의 리스트를 나타냅니다. 예를 들어 List⟨int⟩는 정수형의 리스트를 나타내고, List⟨string⟩은 문자열의 리스트를 나타냅니다. 참고로 제네릭 클래스 중에서 필자가 제일 많이 사용하는 클래스입니다.

배열과 List⟨T⟩ 제네릭 리스트

정수형 배열을 사용하여 데이터 2개를 담고 출력하는 코드는 다음과 같습니다.

```
> //① 배열 사용
> int[] arrNumbers = new int[2];
> arrNumbers[0] = 10;
> arrNumbers[1] = 20;
> for (int i = 0; i < arrNumbers.Length; i++)
```

```
. {
.     Console.WriteLine(arrNumbers[i]);
. }
10
20
```

제네릭 리스트를 사용하여 앞 코드와 기능이 동일한 코드를 다음과 같이 작성할 수 있습니다.

```
> //② 제네릭 리스트 사용: List<T>
> List<int> lstNumbers = new List<int>();
> lstNumbers.Add(30);
> lstNumbers.Add(40);
> for (int i = 0; i < lstNumbers.Count; i++)
. {
.     Console.WriteLine(lstNumbers[i]);
. }
30
40
```

리스트 제네릭 클래스

C#에서 사용하는 제네릭 클래스 중에서 List<T> 제네릭 클래스를 자주 사용합니다. 이를 사용하면 특정 형식에 해당하는 리스트(컬렉션, 배열)를 아주 쉽게 만들고 관리할 수 있습니다.

```
> using System.Collections.Generic;
>
> List<string> colors = new List<string>();   //① 인스턴스 생성 및 샘플 데이터 입력
> colors.Add("Red");
> colors.Add("Green");
> colors.Add("Blue");
>
> for (int i = 0; i < colors.Count; i++)       //② for 문으로 출력하는 예
. {
.     Console.Write($"{colors[i]}\t");
. }
Red     Green     Blue
>
> foreach (var color in colors)                //③ foreach 문으로 출력하는 예
. {
.     Console.Write($"{color}\t");
. }
Red     Green     Blue
```

List<string>, List<int>, List<decimal> 등 특정 형태를 담을 수 있는 컬렉션 클래스도 만들 수 있습니다. 이렇게 만든 제네릭 컬렉션 개체는 for 문 또는 foreach 문 등으로 쉽게 가져다 사용할 수 있습니다.

28.4 Enumerable 클래스로 컬렉션 만들기

System.Linq 네임스페이스에 들어 있는 Enumerable 클래스는 Range()와 Repeat() 메서드를 제공하므로 특정 범위의 정수 컬렉션을 손쉽게 만들 수 있습니다. Enumerable.Range() 메서드는 테스트용으로 컬렉션을 만들 때 유용합니다.

- Enumerable.Range(1, 10): 1에서 10까지 정수 컬렉션 생성
- Enumerable.Range(0, 10): 0에서 9까지 정수 컬렉션 생성
- Enumerable.Repeat(−1, 10): −1을 열 번 반복하는 정수 컬렉션 생성

다음과 같이 Enumerable.Range(1, 10)을 요청하면 1부터 10까지 정수 컬렉션을 만듭니다. C# 인터렉티브에서는 for 문 또는 foreach 문을 사용하지 않고도 바로 결괏값을 확인할 수 있습니다. 참고로 C# 인터렉티브의 결괏값으로 나오는 RangeIterator는 몰라도 됩니다.

```
> Enumerable.Range(1, 10)
RangeIterator { 1, 2, 3, 4, 5, 6, 7, 8, 9, 10 }
```

또 다른 유용한 메서드인 Repeat()에 (100, 5) 형태로 매개변수를 전달하면 100이 5개인 정수 컬렉션을 만듭니다.

```
> Enumerable.Repeat(100, 5)
RepeatIterator { 100, 100, 100, 100, 100 }
```

콤마가 포함된 배열을 가져오려면 string.Join() 메서드와 함께 사용합니다.

```
> string.Join(",", Enumerable.Range(1, 5))
"1,2,3,4,5"
```

다음 코드는 메서드 체인 방식으로 1부터 100까지 정수 중 짝수를 구하고 거꾸로 정렬한 후 10개를 제외하고 5개를 가져옵니다. 다음 강의에서 이러한 스타일의 코드를 좀 더 자세히 배웁니다.

```
> Enumerable.Range(1, 100).Where(i => i % 2 == 0).Reverse().Skip(10).Take(5)
TakeIterator { 80, 78, 76, 74, 72 }
```

Enumerable 클래스의 주요 메서드 사용하기

Enumerable 클래스의 Range()와 Repeat() 메서드를 사용하는 또 다른 예제를 프로젝트 기반 소스로 살펴보겠습니다. 다음 내용을 입력한 후 실행해 보세요.

Enumerable 클래스의 메서드 사용: EnumerableDemo.cs

```
using System;
using System.Linq;

class EnumerableDemo
{
    static void Main()
    {
        var numbers = Enumerable.Range(1, 5);          //1부터 5까지
        foreach (var n in numbers)
            Console.Write("{0}\t", n);
        Console.WriteLine();

        var sameNumbers = Enumerable.Repeat(-1, 5);    //-1을 5개
        foreach (var n in sameNumbers)
            Console.Write("{0}\t", n);
        Console.WriteLine();
    }
}
```

\ 실행 결과 /

1	2	3	4	5
-1	-1	-1	-1	-1

1부터 n까지 정수 컬렉션 또는 -1이 5개인 정수 컬렉션 등을 생성하여 컬렉션 관련 메서드를 테스트할 때 유용하게 사용하는 API 2개를 살펴보았습니다.

28.5 Dictionary〈T, T〉 제네릭 클래스 사용하기

이번에는 Dictionary 개체를 사용하여 키와 값으로 데이터를 저장하고 사용할 수 있는 Dictionary 제네릭 클래스를 사용해 보겠습니다. 처음 보는 클래스도 나올 수 있으니, 한번 쭉 실행해 보는 관점으로 살펴보길 권장합니다. 프로젝트 기반 소스는 DictionaryGenericClassDemo.cs 파일입니다.

1. C# 인터렉티브를 실행합니다.

2. Dictionary<T, T> 제네릭 클래스는 문자열과 같은 키와 값의 쌍으로 데이터를 관리합니다. 다음 코드를 작성하여 string 키와 string 값을 컬렉션으로 관리할 수 있는 data 개체를 Dictionary 제네릭 클래스로 만듭니다.

```
> //① Dictionary 클래스의 인스턴스 생성: IDictionary 인터페이스로 받기
> IDictionary<string, string> data = new Dictionary<string, string>();
```

물론 다음과 같이 var로 줄임 표현해도 됩니다. 따라 하기는 다음 코드로 진행합니다.

```
> //① 책에서는 간단히 아래처럼 사용
> var data = new Dictionary<string, string>();
```

3. Add() 메서드로 데이터를 입력하고, Remove() 메서드로 데이터를 삭제할 수 있습니다. 또 배열의 [] 기호를 사용하여 값을 추가할 수도 있습니다. 키 값은 중복을 허용하지 않기에 이미 있는 키 값을 추가할 때는 에러가 발생합니다.

```
> data.Add("cs", "C#");              //② 데이터 입력
> data.Add("aspx", "ASP.NET");
>
> data.Remove("aspx");              //③ 데이터 삭제
> data["cshtml"] = "ASP.NET MVC";   //④ 인덱서를 사용해서 데이터 입력
>
> try                               //⑤ 키 값 중복 불가: 에러 발생
. {
.     data.Add("cs", "CSharp");
. }
. catch (Exception ex)
. {
.     Console.WriteLine(ex.Message);
. }
동일한 키를 사용하는 항목이 이미 추가되었습니다.
```

4. 여러 가지 방식으로 Dictionary 개체 값을 출력해 보겠습니다.

```
> //⑥ 출력: foreach (var item in data)로 줄임 표현 가능
> foreach (KeyValuePair<string, string> item in data)
. {
.     Console.WriteLine("{0}은(는) {1}의 확장자입니다.", item.Key, item.Value);
. }
cs은(는) C#의 확장자입니다.
cshtml은(는) ASP.NET MVC의 확장자입니다.
>
```

```
> foreach (var item in data)
. {
.     Console.WriteLine("{0}은(는) {1}의 확장자입니다.", item.Key, item.Value);
. }
cs은(는) C#의 확장자입니다.
cshtml은(는) ASP.NET MVC의 확장자입니다.
>
> Console.WriteLine(data["cs"]);   //⑦ 인덱서를 사용해서 출력 가능
C#
```

5. 없는 키 값을 요청하면 에러가 발생합니다. 이때 TryGetValue() 또는 ContainsKey() 메서드를 사용하여 확인 또는 값을 추가할 수 있습니다.

```
> //⑧ 없는 키 요청: 에러 발생
> try
. {
.     Console.WriteLine(data["vb"]);
. }
. catch (KeyNotFoundException knfe)
. {
.     Console.WriteLine(knfe.Message);
. }
지정한 키가 사전에 없습니다.
>
> //⑨ cs 키가 있으면 csharp 변수에 담아 출력
> if (data.TryGetValue("cs", out var csharp))
. {
.     Console.WriteLine(csharp);
. }
. else
. {
.     Console.WriteLine("cs 키가 없습니다.");
. }
C#
>
> //⑩ 키 값이 없으면 입력하고 출력
. if (!data.ContainsKey("json"))
. {
.     data.Add("json", "JSON");
.     Console.WriteLine(data["json"]);
. }
JSON
>
```

6. 경우에 따라서는 키와 값을 따로 컬렉션으로 뽑아 사용 가능합니다.

```
> //⑪ Value 값을 따로 뽑아 출력
> var values = data.Values;
> values
Dictionary<string, string>.ValueCollection(3) { "C#", "ASP.NET MVC", "JSON" }
>
> //⑫ Key 값을 따로 뽑아 출력
> var keys = data.Keys;
> keys
Dictionary<string, string>.KeyCollection(3) { "cs", "cshtml", "json" }
```

List<T>와 마찬가지로 Dictionary<T, T> 제네릭 클래스는 사용 빈도가 높은 편입니다. 앞으로도 반복해서 나오겠지만, 키와 값으로 데이터를 저장하는 사전 개체에 대한 의미를 확인하는 시간이었습니다.

모든 값을 담을 수 있는 ArrayList 클래스 대신에 필요한 값을 선택해서 담을 수 있는 List<string>, List<int> 등 제네릭 클래스는 성능도 빠르고 사용하기도 편리합니다. 이러한 제네릭 클래스는 List<T>처럼 표현하며, 이 전체를 표현하는 단어는 Cup<T>입니다.

제네릭은 C#에서 굉장히 중요하기에 앞으로는 대부분 제네릭을 기반으로 사용할 것입니다.

29 널(null) 다루기

프로그래밍 언어에서 널(Null, NULL, null, nil)은 아무것도 없는 상태를 나타냅니다. 즉, null은 아무것도 없음을 의미하는 리터럴입니다. 개체가 아무것도 참조하지 않는 것을 null 참조라고 합니다. 이 강의에서는 널 관련 기능을 정리해 보겠습니다.

29.1 null 값

이미 우리는 null을 많이 사용해 왔습니다. 다음 세 번째처럼 null은 참조 형식이면서 아무것도 참조하지 않습니다. 화살표(포인터)가 아무것도 가리키지 않아 값 자체가 없음을 의미합니다.

▼ 그림 29-1 null 값

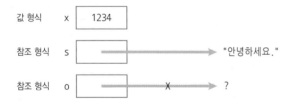

null 값을 지금까지 사용해 본 경험에 비추어 추가로 다음과 같이 정리할 수 있습니다. 한 번 정도 읽고 넘어가세요.

- 아무런 값이 없음

- 참조형 변수에 아무런 값을 설정하지 않음

- 알려지지 않은 값으로 아무 의미가 없거나 모르는 값, 값이 없음을 의미

- 변수가 아무런 값도 가리키고 있지 않음

- 변수가 이름만 만들고 아무런 참조도 하지 않음

- 개체가 만들어지고 아무런 값도 참조하지 않음을 나타냄

- 영어 단어로는 undefined
- 빈 값(Empty, "")과는 다름

null 값 사용하기

이번에는 null을 사용해 보겠습니다. 이미 사용한 예제 형태입니다. int, float, double은 값 형식(value type)이고 string, object는 참조 형식(reference type)인 것을 구분한다는 관점에서 살펴보세요.

```
> int i = 0;          //값 형식
> string s = null;    //참조 형식
> s = "안녕하세요.";
> string empty = "";  //빈 값(empty)은 null과는 다름
> i
0
> s
"안녕하세요."
> empty
""
```

29.2 null 가능 형식: Nullable〈T〉 형식

기본 제공 형식을 null이 가능한 형식으로 변경하려면 Nullable〈T〉 제네릭 형식을 사용합니다. bool과 Nullable〈bool〉의 차이점은 다음과 같습니다.

- bool 형식은 true와 false를 갖습니다.
- Nullable〈bool〉 형식은 true, false, null을 갖습니다.

Nullable〈T〉 형식을 줄임 표현하는 방법은 데이터 형식 뒤에 ?(물음표) 기호를 붙이는 것입니다. 예를 들어 bool?, int? 형식으로 null 가능 형식을 만들 수 있습니다.

Nullable〈T〉 형식이 제공하는 주요 멤버는 다음과 같습니다.

- **HasValue 속성**: 값이 있으면 true, null 값이면 false를 반환
- **Value 속성**: 값 반환
- **GetValueOrDefault**: 값 또는 기본값 반환

null 가능 형식 사용하기

이번에는 Nullable 형식을 사용해 보겠습니다. Nullable 형식은 null이 할당될 수 있는 형식을 의미합니다.

```
> string s = null;   //참조 형식: null 할당 가능
> s
null
>
> int i = null;      //값 형식: null 할당 불가능 -> 에러
(1,9): error CS0037: Cannot convert null to 'int' because it is a non-nullable value
type
>
> int? i = null;
> i
null
>
> double? d = null;
> d
null
>
> //System.Nullable<T> 제네릭 클래스: int?, double? 사용을 권장함
> Nullable<int> ii = null;
> int? ii = null;
> Nullable<double> dd = null;
> double? dd = null;
```

29.3 null 값을 다루는 연산자 소개하기

null 값을 다루는 다양한 연산자가 있습니다. 하나씩 살펴봅시다.

?? 연산자(null 병합 연산자)

물음표 2개(??)로 된 연산자인 null 병합 연산자(null coalescing operator)는 왼쪽 항이 null이 아니면 해당 값을 반환하고, 그렇지 않으면 오른쪽 값을 반환합니다. 즉, 피연산자가 null이 아닐 때는 왼쪽 피연산자를 반환하고, null일 때는 오른쪽 피연산자를 반환합니다.

null 병합 연산자를 사용해 보겠습니다.

```
> string nullValue = null;
> string message = "";
>
> //① if 구문으로 null 값 비교
> nullValue = null;
> if (nullValue == null)
. {
.     message = "[1] null이면 새로운 값으로 초기화합니다.";
. }
> message
"[1] null이면 새로운 값으로 초기화합니다."
>
> //② ?? 연산자로 null 값 비교
> nullValue = null;
> message = nullValue ?? "[2] null이면 새로운 값으로 초기화합니다.";
> message
"[2] null이면 새로운 값으로 초기화합니다."
>
> nullValue = "Hello";
> message = nullValue ?? "[3] Nothing";
> message
"Hello"
```

①처럼 일반적으로 null 값 비교는 if 문을 사용합니다. if 문으로 null 값을 비교하는 코드를 ②처럼 ?? 연산자를 사용하여 작성할 수 있습니다. ?? 연산자는 이처럼 기존에 if 문으로 잘 표현했던 코드를 새로운 형태로 좀 더 간결하게 표현합니다.

이러한 null 병합 연산자인 ?? 연산자를 null 값이 자료에 대해 특정 기본값으로 초기화될 때 유용하게 사용할 수 있습니다.

null 병합 연산자로 문자열 변수의 null 값 확인하기

문자열 변수에 대한 null 값을 확인하여 기본값으로 설정하는 방법을 null 병합 연산자로 표현해 보겠습니다. 다음 내용을 C# 인터렉티브에 입력한 후 실행해 보세요.

29

널(null) 다루기

```
> var result = "";
> var message = "";
>
> message = null;
> result = message ?? "기본값";
> result
"기본값"
>
> message = "있는 값";
> result = message ?? "기본값";
> result
"있는 값"
```

null 병합 연산자를 사용하면 특정 변수 값이 null이면 새로운 '기본값'으로 초기화되고, null이 아닌 값으로 이미 초기화된 변수는 해당 값을 그대로 사용합니다.

null 가능 형식에 null 병합 연산자 사용하기

이번에는 null 가능 형식에 대한 null 병합 연산자를 사용해 보겠습니다. 다음 내용을 C# 인터렉티브에 입력한 후 실행해 보세요.

```
> int? value = null;              //null 가능 형식에 null로 초기화
> int defaultValue = value ?? -1; //value가 null이면 -1 대입
> defaultValue
-1
```

이 코드에서 value 변수에는 null이 입력되었습니다. value ?? -1; 코드로 value 값이 null이면 null 대신에 -1을 defaultValue에 할당합니다. 이러한 코드를 사용함으로써 null 때문에 발생하는 에러를 줄일 수 있습니다.

null 병합 연산자와 default 키워드

이번에는 ?? 연산자와 default 키워드를 함께 사용해 보겠습니다. 다음 내용을 C# 인터렉티브에 입력한 후 실행해 보세요.

```
> int? x = null;
> int y = x ?? 100;            //x가 null이면 100으로 초기화
> int z = x ?? default(int);   //정수형의 기본값인 0으로 초기화
> int z = x ?? default;        //정수형의 기본값인 0으로 초기화
> $"y : {y}, z : {z}"
"y : 100, z : 0"
```

특정 식의 결과에 null 대신 해당 형식의 기본값을 저장할 때는 default(T) 코드와 함께 사용 가능합니다. default(int) 구문은 다음과 같이 default로 줄여 표현해도 됩니다.

```
> int? x = null;
> int z = x ?? default;
> z
0
```

null 병합 연산자와 null 가능 형식을 함께 사용하기

null 가능 형식과 null 병합 연산자를 함께 사용하면 다음 코드도 실행 가능합니다. 간단히 살펴본 후 넘어갑니다.

```
> bool? unknown = null;
> if (unknown ?? true)
.     Console.WriteLine("출력됨");
출력됨
> unknown = false;
> if (!unknown ?? false)
.     Console.WriteLine("출력됨");
출력됨
```

null 조건부 연산자

null 조건부 연산자(null conditional operator)인 ?. 연산자는 null 가능 형식 뒤에 붙어 해당 값이 null인지 테스트합니다.

```
> double? d = null;
> d
null
> d?.ToString()
null
```

d가 null이면 null을 반환합니다.

```
> double? d = 1.0;
> d?.ToString()
"1"
> d?.ToString("#.00")
"1.00"
```

d가 null이 아니면 ToString( ) 메서드를 실행합니다.

null 조건부 연산자 사용하기

null 조건부 연산자인 ?.는 null 가능 형식에 사용하여 코드를 줄여서 표현할 수 있습니다.

```
> int? len;
> string message;
>
> message = null;
> len = message?.Length;
> len
null
>
> message = "안녕";
> len = message?.Length;
> len
2
```

문자열 변수 message 값이 null이면 ?. 연산자를 실행했을 때 null 값을 반환하고, 그렇지 않으면
?. 연산자 뒤에 오는 속성 또는 메서드를 실행합니다. ?. 연산자는 ?[ ] 형태로 배열 또는 인덱서
에도 사용됩니다.

null 조건부 연산자와 컬렉션 클래스

이번에는 컬렉션과 null 조건부 연산자를 함께 사용해 보겠습니다. ?. 연산자는 컬렉션이 null이
면 null이고, 그렇지 않으면 뒤에 오는 속성 값을 반환합니다. 엘비스의 머리 모양과 비슷하다고
하여 Elvis 연산자라고도 합니다.

```
> List<string> list = null;
> int? numberOfList;
>
> numberOfList = list?.Count;   //① 리스트가 null이면 null 반환
> numberOfList
null
>
> list = new List<string>();
> list.Add("안녕하세요."); list.Add("반갑습니다.");
>
> numberOfList = list?.Count;   //② 리스트가 null이 아니므로 Count 속성 값인 2 반환
```

```
> numberOfList
2
```

제네릭 컬렉션 값이 null이면 ?. 연산자는 null을 반환하고, 그렇지 않으면 ?. 연산자 뒤에 있는 컬렉션의 카운트를 나타내는 Count 속성 값을 반환합니다.

null 조건부 연산자와 null 병합 연산자 함께 사용하기

?.와 ?? 연산자를 함께 사용하는 예제도 살펴보겠습니다. 다음 내용을 입력한 후 실행해 보세요. ?? 연산자는 컬렉션이 null이 아니면 해당 값을 반환합니다. null이면 뒤에 지정한 값을 반환합니다.

```
> int num;
> List<string> list;
>
> //① 컬렉션 리스트가 null이면 Count를 읽을 수 없기에 0으로 초기화
> list = null;
> num = list?.Count ?? 0;  //null이면 0 반환, 오른쪽 값 사용
> num
0
>
> //② 컬렉션 리스트가 null이 아니면 Count 속성 값을 사용
> list = new List<string>(); list.Add("또 만나요.");
> num = list?.Count ?? 0;  //null이 아니기에 왼쪽 값 사용
> num
1
```

?. 연산자의 결괏값이 null이면 null 대신에 ?? 연산자를 사용하여 새로운 값으로 초기화할 수 있습니다. null 관련 연산자 2개를 함께 사용하는 list?.Count ?? 0 형태의 코드는 앞으로 자주 보게 될 것입니다. 조금 복잡해 보여도 사용법을 확실히 익혀 두면 좋습니다.

C# 프로그래밍에서 가장 많은 에러를 발생시키는 부분이 바로 널(null) 관련 에러입니다. 특정 개체가 참조되지 않은 상태로 사용되면 반드시 에러가 발생됩니다. 이러한 null 관련 에러를 잡으려면 반드시 null 값이 아닌 실제 값으로 초기화하고, null 확인을 null 병합 연산자와 null 조건부 연산자를 사용하여 null 대신에 기본값 등으로 초기화하길 권장합니다. null 관련 연산자는 null 처리에서 if 문이 아닌 식을 사용하여 처리할 수 있도록 도움을 줍니다. 처음에는 어려울 수 있지만 이 두 가지 연산자를 많이 연습하여 사용법을 확실히 익힙니다.

29 널(null) 다루기

30
LINQ

LINQ(링크)는 Language INtegrated Query의 약어로, C#에서 컬렉션 형태의 데이터를 가공할 때 유용한 메서드를 많이 제공합니다. 이 강의에서는 LINQ를 학습합니다.

30.1 LINQ 개요

C#은 LINQ라는 특별한 프로그래밍 문법을 제공합니다. 예를 들어 배열 또는 리스트 등 컬렉션 데이터를 반복문과 조건문을 사용하여 쉽게 구할 수 있습니다.

30.2 확장 메서드 사용하기

닷넷에서는 특정 형식에 원래는 없던 기능을 덧붙이는 개념으로 확장 메서드(extension method)를 제공합니다. 예를 들어 정수 배열의 합을 구하려면 if 문과 for 문을 사용하여 직접 합계 기능을 구현해야 합니다. 하지만 확장 메서드 개념으로 없던 기능을 추가할 수도 있습니다. 닷넷은 이런 유용한 확장 메서드를 다수 제공합니다. 확장 메서드를 직접 만드는 방법은 뒤에서 자세히 알아보고, 이번에는 LINQ에서 제공하는 확장 메서드를 먼저 사용해 보겠습니다.

닷넷에서 확장 메서드를 사용하려면 System.Linq 네임스페이스를 선언해야 합니다. 가장 먼저 기억해야 할 확장 메서드는 다음과 같습니다. 다음 확장 메서드를 사용하여 숫자 배열 또는 컬렉션에서 합계(Sum), 건수(Count), 평균(Average), 최댓값(Max), 최솟값(Min)을 구할 수 있습니다.

- Sum(): 숫자 배열 또는 컬렉션의 합
- Count(): 숫자 배열 또는 컬렉션의 건수
- Average(): 숫자 배열 또는 컬렉션의 평균
- Max(): 최댓값
- Min(): 최솟값

Sum() 메서드로 배열의 합 구하기

정수 배열 또는 컬렉션에 들어 있는 데이터의 전체 합을 구하는 예제를 살펴보겠습니다. 일반적인 환경이라면 if 문과 for 문 등을 조합하여 구현할 수 있습니다. LINQ에서 제공하는 Sum() 메서드를 사용하면 좀 더 손쉽게 합을 구할 수 있습니다. 다음 내용을 입력한 후 실행해 보세요.

Sum() 메서드로 배열의 합 계산: LinqSum.cs

```
using System;
using System.Linq;

class LinqSum
{
    static void Main()
    {
        int[] numbers = { 1, 2, 3 };

        int sum = numbers.Sum();

        Console.WriteLine($"numbers 배열 요소의 합 : {sum}");
    }
}
```

\ 실행 결과 /

```
numbers 배열 요소의 합 : 6
```

정수 배열인 numbers의 전체 합을 구하려고 Sum() 메서드를 사용했습니다. Sum() 메서드의 결괏값을 sum 변수에 받아서 출력하면 배열의 합이 저장되는 것을 알 수 있습니다. 이처럼 LINQ에서 제공하는 확장 메서드들을 사용하면 편리하게 합계, 건수, 평균 등을 구할 수 있습니다.

Count() 메서드로 배열의 건수 구하기

이번에는 Count() 확장 메서드로 정수 배열의 개수를 구해 보겠습니다. 다음 내용을 입력한 후 실행해 보세요.

Count() 메서드로 배열 개수 계산: LinqCount.cs

```
using System;
using System.Linq;
```

```
class LinqCount
{
    static void Main()
    {
        int[] numbers = { 1, 2, 3 };

        int count = numbers.Count();

        Console.WriteLine($"{nameof(numbers)} 배열 개수 : {count}");
    }
}
```

```
numbers 배열 개수 : 3
```

사실 배열 개수는 배열의 Length 속성을 사용해서 구할 수 있습니다. 잠시 후에 알아보겠지만, Count() 메서드는 몇 가지 조건을 추가하여 처리할 수도 있습니다.

출력문에는 numbers 배열의 이름을 직접 출력하는 대신에 nameof() 연산자를 사용하여 numbers 배열 이름을 문자열로 출력해 보았습니다. 이렇게 하면 비주얼 스튜디오의 이름 바꾸기 기능을 이용하여 numbers 배열 이름이 포함된 문자열을 한꺼번에 바꿀 수 있습니다.

Average() 메서드로 배열의 평균 구하기

이번에는 Average() 확장 메서드를 사용하여 배열의 평균을 구하겠습니다. 다음 내용을 입력한 후 실행해 보세요.

Average() 메서드로 배열 평균 계산: LinqAverage.cs

```
using System.Linq;
using static System.Console;

class LinqAverage
{
    static void Main()
    {
        int[] numbers = { 1, 3, 4 };

        double average = numbers.Average();
```

```
        WriteLine($"{nameof(numbers)} 배열 요소의 평균 : {average:#,###.##}");
    }
}
```

numbers 배열 요소의 평균 : 2.67

정수 배열에 Average() 메서드를 호출하면 실수 형식의 평균값을 계산해 줍니다. 평균값이 담겨 있는 average 변수를 {average:#,###.##} 형태로 옵션을 입력하여 세 자리마다 콤마를 넣고 소수점 두 자리까지 표시하도록 했습니다.

Max() 메서드로 컬렉션의 최댓값 구하기

이번에는 Max() 확장 메서드를 사용하여 컬렉션 요소 중 최댓값을 구하겠습니다. 다음 내용을 입력한 후 실행해 보세요.

Max() 메서드로 컬렉션의 최댓값 계산: LinqMax.cs

```
using System;
using System.Collections.Generic;
using System.Linq;

class LinqMax
{
    static void Main()
    {
        var numbers = new List<int>() { 1, 2, 3 };

        int max = numbers.Max();

        Console.WriteLine($"{nameof(numbers)} 컬렉션의 최댓값 : {max}");
    }
}
```

numbers 컬렉션의 최댓값 : 3

정수 배열과 마찬가지로 정수 컬렉션에 Max() 메서드를 호출하여 최댓값을 구할 수 있습니다.

30

LINQ

Min() 메서드로 컬렉션의 최솟값 구하기

이번에는 Min() 확장 메서드를 사용하여 컬렉션 요소 중 최솟값을 구하겠습니다. 다음 내용을 입력한 후 실행해 보세요.

```
using System;
using System.Collections.Generic;
using System.Linq;

class LinqMin
{
    static void Main()
    {
        var numbers = new List<double> { 3.3, 2.2, 1.1 };

        var min = numbers.Min();

        Console.WriteLine($"{nameof(numbers)} 리스트의 최솟값 : {min:.00}");
    }
}
```

\ 실행 결과 /

```
numbers 리스트의 최솟값 : 1.10
```

정수 컬렉션과 마찬가지로 실수 컬렉션도 Min() 메서드를 사용하여 최솟값을 구할 수 있습니다.

Min()과 Max()로 최솟값과 최댓값 구하기

LINQ를 사용하여 최댓값과 최솟값을 구하는 예제를 하나 더 만들어 보겠습니다. 다음 내용을 입력한 후 실행해 보세요.

```
using System;
using System.Linq;

class MinAndMax
{
    static void Main()
    {
```

```
        int[] arr = { 1, 2, 3 };
        int min = arr.Min();
        int max = arr.Max();

        Console.WriteLine($"최솟값 : {min}, 최댓값 : {max}");
    }
}
```

\ 실행 결과 /

최솟값 : 1, 최댓값 : 3

Min(), Max() 같은 LINQ의 확장 메서드를 사용하면 for 문과 if 문으로 직접 구현해야 하는 최댓값과 최솟값을 쉽게 구할 수 있습니다.[1]

30.3 화살표 연산자와 람다 식으로 조건 처리

LINQ에서 제공하는 확장 메서드들은 매개변수로 람다 식(lambda expression)을 받는데, 람다 식은 화살표 연산자 또는 람다 연산자라고 하는 화살표 모양의 => 기호를 사용합니다.

람다 식

람다 식은 다른 말로 화살표 함수(arrow function)라고도 합니다. 화살표 연산자 또는 람다 연산자(lambda operator)로 표현되는 => 연산자는 일반적으로 영어로는 'goes to' 또는 'arrow'로 발음합니다. 우리말로 번역하면 '이동'이라는 의미입니다.

람다 식은 다음과 같이 두 가지 형태로 표현합니다. 이 두 가지 형태를 구분해서 식 람다(expression lambda)와 문 람다(statement lambda)로 표현하기도 합니다.

▼ 표 30-1 식 람다와 문 람다

종류	형태	예
식 람다	(입력 매개변수) => 식	x => x + 1
문 람다	(입력 매개변수) => { 문; }	x => { return x + 1; }

---

1   for 문과 if 문으로 최댓값과 최솟값을 구하는 코드는 조금 뒤에 살펴봅니다.

예를 들어 x => x * x 형태의 람다 식은 'x는 x 곱하기 x로 이동'으로 읽을 수 있습니다.

람다 식을 만드는 것은 뒤에서 자세히 배우지만, 우선 미리보기로 다음 코드를 간단히 살펴보고 넘어가겠습니다. Func<T> 또는 Action<T>를 사용하여 새롭게 만든 isEven()과 greet() 함수로 짝수를 판별하거나 이름을 출력하는 메서드를 만들어 보았습니다.

```
> //식 람다 미리보기 코드
> Func<int, bool> isEven = x => x % 2 == 0;
> isEven(2)
true
> isEven(3)
false
> //문 람다 미리보기 코드
> Action<string> greet = name => { var message = $"Hello {name}"; Console.
WriteLine(message); };
> greet("You")
Hello You
```

다음 람다 식으로 어떤 number 값이 주어지면 해당 number 값을 2로 나누었을 때 0과 같은지 판단합니다. 즉, 짝수인 데이터만 가져옵니다. 입력 매개변수에 해당하는 number 변수 이름은 원하는 이름으로 선언하면 됩니다. 일반적으로 number 대신 n 형태로 줄여서 표현합니다.

```
number => number % 2 == 0
```

람다 식을 조금 어려운 말로 표현하면, 매개변수로 전달된 이름이 없는 인라인 함수(이름 없는 메서드)입니다. 즉, 람다 식 자체가 하나의 함수고, 함수를 가리키는 함수 포인터가 됩니다. 람다 식 자체를 만드는 방법은 나중에 살펴보고 지금은 람다 식을 사용하는 것에만 집중하겠습니다.

LINQ에서는 이러한 형태의 람다 식과 Where() 메서드를 사용하여 조건을 처리할 수 있습니다. 참고로 Where() 메서드의 결괏값은 IEnumerable<T>입니다. IEnumerable<T>는 List<T>와 비슷하지만, 읽기 전용 컬렉션입니다.

Where() 메서드로 IEnumerable<T> 형태의 데이터 가져오기

다음 코드는 Where() 메서드에 매개변수로 람다 식을 제공하여 새로운 컬렉션을 가져옵니다.

```
> int[] numbers = { 1, 2, 3, 4, 5 };
> IEnumerable<int> newNumbers = numbers.Where(number => number > 3);
> foreach (var n in newNumbers)
. {
.     Console.WriteLine(n);
```

```
 . }
 4
 5
```

람다 식 number => number > 3은 매개변수가 들어오면 3보다 큰 데이터만 가져와 IEnumerable<int> 형식의 newNumbers에 대입해서 출력하라는 의미입니다. 3보다 큰 4와 5만 출력됨을 알 수 있습니다.

ToList() 메서드로 IEnumerable<T>를 List<T>로 변환하기

람다 식을 사용하는 Where() 같은 확장 메서드를 호출할 때 IEnumerable<T> 대신에 List<T> 형태로 받으려면 ToList() 메서드를 한 번 더 호출해야 합니다.

```
> int[] numbers = { 1, 2, 3, 4, 5 };
> List<int> newNumbers = numbers.Where(number => number > 3).ToList();
> foreach (var number in newNumbers)
. {
.     Console.WriteLine(number);
. }
4
5
```

코드에서는 Where() 메서드의 결과인 IEnumerable<T>를 ToList() 메서드를 한 번 더 호출해서 List<T> 형태로 변환한 후 사용했습니다.

Where() 메서드로 조건 처리하기

Where() 확장 메서드는 람다 식을 사용하여 조건을 처리할 수 있습니다. 다음 코드를 보면 배열 또는 컬렉션에 Where() 메서드를 사용해서 짝수만 가져온 후 다시 Sum() 메서드로 짝수의 합만 구할 수 있습니다.

```
> var numbers = new List<int> { 1, 2, 3 };
> numbers.Where(number => number % 2 == 0).Sum()
2
```

다음 코드는 람다 식의 입력 매개변수를 n으로 줄여 표현하고 홀수의 합만 구합니다.

```
> var numbers = new List<int> { 1, 2, 3 };
> numbers.Where(n => n % 2 == 1).Sum()
4
```

Where( ) 메서드에 매개변수로 전달되는 람다 식의 매개변수 이름은 일반적으로 컬렉션의 첫 글자를 따서 만드는 것이 관례입니다. 예를 들어 numbers 컬렉션이면 n => n 형태를 사용하고, colors 컬렉션이면 c => c 형태를 사용합니다.

정수 배열에서 홀수만 추출하는 예제를 만들어 보겠습니다. 다음 내용을 입력한 후 실행해 보세요.

배열에서 홀수만 추출: LinqWhereMethod.cs

```csharp
using System;
using System.Linq;

class LinqWhereMethod
{
    static void Main()
    {
        int[] arr = { 1, 2, 3, 4, 5 };

        //배열에서 홀수만 추출: 람다 식 사용
        var q = arr.Where(num => num % 2 == 1);

        foreach (var n in q)
        {
            Console.WriteLine(n);
        }
    }
}
```

\ 실행 결과 /

```
1
3
5
```

Where(num => num % 2 == 1) 형태를 사용하여 배열 또는 컬렉션에서 홀수인 데이터만 가져올 수 있습니다.

Where( ) 확장 메서드는 조건을 처리하거나 원하는 데이터만 가져오는 필터링 기능을 합니다. 다음 내용을 입력한 후 실행해 보세요.

Where( ) 확장 메서드를 사용한 필터링: Filter.cs

```csharp
using System;
using System.Linq;
```

```
class Filter
{
    static void Main()
    {
        int[] numbers = { 1, 2, 3, 4, 5 };

        var nums = numbers.Where(it => it % 2 == 0 && it > 3);   //짝수 && 3보다 큰

        foreach (var num in nums)
        {
            Console.WriteLine(num);
        }
    }
}
```

```
4
```

Where(it => it % 2 == 0 && it > 3) 조건을 사용하여 짝수이면서 3의 배수인 데이터만 필터링해서 가져옵니다. 이처럼 논리 연산자를 사용하여 하나 이상의 조건을 처리할 수 있습니다.

Count() 같은 대부분의 확장 메서드는 Where() 메서드를 사용하지 않고도 바로 매개변수로 람다식을 전달하여 조건을 처리할 수 있습니다. 다음 내용을 입력한 후 실행해 보세요.

Where() 메서드를 사용하지 않고 조건 처리: CountFunc.cs

```
using System;
using System.Linq;

class CountFunc
{
    static void Main()
    {
        bool[] blns = { true, false, true, false, true };

        Console.WriteLine(blns.Count());
        Console.WriteLine(blns.Count(bln => bln == true));
        Console.WriteLine(blns.Count(bln => bln == false));
    }
}
```

30

LINQ

```
5
3
2
```

Count( ) 메서드에 Count(bln => bln == true) 형태로 Where( ) 메서드를 호출하지 않고 바로 조건에 맞는 데이터 개수를 구할 수 있습니다.

All( )과 Any( ) 메서드로 조건 판단하기

LINQ의 All( )과 Any( ) 메서드는 배열 또는 컬렉션에서 모든 조건을 만족하거나 하나의 조건이라도 만족해야 하는 경우를 판단합니다. 예를 들어 값이 모두 true인 배열에서 All(c => c == true) 메서드로 물어보면 true를 반환합니다. 즉, 모든 요소 값이 true일 때만 참이고, 그렇지 않으면 거짓입니다.

```
> bool[] completes = { true, true, true };
> completes.All(c => c == true)
true
```

마찬가지로 배열의 요소 중 하나라도 false가 들어 있는 배열에서 Any(c => c == false)로 물어보면 true가 반환됩니다.

```
> bool[] completes = { true, false, true };
> completes.Any(c => c == false)
true
```

Any( ) 확장 메서드로 데이터가 있는지 확인하기

LINQ의 Any( ) 확장 메서드는 컬렉션(시퀀스)에 요소가 하나라도 있는지 확인하는 기능을 제공합니다. 이번에는 LINQ의 Any( ) 확장 메서드를 사용해 보겠습니다. 다음 내용을 C# 인터렉티브에 입력한 후 실행해 보세요.

```
> int[] arr = { 1, 2, 3 };
> bool bln = arr.Any(num => num == 2);   //bool 값 반환
> bln
true
```

System.Linq 네임스페이스를 추가하면 모든 컬렉션 개체에 Any() 메서드가 확장 메서드로 추가됩니다. Any() 메서드를 사용하면 조건에 맞는 데이터가 해당 컬렉션에 있는지 확인할 수 있습니다. arr.Any() 형태로 요청하면 데이터가 있는지 확인할 수 있고, arr.Any(람다식) 형태로 요청하면 람다식 조건에 맞는 데이터가 있는지 확인할 수 있습니다.

Take()와 Skip() 메서드로 필요한 건수의 데이터 가져오기

이번에는 LINQ의 Take 확장 메서드를 사용해 보겠습니다. 다음 내용을 입력한 후 실행해 보세요.

```
> var data = Enumerable.Range(0, 100);   //0~99
> data.Take(5)                           //앞에서 5개
TakeIterator { 0, 1, 2, 3, 4 }
> data.Where(n => n % 2 == 0).Take(5)   //짝수 5개
TakeIterator { 0, 2, 4, 6, 8 }
```

Skip() 메서드는 지정한 수만큼 데이터를 제외한 컬렉션을 반환합니다. Skip()과 Take() 메서드는 자주 함께 사용됩니다.

```
> var data = Enumerable.Range(0, 100);
> var next = data.Skip(10).Take(5);   //10개를 제외하고 5개 가져오기
> next
TakeIterator { 10, 11, 12, 13, 14 }
```

Distinct() 확장 메서드로 중복 제거하기

이번에는 LINQ의 Distinct() 확장 메서드를 사용해 보겠습니다. Distinct() 메서드를 사용하면 컬렉션(시퀀스)에서 중복된 데이터를 제거합니다.

```
> var data = Enumerable.Repeat(3, 5);   //3을 5개 저장
> var result = data.Distinct();         //Distinct()로 중복 제거
> result
DistinctIterator { 3 }
> int[] arr = { 2, 2, 3, 3, 3 };        //2와 3을 중복해서 배열에 저장
> arr.Distinct()
DistinctIterator { 2, 3 }
```

컬렉션의 데이터에서 중복을 제거한 데이터를 가져오는 것을 직접 구현하기가 생각보다 쉽지 않습니다. 하지만 LINQ를 사용하면 Distinct() 메서드만 추가로 호출하면 됩니다.

30

LINQ

30.4 데이터 정렬과 검색

LINQ의 확장 메서드 중에서 데이터를 오름차순으로 정렬할 때는 OrderBy()를 사용하고, 내림차순으로 정렬할 때는 OrderByDescending() 메서드를 사용합니다. 이 두 메서드의 매개변수 역시 Where() 메서드와 마찬가지로 람다 식을 입력받습니다.

OrderBy() 메서드로 문자열 컬렉션 오름차순 정렬하기

문자열 요소 3개를 가진 colors 배열을 사용하여 ABC 또는 가나다 순서의 오름차순으로 정렬된 새로운 값을 얻고 싶다면 OrderBy() 확장 메서드를 씁니다.

```
> string[] colors = { "Red", "Green", "Blue" };
> IEnumerable<string> sortedColors = colors.OrderBy(name => name);
> foreach (var color in sortedColors)
. {
.     Console.WriteLine(color);
. }
Blue
Green
Red
```

OrderBy() 메서드는 매개변수로 람다 식을 입력받는데, 정수나 문자열일 때는 name => name 또는 줄여서 c => c 형태만 사용합니다. OrderBy() 같은 LINQ 확장 메서드의 반환값은 IEnumerable<string> 대신에 짧게 var로 사용하면 좋습니다.

OrderByDescending() 메서드로 문자열 컬렉션 내림차순 정렬하기

OrderByDescending() 메서드는 컬렉션의 값을 내림차순으로 정렬하여 가져옵니다.

```
> var colors = new List<string> { "Red", "Blue", "Green" };
> var sortedColors = colors.OrderByDescending(c => c);
> foreach (var color in sortedColors)
. {
.     Console.WriteLine(color);
. }
Red
Green
Blue
```

OrderByDescending() 메서드는 배열 또는 컬렉션의 값을 내림차순으로 정렬하여 가져옵니다. 나중에 알아보겠지만, 정수 또는 문자열이 아닌 개체(object) 형태의 데이터는 OrderBy()와 OrderByDescending() 메서드를 혼합해서 여러 정렬 조건을 만족한 데이터를 얻을 수 있습니다.

확장 메서드 체이닝

메서드 체이닝처럼 확장 메서드도 체이닝으로 여러 번 호출할 수 있습니다.

```
> List<string> names = new List<string> { ".NET", "C#", "TypeScript" };
>
> var results = names.Where(name => name.Length > 2).OrderBy(n => n);
> foreach (var name in results)
. {
.     Console.WriteLine(name);
. }
.NET
TypeScript
```

컬렉션 형태의 데이터에서 Where(), OrderBy() 등 LINQ 확장 메서드를 체이닝으로 여러 번 호출해서 사용할 수 있습니다. 일반적인 C# 프로그래밍에서 종종 확장 메서드를 하나 이상 함께 사용합니다.

짝수인 데이터만 오름차순 정렬하기

Enumerable.Range() 메서드를 사용하여 1부터 10까지 정수를 저장한 numbers 컬렉션을 만듭니다. 이 중에서 Where() 메서드로 짝수인 데이터만 가져온 후 다시 OrderBy() 메서드를 사용하여 오름차순 정렬한 데이터를 가져옵니다. C# 인터렉티브에서 직접 Where()와 OrderBy() 메서드의 실행 결과를 출력할 수 있습니다.

```
> var numbers = Enumerable.Range(1, 10);
> numbers
RangeIterator { 1, 2, 3, 4, 5, 6, 7, 8, 9, 10 }
> numbers.Where(n => n % 2 == 0).OrderBy(n => n)
OrderedEnumerable<int, int> { 2, 4, 6, 8, 10 }
```

결괏값 중에서 RangeIterator와 OrderedEnumerable<T> 형태는 내부적으로 사용하는 코드라 몰라도 됩니다.

짝수인 데이터만 내림차순 정렬하기

앞 예제와 마찬가지로, 11부터 20까지 정수를 가지고 짝수만 구한 후 이를 다시 내림차순 정렬한 데이터를 가져오겠습니다.

```
> var numbers = Enumerable.Range(11, 10);
> numbers
RangeIterator { 11, 12, 13, 14, 15, 16, 17, 18, 19, 20 }
> numbers.Where(n => n % 2 == 0).OrderByDescending(n => n)
OrderedEnumerable<int, int> { 20, 18, 16, 14, 12 }
```

특정 문자열을 포함하는 컬렉션 가져오기

문자열 배열 또는 컬렉션에서 특정 문자열을 포함하는 데이터만 가져오는 검색 기능을 구현할 때는 람다 식에서 Contains() 메서드를 추가로 호출합니다.

다음 코드는 영문자 'e'를 하나라도 포함하는 리스트와 'ee' 문자열을 포함하는 리스트를 읽어 옵니다.

```
> var colors = new List<string> { "Red", "Green", "Blue" };
> var newColors = colors.Where(c => c.Contains("e"));
> foreach (var color in newColors)
. {
.     Console.WriteLine(color);
. }
Red
Green
Blue
> var green = colors.Where(c => c.Contains("ee"));
> foreach (var c in green)
. {
.     Console.WriteLine(c);
. }
Green
```

리스트 형태로 저장된 컬렉션에서 특정 문자열을 검색할 때 람다 식에서 Contains() 메서드를 사용하여 문자열을 포함하는 컬렉션을 가져올 수 있습니다.

LINQ를 사용하지 않고 문자열 컬렉션에서 특정 키워드에 해당하는 컬렉션만 따로 뽑는 작업을 for 문과 if 문으로 작성할 수 있지만, LINQ를 사용하면 좀 더 편하게 진행할 수 있습니다.

LINQ의 Where() 메서드에서 Contains()를 사용하면 일반적으로 대 · 소문자를 구분합니다. 다음
코드처럼 ToUpper() 또는 ToLower() 메서드를 사용하여 한쪽으로 바꾼 후 검색하면 대 · 소문자를
구분하지 않고 값을 검색할 수 있습니다.

```
> List<string> names = new List<string> { "ASP.NET", "Blazor", "C#" };
> names.Where(n => n.Contains("a"))
Enumerable.WhereListIterator<string> { "Blazor" }
> names.Where(n => n.Contains("A"))
Enumerable.WhereListIterator<string> { "ASP.NET" }
> names.Where(n => n.ToUpper().Contains("A"))
Enumerable.WhereListIterator<string> { "ASP.NET", "Blazor" }
```

Single()과 SingleOrDefault() 확장 메서드

컬렉션에서 조건에 맞는 값을 단 하나만 가져오는 확장 메서드에는 Single()과 SingleOrDefault()
가 있습니다.

- Single(): null 값이면 예외가 발생합니다. 즉, 에러가 발생합니다.
- SingleOrDefault(): 값이 없으면 null 값을 반환합니다.

다음 내용을 C# 인터렉티브에 입력한 후 실행해 보세요.

```
> List<string> colors = new List<string> { "Red", "Green", "Blue" };
> string red = colors.Single(c => c == "Red");
> red
"Red"
> //없는 데이터를 요청하면 예외 발생
> string black = colors.Single(color => color == "Black");
시퀀스에 일치하는 요소가 없습니다.
  + System.Linq.Enumerable.Single<TSource>(IEnumerable<TSource>, Func<TSource, bool>)
> //없는 데이터를 요청하면 null 값 반환
> string black = colors.SingleOrDefault(color => color == "Black");
> black
null
```

Single() 메서드는 컬렉션에 값이 없으면 실행 결과처럼 에러를 발생합니다. SingleOrDefault()
메서드는 에러를 발생시키지 않고 null 값을 그대로 반환합니다.

First()와 FirstOrDefault() 확장 메서드

앞에서 살펴본 Single()이나 SingleOrDefault()와 비슷하지만 하나 이상의 데이터 중에서 첫 번째 데이터를 가져옵니다. 즉, 컬렉션에서 첫 번째 요소를 가져옵니다.

- First(): 첫 번째 요소가 없으면 에러가 발생합니다.
- FirstOrDefault(): 첫 번째 요소가 없으면 기본값을 반환합니다.

다음 내용을 C# 인터렉티브에 입력한 후 실행해 보세요.

```
> List<string> colors = new List<string> { "Red", "Green", "Blue" };
> colors.First(c => c == "Red")
"Red"
> colors.First(color => color == "Black")
시퀀스에 일치하는 요소가 없습니다.
  + System.Linq.Enumerable.First<TSource>(IEnumerable<TSource>, Func<TSource, bool>)
> colors.FirstOrDefault(color => color == "Black")
null
```

30.5 메서드 구문과 쿼리 구문

앞으로 우리는 개체 지향 프로그래밍 개념을 익힌 후 LINQ를 더 자세히 학습할 것입니다. 지금까지 살펴본 LINQ의 확장 메서드들을 사용하여 몇 가지 처리를 손쉽게 진행했습니다. LINQ에는 이처럼 확장 메서드들을 사용하여 원하는 로직을 처리하는 방법과 기능이 동일한 또 다른 문법인 쿼리 구문(query syntax)도 제공합니다.

- **메서드 구문**(method syntax): 이 강의에서 살펴본 Where() 같은 메서드를 사용하여 컬렉션을 다루는 방법
- **쿼리 구문**(query syntax): from, where, select 같은 키워드를 사용하여 쿼리(query) 형태로 컬렉션을 다루는 방법

1부터 10까지 정수 컬렉션을 다음과 같이 만들었다면, 짝수 데이터만 가져온 후 내림차순으로 정렬하는 내용을 메서드 구문과 쿼리 구문으로 동일하게 처리할 수 있습니다.

```
> var numbers = Enumerable.Range(1, 10);
```

메서드 구문을 사용하면 다음과 같이 처리합니다.

```
> numbers.Where(n => n % 2 == 0).OrderByDescending(n => n)
OrderedEnumerable<int, int> { 10, 8, 6, 4, 2 }
```

쿼리 구문을 사용하여 다음과 같이 앞과 동일한 기능을 작성할 수도 있습니다.

```
> (from n in numbers where n % 2 == 0 orderby n descending select n)
OrderedEnumerable<int, int> { 10, 8, 6, 4, 2 }
```

처음으로 from, where, orderby, descending, select 등 다섯 가지 키워드가 나왔습니다. 여기에서는 '메서드 구문을 쿼리 구문으로 변경하면 이러한 형태가 되는구나' 정도로 살펴봅니다.

집계 함수의 결괏값은 다음과 같이 쿼리 구문과 메서드 구문을 함께 사용하여 구할 수 있습니다.

```
> var numbers = Enumerable.Range(1, 10);
> (from n in numbers where n % 2 == 0 select n).Sum()
30
> (from n in numbers where n % 2 == 0 select n).Count()
5
> (from n in numbers where n % 2 == 0 select n).Average()
6
> (from n in numbers where n % 2 == 0 select n).Max()
10
> (from n in numbers where n % 2 == 0 select n).Min()
2
```

쿼리 구문을 사용하여 컬렉션에서 짝수 데이터만 추출하기

다음 코드처럼 from, where, select를 여러 줄에 걸쳐 작성할 수 있으며, where 절에서 조건 처리를 하여 짝수인 데이터만 가져올 수도 있습니다. 쿼리 구문은 새로운 변수인 q에 담아 사용할 수 있습니다.

```
> int[] arr = { 1, 2, 3, 4, 5 };
> var q =
.   from a in arr
.   where a % 2 == 0
.   select a;
> q
Enumerable.WhereArrayIterator<int> { 2, 4 }
```

30

LINQ

이번에는 LINQ의 쿼리 구문을 사용하여 배열에서 짝수 데이터만 추출해 보겠습니다. 다음 내용을 입력한 후 실행해 보세요.

배열에서 짝수 데이터만 추출: FromWhereSelect.cs

```
using System;
using System.Linq;

class FromWhereSelect
{
    static void Main()
    {
        int[] arr = { 1, 2, 3, 4, 5 };

        var evenNumbers =
            from num in arr
            where num % 2 == 0
            select num;

        foreach (var number in evenNumbers)
        {
            Console.WriteLine($"짝수 : {number}");
        }
    }
}
```

\ 실행 결과 /

```
짝수 : 2
짝수 : 4
```

LINQ의 확장 메서드를 사용하는 방법과 비슷하게 from, where, select로 배열에서 짝수만 읽어 오는 구문을 작성할 수 있습니다.

쿼리 구문을 사용하여 컬렉션 정렬하기

메서드 구문과 쿼리 구문을 사용하여 컬렉션에서 홀수만 가져온 후 오름차순으로 정렬해서 출력하는 예제를 만들어 보겠습니다. 다음 내용을 입력한 후 실행해 보세요.

```
using System;
using System.Collections.Generic;
using System.Linq;

class LinqQuerySyntax
{
    static void Main()
    {
        int[] numbers = { 3, 2, 1, 4, 5 };

        //① 메서드 구문
        IEnumerable<int> methodSyntax =
            numbers.Where(n => n % 2 == 1).OrderBy(n => n);

        foreach (var n in methodSyntax)
        {
            Console.WriteLine(n);
        }

        //② 쿼리 구문
        IEnumerable<int> querySyntax =
            from num in numbers
            where num % 2 == 1
            orderby num
            select num;

        foreach (var n in querySyntax)
        {
            Console.WriteLine(n);
        }
    }
}
```

30

LINQ

\ 실행 결과 /

```
1
3
5
1
3
5
```

①의 메서드 구문을 사용하는 코드와 ②의 쿼리 구문을 사용하는 코드는 형태만 다를 뿐 실행 결과는 동일합니다. 쿼리 구문은 한 줄에 모두 작성해도 되고, 앞 예제처럼 키워드별로 줄 단위로 작성하여 가독성을 높일 수도 있습니다.

30.6 Select( ) 확장 메서드를 사용하여 새로운 형태로 가공하기

LINQ에서 제공하는 Select( ) 확장 메서드는 컬렉션에서 새로운 형태의 데이터로 만들어 사용할 수 있습니다. 다음 내용을 입력한 후 실행해 보세요.

Select( ) 확장 메서드를 사용하여 새로운 형태로 가공: Map.cs

```
using System;
using System.Linq;

class Map
{
    static void Main()
    {
        int[] numbers = { 1, 2, 3, 4, 5 };

        var nums = numbers.Select(it => it * it);

        foreach (var num in nums)
        {
            Console.WriteLine(num);
        }
    }
}
```

\ 실행 결과 /

```
1
4
9
16
25
```

numbers 배열에서 데이터를 하나씩 조회해서 각 값을 곱한 새로운 형태인 nums 컬렉션을 Select( ) 확장 메서드로 생성할 수 있습니다. Select( )의 결괏값은 따로 클래스 이름이 정해지지 않은 익명 형식이기에 반드시 var 키워드와 함께 사용해야 합니다.

Select() 확장 메서드는 n => new { Name = n } 형태로 새로운 개체를 만들고 해당 개체의 Name 속성에 값을 대입하여 사용할 수도 있습니다. 다음 코드는 한 번 정도 실행한 후 넘어갑니다.

```
> var names = new List<string> { "백승수", "이세영", "권경민" };
.
. //Select() 확장 메서드에서 익명 형식을 사용하기에 var로 받아야 함
. var nameObjects = names.Select(n => new { Name = n });
.
. foreach (var name in nameObjects)
. {
.     Console.WriteLine(name.Name);
. }
백승수
이세영
권경민
```

30.7 ForEach() 메서드로 반복 출력하기

LINQ 식에서 ForEach() 메서드를 사용하면 List<T> 형태를 갖는 리스트 값만큼 반복하는 코드를 작성할 수 있습니다. 따로 for 문이나 foreach 문을 사용하지 않고 LINQ 식에 출력 코드를 포함하여 다음과 같이 작성할 수 있습니다.

```
> var numbers = new List<int>() { 10, 20, 30, 40, 50 };
> numbers.Where(n => n <= 20).ToList().ForEach(n => Console.WriteLine(n));
10
20
> var names = new List<string>() { "RedPlus", "Taeyo" };
> names.ForEach(n => Console.WriteLine(n));
RedPlus
Taeyo
```

앞 예제는 20보다 작거나 같은 정수를 출력하는 코드를 foreach 문을 사용하지 않고 하나의 코드 흐름에 묶어 관리합니다.

LINQ의 Zip 확장 메서드는 관련 있는 시퀀스(컬렉션) 2개를 묶어 출력합니다. 일반적인 환경에서는 중요하지 않은 메서드이므로 간단히 살펴보고 넘어갑니다.

```
> int[] numbers = { 1, 2, 3 };
> string[] words = { "하나", "둘" };
> var numbersAndWords = numbers.Zip(words, (first, second) => first + "-" + second);
> numbersAndWords
ZipIterator { "1-하나", "2-둘" }
```

Zip 확장 메서드는 배열 2개 중 하나가 먼저 끝날 때까지 반복하면서 배열 내용을 원하는 형태로 병합할 수 있습니다. 앞 예제에서 numbers 배열은 요소가 3개이지만, words 배열은 요소가 2개이므로 데이터를 두 번 반복해서 병합하여 새로운 배열을 생성합니다.

마이크로소프트 Docs 온라인 설명서에서 다음 확장 메서드와 관련한 문서를 참고합니다.

• SelectMany()

• TakeWhile()

이 강의에서는 다른 프로그래밍 언어와 달리 C#의 혁신적 기능 중 하나인 LINQ를 다루었습니다. 아직 다루지 않은 LINQ 기능도 많지만, 배열과 컬렉션에서 데이터를 여러 방식으로 조회하는 방법을 알아보았습니다. 앞으로 클래스와 개체를 살펴본 후 좀 더 다양한 LINQ의 확장 메서드와 쿼리 구문을 다루어 보겠습니다.

31 알고리즘과 절차 지향 프로그래밍

알고리즘(algorithm)은 문제를 해결하는 일련의 절차나 방법을 공식으로 표현한 풀이법입니다. 이 강의에서는 배우기 쉬운 몇 가지 알고리즘을 소개합니다. 지금까지 배운 C# 기능을 기반으로 몇 몇 문제를 해결하는 코드를 작성해 보겠습니다. 알고리즘을 바탕으로 입력 → 처리 → 출력 단계로 진행되는 C#의 절차 지향 프로그래밍 기법도 함께 정리할 것입니다.

31.1 알고리즘

알고리즘(풀이법)이란 프로그래밍을 할 때 생긴 문제의 해결 방법을 체계적으로 정리한 것이라고 볼 수 있습니다. 주어진 문제를 어떻게 풀이하는지에 따라 문제를 해결할 수도 있고 그렇지 못할 수도 있습니다. 이러한 이유로 프로그램 작성에서 알고리즘은 중요한 자리를 차지합니다.

- 알고리즘은 '문제 해결 능력'입니다.
- 프로그램의 가장 작은 단위는 일반적으로 입력(input) → 처리(process) → 출력(output) 단계를 거치는데, 여기에서 처리 단계가 알고리즘 단계라고 생각하면 됩니다.
  - 입력: 자료 구조(data structure)가 담당하는 영역입니다. 간단히는 변수 및 배열의 데이터를 사용하고 나아가서는 컬렉션, 파일, 데이터베이스의 데이터를 사용하는 영역입니다.
  - 처리: 알고리즘 처리 영역입니다.
  - 출력: 화면에 보이는 UI(User Interface)를 담당하는 영역입니다. 일반적으로 콘솔, 데스크톱, 웹, 모바일 등 영역으로 나누어서 가공된 데이터를 출력합니다.

가장 처음에 배워야 하는 학습용 알고리즘은 다음과 같습니다. 주어진 자료를 가지고 가장 큰 값을 구하거나(최댓값), 가장 작은 값을 구하거나(최솟값), 합을 구하거나(누적합), 자료 수를 구하거나(횟수, 건수), 평균을 구하거나(평균), 순서대로 정렬하는(정렬) 것 등입니다. 표 31-1에 필자가 알고리즘 입문용으로 가장 적합하다고 생각하는 내용을 정리해 보았습니다.

난이도	알고리즘	사용 유형
초급	합계(SUM)	합계를 출력하시오.
	개수(COUNT; 횟수, 건수)	자료 건수를 출력하시오.
	평균(AVERAGE)	평균을 출력하시오.
	최댓값(MAX)	최댓값을 출력하시오.
	최솟값(MIN)	최솟값을 출력하시오.
중급	최댓값(MAX) → 최솟값(MIN)	~에 대해서 최댓값을 구하되, 동일 값이 발생했을 때 ~에 대해서 최솟값을 구하시오.
	최솟값(MIN) → 최댓값(MAX)	~에 대해서 최솟값을 구하되, 동일 값이 발생했을 때 ~에 대해서 최댓값을 구하시오.
	최댓값(MAX) → 최댓값(MAX)	~에 대해서 최댓값을 구하되, 동일 값이 발생했을 때 ~에 대해서 최댓값을 구하시오.
	최솟값(MIN) → 최솟값(MIN)	~에 대해서 최솟값을 구하되, 동일 값이 발생했을 때 ~에 대해서 최솟값을 구하시오.
	최댓값(MAX) – 최솟값(MIN)	~에 대해서 최댓값과 최솟값을 구하고, 최댓값과 최솟값의 차를 구하시오.
고급	근삿값(NEAR)	~에 가장 가까운 값을 구하시오.
	순위(RANK)	순위를 구하시오.
	정렬(SORT): 오름차순	~에 대해서 오름차순 정렬하시오.
	정렬(SORT): 내림차순	~에 대해서 내림차순 정렬하시오.
	검색(SEARCH)	특정 자료를 검색하시오.
	병합(MERGE)	배열 2개를 배열 하나로 합치시오.
	최빈값(MODE)	가장 빈도수가 높은 자료를 구하시오.
	그룹(GROUP)	특정 항목별로 그룹화하여 소계를 구하시오.

앞으로 기초 알고리즘 12개를 학습할 텐데요. 모든 코드는 "부록 A. 디버거 사용하기"를 참고하여 중단점과 함께 F5와 F11을 눌러 줄 단위로 코드를 실행하면서 코드 흐름을 익히길 권장합니다.

31.2 합계 구하기: SUM 알고리즘

합계(SUM) 알고리즘은 조건에 맞는 자료의 합을 구합니다. 관련 데이터를 모두 더하거나 조건에 맞는 데이터를 더할 때 사용하는 구문입니다.

합계 알고리즘 사용하기

주어진 범위의 데이터를 사용하여 데이터 합을 구하는 합계 알고리즘을 적용한 예제를 만들어 봅시다. 다음 내용을 입력한 후 실행해 보세요.

n명의 국어 점수 중에서 80점 이상인 점수 합: SumAlgorithm.cs

```
using System;

class SumAlgorithm
{
    static void Main()
    {
        //① 입력: n명의 국어 점수
        int[] scores = { 100, 75, 50, 37, 90, 95 };
        int sum = 0;

        //② 처리: 합계 알고리즘 영역: 주어진 범위에 주어진 조건(필터링)
        for (int i = 0; i < scores.Length; i++)
        {
            if (scores[i] >= 80)
            {
                sum += scores[i];  //SUM
            }
        }

        //③ 출력
        Console.WriteLine($"{scores.Length}명의 점수 중 80점 이상 총점 : {sum}");
    }
}
```

\ 실행 결과 /

```
6명의 점수 중 80점 이상 총점 : 285
```

합계 알고리즘은 모든 알고리즘 중에서 맨 처음으로 익히는 알고리즘입니다. 이를 확장해서 새로운 알고리즘을 만들 수 있습니다.

참고로 합계 알고리즘을 LINQ로 구하면 다음과 같이 훨씬 간결하게 구현할 수 있습니다.

```
> (new int[] { 100, 75, 50, 37, 90, 95 }).Where(s => s >= 80).Sum()
285
```

31.3 개수 구하기: COUNT 알고리즘

개수(COUNT) 알고리즘은 조건에 맞는 자료 개수(횟수, 건수)를 구합니다. 다른 표현 방식으로 조건에 맞는 레코드 횟수를 구하는 데 사용하는 구문입니다.

개수 알고리즘 사용하기

주어진 범위의 데이터 중 주어진 조건을 만족하는 데이터 개수를 구하는 COUNT 알고리즘을 적용해 보는 예제를 만들어 봅시다. 다음 내용을 입력한 후 실행해 보세요.

1부터 1000까지 정수 중 13의 배수 개수: CountAlgorithm.cs

```csharp
using System;
using System.Linq;

class CountAlgorithm
{
    static void Main()
    {
        //① 입력: 1부터 1000까지 데이터
        var numbers = Enumerable.Range(1, 1_000).ToArray();
        int count = default;   //개수를 저장할 변수는 0으로 초기화

        //② 처리: 개수 알고리즘 영역: 주어진 범위에 주어진 조건(필터링)
        for (int i = 0; i < numbers.Length; i++)
        {
            if (numbers[i] % 13 == 0)
            {
                count++;        //COUNT
            }
        }
```

```
        //③ 출력
        Console.WriteLine($"1부터 1000까지 정수 중 13의 배수 개수 : {count}");
    }
}
```

\ 실행 결과 /

1부터 1000까지 정수 중 13의 배수 개수 : 76

개수 알고리즘은 간단히 증감 연산자를 사용하여 카운트를 세는 방법으로 구할 수 있습니다. 카운트 알고리즘도 LINQ를 사용하면 다음과 같이 간단히 표현할 수 있습니다.

```
> Enumerable.Range(1, 1000).Where(n => n % 13 == 0).Count()
76
> Enumerable.Range(1, 1000).Count(n => n % 13 == 0)
76
```

31.4 평균 구하기: AVERAGE 알고리즘

평균(AVERAGE) 알고리즘은 자료 합계(SUM)를 횟수(COUNT)로 나누어 평균을 구합니다. 평균값(누적합/카운터)을 구할 때 사용합니다.

평균 알고리즘 사용하기

주어진 범위의 데이터를 사용하여 데이터의 합과 개수를 구한 후 이것으로 평균 알고리즘을 적용하여 평균을 구하는 예제를 만들어 봅시다. 다음 내용을 입력한 후 실행해 보세요.

n명의 점수 중에서 80점 이상 95점 이하인 점수 평균: AverageAlgorithm.cs

```
using System;

class AverageAlgorithm
{
    static void Main()
    {
        //① 입력: n명의 성적
        int[] data = { 90, 65, 78, 50, 95 };
        int sum = 0;     //합계 담는 그릇
```

```
        int count = 0;   //개수 담는 그릇

        //② 처리: AVG = SUM / COUNT
        for (int i = 0; i < data.Length; i++)    //주어진 범위
        {
            if (data[i] >= 80 && data[i] <= 95)  //주어진 조건
            {
                sum += data[i];                  //SUM
                count++;                         //COUNT
            }
        }

        double avg = 0.0f;
        if (sum != 0 && count != 0)              //예외 처리
        {
            avg = sum / (double)count;           //AVERAGE
        }

        //③ 출력
        Console.WriteLine($"80점 이상 95점 이하인 자료 평균 : {avg:0.00}");
    }
}
```

\ 실행 결과 /

```
80점 이상 95점 이하인 자료 평균 : 92.50
```

평균 알고리즘은 앞에서 학습한 합계 알고리즘과 개수 알고리즘을 조합해서 사용하는 특징이 있습니다. 이처럼 많은 알고리즘이 이미 있는 기능을 조합하거나 확장해서 만들어 나갑니다.

평균 알고리즘을 LINQ로 표현하면 다음과 같이 한 줄이면 충분합니다.

```
> (new int[] { 50, 65, 78, 90, 95 }).Where(d => d >= 80 && d <= 95).Average()
92.5
```

31.5 최댓값 구하기: MAX 알고리즘

최댓값(MAX) 알고리즘은 주어진 범위 내에서 가장 큰 값을 구합니다. 즉, 관련 데이터 중에서 가장 큰 값을 구하는 데 사용합니다.

최댓값 알고리즘 사용하기

최댓값 알고리즘을 적용하여 주어진 범위의 데이터 중 가장 큰 값을 구하는 예제를 만들어 봅시다. 다음 내용을 입력한 후 실행해 보세요.

주어진 데이터 중에서 가장 큰 값: MaxAlgorithm.cs

```
using System;
using System.Linq;

class MaxAlgorithm
{
    static void Main()
    {
        //① 초기화
        int max = int.MinValue;   //정수 형식의 데이터 중 가장 작은 값으로 초기화

        //② 입력
        int[] numbers = { -2, -5, -3, -7, -1 };

        //③ 처리: MAX
        for (int i = 0; i < numbers.Length; i++)
        {
            if (numbers[i] > max)
            {
                max = numbers[i];   //MAX: 더 큰 값으로 할당
            }
        }

        //④ 출력
        Console.WriteLine($"최댓값(식) : {numbers.Max()}");
        Console.WriteLine($"최댓값(문) : {max}");
    }
}
```

\ 실행 결과 /

```
최댓값(식) : -1
최댓값(문) : -1
```

최댓값 알고리즘은 최댓값이 담길 변수 값을 정수형이 가질 수 있는 가장 작은 값으로 초기화한 후 사용해야 한다는 점에 주의해야 합니다. 그리고 최댓값을 LINQ로 구할 때는 System.Linq 네임스페이스의 Max() 확장 메서드를 사용합니다.

31.6 최솟값 구하기: MIN 알고리즘

최솟값(MIN) 알고리즘은 주어진 범위 내에서 가장 작은 값을 구합니다. 즉, 관련 데이터 중에서 가장 작은 값을 구하는 데 사용합니다.

최솟값 알고리즘 사용하기

최솟값 알고리즘을 적용하여 주어진 범위의 데이터 중 가장 작은 값을 구하는 예제를 만들어 봅시다. 다음 내용을 입력한 후 실행해 보세요.

주어진 데이터 중에서 가장 작은 짝수 값: MinAlgorithm.cs

```
using System;
using System.Linq;
using static System.Console;

class MinAlgorithm
{
    static void Main()
    {
        //① 초기화
        var min = Int32.MaxValue;  //정수 형식의 데이터 중 가장 큰 값으로 초기화

        //② 입력: 이진수로 표현 + 숫자 구분자 사용({ 2, 5, 3, 7, 1 })
        int[] numbers = { 0b0010, 0B_0101, 0b0011, 0B_0111, 0b0000_0001 };

        //③ 처리: MIN
        for (int i = 0; i < numbers.Length; i++)
        {
            if (numbers[i] < min && numbers[i] % 2 == 0)
            {
                min = numbers[i];  //MIN: 더 작은 값으로 할당
            }
        }

        //④ 출력
        WriteLine($"짝수 최솟값(식) : {numbers.Where(n => n % 2 == 0).Min()}");
        WriteLine($"짝수 최솟값(문) : {min}");
    }
}
```

```
짝수 최솟값(식) : 2
짝수 최솟값(문) : 2
```

최솟값 알고리즘은 ①처럼 최솟값이 담길 변수 값을 정수 형식이 가질 수 있는 가장 큰 값(Int32.MaxValue)으로 초기화한 후 사용해야 한다는 점에 주의합니다.

LINQ를 사용하여 최솟값을 구할 때는 Min() 확장 메서드를 호출합니다.

31.7 근삿값 구하기: NEAR 알고리즘

근삿값(NEAR) 알고리즘은 가까운 값(근삿값)은 주어진 값과 차이가 가장 적게 나는 값을 구합니다. 앞에서 다룬 최솟값 알고리즘을 조합해서 주어진 값과 차이가 가장 작은 값을 구합니다.

근삿값 알고리즘 사용하기

근삿값 알고리즘을 적용하여 주어진 조건에 해당하는 데이터와 가장 가까운 수를 구하는 예제를 만들어 봅시다. 다음 내용을 입력한 후 실행해 보세요.

원본 데이터 중에서 대상 데이터와 가장 가까운 값: NearAlgorithm.cs

```csharp
using System;
using System.Linq;
using static System.Console;

class NearAlgorithm
{
    static void Main()
    {
        //절댓값 구하기 로컬 함수: Math.Abs() 함수와 동일한 기능을 구현해 봄
        int Abs(int number) => (number < 0) ? -number : number;

        //① 초기화
        int min = int.MaxValue;  //차이 값의 절댓값 중 최솟값이 담길 그릇

        //② 입력: 이진수와 16진수로 표현({ 10, 20, 30, 27, 17 })
        int[] numbers = { 0b1010, 0x14, 0b11110, 0x1B, 0b10001 };
        int target = 25;        //target과 가까운 값
        int near = default;     //가까운 값: 27
```

```
        //③ 처리: NEAR
        for (int i = 0; i < numbers.Length; i++)
        {
            int abs = Abs(numbers[i] - target);    //차이 값의 절댓값
            if (abs < min)
            {
                min = abs;                          //MIN: 최솟값 알고리즘
                near = numbers[i];                  //NEAR: 차이 값의 절댓값 중 최솟값일 때 값
            }
        }

        //④ 출력
        var minimum = numbers.Min(m => Math.Abs(m - target));
        var closest = numbers.First(c => Math.Abs(target - c) == minimum);
        WriteLine($"{target}와/과 가장 가까운 값(식) : {closest}(차이: {minimum})");
        WriteLine($"{target}와/과 가장 가까운 값(문) : {near}(차이: {min})");
    }
}
```

＼실행 결과 ╱

```
25와/과 가장 가까운 값(식) : 27(차이: 2)
25와/과 가장 가까운 값(문) : 27(차이: 2)
```

근삿값(가까운 값) 알고리즘은 최솟값 알고리즘의 변형으로, 내부적으로 최솟값 알고리즘을 그대로 사용합니다. 정리하면 근삿값 알고리즘은 '차이 값의 절댓값 중 최솟값'을 구하는 알고리즘입니다.

가까운 값 모두 구하기

가까운 값(closest)이 여러 개 있을 때 이를 모두 구할 수 있습니다. 다음 코드를 살펴보세요.

가까운 값 모두 구하기: NearAll.cs

```
using System;
using System.Collections.Generic;

class NearAll
{
    static void Main()
    {
        int[] data = { 10, 20, 23, 27, 17 };
```

```csharp
            int target = 25;                      //25와 가까운 값들은 23, 27
            List<int> nears = new List<int>();   //가까운 값들...
            int min = Int32.MaxValue;

            //① MIN 알고리즘: 차이의 최솟값 구하기
            for (int i = 0; i < data.Length; i++)
            {
                if (Math.Abs(data[i] - target) < min)
                {
                    min = Math.Abs(data[i] - target);
                }
            }

            Console.WriteLine($"차이의 최솟값 : {min}");

            //② NEAR 알고리즘: 차이의 최솟값이 min인 값들을 다시 한 번 비교
            for (int i = 0; i < data.Length; i++)
            {
                if (Math.Abs(data[i] - target) == min)
                {
                    nears.Add(data[i]);          //가까운 값을 모두 저장
                }
            }

            //가까운 값 출력
            foreach (var n in nears)
            {
                Console.WriteLine(n);
            }
        }
    }
```

```
차이의 최솟값 : 2
23
27
```

25와 가까운 데이터인 23과 27을 모두 구해서 리스트에 넣은 후 출력하는 예제를 만들어 보았습니다.

31.8 순위 구하기: RANK 알고리즘

순위(RANK) 알고리즘 또는 등수 알고리즘은 주어진 자료 중에서 순위(등수)를 구할 때 사용합니다. 모든 점수는 처음에는 1등으로 설정한 후 해당 점수보다 큰 점수가 나타날 때마다 등수를 1씩 증가시켜 순위를 낮추는 것(등수가 밀리는 것)이 핵심 로직입니다.

순위 알고리즘 사용하기

순위 알고리즘을 적용하여 주어진 범위의 데이터 중 지정한 범위 내에서 등수(순위)를 구하는 예제를 만들어 보겠습니다. 다음 내용을 입력한 후 실행해 보세요.

순위 알고리즘 적용: RankAlgorithm.cs

```
using System;
using System.Linq;

class RankAlgorithm
{
    static void Main()
    {
        //① 입력
        int[] scores = { 90, 87, 100, 95, 80 };              //등수: 3, 4, 1, 2, 5
        int[] rankings = Enumerable.Repeat(1, 5).ToArray();  //모두 1로 초기화

        //② 처리: RANK
        for (int i = 0; i < scores.Length; i++)
        {
            rankings[i] = 1;  //1등으로 초기화, 순위 배열을 매 회전마다 1등으로 초기화
            for (int j = 0; j < scores.Length; j++)
            {
                if (scores[i] < scores[j])  //현재(i)와 나머지(j) 비교
                {
                    rankings[i]++;          //RANK: 나보다 큰 점수가 나오면 순위 1증가
                }
            }
        }

        //③ 출력
        for (int i = 0; i < scores.Length; i++)
        {
            Console.WriteLine($"{scores[i],3}점 : {rankings[i]}등");
```

```
            }
        }
    }
```

```
 90점 : 3등
 87점 : 4등
100점 : 1등
 95점 : 2등
 80점 : 5등
```

순위 알고리즘은 앞에서 다룬 개수 알고리즘의 확장형으로 볼 수 있습니다.

이러한 순위 알고리즘을 LINQ와 람다 식으로 표현하면 다음과 같습니다. 단순히 순위 배열만 구하는 것과 점수와 순위를 묶어 반환하는 내용을 표현했습니다.

```
> int[] scores = { 90, 87, 100, 95, 80 };
> var rankings = scores.Select(s => scores.Where(ss => ss > s).Count() + 1).ToArray();
> rankings
int[5] { 3, 4, 1, 2, 5 }
> var rankings = scores.Select(s =>
.    new { Score = s, Rank = scores.Where(ss => ss > s).Count() + 1 });
> foreach (var r in rankings)
. {
.     Console.WriteLine($"{r.Score,3} - {r.Rank}");
. }
 90 - 3
 87 - 4
100 - 1
 95 - 2
 80 - 5
```

31.9 순서대로 나열하기: SORT 알고리즘

정렬(SORT) 알고리즘은 주어진 범위 내에서 불규칙적으로 나열된 순서를 일정 기준에 따라 순서대로 나열합니다. 정렬 알고리즘의 종류로 선택 정렬(selection sort), 버블 정렬(bubble sort), 퀵 정렬(quick sort) 등이 있는데, 이 책에서는 선택 정렬 알고리즘만 사용할 것입니다.

선택 정렬 알고리즘

선택 정렬 알고리즘은 데이터 하나를 기준으로 나머지 데이터와 비교하여 가장 작거나 큰 데이터와 자리를 바꾸는 식으로 반복해서 비교하는 정렬 방법입니다. 선택 정렬은 데이터 개수가 n개이면 전체 회전수는 n − 1회입니다. 선택 정렬 알고리즘은 오름차순 기준으로 배열의 처음부터 가장 작은 데이터를 채웁니다.

선택 정렬 회전수

배열 data[5]에 다음과 같이 데이터가 입력되어 있다고 할 때, 선택 정렬을 사용해서 오름차순으로 정렬시키는 단계를 간단히 표현해 보겠습니다. 모든 단계가 아닌 왼쪽에 가장 작은 값이 들어올 때까지만 표현합니다.

data[5]

data[0]	data[1]	data[2]	data[3]	data[4]
46	32	11	24	55

1회전

data[0]을 기준으로 나머지 데이터와 비교하여 가장 작은 값과 자리를 바꾸는 과정을 반복하면 data[0]에는 가장 작은 값이 들어갑니다.

46	32	11	24	55
32	46	11	24	55
11	46	32	24	55

2회전

data[1]을 기준으로 나머지 데이터와 비교하여 가장 작은 값과 자리를 바꾸는 과정을 반복합니다. 2회전이 끝나면 data[1]에 두 번째로 작은 값이 들어갑니다.

11	46	32	24	55
11	32	46	24	55
11	24	46	32	55

3회전

data[2]를 기준으로 나머지 데이터와 비교하여 가장 작은 값과 자리를 바꾸는 과정을 반복합니다. 3회전이 끝나면 data[2]에 세 번째로 작은 값이 들어갑니다.

11	24	46	32	55
11	24	32	46	55

4회전

data[3]을 기준으로 나머지 데이터와 비교하여 가장 작은 값과 자리를 바꾸는 과정을 반복합니다. 4회전이 끝나면 data[3]에 네 번째로 작은 값이 들어갑니다.

11	24	32	46	55
11	24	32	46	55

Note ☰ 선택 정렬 관련 정보처리기사 필기 문제

선택 정렬 알고리즘의 흐름을 좀 더 정리하는 차원에서 여러 해에 거쳐 정보처리기사 필기 시험에 출제된 선택 정렬 관련 문제를 참고용으로 풀어 보겠습니다.

문제: 자료가 다음과 같이 주어졌을 때 선택 정렬을 적용하여 오름차순으로 정렬할 경우 pass 2를 진행한 후의 정렬된 값으로 옳은 것은?

```
자료: 9, 4, 5, 11, 8
```

가. 4, 5, 9, 8, 11   나. 4, 5, 9, 11, 8
다. 4, 5, 8, 11, 9   라. 4, 5, 8, 9, 11

답. 나

해설: 가장 작은 데이터를 왼쪽으로 하나씩 채우는 형태로 각 회전이 끝난 후 배열 모양은 다음과 같습니다.

• pass 1: 4, 9, 5, 11, 8
• pass 2: 4, 5, 9, 11, 8
• pass 3: 4, 5, 8, 11, 9
• pass 4: 4, 5, 8, 9, 11

정렬 알고리즘 사용하기

주어진 데이터를 오름차순 또는 내림차순으로 정렬하는 정렬 알고리즘 중 가장 학습하기 편한 선택 정렬 알고리즘을 적용해 보겠습니다. 다음 내용을 입력한 후 실행해 보세요. 정렬 알고리즘은 가장 작거나 큰 데이터를 왼쪽으로 순서대로 이동합니다.

데이터를 순서대로 정렬: SortAlgorithm.cs

```csharp
using System;

class SortAlgorithm
{
    static void Main()
    {
        //① 입력: Data Structure(Array, List, Stack, Queue, Tree, DB, ...)
        int[] data = { 3, 2, 1, 5, 4 };
        int N = data.Length;

        //② 처리: 선택 정렬 알고리즘
        for (int i = 0; i < N - 1; i++)      //i = 0 to N - 1
        {
            for (int j = i + 1; j < N; j++)  //j = i + 1 to N
            {
                if (data[i] > data[j])       //부등호 방향: 오름차순(>), 내림차순(<)
                {
                    int temp = data[i]; data[i] = data[j]; data[j] = temp;  //SWAP
                }
            }
        }

        //③ 출력: Console, Desktop, Web, Mobile, ...
        for (int i = 0; i < N; i++)
        {
            Console.Write($"{data[i]}\t");
        }
        Console.WriteLine();
    }
}
```

\ 실행 결과 /

1	2	3	4	5

정렬 알고리즘은 현업에서도 굉장히 많이 사용합니다. 많은 정렬 알고리즘 중에서 선택 정렬 알고리즘은 꼭 익혀야 하는 필수 알고리즘이므로 기억하길 권장합니다. 물론 현업에서 일할 때는 선택 정렬 알고리즘보다 훨씬 빠르게 사용할 수 있는 Sort()와 OrderBy() 메서드 등이 이미 준비되어 있으니 그것을 사용해도 좋습니다.

LINQ로 데이터 정렬하기

정렬 알고리즘을 for 문과 if 문이 아닌 LINQ와 람다 식으로 할 때는 다음과 같이 Array.Sort() 또는 OrderBy() 확장 메서드 등을 사용할 수 있습니다.

```
> int[] data = { 3, 2, 1, 5, 4 };
> Array.Sort(data);
> data
int[5] { 1, 2, 3, 4, 5 }
> int[] data = { 3, 2, 1, 5, 4 };
> var sort = data.OrderBy(n => n).ToArray();
> sort
int[5] { 1, 2, 3, 4, 5 }
```

31.10 특정 값 검색하기: SEARCH 알고리즘

검색(SEARCH) 알고리즘은 배열 등 데이터에서 특정 값을 검색합니다. 일반적으로 순차 검색과 이진 검색 등으로 구분할 수 있습니다.

- **순차 검색**(sequential search): 전체 데이터를 처음부터 끝까지 순서대로 검색합니다.
- **이진 검색**(binary search): 정렬된 데이터를 절반으로 나누어서 검색합니다.

이진 검색 알고리즘

이진 검색 알고리즘은 주어진 데이터가 오름차순으로 정렬되어 있다고 가정합니다. 데이터가 정렬되어 있지 않다면, 앞에서 배운 정렬 알고리즘 등을 사용하여 정렬한 후 이진 검색 알고리즘 로직을 적용해야 합니다. 이진 검색 알고리즘을 영어로 divide and conquer(나누기 및 정복) 알고리즘이라고도 하는데, 의미 그대로 데이터를 절반으로 나누어서 검색하여 순차 검색보다 효율이 높습니다.

다음과 같이 1차원 배열에 1, 3, 5, 7, 9 데이터가 있다고 합시다. 9를 검색할 때 이진 검색을 사용하며 중간 인덱스 값을 찾는 것이 핵심 로직입니다. 중간 인덱스를 mid로 놓고 low 인덱스는 0, high 인덱스는 4로 한 후 각 회전마다 중간 인덱스를 구하여 이 값이 찾으려는 데이터인지 비교하면 됩니다.

▼ 그림 31-1 이진 검색 알고리즘 실행 단계

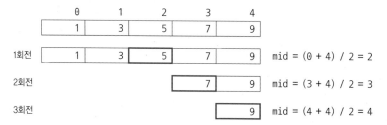

앞 그림과 다음 설명을 참고해서 간단히 읽고 넘어가세요.

1회전

A. 1회전 들어가기 전: low = 0, high = 4, mid = (low + high) / 2 = (0 + 4) / 2 = 2

B. 1회전: mid 값인 2 인덱스의 데이터인 5와 찾으려는 9를 비교합니다. 찾으려는 데이터가 5보다 크므로 왼쪽 영역은 버리고 오른쪽 영역만 비교하려고 low 값을 mid + 1로 증가해서 low를 3으로 재설정합니다.

2회전

A. 2회전 들어가기 전: low = 3, high = 4, mid = (3 + 4) / 2 = 3

B. 2회전: mid 값인 3 인덱스의 데이터인 7과 찾으려는 9를 비교합니다. 찾으려는 데이터가 7보다 크므로 왼쪽 영역은 버리고 오른쪽 영역만 비교하려고 low 값을 mid + 1로 증가해서 low를 4로 재설정합니다.

3회전

A. 3회전 들어가기 전: low = 4, high = 4, mid = (4 + 4) / 2 = 4

B. 3회전: mid 값인 4 인덱스의 데이터인 9와 찾으려는 9를 비교합니다. 검색 세 번 끝에 데이터를 찾았습니다.

검색 알고리즘 사용하기

많은 검색 알고리즘 중에서 학습용으로 가장 권장하는 이진 검색 알고리즘을 사용하여 배열에서 특정 데이터를 검색하는 기능을 코드로 구현해 보겠습니다. 검색 알고리즘을 적용하면 주어진 데이터에서 특정 데이터를 찾을 수 있습니다.

정렬된 데이터를 이진 검색(이분 탐색)을 사용하여 검색: SearchAlgorithm.cs

```
using System;

class SearchAlgorithm
{
    static void Main()
    {
        //① 입력
        int[] data = { 1, 3, 5, 7, 9 };  //오름차순으로 정렬되었다고 가정
        int N = data.Length;
        int search = 3;      //검색할 데이터: Console.ReadLine() 등으로 가져오기
        bool flag = false;  //플래그 변수: 찾으면 true, 찾지 못하면 false
        int index = -1;      //인덱스 변수: 찾은 위치

        //② 처리: 이진 검색: Full Scan -> Index Scan
        int low = 0;        //min: 낮은 인덱스
        int high = N - 1;  //max: 높은 인덱스
        while (low <= high)
```

```
        {
            int mid = (low + high) / 2;          //중간 인덱스 구하기
            if (data[mid] == search)
            {
                flag = true; index = mid; break;  //찾으면 플래그, 인덱스 저장 후 종료
            }
            if (data[mid] > search)
            {
                high = mid - 1;                   //찾을 데이터가 작으면 왼쪽 영역으로 이동
            }
            else
            {
                low = mid + 1;                    //찾을 데이터가 크면 오른쪽 영역으로 이동
            }
        }

        //③ 출력
        if (flag)
        {
            Console.WriteLine($"{search}을(를) {index}위치에서 찾았습니다.");
        }
        else
        {
            Console.WriteLine("찾지 못했습니다.");
        }
    }
}
```

3을(를) 1위치에서 찾았습니다.

이진 검색 알고리즘은 정렬된 데이터를 검색하는데, 찾으려는 값보다 작거나 클 때 반씩 나누어서 검색합니다. 따라서 순차 검색보다 검색 효율이 상당히 좋습니다.

31.11 배열을 하나로 합치기: MERGE 알고리즘

병합(MERGE) 알고리즘은 배열 2개를 합쳐 하나로 만듭니다.

병합 알고리즘 사용하기

다음 예제는 오름차순으로 정렬된 두 정수 배열을 병합합니다. 처리 조건은 다음과 같습니다.

- first 배열은 1~M, second 배열은 1~N 자료가 있습니다.

- merge 배열은 M + N개가 있습니다.

- i, j, k는 배열 첨자 변수로 사용됩니다.

다음 내용을 입력한 후 실행해 보세요.

오름차순으로 정렬된 두 정수 배열 병합: MergeAlgorithm.cs

```
using System;

class MergeAlgorithm
{
    static void Main()
    {
        //① 입력
        int[] first = { 1, 3, 5 };                        //오름차순 정렬됨
        int[] second = { 2, 4 };                          //오름차순 정렬됨
        int M = first.Length; int N = second.Length;      //M:N 관행
        int[] merge = new int[M + N];                     //병합된 배열
        int i = 0; int j = 0; int k = 0;                  //i, j, k 관행

        //② 처리: MERGE
        while (i < M && j < N)                            //둘 중 하나라도 배열 끝에 도달할 때까지
        {
            if (first[i] <= second[j])                    //작은 값을 merge 배열에 저장
            {
                merge[k++] = first[i++];
            }
            else
            {
                merge[k++] = second[j++];
            }
```

```
    }
    while (i < M)  //첫 번째 배열이 끝에 도달할 때까지
    {
        merge[k++] = first[i++];
    }
    while (j < N)   //두 번째 배열이 끝에 도달할 때까지
    {
        merge[k++] = second[j++];
    }

    //③ 출력
    foreach (var m in merge)
    {
        Console.Write($"{m}\t");
    }
    Console.WriteLine();
    }
}
```

\ 실행 결과 /

1	2	3	4	5

병합 알고리즘(병합 정렬 알고리즘) 공식과 같은 코드 형태입니다. 코드 내 주석을 읽으면서 직접
입력한 후 결과를 확인하길 권장합니다.

LINQ로 데이터 병합하기

LINQ와 람다 식으로 정수 배열 2개를 병합하려면 다음과 같이 메서드 구문이나 쿼리 구문을 사
용합니다.

```
> int[] first = { 1, 3, 5 };
> int[] second = { 2, 4 };
> int[] merge =
.     (from o in first select o).Union(from t in second select t)
.     .OrderBy(m => m).ToArray();
> merge
int[5] { 1, 2, 3, 4, 5 }
> int[] merge = first.Union(second).OrderBy(m => m).ToArray();
> merge
int[5] { 1, 2, 3, 4, 5 }
```

31.12 최빈값 구하기: MODE 알고리즘

최빈값은 데이터 중에서 가장 많이 나타나는 값을 의미합니다. 최빈값(MODE) 알고리즘은 다른 알고리즘과 또 다른 모양으로 데이터 자체를 배열의 인덱스로 보고, 인덱스 개수(COUNT) 알고리즘을 적용하는 형태입니다.

다음을 보면 각 데이터에 해당하는 인덱스를 1씩 증가시켜 최종적으로 3이 두 번 나와 최댓값이 되므로 그때의 데이터(인덱스)인 3이 최빈값이 되는 형태입니다.

▼ 그림 31-2 최빈값 선택 과정

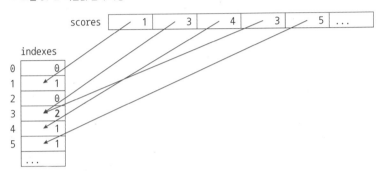

처음 indexes 배열은 다음 왼쪽처럼 모두 0으로 초기화한 후 각 점수에 해당하는 인덱스를 1씩 증가시킵니다. 그리고 최종적으로 인덱스 3이 2로 가장 큰 값이 되어 최빈값으로 정해지는 형태가 최빈값 알고리즘의 핵심 로직입니다.

▼ 그림 31-3 최빈값 알고리즘으로 인덱스에 해당하는 값 증가

이름	값	형식
▲ ◢ indexes	{int[6]}	int[]
◢ [0]	0	int
◢ [1]	0	int
◢ [2]	0	int
◢ [3]	0	int
◢ [4]	0	int
◢ [5]	0	int

이름	값	형식
▲ ◢ indexes	{int[6]}	int[]
◢ [0]	0	int
◢ [1]	1	int
◢ [2]	0	int
◢ [3]	2	int
◢ [4]	1	int
◢ [5]	1	int

최빈값 알고리즘 사용하기

최빈값 알고리즘 공식은 점수 인덱스(0~n) 개수(COUNT)의 최댓값(MAX)입니다. 최빈값 알고리즘을 나타내는 공식을 코드로 구현해 보겠습니다. 다음 내용을 입력한 후 실행해 보세요.

```csharp
using System;
using System.Linq;

class ModeAlgorithm
{
    static void Main()
    {
        //① 입력: 범위는 0부터 n점까지 점수만 들어온다고 가정
        int[] scores = { 1, 3, 4, 3, 5 };   //0~5만 들어온다고 가정
        int[] indexes = new int[5 + 1];     //0~5의 점수 인덱스 개수 저장
        int max = int.MinValue;             //MAX 알고리즘 적용
        int mode = 0;                       //최빈값이 담길 그릇

        //② 처리: Data -> Index -> Count -> Max -> Mode
        for (int i = 0; i < scores.Length; i++)
        {
            indexes[scores[i]]++;           //COUNT
        }
        for (int i = 0; i < indexes.Length; i++)
        {
            if (indexes[i] > max)
            {
                max = indexes[i];           //MAX
                mode = i;                   //MODE
            }
        }

        //③ 출력
        Console.WriteLine($"최빈값(문) : {mode} -> {max}번 나타남");
        var q = scores.GroupBy(v => v).OrderByDescending(g => g.Count()).First();
        int modeCount = q.Count();
        int frequency = q.Key;
        Console.WriteLine($"최빈값(식) : {frequency} -> {modeCount}번 나타남");
    }
}
```

＼ 실행 결과 ／

```
최빈값(문) : 3 -> 2번 나타남
최빈값(식) : 3 -> 2번 나타남
```

최빈값 알고리즘은 점수를 인덱스로 다룬 후 개수 알고리즘과 최댓값 알고리즘을 적용하여 마지막으로 최빈값을 구하는 형태입니다. 다른 알고리즘과 달리 데이터 자체를 배열의 인덱스로 보고

계산하는 형태가 독특한 코드를 작성하기에 필수 학습 알고리즘으로 선택했습니다. 참고로 이 예제에서는 indexes 배열로 정수 배열을 사용했지만, Hashtable 클래스를 사용하면 좀 더 넓은 범위의 데이터에 대한 최빈값을 구할 수 있습니다.

31.13 그룹화하기: GROUP 알고리즘

그룹(GROUP) 알고리즘은 반별 총점이나 평균, 제품별 판매금액의 합 같은 그룹별로 구분되는 데이터의 통계를 산출할 때 사용합니다. 그룹 알고리즘은 데이터가 미리 정렬되어 있어야 합니다.

코드 관점으로 보면 그룹 알고리즘은 2차원 배열 형태의 리스트에서 특정 속성을 키로 잡아 데이터를 그룹화할 때 사용합니다. 예를 들어 다음과 같은 상품 이름(Name)과 수량(Quantity) 형태의 원본 데이터가 있다고 가정하겠습니다.

- "RADIO", 3
- "TV", 1
- "RADIO", 2
- "DVD", 4

이를 상품 이름으로 그룹화하면 다음과 같이 나옵니다.

- "DVD", 4
- "RADIO", 5
- "TV", 1

그룹 알고리즘은 정렬된 데이터를 기준으로 수량을 SUM하는 형태가 가장 기본입니다. 데이터 흐름을 그림으로 표현하면 다음과 같습니다.

▼ 그림 31-4 그룹 알고리즘 처리 단계

records 리스트 정렬 전		records 리스트 정렬 후		groups 리스트에 그룹화	
이름	값	이름	값	이름	값
▲ recored	Count=4	▲ recored	Count=4	▲ recored	Count=3
▲ [0]	{GroupAlgorithm.Record}	▲ [0]	{GroupAlgorithm.Record}	▲ [0]	{GroupAlgorithm.Record}
Name	"RADIO"	Name	"DVD"	Name	"DVD"
Quantity	3	Quantity	4	Quantity	4
▲ [1]	{GroupAlgorithm.Record}	▲ [1]	{GroupAlgorithm.Record}	▲ [1]	{GroupAlgorithm.Record}
Name	"TV"	Name	"RADIO"	Name	"RADIO"
Quantity	1	Quantity	2	Quantity	5
▲ [2]	{GroupAlgorithm.Record}	▲ [2]	{GroupAlgorithm.Record}	▲ [2]	{GroupAlgorithm.Record}
Name	"RADIO"	Name	"RADIO"	Name	"TV"
Quantity	2	Quantity	3	Quantity	1
▲ [3]	{GroupAlgorithm.Record}	▲ [3]	{GroupAlgorithm.Record}		
Name	"DVD"	Name	"TV"		
Quantity	4	Quantity	1		

그룹 알고리즘 사용하기

그룹 알고리즘의 가장 기본적인 코드 형태를 살펴보겠습니다. 단 현재 그룹 알고리즘 예제는 아직 배우지 않은 클래스와 속성, 컬렉션 이니셜라이저 등의 개념이 들어 있습니다. 알고리즘을 주제로 12개를 묶어서 표현하다 보니 이곳에서 미리 소개했는데요. 일단은 코드 이해보다 '이렇게 하면 그룹이 되는구나' 정도로 가볍게 실습 예제를 살펴보고 넘어갑니다. 나중에 기회가 되면 다시 한 번 이 부분을 찾아서 소스 코드를 확인하길 권장합니다.

컬렉션 형태의 데이터를 특정 키 값으로 그룹화: GroupAlgorithm.cs

```csharp
using System;
using System.Collections.Generic;
using System.Linq;

class GroupAlgorithm
{
    class Record   //테스트용 레코드 클래스
    {
        public string Name { get; set; }   //상품 이름
        public int Quantity { get; set; }   //수량
    }

    static void Main()
    {
        //테스트용 데이터 채우기 로컬 함수
        List<Record> GetAll()
        {
            return new List<Record>
            {
                new Record { Name = "RADIO", Quantity = 3 },
                new Record { Name = "TV", Quantity = 1 },
                new Record { Name = "RADIO", Quantity = 2 },
                new Record { Name = "DVD", Quantity = 4 }
            };
        }

        //컬렉션 데이터 출력용 로컬 함수
        void PrintData(string message, List<Record> data)
        {
            Console.WriteLine(message);
            foreach (var item in data)
            {
```

```csharp
            Console.WriteLine($"{item.Name,5} - {item.Quantity}");
        }
    }


    //① 입력
    List<Record> records = GetAll();              //입력 데이터
    List<Record> groups = new List<Record>();     //출력 데이터
    int N = records.Count;                        //의사코드

    //② 처리: Group 알고리즘(SORT -> SUM -> GROUP)
    //그룹 정렬: SORT
    for (int i = 0; i < N - 1; i++)
    {
        for (int j = i + 1; j < N; j++)
        {
            if (String.Compare(records[i].Name, records[j].Name) > 0)
            {
                var t = records[i]; records[i] = records[j]; records[j] = t;
            }
        }
    }


    //그룹 소계: GROUP
    int subtotal = 0;                             //소계
    for (int i = 0; i < N; i++)
    {
        subtotal += records[i].Quantity;          //같은 상품 이름의 수량을 누적(SUM)
        if ((i + 1) == N ||                       //단락이면 아래 조건 무시
            (records[i].Name != records[i + 1].Name))
        {
            //다음 레코드가 없거나 현재 레코드와 다음 레코드가 다르면 저장
            groups.Add(new Record
            {
                Name = records[i].Name,           //한 그룹의 키(key) 지정
                Quantity = subtotal               //소계
            });                                   //한 그룹 저장

            subtotal = 0;                         //한 그룹이 완료되면 소계 초기화
        }
    }

    //③ 출력
    PrintData("[1] 정렬된 원본 데이터 : ", records);
```

31

알고리즘과 절차 지향 프로그래밍

```
            PrintData("[2] 이름으로 그룹화된 데이터 : ", groups);
            PrintData("[3] LINQ로 그룹화된 데이터 : ", records
                .GroupBy(r => r.Name).Select(g => new Record {
                    Name = g.Key, Quantity = g.Sum(n => n.Quantity) }).ToList());
        }
    }
```

\ 실행 결과 /

```
[1] 정렬된 원본 데이터 :
  DVD - 4
RADIO - 2
RADIO - 3
   TV - 1
[2] 이름으로 그룹화된 데이터 :
  DVD - 4
RADIO - 5
   TV - 1
[3] LINQ로 그룹화된 데이터 :
  DVD - 4
RADIO - 5
   TV - 1
```

③의 LINQ 사용 부분을 보면, GroupBy() 확장 메서드로 편하게 그룹 알고리즘을 적용한 것을 볼 수 있습니다. 데이터를 그룹화할 때는 for 문과 if 문으로 직접 작성하기보다는 LINQ를 사용하면 손쉽게 진행할 수 있습니다.

이러한 그룹화 기능을 알고리즘 코드로 구현하는 것은 꽤 까다로워 보입니다. 하지만 그룹 알고리즘도 반드시 알아야 하는 알고리즘 형태를 지니고 있기에 소스 코드를 분석해서 자신만의 것으로 만들면 좋습니다.

동일한 C# 키워드를 사용해도 알고리즘을 어떻게 만들지에 따라 코드를 정확하게 실행하거나 더 빨리 실행할 수 있습니다. 프로그래밍에서 알고리즘은 굉장히 중요한 영역입니다. 하지만 알고리즘은 갈수록 복잡해지고 수학적 지식이 많이 필요합니다. 이 강의에서는 알고리즘 중에서 가장 쉬운 12가지를 맛보기로 살펴보았습니다. 이를 바탕으로 앞으로 더 많은 알고리즘을 익혀 나가길 권장합니다.

32 개체 만들기

우리는 앞에서 닷넷에서 제공하는 수많은 클래스를 사용해 보았습니다. 이 강의에서는 이러한 클래스와 개체들을 직접 만들어 보겠습니다. 여기에서 개체(오브젝트(object))는 설계도인 클래스에서 만든 인스턴스(실체, 구성 요소) 하나를 의미합니다.

32.1 클래스와 개체

class 키워드로 생성한 것을 클래스라고 하며, 이러한 클래스를 new 키워드를 사용하여 새로운 이름으로 만든 것을 개체라고 합니다. 다음 코드처럼 만들 수 있습니다.

```
> //① ClassCode 이름의 클래스 생성
> public class ClassCode
. {
.     //Empty
. }
>
> //② 특정 클래스에서 이름이 objectCode1, objectCode2인 개체 생성
> ClassCode objectCode1 = new ClassCode();
> objectCode1.GetHashCode()
1219419
>
> ClassCode objectCode2 = new ClassCode();
> var objectCode2 = new ClassCode();
> objectCode2.GetHashCode()
9874484
```

클래스는 개체를 만드는 설계도이므로 잘 기억해 두세요. 설계도는 하나이지만, 그 설계도를 기준으로 만든 개체는 여러 개일 수 있습니다.

앞 코드처럼 objectCode1과 objectCode2 변수는 개체입니다. 모든 개체는 GetHashCode() 메서드를 호출하여 고유의 키 값을 제공받을 수 있습니다. 사용하는 클래스는 ClassCode로 동일하지만, 이 클래스로 만든 개체들은 서로 다른 인스턴스(instance)입니다.

32.2 개체와 인스턴스

앞에서 많은 수의 닷넷 API를 다루면서 new 키워드를 사용하여 클래스에서 새로운 개체(클래스의 인스턴스)를 생성하고 사용했습니다. 클래스에서 개체를 생성하는 것을 클래스의 인스턴스 생성이라고 합니다. 클래스의 인스턴스는 지금까지 다음 형태로 사용해 왔습니다.

```
클래스이름 개체이름 = new 클래스이름();
예 Car car = new Car();
예 Product p = new Product();
```

인스턴스는 클래스(설계도)에서 만든 새로운 인스턴스(instance)(실체)입니다. 이 책에서 개체, 객체, 오브젝트, 인스턴스는 의미가 같지만, 앞으로는 개체로 통일해서 사용하겠습니다. 실생활에서 예를 들면, 자동차 설계도를 기반으로 만든 자동차 하나를 자동차 개체 또는 자동차 인스턴스라고 표현합니다. 클래스는 그 자체가 하나의 설계도(템플릿)이기에 클래스 하나에서 개체(인스턴스) 여러 개를 생성해 낼 수 있습니다. 또 개체는 메모리가 허락하는 동안 계속해서 만들 수 있습니다.

클래스의 인스턴스인 개체 생성하기

이번에는 개체를 생성하는 방법을 알아보겠습니다. 다음 내용을 입력한 후 실행해 보세요. 코드에서는 추가로 namespace 키워드를 사용하여 클래스 2개를 묶어서 관리했습니다.

클래스의 인스턴스 개체 생성: ObjectNote.cs

```
using System;

namespace ObjectNote
{
    public class Counter                    //① 클래스 생성
    {
        public void GetTodayVisitCount()        //② 메서드 생성
        {
            Console.WriteLine("오늘 1234명이 접속했습니다.");
        }
    }
    class ObjectNote
    {
        static void Main()
```

```
        {
            Counter counter = new Counter();   //ⓐ 클래스의 인스턴스 생성
            counter.GetTodayVisitCount();        //ⓑ 개체이름.멤버이름으로 클래스의 멤버 호출
        }
    }
}
```

\ 실행 결과 /

오늘 1234명이 접속했습니다.

①처럼 클래스를 생성할 때는 따로 정적 멤버와 인스턴스 멤버 내용을 지정하지 않습니다. 클래스 내에는 정적 멤버와 인스턴스 멤버를 원하는 만큼 만들 수 있습니다.

②에서는 static이 빠진 형태로 메서드를 만들어 인스턴스 멤버인 인스턴스 메서드를 만들었습니다.

특정 클래스의 인스턴스 멤버를 호출하려면 ⓐ처럼 클래스의 인스턴스를 생성합니다. 그런 다음 ⓑ처럼 인스턴스.멤버; 형태로 호출해서 사용합니다.

32.3 인스턴스 메서드

클래스 내에 선언된 메서드 중에서 static 키워드가 붙지 않은 메서드를 인스턴스 메서드라고 합니다. 인스턴스 메서드를 호출하려면 클래스의 인스턴스를 생성하여 개체를 만들어야 합니다. 클래스의 인스턴스를 생성하여 개체를 만들려면 new 키워드를 사용합니다.

예를 들어 Car 클래스의 인스턴스를 생성하는 형태는 다음과 같습니다.

```
Car car = new Car();
```

- 일반적으로 클래스 이름은 대문자로 시작하고 개체 이름은 소문자로 시작합니다.
- 인스턴스 메서드를 호출하려면 개체.인스턴스메서드이름(); 형태를 사용합니다. 예를 들어 Car 클래스의 Go() 인스턴스 메서드를 호출하는 코드는 다음과 같습니다.

```
Car car = new Car();
car.Go();
```

인스턴스 메서드 만들기

클래스에 인스턴스 메서드를 만들고 호출하는 내용을 예제로 살펴보겠습니다.

```
> public class MyMath
. {
.     //① 인스턴스 메서드 생성
.     public void Sum(int x, int y)
.     {
.         int sum = x + y;
.         Console.WriteLine($"합계 : {sum}");
.     }
. }
>
> MyMath myMath = new MyMath();    //② MyMath 클래스의 인스턴스 생성
> myMath.Sum(3, 5);                //③ 개체.인스턴스메서드이름; 형태로 호출
합계 : 8
```

①처럼 static이 빠진 형태로 클래스 내에 메서드를 만들면 이 메서드는 인스턴스 메서드가 됩니다. 인스턴스 메서드를 호출하려면 ②처럼 new 키워드를 사용하여 인스턴스를 생성해야 합니다. ②는 다음과 같이 var 키워드를 사용해도 됩니다.

```
> var myMath = new MyMath();
```

③에서 볼 수 있는 것처럼 인스턴스 멤버들은 개체.인스턴스메서드이름; 형태로 호출합니다.

32.4 익명 형식

클래스를 선언하지 않고 개체를 만드는 방법인 익명 형식(anonymous type)도 있습니다. 익명 형식은 무명 형식 또는 이름이 없는 개체로도 표현합니다. 다음 코드를 살펴보세요.

```
> //① 개체 만들기: 익명 형식
> var hong = new { Name = "백승수", Age = 21 };
> var park = new { Name = "박문수", Age = 30 };
>
> //② 개체 사용
> $"이름 : {hong.Name}, 나이 : {hong.Age}"
"이름 : 백승수, 나이 : 21"
> $"이름 : {park.Name}, 나이 : {park.Age}"
"이름 : 박문수, 나이 : 30"
```

익명 형식은 특정 클래스 없이 이름 하나로 여러 속성을 모아 관리할 때 유용합니다.

익명 형식을 만들 때 각 데이터 형식은 자동으로 유추해서 만듭니다. 다음 코드의 IsPrint는 true
로 초기화되어 자동으로 불(bool) 형식의 데이터가 됩니다.

```
> var o = new { Id = 1, Note = "Anonymous Type", IsPrint = true };
> if (o.IsPrint)
. {
.     Console.WriteLine($"{o.Id} - {o.Note}");
. }
1 - Anonymous Type
```

32.5 정적 멤버와 인스턴스 멤버

계속 반복해서 설명하는 내용이지만, 클래스 내에서 선언되는 모든 멤버는 두 가지 유형 중에서
하나를 가질 수 있는데, 멤버를 선언할 때 static 키워드를 붙이느냐(정적 멤버), 붙이지 않느냐
(인스턴스 멤버)로 구분합니다. static 키워드가 붙은 멤버에 접근할 때는 클래스이름.멤버이름;
형태로 접근하고, static 키워드가 붙지 않은 멤버에 접근할 때는 클래스의 인스턴스를 생성하고
생성된 개체이름.멤버이름; 형태로 접근합니다.

static 키워드가 붙은 변수를 클래스 변수라고 하며, static이 붙지 않은 변수를 인스턴스 변수라
고 합니다. static 키워드가 붙으면 일반적으로 공유(shared) 개념인데, 클래스 내의 여러 메서드
에서 해당 클래스 변수를 공유해서 사용합니다. 이러한 static 키워드가 붙는 메서드는 정적 메서
드로, 클래스의 인스턴스를 생성하지 않고 바로 사용할 수 있습니다. 정적 메서드를 포함한 정적
멤버들은 모두 정적인 멤버만 호출할 수 있습니다.

정적 멤버와 인스턴스 멤버를 함께 사용하는 예제를 살펴보겠습니다.

```
> //① 클래스 생성
> class SharedAndInstance
. {
.     public static void StaticMember() => Console.WriteLine("[1] Static Member");
.     public void InstanceMember() => Console.WriteLine("[2] Instance Member");
. }
>
> SharedAndInstance.StaticMember();   //② 정적 멤버 사용 => 클래스.멤버 형태
[1] Static Member
>
```

개체 만들기

```
> SharedAndInstance obj = new SharedAndInstance();
> obj.InstanceMember(); //③ 인스턴스 멤버 사용 => 개체.멤버; 형태
[2] Instance Member
```

클래스에 메서드 같은 클래스 멤버를 만들 때 처음에 가장 먼저 확인해야 할 내용은 정적 멤버인지 인스턴스 멤버인지 구분하는 것입니다. 정적 멤버는 static 키워드가 붙은 멤버로 클래스 내에서 공유하여 사용합니다. 인스턴스 멤버는 static 키워드 없이 인스턴스를 생성한 후 호출하는 형태입니다. 일반적으로 닷넷 프로그래밍에서는 인스턴스 멤버를 월등히 많이 사용합니다.

32.6 프로젝트에 클래스를 여러 개 사용하기

지금까지 만들었던 모든 C# 프로젝트에는 CS 파일이 하나 이상 있고, 해당 CS 파일 역시 클래스 파일이 1개 이상 있을 수 있습니다. 이번에는 클래스를 2개 만들고 Main() 메서드에서 호출하는 예제를 실행해 보겠습니다.

1. 새로운 C# 콘솔 프로젝트를 다음과 같이 만듭니다.

프로젝트 형식	템플릿	이름	위치
Visual C#	콘솔 앱 프로그램	ClassDemo	C:\C#

2. 솔루션 탐색기의 **ClassDemo** 프로젝트에서 마우스 오른쪽 버튼을 누릅니다. **추가 > 새 항목**을 선택하여 템플릿 선택 화면에서 클래스를 클릭합니다. 이름을 ClassOne.cs로 설정한 후 **추가**를 눌러 프로젝트에 추가합니다. 같은 방법으로 ClassTwo.cs 파일을 추가합니다.

비주얼 스튜디오에 설치된 템플릿	이름
클래스	ClassOne.cs
클래스	ClassTwo.cs

3. 새롭게 추가한 클래스 파일인 ClassOne.cs 파일에 다음과 같이 소스 코드를 작성합니다. Hi() 메서드에는 static 키워드를 붙여 정적 메서드로 만듭니다.

```
//ClassOne.cs
using System;

public class ClassOne
{
```

```csharp
    public static void Hi()
    {
        Console.WriteLine("안녕하세요.");
    }
}
```

4. 새롭게 추가한 클래스 파일인 ClassTwo.cs에 다음과 같이 소스 코드를 작성합니다. Hi() 메서드는 정적 메서드로 만들고, 이와 다른 인스턴스 메서드를 비교할 수 있도록 Hello() 메서드는 static 키워드를 생략하여 인스턴스 메서드로 만듭니다.

```csharp
//ClassTwo.cs
using System;

public class ClassTwo
{
    public static void Hi()
    {
        Console.WriteLine("반갑습니다.");
    }

    public void Hello()
    {
        Console.WriteLine("또 만나요.");
    }
}
```

5. 솔루션 탐색기에서 Program.cs 파일을 ClassDemo.cs 파일로 이름을 변경하고, 이미 만든 모든 코드를 삭제한 후 다음과 같이 프로그램을 만듭니다. 메인 클래스로 ClassOne과 ClassTwo 클래스를 사용할 것입니다.

```csharp
//ClassDemo.cs
class ClassDemo
{
    static void Main()
    {
        //다른 클래스의 멤버 호출
        ClassOne.Hi();
        ClassTwo.Hi();

        ClassTwo ct = new ClassTwo();
        ct.Hello();
    }
}
```

각 클래스에 만든 정적 메서드들은 클래스이름.메서드이름(); 형태로 호출합니다. 또 각각의 클래스에 만들어진 인스턴스 메서드들은 new 키워드를 사용하여 클래스의 인스턴스인 개체를 만들고 이 개체로 호출합니다.

6. 소스 코드를 다 입력한 후 `Ctrl`+`F5`를 눌러 프로그램을 실행하면 명령 프롬프트 창에 다음과 같이 출력됩니다.

```
안녕하세요.
반갑습니다.
또 만나요.
```

현업에서는 프로젝트 하나에 클래스 여러 개를 추가하여 프로그램(프로젝트) 하나를 이루는 방식을 자주 사용합니다. 여러 클래스 간의 관계와 호출 개념은 앞으로 이어지는 클래스의 구성 요소로 계속해서 알아보겠습니다.

32.7 ToString() 메서드 오버라이드

클래스에는 ToString() 메서드로 특별한 메서드를 생성할 수 있는데, 개체에 대한 문자열을 재정의합니다. 이러한 기능을 ToString 메서드 오버라이드(다시 정의)라고 합니다. 다음 내용을 입력한 후 실행해 보세요.

ToString() 메서드로 메서드를 다시 정의한 후 새 문자열 출력: ToStringMethod.cs

```csharp
using System;

class My { }

class Your
{
    public override string ToString()
    {
        return "새로운 반환 문자열 지정";
    }
}

class ToStringMethod
{
    static void Main()
    {
        My my = new My();
```

```
        Console.WriteLine(my);      //"My": 개체를 출력하면 기본은 클래스 이름이 출력

        Your your = new Your();
        Console.WriteLine(your);   //"새로운 반환 문자열 지정"
    }
}
```

```
My
새로운 반환 문자열 지정
```

클래스를 만들 때 public override string ToString() {} 메서드를 구현하고 문자열을 반환하면
그에 해당하는 문자열을 재정의하여 기본 개체를 출력할 수 있습니다. My 클래스는 따로 ToString
메서드가 만들어지지 않아 클래스 이름이 출력되고, Your 클래스는 새로운 문자열이 출력됩니다.

32.8 클래스 배열

우리가 만든 클래스도 데이터 형식의 하나이므로 배열처럼 사용할 수 있습니다. 다음 예제에서는
특정 클래스 형식을 배열로 선언한 후 각 배열의 인스턴스를 생성해서 사용할 것입니다. 다음 내
용을 입력한 후 실행해 보세요.

클래스 형식 배열을 선언한 후 사용: ClassArray.cs

```
using System;

public class CategoryClass
{
    public void Print(int i) => Console.WriteLine($"카테고리 {i}");
}

class ClassArray
{
    static void Main()
    {
        CategoryClass[] categories = new CategoryClass[3];  //① 클래스 배열 생성

        //② 각 요소에 인스턴스 생성
        categories[0] = new CategoryClass();
```

32

개체 만들기

449

```
        categories[1] = new CategoryClass();
        categories[2] = new CategoryClass();

        for (int i = 0; i < categories.Length; i++)
        {
            categories[i].Print(i);
        }
    }
}
```

\ 실행 결과 /

```
카테고리 0
카테고리 1
카테고리 2
```

①처럼 클래스도 기본 데이터 형식처럼 배열을 선언할 수 있습니다. 각 배열 요소는 ②처럼 새롭게 인스턴스로 설정해서 사용할 수 있습니다.

32.9 var 키워드를 사용하여 클래스의 인스턴스 생성하기

클래스의 인스턴스를 생성할 때 var 키워드를 사용하면 코드가 약간 짧아집니다. 다음 코드는 Exam exam1 대신 var를 사용하여 var exam2 형태로 클래스 자리에 변수를 선언하고, 뒤에 오는 클래스 생성 구문을 참고하여 자동으로 클래스 이름을 유추해서 개체를 생성합니다. var 키워드를 사용하여 클래스의 인스턴스를 생성하는 방법을 살펴보세요.

```
> //① 클래스를 사용하려고 인스턴스 생성<테스트>
> public class ExamClass { }
> ExamClass exam1 = new ExamClass();
> $"{exam1}"
"Submission#10+ExamClass"
>
> //② var 키워드를 사용하여 인스턴스 생성
> var exam2 = new ExamClass();
> $"{exam2}"
"Submission#10+ExamClass"
```

코드에서는 var 키워드를 생성했지만, 실제 컴파일했을 때는 var 자리를 Exam 클래스가 대체한다고 보면 됩니다. 이 예제에서는 Exam처럼 클래스 이름이 길지 않기에 크게 상관없지만, 긴 클래스 이름을 사용할 때는 간단히 var로 줄여 표현하는 것도 나쁘지 않습니다.

간단히 예를 들면 정적 멤버 호출은 가내수공업으로 필요할 때 바로 호출해서 사용하는 개념이고, 인스턴스 멤버 호출은 대기업 기성품처럼 설계도를 바탕으로 개체를 대량으로 만들어 사용하는 형태입니다. 프로그램 내에서 한두 번 호출하는 경우에는 정적 멤버를 사용하고, 여러 번 반복해서 사용하는 경우에는 인스턴스 멤버를 사용합니다. 클래스와 개체 개념을 다루었으니 다음 강의에서는 클래스의 구성 요소들을 좀 더 학습해 보겠습니다.

33 네임스페이스

지금까지 닷넷에서 제공하는 API를 활용하여 네임스페이스(namespace)를 여러 번 사용해 보았습니다. 닷넷은 System, System.Text, System.Linq, System.Generic 등 많은 네임스페이스를 제공합니다. 이 강의에서는 이러한 네임스페이스를 직접 만들어 보겠습니다.

33.1 네임스페이스

네임스페이스는 프로그램 규모가 커질 때 클래스 이름이 충돌하는 것을 방지하도록 클래스를 모아서 관리하는 개념입니다. 현실 세계에서 인터넷 도메인 주소를 사용하여 웹 사이트를 구분하듯, 네임스페이스를 달리하여 이름이 동일한 클래스를 하나의 프로젝트에서 사용할 수 있게 할 수 있습니다.

▼ 그림 33-1 네임스페이스로 클래스를 묶어 관리

닷넷에는 수많은 클래스가 있습니다. 이러한 클래스들은 의미가 같은 클래스끼리 네임스페이스로 묶어 관리합니다. 우리가 지금까지 사용해 오던 Console 클래스처럼 주요 클래스들을 System 네임스페이스 내에 선언해서 사용해 왔습니다. 지금까지 해 왔던 것처럼 이러한 네임스페이스는 using 지시문을 사용하여 클래스 파일의 위쪽에 선언합니다.

네임스페이스는 다음 특징이 있습니다. 간단히 읽고 넘어가세요.

- 서로 관련 있는 클래스, 구조체, 열거형 등의 형식과 또 다른 네임스페이스 등을 묶어 관리해 주는 개념입니다.

- 클래스 이름이 중복되는 것을 방지하는 역할을 합니다.
- 클래스를 계층형으로 묶어 관리할 수 있습니다.
- 네임스페이스는 패키지란 단어와 의미가 비슷하며, 관련 있는 형식의 묶음입니다.

그렇다면 네임스페이스는 왜 사용할까요? 하나의 큰 프로젝트를 개발하다 보면, A 개발자도 Car 클래스를 만들고 동시에 B 개발자도 Car 클래스를 만들 수 있습니다. 이때 클래스 이름이 같아 충돌이 발생합니다. 이 경우에는 네임스페이스를 사용하여 서로 관련 있는 클래스끼리 구분하여 묶어서 관리하면 됩니다.

33.2 네임스페이스 만들기

네임스페이스를 만들려면 namespace 키워드를 사용합니다. 네임스페이스는 다음과 같이 namespace 키워드 뒤에 네임스페이스 이름을 지정해서 사용합니다. 네임스페이스 이름도 클래스 이름과 마찬가지로 대문자로 시작합니다.

```
namespace 네임스페이스이름
{
    //클래스 등의 정의가 들어옴
}
```

예를 들어 MyCar라는 네임스페이스를 만들고 이곳에 Car라는 클래스를 생성하는 구문은 다음과 같습니다.

```
namespace MyCar
{
    public class Car
    {
        //Car 클래스의 내용 구현
    }
}
```

네임스페이스는 여러 번 계층형으로 구분해서 사용할 수 있습니다. 각 네임스페이스 안에는 클래스 정의 코드가 들어올 수 있습니다.

```
namespace AllCar
{
    namespace MyCar { }
    namespace YourCar { }
}
```

앞과 같은 네임스페이스 중첩 구문은 다음과 같이 마침표 구문을 사용하여 표현할 수도 있습니다.

```
namespace AllCar.MyCar { }
namespace AllCar.YourCar { }
```

네임스페이스를 사용하여 같은 이름의 클래스를 구분해 보겠습니다. 다음 내용을 입력한 후 실행해 보세요.

네임스페이스를 사용하여 같은 이름의 클래스로 구분: NamespaceNote.cs

```
using System;

namespace Foo
{
    public class Car
    {
        public void Go() => Console.WriteLine("[1] Foo 네임스페이스의 Car 클래스 호출");
    }
}

namespace Bar
{
    public class Car
    {
        public void Go() => Console.WriteLine("[2] Bar 네임스페이스의 Car 클래스 호출");
    }
}

class NamespaceNote
{
    static void Main()
    {
        Foo.Car fooCar = new Foo.Car();
        fooCar.Go();  //① Foo 네임스페이스의 Car 클래스 호출
        Bar.Car barCar = new Bar.Car();
        barCar.Go();  //② Bar 네임스페이스의 Car 클래스 호출
    }
}
```

> [1] Foo 네임스페이스의 Car 클래스 호출
> [2] Bar 네임스페이스의 Car 클래스 호출

프로그램 규모가 커짐에 따라 클래스 이름이 동일하여 충돌이 발생할 수도 있습니다. Foo라는 회사 또는 개발자가 Car 클래스를 설계했는데, Bar라는 회사 또는 개발자도 Car 클래스를 설계했다면 이를 하나의 프로젝트로 합쳤을 때 클래스 이름이 동일하여 충돌이 발생합니다. 이때는 도메인 이름 또는 제품 이름으로 네임스페이스를 만들어 클래스를 감싸 주면 이름 충돌이 발생하지 않습니다.

네임스페이스가 적용된 클래스를 호출할 때는 네임스페이스.클래스; 형태를 사용합니다.

닷넷 코어 또는 닷넷 프레임워크에 내장된 모든 클래스는 특정 네임스페이스에 속해 있는 것처럼 클래스를 처음 설계할 때부터 네임스페이스를 함께 고민해서 만들어야 합니다.

이 책에서는 지면을 절약하고자 파일 하나에 Foo.Car 클래스, Bar.Car 클래스, NamespaceNote 클래스 세 가지를 작성했습니다. 실제로 프로그램을 만들 때는 각 클래스를 다른 파일로 관리하길 권장합니다.

33.3 using 지시문

namespace 키워드로 만든 네임스페이스를 특정 C# 파일에서 사용하려면 코드 위쪽에 using 지시문으로 해당 네임스페이스를 현재 파일에서 사용하겠다고 선언해야 합니다.

우리가 지금까지 익히 사용해 오던 using 키워드로 다음 구문과 동일하게 네임스페이스 이름을 지정합니다.

```
using System; ----- System 네임스페이스를 현재 CS 파일 또는 네임스페이스에서 사용하겠다고 지정
using MyNamespace; ----- MyNamespace 네임스페이스를 현재 CS 파일에서 사용하겠다고 지정
using AllCar.MyCar; ----- 계층형 네임스페이스를 지정
```

당연한 이야기이지만, using 지시문을 사용하지 않고 전체 네임스페이스와 클래스 이름을 함께 사용할 수도 있습니다.

```
AllCar.MyCar.Car car = new AllCar.MyCar.Car();
```

네임스페이스를 참조하는 using 키워드는 일반적으로 CS 파일 위쪽에 지정하고 특정 네임스페이스 안에 둘 수도 있습니다.

네임스페이스 선언과 사용하기

이번에는 네임스페이스를 선언하고 사용하는 또 다른 방법을 알아보겠습니다. 다음 내용을 입력한 후 실행해 보세요.

네임스페이스를 선언하고 사용하는 다른 방법: NamespaceDescription.cs

```
using Korea.Seoul;        //Korea.Seoul 네임스페이스의 클래스를 바로 사용 가능
using System;
using In = Korea.Incheon;  //Korea.Incheon 네임스페이스를 In 네임스페이스로 별칭을 붙여 사용

namespace Korea
{
    namespace Seoul
    {
        public class Car
        {
            public void Run() => Console.WriteLine("서울 자동차가 달립니다.");
        }
    }

    namespace Incheon
    {
        public class Car
        {
            public void Run() => Console.WriteLine("인천 자동차가 달립니다.");
        }
    }
}

namespace NamespaceDescription
{
    class NamespaceDescription
    {
        static void Main()
        {
            //① 네임스페이스 전체 지정
            Korea.Seoul.Car s = new Korea.Seoul.Car();
            s.Run();  //서울
```

```
        Korea.Incheon.Car i = new Korea.Incheon.Car();
        i.Run();   //인천

        //② 네임스페이스 선언부에 선언
        Car seoul = new Car();
        seoul.Run();   //서울

        //③ 별칭을 사용해서 간결하게 사용
        In.Car ic = new In.Car();
        ic.Run();   //인천
      }
    }
  }
```

\ 실행 결과 /

```
서울 자동차가 달립니다.
인천 자동차가 달립니다.
서울 자동차가 달립니다.
인천 자동차가 달립니다.
```

①처럼 서로 다른 Car 클래스를 한곳에서 사용할 때는 직접 네임스페이스 전체 이름을 지정해서 인스턴스를 생성해야 합니다.

②는 네임스페이스 하나만 코드 위쪽에 using 지시문으로 선언해 두면 네임스페이스를 생략하여 해당 클래스를 사용할 수 있습니다.

③처럼 using 지시문에서 Korea.Incheon 네임스페이스를 In 이름의 별칭으로 선언하고, 이것으로 코드 내에서 줄여 표현하는 방법도 제공합니다. 참고로 이러한 방법을 using을 이용한 사용자 정의 데이터 형식 구현이라고 합니다.

using을 이용한 사용자 정의 데이터 형식 구현하기

이번에는 using을 이용하여 사용자 정의 데이터 형식을 구현하는 방법을 알아보겠습니다. 다음 내용을 입력한 후 실행해 보세요.

using을 이용하여 사용자 정의 데이터 구현: TypeDefinitionWithUsing.cs

```
using System;   //① 네임스페이스 추가

namespace TypeDefinitionWithUsing
```

```csharp
{
    //② Gilbut.Education.CSharp.Lecture 형식을 Project 별칭으로 줄여 사용
    using Project = Gilbut.Education.CSharp.Lecture;

    public class TypeDefinitionWithUsing
    {
        public static void Main(string[] args)
        {
            Gilbut.Education.CSharp.Lecture l =   //ⓐ 기본 호출
                new Gilbut.Education.CSharp.Lecture();
            Console.WriteLine(l);

            Project p = new Project();            //ⓑ using 지시문 사용 호출
            Console.WriteLine(p);
        }
    }
}

namespace Gilbut
{
    namespace Education
    {
        namespace CSharp
        {
            public class Lecture
            {
                public override string ToString()
                {
                    return "Lecture 클래스 호출됨";
                }
            }
        }
    }
}
```

\ 실행 결과 /

```
Lecture 클래스 호출됨
Lecture 클래스 호출됨
```

ⓐ처럼 기본 방법을 사용하여 네임스페이스의 클래스를 호출하는 방법과 ⓑ처럼 새로운 별칭을 만들고 코드 내에서 줄여 사용하는 방법 중 원하는 방법으로 클래스의 인스턴스를 생성할 수 있습니다.

네임스페이스는 프로그램을 브랜드 하나로 묶어 관리할 수 있습니다. C#에서 최소한의 단위는 클래스이지만, 클래스들을 네임스페이스로 묶어 관리할 때 네임스페이스 이름은 일반적으로 회사 이름, 소프트웨어 이름, 브랜드 이름, 도메인 이름 등으로 설정합니다. 이 책에서는 지면을 절약하고자 네임스페이스를 생략하지만, 실제 소프트웨어를 만들 때는 반드시 의미 있는 이름을 포함해서 사용해야 한다는 점을 기억하세요. 자, 클래스와 네임스페이스를 다루어 보았으니 클래스의 주요 구성 요소들을 하나씩 정리해 나가겠습니다.

34 필드 만들기

필드(field)는 클래스의 부품 역할을 하는 클래스의 내부 상태 값을 저장해 놓는 그릇을 의미합니다. 예를 들어 필드는 자동차 클래스에 선언된 변수로 자동차 부품에 해당한다고 할 수 있습니다.

34.1 필드

클래스 내에서 선언된 변수 또는 배열 등을 C#에서는 필드라고 합니다. 필드는 일반적으로 클래스의 부품 역할을 하며, 대부분 private 액세스 한정자(access modifier)가 붙고 클래스 내에서 데이터를 담는 그릇 역할을 합니다. 이러한 필드는 개체 상태(state)를 보관합니다.

필드는 선언한 후 초기화하지 않아도 자동으로 초기화합니다. 예를 들어 int 형 필드는 0으로, string 형 필드는 String.Empty, 즉 공백으로 초기화됩니다.

지역 변수와 전역 변수

C#에서 변수를 선언할 때는 Main( ) 메서드와 같은 메서드 내에서 선언하거나 메서드 밖에서, 즉 메서드와 동등한 레벨에서 변수를 선언할 수 있습니다. 메서드 내에서 선언된 변수 또는 배열을 지역 변수(local variable)라고 하며, 메서드 밖에서 선언된 변수를 전역 변수(global variable)라고 합니다. 다만 C#에서는 전역 변수라는 용어를 사용하지 않고 메서드와 동일하게 액세스 한정자를 붙여 필드라고 합니다.

지역 변수

변수는 Main( ) 메서드가 종료되면 자동으로 소멸됩니다. 변수가 살아 있는 영역은 Main( ) 메서드의 중괄호 시작({)과 끝 사이(})입니다. 특정 지역을 범위로 하기에 변수를 일반적으로 지역 변수라고 표현합니다.

다음 내용을 입력한 후 실행해 보세요. 지역 변수 i, j, k 3개를 선언 및 초기화하고 이 값들을 더해서 출력합니다. 변수 값을 더하기(+) 기호를 사용하여 합한 후 출력하겠습니다.

```
using System;

public class LocalVariable
{
    public static void Main()
    {
        int i = 1234;
        int j = 2345;
        int k = 3456;

        Console.WriteLine("{0}", i + j + k);
    }
}
```

\ 실행 결과 /

```
7035
```

책 초반부에 학습했던 변수 관련 예제를 다시 살펴보았습니다. 변수는 변수가 선언된 블록 내에서만 살아 있습니다. Main() 메서드에서 선언된 변수는 Main() 메서드가 종료되면 자동으로 소멸합니다.

전역 변수(필드)

Main() 메서드가 아닌 클래스 내에 선언된 변수를 필드라고 합니다. C#에서 필드는 변수와 마찬가지로 주로 소문자 또는 언더스코어(_)로 시작합니다. 이러한 필드는 메서드 내에 선언된 지역 변수와 달리 전역 변수라고도 합니다.

지역 변수와 전역 변수를 만들고 사용하는 예제를 살펴보겠습니다. 다음 내용을 입력한 후 실행해 보세요.

```
using System;

class VariableScope
{
    static string globalVariable = "전역 변수";   //필드 또는 멤버 변수

    static void Main()
    {
```

```
        string localVariable = "지역 변수";  //① 지역 변수
        Console.WriteLine(localVariable);
        Console.WriteLine(globalVariable);  //②-1 전역 변수
        Test();                             //②-2
    }

    static void Test() => Console.WriteLine(globalVariable);  //전역 변수
}
```

\ 실행 결과 /

```
지역 변수
전역 변수
전역 변수
```

①은 지역 변수를 선언하고 사용하는 내용입니다.

②-1은 클래스 내에 static 키워드와 함께 전역 변수로 선언된 globalVariable 필드를 Main() 메서드에서 사용하는 형태입니다.

②-2는 필드 내용을 Main()이 아닌 Test() 메서드에서 사용합니다.

필드 종류

필드는 지금까지 다루었던 모든 데이터 형식을 사용할 수 있습니다.

- **변수**(variable) **형식의 필드**: 지역 변수와 마찬가지로 값을 대입하여 사용할 수 있습니다.

- **상수**(constant) **형식의 필드**: 필드(변수)와 비슷하지만 한 번 값을 초기화한 후에는 다시 값을 재설정할 수 없습니다. 상수 형식의 필드는 반드시 선언과 동시에 초기화시켜야 합니다.

- **읽기 전용**(readonly) **형식의 필드**: 필드 중에서 readonly 키워드를 붙이는 읽기 전용 필드도 상수 형식의 필드와 역할이 비슷합니다. 단 상수와 차이점이 있다면 선언할 때 초기화시키지 않고 앞으로 배울 생성자로 초기화합니다.

- **배열**(array) **형식의 필드**: 배열을 필드 레벨로 올린 개념으로, 값을 여러 개 보관할 수 있습니다.

- **기타, 개체**(object) **형식의 필드**: 기타 필드에는 모든 데이터 형식이 올 수 있습니다.

필드를 선언하는 여러 가지 형태를 먼저 살펴보겠습니다.

▼ 표 34-1 필드를 선언하는 여러 가지 형태

형태	설명
public static int intNum;	정적인 정수형 필드 선언
public string strSql;	인스턴스 형식의 문자열 필드 선언
public int num;	필드도 일반 변수처럼 이름을 지음
public string m_name;	필드 이름에 m_ 접두사를 붙임
public string _Age;	필드 이름이 _로 시작

필드에서 불 형식은 false, 숫자 형식은 0, string 같은 참조 형식은 null을 기본값으로 가집니다.

필드 이니셜라이저를 사용하여 필드 초기화

클래스 내에 선언된 필드는 자동으로 해당 형식의 기본값으로 초기화됩니다. 예를 들어 정수형(int, long, byte, short)은 모두 0으로 초기화됩니다. 실수형(float, double)은 0.0, 불형은 false, 기타 참조형(reference type)은 null로 초기화됩니다.

이번에는 필드를 선언과 동시에 초기화하는 필드 이니셜라이저를 사용해 보겠습니다. 다음 내용을 입력한 후 실행해 보세요.

필드 이니셜라이저 사용: FieldInitializer.cs

```
using System;

class Say
{
    private string message = "안녕하세요.";  //① 필드(멤버 변수) - 필드 이니셜라이저

    public void Hi()                        //② 메서드
    {
        this.message = "반갑습니다.";
        Console.WriteLine(this.message);
    }
}

class FieldInitializer
{
    static void Main()
    {
        Say say = new Say();
        say.Hi();
```

```
        }
    }
```

반갑습니다.

①에서는 필드를 선언과 동시에 "안녕하세요." 문자열로 초기화했습니다. 필드는 변수와 달리 선언과 동시에 초기화하지 않으면 자동으로 기본값으로 초기화됩니다.

②에서는 Hi( ) 메서드에서 this 키워드로 자신의 클래스(Say) 인스턴스인 개체 내부에 선언된 message 필드에 접근해서 새로운 값으로 초기화하여 사용합니다.

배열 형식의 필드 사용하기

필드에 배열을 사용해 보겠습니다. 다음 내용을 입력한 후 실행해 보세요.

배열 형식의 필드 사용: FieldArray.cs

```csharp
using System;

class Schedule
{
    //① 필드에 배열 사용
    private string[] weekDays = { "Sun", "Mon", "Tue", "Wed", "Thu", "Fri", "Sat" };
    public void PrintWeekDays()
    {
        foreach (var day in weekDays)
        {
            Console.Write($"{day}\t");
        }
        Console.WriteLine();
    }
}

class FieldArray
{
    static void Main()
    {
        Schedule schedule = new Schedule();
        schedule.PrintWeekDays();
    }
}
```

\ 실행 결과 /

| Sun | Mon | Tue | Wed | Thu | Fri | Sat |

요일 정보를 배열 형식의 weekDays 필드에 저장한 후 PrintWeekDays() 메서드에서 반복해서 출력하는 예제입니다. 이처럼 필드에는 변수, 배열 등 데이터 구조가 올 수 있습니다.

34.2 액세스 한정자

필드를 만들고 클래스 외부(다른 클래스)에서 사용하도록 설정하려면 public 액세스 한정자를 붙이거나 나중에 자세히 배울 속성(property)으로 변환시켜야 합니다.

멤버 보이기

액세스(접근) 한정자로 클래스의 '멤버에 대한 보이기(member visibility)' 여부를 적용할 수 있습니다.

액세스 한정자를 간단히 정리하자면, 클래스와 클래스의 멤버에는 액세스 한정자를 붙여 접근 권한을 설정할 수 있습니다. 아무것도 붙이지 않거나 private을 붙이면 해당 클래스의 멤버는 해당 파일이나 클래스 영역에서만 사용됩니다. public을 붙이면 해당 클래스와 멤버에 제한 없이 외부에서도 접근 가능합니다.

액세스 한정자의 종류

클래스와 클래스 간 멤버에 접근할 때는 다음 액세스 한정자가 적용됩니다. 기본적으로 클래스 또는 클래스의 멤버에 액세스 한정자를 붙이지 않으면 private 한정자로 인식합니다. 다음 내용은 한 번 정도 읽고 넘어가세요.

- **public**: 멤버에 대한 접근이 제한되지 않습니다. 모든 곳에서 접근 가능합니다. public이 지정된 클래스 및 클래스의 멤버는 항상 접근 가능합니다.
- **private**: 현재 클래스 내에서만 접근 가능합니다. private이 지정된 클래스 및 멤버는 해당 클래스에서만 접근 가능합니다.
- **protected**: 현재 클래스 또는 현재 클래스를 상속하는 자식 클래스에만 접근이 허가됩니다. protected가 지정된 클래스 및 멤버는 해당 클래스와 해당 클래스를 상속하는 파생 클래스에서 접근 가능합니다. 상속을 학습할 때 자세히 다룹니다.

- internal: 현재 프로젝트의 모든 클래스에 접근이 허가됩니다.
- protected internal: 현재 어셈블리(DLL 파일) 또는 현재 어셈블리에서 파생된 모든 클래스에 액세스가 허가됩니다. internal이 지정된 클래스 또는 멤버는 해당 어셈블리(같은 프로그램)에서 접근 가능합니다.

필드에 public 액세스 한정자 사용하기

클래스 내에 선언되는 필드는 대부분 private 키워드가 붙습니다. 하지만 public 키워드를 붙여 클래스 외부에서 접근 가능하도록 설정할 수도 있습니다. 다음 내용을 입력한 후 실행해 보세요.

필드에 public 액세스 한정자 사용: PublicField.cs

```
using System;

namespace PublicField
{
    class Category
    {
        public string CategoryName;
    }

    class PublicField
    {
        static void Main()
        {
            Category book = new Category();
            book.CategoryName = "책";
            Console.WriteLine(book.CategoryName);  //책
        }
    }
}
```

\ 실행 결과 /

```
책
```

Category 클래스에 CategoryName 이름의 필드를 생성하고 public 액세스 한정자를 설정했습니다. 이렇게 설정한 필드는 다른 클래스인 PublicField 클래스의 Main() 메서드에서 접근하여 값을 설정하거나 가져갈 수 있습니다. 필드는 거의 대부분 소문자로 시작하지만, public 필드는 속성 의미를 가지기에 대문자로 표현해 보았습니다.

public과 private 액세스 한정자

이번에는 private과 public을 사용하는 액세스 한정자를 살펴보겠습니다.

```
> public class Car
. {
.     public static void Hi() { Console.WriteLine("Hi"); }
.     private static void Bye() { Console.WriteLine("Bye"); }
.     public static string name;
.     private static int age;
.     //private한 필드를 외부에 공개할 때는 public한 메서드로 공개
.     public static void SetAge(int intAge) { age = intAge; }
.     public static int GetAge() { return age; }
. }
>
> Car.Hi();        //① public 멤버는 항상 접근 가능
Hi
>
> Car.Bye();       //② private 멤버는 다른 클래스에서 접근 불가
(1,5): error CS0122: 'Car.Bye()' is inaccessible due to its protection level
>
> //③ public 필드는 외부에서 접근 가능
> Car.name = "RedPlus"; Console.WriteLine(Car.name);
RedPlus
>
> Car.SetAge(21);  //④ public 메서드로 필드 값을 설정 및 조회
> Car.GetAge()
21
```

이번에는 public과 private 키워드를 비교해 보겠습니다. 다음 내용을 입력한 후 실행해 보세요.

public과 private 키워드 비교: PublicPrivate.cs

```
using System;

public class TestClass
{
    private static string name = "백승수";     //private(비공개)
    public static string siteName = "길벗";  //public 필드는 권장하지 않음

    public static string GetName()
    {
        return name;
    }
}
```

```
class PublicPrivate
{
    static void Main()
    {
        //TestClass.name; -> private 멤버는 외부에 노출되지 않음
        Console.WriteLine(TestClass.siteName);   //public 멤버는 외부에 노출

        //private 필드 값을 외부에 공개할 때는 public으로 공개
        Console.WriteLine(TestClass.GetName());
    }
}
```

\ 실행 결과 /

```
길벗
백승수
```

34.3 여러 가지 형태의 필드 선언, 초기화, 참조 구현하기

지금까지 지역 변수와 전역 변수, 필드를 살펴보았습니다. 이 실습으로 필드의 여러 가지 사용 예를 살펴보겠습니다.

1. 새로운 C# 콘솔 프로젝트를 다음과 같이 만듭니다.

프로젝트 형식	템플릿	이름	위치
Visual C#	콘솔 앱 프로그램	FieldNote	C:\C#

2. 솔루션 탐색기에서 Program.cs 파일을 FieldNote.cs 파일로 이름을 변경하고, 이미 만든 모든 코드를 삭제한 후 다음과 같이 프로그램을 만듭니다.

```
//FieldNote.cs
using System;

namespace FieldNote
{
    class Person
    {
        private string name = "박용준";   //① 변수 형식의 필드
        private const int m_age = 21;    //② 상수 형식의 필드
        private readonly string _NickName = "RedPlus";   //③ 읽기 전용 형식의 필드
        private string[] _websites = { "닷넷코리아", "비주얼아카데미" }; //④ 배열 형식의 필드
```

```
        private object all = DateTime.Now.ToShortTimeString();    //⑤ 모든 형식의 필드

        public void ShowProfile()
        {
            string r =
                $"{name}, {m_age}, {_NickName}, {String.Join(", ", _websites)}, " +
                $"{Convert.ToDateTime(all).ToShortTimeString()}";
            Console.WriteLine(r);
        }
    }
    class FieldNote
    {
        static void Main()
        {
            Person person = new Person();
            person.ShowProfile();
        }
    }
}
```

3. 소스 코드를 모두 입력한 후 Ctrl + F5 를 눌러 프로그램을 만들면 명령 프롬프트 창에 다음과
같이 출력됩니다.

박용준, 21, RedPlus, 닷넷코리아, 비주얼아카데미, 오전 1:57

다른 클래스에서 필드에 접근하게 하려면 public 액세스 한정자를 붙이고, 같은 클래스 내에서만
사용하려면 private 액세스 한정자를 붙입니다. 다만 앞으로 책에서 필드는 무조건 private 키워
드를 붙이는 것을 원칙으로 합니다. 외부에 필드를 공개할 때는 뒤에서 다룰 속성을 사용해서 공
개하면 좋습니다.

필드는 주로 클래스/개체의 부품 역할을 하며 임시적으로 데이터를 보관해 놓습니다. 이 책 전체
에 거쳐 필드는 무조건 private을 기준으로 사용하되, 추후 상속을 배우고 나면 protected까지 사
용할 것입니다. 필드에는 public 키워드를 붙이지 않는 습관을 들여 필드 내용을 외부에 공개할
때는 public 메서드 또는 뒤에서 배울 속성을 사용하면 좋습니다.

35 생성자

C#에서 생성자는 클래스에서 맨 먼저 호출되는 메서드로, 클래스 기본값 등을 설정합니다. 자동차 클래스를 예로 들면, 자동차의 시동 걸기에 해당하는 것이 바로 생성자입니다.

35.1 생성자

클래스의 구성 요소 중에는 생성자(constructor)라는 메서드가 있습니다. 단어 그대로 개체를 생성하면서 무엇인가를 하고자 할 때 사용되는 메서드입니다. 일반적으로 생성자는 개체를 초기화(주로 클래스 내 필드를 초기화)하는 데 사용됩니다. 생성자는 생성자 메서드라고도 합니다. 이러한 생성자는 독특한 규칙이 있는데, 바로 생성자 이름이 클래스 이름과 동일하다는 것입니다. 클래스 내에서 클래스 이름과 동일한 이름을 갖는 메서드는 모두 생성자입니다.

생성자는 매개변수가 없는 기본(default) 생성자가 있고, 매개변수를 원하는 만큼 정의해서 사용할 수도 있습니다. 이때 반환값은 가지지 않습니다. 또 생성자도 static 생성자(정적 생성자)와 public 생성자(인스턴스 생성자)로 구분됩니다. 일반적으로 public 키워드를 사용하는 인스턴스 생성자를 많이 사용합니다.

생성자에 대한 간단한 데모 코드를 살펴보겠습니다. 다음 코드는 Car 클래스 내에 Car()란 이름으로 인스턴스 생성자를 만들었습니다. 이처럼 생성자는 클래스 안에서 클래스 이름과 동일한 이름의 메서드로 만듭니다. 생성자는 다른 메서드와 달리 반환값을 지정하지 않고 메서드와 동일하게 어떤 기능을 수행하는데, 주로 클래스의 멤버 값을 초기화합니다. 다음 코드는 화면에 "Constructor" 문자열을 출력하는 기능만 합니다.

```
> class Car
. {
.     public Car()
.     {
.         Console.WriteLine("Constructor");
.     }
. }
```

Car 클래스의 Car() 생성자는 Car 클래스의 인스턴스가 만들어질 때 자동으로 호출해서 실행합니다.

```
> var car = new Car();
Constructor
```

앞 코드처럼 Car 클래스의 인스턴스가 생성될 때 자동으로 Car() 생성자가 실행됩니다.

메서드와 마찬가지로 클래스에 매개변수를 달리하여 생성자를 여러 개 만들 수도 있습니다. 메서드를 학습할 때 다시 언급하겠지만, 메서드가 오버로드(다중 정의)되는 것처럼 생성자도 오버로드됩니다. 이를 생성자 오버로드 또는 생성자 오버로딩이라고 합니다. 그리고 this 키워드를 사용해서 다른 생성자를 호출할 수도 있습니다.

생성자를 사용하여 개체 생성하기

생성자를 사용하여 개체를 초기화할 수 있습니다. 생성자 메서드는 클래스의 인스턴스인 개체를 만들 때 추가로 코드를 실행시킬 수 있습니다. 생성자의 이러한 역할을 줄여서 개체를 초기화한다고 말합니다.

프로젝트 코드로 생성자 예제를 살펴보겠습니다. 다음 내용을 입력한 후 실행해 보세요.

생성자를 사용하여 개체 생성: ConstructorDemo.cs

```
using System;

class ConstructorDemo          //클래스
{
    public ConstructorDemo()   //생성자
    {
        Console.WriteLine("생성자가 호출되었습니다.");
    }

    static void Main()          //진입점
    {
        ConstructorDemo c = new ConstructorDemo();
    }
}
```

\ 실행 결과 /

생성자가 호출되었습니다.

이 코드의 ConstructorDemo() 생성자는 기본 생성자입니다. 이러한 기본 생성자는 매개변수가 없습니다. 또 클래스 내에 생성자를 선언하지 않으면 기본 생성자가 만들어집니다. 물론 아무 의미 없는 생성자이기는 합니다.

기본 생성자 만들기

매개변수도 없고 반환값도 없는 기본 생성자를 한 번 더 만들어 보겠습니다. 다음 내용을 입력한 후 실행해 보세요.

기본 생성자 생성: ConstructorMethod.cs

```
using System;

class Student
{
    public Student()
    {
        Console.WriteLine("Student 개체가 생성됩니다.");
    }
}

class ConstructorMethod
{
    static void Main()
    {
        Student student;
        student = new Student();  //생성자로 개체 생성
    }
}
```

\ 실행 결과 /

Student 개체가 생성됩니다.

생성자도 메서드(함수)입니다. 모든 클래스는 적어도 생성자 하나를 갖습니다. 단 사용하지 않는 기본 생성자는 코드에서 생략할 수 있습니다. 앞 코드의 Student() 생성자 메서드는 Student 클래스와 이름이 동일한 메서드로, 클래스의 인스턴스인 student 개체가 생성될 때 자동으로 실행합니다. 생성자는 void를 포함한 반환값을 가지지 않습니다.

35.2 매개변수가 있는 생성자 만들기

매개변수가 있는 생성자를 만들어 보겠습니다.

```
> public class Dog                //① 클래스
. {
.     private string name;        //② name 필드
.     public Dog(string name)     //③ name 매개변수를 받아 name 필드에 저장하는 생성자
.     {
.         this.name = name;       //넘어온 name을 name 필드에 임시 저장
.     }
.     public string Cry()         //④ name 필드 값을 출력하는 반환값이 있는 메서드
.     {
.         return name + "이(가) 멍멍멍";
.     }
. }
>
> //⑤ Dog 클래스 사용:  happy, worry => 인스턴스, 개체, ...
> Dog happy = new Dog("해피");
> happy.Cry()
"해피이(가) 멍멍멍"
> Dog worry = new Dog("워리");
> worry.Cry()
"워리이(가) 멍멍멍"
```

일반적으로 매개변수가 있는 생성자는 클래스 내에 선언된 특정 필드 값을 초기화하는 목적으로 많이 사용합니다.

매개변수가 여러 개인 생성자 만들기

매개변수가 여러 개인 생성자를 만들어 보겠습니다.

매개변수가 여러 개인 생성자 만들기: ConstructorParameter.cs

```
using System;

namespace ConstructorParameter
{
    class My
    {
        private string _name;
        private int _age;
```

```
        public My(string name, int age)
        {
            this._name = name;  //this.필드 = 매개변수
            this._age = age;
        }
        public void PrintMy()
        {
            Console.WriteLine($"이름 : {this._name}, 나이 : {this._age}");
        }
    }

    class ConstructorParameter
    {
        static void Main()
        {
            My my = new My("백승수", 21);
            my.PrintMy();
        }
    }
}
```

\ 실행 결과 /

```
이름 : 백승수, 나이 : 21
```

생성자의 매개변수로 name과 age를 선언했고 이 값을 사용하여 My 클래스의 _name과 _age 필드를 초기화할 수 있습니다. 참고로 클래스 내에서 생성자를 자동으로 만들어 주는 코드 조각(단축키)은 ctor을 입력한 후 [Tab]을 두 번 누르면 됩니다.

매개변수가 있는 생성자로 원의 넓이를 구하는 프로그램 만들기

생성자로 원의 반지름을 받아 원의 넓이를 구하는 코드는 다음과 같이 작성할 수 있습니다.

```
> public class Circle
. {
.     private int _radius;
.
.     public Circle(int radius)
.     {
.         _radius = radius;
.     }
```

```
.      public double GetArea()
.      {
.          return Math.PI * _radius * _radius;   //원의 면적을 구하는 공식
.      }
. }
>
> var circle1 = new Circle(10);
> circle1.GetArea()
314.15926535897933
> var circle2 = new Circle(5);
> circle2.GetArea()
78.539816339744831
```

35.3 클래스에 생성자 여러 개 만들기

클래스에는 매개변수를 달리하여 생성자를 여러 개 만들 수 있습니다. 이러한 기능을 생성자 오버로드(constructor overload)라고 합니다. 이번에는 생성자 오버로드를 사용해 보겠습니다. 다음 내용을 입력한 후 실행해 보세요.

생성자 오버로드 사용: ConstructorOverload.cs

```
using System;

class ConstructorLog
{
    public ConstructorLog()
    {
        Console.WriteLine("기본 생성자 실행");
    }

    public ConstructorLog(string message)
    {
        Console.WriteLine("오버로드된 생성자 실행 : " + message);
    }
}

class ConstructorOverload
{
    static void Main()
```

```
    {
        ConstructorLog log1 = new ConstructorLog();
        ConstructorLog log2 = new ConstructorLog("C#");
        ConstructorLog log3 = new ConstructorLog("ASP.NET");
    }
}
```

\ 실행 결과 /

```
기본 생성자 실행
오버로드된 생성자 실행 : C#
오버로드된 생성자 실행 : ASP.NET
```

메서드와 마찬가지로 매개변수를 달리하여 클래스 하나에 생성자 여러 개를 만들 수 있습니다. 이러한 생성자 오버로드 기능을 사용하면 동일한 클래스로 다양한 데이터를 받아 처리할 수 있습니다.

매개변수가 없는 생성자를 기본 생성자라고 하며, 매개변수가 지정된 생성자가 있을 때는 해당 매개변수를 지정하면 실행됩니다.

필드, 생성자, 메서드를 함께 사용하기

클래스의 구성 요소인 필드 생성자, 메서드를 모두 만들고 사용해 보겠습니다.

```
> public class Person
. {
.     private string name;      //① 필드
.     public Person()           //② 매개변수가 없는 생성자
.     {
.         name = "백승수";
.     }
.
.     public Person(string n)   //③ 매개변수가 있는 생성자
.     {
.         name = n;
.     }
.
.     public string GetName()   //④ 메서드: 이름 값을 외부에 공개
.     {
.         return name;
.     }
```

```
  . }
>
> Person saram1 = new Person();          //매개변수가 없는 기본 생성자 호출
> saram1.GetName()
"백승수"
> var saram2 = new Person();
> saram2.GetName()
"백승수"
>
> Person person1 = new Person("이세영");   //매개변수가 있는 생성자 호출
> person1.GetName()
"이세영"
> var person2 = new Person("권경민");
> person2.GetName()
"권경민"
```

클래스의 주요 구성 요소 특징을 엿볼 수 있는 예제입니다. 필드는 클래스 내에서 부속품 역할을 하며, 현재 예제에서는 이름을 저장해 놓는 공간으로 사용합니다. 생성자 중 매개변수가 없는 생성자는 필드 값을 기본값으로 초기화하는 역할을 하며, 매개변수가 있는 생성자는 개체를 생성할 때 넘겨준 문자열로 초기화합니다. 메서드는 필드 값을 외부에 공개하거나 직접 출력할 때 사용합니다.

35.4 정적 생성자와 인스턴스 생성자

생성자도 정적 생성자와 인스턴스 생성자로 구분할 수 있습니다. 클래스의 정적 멤버를 호출할 때 맨 먼저 호출되는 정적 생성자는 static 키워드로 만들며, 인스턴스 생성자는 public 키워드로 만듭니다.

이번에는 생성자의 여러 가지 종류를 사용해 보겠습니다. 다음 내용을 입력한 후 실행해 보세요.

여러 생성자 사용: ConstructorAll.cs

```
using System;

namespace ConstructorAll
{
    public class Person
    {
        private static readonly string _Name;
```

```
        private int _Age;

        static Person() { _Name = "백승수"; }   //① 정적 생성자
        public Person() { _Age = 21; }          //② 인스턴스 생성자: 매개변수가 없는 생성자
        public Person(int _Age)                 //③ 인스턴스 생성자: 매개변수가 있는 생성자
        {
            this._Age = _Age;                   //this.필드 = 매개변수;
        }

        public static void Show()               //④ 정적 메서드
        {
            Console.WriteLine("이름 : {0}", _Name);
        }

        public void Print()                     //⑤ 인스턴스 메서드
        {
            Console.WriteLine("나이 : {0}", _Age);
        }
    }

    class ConstructorAll
    {
        static void Main()
        {
            //ⓐ 정적 생성자 실행
            Person.Show();                      //정적인 멤버 호출

            //ⓑ 인스턴스 생성자 실행
            (new Person()).Print();             //인스턴스 멤버 호출
            (new Person(22)).Print();
        }
    }
}
```

\ 실행 결과 /

```
이름 : 백승수
나이 : 21
나이 : 22
```

①처럼 static이 붙는 생성자는 정적 생성자로 ⓐ처럼 정적인 멤버가 호출될 때 먼저 실행됩니다. ②와 ③에서는 인스턴스 생성자를 선언했고 ⓑ처럼 인스턴스 멤버가 호출될 때 실행됩니다.

생성자 코드도 메서드의 일종입니다. 하지만 메서드와 달리 반환 형식을 지정할 수 없습니다. 또 static 생성자는 매개변수를 포함할 수 없으며, 매개변수를 사용하여 필드를 초기화할 때는 instance 생성자인 public 생성자를 사용해야 합니다.

35.5 this() 생성자로 다른 생성자 호출하기

생성자에서 this()는 자신의 또 다른 생성자를 의미합니다. this() 생성자로 매개변수가 있는 생성자에서 매개변수가 없는 생성자를 호출하거나 또 다른 생성자들을 호출할 수 있습니다.

```
> class Say
. {
.     private string message = "[1] 안녕하세요.";
.     public Say() => Console.WriteLine(this.message);
.
.     //① this() 생성자로 자신의 매개변수가 없는 생성자를 먼저 호출
.     public Say(string message) : this()
.     {
.         this.message = message;   //② 매개변수가 있는 생성자 자체도 호출
.         Console.WriteLine(this.message);
.     }
. }
>
> //매개변수가 있는 생성자를 호출할 때 매개변수가 없는 생성자도 함께 호출
> new Say("[2] 잘가요.");
[1] 안녕하세요.
[2] 잘가요.
```

①에서 매개변수가 있는 생성자 뒤에 콜론(:) 기호와 this()를 사용하여 자신의 매개변수가 없는 생성자를 먼저 호출하는 코드 형태를 볼 수 있습니다. 그런 다음 다시 매개변수가 있는 생성자를 호출할 수 있습니다.

생성자 포워딩

this() 생성자를 사용하면 생성자를 포워딩(forwarding)할 수 있으므로 다른 생성자에 값을 전달하기 좋습니다.

```
> class Money
. {
.     public Money() : this(1000) { }   //아래 생성자로 전송
.     public Money(int money) => Console.WriteLine("Money : {0:#,###}", money);
. }
>
> var basic = new Money();
Money : 1,000
> var bonus = new Money(2000);
Money : 2,000
```

생성자 뒤에 오는 this()는 자신의 또 다른 생성자를 의미합니다. 이러한 형태로 다른 생성자를 사용하여 값을 전달할 수 있습니다. 나중에 상속을 배우면 this()와 비슷하게 base()를 사용하여 부모 클래스의 생성자에 값을 전달할 수도 있습니다.

35.6 생성자를 사용하여 읽기 전용 필드 초기화

필드를 정의할 때 readonly 키워드를 붙일 수 있습니다. 이렇게 만들어진 필드를 읽기 전용 필드라고 합니다. 읽기 전용 필드는 클래스의 생성자로만 초기화가 가능합니다. 생성자로 초기화한 후에는 상수와 마찬가지로 값을 변경할 수 없습니다.

```
> public class WhitchService
. {
.     private readonly string _serviceName;   //읽기 전용 필드
.     public WhitchService(string serviceName)
.     {
.         _serviceName = serviceName;          //생성자로 초기화해서 사용 가능
.     }
.     public void Run() => Console.WriteLine($"{_serviceName} 기능을 실행합니다.");
. }
>
> var file = new WhitchService("[1] 파일 로그");
> file.Run();
[1] 파일 로그 기능을 실행합니다.
> var db = new WhitchService("[2] DB 로그");
> db.Run();
[2] DB 로그 기능을 실행합니다.
```

읽기 전용 필드는 클래스의 인스턴스를 생성할 때 넘어온 값에 따라 한 번 선언한 후 변경되지 않고 사용할 수 있는 기능을 만듭니다. 상수는 선언과 동시에 반드시 초기화해야 에러가 발생하지 않지만, 읽기 전용 필드는 선언과 동시에 초기화도 가능하고 선언한 후 생성자로 초기화할 수도 있습니다.

35.7 식 본문 생성자

화살표 연산자를 사용하여 함수를 줄여 표현하는 것처럼 생성자 코드를 줄여 표현할 수 있습니다. 이것을 식 본문 멤버 중에서 식 본문 생성자(expression bodied constructor)라고 합니다.

```
> class Pet
. {
.     private string _name;
.
.     public Pet(string name) => _name = name;   //식 본문 생성자
.     public override string ToString()
.     {
.         return _name;
.     }
. }
>
> var pet = new Pet("야옹이");
> pet.ToString()
"야옹이"
```

생성자도 앞에서 배운 함수와 마찬가지로 화살표 연산자로 축약해서 사용할 수 있습니다.

생성자를 사용하면 클래스 기본값을 설정하고 인스턴스화되는 개체에 제약을 둘 수 있으며, 읽기 쉬운 코드도 작성할 수 있습니다. 필드처럼 private 액세스 한정자를 가진 멤버들은 생성자로 초기화해서 사용할 수 있습니다.

36 소멸자

소멸자는 생성자와 반대 개념으로 클래스에서 인스턴스화된 개체가 메모리상에서 없어질 때 실행되는 메서드입니다. 자동차 클래스를 예로 들면 자동차 주차 대행, 시동 끄기 등으로 볼 수 있습니다.

36.1 종료자

종료자(finalizer)라고도 하는 소멸자(destructor)는 닷넷의 가비지 수집기(Garbage Collector, GC)에서 클래스의 인스턴스를 사용한 후 최종 정리할 때 실행되는 클래스에서 가장 늦게 호출하는 메서드입니다.

C#에서는 닷넷 가비지 수집기(GC)가 개체를 소멸할 때 메모리를 해제하는 등 역할을 대신해 주기 때문에 이 책에서는 소멸자에 직접 접근할 일이 없습니다.

다음 내용은 가볍게 읽고 넘어갑니다.

- 자동차 시동을 끄는 것에 비유할 수 있으며, 운전수가 주차하고 시동을 끄는 것이 아니라 주차 요원(GC)이 대신 주차하고 시동을 끄는 것과 의미가 같습니다.
- 소멸자는 클래스 이름과 동일한 메서드로 앞에 물결 기호인 ~(틸드)를 붙여 만듭니다.
- 소멸자도 특별한 형태의 메서드입니다. 소멸자 또한 소멸자 메서드라고도 합니다. 생성자와 달리 매개변수를 받을 수 없습니다.
- 소멸자는 오버로드를 지원하지 않으며 직접 호출할 수도 없습니다.

36.2 가비지 수집기

C#에서 메모리 관리는 닷넷에 내장된 GC라는 가비지 수집기가 관리합니다. 개발자가 따로 코드로 관리하는 것이 아니라 GC가 메모리를 관리하는 구조입니다.

가비지 컬렉션은 큰 호텔의 주차 요원과 역할이 비슷합니다. 우리가 자동차를 타고 호텔 앞에서 내리면, 자동차를 주차하고 시동을 끄는 등의 행위를 운전자가 아닌 주차 요원이 대신해 주는 시스템입니다. 이때 현실 세계에서는 비용이 발생하지만 C#에서는 GC가 알아서 해 줍니다. 특정 클래스의 인스턴스를 생성한 후 해당 인스턴스를 제거하는 코드를 따로 사용하지 않아도 되는 것이 GC 엔진이 하는 역할입니다.

예를 들어 Car 클래스에 소멸자를 만들려면 다음과 같이 표현할 수 있습니다. 물결 기호 ~와 클래스 이름을 함께 사용합니다.

```
class Car
{
    ~Car()
    {
        //개체가 소멸될 때 필요한 기능 수행
    }
}
```

소멸자는 정적 호출 및 인스턴스 호출과 상관없이 형태가 동일합니다.

36.3 생성자, 메서드, 소멸자 실행 시점 살펴보기

생성자, 메서드, 소멸자에 대한 간단한 형태와 실행 시점을 비교하는 예제를 만들어 보겠습니다. 다음 예제는 닷넷 코어 앱인지, 닷넷 프레임워크 앱인지에 따라 실행 결과가 조금 다릅니다. 소멸자와 관련한 내용을 보려면 닷넷 프레임워크(.NET Framework) 기반으로 콘솔 앱을 만드세요.[1] 다음 내용을 입력한 후 실행해 보세요.

생성자, 메서드, 소멸자의 소멸 실행 시점 확인: ConstructorToDestructor.cs

```
using static System.Console;

public class DestructorTest
{
    public DestructorTest()  //생성자
    {
        WriteLine("[1] 생성");
```

---

[1] 닷넷 프레임워크 기반으로 콘솔을 만들면 프로그램이 종료될 때 소멸자를 실행하므로 소멸자 내용이 출력되고, 닷넷 코어 기반으로 콘솔을 만들면 프로그램이 종료된 후 소멸자를 실행하기에 소멸자 내용은 출력되지 않습니다.

```
        }

        public void Run()   //메서드
        {
            WriteLine("[2] 실행");
        }

        ~DestructorTest()   //소멸자
        {
            WriteLine("[3] 소멸");
        }
    }

    class ConstructorToDestructor
    {
        static void Main()
        {
            DestructorTest test = new DestructorTest();
            test.Run();
            //GC.Collect();
        }
    }
```

\ 실행 결과 /

```
[1] 생성
[2] 실행
[3] 소멸
```

DestructorTest 클래스의 인스턴스를 생성할 때 생성자가 맨 먼저 호출되고, 그다음 Run() 메서드는 명시적으로 호출할 때 실행됩니다. 개체를 다 사용하고 나서 Main() 메서드가 끝나는 시점에 소멸자가 실행되는 형태로 개체를 하나 만들고 소멸되는 내용을 살펴볼 수 있습니다.

36.4 소멸자를 사용한 클래스 역할 마무리하기

소멸자는 클래스에서 개체를 생성한 후 해당 개체를 더 이상 사용하지 않을 때, 즉 해제되기 직전에 실행하는 메서드 일종입니다. 개체를 생성한 후 소멸자가 실행되는 단계를 실습으로 알아보겠습니다.

1. 새로운 C# 콘솔 프로젝트를 다음과 같이 만듭니다. 소멸자 내용을 보려면 닷넷 프레임워크 기반으로 콘솔 앱을 만드세요.

프로젝트 형식	템플릿	이름	위치
Visual C#	콘솔 앱 프로그램	DestructorDemo	C:\C#

2. 솔루션 탐색기에서 Program.cs 파일을 DestructorDemo.cs 파일로 이름을 변경하고, 이미 만든 모든 코드를 삭제한 후 다음과 같이 프로그램을 만듭니다.

```csharp
//DestructorDemo.cs
using System;

namespace DestructorDemo
{
    public class Car
    {
        private string _name;      //필드
        public string GetName()  //메서드
        {
            return _name;
        }
        public Car()            //생성자(매개변수가 없는)
        {
            _name = "승용차";
        }
        public Car(string name)  //생성자(매개변수가 있는)
        {
            this._name = name;
        }
        ~Car()                  //소멸자
        {
            Console.WriteLine("{0} 폐차...", _name);
        }
    }

    class DestructorDemo
    {
        static void Main(string[] args)
        {
            Car car1 = new Car();
            Console.WriteLine(car1.GetName());
            Car car2 = new Car("캠핑카");
```

```
            Console.WriteLine(car2.GetName());
        }
    }
}
```

3. 소스 코드를 다 입력한 후 Ctrl + F5 를 눌러 프로그램을 실행하면 명령 프롬프트 창에 다음과 같이 출력됩니다.

```
승용차
캠핑카
캠핑카 폐차...
승용차 폐차...
```

소멸자는 이 실습 예제를 다루어 보는 것으로 그 값어치를 다한 것 같습니다. 앞으로 나타나는 모든 코드에는 소멸자를 일부러 사용하지 않을 것입니다. 그 이유는 간단합니다. 사용할 필요성이 없기 때문입니다. 어쨌든 소멸자는 개체가 해제될 때 실행하는 메서드이지만, 가비지 수집기가 이 모든 작업을 하기에 개발자가 따로 관여할 부분은 아닌 듯합니다.

36.5 생성자, 메서드, 소멸자 함께 사용하기

이번에는 생성자, 메서드, 소멸자를 모두 사용하는 예제를 만들어 보겠습니다. 소멸자 내용을 보려면 닷넷 프레임워크 기반으로 콘솔 앱을 만드세요. 다음 내용을 입력한 후 실행해 보세요.

생성자, 메서드, 소멸자를 함께 사용: ConstructorMethodDestructor.cs

```
using System;

namespace ConstructorMethodDestructor
{
    public class Car
    {
        private string color;      //① 필드

        public Car()               //②-1 생성자: 기본 생성자
        {
            color = "검은";
            Console.WriteLine("{0}색 자동차를 조립합니다.", color);
        }
```

486

```
        public Car(string color)  //②-2 생성자: 매개변수가 있는 생성자
        {
            this.color = color;
            Console.WriteLine("{0}색 자동차를 조립합니다.", color);
        }

        //③ 메서드
        public void Go() => Console.WriteLine("{0}색 자동차가 달립니다.", color);
        //④ 소멸자
        ~Car() => Console.WriteLine("{0}색 자동차를 폐차합니다.", this.color);
    }

    class ConstructorMethodDestructor
    {
        static void Main()
        {
            //Car 클래스의 인스턴스 생성
            Car car = new Car();  //생성
            car.Go();               //호출

            //폐차: 시점을 알 수 없고 GC 엔진이 알아서 실행

            //매개변수가 있는 생성자를 호출
            Car whiteCar = new Car("하얀");
            whiteCar.Go();

            Car blueCar = new Car("파란");
            blueCar.Go();
        }
    }
}
```

\ 실행 결과 /

```
검은색 자동차를 조립합니다.
검은색 자동차가 달립니다.
하얀색 자동차를 조립합니다.
하얀색 자동차가 달립니다.
파란색 자동차를 조립합니다.
파란색 자동차가 달립니다.
파란색 자동차를 폐차합니다.
검은색 자동차를 폐차합니다.
하얀색 자동차를 폐차합니다.
```

실행 결과는 다를 수 있습니다. 필드는 클래스의 부품 역할을 하며, 생성자는 기본 생성자와 매개변수가 있는 생성자를 만들 수 있는 것처럼 생성자 오버로드도 가능합니다. 개체는 생성자로 생성되고, 메서드 등이 호출되는 형태로 사용한 후 최종적으로 소멸자가 호출되고 메모리에서 사라지는 형태의 라이프 사이클입니다.

결론적으로 말해서 소멸자(종료자)는 우리가 직접 사용할 일은 없습니다. 이 강의에서는 소멸자의 실행 시점을 살펴보는 데 약간의 시간을 투자했고, 가비지 수집기(GC)의 역할을 들여다 보았습니다. 계속해서 클래스의 핵심 멤버인 메서드, 속성 등을 학습해 나가겠습니다.

37 메서드와 매개변수

C#에서는 모든 함수를 클래스 내에 선언하기에 함수 대신에 메서드(method)라고 합니다. 메서드는 클래스가 수행할 수 있는 기능들을 이름 하나로 묶어 관리하는 코드 블록을 의미합니다. 여기서는 클래스의 구성 요소인 메서드를 좀 더 자세히 살펴보겠습니다.

37.1 메서드

이미 앞에서 메서드를 많이 학습하고 실습한 상태이기에 메서드는 다음과 같이 간단히 정리하고 넘어가겠습니다.

- 클래스 내에서 선언된 함수(function, sub procedure)를 메서드라고 합니다.
- 특정한 코드를 묶어 실행할 때 사용하는 코드 블록이 메서드입니다.
- 메서드는 개체가 수행할 수 있는 기능, 동작, 행위 등을 의미합니다.
- 자동차의 동작/기능인 전진, 후진, 좌회전과 의미가 같은 기능을 구현할 때 사용합니다.
- 메서드 이름은 다음과 같이 동사+명사; 형태를 권장합니다.
  - GetPrice()
  - SetPrice()

메서드는 다음과 같이 선언합니다. 예를 들어 Car 클래스에 달리는 동작을 의미하는 Go 메서드를 만드는 형태는 다음과 같습니다.

```
class Car
{
    public static void Go()
    {
        //Go 메서드의 기능 정의
    }
}
```

- 다른 클래스에서 Car 클래스의 Go 메서드에 접근하려면 public 액세스 한정자를 사용합니다.

- static 키워드를 붙이면 정적 호출이 가능하여 Car.Go() 형태로 호출됩니다.

- void 키워드는 Go 메서드의 결괏값(return value)이 없다는 것을 의미합니다.

- Go 메서드의 괄호 안에는 필요한 매개변수들을 지정할 수 있습니다.

메서드 선언 구문으로 만든 메서드는 괄호 기호를 포함하여 호출할 수 있습니다. 예를 들어 Car 클래스의 정적인 메서드인 Go는 다음과 같이 호출할 수 있습니다.

```
> class CarGoTest
. {
.     static void Main()
.     {
.         Car.Go();
.     }
. }
```

인스턴스 메서드 호출: 클래스의 인스턴스 멤버 호출

특정 클래스에 static 키워드가 빠진 메서드를 만들어 인스턴스 개체로 이를 호출할 수 있습니다.

```
> public class Rectangle
. {
.     public string GetName()
.     {
.         return "직사각형";
.     }
. }
>
> Rectangle rectangle = new Rectangle();   //Rectangle 클래스의 인스턴스 생성
> rectangle.GetName()
"직사각형"
```

public과 private 메서드 사용하기

메서드의 액세스 한정자에는 주로 public과 private이 사용됩니다. 제한 없이 접근할 때는 public 메서드를 붙이고, 해당 클래스에서만 접근할 때는 private 메서드를 붙입니다. 다음 내용을 입력한 후 실행해 보세요.

public과 private 메서드 사용: MethodPrivate.cs

```csharp
using System;

class Dog
{
    public void Eat()
    {
        Console.WriteLine("[1] 밥을 먹는다.");
        this.Digest();  //② private 메서드 호출
    }

    private void Digest()
    {
        Console.WriteLine("[2] 소화를 시킨다.");
    }
}

class MethodPrivate
{
    static void Main()
    {
        Dog dog = new Dog();
        dog.Eat();       //① public 메서드 호출
    }
}
```

\ 실행 결과 /

```
[1] 밥을 먹는다.
[2] 소화를 시킨다.
```

①처럼 다른 클래스에서 호출되는 메서드를 만들 때는 public 액세스 한정자를 붙입니다. ②처럼 private 액세스 한정자가 붙은 메서드는 해당 클래스 내에서만 호출되고, 다른 외부 클래스에서는 접근할 수 없는 메서드가 됩니다.

37.2 메서드의 매개변수 전달 방식

메서드의 매개변수 전달 방식은 사용하는 방식에 따라 네 가지로 분류합니다. 지금까지 기본으로 사용한 매개변수 전달 방식은 값 전달 방식입니다. 이에 추가해서 ref 키워드를 사용하는 참조 전

달 방식과 out 키워드를 사용하는 반환형 전달 방식, 마지막으로 params 키워드를 사용하는 가변형 전달 방식이 있습니다. 각 내용은 예제로 따로 살펴보겠지만, 간단하게 네 가지 매개변수 전달 방식을 정리하면 다음과 같습니다.

- **값 전달 방식**: 말 그대로 값을 그대로 복사해서 전달하는 방식을 의미합니다. 지금까지 사용해 왔던 매개변수 방식입니다.
- **참조 전달 방식(ref)**: 실제 데이터는 매개변수가 선언된 쪽에서만 저장하고, 호출된 메서드에서는 참조(가리키는)만 하는 형태로 변수 이름만 전달하는 방식입니다.
- **반환형 전달 방식(out)**: 메서드를 호출하는 쪽에서 선언만 하고, 초기화하지 않고 전달하면 메서드 쪽에서 해당 데이터를 초기화해서 넘겨주는 방식입니다.
- **가변형 전달 방식(params)**: 1개 이상의 매개변수를 가변적으로 받을 때 매개변수를 선언하면 params 키워드를 붙입니다. 가변적이라는 것은 같은 타입으로 하나 이상을 받을 수 있도록 배열형으로 받는다는 의미입니다. 가변 길이 매개변수는 반드시 매개변수를 선언할 때 마지막에 위치해야 합니다.

메서드의 매개변수 전달 방식 세 가지 비교하기

메서드의 매개변수 전달 방식으로 사용하는 세 가지 방식을 예제 단위로 비교해서 설명하겠습니다.

값 전달 방식

첫 번째로 매개변수 전달 방식의 거의 대부분으로 사용하는 값 전달 방식을 정리하겠습니다. 다음 내용을 입력한 후 실행해 보세요.

```
> int num = 10;
> Console.WriteLine($"[1] {num}");   //①
[1] 10
>
> static void Do(int num)            //②
. {
.     num = 20;
.     Console.WriteLine($"[2] {num}");
. }
>
> Do(num);
[2] 20
> Console.WriteLine($"[3] {num}");   //③
[3] 10
```

①에서는 Main( ) 메서드의 지역 변수인 num 값 10을 그대로 출력합니다.

②에서는 Main( ) 메서드에서 전달된 num 값인 10이 Do 메서드의 num 매개변수에 저장되고, num 매개변수 값에 20을 대입하여 변경한 후 20을 출력합니다. 여기에서 20은 Do 메서드에서만 변경되고, Main( ) 메서드의 num 변수에는 영향을 주지 않습니다.

③이 실행될 때 num은 Main( ) 메서드의 지역 변수이기에 10인 상태 그대로 출력됩니다.

참조 전달 방식

참조 전달 방식은 ref 키워드로 로컬 변수를 공유할 때 사용하는 방식입니다. 다음 내용을 입력한 후 실행해 보세요.

참조 전달 방식: ParameterRef.cs

```
using System;

class ParameterRef
{
    static void Main()
    {
        int num = 10;
        Console.WriteLine($"[1] {num}");   //①

        Do(ref num);                       //참조 전달 방식

        Console.WriteLine($"[3] {num}");   //③
    }

    static void Do(ref int num)
    {
        num = 20;   //호출한 부분에 적용(Main( ) 메서드의 num 변수 값이 변경됨)
        Console.WriteLine($"[2] {num}");   //②
    }
}
```

\ 실행 결과 /

```
[1] 10
[2] 20
[3] 20
```

①은 지역 변수인 num 값 10을 출력합니다.

②의 매개변수 num은 Main( ) 메서드의 지역 변수인 num을 참조하기에 Do 메서드에서 값이 변경되면 그 변경되는 값을 Main( ) 메서드의 num에 반영합니다.

③에서는 Main( ) 메서드의 지역 변수 num 값이 이미 20으로 변경되었기에 "20"이 출력됩니다.

반환형 매개변수 전달 방식

메서드를 호출하기 전에 굳이 지역 변수를 초기화하지 않고 호출한 메서드에서 전달한 값을 받아 사용해야 할 때가 있습니다. 이때는 out 키워드로 반환형 매개변수 전달 방식을 사용할 수 있습니다. 다음 내용을 입력한 후 실행해 보세요.

반환형 매개변수 전달 방식: ParameterOut.cs

```
using System;

class ParameterOut
{
    static void Main()
    {
        int num;        //ⓐ 변수를 반드시 초기화할 필요는 없음

        Do(out num);  //반환형 매개변수 전달 방식

        Console.WriteLine($"[2] {num}");  //② 1234
    }

    static void Do(out int num)
    {
        num = 1234;    //ⓑ ref와 동일: 호출한 부분에 적용, 반드시 초기화해야 함
        Console.WriteLine($"[1] {num}");  //① 1234
    }
}
```

\ 실행 결과 /
```
[1] 1234
[2] 1234
```

ⓐ처럼 지역 변수 값을 초기화하지 않고 특정 메서드에서 초기화하는 형태도 있습니다. 이때는 ref를 사용해도 되고 out 키워드를 사용해도 됩니다.

ⓑ에서 1234로 초기화하면 ref와 동일하게 Main( ) 메서드의 지역 변수인 num이 1234로 초기화됩니다.

①에서는 Do 메서드에서 초기화된 1234가 출력되고, ②에서는 Main() 메서드의 num 변수가 1234로 이미 초기화되었기에 1234가 출력됩니다.

이처럼 out 키워드를 사용하는 방식은 ref와 동일하지만, 어차피 특정 메서드에서 초기화한다면 초기화하지 않고 전달해도 됩니다.

날짜 형태의 문자열을 날짜형으로 변환: out 키워드 사용하기

이번에는 날짜 형태의 문자열을 진짜 날짜형으로 변환하는 방법을 알아보겠습니다. 다음 내용을 입력한 후 실행해 보세요. 모든 기본 형식이 가지고 있는 TryParse() 메서드를 사용한 예제인데요. TryParse() 메서드는 앞으로 여러 번 연습할 테니 이 예제에서는 문자열을 날짜형으로 변환하는 내용에 초점을 맞춥니다. TryParse()는 다음 형태로 사용합니다.

> 자료형.TryParse("변환할 내용", out "변환이 되면 담을 그릇")

문자열을 날짜형으로 변환: DateTimeTryParse.cs

```
using System;

class DateTimeTryParse
{
    static void Main()
    {
        DateTime dt;   //① 반환형 매개변수에 사용될 지역 변수(초기화하지 않음)

        //② DateTime.TryParse()로 날짜 형식으로 변환 시도(변환 가능하면 dt에 저장)
        if (DateTime.TryParse("2020-01-01", out dt))
        {
            Console.WriteLine(dt);
        }
        else
        {
            Console.WriteLine("날짜 형식으로 변환할 수 없습니다.");
        }

        //③ TryParse() 메서드에 지역 변수 선언과 동시에 초기화 가능
        if (DateTime.TryParse("2020-01-01", out var myDate))
        {
            Console.WriteLine(myDate);
        }
    }
}
```

```
2020-01-01 오전 12:00:00
2020-01-01 오전 12:00:00
```

①에서 날짜 형식으로 변환되면 담을 그릇을 초기화하지 않고 선언할 수 있습니다.

②에서 TryParse() 메서드를 사용하여 날짜 형식으로 변환되면 out 키워드로 지정된 dt 변수에 변환된 날짜 값이 저장됩니다.

③은 out var 형태를 사용하여 ①과 ②를 줄여 표현하는 방법입니다.

37.3 가변 길이 매개변수

메서드의 매개변수를 받을 때 배열 형식의 매개변수를 하나 사용하여 가변적으로 하나 이상의 값을 받아 배열에 저장할 수 있는 가변형 매개변수를 제공합니다. 가변형 매개변수는 params 키워드를 사용하여 배열형 매개변수를 선언하면 됩니다. 메서드 오버로드와 달리 하나의 매개변수로 하나 이상의 값을 받을 수 있는 구조입니다. 이러한 가변 길이 매개변수를 다른 말로 나머지 매개변수(rest parameter)라고도 합니다.

params 키워드를 사용하여 가변 길이 매개변수를 갖는 메서드 만들기

이번에는 가변형 매개변수를 사용해 보겠습니다. 다음 내용을 입력한 후 실행해 보세요. SumAll() 메서드는 정수 형식의 값을 가변 형식으로 받을 수 있습니다.

가변 길이 매개변수로 하나 이상의 매개변수 받기: ParamsDemo.cs

```csharp
using System;

class ParamsDemo
{
    static void Main()
    {
        Console.WriteLine(SumAll(3, 5));
        Console.WriteLine(SumAll(3, 5, 7));
        Console.WriteLine(SumAll(3, 5, 7, 9));
    }

    static int SumAll(params int[] numbers)  //① params로 매개변수를 여러 개 받기
    {
```

```
            int sum = 0;
            foreach (int num in numbers)
            {
                sum += num;
            }
            return sum;
        }
    }
```

\ 실행 결과 /

```
8
15
24
```

SumAll() 함수는 numbers라는 배열 형식의 매개변수를 하나 갖습니다. 이때 params 키워드가 매개
변수 앞에 붙은 것을 볼 수 있습니다. params 키워드를 붙이면 이 매개변수는 가변 길이 매개변수
가 됩니다. 가변 길이 매개변수가 적용된 메서드를 호출할 때는 SumAll(3, 5), SumAll(3, 5, 7),
SumAll(3, 5, 7, 9) 형태로 하나 이상의 값을 가변적으로 호출할 수 있습니다. 함수 하나로 동일
한 패턴의 기능을 여러 번 구현할 때는 이처럼 가변 길이 매개변수를 사용하면 도움이 됩니다. 주
의할 점은 가변 형식 매개변수를 일반적인 매개변수와 함께 사용할 때는 반드시 마지막에 위치해
야 한다는 것입니다.

문자열 배열을 받는 가변 길이 매개변수 사용하기

가변 길이 매개변수에 대한 또 다른 예제를 살펴보겠습니다. 매개변수를 선언할 때 params 키워
드를 사용하여 배열 형식으로 만들면 하나 이상의 매개변수를 받을 수 있는 가변 길이 매개변수가
됩니다.

```
> static void Multi(params string[] messages)
. {
.     foreach (string message in messages)
.     {
.         Console.Write(message);
.     }
.     Console.WriteLine();
. }
>
> Multi("A");
A
```

```
> Multi("A", "B");
AB
> Multi("A", "B", "C");
ABC
```

Multi 메서드는 params string[] messages 형태로 매개변수가 선언되어 있습니다. 이렇게 params 키워드가 지정된 배열 형식의 매개변수는 가변 길이 매개변수로 Multi("A"), Multi("A", "B"), Multi("A", "B", "C") 형태로 원하는 만큼의 문자열을 배열형으로 받을 수 있습니다. 같은 데이터 형식을 여러 번 입력받고자 할 때는 params 키워드를 사용하는 가변 길이 매개변수 방식이 도움이 됩니다.

37.4 메서드 본문을 줄여 표현하기

함수를 공부할 때 이미 우리는 화살표 연산자를 사용하여 함수 본문을 줄여 표현하는 방법을 사용했습니다. C# 6.0 버전 이후로는 메서드 본문을 줄여 표현할 수 있습니다. 이를 식 본문 메서드 (expression bodied method)라고 표현합니다.

식 본문 메서드 사용하기

식 본문 메서드는 우리가 앞에서 여러 번 사용한 형태입니다. 화살표 기호로 메서드를 축약해서 사용할 수 있습니다.

```
> //① 기본 형식
> static void Work()
. {
.     Console.WriteLine("Work");
. }
> Work();
Work
> //② 축약 형식
> static void Walk() => Console.WriteLine("Walk");
> Walk();
Walk
```

①은 지금껏 우리가 메서드를 만들 때 사용하던 방식입니다. 이 중에서 단일 형태의 출력 또는 반환이 있을 때는 ②처럼 => 연산자를 사용하여 메서드 내용을 축약해서 표현할 수 있습니다. 이러한 코드 형태는 반드시 할 필요는 없지만, 코드를 간결하게 표현할 수 있는 유용한 기능입니다.

단일 표현식의 메서드를 한 줄로 정의하기

결괏값이 하나인 단일 표현식(single expression)일 때는 화살표 기호로 메서드 본문을 줄여 표현할 수 있습니다. 다음 내용을 입력한 후 실행해 보세요.

단일 표현식의 메서드 한 줄 정의: SingleExpression.cs

```
using System;

class SingleExpression
{
    static int AddAge(int age) => age + 1;   //return age + 1의 축약 형식

    static void Main() => Console.WriteLine(AddAge(100));
}
```

\ 실행 결과 /

```
101
```

AddAge() 메서드는 넘어온 정수형 매개변수 값을 1 증가시킨 후 그 값을 반환해 주는 간단한 형태입니다. 이때도 화살표 기호를 사용하여 return 키워드를 생략할 수 있습니다.

메서드 본문을 줄여서 표현하기

메서드 본문을 줄여서 표현하는 방법인 식 본문 메서드를 한 번 더 사용해 보겠습니다. 다음 내용을 입력한 후 실행해 보세요.

```
> static void Hello() => Console.WriteLine("Hello.");
> static int DoubleValue(int val) => val * 2;
> static int Sum(int a, int b) => a + b;
> Hello();
Hello.
> Console.WriteLine(DoubleValue(4));
8
> Console.WriteLine(Sum(3, 5));
8
```

메서드 본문을 줄여서 표현하는 것은 처음에는 이해하기 어려울 수 있지만, 익숙해지면 굉장히 편하게 코드를 작성할 수 있습니다.

다음 코드는 특정 클래스의 메서드와 Main() 메서드를 모두 줄여서 표현했습니다.

```csharp
using System;

class Greeting
{
    private string message = "사이트에 오신 것을 환영합니다.";
    public void Say() => Console.WriteLine(this.message);
}

class GreetingPage
{
    static void Main() => (new Greeting()).Say();
}
```

\ 실행 결과 /

```
사이트에 오신 것을 환영합니다.
```

37.5 선택적 매개변수

메서드의 매개변수를 선언할 때는 기본값을 줄 수 있습니다. 이를 선택적 매개변수(optional parameter) 또는 기본 인수(default argument)라고 합니다. 이번에는 선택적 매개변수를 사용해 보겠습니다. 다음 내용을 입력한 후 실행해 보세요.

```
> static int Add(int a, int b = 1)
. {
.     return a + b;
. }
> Add(5)
6
> Add(5, 3)
8
```

코드에서 Add 메서드의 두 번째 매개변수인 b는 메서드 시그니처 내에서 int b = 1 형태로 1을 기본값으로 설정합니다. 기본값이 설정된 메서드는 해당 매개변수를 생략하면 자동으로 기본값으로 초기화됩니다. 새로운 값으로 매개변수가 전달되면 그 값으로 초기화됩니다.

선택적 매개변수와 명명된 매개변수

C# 4.0 버전에서 처음 도입된 개념인 선택적 매개변수와 명명된 매개변수(named argument 또는 named parameter)는 함수를 편리하게 호출할 수 있게 합니다. 매개변수는 인수로 혼용해서 부르기도 합니다. 이번에는 옵셔널 매개변수를 살펴보겠습니다.

```
> static int Sum(int first = 10, int second = 20)
. {
.     return first + second;
. }
> Console.WriteLine(Sum(3, 5));              //① 3 + 5
8
>
> //선택적 매개변수
> Console.WriteLine(Sum());                  //② 10 + 20
30
> Console.WriteLine(Sum(40));                //③ 40 + 20
60
> Console.WriteLine(Sum(100, 200));          //④ 100 + 200
300
>
> //명명된 매개변수
> Console.WriteLine(Sum(first: 5, second: 4));  //⑤ 5 + 4
9
> Console.WriteLine(Sum(second: 3, first: 2));  //⑥ 2 + 3
5
> Console.WriteLine(Sum(second: 50));        //⑦ 10 + 50
60
```

①과 ④는 메서드 호출의 기본값입니다.

②는 선택적 인수를 사용하여 매개변수를 전달하지 않을 경우 기본값을 사용합니다.

③은 매개변수를 하나만 전달할 경우 나머지는 기본값을 사용합니다.

⑤와 ⑥처럼 매개변수 이름과 콜론(:) 기호를 사용하여 매개변수에 값을 직접 할당할 수 있고, 호출 위치도 변경할 수 있습니다.

⑦은 명명된 인수와 선택적 인수를 함께 사용한 형태입니다.

명명된 매개변수를 사용하여 메서드 오버로드 구현하기

선택적 인수와 명명된 인수를 사용하면 메서드 하나로 여러 개를 오버로드한 효과를 가질 수 있습니다. 다음 내용을 입력한 후 실행해 보세요.

```
> public class Messenger
. {
.     public void PrintMessage(string message, string prefix = "", string suffix = "")
.     {
.         Console.WriteLine($"{prefix}{message}{suffix}");
.     }
. }
>
> Messenger messenger = new Messenger();
> messenger.PrintMessage("My");  //ⓐ
My
> messenger.PrintMessage(prefix: "Oh ", message: "My");  //ⓑ
Oh My
> messenger.PrintMessage(prefix: "Oh ", message: "My ", suffix: "God");  //ⓒ
Oh My God
```

Messenger 클래스에는 하나의 PrintMessage() 메서드만 있지만, 호출하는 입장에서는 ⓐ, ⓑ, ⓒ 코드 형태처럼 서로 1~3개의 매개변수에 값을 전달할 수 있습니다. 메서드 오버로드를 따로 구현하지 않고 메서드 하나로 구현한 형태입니다.

메서드는 클래스의 구성 요소 중에서 가장 많이 사용합니다. 메서드는 매개변수를 사용하여 그 능력을 더 향상시킬 수 있습니다. 메서드 사용법은 이 정도로 정리하고 다음 강의에서 속성을 학습해 나가겠습니다.

38 속성 사용하기

속성은 필드 값을 읽거나 쓰고 계산하는 방법을 제공하는 클래스 속성을 나타내는 멤버입니다. 아주 간단하게 클래스 속성을 변경하거나 알아보는 기능을 배워 봅시다.

38.1 속성

클래스의 멤버 중에서 속성(property)은 단어 그대로 클래스 속성(특징, 성격, 색상, 크기 등)을 나타냅니다. 속성은 괄호가 없는 메서드와 비슷하고 개체 필드 중에서 외부에 공개하고자 할 때 사용하는 방법입니다. 개체의 성질, 특징, 색상, 크기, 모양 등을 속성으로 외부에 공개할 수 있습니다. 코드에서는 private 성격이 있는 필드를 public 속성으로 외부에 공개할 때 사용합니다.

클래스 안에 선언된 필드 내용을 설정(set)하거나 참조(get)할 때 사용하는 코드 블록을 속성이라고 합니다. 자동차 개체로 비유하면 빨간색 스포츠카, 바퀴 4개 등으로 속성을 표현할 수 있습니다.

속성을 클래스에 정의하는 구문은 다음과 같습니다.

```
class 클래스이름
{
    public [반환형식] 속성이름 { get; set; }
}
```

앞 형태는 가장 기본적인 속성을 정의하는 구문이고 get; set; 부분을 좀 더 다르게 설정해서 여러 가지 종류의 속성을 구현할 수 있습니다.

예를 들어 Car 클래스에 Name 속성을 정의하는 구문은 다음과 같습니다.

```
> class Car
. {
.     public string Name { get; set; }
. }
```

이렇게 한 줄로 속성을 정의하는 것을 자동 속성(auto property) 또는 자동 구현 속성이라고 합니다.

Car 클래스의 인스턴스를 생성한 후 Name 속성에 값을 설정하거나 가져다 사용할 수 있습니다.

```
> Car car = new Car();
> car.Name = "My Car";
> car.Name
"My Car"
```

속성 정의 구문의 마지막에는 ;(세미콜론)이 붙지 않습니다. 다만 속성을 선언과 동시에 특정한 값으로 초기화할 때는 세미콜론이 붙습니다. 속성을 선언하는 구문도 클래스의 다른 멤버들과 마찬가지로 static을 붙여 정적인 속성을 만들 수 있습니다. 또 속성을 정의할 때 public 이외의 다른 액세스 한정자를 붙일 수도 있지만, 이 책에서는 속성에 public 액세스 한정자만 사용합니다.

속성을 만들고 사용해 보겠습니다. 속성에 값을 설정하는 것을 세터(setter)라고 하며, 값을 읽어오는 것을 게터(getter)라고 합니다.

```
> class Developer
. {
.     public string Name { get; set; }
. }
> Developer developer = new Developer();   //① 클래스의 인스턴스 생성
> developer.Name = "박용준";               //② 속성에 값 설정(set)
> Console.WriteLine(developer.Name);       //③ 속성 값 조회(get)
박용준
```

Developer 클래스에는 Name 속성 하나만 정의되어 있습니다. Developer 클래스의 인스턴스를 생성한 후 Name 속성에 값을 설정(set)할 수 있고, 이 값을 다시 조회(get)해서 사용할 수 있습니다. 지금까지 닷넷 API에서 많이 사용하던 속성 사용법 그대로입니다.

38.2 접근자와 전체 속성

속성에 접근자를 사용하여 값을 설정하거나 가져오는 기능을 수행할 수 있습니다. 이러한 접근자로 값을 가져오는 get 접근자와 값을 설정하는 set 접근자를 제공하는데, 하나씩만 사용하거나 모두 사용할 수 있습니다. 일반적으로 get과 set 접근자를 게터와 세터로 읽습니다.

접근자가 포함된 Name 속성을 가지는 Car 클래스의 형태는 다음과 같습니다. 이렇게 정의된 속성을 전체 속성이라고 합니다.

```
> class Car
. {
.     private string name;
.     public string Name
.     {
.         get
.         {
.             return name;
.         }
.
.         set
.         {
.             name = value;
.         }
.     }
. }
```

get 접근자는 return 구문을 사용하여 특정 값 또는 특정 필드 값을 반환합니다. 앞 코드에서는 name 필드 값을 반환합니다.

set 접근자는 value 키워드를 사용하여 속성에 지정된 값을 가져오는 역할을 합니다. 가져온 value 값은 계산식에 사용하거나 속성과 관련한 필드에 저장합니다.

Name 속성에서 사용할 데이터 저장 공간으로 name 필드를 선언한 것을 볼 수 있습니다. 이처럼 속성은 내부적으로 필드를 사용합니다. 앞에서 살펴본 것처럼 자동 속성을 사용할 때는 속성에서 쓸 필드를 따로 선언할 필요가 없습니다.

속성의 가장 기본적인 형태인 전체 속성을 사용해 보겠습니다.

```
> class Person
. {
.     private string name;          //필드
.     public string Name            //속성
.     {
.         get { return name; }
.         set { name = value; }
.     }
. }
> var person = new Person();
> person.Name = "Gilbut";          //set
> Console.WriteLine(person.Name);  //get
Gilbut
```

자동 속성이 나오기 전까지는 전체 속성을 사용했습니다. 하지만 최근에는 특별한 계산식이 필요한 경우가 아니면 자동 속성을 사용합니다.

38.3 자동으로 구현된 속성

앞에서 속성을 소개할 때 사용했었지만, 전체 속성을 쓰기 편하게 줄여 놓은 속성을 자동으로 구현된 속성(automatically implemented property)이라고 합니다. 이번에는 자동으로 구현된 속성을 사용해 보겠습니다.

```
//자동차 속성: 이름, 색상, ...
public class Car
{
    //① 필드와 속성을 함께 사용하는 전체 속성
    private string name;
    public string Name
    {
        get
        {
            return name;   //필드를 외부에 공개
        }
        set
        {
            name = value;  //외부에서 전달된 값을 필드에 초기화
        }
    }
    //② 자동으로 구현된 속성으로 간단하게 생성
    public string Color { get; set; }
}

Car c1 = new Car();
```

```
> c1.Name = "남보러가니";          //setter
> Console.WriteLine(c1.Name);  //getter
남보러가니
>
> Car c2 = new Car();
> c2.Name = "제네실수"; c2.Color = "Red";
> Console.WriteLine("{0}, {1}", c2.Name, c2.Color);
제네실수, Red
```

자동 속성을 사용하여 Car 클래스에 Color 속성을 만들었습니다. Name 속성은 name 필드에 문자열 값을 저장한 후 출력합니다.

속성을 하나 이상 활용하는 자동 구현 속성 예제를 사용해 보겠습니다.

```
> class Exam
. {
.     public int Id { get; set; }        //Id 속성
.     public string Title { get; set; }  //Title 속성
. }
> Exam exam = new Exam();
> exam.Id = 1;
> exam.Title = "중간고사";
> $"{exam.Id} - {exam.Title}"
"1 - 중간고사"
```

정수형 속성 Id와 문자열 속성 Title을 만들고 값을 대입하여 그 값을 다시 사용하는 예제입니다.

38.4 자동 속성 이니셜라이저

자동 속성 이니셜라이저(auto property initializers)를 사용하면 속성을 선언과 동시에 기본값으로 초기화할 수 있습니다.

자동 속성 이니셜라이저 사용: AutoPropertyInitializers.cs

```
using System;

class AutoPropertyInitializers
{
    public static string Name { get; set; } = "길벗";
    static void Main()
```

```
    {
        Console.WriteLine(Name);
    }
}
```

\ 실행 결과 /

길벗

앞 코드의 Name 속성은 선언과 동시에 "길벗" 문자열로 초기화됩니다.

앞에서 이미 살펴보았지만, C# 6.0 버전부터 나온 자동 속성은 속성을 선언과 동시에 특정 값으로 자동으로 초기화할 때 사용하는 개념입니다. 다음 예제는 정적인 자동 속성을 선언과 동시에 초기화합니다.

```
> class UserService
. {
.     //자동 속성: 속성 선언과 동시에 초기화 가능
.     public static int UserId { get; set; } = 1234;
. }
> Console.WriteLine(UserService.UserId);
1234
```

UserService 클래스에 정적인 속성인 UserId를 선언과 동시에 기본값이 1234로 초기화되었습니다. Main() 메서드에서 UserService.UserId를 출력해 보면 기본값인 1234가 출력됩니다.

이번에는 자동 속성을 여러 개 선언하면서 자동으로 초기화한 후 사용하는 예제를 살펴보겠습니다.

```
> class Person
. {
.     public Guid Id { get; set; } = Guid.NewGuid();
.     public string Name { get; set; } = "백승수";
. }
> Person p = new Person();
> $"{p.Id}, {p.Name}"
"1a1d68e7-fa02-4ae0-9296-a40522773fac, 백승수"
```

Person 클래스의 Id 속성은 유일한 값을 나타내는 Guid 값을 Guid.NewGuid() 메서드로 자동으로 초기화하고, Name 속성은 "백승수"로 초기화한 후 사용합니다.

38.5 읽기 전용 속성과 쓰기 전용 속성

속성의 get과 set 구문을 하나만 사용하여 읽기 전용(read only) 속성과 쓰기 전용(write only) 속성을 구현할 수 있습니다. 속성을 선언과 동시에 값을 초기화하고 private set 절을 사용하면 설정(set)이 불가능한 읽기 전용 속성을 만들 수 있습니다.

```
> public class Page
. {
.     public string Message { get; private set; } = "읽기 전용 속성";
. }
> Page page = new Page();
> page.Message = "외부에서 쓰기 불가능";
(1,1): error CS0272: The property or indexer 'Page.Message' cannot be used in this
context because the set accessor is inaccessible
> Console.WriteLine(page.Message);
읽기 전용 속성
```

Message 속성은 읽기 전용 속성으로 만들어져 쓰기가 불가능하고 읽기만 가능합니다.

38.6 속성의 여러 가지 유형 살펴보기

이번에는 속성의 여러 가지 사용법을 살펴보겠습니다. 다음 내용을 입력한 후 실행해 보세요.

속성의 여러 가지 유형: PropertyAll.cs

```
using System;

namespace PropertyAll
{
    public class Car
    {
        private string color;   //필드

        public Car()            //생성자
        {
            this.color = "Black";
        }

        //메서드로 외부에 공개
```

```csharp
public void SetColor(string color)
{
    this.color = color;  //this.필드 = 매개변수;
}

public string GetColor()
{
    return color;
}

//속성
public string Color
{
    get
    {
        return color;
    }
    set
    {
        color = value;
    }
}

//읽기 전용 속성
public string Make
{
    get
    {
        return "한국자동차";
    }
}

//쓰기 전용 속성
private string _Type;
public string Type
{
    set
    {
        _Type = value;
    }
}

//축약형 속성
```

```
        public string Name { get; set; }
    }

    class PropertyAll
    {
        static void Main()
        {
            //① Set과 Get 메서드 사용
            Car car1 = new Car();
            car1.SetColor("Red");
            Console.WriteLine(car1.GetColor());   //Red

            //② 속성을 사용
            Car whiteCar = new Car();
            whiteCar.Color = "White";              //set {}
            Console.WriteLine(whiteCar.Color);     //get {}

            //③ 읽기 전용 속성
            Car k = new Car();
            //k.Make = "";     ////이 코드는 에러
            Console.WriteLine(k.Make);             //읽기만 가능

            //④ 쓰기 전용 속성
            Car car = new Car();
            car.Type = "중형";                      //쓰기만 가능
            //Console.WriteLine(car.Type);  ////이 코드는 에러: 읽기는 불가

            //⑤ 축약형 속성
            Car myCar = new Car();
            myCar.Name = "좋은차";
            Console.WriteLine(myCar.Name);
        }
    }
}
```

\ 실행 결과 /

```
Red
White
한국자동차
좋은차
```

속성 개념이 없는 프로그래밍 언어는 ①처럼 Set 또는 Get으로 시작하는 메서드로 클래스의 필드 값을 설정하거나 가져다 사용했습니다. C#은 ②처럼 괄호가 없는 속성으로 데이터를 손쉽게 저장 하거나 사용할 수 있으며, 이러한 속성은 ③과 ④처럼 읽기 전용 또는 쓰기 전용 속성을 만들 수 있습니다.

38.7 속성을 사용한 클래스의 멤버 설정 및 참조하기

C# 파일 3개를 생성해서 속성의 여러 가지 기능을 실습해 보겠습니다.

1. 새로운 C# 콘솔 프로젝트를 다음과 같이 만듭니다.

프로젝트 형식	템플릿	이름	위치
Visual C#	콘솔 앱 프로그램	PropertyNote	C:\C#

2. 솔루션 탐색기의 프로젝트에서 마우스 오른쪽 버튼을 누른 후 **추가** > **새 항목**을 선택합니다. 다음과 같이 클래스 2개를 프로젝트에 추가합니다.

비주얼 스튜디오에 설치된 템플릿	이름
클래스	PropertyNote.Car.cs
클래스	PropertyNote.Person.cs

3. 추가된 PropertyNote.Car.cs 파일을 열고 다음과 같이 프로그램을 만듭니다.

```
//PropertyNote.Car.cs
namespace PropertyNote
{
    public class Car
    {
        //① public 필드로 속성처럼 사용
        public static string Color;

        //② 언더스코어(_) 문자로 속성에 대한 필드 이름 정의
        private static string _Type;

        //③ public한 속성 정의: 읽고 쓰기 가능한 속성
        public static string Type
        {
            get
```

```
        {
            return _Type;
        }
        set
        {
            _Type = value;
        }
    }

    //④ 정적 개체를 생성하는 생성자
    static Car()
    {
        Color = "Red";
        _Type = "스포츠카";
    }
    }
}
```

4. 추가된 PropertyNote.Person.cs 파일을 열고 다음과 같이 프로그램을 만듭니다.

```
//PropertyNote.Person.cs
using System;

namespace PropertyNote
{
    public class Person
    {
        private int _BirthYear;            //생년월일

        public string Name { get; set; }  //이름

        //쓰기 전용: 계산식 사용
        public int BirthYear
        {
            set
            {
                if (value >= 1900)
                {
                    _BirthYear = value;
                }
                else
                {
                    _BirthYear = 0;
                }
            }
```

```
        }

        //읽기 전용: 계산식 사용
        public int Age
        {
            get
            {
                return (DateTime.Now.Year - _BirthYear);
            }
        }

        public Person(string name)
        {
            Name = name;  //Name 속성에 넘겨준 name 매개변수 값 저장
        }
    }
}
```

속성에는 get과 set 접근자를 사용하여 계산식을 넣을 수 있습니다.

5. 솔루션 탐색기에서 Program.cs 파일을 PropertyNote.PropertyNote.cs 파일로 이름을 변경하고, 이미 만든 모든 코드를 삭제한 후 다음과 같이 프로그램을 만듭니다.

```
//PropertyNote.PropertyNote.cs
using System;

namespace PropertyNote
{
    class PropertyNote
    {
        static void Main(string[] args)
        {
            //① Car 클래스(정적) 사용
            Car.Color = "Black";  //필드 사용
            Car.Type = "세단";      //속성 사용
            Console.WriteLine($"차종 : {Car.Type}, 색상 : {Car.Color}");

            //② Person 클래스(인스턴스) 사용
            Person person = new Person("박용준");
            person.BirthYear = (DateTime.Now.Year - 21);  //21살로 고정
            Console.WriteLine($"이름 : {person.Name}, 나이 : {person.Age}");
        }
    }
}
```

6. 소스 코드를 다 입력한 후 Ctrl+F5를 눌러 프로그램을 실행하면 명령 프롬프트 창에 다음과 같이 출력됩니다.

```
차종 : 세단, 색상 : Black
이름 : 박용준, 나이 : 21
```

속성은 C# 응용 프로그래밍에서 자주 사용하는 아주 중요한 클래스의 구성 요소입니다. 클래스 하나에 여러 가지 필드 값을 설정하거나 읽어 올 때는 private 형식의 필드를 사용하고, private 형식의 필드를 외부에 노출할 때는 public 형식의 속성을 사용해야 한다는 점을 기억합시다.

38.8 화살표 연산자로 속성과 메서드를 줄여서 표현하기

화살표(=>) 연산자를 사용하면 속성과 메서드를 표현할 때 축약할 수 있습니다. 속성을 줄여 표현하는 방법을 식 본문 속성(expression bodied property)이라고 합니다. 다음 내용을 입력한 후 실행해 보세요.

화살표 연산자 사용: ArrowDemo.cs

```csharp
using System;

class Counter
{
    private int count;

    public int Count
    {
        get => count;
        set => count = value;
    }

    public void IncreaseCount() => Count++;
}

class ArrowDemo
{
    static Counter counter;
    static void Main()
    {
        counter = new Counter();
        counter.IncreaseCount();
        Console.WriteLine($"카운트 : {counter.Count}");
```

```
        }
    }
```

앞 코드처럼 속성 또는 메서드에서 간단한 형태일 때는 화살표 연산자인 =>를 사용하여 코드를 줄여서 표현할 수 있습니다.

그리고 다음과 같이 게터와 세터를 화살표 연산자와 함께 사용하면 속성을 계산식으로 쉽게 활용할 수 있습니다.

게터와 세터에 화살표 연산자 사용: GetterSetter.cs

```
using System;

class GetterSetter
{
    public string Name { get; set; }
    public DateTime BirthDate { get; set; }
    public int Age
    {
        get => (DateTime.Now - BirthDate).Days / 365 + 1;
    }

    static void Main()
    {
        GetterSetter user = new GetterSetter();
        user.Name = "마이크로소프트";
        user.BirthDate = new DateTime(1975, 01, 01);

        Console.WriteLine($"{user.Name} 나이 - {user.Age}");
    }
}
```

속성의 get과 set은 메서드와 비슷하고, 화살표 연산자로 중괄호 표현식을 줄여서 사용할 수 있습니다. 이러한 게터와 세터를 사용하면 단순하게 필드 값을 주고받는 것이 아닌 특정 계산식을 추가할 수 있습니다.

38.9 개체 이니셜라이저

개체 이니셜라이저(object initializer)(C# 3.0 버전 특징)는 속성을 사용하여 개체 값을 설정하는 쉬운 방법을 제공합니다. 다만 개체 이니셜라이저가 생성자를 완전히 대체하지는 않습니다.

```
> class Course
. {
.     public int Id { get; set; }
.     public string Title { get; set; }
. }
> //① 속성을 사용하여 개체 초기화
> Course csharp = new Course(); csharp.Id = 1; csharp.Title = "C#";
> Console.WriteLine($"{csharp.Id} - {csharp.Title}");
1 - C#
> //② 개체 이니셜라이저를 사용하여 개체 초기화
> Course aspnet = new Course() { Id = 2, Title = "ASP.NET" };
> Console.WriteLine($"{aspnet.Id} - {aspnet.Title}");
2 - ASP.NET
```

Course 개체의 Id, Title 속성을 초기화할 때는 앞 코드처럼 속성이나 개체 이니셜라이저를 사용할 수 있습니다. 이 중에서 개체 이니셜라이저를 사용하면 좀 더 쉽게 속성을 초기화할 수 있습니다.

개체 이니셜라이저를 사용하여 개체 속성 초기화하기

C#은 클래스의 인스턴스를 만들 때 속성을 특정 값으로 바로 초기화할 수 있습니다. 이러한 기능을 개체 이니셜라이저라고 합니다. 개체 이니셜라이저를 사용하면 개체를 만들 때 생성자를 의미하는 괄호 기호를 생략할 수 있습니다.

```
> //① Person 클래스 선언
> class Person
. {
.     public string Name { get; set; }
.     public string City { get; set; }
. }
> //② 개체 이니셜라이저로 개체 속성 초기화하기
> Person person = new Person { Name = "C#", City = "Seoul" };
> $"{person.Name} : {person.City}"
"C# : Seoul"
```

Person 클래스의 인스턴스를 생성할 때 개체 이니셜라이저를 사용하여 Name과 City 속성을 초기화할 수 있습니다. 이렇게 개체 이니셜라이저를 사용하면 개체를 생성한 후 따로 속성을 초기화하지 않고 선언과 동시에 초기화할 수 있습니다.

개체를 초기화하는 세 가지 방법

개체를 생성할 때 속성을 초기화하는 방법으로 개체 이니셜라이저 이외에 생성자와 속성 자체를 사용할 수도 있습니다. 이러한 세 가지 방법을 사용하여 속성을 초기화하는 예제를 살펴보겠습니다. 다음 내용을 입력한 후 실행해 보세요.

개체 이니셜라이저를 사용하여 개체 속성 초기화: ObjectInitializers.cs

```
using System;

public class Person
{
    public string Name { get; set; }
    public int Age { get; set; }

    public Person()
    {

    }
    public Person(string name, int age)
    {
        Name = name; Age = age;
    }
}

class ObjectInitializers
{
    static void Main()
    {
        //① 속성 사용
        Person pp = new Person();
        pp.Name = "이세영";
        pp.Age = 100;

        //② 생성자 사용
        Person pc = new Person("백승수", 21);
```

```
    //③ 개체 이니셜라이저 사용
    Person pi = new Person { Name = "권경민", Age = 30 };
    Console.WriteLine($"{pi.Name}, {pi.Age}");
  }
}
```

\ 실행 결과 /

권경민, 30

개체의 인스턴스를 생성할 때 Name과 Age 속성을 초기화하려면 속성에 직접 값을 지정하거나, 생성자의 매개변수로 전달된 값을 속성에 초기화하거나, 개체 이니셜라이저를 사용하여 속성을 초기화할 수 있습니다.

이번에는 개체 이니셜라이저의 또 다른 사용법을 알아보겠습니다. 다음 내용을 입력한 후 실행해 보세요. ObjectInitializerNote 프로젝트를 만든 후 ObjectInitializerNote.Person.cs 파일과 ObjectInitializerNote.cs 파일을 2개 생성합니다.

개체 이니셜라이저의 또 다른 사용법 1: ObjectInitializerNote.Person.cs

```
namespace ObjectInitializerNote
{
    public class Person
    {
        //propfull: 전체 속성
        private string _Name;
        public string Name
        {
            get { return _Name; }
            set { _Name = value; }
        }

        //prop: 자동으로 구현된 속성
        public int Age { get; set; }

        //자동 속성: 속성을 자동으로 초기화(C# 6.0)
        public string Type { get; set; } = "사람";
    }
}
```

```csharp
using System;

namespace ObjectInitializerNote
{
    class ObjectInitializerNote
    {
        static void Main()
        {
            //① Person 클래스의 인스턴스 생성
            Person p1 = new Person();
            p1.Name = "백승수";
            p1.Age = 21;
            Console.WriteLine($"이름 : {p1.Name}, 나이 : {p1.Age}, 타입 : {p1.Type}");

            //② 개체 이니셜라이저를 사용하여 개체 초기화
            Person p2 = new Person() { Name = "이세영", Age = 99 };
            Console.WriteLine($"이름 : {p2.Name}, 나이 : {p2.Age}, 타입 : {p2.Type}");
        }
    }
}
```

＼ 실행 결과 ／

```
이름 : 백승수, 나이 : 21, 타입 : 사람
이름 : 이세영, 나이 : 99, 타입 : 사람
```

앞 코드의 ①은 일반적인 방식으로 개체를 초기화합니다. 속성이 많을 경우 코드가 늘어나는데,
이를 ②처럼 중괄호({})를 사용하여 선언과 동시에 특정 속성으로 바로 초기화할 수 있습니다. 이
방식이 바로 개체 이니셜라이저입니다.

38.10 자동 속성을 사용하여 레코드 클래스 구현하기

자동 속성을 사용하면 표 형태의 데이터, 즉 레코드 단위로 데이터를 저장할 때 유용합니다. 배열
을 사용하던 전통적인 프로그래밍 방식에서 속성을 사용하여 레코드 형태로 데이터를 관리하는
클래스를 모델 클래스라고 합니다.

```
> public class Customer
. {
.     public int Id { get; set; }
.     public string Name { get; set; }
.     public string City { get; set; }
. }
> //개체 리터럴을 사용하여 개체 초기화
> var customer = new Customer { Id = 1, Name = "박용준", City = "인천" };
> $"{customer.Id}, {customer.Name}, {customer.City}"
"1, 박용준, 인천"
```

속성으로만 된 데이터 클래스인 Customer 클래스를 만들고 사용했습니다. 단순히 레코드 하나만
저장했지만, Customer 클래스 배열 또는 컬렉션 클래스를 사용하여 Customer 개체를 여러 개 저장
할 수 있습니다.

38.11 nameof 연산자

C# 6.0 버전부터 제공하는 nameof 연산자를 사용하면 속성 이름 자체를 문자열로 가져올 수 있습
니다. nameof 연산자는 식별자 또는 변수 이름에 대한 리팩터링 및 이름을 변경할 때 유용합니다.
이것으로 이름 바꾸기 등 IDE 기능을 사용할 수 있습니다.

```
throw new ArgumentNullException("Product");
```

다음과 같이 쓸 수도 있습니다.

```
throw new ArgumentNullException(nameof(product));
```

식으로 해당 타입의 이름을 직접 불러올 수 있습니다.

속성 이름을 nameof 연산자로 가져오기

이번에는 nameof 연산자를 사용하여 속성 자체를 문자열로 출력해 보겠습니다. 다음 내용을 입력
한 후 실행해 보세요.

```
> class Car
. {
.     public string Maker { get; set; }
. }
```

```
> Car car = new Car();
> Console.WriteLine(nameof(car.Maker));
Maker
```

Car 클래스의 Maker 속성이 문자열인 "Maker"처럼 속성 이름을 문자열로 가져올 때는 nameof 연산자를 사용합니다.

메서드 이름을 nameof 연산자로 가져오기

속성 이외에 메서드 이름 자체도 nameof 연산자를 사용하여 문자열로 가져올 수 있습니다. 다음 내용을 입력한 후 실행해 보세요.

메서드 이름을 nameof 연산자로 가져오기: NameOfOperator.cs

```
using System;

class NameOfOperator
{
    static void Main()
    {
        Console.WriteLine("NameToString");          //"NameToString"
        Console.WriteLine(nameof(NameToString)); //"NameToString"
    }

    static void NameToString()
    {
        //프로그래밍할 때 함수 또는 속성 이름을 다른 곳에 문자열로 넘겨주어야 할 때가 있음
    }
}
```

\ 실행 결과 /

```
NameToString
NameToString
```

이 예제에서는 단순히 화면에 NameToString 메서드 이름만 출력했지만, nameof 연산자를 사용하면 특정 함수 이름 또는 속성 이름을 문자열로 전달해야 할 때 유용합니다. 직접 문자열로 작성해도 되지만, nameof()로 묶은 상태에서 개체 이름은 자동으로 인텔리센스의 도움을 받을 수 있습니다. 문자열로 묶는 방식은 잘못 입력할 가능성이 높습니다. C# 기초 문법이 아닌 실제 현업 프로그램을 작성하다 보면 nameof 연산자를 굉장히 유용하게 사용할 수 있습니다.

38.12 익명 형식

익명 형식(anonymous type)을 사용하면 특정 클래스로 형식을 만들 필요 없이 간단히 개체를 생성해 낼 수 있습니다. 예를 들어 다음과 같은 간단한 코드로 Name과 Age 속성을 가지는 person 개체를 만들어 낼 수 있습니다. new 키워드 뒤에 지정하는 속성들은 타입 추론을 이용하여 자동으로 string 형과 int 형으로 결정합니다.

```
> var person = new { Name = "백승수", Age = 21 };
> person.Name
"백승수"
> person.Age
21
```

익명 형식을 사용해 보겠습니다. 다음 내용을 입력한 후 실행해 보세요.

익명 형식 사용: AnonymousType.cs

```
using System;

class AnonymousType
{
    static void Main()
    {
        var data = new { Id = 1, Name = "익명 형식" };
        Console.WriteLine($"{data.Id} - {data.Name}");
    }
}
```

\ 실행 결과 /

```
1 - 익명 형식
```

개체를 만들 때는 new 키워드 다음에 특정 데이터 형식을 지정하는데, 이것 대신 중괄호 안에 직접 원하는 속성 이름과 속성 값을 바로 지정하여 이름이 없는 익명 형식을 만들 수 있습니다.

익명 형식은 다른 말로 무명 형식이라고도 합니다. 무명 형식 예제를 한 번 더 살펴보겠습니다. 다음 내용을 입력한 후 실행해 보세요.

```
using System;

class AnonymousClass
{
    static void Main()
    {
        //익명 형식으로 개체를 생성하고 속성 3개를 초기화
        var presenter = new { Name = "박용준", Age = 45, Topic = "C#" };

        Console.WriteLine(
            $"{presenter.Name}, {presenter.Age}, {presenter.Topic}");
    }
}
```

\ 실행 결과 /

```
박용준, 45, C#
```

익명 형식은 프로그램 내에서 간단히 묶어 사용하는 개체에 대해 새로운 클래스를 만들지 않고 바로 개체로 만들 때 유용합니다.

익명 형식은 다음 코드처럼 배열 형식으로도 사용 가능합니다.

```
> var developers = new[] {
.     new { Name = "RedPlus", Age = 45 },
.     new { Name = "Taeyo", Age = 50 }
. };
> developers[0].Name
"RedPlus"
> developers[1].Age
50
```

38.13 익명 형식과 덕 타이핑

프로그래밍에는 덕 타이핑(duck typing) 개념이 있습니다. 덕 타이핑 의미는 다음과 같습니다.

"새인데 오리처럼 생겼고, 오리처럼 수영하며, 오리처럼 꽥꽥 되면 나는 그 새를 오리라고 하겠다."

덕 타이핑을 코드로 살펴보겠습니다. 다음 코드는 DuckTyping.cs 파일에서 살펴볼 수 있습니다. Id와 Name 속성을 갖는 익명 형식을 만들어 duck 개체에 할당합니다.

```
> var duck = new { Id = 1, Name = "Duck 1" };
```

duck 개체의 값을 출력하면 정수와 문자열이 출력됩니다.

```
> $"{duck.Id} - {duck.Name}"
"1 - Duck 1"
```

duck 개체에 또 다른 익명 형식을 대입합니다. 앞에서 선언한 형태와 속성과 형식이 동일한 개체를 대입해야 합니다.

```
> duck = new { Id = 2, Name = "Duck 2" };
```

형태가 동일한 개체이기에 값이 정상적으로 저장되고 출력됩니다.

```
> $"{duck.Id} - {duck.Name}"
"2 - Duck 2"
```

이번에는 처음에 선언한 형태가 아닌 Id에 실수 데이터를 넣어 보겠습니다. 처음 선언된 duck 개체와 다른 개체가 대입되기에 다음과 같이 예외가 발생합니다.

```
> duck = new { Id = 3.14, Name = "Duck 3" };
(1,8): error CS0029: 암시적으로 '<anonymous type: double Id, string Name>' 형식을
'<anonymous type: int Id, string Name>' 형식으로 변환할 수 없습니다.
```

이번에는 Name 속성을 제외한 채 개체를 할당해 보겠습니다. 이때도 예외가 발생합니다.

```
> duck = new { Id = 3 };
(1,8): error CS0029: 암시적으로 '<anonymous type: int Id>' 형식을 '<anonymous type: int
Id, string Name>' 형식으로 변환할 수 없습니다.
```

처음에 없던 Email 속성을 추가해서 할당해도 예외가 발생합니다.

```
> duck = new { Id = 3, Name = "Duck 3", Email = "Email 3" };
(1,8): error CS0029: 암시적으로 '<anonymous type: int Id, string Name, string Email>' 형
식을 '<anonymous type: int Id, string Name>' 형식으로 변환할 수 없습니다.
```

처음에 선언할 때 개체 형태로 값을 할당하면 정상적으로 할당 및 출력됩니다.

```
> duck = new { Id = 3, Name = "Duck 3" };
> $"{duck.Id} - {duck.Name}"
"3 - Duck 3"
```

처음 개체가 만들어지면 그 형식과 동일한 형태로만 다시 할당됩니다. 이러한 내용을 덕 타이핑이라고 합니다.

38.14 생성자로 속성에 대한 유효성 검사 구현하기

프로그램을 작성하다 보면 특정 속성은 반드시 특정 값으로 초기화해야 할 때가 있습니다. 즉, null 또는 빈 값이 들어오면 안 될 때가 있는데, 이때는 생성자를 사용하여 반드시 특정 문자열을 넘겨주도록 강제할 수 있습니다. 넘어온 값이 null 또는 빈 값이면 에러를 강제로 발생시켜 좀 더 견고한 클래스를 만들 수 있습니다.

생성자를 사용하여 초기화: PropertyValidation.cs

```
using System;

namespace PropertyValidation
{
    class Car
    {
        public string Name { get; private set; }
        public Car(string name)
        {
            if (string.IsNullOrEmpty(name))
            {
                //빈 값이면 강제로 ArgumentException 예외 발생
                throw new ArgumentException();
            }
            this.Name = name;
        }
    }

    class PropertyValidation
    {
        static void Main()
        {
            //① 정상 실행
```

```
        Car car = new Car("자동차");
        Console.WriteLine(car.Name);

        //② 예외 발생
        //Console.WriteLine((new Car("")).Name);
    }
  }
}
```

\ 실행 결과 /

자동차

Main() 메서드의 ①은 생성자의 매개변수로 전달된 값으로만 속성을 초기화하는 예제입니다. ②처럼 생성자에 빈 값이 전달되면 throw 구문이 강제로 예외를 발생시킬 수 있습니다.

38.15 메서드로 속성 값 초기화하기

속성과 메서드를 함께 사용하는 예제를 만들어 보겠습니다. 다음 내용을 입력한 후 실행해 보세요. 클래스와 속성을 만들고 ///(슬래시 3개)를 입력하면 자동으로 XML 주석인 〈summary〉 코드 주석이 만들어집니다. 이곳에 클래스와 속성, 메서드 설명을 입력하면 좋습니다.

메서드로 속성 값 초기화: PetDemo.cs

```
using System;

///<summary>
///애완동물
///</summary>
class Pet
{
    ///<summary>
    ///몸무게
    ///</summary>
    public int Weight { get; set; }

    ///<summary>
    ///먹이를 주면 몸무게 증가
    ///</summary>
```

```
        ///<param name="weight">몸무게</param>
        public void Feed(int weight)
        {
            Weight += weight;
        }
    }

    class PetDemo
    {
        static void Main()
        {
            Pet pet = new Pet();
            pet.Weight = 50;   //속성으로 값 초기화
            pet.Feed(10);      //메서드로 값 증가
            Console.WriteLine(pet.Weight);
        }
    }
```

\ 실행 결과 /

```
60
```

애완동물을 나타내는 Pet 클래스에 몸무게를 의미하는 Weight 속성을 정의했습니다. Feed() 메서드로 전달된 값을 속성에 더하여 몸무게가 증가되는 내용도 다루어 보았습니다. 자동으로 구현된 속성을 활용하면 Weight처럼 클래스에서 사용되는 데이터를 위해 따로 필드를 사용하지 않고 처리할 수 있습니다.

속성 선언과 동시에 초기화하기

자동 속성과 화살표 연산자를 사용하여 앞에서 살펴본 예제를 좀 더 간결하게 꾸며 보겠습니다. 속성을 선언과 동시에 초기화하여 사용하는 예제를 만들어 봅시다.

속성 선언과 동시에 초기화: PropertyPractice.cs

```
using System;

class Fish
{
    public int Weight { get; set; } = 50;
    public void Feed(int weight) => Weight += weight;
```

```
    }

class PropertyPractice
{
    static void Main()
    {
        var fish = new Fish();
        fish.Weight = 10;
        fish.Feed(15);
        Console.WriteLine(fish.Weight);
    }
}
```

\ 실행 결과 /

25

Fish 클래스의 Weight 속성은 선언과 동시에 50으로 초기화됩니다. 그리고 Feed 메서드는 매개변수로 넘어온 소문자 weight 매개변수 값을 대문자 Weight 속성에 누적시키는 역할을 합니다. 내용은 앞 예제와 동일한데, 코드는 좀 더 간단합니다.

추가로 다음과 같이 클래스와 속성, 메서드를 함께 사용할 수도 있습니다.

```
> class Point                           //클래스
. {
.     public int X { get; set; } = 100;   //속성
.     public int Y { get; set; } = 200;
.     //메서드
.     public void Draw() => Console.WriteLine($"X : {this.X}, Y : {this.Y}");
. }
> (new Point()).Draw()
X : 100, Y : 200
```

38.16 속성에서 ?.와 ?? 연산자를 함께 사용하기

개체에 들어 있는 속성 값이 null일 때는 전에 살펴본 ?.와 ?? 연산자를 사용하여 null 값을 편리하게 처리할 수 있습니다. 다음 코드는 조금 복잡하니 한 번 정도 작성하여 실행한 후 넘어갑니다.

```
using System.Collections.Generic;
using static System.Console;

namespace NullWithObject
{
    class Person
    {
        public string Name { get; set; }
        public Address Address { get; set; }
    }

    class Address
    {
        public string Street { get; set; } = "알 수 없음";
    }

    class NullWithObject
    {
        static void Main()
        {
            var people = new Person[] { new Person { Name = "RedPlus" }, null };

            ProcessPeople(people);

            void ProcessPeople(IEnumerable<Person> peopleArray)
            {
                foreach (var person in peopleArray)
                {
                    //① ?.로 null을 확인하여 null이면 ?? 이후의 문자열로 초기화
                    WriteLine($"{person?.Name ?? "아무개"}은(는) " +
                        $"{person?.Address?.Street ?? "아무곳"}에 삽니다.");
                }
            }

            var otherPeople = null as Person[];

            //② ?[0] 형태로 인덱서에 대해 null 값 확인 가능
            WriteLine($"첫 번째 사람 : {otherPeople?[0]?.Name ?? "없음"}");
        }
    }
}
```

\ 실행 결과 /

RedPlus은(는) 아무곳에 삽니다.
아무개은(는) 아무곳에 삽니다.
첫 번째 사람 : 없음

①처럼 person?.Name 형태는 Name 속성이 null이 아니면 해당 Name 속성을 사용하고, 그렇지 않으면 null을 반환하여 ?? 연산자를 추가해서 null 대신 "아무개"를 반환하는 형태로 null을 처리합니다.

②처럼 otherPeople?[0]?.Name 형태로 [0]번째 인덱스의 배열 값이 null인지 확인하는 조금 복잡하지만 null 처리를 효과적으로 하는 연산자를 제공합니다.

속성은 클래스의 필드 값을 손쉽게 설정하고 읽기 편리하게 합니다. 이러한 속성은 개체 초기화와 익명 형식 등에서 자주 사용합니다. C#의 속성은 속성 개념이 없는 자바 같은 다른 언어에 비하여 코드의 간결함을 유지해 주는 장점이 있습니다.

39 인덱서와 반복기

인덱서는 클래스의 인스턴스를 배열처럼 사용할 수 있도록 하는 구문으로 속성을 확장한 형태이며, 배열 형식으로 속성들을 초기화하거나 값을 가져갈 수 있는 기능을 제공합니다. 속성 여러 개로 사용할 만한 부분을 인덱서 하나로 처리할 수도 있습니다. 반복기는 컬렉션 항목을 단계별로 실행하는 데 사용하는 구문으로, 클래스의 특정 메서드 반환값을 단계별로 하나씩 가져가는 개념입니다. 이 강의에서는 C#의 편리한 기능들인 인덱서와 반복기 개념을 학습하겠습니다.

39.1 인덱서

C#에서 인덱서(indexer)는 속성 여러 개를 하나로 표현하거나 개체를 배열 형식으로 표현할 때 사용합니다. 배열의 인덱스 접근 방식인 개체이름[0], 개체이름[1] 식으로 개체 속성 또는 멤버에 접근할 수 있게 합니다. 자동차 개체를 예로 들면 자동차 카탈로그(광고지)처럼 자동차 인덱스(목차)를 표현하는 방법으로 볼 수 있습니다.

인덱서를 만들어 내는 코드 조각은 특정 클래스 내에서 indexer를 입력한 후 Tab 을 두 번 누르면됩니다. 그러면 자동으로 다음 코드처럼 인덱서의 기본 뼈대 코드를 생성합니다.

```
public object this[int index]
{
    get { /* return the specified index here */ }
    set { /* set the specified index to value here */ }
}
```

정수형 인덱서 만들기

우선 get 키워드만 사용하는 정수형 인덱서를 만들어 보겠습니다. 다음 내용을 입력한 후 실행해 보세요.

```
using System;

class Catalog
{
    //① 정수형 인덱서: this[int index] 형태로 정의됨
    public string this[int index]
    {
        get
        {
            return (index % 2 == 0) ? $"{index} : 짝수 반환" : $"{index} : 홀수 반환";
        }
    }
}

class IndexerNote
{
    static void Main()
    {
        Catalog catalog = new Catalog();
        Console.WriteLine(catalog[0]);  //② 개체이름[인덱스] 형태로 호출 가능
        Console.WriteLine(catalog[1]);
        Console.WriteLine(catalog[2]);
    }
}
```

\ 실행 결과 /

```
0 : 짝수 반환
1 : 홀수 반환
2 : 짝수 반환
```

인덱서는 속성과 달리 이름을 따로 지정하지 않고 this 키워드를 사용합니다. 그리고 매개변수로 배열 형식을 받습니다. ①에서 넘어온 매개변수 값이 짝수 또는 홀수일 때마다 매개변수 값과 함께 짝수 또는 홀수 값을 반환합니다. 따로 set 키워드를 사용하여 값을 설정하지 않았기에 읽기 전용 인덱서입니다.

②를 보면 알 수 있듯이 클래스에 인덱서를 만들어 놓으면 개체이름[인덱스] 형태로 값을 호출할 수 있습니다.

인덱서를 사용하여 여러 값 주고받기

속성처럼 값을 입력받고 출력해 주는 인덱서를 만들어 보겠습니다.

```
> class Developer
. {
.     private string name;
.     public string this[int index]    //인덱서
.     {
.         get { return name; }         //[index]로 요청하면 특정 필드 값을 반환
.         set { name = value; }        //넘어온 값은 value 키워드로 읽어 올 수 있음
.     }
. }
> var developers = new Developer();
> developers[0] = "백승수";                   //인덱스와 상관없이 name 필드에 문자열이 저장됨
> Console.WriteLine(developers[0]);
백승수
> developers[1] = "이세영";
> Console.WriteLine(developers[1]);
이세영
```

인덱서는 속성과 동일하게 세터로 값을 입력받고 게터로 값을 반환합니다. 이 예제에서는 단일 변수인 name 필드만 사용했지만, 일반적으로 인덱서는 배열 또는 컬렉션과 함께 사용합니다.

39.2 인덱서를 사용하여 배열 형식의 개체 만들기

개체를 사용하면서 배열 형식의 필드에 좀 더 효율적으로 접근할 수 있는 개념인 인덱서로 클래스의 멤버에 접근하는 과정을 살펴보겠습니다.

```
> public class Car
. {
.     private string[] names;  //① 필드: 배열 형식 필드
.
.     //② 생성자: 생성자 매개변수로 필드의 요소 수 생성
.     public Car(int length)
.     {
.         names = new string[length];   //넘어온 길이만큼 문자열 배열 생성
.     }
.
```

```
//③ 속성: 읽기 전용 속성
public int Length
{
    get
    {
        return names.Length;
    }
}

//④ 인덱서: this[ ] 키워드를 사용한 속성의 확장(배열) 형식
public string this[int index]
{
    get
    {
        return names[index];
    }
    set
    {
        names[index] = value;
    }
}
}
```

```
//자동차 클래스의 인스턴스를 생성할 때 생성자의 매개변수로 배열 크기 전달
Car car = new Car(3);
//Car 클래스에는 인덱서가 구현되어 있기에 개체를 배열형으로 접근 가능
car[0] = "CLA";
car[1] = "CLS";
car[2] = "AMG";
//자동차 목록 출력: for 문을 사용하여 개체 값을 출력 가능
for (int i = 0; i < car.Length; i++)
{
    Console.WriteLine("{0}", car[i]);
}
```
```
CLA
CLS
AMG
```

인덱서는 속성의 확장형입니다. 즉, 속성은 값 하나를 저장하는 반면, 인덱서는 속성에 배열형을
적용하여 여러 형태로 보이는 C#의 문법입니다.

배열 형식의 필드를 사용하는 인덱서

요일 정보를 담아 놓을 수 있는 형태의 개체를 만들어 보겠습니다.

```
> public class Week                        //요일 이름을 저장해 놓는 클래스
. {
.      //① 필드: 요일 문자열을 담아 놓을 수 있는 문자열 배열
.      private string[] _week;
.      public Week()                       //②-1 생성자: 매개변수가 없는 생성자
.      {
.          Length = 7;                     //기본값 초기화
.          _week = new string[Length];     //요소 7개를 갖는 배열 생성
.      }
.
.      public Week(int length)             //②-2 생성자: 매개변수가 있는 생성자
.      {
.          Length = length;
.          _week = new string[Length];
.      }
.
.      public int Length { get; }          //③ 속성
.
.      //④ 인덱서: 개체를 배열 형태로 사용하도록 this[] 형태의 인덱서 생성
.      public string this[int index]
.      {
.          get { return _week[index]; }
.          set { _week[index] = value; }
.      }
. }
>
> Week week = new Week(3);                 //ⓐ 배열 형식 생성
> week[0] = "일요일";                       //ⓑ 인덱서로 문자열 값을 초기화
> week[1] = "월요일";
> week[2] = "화요일";
> for (int i = 0; i < week.Length; i++)    //ⓒ 출력: 인덱서로 배열 형식의 필드 값 출력
. {
.      Console.WriteLine($"{week[i]}");
. }
일요일
월요일
화요일
```

④처럼 public string this[int index] 형태로 정수 형식의 매개변수를 받고 그에 해당하는 문자열 값을 반환해 주는 인덱서를 생성할 수 있습니다. 이렇게 생성된 인덱서는 ⓑ에서 값을 대입하면 인덱서의 setter를 실행하고, ⓒ에서 출력할 때 사용하면 인덱서의 getter를 실행합니다.

39.3 문자열 매개변수를 받는 인덱서 사용하기

키와 값 쌍으로 데이터를 저장해 놓는 기능을 인덱서로 만들어 보겠습니다. 다음 내용을 입력한 후 실행해 보세요. 프로젝트에 클래스 파일은 NickName.cs와 NickNameDemo.cs 2개를 만듭니다.

```csharp
//NickName.cs
using System.Collections;

namespace NickNameDemo
{
    public class NickName
    {
        //① 필드: 해시 테이블 형식의 필드 생성
        private Hashtable _names = new Hashtable();

        //② 인덱서: 문자열 매개변수를 받고 문자열 값을 반환
        public string this[string key]
        {
            get { return _names[key].ToString(); }
            set { _names[key] = value; }
        }
    }
}


//NickNameDemo.cs
using System;

namespace NickNameDemo
{
    class NickNameDemo
    {
        static void Main()
        {
            //ⓐ NickName 클래스의 인스턴스(개체) 생성
```

```
            var nick = new NickName();

            //ⓑ 문자열 인덱서 사용
            nick["박용준"] = "RedPlus";   //Key와 Value 형태로 저장
            nick["김태영"] = "Taeyo";

            //ⓒ 문자열 인덱서 값 출력
            Console.WriteLine($"{nick["박용준"]}, {nick["김태영"]}");
        }
    }
}
```

실행하면 다음 결과가 나옵니다.

```
 RedPlus, Taeyo
```

ⓑ처럼 문자열 키와 값 쌍으로 데이터를 저장할 때는 Hashtable 또는 Dictionary 클래스를 사용하면 편합니다.

문자열 매개변수를 받는 인덱서는 ②처럼 public string this[string key] 형태로 문자열 key와 문자열 반환값을 받을 수 있습니다.

39.4 반복기와 yield 키워드

반복기(iterator)(이터레이터)는 배열과 컬렉션 형태의 데이터를 단계별로 실행하는 데 사용할 수 있습니다. 반복기를 구현할 때는 IEnumerable 인터페이스(또는 IEnumerable<T> 인터페이스)와 yield 키워드를 사용합니다. 이 책에서는 반복기와 이터레이터를 혼용해서 사용하겠습니다.[1]

yield return을 사용하여 이터레이터 구현하기

우선 yield 키워드로 반복해서 값을 반환하는 이터레이터를 만들어 보겠습니다. 다음 내용을 입력한 후 실행해 보세요. 이 예제는 반드시 디버거의 F11을 여러 번 눌러 디버깅 모드로 테스트하길 권장합니다.

---

1 C#만 보면 반복기가 맞지만, 현업에서는 이터레이터 단어 그대로 쓰는 경향이 있어 용어에 익숙해질 수 있게 혼용해서 사용하겠습니다.

```
using System;
using System.Collections;

class YieldReturn
{
    //① 반복기(이터레이터) 구현: MultiData() 메서드는 세 번 반복해서 문자열이 반환됨
    static IEnumerable MultiData()
    {
        yield return "Hello";
        yield return "World";
        yield return "C#";
    }

    static void Main()
    {
        //② 반복기를 foreach 문으로 호출해서 사용
        foreach (var item in MultiData())
        {
            Console.WriteLine(item);
        }
    }
}
```

\ 실행 결과 /

```
Hello
World
C#
```

①의 MultiData() 메서드는 yield return 구문으로 세 번 문자열을 반환합니다. 이러한 yield return 구문은 IEnumerable 인터페이스 형식으로 반환됩니다. 일반적으로 반복기를 만드는 공식과 코드 형태가 같습니다. 이 예제에서는 yield return 문을 세 번 사용했지만, 반복기를 만들 때는 반복문으로 yield return 문을 감싸서 만드는 것이 일반적입니다.

반복기를 정의했다면 ②처럼 foreach 문으로 반복해서 반복기를 호출하여 반환된 값을 사용할 수 있습니다. 여기서는 세 번 반복하면 문자열이 반환됩니다.

반복기 코드에 for 루프 사용하기

반복기 구현에 for 문을 사용한 예제를 살펴보겠습니다. 다음 내용을 입력한 후 실행해 보세요.

반복기 구현에 for 문 사용: YieldDemo

```
using System;
using System.Collections;

class YieldDemo
{
    //① yield 키워드를 사용하여 데이터를 단계별로 반환: 1부터 5까지 반복해서 반환
    static IEnumerable GetNumbers()
    {
        yield return 1;   //각각 따로따로 호출 가능
        yield return 2;
        for (int i = 3; i <= 5; i++)
        {
            yield return i;   //반복해서 호출 가능
        }
    }

    static void Main()
    {
        //② IEnumerable 반환값을 갖는 반복기는 foreach 문으로 호출해서 반복 사용
        foreach (int num in GetNumbers())
        {
            Console.Write($"{num}\t");
        }
        Console.WriteLine();
    }
}
```

\ 실행 결과 /

1	2	3	4	5

①에서 GetNumbers() 메서드를 구현할 때 직접 yield return 코드를 여러 번 사용하거나 for 문에서 반복해서 호출할 수 있습니다. GetNumbers() 메서드는 1부터 5까지 반복해서 출력합니다.

②처럼 IEnumerable 반환값을 가지는 반복기는 foreach 문으로 반복 호출하여 사용할 수 있습니다.

반복기는 자신이 만들어 놓은 클래스 및 개체의 멤버를 호출할 때 foreach 문을 사용하여 반복 출력되도록 설정해 놓는 구문입니다. 클래스의 인스턴스, 즉 개체의 메서드를 foreach 문으로 배열 형식의 필드에 접근할 수 있게 하는 기능을 추가할 때 사용하는 메서드가 바로 반복기(이터레이터)입니다.

> [!NOTE]
> **Note ≡ 느긋한 계산법**
>
> 이터레이터를 사용하면 스트림 형태의 데이터에 대한 지연된 계산법(lazy evaluation)을 제공합니다. 지연된 계산법은 요청이 필요할 때만 실행하는 것을 의미합니다. 코드에서는 foreach 문의 각 요청에 따라 yield 문을 하나만 실행한다는 의미입니다.

이터레이터를 사용하여 배열 값을 foreach 문으로 출력하기

반복기(이터레이터)를 사용하여 특정 개체의 데이터를 foreach 문으로 편리하게 출력해 보겠습니다.

```
using System.Collections;
public class Language
{
    private string[] languages;        //① 필드

    public Language(int length)        //② 생성자
    {
        languages = new string[length];
    }

    public string this[int index]      //③ 인덱서
    {
        get { return languages[index]; }
        set { languages[index] = value; }
    }

    public IEnumerator GetEnumerator()  //④ 반복기(이터레이터)
    {
        for (int i = 0; i < languages.Length; i++)
        {
            yield return languages[i];
        }
```

```
.        }
.    }
>
>    var language = new Language(2);   //ⓐ 클래스의 인스턴스 생성
>    language[0] = "C#";               //ⓑ 정수 형식의 인덱서로 문자열 값 저장
>    language[1] = "TypeScript";
>    foreach (var lang in language)    //ⓒ foreach 문을 사용하여 배열 값 출력
.    {
.        Console.WriteLine(lang);
.    }
C#
TypeScript
```

ⓓ처럼 System.Collections 네임스페이스의 IEnumerator 인터페이스로 GetEnumerator() 메서드를 구현하면 ⓒ처럼 해당 클래스의 인스턴스를 foreach 문으로 접근하여 반복해서 사용할 수 있기 때문에 편리합니다.

IEnumerable⟨T⟩로 컬렉션 형태의 데이터 반환받기

IEnumerable⟨int⟩, IEnumerable⟨string⟩ 형태의 IEnumerable⟨T⟩ 제네릭 인터페이스를 사용하면 메서드를 구현할 때 컬렉션 형태의 반환값을 받고, 이를 foreach 문으로 접근할 수 있습니다.

배열에 저장된 값 중에서 특정 값보다 큰 데이터만 가져올 때 yield return을 사용한 것과 그렇지 않은 것의 코드를 비교해 보겠습니다. 어느 것이 더 좋다고 할 수 없지만 yield return을 사용하면 추가적인 List⟨T⟩ 형태의 컬렉션 클래스가 없어도 구현할 수 있습니다.

```
>    using System.Collections.Generic;
>
>    //① yield 사용 전: List⟨T⟩ 형태의 컬렉션 클래스를 임시로 사용하여 결괏값 저장 후 반환
>    static IEnumerable⟨int⟩ Greater1(int[] numbers, int greater)
.    {
.        List⟨int⟩ temp = new List⟨int⟩();
.        foreach (var n in numbers)
.        {
.            if (n > greater)
.            {
.                temp.Add(n);
.            }
.        }
```

```
>     return temp;
>   }
>
> //② yield 사용 후: 추가 클래스 사용 없이 여러 데이터를 yield return으로 반환
> static IEnumerable<int> Greater2(int[] numbers, int greater)
> {
>     foreach (var n in numbers)
>     {
>         if (n > greater)
>         {
>             yield return n;
>         }
>     }
> }
>
> int[] numbers = { 1, 2, 3, 4, 5 };
> foreach (var n in Greater1(numbers, 3))
> {
>     Console.WriteLine(n);
> }
4
5
> foreach (var n in Greater2(numbers, 3))
> {
>     Console.WriteLine(n);
> }
4
5
```

①은 List<T> 제네릭 클래스를 사용하여 데이터 여러 개를 담아 한 번에 반환하는 방식입니다. ②는 ①과 기능이 동일하지만 추가적인 제네릭 클래스를 사용하지 않고 바로 yield return 코드로 여러 데이터를 반환합니다. 이처럼 yield return으로 반복해서 처리해야 하는 데이터를 반환할 때 유용하게 사용할 수 있습니다.

IEnumerable<T>의 MoveNext() 메서드와 Current 속성

IEnumerable<T> 형태는 내부적으로 MoveNext() 메서드와 Current 속성을 함께 사용합니다. 다음 내용을 C# 인터렉티브에서 순서대로 실행해 보세요.

1. 정수 데이터 3개를 반환하는 GetNumbers() 함수를 생성합니다.

```
> IEnumerable<int> GetNumbers()
. {
.     yield return 1;
.     yield return 3;
.     yield return 5;
. }
```

2. GetEnumerator() 메서드의 결괏값을 nums 변수에 담고 전체를 출력해 보면 데이터가 3개 표시됩니다.

```
> var nums = GetNumbers().GetEnumerator();
> nums
GetNumbers { 1, 3, 5 }
```

3. MoveNext() 메서드를 호출하면 데이터를 하나씩 선택한 후 Current 속성으로 현재 값을 가져옵니다.

```
> nums.MoveNext();
> nums.Current
1
```

4. MoveNext() 메서드의 결과는 다음 값이 있으면 true를 반환하고, 없으면 false를 반환합니다.

```
> nums.MoveNext()
true
> nums.Current
3
```

5. MoveNext()로 다음 값이 없으면 false를 반환하고, Current 속성은 마지막 데이터를 나타냅니다.

```
> nums.MoveNext();
> nums.Current
5
> nums.MoveNext()
false
> nums.Current
5
```

Note ≡ **이터레이터를 사용한 피보나치 수열 출력**

다음 코드는 이터레이터를 사용하여 피보나치 수열을 7개 정도 출력합니다.

```
> static IEnumerable<int> GetFibonacci()
. {
.       int current = 1;
.       int next = 1;
.       yield return current;
.       while (true)
.       {
.           int temp = current + next;
.           current = next;
.           next = temp;
.           yield return current;
.       }
. }
> int count = 7;
> int i = 0;
> foreach (var f in GetFibonacci())
. {
.       Console.WriteLine(f);
.       if (++i > count)
.       {
.           break;
.       }
. }
1
1
2
3
5
8
13
21
```

인덱서와 반복기는 클래스의 인스턴스인 개체에 컬렉션 개념을 도입했습니다. 개체에 배열처럼 인덱스로 값을 저장하고, 개체 값을 foreach 문으로 하나씩 가져다 사용할 수 있어 편리합니다.

40 대리자

대리자(delegate)는 매개변수 목록 및 반환 형식이 있는 메서드 참조(포인터)를 나타내는 형식입니다. 영어 단어 delegate는 '위임하다' 또는 '대신하다'의 의미가 있습니다. 이 강의에서는 이미 있는 함수 기능을 대신 호출하는 개념인 대리자를 학습해 보겠습니다.

40.1 대리자(위임/델리게이트)

대리자는 delegate 키워드를 사용하여 만듭니다. 대리자는 함수 자체를 데이터 하나로 보고 의미 그대로 다른 메서드를 대신 실행하는 기능입니다. 한 번에 메서드 하나 이상을 대신해서 호출할 수 있는 개념입니다.

다음은 대리자 보충 설명이므로, 모르는 내용이더라도 간단히 읽어 보고 넘어갑니다.

- 자동차 개체를 예로 들면, 대리운전처럼 대리자(대리운전 기사)가 집까지 좌회전(), 우회전(), 직진(), 주차() 등 동작을 대신해서 할 수 있게 하는 개념과 비슷합니다.
- 메서드의 매개변수로 대리자 변수(개체)를 넘길 수 있습니다. 대리자를 사용하여 함수의 매개변수로 함수 자체를 전달할 수 있습니다.
- 메서드의 매개변수로 또 다른 메서드 호출을 넘기는 기능입니다.
- 대리자는 동일한 메서드 시그니처를 갖는 메서드 참조를 담을 수 있는 그릇 역할을 합니다.
- 대리자는 람다(lambda)와 개념이 같다고 보아도 됩니다.
- 대리자를 사용하면 함수를 모아 놓았다 나중에 실행하거나 실행을 취소할 수 있습니다.
- 대리자는 내부적으로 MulticastDelegate 클래스에서 기능을 상속합니다.
- 대리자는 앞으로 배울 이벤트(event)를 만들어 내는 중간 단계의 키워드로 존재합니다.

대리자를 사용하는 간단한 예제를 먼저 살펴보겠습니다. 다음 내용을 입력한 후 실행해 보세요.

```csharp
using System;

class DelegateDemo
{
    //① 함수 생성 -> 매개변수도 없고 반환값도 없는 함수
    static void Hi() => Console.WriteLine("안녕하세요.");

    //② 대리자 생성 -> 매개변수도 없고 반환값도 없는 함수를 대신 실행할 대리자
    delegate void SayDelegate();

    static void Main()
    {
        //ⓐ Hi 함수를 say 이름으로 대신해서 호출
        SayDelegate say = Hi;
        say();

        //ⓑ Hi 함수를 hi 이름으로 대신해서 호출: 또 다른 모양
        var hi = new SayDelegate(Hi);
        hi();
    }
}
```

\ 실행 결과 /

```
안녕하세요.
안녕하세요.
```

Hi() 함수는 매개변수도 없고 반환값도 없는 간단한 함수입니다. 동일한 스타일의 함수를 대신 호출해 줄 수 있는 대리자는 ②처럼 delegate void 함수이름(); 형태로 구현할 수 있습니다. 이렇게 만든 대리자는 ⓐ처럼 이미 만들어 놓은 Hi 함수를 대체할 목적으로도 사용할 수 있습니다. 이 예제에서는 Hi 함수를 say 이름으로 대신 호출할 수 있다는 것만 기억합니다. 대리자는 이처럼 이미 있는 함수를 대신 호출(위임해서 호출)하는 개념이 첫 번째 목적입니다.

40.2 대리자를 사용하여 메서드 대신 호출하기

대리자를 생성했다면 해당 대리자를 사용하여 구조가 동일한 다른 메서드를 대신 호출할 수 있습니다. 대리자 형식 변수에 메서드를 등록하는 코드는 다음과 같습니다.

```
대리자 변수 = new 대리자(메서드이름);
```

대리자에는 += 연산자를 사용하여 대신할 메서드를 하나 이상 등록할 수 있습니다.

```
대리자 변수 += new 대리자(메서드이름);
```

대리자로 함수 대신 호출

델리게이트로 발음하는 대리자는 '함수 포인터'라고도 합니다. 다른 함수(메서드)를 대신 호출하는 개념입니다.

Hello() 이름으로 간단히 문자열만 출력하는 메서드를 대신 호출하는 SayPointer 대리자를 생성하고 사용하는 예제를 만들어 보겠습니다. 다음 내용을 입력한 후 실행해 보세요.

대리자로 함수를 대신 호출: DelegateNote.cs

```csharp
using System;


class DelegateNote
{
    //① 대리자 생성: 매개변수도, 반환값도 없는 함수(메서드)를 담을 수 있는 포인터
    delegate void SayPointer();

    //② 샘플 함수 생성
    static void Hello() => Console.WriteLine("Hello Delegate");

    static void Main()
    {
        //ⓐ 대리자의 인스턴스 생성 후 매개변수로 대신 실행할 함수 이름 전달
        SayPointer sayPointer = new SayPointer(Hello);

        //ⓑ 대리자 인스턴스로 함수 대신 호출하는 두 가지 방법
        sayPointer();           //대리자 변수에 괄호를 붙여 메서드 호출
        sayPointer.Invoke();   //명시적으로 Invoke() 메서드 호출
    }
}
```

```
Hello Delegate
Hello Delegate
```

①에서 delegate 키워드를 사용하여 void SayPointer()로 매개변수도 반환값도 없는 메서드를 대신 호출하는 대리자를 만들었습니다.

②에서는 SayPointer 대리자에 담아 실행할 테스트 메서드인 Hello()를 만들었습니다.

ⓐ처럼 SayPointer의 인스턴스를 만들고 생성자 대신 실행할 메서드 이름을 지정하는 식으로 대리자 개체를 생성할 수 있습니다.

ⓑ에서는 대리자 인스턴스 개체를 사용하여 메서드를 호출하는 두 가지 방법을 보여 줍니다. 하나는 직접 괄호를 붙여 메서드처럼 호출하는 것이고, 다른 하나는 Invoke() 메서드를 명시적으로 호출해서 실행하는 방법입니다.

대리자를 사용하여 원 넓이를 구하는 함수를 대신 호출하기

대리자로 메서드를 대신 호출하는 내용을 C# 인터렉티브에서 다음 순서대로 한 번 더 실행해 보세요. 프로젝트 기반 소스는 DelegateGetArea.cs 파일입니다.

1. 매개변수가 int 형이고 반환값이 double 형인 GetArea() 메서드가 다음과 같이 있습니다.

```
> double GetArea(int r) => 3.14 * r * r;
```

2. GetArea() 메서드를 대신 호출할 수 있는 함수 포인터 역할을 하는 GetAreaPointer 대리자는 다음과 같이 만들 수 있습니다.

```
> delegate double GetAreaPointer(int r);
```

3. 동일한 매개변수와 반환값을 갖는 메서드를 대리자 개체에 담습니다.

```
> GetAreaPointer pointer = GetArea;
```

4. 대리자 개체는 Invoke() 메서드 또는 대리자 개체 자체로 호출해서 사용됩니다.

```
> pointer.Invoke(10)
314
> pointer(10)
314
```

이름 없는 메서드를 대신 호출

delegate 키워드를 사용하면 이름이 없는 메서드를 생성한 후 해당 메서드를 대신 호출할 수 있습니다.

이름 없는 메서드를 대신 호출: AnonymousDelegate.cs

```
using System;

class AnonymousDelegate
{
    delegate void SayDelegate();
    static void Main()
    {
        //delegate 키워드로 함수를 바로 정의해서 사용
        SayDelegate say = delegate ()
        {
            Console.WriteLine("반갑습니다.");
        };
        say();
    }
}
```

\ 실행 결과 /

```
반갑습니다.
```

이 코드는 익명 메서드 또는 무명 메서드라고 하는 메서드를 delegate 키워드로 만들고, 이를 SayDelegate 개체로 대신 호출합니다. 잠시 후에 무명 메서드를 다시 살펴보겠습니다.

함수 포인터

대리자 형식은 함수 포인터(function pointer)라고도 합니다. 대리자를 생성할 때 사용되는 delegate 키워드는 이름이 없는 메서드(무명 메서드)를 만들 때도 함께 사용됩니다.

```
> public delegate void Whats();  //① 함수 포인터 형식
> //② 함수 포인터 정의
> Whats whats = delegate { Console.WriteLine("함수 포인터 == 대리자"); };
> whats();  //③ 함수 포인터 호출
함수 포인터 == 대리자
```

강력한 형식의 대리자

Math.Pow() 메서드를 대신 호출하는 DelegateType 이름의 대리자를 만들고 사용해 보겠습니다.

```
> public delegate double DelegateType(double x, double y);
> DelegateType pow = Math.Pow;
> double actual = pow(2, 10);
> actual
1024
```

40.3 대리자를 사용하여 메서드 여러 개를 다중 호출하기

이제 대리자 형식의 변수 하나에 메서드 여러 개를 등록한 후 한 번에 여러 개를 호출하는 메서드 다중 호출 내용을 살펴보겠습니다.

1. 새로운 C# 콘솔 프로젝트를 다음과 같이 만듭니다.

프로젝트 형식	템플릿	이름	위치
Visual C#	콘솔 앱 프로그램	DelegatePractice	C:\C#

2. 솔루션 탐색기에서 Program.cs 파일을 DelegatePractice.cs 파일로 이름을 변경하고, 이미 만든 모든 코드를 삭제한 후 다음과 같이 프로그램을 만듭니다. 편의상 CarDriver 클래스의 멤버 메서드는 모두 정적(static) 멤버로 구성했습니다.

```
//DelegatePractice.cs
using System;

namespace DelegatePractice
{
    public class CarDriver
    {
        public static void GoForward() => Console.WriteLine("직진");
        public static void GoLeft() => Console.WriteLine("좌회전");
        public static void GoRight() => Console.WriteLine("우회전");
    }

    public class Insa
    {
        public void Bye() => Console.WriteLine("잘가");
```

```
    }

    //대리자 생성: 의미상으로 대리운전, class와 같은 레벨로 생성해도 됨
    public delegate void GoHome();

    public class DelegatePractice
    {
        //대리자 형식 선언: 메서드를 묶을 별칭, 클래스 내부에도 생성 가능
        public delegate void Say();

        private static void Hello() { Console.WriteLine("Hello"); }
        private static void Hi() { Console.WriteLine("Hi"); }

        static void Main(string[] args)
        {
            //① 메서드는 따로따로 호출
            CarDriver.GoLeft();
            CarDriver.GoForward();
            CarDriver.GoRight();

            //② 대리자를 사용한 메서드 등록 및 호출
            GoHome go = new GoHome(CarDriver.GoLeft);
            go += new GoHome(CarDriver.GoForward);
            go += new GoHome(CarDriver.GoRight);
            go += new GoHome(CarDriver.GoLeft);   //등록
            go -= new GoHome(CarDriver.GoLeft);   //취소
            go();                                 //집에 갑시다... 한 번 호출

            Console.WriteLine();

            //③ 대리자를 사용하여 한 번에 메서드 2개 호출...
            Say say;                              //ⓐ 대리자 형식 변수 선언
            say = new Say(Hi);                    //ⓑ Hi 메서드 지정
            say += new Say(Hello);               //ⓒ Hello 메서드 지정
            say();                                //ⓓ 대리자로 메서드 2개 호출

            //④ 대리자를 사용하여 호출
            Insa insa = new Insa();
            Say say2 = new Say(insa.Bye);
            say2 += new Say(insa.Bye);
            say2();
        }
    }
}
```

3. 소스 코드를 다 입력한 후 Ctrl + F5 를 눌러 프로그램을 실행하면 명령 프롬프트 창에 다음과
같이 출력됩니다.

```
좌회전
직진
우회전
좌회전
직진
우회전

Hi
Hello
잘가
잘가
```

현실 세계에서 대리운전을 한 번 생각해 보겠습니다. 내가 운전한다면 좌회전(), 직진(), 우회전()
을 혼자서 모두 수행해야 합니다. 하지만 대리운전 기사를 불러 "어디에 있는 집에 갑시다."라고
요청한다면 대리운전 기사가 알아서 좌회전(), 직진(), 우회전()을 해서 집에 도착하는데, 이러한
상황을 프로그램 코드로 표현한 것입니다.

대리자를 사용한다는 것은 어찌 보면 코드양을 증가시키기에 필요하지 않다고 생각할 수도 있습
니다. 하지만 대리자는 다음 강의에서 살펴볼 이벤트(event)를 만드는 필수 키워드이기에, 그 쓰임
새는 메서드와 이벤트 중간 정도로 이벤트를 위한 헬퍼(helper) 역할을 한다고 보면 됩니다.

40.4 무명 메서드

무명 메서드(anonymous method)는 익명 메서드라고도 하며, 단어 그대로 이름이 없는 메서드입니
다. 이번에는 무명 메서드를 사용해 보겠습니다. 다음 내용을 입력한 후 실행해 보세요.

무명 메서드 사용: AnonymousMethod.cs

```
using System;

namespace AnonymousMethod
{
    public class Print
    {
        public static void Show(string msg) => Console.WriteLine(msg);
    }
```

```
public class AnonymousMethod
{
    //대리자 선언
    public delegate void PrintDelegate(string msg);
    public delegate void SumDelegate(int a, int b);
    static void Main()
    {
        //① 메서드 직접 호출
        Print.Show("안녕하세요.");

        //② 대리자에 메서드 등록 후 호출
        PrintDelegate pd = new PrintDelegate(Print.Show);
        pd("반갑습니다.");

        //③ 무명(익명) 메서드로 호출: delegate 키워드로 무명 메서드 생성
        PrintDelegate am = delegate (string msg)
        {
            Console.WriteLine(msg);
        };
        am("또 만나요.");

        //④ 무명 메서드 생성 및 호출
        SumDelegate sd = delegate (int a, int b) { Console.WriteLine(a + b); };
        sd(3, 5);  //8
    }
}
```

\ 실행 결과 /

```
안녕하세요.
반갑습니다.
또 만나요.
8
```

Print 클래스에는 Show( ) 메서드가 하나 준비되어 있습니다. ①은 Show( ) 메서드를 사용하는 기본 방식이며, ②처럼 새로운 PrintDelegate 대리자를 만들어 이곳에 담아 대신 호출하는 방식도 있습니다. 좀 더 나아가서 ③과 ④처럼 delegate 키워드로 이미 만들어 놓은 함수가 아닌 해당 시점에 이름이 없는 무명 메서드를 만들고 호출해서 사용할 수도 있습니다.

사실 필자도 무명 메서드는 람다 식이 등장하면서 거의 사용하지 않는데, 앞 예제 정도만 학습해 두세요.

다음 코드를 보면 대리자에 특정 메서드를 무명 메서드가 아닌 람다 식으로 바로 만들어 사용합니 다. 이처럼 대리자에는 직접 메서드를 적용하든지, 무명 메서드 아니면 람다 식을 사용하든지 정 할 수 있습니다.

```
> delegate int IntParameterAndIntReturnDelegate(int x);
> IntParameterAndIntReturnDelegate pow = (x) => x * x;
> pow(3)
9
```

대리자 개체에 람다 식 담기

대리자에 람다 식을 담아 대신 호출할 수 있습니다. 간단한 형태의 메서드를 따로 만들지 않고 람 다 식으로 만들면 됩니다.

```
> delegate void Lambda();  //① 대리자 선언
> //② 대리자 개체에 람다 식 정의: goes to 연산자
> Lambda hi = () => Console.WriteLine("안녕하세요.");
> hi();                     //③ 대리자 개체 호출
안녕하세요.
```

이 코드처럼 매개변수가 없는 람다 식은 () => 본문 형태로 구현합니다.

매개변수도 있고 반환값도 있는 경우의 람다 식

이번에는 매개변수도 있고 반환값도 있는 람다 식을 사용해 보겠습니다.

```
> delegate int Lambda(int i);  //① 매개변수도 있고 반환값도 있는 대리자 선언
> Lambda square = x => x * x;  //② 람다 식으로 대리자 개체 생성
> square(3)
9
> square(4)
16
```

이 코드는 람다 식의 x => x * x; 형식으로 넘어온 정수 형식을 두 번 곱해서 반환하는 함수를 square 이름으로 대신 사용합니다.

람다 식에서 형식 선언하기

이번에는 람다 식에서 형식을 선언하는 방법을 알아보겠습니다. 다음 내용을 C# 인터렉티브에 입력한 후 실행해 보세요.

```
> delegate bool Lambda(string msg, int len);
> Lambda isLong = (string msg, int len) => msg.Length > len;    //람다 식에 형식 선언
> isLong("안녕하세요.", 5)
true
> isLong("반갑습니다.", 10)
false
```

람다 식에서 여러 줄 코드 처리하기

이번에는 람다 식에서 코드 여러 줄을 처리하는 방법을 알아보겠습니다.

```
> delegate void Hi();
> Hi hi = () =>
. {
.     Console.WriteLine("안녕하세요.");
.     Console.WriteLine("반갑습니다.");
. };
>
> hi();
안녕하세요.
반갑습니다.
```

람다 식에 중괄호를 사용하여 여러 줄을 처리할 수 있습니다.

40.5 메서드의 매개변수에 대리자 형식 사용하기

대리자는 메서드의 매개변수에 전달할 수 있습니다. 다음 내용을 입력한 후 실행해 보세요.

메서드의 매개변수에 대리자 사용: DelegateParameter.cs

```
using System;

class DelegateParameter
{
```

```
delegate void Runner();

static void Main()
{
    RunnerCall(new Runner(Go));
    RunnerCall(new Runner(Back));
}

static void RunnerCall(Runner runner) => runner();   //넘어온 메서드(함수) 실행
static void Go() => Console.WriteLine("직진");
static void Back() => Console.WriteLine("후진");
}
```

\ 실행 결과 /

직진
후진

특정 메서드의 매개변수에 대리자 형식을 지정하면, 해당 대리자를 받아 메서드 내에서 매개변수로 넘어오는 대신 호출해 주는 메서드를 실행할 수 있습니다.

40.6 Action, Func, Predicate 대리자

닷넷 API에 내장된 유용한 제네릭 대리자에는 Action과 Func, Predicate가 있습니다.

- **Action 대리자**: 반환값이 없는 메서드를 대신 호출합니다.
- **Func 대리자**: 매개변수와 반환값이 있는 메서드를 대신 호출합니다.
- **Predicate 대리자**: T 매개변수에 대한 bool 값을 반환하는 메서드를 대신 호출합니다.

Action⟨T⟩ 대리자 사용하기

Action 제네릭 대리자를 사용하면 Console.WriteLine 같은 메서드를 대신 호출할 수 있습니다.

```
> Action<string> printf = Console.WriteLine;   //Action 제네릭 대리자
> printf("메서드 대신 호출");
메서드 대신 호출
```

Func〈T〉 대리자 사용하기

Func〈매개변수형식, 반환값형식〉으로 특정 메서드 또는 익명 메서드를 대신 호출할 수 있는 대리자 개체를 만들 수 있습니다. Func〈T〉의 가장 오른쪽 T는 반환값을 나타냅니다. 다음 코드는 Math. Abs() 메서드를 대신 호출하는 abs()를 만듭니다.

```
> Func<int, int> abs = Math.Abs;
> abs(-10)
10
```

다음 코드는 입력 매개변수를 2개 받는 Math.Pow() 메서드를 대신 호출하는 pow() 함수를 만듭니다.

```
> Func<double, double, double> pow = Math.Pow;
> pow(2, 20)
1048576
```

다음 코드는 문자열을 입력받으면 해당 문자열을 소문자로 변환한 후 반환하는 toLower 대리자를 만듭니다.

```
> Func<string, string> toLower = str => str.ToLower();
. Console.WriteLine(toLower("LambdaExpression"));
lambdaexpression
```

Func 대리자와 람다 식을 사용하면 LINQ처럼 C#에서 함수형 프로그래밍 스타일로 개발할 수 있습니다.

Func 대리자는 이미 있는 메서드 이외에 익명 메서드 및 람다 식을 담아 사용할 수 있습니다.

```
> Func<int, int> anonymous = delegate (int x) { return x * x; };   //① 익명 메서드 담기
> anonymous(2)
4
> Func<int, double> lambda = x => x / (double)2;                    //② 람다 식 담기
> lambda(3)
1.5
```

Func 대리자를 사용하여 람다 식 만들기

이번에는 Func〈T, T〉 대리자를 사용하여 람다 식을 만드는 방법을 살펴보겠습니다. 다음 내용을 입력한 후 실행해 보세요.

```
> //① 매개변수가 int고 반환값이 int인 람다 식
> Func<int, int> square = x => x * x;
> square(3)
9
```

다음 코드는 동일한 내용을 무명 메서드와 람다 식을 사용하여 표현한 것입니다. 결론적으로 말해 무명 메서드는 사용할 일이 없기에 대신 람다 식을 사용합니다.

```
> //② 무명 메서드와 람다 식 비교
> Func<int> getNumber1 = delegate () { return 1234; };
> getNumber1()
1234
> Func<int> getNumber2 = () => 1234;
> getNumber2()
1234
> Func<int, int> addOne1 = delegate (int x) { return x + 1; };
> addOne1(10)
11
> Func<int, int> addOne2 = x => x + 1;
> addOne2(10)
11
> Func<string, string, string> plus1 = delegate (string a, string b) { return $"{a} {b}"; };
> plus1("Hello", "World")
"Hello World"
> Func<string, string, string> plus2 = (a, b) => $"{a} {b}";
> plus2("Hello", "World")
"Hello World"
```

Func 대리자로 메서드 대신 호출하기

Func 제네릭 대리자는 람다 식을 포함한 무명 메서드 또는 일반 메서드를 대신 호출하는 기능을 제공합니다.

Func 대리자: FuncDemo.cs

```
using System;

class FuncDemo
{
    static void Main()
    {
        //① int를 입력받아 0이면 true 반환
```

```
        Func<int, bool> zero = number => number == 0;
        Console.WriteLine(zero(1234 - 1234));  //True

        //② int를 입력받아 1을 더한 값을 반환
        Func<int, int> one = n => n + 1;
        Console.WriteLine(one(1));  //2

        //③ int 2개를 입력받아 더한 값을 반환
        Func<int, int, int> two = (x, y) => x + y;
        Console.WriteLine(two(3, 5));  //8
    }
}
```

\ 실행 결과 /

```
True
2
8
```

Func 대리자를 사용하면 따로 delegate 키워드를 사용하지 않고도 람다 식 또는 함수 등을 만들고 호출할 수 있습니다.

Func 대리자로 메서드 또는 람다 식 대신 호출하기

이번에는 프로젝트 기반 소스로 Func 대리자를 사용해 보겠습니다. 다음 내용을 입력한 후 실행해 보세요.

Func 대리자로 메서드 또는 람다 식 호출: FuncDelegate.cs

```
using System;

class FuncDelegate
{
    static void Main()
    {
        //① Add 함수 직접 호출
        Console.WriteLine(Add(3, 5));

        //② Func 대리자로 Add 함수 대신 호출: 반환값이 있는 메서드를 대신 호출
        Func<int, int, string> AddDelegate = Add;  //Add 메서드를 대신 호출
        Console.WriteLine(AddDelegate(3, 5));
```

```
        //③ 람다 식(Lambda): 메서드 -> 무명 메서드 -> 람다 식으로 줄여 표현
        Func<int, int, string> AddLambda = (a, b) => (a + b).ToString();
        Console.WriteLine(AddLambda(3, 5));
    }

    //두 수의 합을 문자열로 반환
    static string Add(int a, int b) => (a + b).ToString();
}
```

\ 실행 결과 /

```
8
8
8
```

Func 대리자를 사용하면 동일한 매개변수와 반환값이 있는 메서드를 대신해서 호출할 수 있습니다. 특정 메서드가 구현되어 있지 않으면 무명 메서드 또는 람다 식을 사용하여 바로 함수를 만들고 호출할 수 있습니다.

Predicate 대리자 사용하기

Predicate<T> 대리자는 T를 매개변수로 받아 어떤 로직을 수행한 후 그 결과를 bool 형식으로 반환하는 메서드를 대신 호출합니다.

```
> Predicate<string> isNullOrEmpty = String.IsNullOrEmpty;
> isNullOrEmpty("Not Null")
false
> Predicate<Type> isPrimitive = t => t.IsPrimitive;
> isPrimitive(typeof(int))
true
```

Predicate 제네릭 대리자를 메서드의 매개변수로 사용하기

매개변수에 Func<T>, Action<T>, Predicate<T> 형식을 지정한 메서드는 람다 식을 매개변수로 받을 수 있습니다. 다음 내용을 입력한 후 실행해 보세요. FindNumbers() 함수는 1부터 100까지 정수 중에서 33의 배수를 구합니다.

```
> static IEnumerable<int> FindNumbers(Predicate<int> predicate)
. {
.     for (int i = 1; i <= 100; i++)
```

```
.   {
.       if (predicate(i))
.       {
.           yield return i;
.       }
.   }
. }
> var numbers = FindNumbers(f => f % 33 == 0);
> numbers
FindNumbers { 33, 66, 99 }
```

40.7 메서드의 매개변수로 메서드 전달하기

닷넷에 내장된 제네릭 대리자인 Func를 사용하면 메서드의 매개변수로 int, string 등 메서드 이름
자체를 지정해서 넘겨줄 수 있습니다.

메서드의 매개변수로 메서드 전달: PassMethodAsParameter.cs

```
using System;

class PassMethodAsParameter
{
    //① 입력한 문자열 길이를 반환하는 메서드
    static int StringLength(string data) => data.Length;

    //② 매개변수가 string이고 반환값이 int인 메서드를 매개변수로 받아 사용
    static void StringLengthPrint(Func<string, int> stringLength, string message)
        => Console.WriteLine($"메시지의 크기는 {stringLength(message)}입니다.");

    //ⓐ 메서드의 매개변수로 특정 메서드(StringLength) 전달
    static void Main() => StringLengthPrint(StringLength, "안녕하세요.");
}
```

╲ 실행 결과 ╱

메시지의 크기는 6입니다.

①의 StringLength() 메서드를 ②의 StringLengthPrint() 메서드의 첫 번째 매개변수로 전달하
는 예입니다. ⓐ의 첫 번째 매개변수에 메서드 이름을 지정하여 전달하는 것을 볼 수 있습니다.

이러한 형태의 프로그래밍은 학습할 때는 많이 사용하지 않으나, 닷넷 API에 굉장히 많이 적용되어 있기에 프로그래밍을 계속 학습하다 보면 많이 접하게 됩니다.

메서드의 매개변수로 람다 식 전달

Calc() 메서드의 마지막 매개변수에 Func<T> 형태로 람다 식을 전달하여 더하기 또는 곱하기를 구현한 예제입니다.

```
> void Calc(int x, int y, Func<int, int, int> calc) => Console.WriteLine(calc(x, y));
> Calc(3, 5, (x, y) => x + y);
8
> Calc(3, 5, (x, y) => x * y);
15
```

Note ≡ | Expression<T>

닷넷에는 Func<T> 이외에 Expression<T> 클래스도 제공합니다. Func<T>는 바로 실행 가능한 대리자 개체를 생성하는 대신에 Expression<T>는 대리자 구문 자체를 담은 개체를 만들고, 이를 사용하려면 Compile() 같은 추가 메서드를 호출하여 대리자 개체를 만듭니다.

Expression<T> 클래스는 Expression Tree 개념으로 이 책의 범위를 벗어납니다. 다음 내용을 C# 인터렉티브에서 한 번 정도 실행해 보고 넘어가세요.

```
> Func<int, bool> isBig = i => i > 5;
> isBig(10)
true
> Expression<Func<int, bool>> expression = i => i > 5;
> var isBigOther = expression.Compile();
> isBigOther(10)
true
```

대리자와 Func 제네릭 대리자를 사용하면 메서드 참조를 가지는 새로운 개체를 만들고, 메서드의 매개변수에 메서드 자체를 전달할 수 있습니다. 앞에서 사용한 LINQ와 확장 메서드는 대리자 개념을 사용하여 함수형 프로그래밍 스타일로 코드를 작성할 수 있도록 도와줍니다.

41 이벤트

이벤트는 특정 상황이 발생할 때 개체 또는 클래스에서 알림을 제공할 수 있도록 하는 멤버로, 버튼 클릭과 마우스 오버 같은 이벤트 기반 프로그래밍에 사용하는 개념입니다. 콘솔 앱 프로그램이 아닌 데스크톱 및 웹 프로그래밍에서 자주 사용합니다. event 키워드를 사용하는 이벤트 개념을 간단히 알아봅시다.

41.1 이벤트

이벤트는 사건 및 사고 의미를 갖지만 프로그래밍에서는 특정 메서드가 실행되는 결과라는 의미가 큽니다. 다음은 이벤트 내용이니 한 번 정도 가볍게 읽고 넘어가세요.

- 이벤트는 개체의 메서드 실행 결과(사고)를 나타냅니다.
- 자동차 개체를 예로 들면, 과속이라는 동작(메서드)의 수행 결과는 교통사고라는 이벤트(사고)가 발생한다는 의미로 해석할 수 있습니다.
- 웹 응용 프로그래밍 및 데스크톱 응용 프로그램은 이벤트 기반 프로그래밍이라고 할 정도로 많은 이벤트를 사용합니다. 버튼 클릭과 마우스 오버 등이 대표적인 이벤트입니다.
- 마우스 클릭 이벤트, 마우스 오버 이벤트, 마우스 아웃 이벤트 등을 표현할 때는 이벤트 기능으로 정의합니다.

> **Note ≡ 클래스부터 이벤트까지 내용을 자동차에 비유**
>
> 자동차 설계도(클래스)로 하나의 빨간색 스포츠카(속성) 자동차(개체)를 만들어 시동을 걸고(생성자) 전진 및 좌회전(메서드)을 하면서, 가끔은 대리운전 기사(대리자)도 부릅니다. 그러다가 과속(메서드)을 해서 그 결과 교통사고(이벤트)가 발생했는데, 그나마 멀쩡한 카오디오(필드)는 중고로 팔고 폐차(소멸자)했습니다.

프로그래밍에서 이벤트(event)와 이벤트 처리기(event handler)는 다음과 같이 표현합니다.

- **이벤트**: 클릭과 마우스 오버 같은 동작(트리거)
- **이벤트 처리기**: 특정 이벤트를 담당하려고 만든 메서드

41.2 이벤트와 대리자를 사용하여 메서드 등록 및 호출하기

대리자는 이벤트를 위한 중간 단계고, 이벤트는 메서드 여러 개, 특히 이벤트 처리 전용 메서드라는 이벤트 처리기(핸들러) 메서드를 등록한 후 실행시키는 역할을 합니다. 주로 운영 체제 레벨에서 마우스 및 키보드 등 장치와 같이 연동될 때 사용하는 프로그램 구조입니다. 일반적인 프로그래밍 환경에서는 많이 사용하지 않을 듯하나, 컨트롤 및 컴포넌트 제작 분야로 깊이 들어가다 보면 이벤트를 빈번하게 작성하곤 합니다.

이번에는 이벤트를 직접 코드로 만들어 보겠습니다. 다음 내용을 입력한 후 실행해 보세요.

이벤트 작성: EventDemo.cs

```
using System;

public class ButtonClass
{
    //① 이벤트 생성을 위한 대리자 하나 생성
    public delegate void EventHandler();  //메서드를 여러 개 등록 후 호출 가능

    //② 이벤트 선언: Click 이벤트
    public event EventHandler Click;

    //③ 이벤트 발생 메서드: OnClick 이벤트 처리기(핸들러) 생성
    public void OnClick()
    {
        if (Click != null)  //이벤트에 등록된 값이 있는지 확인(생략 가능)
        {
            Click();          //대리자 형식의 이벤트 수행
        }
    }
}

class EventDemo
{
    static void Main()
    {
        //ⓐ Button 클래스의 인스턴스 생성
        ButtonClass btn = new ButtonClass();

        //ⓑ btn 개체의 Click 이벤트에 실행할 메서드들 등록
        btn.Click += Hi1;  //btn.Click += new ButtonClass.EventHandler(Hi1);
        btn.Click += Hi2;  //btn.Click += new ButtonClass.EventHandler(Hi2);
```

```
        //ⓒ 이벤트 처리기(발생 메서드)를 사용한 이벤트 발생: 다중 메서드 호출
        btn.OnClick();
    }
    static void Hi1() => Console.WriteLine("C#");
    static void Hi2() => Console.WriteLine(".NET");
}
```

\ 실행 결과 /

```
C#
.NET
```

①에서는 EventHandler란 이름의 대리자를 만들었습니다. 대리자 이름은 무엇을 사용하든지 상관없습니다.

②는 Click이라는 이름의 이벤트를 만드는 과정인데, event 키워드와 대리자 형식을 함께 사용하여 Click을 이벤트로 정의했습니다.

③은 Click 이벤트에 등록된 메서드가 있다면 이를 호출할 때 사용하는 OnClick 이름의 이벤트 처리기를 만드는 형태입니다.

이와 같이 대리자, 이벤트, 이벤트 처리기를 쌍 하나로 ButtonClass 클래스에 구현했습니다.

ⓐ에서 ButtonClass의 인스턴스를 생성한 후 ⓑ처럼 Click 이벤트에 += 연산자를 사용하여 대신 호출할 메서드를 하나 이상 등록할 수 있습니다. 이렇게 등록된 메서드는 ⓒ처럼 OnClick() 메서드를 사용하여 이벤트에 등록된 하나 이상의 메서드를 호출할 수 있습니다.

콘솔 앱 프로그램에서는 따로 이벤트를 구현할 필요가 거의 없습니다. 그 대신 Windows Forms 또는 Web Forms 같은 프로그래밍 환경에서는 이러한 이벤트들이 이미 구현되어 있어 자주 사용하게 됩니다.

책에서 이 강의 내용이 가장 적습니다. 이벤트를 직접 구현하여 프로그래밍하는 분야는 이 책의 학습 범위를 벗어납니다. 그러기에 예제만 하나 만들어 보고 마무리했습니다. C# 이벤트를 좀 더 자세히 알고 싶다면 검색 엔진에서 'C# event'를 검색하여 해당 내용을 살펴보길 추천합니다.

42 클래스 기타

클래스부터 이벤트까지 클래스의 주요 구성 요소를 살펴보았습니다. 이 강의에서는 클래스의 또 다른 기능들을 몇 가지 정리해 보겠습니다.

42.1 부분 클래스

부분(partial) 또는 분할 클래스는 C# 2.0 버전부터 제공하던 기능인데, 기존 클래스들은 CS 파일 하나에 해당 클래스의 멤버를 모두 구현해야 합니다. 하지만 클래스 기능이 복잡해지면서 파일 하나에 클래스를 구현하는 것에 제약이 생겼습니다. 닷넷 2.0으로 넘어오면서 클래스를 선언할 때는 partial 키워드를 붙여 CS 파일 여러 개로 클래스를 분할하고, 컴파일할 때는 클래스 하나로 컴파일하도록 만들 수 있는 기능이 추가되었습니다.

부분 클래스를 사용하여 다른 파일에서 멤버를 따로 관리하기

이번에는 동일한 이름의 클래스를 서로 다른 CS 파일로 나누어서 관리하는 방법을 살펴보겠습니다. 다음 내용을 입력한 후 실행해 보세요. PartialClassDemo 프로젝트에 FirstDeveloper.cs, SecondDeveloper.cs, PartialClassDemo.cs 파일 3개를 만들고 다음과 같이 코드를 작성합니다.

```
//① Hello 클래스의 첫 번째 파일: FirstDeveloper.cs
using System;

namespace PartialClassDemo
{
    public partial class Hello
    {
        public void Hi() => Console.WriteLine("FirstDeveloper.cs");
    }
}
```

```
//② Hello 클래스의 두 번째 파일: SecondDeveloper.cs
using System;

namespace PartialClassDemo
{
    public partial class Hello
    {
        public void Bye() => Console.WriteLine("SecondDeveloper.cs");
    }
}


//PartialClassDemo.cs
namespace PartialClassDemo
{
    class PartialClassDemo
    {
        static void Main()
        {
            //Hello 클래스의 개체로 서로 다른 파일의 멤버들 호출 가능
            var hello = new Hello();
            hello.Hi();
            hello.Bye();
        }
    }
}
```

PartialClassDemo.cs를 실행하면 다음 결과가 나옵니다.

```
FirstDeveloper.cs
SecondDeveloper.cs
```

①에는 Hello 클래스의 Hi() 메서드를 두고, ②에는 Hello 클래스의 Bye() 메서드를 둡니다. ⓐ처럼 Hello 클래스의 인스턴스를 생성한 후 Hi()와 Bye() 메서드에 접근하는 내용을 볼 수 있습니다. 이처럼 부분 클래스를 사용하면 CS 파일 하나 또는 하나 이상에서 이름이 동일한 클래스를 만들고 관리할 수 있습니다.

부분 클래스를 사용하여 속성과 메서드 멤버를 나누어 관리하기

부분 클래스를 사용하면 클래스의 여러 멤버를 이름이 동일한 클래스에 나누어서 관리할 수 있어 편리합니다. 다음 내용을 입력한 후 실행해 보세요.

```csharp
using System;

namespace PartialClass
{
    //① 클래스에 partial 키워드를 붙여 부분 클래스로 설정하고 멤버 제공
    public partial class Person
    {
        public string Name { get; set; }
        public int Age { get; set; }
    }

    //② 부분 클래스의 다른 클래스/파일에 정의된 멤버 사용 가능
    public partial class Person
    {
        public void Print() => Console.WriteLine($"{Name} : {Age}");
    }

    class PartialClass
    {
        static void Main()
        {
            //ⓐ 부분 클래스인 Person 클래스의 인스턴스 생성
            Person person = new Person();

            //ⓑ 멤버가 함께 노출되는 것 확인
            person.Name = "C#";
            person.Age = 20;

            //ⓒ 출력
            person.Print();
        }
    }
}
```

\ 실행 결과 /

```
C# : 20
```

PartialClass 네임스페이스에는 ①이나 ②처럼 이름이 같은 Person 클래스가 있습니다. 이름이 같은 클래스를 가질 수 있는 이유는 클래스 시그니처에 partial 키워드가 제공되기 때문입니다. ①의 Person 클래스에는 속성 멤버만 제공하고, ②의 Person 클래스에는 메서드 멤버만 제공했습니다.

프로그램을 실행하는 과정에서 ⓑ와 ⓒ처럼 서로 다른 곳에 정의된 멤버들을 모두 하나의 인스턴스 개체인 person으로 접근해서 사용할 수 있습니다.

42.2 정적 클래스

C#에는 클래스 이름 앞에 static 키워드가 붙는 정적 클래스를 만들 수 있습니다. 정적 클래스는 다음 특징이 있습니다.

- static 키워드를 붙임
- static 멤버만 가짐
- 인스턴스화될 수 없음
- 유틸리티 클래스 용도로 사용
- 팩터리 클래스

> Note ≡ **싱글톤**
>
> 프로그램 내에서 인스턴스 개체 하나만 생성하는 클래스를 싱글톤(singleton)이라고 합니다. 정적 클래스는 인스턴스화할 수 없으나, 싱글톤은 인스턴스화합니다.

42.3 필드에 public을 붙여 외부 클래스에 공개하기

이 책에서는 클래스의 구성 요소인 필드는 무조건 private으로 선언합니다. 필드도 속성처럼 public으로 해도 전혀 상관은 없습니다. public으로 구성한 코드를 한 번 살펴보겠습니다.

```
class Point
{
    public int x;                        //필드: public 필드
    public int y;

    public Point(int x, int y)           //생성자
    {
        this.x = x;
        this.y = y;
    }

    public void MoveBy(int dx, int dy)   //메서드
```

```
.    {
.        x += dx;
.        y += dy;
.    }
. }
>
> Point point = new Point(0, 0);  //좌표 기본값 설정
> point.MoveBy(100, 200);          //100, 200으로 이동
> Console.WriteLine($"X : {point.x}, Y : {point.y}");
X : 100, Y : 200
```

이처럼 public 속성 대신에 public 필드를 사용해도 프로그래밍에는 전혀 지장이 없습니다. 필드는 클래스의 부품 역할을 하는데, 이왕이면 꽁꽁 숨기길 권장하므로 private으로 선언하는 것뿐입니다.

42.4 함수형 프로그래밍 스타일: 메서드 체이닝

메서드의 반환값을 자신의 클래스 형식으로 지정하면 메서드를 계속 반복해서 호출하는 함수형 프로그래밍 스타일을 제공할 수 있습니다. 자세한 함수형 프로그래밍 내용은 61강에서 다룹니다. 다음 내용을 입력한 후 실행해 보세요.

```
> class Point
. {
.    public readonly int x;  //readonly 필드
.    public readonly int y;
.    public Point(int x, int y)
.    {
.        this.x = x;          //readonly 필드는 반드시 생성자로 초기화 필요
.        this.y = y;
.    }
.
.    //① 메서드의 반환값을 자신(Point)으로 지정
.    public Point MoveBy(int dx, int dy)
.    {
.        return new Point(x + dx, y + dy);
.    }
. }
>
> //ⓐ 함수형 프로그래밍 스타일: 메서드 체이닝
> var p = (new Point(0, 0)).MoveBy(10, 10).MoveBy(20, 20).MoveBy(30, 30);
> $"X : {p.x}, Y : {p.y}"
"X : 60, Y : 60"
```

이미 우리는 LINQ에서 메서드 체이닝 개념을 학습했습니다. 이러한 메서드 체이닝을 구현하려면 반환값으로 자신의 개체를 반환합니다. 메서드 체이닝은 사용할 때는 편리하지만, 구현할 때는 코드가 복잡합니다. 나중에 확장 메서드를 만드는 방법을 배울 것인데, 이 확장 메서드를 사용하면 예제에서 만드는 방법보다 훨씬 간단하게 메서드 체이닝을 구현할 수 있습니다.

42.5 불변 형식

영어 단어로 immutable은 '변경 불가능한'이라는 뜻입니다. 프로그래밍에서 불변 형식(immutable type)은 개체가 만들어지고 값이 변경되지 않음을 의미합니다. 개체를 생성하고 변경되지 않아야 프로그래밍의 부작용을 줄일 수 있을 때 사용합니다.

```
> public class Circle
. {
.     public int Radius { get; private set; } = 0;
.     public Circle(int radius) => Radius = radius;
.     public Circle MakeNew(int radius) => new Circle(radius);
. }
>
> //① 생성자로 반지름이 10인 circle 개체 생성
> Circle circle = new Circle(10);
> $"Radius : {circle.Radius} - {circle.GetHashCode()}"
"Radius : 10 - 62301924"
>
> //② 메서드로 반지름이 20인 circle 개체 생성
> circle = circle.MakeNew(20);
> $"Radius : {circle.Radius} - {circle.GetHashCode()}"
"Radius : 20 - 37804102"
```

처음에 생성자로 생성한 circle 개체는 반지름이 10으로 설정되어 더 이상 변경하지 않습니다. 이렇게 특정 개체가 가지는 속성을 생성한 후 변경하지 않도록 설정하면, 중간에 속성으로 값이 변경되어 개체가 잘못되는 것을 방지할 수 있습니다. 이 개체의 속성을 변경하려면 새로운 메서드로 새로운 개체를 만들어 사용합니다.

C#에서는 클래스가 여러 형태를 가질 수 있습니다. 이 강의에서는 그중 여러 파일에 클래스를 나누어서 관리할 수 있는 부분 클래스와 정적인 멤버로만 구성할 수 있는 정적 클래스를 다루어 보았습니다.

43 상속으로 클래스 확장하기

클래스 간에는 부모와 자식 관계를 설정할 수 있습니다. 이러한 내용을 개체 관계 프로그래밍 (object relationship programming)이라고도 합니다. 상속은 부모 클래스에 정의된 기능을 다시 사용 하거나 확장 또는 수정하여 자식 클래스로 만드는 것입니다. 특정 클래스에서 만든 기능을 다른 클래스에 상속으로 물려주면 장점이 많습니다. 이번에는 클래스(개체) 간의 관계를 따져 보는 내 용을 묶어 살펴보겠습니다.

43.1 클래스 상속하기

개체 지향 프로그래밍의 장점 중 하나는 이미 만든 클래스를 재사용하는 것입니다. 이 재사용의 핵심 개념이 바로 상속입니다. 부모 재산을 자식에게 상속하듯이 부모 클래스(기본 클래스)의 모 든 멤버를 자식 클래스(파생 클래스)가 재사용하도록 허가하는 기능입니다. 여러 클래스 간의 관 계를 설정할 때 수평 관계가 아닌 부모와 자식 간 관계처럼 계층적인 관계를 표현할 때 사용하 는 개념을 상속이라고 합니다. 클래스 상속은 단일 상속(single inheritance)과 다중 상속(multiple inheritance)으로 구분할 수 있습니다. 단 C#의 클래스 상속은 단일 상속만 지원합니다. 다중 상속 은 앞으로 다룰 인터페이스로 지원받을 수 있습니다.

클래스 상속 구문

C#에서는 다음과 같이 클래스 이름 뒤에 콜론(:) 기호와 부모가 되는 클래스 이름을 붙입니다.

```
public class 기본클래스이름
{
    //기본 클래스의 멤버 정의
}

public class 파생클래스이름 : 기본클래스이름
{
    //기본 클래스의 멤버를 포함한 자식 클래스의 멤버 정의
}
```

- **System.Object 클래스**: System.Object 클래스는 모든 클래스의 부모 클래스입니다. 닷넷에서 가장 높은 층에 속하는 시조(조상) 클래스라고 할 수 있습니다. 새롭게 만드는 C#의 모든 클래스는 자동으로 Object 클래스에서 상속받기에 Object 클래스를 상속하는 코드는 생략 가능합니다.
- **기본**(base) **클래스**: 다른 클래스의 부모 클래스가 되는 클래스를 기본 클래스라고 합니다. 기본 클래스를 다른 말로 Base 클래스, Super 클래스라고도 합니다.
- **파생**(derived) **클래스**: 다른 클래스의 자식 클래스가 되는 클래스를 파생 클래스라고 합니다. 파생 클래스는 다른 클래스에서 멤버를 물려받은 것으로, Derived 클래스, Sub 클래스, 자식 클래스로 표현합니다.

43.2 부모 클래스와 자식 클래스

프로그래밍에서 상속을 표현할 때 상속을 주는 클래스를 부모 클래스라고 하며, 상속을 받는 클래스를 자식 클래스라고 합니다. 콜론(:) 기호로 상속 관계를 지정하면 부모 클래스의 public 멤버들을 자식 클래스에서 그대로 물려받아 사용할 수 있습니다. 뒤에서 다루겠지만, public을 포함하여 protected로 선언된 멤버들도 자식 클래스에서 사용 가능합니다.

그럼 상속을 다루는 예제를 만들어 보겠습니다. 다음 내용을 입력한 후 실행해 보세요.

상속: InheritanceDemo.cs

```
using System;

namespace InheritanceDemo
{
    //① 부모 클래스 선언
    class Parent
    {
        public void Foo() => Console.WriteLine("부모 클래스의 멤버 호출");
    }

    //② 자식 클래스 선언
    class Child : Parent
    {
        public void Bar() => Console.WriteLine("자식 클래스의 멤버 호출");
    }
```

```
class InheritanceDemo
{
    static void Main()
    {
        //자식 클래스의 인스턴스 생성
        var child = new Child();
        child.Foo();
        child.Bar();
    }
}
```

\ 실행 결과 /

부모 클래스의 멤버 호출
자식 클래스의 멤버 호출

①의 Parent 클래스를 정의하는 코드 뒤에는 다음 샘플 코드처럼 Object 클래스에서 상속받는 코드가 생략되어 있습니다. 이처럼 C#의 조상 클래스인 Object 클래스를 상속하는 코드를 직접 입력하여 클래스를 선언하지는 않겠지만, '내부적으로 이렇게 되어 있구나' 정도만 기억합니다.

```
class Parent : Object
```

②처럼 부모 클래스의 기능을 자식 클래스에서 재사용하려면 콜론(:) 기호를 붙여 상속 관계를 설정해야 합니다.

```
class Child : Parent
```

Child 클래스에서는 Parent 클래스에 구현된 public, protected 멤버들을 상속해서 사용할 수 있습니다.

부모 클래스에 선언된 Foo() 메서드는 자식 클래스에서 따로 선언하지 않고도 자식 클래스의 인스턴스를 생성한 후 부모 클래스의 멤버에 접근할 수 있습니다. 이처럼 상속은 공통된 기능은 부모 클래스에 선언하고 이를 재사용하는 느낌으로 자식 클래스에서 가져다 쓸 수 있습니다. 부모 클래스의 멤버를 자식 클래스에서 사용할 수 있도록 하려면 public 또는 protected 액세스 한정자를 붙여야 합니다.

43.3 Base 클래스와 Sub 클래스

부모 클래스, 기반 클래스, 기본 클래스, 슈퍼 클래스의 개념과 자식 클래스, 파생 클래스, 서브 클래스의 개념이 각각 같습니다. 다음 코드는 자식 클래스에서는 아무런 멤버도 구현하지 않고 부모 클래스의 내용만 물려받습니다.

```
> public class BaseClass              //부모 클래스
. {
.     public void Do() => Console.WriteLine("Base 클래스에 정의된 메서드");
. }
>
> public class SubClass : BaseClass { }  //자식 클래스는 빈 클래스로 구현
> var sub = new SubClass();
> sub.Do();  //Base 클래스에 정의된 public 또는 protected 멤버 사용 가능
Base 클래스에 정의된 메서드
```

사실 이 예제처럼 만들 일은 없습니다. 기반과 서브의 개념으로, 부모와 자식처럼 부모 기능을 자식에서 사용하는 개념이 바로 상속입니다.

43.4 Object 클래스 상속

이미 여러 번 언급한 내용이지만, 부모 자식 간 관계가 아닌 모든 클래스는 내부적으로 Object 클래스를 상속받습니다. 다음 코드처럼 Main() 메서드를 포함하는 클래스 뒤에 콜론(:) 기호를 붙이고 System.Object를 명시할 수 있습니다. 물론 이러한 코드는 앞으로도 생략해서 사용할 것입니다.

```
> public class Parent : System.Object
. {
.     public static void Hi() => Console.WriteLine("안녕하세요.");
. }
>
> public class Child : Parent
. {
.     public static void Hello() => Console.WriteLine("반갑습니다.");
. }
>
> Child.Hi();
안녕하세요.
> Child.Hello();
반갑습니다.
```

부모 클래스를 포함한 모든 클래스는 기본적으로 상속 구문을 지정하지 않으면 Object 클래스를 상속합니다. 그러면 Object 클래스에 정의된 기본 기능들을 모든 클래스가 물려받아 사용할 수 있습니다.

43.5 부모 클래스 형식 변수에 자식 클래스의 개체 할당하기

자식 클래스의 인스턴스를 부모 클래스 형식 변수에 담을 수 있습니다. 이는 자식 클래스의 인스턴스와 동일합니다. 클래스의 멤버에 정의된 override 키워드는 Object 클래스의 ToString() 메서드를 재정의(오버라이드(override))하겠다는 의미입니다.

```
> class Developer
. {
.     public override string ToString()
.     {
.         return "개발자";
.     }
. }
>
> class WebDeveloper : Developer
. {
.     public override string ToString() => "웹 개발자";
. }
>
> class MobileDeveloper : Developer
. {
.     public override string ToString() => "모바일 개발자";
. }
>
> var web = new WebDeveloper();
> Console.WriteLine(web);
웹 개발자
> var mobile = new MobileDeveloper();
> Console.WriteLine(mobile);
모바일 개발자
```

부모 클래스 변수에 자식 클래스의 인스턴스를 할당하는 것은 프로그래밍에 약간의 융통성 (flexibility)(유연성)을 주는 행위입니다. 예를 들어 미래에 어떤 값이 들어올지 모르는 경우에는 부모 클래스 변수로 메서드의 매개변수를 만들어 사용하면, 해당 부모 클래스를 상속받는 모든 자식 클래스의 값을 매개변수로 받을 수 있는 여유가 생깁니다. 이러한 구조는 앞으로 배울 인터페이스 상속에도 그대로 적용됩니다.

43.6 상속은 영어로 is a(is an) 관계를 표현

상속은 영어로 ~ is a ~ 관계를 표현합니다. 예를 들어 "자동차는 운송 수단입니다."는 "Car is a Vehicle" 형태로 Car 클래스는 Vehicle 클래스의 자식 클래스가 됩니다. 다음 내용을 입력한 후 실행해 보세요.

상속 관계 구현: IsAn.cs

```
using System;

namespace IsAn
{
    class Vehicle { }

    class Car : Vehicle { }

    class Airplane : Vehicle { }

    class IsAn
    {
        static void Main()
        {
            //운송 수단(탈 것) is a Vehicle.
            Vehicle vehicle = new Vehicle();
            //자동차 is a Vehicle.
            Vehicle car = new Car();
            //비행기 is a Vehicle.
            Vehicle airplane = new Airplane();

            //개체를 문자열로 출력하면 ToString() 메서드가 실행됨
            Console.WriteLine($"{vehicle}, {car}, {airplane}");
        }
    }
}
```

\ 실행 결과 /

```
IsAn.Vehicle, IsAn.Car, IsAn.Airplane
```

개체를 생성할 때 부모 클래스로 변수를 만들 수 있습니다. 부모 클래스를 상속하는 모든 자식 클래스들은 부모 클래스를 사용하여 개체 변수를 선언할 수 있습니다. 이때 개체 성질은 뒤에서 지정하는 생성자가 어떤 것인지에 따라 결정됩니다.

new Vehicle(); 형태는 Vehicle 클래스의 인스턴스, new Car(); 형태는 Car 클래스의 인스턴스, new Airplane(); 형태는 Airplane 클래스의 인스턴스가 되는 것입니다.

43.7 this와 this( ) 그리고 base와 base( )

클래스 내에서 this는 자신을 의미하고, this()는 자신의 생성자를 나타냅니다. 마찬가지로 base는 부모 클래스를 의미하고, base()는 부모 클래스의 생성자를 나타냅니다.

클래스 상속을 사용한 부모의 protected 멤버에 접근하기

부모 클래스의 public, protected 멤버는 자식 클래스에서 물려받아 사용 가능합니다. 이미 만들어 놓은 기능을 그대로 다시 사용하려면 클래스의 상속으로 이를 구현할 수 있습니다. 클래스 상속으로 자식 클래스에서 부모 클래스의 멤버에 접근하는 예를 살펴보겠습니다.

클래스 상속으로 부모의 protected 멤버에 접근: ClassInheritance.cs

```
using System;

namespace ClassInheritance
{
    public class ParentClass : Object       //ⓐ 모든 클래스는 Object 클래스에서 상속
    {
        protected void Print1() => Console.WriteLine("부모 클래스에서 정의한 내용");
    }

    public class ChildClass : ParentClass   //ⓑ 콜론 기호로 부모 클래스 지정
    {
        public void Print2() =>
            base.Print1();                   //ⓒ 자식에서 base 키워드로 부모 요소에 접근
    }

    class ClassInheritance : Object
    {
        static void Main()
        {
```

```
            //① 부모 클래스의 인스턴스 생성
            ParentClass p = new ParentClass();
            Console.WriteLine(p.ToString());  //ClassInheritance.ParentClass
            //② 자식 클래스의 인스턴스 생성
            ChildClass c = new ChildClass();
            //Print1() 메서드는 protected로 설정되어 있어 외부에서 접근 불가
            //c.Print1();
            c.Print2();  //자식 클래스에 직접 구현한 기능
        }
    }
}
```

\ 실행 결과 /

```
ClassInheritance.ParentClass
부모 클래스에서 정의한 내용
```

ⓐ처럼 모든 클래스는 따로 표기하지 않아도 Object 클래스에서 상속받기에 ToString() 메서드처럼 그 기능이 Object 클래스에 정의된 메서드를 바로 사용할 수 있습니다.

ⓑ처럼 클래스를 선언하면 클래스 이름 뒤에 콜론(:) 기호를 붙이고, 부모가 될 클래스 이름을 적어 주는 것만으로도 간단히 public 또는 protected로 선언된 모든 멤버에 접근할 수 있는 기능이 바로 상속입니다.

ⓒ처럼 자식 클래스에서 부모 클래스의 public 또는 protected 멤버에 바로 접근할 때는 base 키워드로 호출할 수 있습니다.

base 키워드를 사용하여 부모 클래스의 생성자 호출하기

특정 부모 클래스를 상속하는 자식 클래스의 생성자에서 바로 어떤 일을 처리하지 않고 부모 클래스의 생성자에 전달할 때가 있습니다. 이때는 자식 클래스의 생성자에서 콜론 기호 뒤에 base()를 사용하여 부모 클래스의 생성자를 호출합니다.

다음 코드는 자식 클래스의 생성자에서 부모 클래스의 매개변수가 있는 생성자에 문자열을 전달합니다. 다음 내용을 입력한 후 실행해 보세요.

base 키워드를 사용하여 부모 클래스의 생성자 호출: ConstructorBase.cs

```
using System;

namespace ConstructorBase
```

```
    {
        class Parent
        {
            //매개변수로 넘어온 값 출력
            public Parent(string message) => Console.WriteLine(message);
        }
        class Child : Parent
        {
            //① base()를 사용하여 부모 클래스의 생성자 호출
            public Child(string message) : base(message) { }
        }
        class ConstructorBase
        {
            static void Main()
            {
                string message = "자식 클래스의 생성자를 호출할 때 부모 클래스의 생성자로 전달";
                var child = new Child(message);
            }
        }
    }
}
```

\ 실행 결과 /

자식 클래스의 생성자를 호출할 때 부모 클래스의 생성자로 전달

자식 클래스의 인스턴스를 생성하면 자식 클래스의 생성자가 호출됩니다. 이때 자식 클래스의 생성자에서 특정한 기능을 구현하지 않고 부모 클래스의 생성자에서 구현할 때는 자식 클래스의 생성자에서 바로 base() 코드를 사용하여 부모 생성자를 호출할 수 있습니다. 이처럼 생성자도 메서드처럼 부모와 자식 클래스 간에 기능이 동일하다면 부모 클래스에 그 기능을 넣어 자식 클래스에서 재사용합니다.

base 키워드를 사용하여 부모의 멤버에 접근하는 방법을 다시 한 번 알아보겠습니다. 다음 내용을 입력한 후 실행해 보세요.

base 키워드로 부모 클래스의 멤버에 접근: BaseKeyword.cs

```
using System;

namespace BaseKeyword
{
    public class Car
    {
```

```
        private string name;
        public Car(string name)
        {
            this.name = name;
        }
        public void Run() => Console.WriteLine($"{this.name}가 달린다.");
    }
    public class My : Car
    {
        public My() : this("나의 자동차") { }
        public My(string name) : base(name) { }
    }
    public class Your : Car
    {
        public Your() : base("너의 자동차") { }
    }

    class BaseKeyword
    {
        static void Main()
        {
            (new My()).Run();
            (new My("나의 끝내주는 자동차")).Run();
            new Your().Run();
        }
    }
}
```

\ 실행 결과 /

```
나의 자동차가 달린다.
나의 끝내주는 자동차가 달린다.
너의 자동차가 달린다.
```

C#에서 base 키워드는 현재 클래스의 부모 클래스를 의미합니다. 따로 상속 구문을 지정하지 않았으면 base 키워드는 Object 클래스를 가리킵니다.

생성자 상속하기

앞에서 알아본 base() 형태를 생성자 상속이라고 합니다. 이번에는 생성자 상속 예제를 만들어 보겠습니다. 다음 내용을 입력한 후 실행해 보세요. 현재 코드는 "부록 A. 디버거 사용하기"를 참고하여 F10 을 여러 번 누르면서 단계별로 실행되는 순서를 살펴보면 좀 더 이해하기 쉽습니다.

생성자 상속: ConstructorInheritance.cs

```csharp
using System;

namespace ConstructorInheritance
{
    public class Parent
    {
        public string Word { get; set; }
        public Parent(string word)  //생성자로 속성을 초기화
        {
            this.Word = word;
        }
    }

    public class Child : Parent
    {
        //① this() 형태로, 자신의 매개변수가 있는 생성자에 기본 문자열 전달
        public Child() : this("[1] 매개변수가 없는 생성자 실행") { }

        //② base() 형태로, 매개변수 값을 부모 클래스의 매개변수가 있는 생성자에 전달
        public Child(string message) : base(message) { }
        public void Say() => Console.WriteLine(base.Word);  //부모의 Word 속성 출력
    }

    class ConstructorInheritance
    {
        static void Main()
        {
            (new Child()).Say();
            (new Child("[2] 매개변수가 있는 생성자 실행")).Say();
        }
    }
}
```

\ 실행 결과 /

```
[1] 매개변수가 없는 생성자 실행
[2] 매개변수가 있는 생성자 실행
```

클래스 내에서 this()는 자신의 매개변수가 없는 생성자를 의미합니다. 또 this(매개변수)는 매개변수가 있는 생성자를 호출합니다.

①은 매개변수가 없는 생성자가 호출되면 기본값으로 자신의 매개변수가 있는 생성자를 호출합니다.

②는 매개변수가 있는 생성자에서 받은 message 변수 값을 다시 부모 클래스의 생성자를 가리키는 base(message)를 호출하여 부모 생성자에 전달합니다.

43.8 봉인 클래스

클래스를 만들었는데, 더 이상 다른 클래스에 상속되지 않게 할 때 사용하는 클래스를 봉인(sealed) 클래스라고 합니다. 봉인 클래스는 최종 클래스라고도 하며, 클래스 선언부에 sealed 키워드를 붙여 만듭니다. 예를 들어 다음 코드의 메인 App 클래스의 시그니처는 sealed 키워드가 붙어 더 이상 상속이 불가능합니다.

```
sealed partial class App : Application
```

봉인 클래스를 만들어 보겠습니다. 다음 내용을 C# 인터렉티브에 입력한 후 단계별로 실행해 보세요. 프로젝트 기반 소스는 SealedClass.cs 파일입니다.

1. Animal 클래스를 만들고, Eat() 메서드를 생성합니다.

```
> class Animal
. {
.     public void Eat() => Console.WriteLine("밥을 먹습니다.");
. }
```

2. Animal 클래스를 상속하는 Cat 클래스를 만드는데 sealed 키워드를 붙여 봉인 클래스로 설정합니다.

```
> sealed class Cat : Animal { }
```

3. Cat 클래스를 상속하는 MyCat 클래스를 만들려고 시도합니다. Cat 클래스는 sealed 키워드가 붙은 최종 클래스이기에 상속에 사용할 수 없어 컴파일러 레벨에서 바로 에러가 발생합니다.

```
> class MyCat : Cat
. {
.     //sealed 키워드가 붙은 클래스는 상속할 수 없음
```

```
. }
```
(1,7): error CS0509: 'MyCat': sealed 형식 'Cat'에서 파생될 수 없습니다.

4. 봉인 클래스 자체는 상속에 사용되지 않을 뿐 일반적인 클래스와 동일합니다.

```
> Cat cat = new Cat();
. cat.Eat();
```
밥을 먹습니다.

이 코드처럼 봉인 클래스인 Cat 클래스를 상속하는 MyCat 클래스를 만들면 컴파일러는 자동으로 에러를 발생시킵니다. 일반적으로 봉인 클래스를 만들지는 않지만, 닷넷의 많은 내장 클래스 중에는 봉인 클래스로 되어 있어 상속을 허용하지 않는 클래스들이 있습니다.

43.9 추상 클래스

클래스를 선언할 때 추가로 abstract 키워드를 붙여 클래스를 선언할 수 있는데, 이를 추상(abstract) 클래스라고 합니다. 이 추상 클래스는 다른 클래스의 부모(parent) 또는 기본(base) 클래스 역할을 합니다.

```
public abstract class AbstractClassDemo
{

}
```

추상 클래스를 사용하여 부모 클래스 만들기

추상 클래스는 일반적인 클래스들의 부모 역할을 하는 클래스, 즉 공통 기능들을 모아 놓은 클래스 역할을 합니다. 추상 클래스는 다른 클래스에 상속을 준 후 추가 기능을 하위 클래스에 구현하도록 하는 강제성을 띱니다.

추상 클래스의 특징은 다음과 같습니다. 한 번 정도 읽고 넘어가세요.

- 다른 클래스에 상속할 때 사용하는 클래스입니다.
- 추상 클래스를 사용하여 개체를 만들 수는 없습니다. 즉, 추상 클래스와 뒤에서 나올 인터페이스는 인스턴스화할 수 없습니다.
- 클래스를 설계할 때 부모 클래스 역할을 하면서 강제로 자식 클래스에 특정 멤버 이름을 물려줄 때 사용합니다.

- 프로젝트를 작성할 때 멤버 이름을 맞추고 싶다면 추상 클래스에 먼저 정의한 후 자식 클래스에서 해당 멤버를 구현합니다.
- 추상 클래스는 public 같은 액세스 한정자를 가집니다.
- 추상 클래스는 멤버로 필드, 속성, 생성자, 소멸자, 메서드, 이벤트, 인덱서를 가집니다.

추상 클래스를 만들어 보겠습니다. 다음 내용을 C# 인터렉티브에 입력한 후 단계별로 실행해 보세요. 프로젝트 기반 소스는 AbstractClassNote.cs 파일입니다.

1. TableBase 이름으로 클래스를 만들고 속성 2개를 추가합니다. 이 클래스는 다른 클래스에 상속만 주는 추상 클래스로 만들려고 추가적으로 abstract 키워드를 붙입니다.

```
> public abstract class TableBase
. {
.     public int Id { get; set; }
.     public bool Active { get; set; }
. }
```

2. 추상 클래스인 TableBase 클래스의 인스턴스를 만들려고 시도합니다. 하지만 추상 클래스는 따로 인스턴스를 만들 수 없어 에러가 발생합니다.

```
> TableBase tableBase = new TableBase();
(1,23): error CS0144: 'TableBase' 추상 클래스 또는 인터페이스의 인스턴스를 만들 수 없습니다.
```

3. 추상 클래스인 TableBase를 상속하는 Children 클래스와 추가 속성인 Name을 만듭니다. 추상 클래스는 이처럼 다른 클래스의 부모 클래스 역할을 하는 데 사용됩니다.

```
> public class Children : TableBase
. {
.     public string Name { get; set; }
. }
```

4. 추상 클래스를 상속한 Children 클래스의 인스턴스를 생성한 후 개체 이니셜라이저로 부모에게서 물려받은 Id, Active 속성을 설정합니다. Children 클래스에서 지정한 Name 속성을 설정한 후 값을 출력하면 입력한 값이 정상적으로 출력됩니다.

```
> var child = new Children() { Id = 1, Active = true, Name = "아이" };
. if (child.Active)
. {
.     Console.WriteLine($"{child.Id} - {child.Name}");
. }
1 - 아이
```

구현 클래스와 추상 클래스

추상 클래스가 아닌 부모 클래스를 구현(concrete) 클래스라고 합니다. 구현 클래스는 추상 클래스와 달리 다른 클래스의 부모 클래스가 될 수도 있고, 인스턴스화가 될 수도 있습니다. 이와 달리 추상 클래스는 다른 클래스의 부모 클래스로만 사용 가능하며, 인스턴스화될 수는 없습니다. 추상 클래스는 하나 이상의 추상 멤버를 가질 수 있습니다.

추상 클래스를 만들고 상속하기

추상 클래스를 만들고 이를 상속하는 예제를 살펴보겠습니다. 다음 내용을 입력한 후 실행해 보세요.

```
> abstract class GeneralManager          //부장님 클래스 생성
. {
.     public abstract void SayHumor();   //메서드 본문 생략
. }
>
> class Person : GeneralManager          //부장님 클래스를 상속하는 사람 클래스 생성
. {
.     public override void SayHumor()
.     {
.         Console.WriteLine("1+1은? 노가다!");
.     }
. }
>
> var person = new Person();
> person.SayHumor();
1+1은? 노가다!
```

현실 세계 부장님의 아재 개그를 표현해 보았습니다. GeneralManager 클래스를 상속하는 모든 Person 클래스는 SayHumor( ) 메서드를 강제로 구현해야 합니다.

추상 클래스와 추상 메서드

추상 클래스와 추상 메서드를 사용하는 예제를 하나 더 만들어 보겠습니다. 다음 내용을 입력한 후 실행해 보세요.

```
> public abstract class Shape           //① 추상 클래스
. {
.     public abstract double GetArea();  //② 추상 멤버: 추상 메서드
```

```
 .  }
>
> public class Square : Shape            //③ 추상 클래스를 상속하는 클래스
. {
.      private int _size;
.      public Square(int size)
.      {
.          _size = size;
.      }
.
.      //부모 클래스인 Shape 추상 클래스의 추상 멤버인 GetArea() 메서드를 구현
.      public override double GetArea()
.      {
.          return _size * _size;
.      }
. }
>
> Square square = new Square(10);        //ⓐ 자신의 이름으로 인스턴스 생성
> square.GetArea()
100
> Shape shape = new Square(5);           //ⓑ 부모의 이름으로 인스턴스 생성
> shape.GetArea()
25
```

①처럼 abstract 키워드를 붙인 클래스를 추상 클래스라고 합니다.

②처럼 abstract 키워드를 붙인 멤버를 추상 멤버라고 합니다.

추상 클래스는 다른 클래스에 멤버를 상속하여 구현하도록 하는 역할을 합니다. Shape 클래스의 GetArea() 추상 메서드는 Square 클래스에서 구현하여, Main() 메서드에서 Square 클래스의 인스턴스를 Square 형식 변수 또는 부모 클래스인 Shape 형식 변수에 대입해서 사용할 수 있습니다.

43.10 자식 클래스에만 멤버 상속하기

부모 클래스의 특정 멤버 중에서 자식 클래스에만 상속하려면 해당 멤버의 액세스 한정자를 public에서 protected로 설정합니다. 필드처럼 private으로 설정하면 해당 클래스에서만 접근 가능한 멤버가 되는 것이고, protected는 자식 클래스들까지 접근하도록 하며, public은 모든 클래스에서 접근할 수 있습니다.

필드 숨기기

이번에는 private 키워드로 필드를 숨기거나 protected 키워드로 자식 클래스에만 멤버를 상속하는 예제를 살펴보겠습니다. 다음 내용을 입력한 후 실행해 보세요.

멤버 상속: FieldHiding.cs

```
using System;

namespace FieldHiding
{
    class Parent
    {
        //① 필드 숨김: 필드는 무조건 private으로 설정
        private string _word;

        //② protected는 자식 클래스에서만 호출 가능한 멤버
        protected string Word
        {
            get { return _word; }
            set { _word = value; }
        }
    }

    class Child : Parent
    {
        public void SetWord(string word)
        {
            base.Word = word;
        }
        public string GetWord()
        {
            return Word;   //부모 클래스의 Word 속성 접근
        }
    }

    class FieldHiding
    {
        static void Main()
        {
            Child child = new Child();
            child.SetWord("필드 숨기기 및 자식 클래스에만 멤버 상속하기");
            Console.WriteLine(child.GetWord());
```

```
            }
        }
    }
```

필드 숨기기 및 자식 클래스에만 멤버 상속하기

필드에 private을 붙이면 해당 필드는 해당 클래스에서만 사용됩니다. 이를 필드 은폐(field hiding) 또는 필드 숨기기라고 합니다. 클래스 멤버 중에서 자식 클래스에만 상속하고 외부에는 공개하지 않고 보호하려면, public과 private이 아닌 protected 키워드를 붙여 멤버를 만듭니다.

43.11 기본 클래스의 멤버 숨기기

부모 클래스에 만든 특정 메서드를 자식 클래스에서 새롭게 정의해서 사용할 때는 new 키워드로 자식 클래스의 메서드를 정의할 수 있습니다. 부모에 public void Work()로 정의된 메서드는 자식에서 public new void Work()로 재정의됩니다.

기본 클래스의 멤버를 숨기고 자식 클래스에서 새롭게 정의하는 방법을 살펴보겠습니다.

```
> class Parent            //① 부모 클래스 생성
. {
.     public void Work() => Console.WriteLine("프로그래머");
. }
>
> class Child : Parent    //② 자식 클래스 생성
. {
.     //기본 멤버 숨기기: new -> 새롭게 정의, 다시 정의, 재정의
.     public new void Work() => Console.WriteLine("프로게이머");
. }
>
> var child = new Child();   //자식 클래스의 인스턴스 생성
> child.Work();
프로게이머
```

Parent 클래스는 Work() 메서드에서 "프로그래머"를 출력합니다. 자식 클래스인 Child 클래스에서 따로 Work() 메서드를 구현하지 않았다면 "프로그래머"를 그대로 출력하겠지만, 여기서는 새롭게(new) Work() 메서드를 만들고 "프로게이머"를 출력하도록 변경했습니다. 이렇게 부모에 정의

된 메서드를 new 키워드로 새롭게 정의해서 사용할 수 있습니다. 이러한 내용을 다른 말로 메서드 오버라이드라고도 합니다. 이 부분은 다음 강의에서 좀 더 자세히 다루겠습니다.

개체 지향 프로그래밍의 세 가지 주요 특징은 캡슐화, 다형성, 상속입니다. 이 강의는 그중 상속을 다루었습니다. 상속을 사용하면 부모 클래스 기능을 재사용할 수 있습니다. 닷넷에서 제공하는 수많은 API는 이러한 상속 관계를 거쳐 여러 API를 재사용하거나 확장해서 사용합니다.

44 메서드 오버라이드

부모 클래스에 만든 메서드를 자식 클래스에서 다시 새롭게 만들어 사용하는 것을 메서드 오버라이드라고 합니다. 여기서는 메서드 오버라이드의 여러 가지 기능을 자세히 알아보겠습니다.

44.1 메서드 오버라이드: 재정의

클래스 관계를 따지는 상속(inheritance) 개념에서 부모 클래스에 이미 만든 메서드를 동일한 이름으로 자식 클래스에서 다시 정의(재정의)해서 사용한다는 개념이 메서드 오버라이드입니다.

다음은 메서드 오버라이드를 추가로 설명한 것입니다. 간단히 읽고 넘어가세요.

- 메서드 오버라이드는 메서드를 새롭게 정의하는 것입니다.
- 오버라이드(override), 오버라이딩(overriding)이라는 표현은 동일합니다.
- 부모 클래스에 virtual 키워드로 선언해 놓은 메서드는 자식 클래스에서 override 키워드로 재정의해서 사용 가능합니다.

44.2 상속 관계에서 메서드 오버라이드

C#에서 override 키워드는 '재정의' 또는 '다시 정의'를 의미합니다. 상속 관계에서 메서드를 재정의해서 사용하는 세 가지 방법을 코드로 정리해 보겠습니다.

```
public class Parent
{
    public void Say() => Console.WriteLine("부모_안녕하세요.");
    public void Run() => Console.WriteLine("부모_달리다.");
    public virtual void Walk() => Console.WriteLine("부모_걷다.");
}

public class Child : Parent
{
```

```
.      public void Say() => Console.WriteLine("자식_안녕하세요.");
.      public new void Run() => Console.WriteLine("자식_달리다.");
.      public override void Walk() => Console.WriteLine("자식_걷다.");
. }
>
> Child c = new Child();    //메서드 오버라이드: 함수 재정의
> c.Say();                  //① 재사용
자식_안녕하세요.
> c.Run();                  //② x -> new
자식_달리다.
> c.Walk();                 //③ virtual -> override
자식_걷다.
```

부모 클래스의 Say() 메서드는 자식 메서드에서 다시 정의하지만, 어떤 표시도 하지 않고 그대로 사용합니다. 이렇게 사용해도 실행에는 문제가 없지만, 비주얼 스튜디오의 코드 편집기에서는 new 키워드를 붙여 사용하라는 경고 메시지를 추가로 표시합니다.

Run() 메서드는 new 키워드로 명확하게 자식 클래스에서 부모 클래스를 재정의하여 사용하겠다고 표시합니다.

Walk() 메서드는 부모 클래스에서 상속해서 사용해도 된다는 의미입니다. virtual을 붙이고 자식 클래스에서는 재정의해서 쓰겠다는 의미로, override를 붙여 재정의하는 가장 좋은 형태의 코드를 볼 수 있습니다.

44.3 메서드 오버로드와 오버라이드

처음 프로그래밍할 때 쉽게 혼동하는 단어가 바로 오버로드(overload)와 오버라이드(override)입니다. 오버로드는 여러 번 정의하는 것이고, 오버라이드는 다시 정의(재정의)하는 것입니다.

이미 많이 사용한 함수 중복을 의미하는 메서드 오버로드 예제를 하나 살펴볼까요?

```
> static void Print(int number) => Console.WriteLine(number);
> static void Print(ref int number) => Console.WriteLine(++number);
> var number = 100;
> Print(number);
100
> Print(ref number);
101
> Print(number);
101
```

앞 예제처럼 클래스 내에 이름이 동일한 메서드를 시그니처를 달리하여 여러 번 정의하는 것을 오버로드라고 합니다. 첫 번째 Print() 메서드는 값 형식의 매개변수를 받아 사용하고, 두 번째 Print() 메서드는 참조 형식의 매개변수를 받아 사용합니다. ref 키워드를 사용했느냐 사용하지 않았느냐에 따라 호출되는 메서드가 달라진다는 부분을 구분할 필요가 있습니다.

이번에는 메서드 오버라이드 예제를 하나 만들어 보겠습니다.

```
> class Parent              //① 부모 클래스 생성
. {
.     //virtual: 재정의해서 사용하도록 허용
.     public virtual void Work() => Console.WriteLine("프로그래머");
. }
>
> class Child : Parent      //② 자식 클래스 생성
. {
.     public override void Work() => Console.WriteLine("프로게이머");
. }
>
> (new Parent()).Work();   //ⓐ 부모 클래스의 인스턴스 생성
프로그래머
> (new Child()).Work();    //ⓑ 자식 클래스의 인스턴스 생성
프로게이머
```

Parent 클래스에서 이미 Work()란 이름으로 선언된 메서드를 Child 클래스에서 동일한 이름인 Work() 메서드로 다시 정의해서 새로운 기능으로 사용하고 있습니다. 이를 메서드 오버라이드 또는 메서드 오버라이딩이라고 합니다. 부모 클래스인 Parent의 Work() 메서드를 호출하면 "프로그래머"가 출력되고 자식 클래스인 Child 클래스의 재정의된 Work() 메서드를 호출하면 "프로게이머"가 출력됩니다. 메서드 오버라이드를 구현할 때 가장 이상적인 코드 형태는 부모 클래스에 virtual이 붙은 메서드를 자식 클래스에서 override 키워드를 붙여 다시 정의해서 사용하겠다고 명확하게 지정하는 것입니다.

가상 메서드

메서드 오버라이드는 다른 표현 방식으로 가상(virtual) 메서드라고 합니다.

```
> class Animal  //① 부모 클래스
. {
.     //virtual이 표시된 메서드: 가상 메서드
.     public virtual void Eat() => Console.WriteLine("Animal Eat");
```

```
. }
>
> class Cat : Animal              //② 자식 클래스
. {
.     public override void Eat() => Console.WriteLine("Cat Eat");
. }
>
> Animal animal = new Animal();   //ⓐ 부모 인스턴스 생성
> animal.Eat();
Animal Eat
> Animal cat = new Cat();         //ⓑ 자식 인스턴스 생성, 부모 개체에 자식 인스턴스 담기
> cat.Eat();
Cat Eat
```

부모 클래스의 메서드에 virtual 키워드가 붙으면 자식 클래스에서는 해당 메서드를 그대로 물려
받아 사용하거나 override 키워드를 붙여 새롭게 다시 만들어 사용할 수 있도록 규칙을 정할 수
있습니다.

44.4 메서드 오버라이드 봉인

메서드에도 sealed 키워드를 붙여 더 이상 오버라이드해서 사용하지 못하도록 설정할 수 있습니
다. 다음 내용을 C# 인터렉티브에서 실행해 보세요.

```
> class Parent
. {
.     public virtual void Work() => Console.WriteLine("프로그래머");
. }
```

앞 코드처럼 Work() 메서드를 virtual 키워드를 붙여 오버라이드 가능하도록 설정할 수 있습니다.

```
> class Child : Parent
. {
.     //sealed 키워드를 사용하여 멤버를 봉인(재정의 금지) 및 base 키워드로 부모 멤버 접근
.     public override sealed void Work() => base.Work();
. }
```

자식 클래스에서는 override 키워드로 부모의 Work() 메서드를 재정의하지만, sealed 키워드
를 붙여 Child 클래스의 Work() 메서드는 더 이상 오버라이드가 불가능하게 설정할 수 있습니

다. Work() 메서드를 호출할 때 따로 메서드 본문을 구현하지 않고 base.Work()로 부모 클래스의
Work() 메서드를 실행했습니다.

```
> class GrandChild : Child
. {
.     public override void Work() => Console.WriteLine("프로게이머");
.     public void Play() => Console.WriteLine("프로게이머");
. }
(3,26): error CS0239: 'GrandChild.Work()': 상속된 'Child.Work()' 멤버는 봉인되어 있으므로 재
정의할 수 없습니다.
```

GrandChild 같은 클래스에서 Child 클래스를 상속하고 sealed 키워드가 붙은 Work() 메서드를 다
시 정의해서 사용하면 앞 실행 결과처럼 에러가 발생합니다.

44.5 ToString() 메서드 오버라이드

메서드 오버라이드 중에서 가장 많이 접하는 기능은 아마도 ToString() 메서드 오버라이드일 것
입니다. 클래스의 기본 메서드인 ToString() 메서드는 다음 특징이 있습니다.

- Object 클래스에 정의된 ToString() 메서드는 기본적으로 클래스의 이름 값을 반환합니다.
- 정수형처럼 대표되는 값이 들어 있을 때는 그 값을 문자열로 변환해서 출력합니다.
- 자신이 만든 클래스의 대표되는 속성 또는 값을 외부에 인스턴스 이름으로 출력할 때는
  ToString() 메서드를 재정의해서 사용해야 합니다.

ToString() 메서드 오버라이드(재정의)

Object 클래스에 구현된 ToString() 메서드는 모든 클래스에서 상속받아 활용하기에 이를 재정의
해서 사용하는 예제를 만들어 보겠습니다. 다음 내용을 입력한 후 실행해 보세요.

ToString() 메서드 오버라이드: ClassToString.cs

```
using System;

namespace ClassToString
{
    class Person
    {
        private string name;
```

```
    public Person(string name)
    {
        this.name = name;
    }


    //ToString( ) 메서드 오버라이드(재정의)
    public override string ToString() => $"[Person 클래스 : {this.name}]";
}

class ClassToString
{
    static void Main( )
    {
        Person person = new Person("박용준");
        Console.WriteLine(person);  //개체를 문자열로 출력하면 ToString( )이 호출됨
    }
}
```

\ 실행 결과 /

```
[Person 클래스 : 박용준]
```

클래스의 인스턴스를 문자열로 요청하면 ToString( ) 메서드가 실행됩니다. 기본으로는 클래스 이름이 문자열로 반환되지만, 이를 재정의해서 원하는 문자열로 만들 수 있습니다.

44.6 메서드 오버라이드로 메서드 재사용하기

부모 클래스에 이미 만들어 있는 메서드를 자식 클래스에서 상속받아 사용할 때 부모 클래스의 메서드 이름을 다시 쓰고 싶다면 메서드 오버라이드 기능을 이용합니다. 이때 이름이 동일한 메서드에 접근할 때는 자식 클래스의 멤버가 기준이 됩니다. 이 실습으로 메서드 이름이 동일할 때 부모 또는 자식 클래스의 멤버에 접근하는 방법을 살펴보겠습니다.

1. 새로운 C# 콘솔 프로젝트를 다음과 같이 만듭니다.

프로젝트 형식	템플릿	이름	위치
Visual C#	콘솔 앱 프로그램	MethodOverridePractice.cs	C:\C#

2. 솔루션 탐색기에서 Program.cs 파일을 MethodOverridePractice.cs 파일로 이름을 변경하고, 이미 만든 모든 코드를 삭제한 후 다음과 같이 프로그램을 만듭니다. 메서드 오버라이드를 정리하는 차원에서 조금 긴 예제를 만들어 보겠습니다.

```csharp
//MethodOverridePractice.cs
using System;

namespace MethodOverridePractice
{
    public class ParentClass
    {
        public virtual void Hi1() => Console.WriteLine("기본 : 안녕하세요.");
        public void Hi2() => Console.WriteLine("기본 : 반갑습니다.");
        public void Hi3() => Console.WriteLine("기본 : 또 만나요.");
    }

    public class ChildClass : ParentClass
    {
        public override void Hi1() => Console.WriteLine("파생 : 안녕하세요.");
        public new void Hi2() => Console.WriteLine("파생 : 반갑습니다.");
        public new void Hi3() => base.Hi3();   //기본 클래스의 멤버에 접근
    }

    class Parent
    {
        public void Say() => Console.WriteLine("부모가 말하다.");
        public void Hi() => Console.WriteLine("부모가 인사하다.");
        public virtual void Walk() => Console.WriteLine("부모가 걷다.");
    }

    class Child : Parent
    {
        //내가 새롭게 정의해서 사용
        public void Say() => Console.WriteLine("자식이 말하다.");
        //새롭게 정의: 오버라이드
        public new void Hi() => Console.WriteLine("자식이 인사하다.");
        //새롭게 정의: 오버라이드(override): 재정의
        public override void Walk() => Console.WriteLine("자식이 걷다.");
    }

    class MethodOverridePractice
    {
        static void Main()
```

```
        {
            ChildClass child = new ChildClass();
            child.Hi1();  //virtual -> override
            child.Hi2();  //X -> new
            child.Hi3();  //X //base

            Child baby = new Child();
            baby.Say();    //자식이 예의가 없다.
            baby.Hi();     //자식이 예의바르다.
            baby.Walk();   //부모가 관대하다.
        }
    }
}
```

3. 소스 코드를 다 입력한 후 Ctrl + F5 를 눌러 프로그램을 실행하면 명령 프롬프트 창에 다음과
같이 출력됩니다.

```
파생 : 안녕하세요.
파생 : 반갑습니다.
기본 : 또 만나요.
자식이 말하다.
자식이 인사하다.
자식이 걷다.
```

메서드를 재사용할 때 부모 클래스에 virtual 키워드를 붙이면 자식 클래스에는 override를 붙이
고, 부모 클래스에 아무런 키워드도 붙이지 않고 자식 클래스에서 새롭게 해당 메서드를 재사용할
때는 new 키워드를 붙입니다. 자식에서 부모 클래스의 멤버에 접근할 때는 base 키워드를 사용합
니다.

오버라이드를 사용하면 부모 클래스에 정의된 기능을 자식 클래스에서 재정의해서 사용할 수 있
습니다. 부모 클래스에는 기본 기능을 제공하고, 자식 클래스에서는 기본 기능만 사용할지 아니면
새롭게 기능을 확장해서 사용할지를 결정하면 됩니다.

45 인터페이스

큰 규모의 프로그램일수록 뼈대를 구성하는 일이 중요합니다. 인터페이스를 사용하면 전체 프로그램의 설계도에 대한 명세서를 작성할 수 있습니다. 이 강의에서는 프로그램의 표준 규약을 정하고 따를 수 있도록 강제하는 인터페이스(interface)를 학습하겠습니다. 인터페이스는 클래스에서 구현해야 하는 관련 기능의 정의가 포함된 개념입니다.

45.1 인터페이스

인터페이스는 클래스 또는 구조체에 포함될 수 있는 관련 있는 메서드들을 묶어 관리합니다. 인터페이스는 명세서(specification)(규약, 표준) 역할을 합니다. 인터페이스를 상속받아 그 내용을 구현하는 클래스는 인터페이스에 선언된 멤버(속성, 메서드 등)가 반드시 구현되어 있다는 보증을 합니다.

다음 내용은 인터페이스 내용을 추가로 정리한 것입니다. 간단히 읽고 넘어가세요.

- 인터페이스는 interface 키워드를 사용하여 만듭니다. 인터페이스는 실행 가능한 코드와 데이터를 포함하고 있지 않습니다.
- 추상 클래스처럼 다른 클래스에 멤버 이름을 미리 정의할 때 사용합니다. 추상 클래스와 다른 점은 멤버 내용을 구현하지 않고 멤버 이름만 정의합니다.
- 인터페이스에는 메서드, 속성, 인덱서 및 이벤트를 정의할 수 있습니다.
- 현실 세계에서 전 세계 표준과 같은 기능입니다.
- 단일 상속만 지원하는 클래스와 달리 인터페이스를 사용한 다중 상속이 가능합니다.
- 인터페이스 멤버는 액세스 한정자를 붙이지 않으며 항상 public이고, virtual 및 static을 붙일 수 없습니다.
- 인터페이스 내의 모든 멤버는 기본적으로 public입니다.
- C#에서 인터페이스 이름은 ICar, IFood, IComputer 형태로 대문자 I로 시작합니다.

- 인터페이스는 인스턴스화되지 않습니다. 클래스를 사용해서 인스턴스화됩니다.

  I인터페이스 i = new 클래스();

- 인터페이스는 계약(contract) 의미가 강하며 속성, 메서드, 이벤트, 인덱서 등 구조를 미리 정의합니다.

인터페이스로 특정 멤버가 반드시 구현되어야 함을 보증하기

처음으로 인터페이스를 만들어 보겠습니다. 다음 내용을 입력한 후 실행해 보세요.

인터페이스로 특정 멤버가 반드시 구현되어야 함을 보증: InterfaceNote.cs

```
using System;

namespace InterfaceNote
{
    //① ICar 인터페이스 선언
    interface ICar
    {
        void Go();  //메서드 시그니처만 제공
    }

    //② ICar 인터페이스를 상속하는 Car 클래스 선언
    class Car : ICar
    {
        public void Go() => Console.WriteLine(
            "상속한 인터페이스에 정의된 모든 멤버를 반드시 구현해야 한다.");
    }

    class InterfaceNote
    {
        static void Main()
        {
            var car = new Car();
            car.Go();
        }
    }
}
```

\ 실행 결과 /

```
상속한 인터페이스에 정의된 모든 멤버를 반드시 구현해야 한다.
```

①에서 ICar 인터페이스에는 Go( ) 메서드에 대한 시그니처만 선언되어 있습니다. ICar 인터페이스를 상속받는 모든 클래스는 강제적으로 Go( ) 메서드를 구현해야 합니다. 그렇지 않으면 무조건 에러가 발생합니다. 인터페이스는 이처럼 특정 기능을 반드시 구현하도록 강요할 수 있는 힘이 있어 프로그램 코드에 대한 표준, 규약, 명세서 역할을 할 수 있습니다.

인터페이스를 상속하는 클래스에 메서드의 실제 내용 구현하기

인터페이스 기본 예제를 하나 더 살펴보겠습니다. IPerson 인터페이스는 Work( ) 메서드 정의만 가지고 있습니다. IPerson 인터페이스를 상속받는 Person 클래스는 반드시 Work( ) 클래스 내용을 구현해야 합니다. 이것이 인터페이스의 사용 규칙입니다.

인터페이스 사용 규칙: InterfaceExam.cs

```csharp
using System;

//인터페이스
interface IPerson
{
    void Work();
}

//클래스
class Person : IPerson
{
    public void Work() => Console.WriteLine("일을 합니다.");
}

//메인
class InterfaceExam
{
    static void Main()
    {
        Person person = new Person();
        person.Work();
    }
}
```

＼실행 결과 ／

일을 합니다.

인터페이스는 언제 많이 사용할까요? 일반적으로 웹 프로그래밍 또는 데이터베이스 프로그래밍에서는 인터페이스를 먼저 설계하고, 이를 구현하는 클래스를 하나 이상 만들기도 합니다. 이러한 부분은 C# 이후로 Windows Forms, WPF, ASP.NET Core 등을 학습할 때 많이 다루므로 지금은 인터페이스 사용 문법만 정리합니다.

45.2 인터페이스 형식 개체에 인스턴스 담기

인터페이스를 만들고 이를 특정 클래스에 상속하면 해당 클래스는 반드시 부모 인터페이스에서 정의된 메서드의 실제 코드를 작성해야 합니다. 이러한 클래스는 부모 인터페이스 또는 자신의 클래스 이름으로 개체를 만들어 사용할 수 있습니다. 다음 코드를 살펴보세요.

인터페이스 형식 개체에 인스턴스 담기: InterfacePractice.cs

```
using System;

//① 멤버 하나를 갖는 인터페이스 정의
public interface IRepository
{
    void Get();
}

//② 인터페이스를 상속하는 클래스 구현
public class Repository : IRepository
{
    public void Get()
    {
        Console.WriteLine("Get() 메서드를 구현해야 합니다.");
    }
}

class InterfacePractice
{
    static void Main()
    {
        //ⓐ 인터페이스 형식 개체에 인스턴스 담기
        IRepository repository = new Repository();
        repository.Get();
    }
}
```

\ 실행 결과 /

Get() 메서드를 구현해야 합니다.

①에서 인터페이스를 하나 만들고, 이를 ②에서 상속하여 실제 구현체를 만듭니다. 이렇게 작성한 코드는 ⓐ처럼 인터페이스 또는 클래스 이름으로 개체를 만들고 인스턴스 코드를 담아 사용할수 있습니다. 이러한 코드 모양은 리포지토리(repository) 패턴 이름으로 자주 사용됩니다.

45.3 생성자의 매개변수에 인터페이스 사용하기

생성자의 매개변수에 인터페이스 형식을 사용하면 해당 인터페이스를 상속하는 모든 클래스의 인스턴스를 받을 수 있습니다. 이 내용을 예제로 살펴보겠습니다. 다음 내용을 입력한 후 실행해 보세요.

생성자의 매개변수에 인터페이스 사용: InterfaceDemo.cs

```
using System;

namespace InterfaceDemo
{
    //배터리 표준(강제성)
    interface IBattery
    {
        string GetName();          //메서드 시그니처만 표시
    }

    class Good : IBattery
    {
        public string GetName() => "Good";
    }

    class Bad : IBattery
    {
        public string GetName() => "Bad";
    }

    class Car
    {
        private IBattery _battery;

        //① 생성자의 매개변수로 인터페이스 형식 지정
        public Car(IBattery battery)
        {
            _battery = battery; //넘어온 개체가 _battery 필드에 저장
        }

        public void Run() => Console.WriteLine(
            "{0} 배터리를 장착한 자동차가 달립니다.", _battery.GetName());
```

```
    }

    class InterfaceDemo
    {
        static void Main(string[] args)
        {
            //ⓐ 넘겨주는 개체에 따라 배터리 이름이 다르게 표시
            var good = new Car(new Good()); good.Run();
            new Car(new Bad()).Run();   //개체 만들기와 동시에 메서드 실행
        }
    }
}
```

\ 실행 결과 /

> Good 배터리를 장착한 자동차가 달립니다.
> Bad 배터리를 장착한 자동차가 달립니다.

IBattery 인터페이스를 상속하는 Good과 Bad 클래스의 인스턴스는 ①처럼 IBattery 인터페이스 형식의 battery 매개변수로 받을 수 있습니다. 이러한 식으로 생성자의 매개변수로 인터페이스를 사용하면, 해당 클래스의 생성자는 개체를 하나 이상 받을 수 있는 융통성이 늘어납니다.

45.4 인터페이스를 사용한 다중 상속 구현하기

다중 상속은 클래스 하나를 콤마로 구분해서 인터페이스 하나 이상을 상속하는 것을 의미합니다. C#에서 클래스는 클래스에 대한 단일 상속만 지원하는 대신, 인터페이스는 클래스에 인터페이스를 하나 이상 상속할 수 있습니다. 다음 내용을 입력한 후 실행해 보세요.

인터페이스를 사용한 다중 상속: InterfaceInheritance.cs

```
using System;

namespace InterfaceInheritance
{
    interface IAnimal
    {
        void Eat();
    }

    interface IDog
    {
```

```
        void Yelp();
    }

    class Dog : IAnimal, IDog   //인터페이스를 사용한 다중 상속
    {
        public void Eat() => Console.WriteLine("먹다.");
        public void Yelp() => Console.WriteLine("짖다.");
    }

    class InterfaceInheritance
    {
        static void Main()
        {
            Dog dog = new Dog();
            dog.Eat();          //ⓐ IAnimal 인터페이스 상속
            dog.Yelp();         //ⓑ IDog 인터페이스 상속
        }
    }
}
```

＼ 실행 결과 ／

```
먹다.
짖다.
```

Dog 클래스는 IAnimal 인터페이스와 IDog 인터페이스에서 다중 상속을 받습니다. IAnimal 인터페
이스에서 Eat() 메서드를 상속받고 IDog 인터페이스에서 Yelp() 메서드를 상속받아 메서드 2개의
내용을 Dog 클래스에서 직접 구현하는 형태입니다.

45.5 명시적인 인터페이스 구현하기

인터페이스를 사용한 다중 상속이 가능하기에 각 인터페이스에 동일한 멤버가 구현되어 있을 때
가 있습니다. 이때는 명시적으로 어떤 인터페이스의 멤버를 실행할지 지정해야 합니다. 다음 내용
을 입력한 후 실행해 보세요.

명시적인 인터페이스 구현: InterfaceExplicit.cs

```
using System;

interface IDog
{
```

```
        void Eat();
    }

    interface ICat
    {
        void Eat();
    }

    class Pet : IDog, ICat
    {
        void IDog.Eat() => Console.WriteLine("Dog Eat");  //① 명시적으로 IDog 지정

        void ICat.Eat() => Console.WriteLine("Cat Eat");  //② 명시적으로 ICat 지정
    }

    class InterfaceExplicit
    {
        static void Main()
        {
            Pet pet = new Pet();
            ((IDog)pet).Eat();  //ⓐ pet 개체를 IDog 형식으로 변환
            ((ICat)pet).Eat();  //ⓑ pet 개체를 ICat 형식으로 변환

            IDog dog = new Pet();
            dog.Eat();
            ICat cat = new Pet();
            cat.Eat();
        }
    }
```

\ 실행 결과 /

```
Dog Eat
Cat Eat
Dog Eat
Cat Eat
```

①처럼 IDog.Eat() 메서드를 구현하면, IDog 인터페이스 형식의 개체에서 Eat() 메서드를 호출할 때 이 메서드가 실행됩니다.

마찬가지로 ②처럼 ICat.Eat() 메서드를 구현하면, ICat 개체에서 Eat() 메서드를 호출할 때 실행됩니다. IDog와 ICat을 모두 상속하는 Pet 클래스의 인스턴스에서는 기본적으로 Eat() 메서드가 노출되지 않고, IDog 또는 ICat으로 형식을 변환하면 해당 Eat() 메서드가 노출되어 실행 가능합니다.

Cast⟨T⟩() 메서드로 List⟨자식⟩을 List⟨부모⟩로 변환

List⟨T⟩ 형태의 컬렉션 데이터를 부모 클래스 형태로 변경해야 할 경우가 있습니다. 많은 방법이 있겠지만 LINQ에서 제공하는 ConvertAll()과 Cast⟨T⟩() 메서드를 사용하면 쉽게 변경할 수 있습니다. 다음 코드를 살펴보세요. 참고로 다음 코드는 내용을 몰라도 전혀 문제가 되지 않습니다.

Cast⟨T⟩() 메서드 사용: ListOfChildToListOfParent.cs

```
using System;
using System.Collections.Generic;
using System.Linq;

namespace ListOfChildToListOfParent
{
    interface A { }

    class B : A { }

    class ListOfChildToListOfParent
    {
        static void Main()
        {
            List<A> convertAll = (new List<B>()).ConvertAll(x => (A)x);  //①
            List<A> astoff = (new List<B>()).Cast<A>().ToList();         //②

            Console.WriteLine(convertAll);
            Console.WriteLine(astoff);
        }
    }
}
```

＼ 실행 결과 ／

```
System.Collections.Generic.List`1[ListOfChildToListOfParent.A]
System.Collections.Generic.List`1[ListOfChildToListOfParent.A]
```

①이나 ②처럼 자식 클래스의 컬렉션 인스턴스를 부모 클래스의 컬렉션 인스턴스에 대입할 때는 ConvertAll() 또는 Cast⟨T⟩() 메서드를 사용할 수 있습니다. 현업에서 프로그램을 작성하다 보면 특정 인터페이스 또는 부모 클래스의 자식 클래스 값을 통합해서 사용할 때 이 두 메서드가 유용하지만, 지금은 '이러한 메서드도 있구나' 정도로 가볍게 살펴보고 넘어갑니다.

45.6 인터페이스와 추상 클래스 비교하기

인터페이스와 추상 클래스를 비교해서 살펴보겠습니다. 다음 항목을 간단히 읽고 넘어갑니다.

추상 클래스는 다음과 같습니다.

- 구현된 코드가 들어옵니다. 즉, 메서드 시그니처만 있는 것이 아니라 사용 가능한 실제로 구현된 메서드도 들어옵니다.
- **단일 상속**: 기본 클래스에서 상속될 수 있습니다.
- 각 멤버는 액세스 한정자를 갖습니다.
- 필드, 속성, 생성자, 소멸자, 메서드, 이벤트, 인덱서 등을 갖습니다.

인터페이스는 다음과 같습니다.

- 인터페이스는 규약입니다.
- 구현된 코드가 없습니다.
- **다중 상속**: 여러 가지 인터페이스에서 상속 가능합니다.
- 모든 멤버는 자동으로 public입니다.
- 속성, 메서드, 이벤트와 대리자를 멤버로 갖습니다.

45.7 IEnumerator 인터페이스 사용하기

이번에는 닷넷에 내장된 IEnumerator 인터페이스를 사용해 보겠습니다. 다음 내용을 입력한 후 실행해 보세요.

IEnumerator 인터페이스 사용: IEnumeratorDemo.cs

```
using System;
using System.Collections;

class IEnumeratorDemo
{
    static void Main()
    {
        string[] names = { "닷넷코리아", "비주얼아카데미" };

        //① foreach 문으로 출력
```

```
        foreach (string name in names)
        {
            Console.WriteLine(name);
        }

        //② IEnumerator 인터페이스를 사용한 데이터 출력: foreach 문과 동일
        IEnumerator list = names.GetEnumerator();  //하나씩 열거
        while (list.MoveNext())                     //값이 있는 동안 반복
        {
            Console.WriteLine(list.Current);        //현재 반복 중인 데이터 출력
        }
    }
}
```

\ 실행 결과 /

```
닷넷코리아
비주얼아카데미
닷넷코리아
비주얼아카데미
```

IEnumerator 인터페이스는 문자열 배열 등 GetEnumerator() 메서드의 결괏값을 담아 MoveNext() 메서드로 값이 있는지 확인하고, Current 속성으로 현재 반복되는 데이터를 가져다 사용할 수 있습니다. 물론 IEnumerator 인터페이스 개체를 굳이 이러한 메서드로 사용할 필요는 없습니다. 학습을 위해 GetEnumerator(), MoveNext(), Current 등을 사용한 것입니다.

45.8 IDisposable 인터페이스 사용하기

이번에는 닷넷에 내장된 IDisposable 인터페이스를 사용해 보겠습니다. 이를 상속하는 클래스는 Dispose() 메서드를 구현해야 하는데요. 이 메서드는 해당 클래스의 개체를 다 사용한 후 마지막으로 호출해서 정리하는 역할을 합니다. 다음 내용을 입력한 후 실행해 보세요.

IDisposable 인터페이스 사용: IDisposableDemo.cs

```
using System;

class IDisposableDemo
{
    static void Main()
```

```
        {
            Console.WriteLine("[1] 열기");
            using (var t = new Toilet())
            {
                //특정 프로세스를 종료하면 자동으로 닫기 수행
                Console.WriteLine("[2] 사용");
            }
        }
    }

    public class Toilet : IDisposable
    {
        public void Dispose()
        {
            Console.WriteLine("[3] 닫기");
        }
    }
```

\ 실행 결과 /

```
[1] 열기
[2] 사용
[3] 닫기
```

using 문은 IDisposable 인터페이스를 구현하는 개체를 올바르게 사용할 수 있도록 도와줍니다. using 문으로 개체를 묶어 생성하면 해당 using 문이 종료되면서 자동으로 Dispose() 메서드를 호출해서 정상 종료하도록 처리합니다.

45.9 인터페이스를 사용하여 멤버 이름 강제로 적용하기

인터페이스를 사용하면 특정 클래스들에 특정 멤버를 강제로 구현하도록 명시할 수 있습니다. 자동차 클래스 관계에서 인터페이스가 바로 표준 설계라고 보면 됩니다. 표준을 무시한 채 설계하다 보면 자동차 기능이 들쭉날쭉하게 정의될 것입니다. 그러나 표준을 미리 정의하고 이를 지키도록(구현하도록) 인터페이스를 설계한 후 인터페이스대로 클래스를 구현하도록 지시하면 공통되고 표준화된 내용을 함께 구현할 수 있습니다. 그러기에 인터페이스를 사용한 상속 기능은 프로그램이 복잡해질수록 그 가치가 높아질 것입니다.

```csharp
using System;

namespace InterfaceFriends
{
    //① 인터페이스: 설계, Run()이라는 단어 설계(명시)
    public interface IStandard { void Run(); }

    //② 추상 클래스: 설계 + 구현
    public abstract class KS
    {
        public abstract void Back();
        public void Left() => Console.WriteLine("좌회전");
    }

    //③ 분할 클래스
    public partial class MyCar : KS
    {
        public override void Back() => Console.WriteLine("후진");
    }
    public partial class MyCar : KS
    {
        public void Right() => Console.WriteLine("우회전");
    }

    //④ 봉인(최종) 클래스
    public sealed class Car : MyCar, IStandard
    {
        public void Run() => Console.WriteLine("전진");
    }

    //⑤ 다음 코드는 에러(봉인 클래스는 상속받을 수 없음)
    //public class SelfCar : Car { }

    class InterfaceFriends
    {
        static void Main()
        {
            Car cla = new Car();
            cla.Run(); cla.Left(); cla.Right(); cla.Back();
        }
    }
}
```

```
전진
좌회전
우회전
후진
```

인터페이스, 추상 클래스, 분할 클래스, 봉인 클래스까지 상속에 사용되는 주요 기능들을 적용해
보았습니다.

인터페이스는 프로그램의 표준 규약을 만드는 데 사용됩니다. 이러한 인터페이스는 응용 프로그
램을 제작할 때 거의 필수가 되는 개념이기에, 이 강의 내용을 기반으로 앞으로도 계속해서 사용
할 것입니다.

46 특성과 리플렉션

C#에서는 특성(attribute)을 제공합니다. 특성은 프로그램에서 형식, 멤버, 다른 엔터티에 대한 추가 선언 정보를 지정할 수 있습니다. 특성을 사용하여 C#의 여러 구성 요소에 추가적인 정보를 제공하는 방법을 살펴보겠습니다.

46.1 특성

C#에서 특성은 데코레이터(decorator)와 애너테이션(annotation) 성격을 띱니다. 말이 조금 어렵죠? 간단히 말해 여러분이 작성한 프로그램 코드에 설명을 추가로 붙이는 것입니다. 자동차 개체를 예로 들면, 튜닝과 비슷합니다.

다음은 C#의 특성입니다. 간단히 읽고 넘어가세요.

- 특성은 프로그램에 메타데이터(metadata)를 추가합니다.
- 데코레이터와 애너테이션 성격을 지닙니다.
- 꾸밈자(decorate, describe, declarative) 역할을 합니다.
- 여러 구성 요소에 추가 정보를 제공합니다.

특성은 특정한 클래스 등 C# 구성 요소 앞에 대괄호([ ])로 표시합니다.

```
[Obsolete]
public class OldClass {}
```

- **닷넷에 내장된 특성**: 닷넷에 내장된 특성이 굉장히 많은데요. 처음 학습할 때는 우선 Obsolete 와 Conditional 특성을 정리해 보면 좋습니다. 이 특성들은 잠시 후에 살펴보겠습니다. 특성은 대괄호 기호를 멤버 앞에 붙여 사용합니다.
- **사용자 지정 특성**: 사용자가 새로운 특성을 직접 만들 수도 있습니다. 이때는 Attribute 클래스를 상속하는 클래스로 사용자 지정 특성을 만들 수 있습니다.

46.2 Obsolete 특성 사용하기

먼저 특성 학습을 위해 내장된 특성인 Obsolete를 사용해 보겠습니다. 다음 내용을 C# 인터렉티브에서 순서대로 실행해 보세요.

1. OldMember()와 NewMember() 메서드를 만들고 실행합니다.

```
> void OldMember() => Console.WriteLine("Old Method");
> void NewMember() => Console.WriteLine("New Method");
> OldMember()
Old Method
> NewMember()
New Method
```

2. OldMember() 메서드 앞에 [Obsolete] 특성을 붙여 다시 만들고 실행합니다.

```
> [Obsolete] void OldMember() => Console.WriteLine("Old Method");
> OldMember()
Old Method
```

앞 코드에서는 표시가 나지 않지만, 비주얼 스튜디오에서는 Obsolete 특성이 적용된 메서드를 호출하면 경고 메시지가 나옵니다. 다음과 같이 OldMember() 메서드 호출에 밑줄이 생기고 마우스를 올리면 경고 메시지가 표시됩니다.

▼ 그림 46-1 Obsolete 특성에서 제공하는 컴파일러 정보

```
> [Obsolete] void OldMember() => Console.WriteLine("Old Method");
> OldMember()
Old Method     'OldMember()' is obsolete
```

3. Obsolete 특성에 추가로 경고 메시지를 넣을 수도 있습니다.

```
> [Obsolete("Using New Member Method")]
. void OldMember() => Console.WriteLine("Old Method");
> OldMember()
Old Method
> NewMember()
New Method
```

4. Obsolete 특성의 두 번째 매개변수에 true 값을 주면 해당 메서드를 사용할 때 경고가 아닌 에러가 발생합니다.

```
> [Obsolete("Using New Member Method", true)]
. void OldMember() => Console.WriteLine("Old Method");
> OldMember()
(1,1): error CS0619: 'OldMember()'은(는) 사용되지 않습니다. 'Using New Member Method'
```

Obsolete 특성은 라이브러리 또는 프레임워크를 제작할 때 기존 하위 호환성을 위해 코드를 남겨 놓지만, Obsolete 특성이 적용된 메서드는 사용하지 않도록 권장하는 목적이 강합니다.

C#을 사용하는 많은 영역에서 내장된 특성을 적용합니다. 다음 코드는 메서드가 아닌 속성에 특성을 적용한 예입니다. 그냥 한 번 살펴보고 넘어갑니다.

```
@code {
    int currentCount = 0;

    [Parameter] int IncrementAmount { get; set; } = 1;

    void IncrementCount()
    {
        currentCount += IncrementAmount;
    }
}
```

이 코드는 C# Blazor의 일부인데요. [Parameter] 특성을 사용하여 외부에서 IncrementAmount 이름의 매개변수를 지정하여 값을 변경합니다.

46.3 특성의 매개변수

특성에 매개변수를 전달할 수 있는데, 형태에 따라 위치 매개변수와 이름 매개변수로 구분할 수 있습니다.

- **위치 매개변수**: 특성에 전달되는 매개변수는 위치에 따라 구분됩니다.
- **이름 매개변수**: 특성에 구현된 속성 또는 필드(public)에 값을 전달할 때 사용됩니다. 다음 코드처럼 WebServer 특성에 Namespace 속성 값을 전달합니다.

    ```
    [WebServer(Namespace="http://www.hawaso.com/")]
    ```

46.4 [Conditional] 특성 사용하기

닷넷에 내장된 특성 중에는 [Conditional]이 있습니다. 이 특성을 사용하면 특정 기호(symbol)에 따라 실행 여부를 결정할 수 있습니다. 다음 내용을 입력한 후 실행하세요.

[Conditional] 특성 사용: ConditionalDemo.cs

```csharp
#define RELEASE  //②-1 전처리기 지시문으로 RELEASE 기호 정의
using System;
using System.Diagnostics;

public class ConditionalDemo
{
    static void Main()
    {
        DebugMethod();
        ReleaseMethod();
    }

    [Conditional("DEBUG")]  //① DEBUG 기호(심벌)를 가지는 경우 실행
    static void DebugMethod() => Console.WriteLine("디버그 환경에서만 표시");

    //②-2 RELEASE 기호가 있는 경우 실행
    [Conditional("RELEASE")] static void ReleaseMethod()
        => Console.WriteLine("릴리스 환경에서만 표시");
}
```

\ 실행 결과 /

```
디버그 환경에서만 표시
릴리스 환경에서만 표시
```

비주얼 스튜디오의 도구 모음은 다음과 같이 Debug와 Release를 구분 지을 수 있는 드롭다운 리스트를 제공합니다. 이를 사용하여 프로그램에 DEBUG와 RELEASE 기호를 제공할 수 있습니다.

▼ 그림 46-2 비주얼 스튜디오의 빌드 방식 변경 드롭다운 리스트

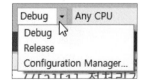

[Conditional] 특성은 이러한 기호를 사용하여 특정 메서드를 실행할지 결정할 수 있습니다.

46.5 특성을 사용하여 메서드 호출 정보 얻기

이번에는 특성을 사용하여 메서드 호출 정보를 얻는 방법을 알아보겠습니다. 다음 내용을 입력한 후 실행해 보세요.

특성을 사용하여 메서드 호출 정보 얻기: CallerInformation.cs

```csharp
using System.Runtime.CompilerServices;
using static System.Console;

class CallerInformation
{
    static void Main()
    {
        TraceMessage("여기서 무엇인가 실행...");
    }

    public static void TraceMessage(string message,
            [CallerMemberName] string memberName = "",
            [CallerFilePath] string sourceFilePath = "",
            [CallerLineNumber] int sourceLineNumber = 0)
    {
        WriteLine("실행 내용 : " + message);
        WriteLine("멤버 이름 : " + memberName);
        WriteLine("소스 경로 : " + sourceFilePath);
        WriteLine("실행 라인 : " + sourceLineNumber);
    }
}
```

\ 실행 결과 /

```
실행 내용 : 여기서 무엇인가 실행...
멤버 이름 : Main
소스 경로 : C:\C#\CallerInformation\CallerInformation\CallerInformation.cs
실행 라인 : 8
```

메서드의 매개변수 앞에 [CallerMemberName], [CallerFilePath], [CallerLineNumber] 등 특성을 사용하여 메서드를 호출한 호출자 정보를 얻을 수 있습니다.

46.6 사용자 지정 특성 만들기

클래스, 메서드 등에 대괄호를 붙여 사용할 수 있는 특성을 직접 원하는 이름으로 만들 수 있습니다. 다음 코드로 Attribute 클래스를 상속하는 CustomAttribute 클래스는 [Custom] 또는 [CustomAttribute] 특성으로 사용할 수 있습니다.

```
> public class CustomAttribute : Attribute { }
> [Custom] void Test() => Console.WriteLine("Custom Attribute");
```

특성은 특정한 클래스에 추가적인 설명(다른 말로 표현하면 태그라고 할 수 있음)을 붙일 때 사용되는 클래스이며, System.Attribute 클래스에서 상속받습니다.

```
> public class MyAttribute : System.Attribute { }
```

Attribute 클래스를 상속하여 사용자 지정 특성 만들기

사용자 지정 특성을 만들어 보겠습니다. 다음 내용을 입력한 후 실행해 보세요.

Attribute 클래스를 상속하여 사용자 지정 특성 만들기: AttributePractice.cs

```
using System;

//① Attribute 클래스를 상속하여 사용자 지정 특성 만들기
public class SampleAttribute : Attribute
{
    public SampleAttribute() => Console.WriteLine("사용자 지정 특성 사용됨");
}

[Sample]
public class CustomAttributeTest { }

class AttributePractice
{
    static void Main()
    {
        //② CustomAttributeTest 클래스에 적용된 특성 가져오기
        Attribute.GetCustomAttributes(typeof(CustomAttributeTest));
    }
}
```

\ 실행 결과 /

사용자 지정 특성 사용됨

①처럼 Attribute 클래스를 상속하여 SampleAttribute 이름의 특성을 만들 수 있습니다. 사용자 지정 특성은 ~Attribute로 끝나고, 이를 줄여 [Sample] 형태로 표현할 수 있습니다.

②에서는 CustomAttributeTest에 적용된 특성 목록을 가져오면서 SampleAttribute 클래스의 생성자를 호출하여 "사용자 지정 특성 사용됨" 문자열을 출력합니다.

매개변수가 있는 사용자 지정 특성 만들기

이번에는 매개변수를 하나 갖는 사용자 지정 특성을 사용해 보겠습니다. 다음 내용을 입력한 후 실행해 보세요.

매개변수가 있는 사용자 지정 특성 만들기: NickNameAttributeTest.cs

```
using System;

//① AttributeUsage 특성을 사용하여 특성에 제약 조건 등 설정
[AttributeUsage(
    AttributeTargets.Method | AttributeTargets.Class, AllowMultiple = true)]
public class NickNameAttribute : Attribute
{
    public string Name { get; set; }
    public NickNameAttribute(string name) { Name = name; }
}

//② AllowMultiple로 여러 번 설정 가능
[NickName("길벗")]
[NickName("RedPlus")]
class NickNameAttributeTest
{
    static void Main() => ShowMetaData();

    static void ShowMetaData()
    {
        //모든 커스텀 어트리뷰트 가져오기
        Attribute[] attrs =
            Attribute.GetCustomAttributes(typeof(NickNameAttributeTest));
        foreach (var attr in attrs)
        {
            //ⓐ is 연산자를 사용하여 커스텀 어트리뷰트의 Name 속성 출력
            if (attr is NickNameAttribute)
            {
```

```
                    NickNameAttribute ais = (NickNameAttribute)attr;
                    Console.WriteLine("{0}", ais.Name);
                }
                //ⓑ as 연산자를 사용하여 커스텀 어트리뷰트의 Name 속성 출력
                NickNameAttribute aas = attr as NickNameAttribute;
                if (aas != null)
                {
                    Console.WriteLine("{0}", aas.Name);
                }
            }
        }
    }
}
```

\ 실행 결과 /

```
길벗
길벗
RedPlus
RedPlus
```

사용자 지정 특성에 ①처럼 또 다른 특성인 `AttributeUsage` 특성을 사용하여 클래스 또는 메서드에 적용할 수 있음을 알려 줍니다. `AllowMultiple` 속성을 사용하여 한 번 이상 적용할 수 있는지 설정할 수 있습니다.

②처럼 `NickName` 특성의 생성자에 전달된 매개변수는 `Name` 속성에 저장해서 ⓐ와 ⓑ에서 `Name` 속성으로 전달된 값을 가져다 사용할 수 있습니다.

46.7 리플렉션

리플렉션(reflection)은 동적으로 특정 어셈블리 또는 형식에 대한 메타데이터를 Type 개체로 반환하는 것을 의미합니다. 리플렉션을 사용하면 특성 정보를 얻거나 동적으로 특정 형식을 로드하여 사용할 수 있습니다.

46.8 Type과 Assembly 클래스

다음 코드는 Type 클래스로 문자열 개체 정보를 얻어 출력하는 간단한 리플렉션 예제입니다.

```
> string r = "Reflection";
> Type t = r.GetType();
> t
[System.String]
```

다음 코드는 Assembly 클래스를 사용하여 특정 어셈블리 정보를 얻을 수 있습니다.

```
> System.Reflection.Assembly assembly = typeof(System.Random).Assembly;
> assembly
[mscorlib, Version=4.0.0.0, Culture=neutral, PublicKeyToken=b77a5c561934e089]
```

다음 코드는 Random 클래스의 멤버 리스트를 가져와 2개만 보여 줍니다.

```
> typeof(Random).GetMembers().Take(2)
TakeIterator { [Int32 Next()], [Int32 Next(Int32, Int32)] }
```

모든 경우의 수를 코드로 나열할 수는 없지만, 리플렉션으로 특성 어셈블리와 클래스의 멤버 정보를 얻고 이를 사용할 수 있습니다.

46.9 특정 클래스의 메서드와 속성을 동적으로 호출하기

이번에는 리플렉션을 사용하여 특정 클래스의 메서드와 속성 등 정보를 동적으로 가져오는 예제를 만들어 보겠습니다. 다음 내용을 입력한 후 실행해 보세요.

리플렉션을 사용하여 메서드와 속성을 동적으로 호출: ReflectionGetMembers.cs

```
using System;
using System.Reflection;

namespace ReflectionGetMembers
{
    class Test
    {
        public static void TestMethod() { }
    }

    class ReflectionGetMembers
    {
        static void Main()
        {
```

```
        //Test 클래스에 대한 Type 개체 가져오기
        Type t = typeof(Test);

        //원하는 멤버를 조건에 따라 가져오기
        MemberInfo[] members =
            t.GetMembers(BindingFlags.Static | BindingFlags.Public);

        //멤버 출력
        foreach (var member in members)
        {
            Console.WriteLine("{0}", member.Name);
        }
    }
  }
}
```

\ 실행 결과 /

```
TestMethod
```

리플렉션을 사용하여 Test 클래스의 정적 멤버 리스트를 얻은 후 멤버 이름을 출력하는 예제입니다. 리플렉션을 사용하면 이 예제처럼 특정 클래스의 전체 멤버 리스트 또는 특정 조건에 맞는 멤버를 얻을 수 있습니다.

46.10 Type 클래스로 클래스의 멤버 호출하기

이번에는 Type 클래스로 특정 클래스의 멤버를 호출하는 방법을 알아보겠습니다. 다음 내용을 입력한 후 실행해 보세요.

Type 클래스로 클래스의 멤버 호출: ReflectionGetMethod.cs

```
using System;
using System.Reflection;

namespace ReflectionGetMethod
{
    public class MemberClass
    {
        public string Name { get; set; } = "길벗출판사";
        public string GetName()
```

```
        {
            return Name + ", " + DateTime.Now.ToShortTimeString();
        }
    }

    class ReflectionGetMethod
    {
        static void Main()
        {
            //① 리플렉션 기능으로 특정 클래스의 멤버를 동적으로 호출
            MemberClass m = new MemberClass();
            Type t = m.GetType();

            //ⓐ 속성 읽어 오기 및 속성 호출
            PropertyInfo pi = t.GetProperty("Name");  //Name 속성
            Console.WriteLine("속성 호출 : {0}", pi.GetValue(m));

            //ⓑ 메서드 읽어 오기 및 메서드 호출
            MethodInfo mi = t.GetMethod("GetName");   //GetName 메서드
            Console.WriteLine("메서드 호출 : {0}", mi.Invoke(m, null));

            //② 참고: C# 4.0 이상에서는 dynamic 개체로 쉽게 멤버를 동적으로 호출
            dynamic d = new MemberClass();  //dynamic 키워드로 동적 개체 생성
            Console.WriteLine("속성 호출 : {0}", d.Name);         //속성 호출
            Console.WriteLine("메서드 호출 : {0}", d.GetName());  //메서드 호출
        }
    }
}
```

```
속성 호출 : 길벗출판사
메서드 호출 : 길벗출판사, 오전 1:29
속성 호출 : 길벗출판사
메서드 호출 : 길벗출판사, 오전 1:29
```

ⓐ처럼 GetProperty() 메서드로 특정 속성 정보를 얻은 후 GetValue() 메서드로 속성 값을 동적으로 호출할 수 있습니다.

ⓑ처럼 GetMethod() 메서드로 특정 메서드 정보를 얻은 후 Invoke() 메서드로 동적으로 메서드를 호출할 수 있습니다.

46.11 특정 속성에 적용된 특성 읽어 오기

이번에는 리플렉션을 사용하여 특정 속성에 적용된 특성을 읽어 오는 방법을 알아보겠습니다. 다음 내용을 입력한 후 실행해 보세요.

특정 속성에 적용된 특성 읽어 오기: ReflectionGetProperty.cs

```
using System;
using System.Reflection;

namespace ReflectionGetProperty
{
    class Person
    {
        [Obsolete] public string Name { get; set; }
    }

    class ReflectionGetProperty
    {
        static void Main()
        {
            //Name 속성의 정보 얻기
            PropertyInfo pi = typeof(Person).GetProperty("Name");

            //Name 속성에 적용된 특성 읽어 오기
            object[] attributes = pi.GetCustomAttributes(false);
            foreach (var attr in attributes)
            {
                //특성의 이름들 출력
                Console.WriteLine("{0}", attr.GetType().Name);
            }
        }
    }
}
```

\ 실행 결과 /

```
ObsoleteAttribute
```

Type 개체의 GetProperty() 메서드로 특정 속성 정보를 얻고, 다시 GetCustomAttributes() 메서드로 특성 정보를 얻어 올 수 있습니다. 평상시 우리가 사용하던 코드보다는 좀 더 복잡하기에 닷넷 API 탐색기 등으로 각 메서드를 추가로 학습하길 권장합니다.

46.12 Type과 Activator 클래스로 개체의 인스턴스를 동적 생성하기

Type.GetType() 메서드로 특정 클래스의 Type 개체를 가져올 수 있고, 이를 다시 Activator 클래스의 CreateInstance() 메서드에 전달하여 동적으로 문자열로 지정된 클래스의 인스턴스를 생성할 수 있습니다. 동적 인스턴스를 생성하는 다음 예제를 작성한 후 실행해 보세요.

동적 인스턴스 생성: TypeAndActivator.cs

```csharp
using System;

namespace TypeAndActivator
{
    //① 샘플 클래스 및 메서드 생성
    public class MyClass
    {
        public void Test() =>
            Console.WriteLine("MyClass의 Test() 메서드가 실행됩니다.");
    }

    class TypeAndActivator
    {
        static void Main()
        {
            //② Type.GetType() 메서드에 지정한 클래스 형식을 가져옴
            Type type = Type.GetType("TypeAndActivator.MyClass");

            //③ Activator.CreateInstance() 메서드로 지정된 형식의 인스턴스 생성
            dynamic objType = Activator.CreateInstance(type);

            //④ dynamic 타입의 Test() 메서드를 직접 지정해서 호출
            objType.Test();
        }
    }
}
```

\ 실행 결과 /

```
MyClass의 Test() 메서드가 실행됩니다.
```

프로그래밍을 하다 보면 동적으로 특정 클래스의 인스턴스를 생성해야 할 일이 있습니다. 이때는 앞 예제처럼 Type.GetType()과 Activator.CreateInstance() 메서드를 함께 사용합니다. 물론 학습을 시작하는 독자들이 보는 이 책의 범위를 벗어나는 내용이므로 '이러한 것이 있구나' 정도만 알고 넘어갑니다.

C#을 사용하는 ASP.NET, Entity Framework 등에서는 내장된 특성이 굉장히 많습니다. C# 기초 문법 파트에서는 이 강의에서 다룬 Obsolete와 Conditional 특성 정도만 다루면 충분합니다. 사용자 지정 특성은 자주 사용하지 않지만, 가장 간단한 모양으로 2개 정도 만들어 보았습니다. 특성 정보는 Type 개체를 사용하는 리플렉션으로 얻어 올 수 있습니다. 추후 사용자 지정 특성과 리플렉션 정보가 더 자세히 필요할 때는 마이크로소프트 Docs 온라인 설명서에서 검색해 보세요.

47 개체와 개체 지향 프로그래밍

C#은 개체 지향 프로그래밍이라는 캡슐화, 상속, 다형성, 추상화 등 개념을 제공합니다. 지금까지 배운 클래스와 클래스의 구성 요소들을 개체 지향 프로그래밍 관점으로 정리하는 시간을 갖겠습니다.

47.1 개체 지향 프로그래밍 소개하기

독자들이 이 책을 읽고 있는 시점에서, 현업에서 가장 많이 사용하는 프로그램 작성 기법은 개체 지향 프로그래밍(Object Oriented Programming)입니다. 개체 지향 프로그래밍은 OOP로 줄여 표현합니다. 이 강의에서는 개체 지향 프로그램의 기본 기능들을 학습합니다.

개체 지향 프로그래밍의 목적은 다음과 같습니다.

- 프로그램을 분석하기 쉬워집니다.
- 프로그램 유지보수가 쉬워집니다.
- 프로그램의 특정 기능을 재사용할 수 있습니다.

물론 이 내용은 학술적이기에 개체 지향 프로그래밍이 만능은 아닙니다.

> Note ≡ C#에서 클래스와 개체는 명사로 표현하고, 속성은 명사 또는 형용사, 메서드는 동사의 의미가 있습니다.

개체

클래스를 사용하여 새로운 형식을 정의하고, 개체는 데이터와 기능을 숨기는 캡슐화(encapsulation) 기능을 제공합니다. 개체에는 다음과 같은 세 가지 개념이 있습니다. 이해를 돕고자 영어 표현을 추가했습니다.

- (is something) 무엇이 됩니다.

  예 고객(customer), 자동차(car)

- (has data) 데이터를 가집니다.

  예 고객 이름(name), 나이(age), 주소(address)

- (performs action) 기능을 수행합니다.

  예 고객 이름 변경(changename), 주소 변경(modifyaddress)

> **Note ≡** **개체와 객체**
>
> 필자는 Object Oriented Programming을 개체 지향 프로그래밍이라고 표현합니다. 많은 프로그래밍 환경에서 객체 지향 프로그래밍이라고 표현하지만, 마이크로소프트는 이를 개체 지향 프로그래밍으로 표현하길 권장하므로 이 기준을 따랐습니다.

47.2 현실 세계의 자동차 설계도 및 자동차 개체 흉내 내기

현실 세계에서 사용하는 자동차 설계도와 이 설계도로 만든 자동차 개체를 프로그램 세계에서 사용하는 Car 클래스와 car 개체로 표현하는 과정을 거쳐 개체 지향 프로그래밍 관련 기본 용어를 살펴보겠습니다. 이 절은 지금까지 배운 내용을 개체 지향 프로그래밍, 클래스, 개체, 속성, 메서드 등으로 구분하는 시간이므로 가볍게 읽고 넘어갑니다.

개체 지향 프로그래밍

개체 지향 프로그래밍을 이야기할 때 많이 쓰는 비유 중 하나가 바로 '현실 세계를 프로그래밍 세계로 옮겨 놓는 행위'입니다. 이러한 기능을 다른 말로 모델링이라고도 합니다.

C#은 현실 세계의 업무를 프로그램화시키는 데 도움을 줍니다. 현실 세계의 자동차와 프로그램 세계의 Car 클래스를 서로 비교하여 개체 지향 프로그래밍에서 사용하는 주요 구성 요소를 살펴보겠습니다.

클래스

클래스를 이야기할 때 필자는 설계도라는 단어에 가장 많이 비유합니다. 클래스는 개체, 컨트롤, 컴포넌트 등을 만들어 내는 설계도입니다.

클래스 == 설계도

개체

현실 세계에서 어떤 특징(속성)을 가지며 어떤 동작(메서드)을 수행할 수 있는 단위 하나를 개체로 표현할 수 있습니다. 예를 들어 자동차, 사람, 컴퓨터 등이 있다고 할 때 다음 문장처럼 표현할 수 있습니다.

> 빨간색 자동차 개체가 좌회전 동작을 한다.

코드에서는 개체를 만들어 내는 설계도가 클래스고, 이 클래스에서 조립된 물건 하나가 바로 개체입니다.

> 자동차 설계도(클래스) -> 조립(인스턴스화) -> 자동차(개체, Object)

마지막으로 클래스는 대문자로 시작하고, 개체는 소문자로 시작하는 것이 기본 원칙입니다.

필드

필드는 클래스의 부품 역할을 하는 멤버 변수를 의미합니다. 자동차 세계에서는 자동차 부품 역할을 하고, 자동차 부품은 차체에 꽁꽁 숨어 있습니다. 코드 세계에서는 클래스 내 전역 변수 역할을 하며, 필드를 외부에 공개할 때는 public 필드 대신 readonly와 const 필드만 허용하길 권장합니다.

생성자

생성자는 단어 그대로 개체를 생성하는 메서드입니다. 자동차 세계의 자동차 시동 걸기(자동차를 사용하기 바로 직전에 수행할 작업)를 예로 들 수 있으며, 코드 세계에서는 클래스 내에서 가장 먼저 실행되는 메서드입니다. 생성자는 클래스 내 필드를 초기화하는 역할을 합니다. 매개변수가 있는 하나 이상의 생성자를 만들 수 있으며, 생성자를 사용하는 클래스를 인스턴스 클래스라고도 합니다.

소멸자

앞에서 소멸자는 우리가 직접 사용할 일이 없다고 이야기했습니다. 자동차 시동을 끄고 주차 또는 폐차의 개념을 갖는 것이 소멸자입니다. 호텔에서 주차 요원이 주차와 시동 끄기를 무료로 서비스해 준다면 당연히 받아야겠지요. 이에 해당하는 프로그래밍 엔진이 바로 GC(가비지 수집기)입니다. 닷넷에는 이처럼 무료로 비싼 서비스를 제공하기에 사용자가 직접 주차나 시동 끄기 또는 폐차 등을 할 필요가 없습니다.

코드 세계에서는 클래스 내에서 가장 마지막에 실행되는 메서드고, GC(가비지 수집기) 엔진이 대신 수행하기에 클래스 메모리를 정리하는 등 마무리 작업이 크게 필요하지 않습니다.

메서드

메서드는 클래스의 기능과 동작을 나타내는 가장 많이 사용하는 구성 요소입니다. 자동차 세계에서 자동차의 전진(), 후진(), 좌회전() 같은 동작을 나타냅니다. 코드 세계에서는 메서드 오버로드로 클래스 하나에 이름이 같은 메서드를 여러 개 만들었고, 메서드 오버라이드로 부모 클래스의 메서드를 새롭게 정의할 수 있습니다.

메서드의 매개변수 전달 방식으로 값 전달을 바탕으로 ref, out, in, params 등 키워드를 사용할 수 있습니다.

속성

속성은 자동차의 속성, 특징, 색상, 모양 등을 표현할 수 있습니다. 빨간색 스포츠카 형태로 표현할 수 있는 것이죠. 코드 세계에서는 외부에 공개(public)하려는 부품(필드)을 나타낼 수 있고, private한 필드를 public한 속성으로 외부에 공개할 때 사용합니다.

인덱서

자신이 만든 개체를 배열 형식으로 사용할 수 있게 하는 개념으로, 자동차 세계에서 카테고리/카탈로그 역할을 합니다. 코드 세계에서는 속성을 배열형으로 표시합니다. 인덱서는 정수형 인덱스를 사용하는 것과 문자열 인덱스를 사용하는 것 등으로 구분할 수 있습니다.

대리자

대리자는 단어 그대로 대신해 주는 무엇입니다. 위임의 의미가 있는 대리자는 자동차 세계에서는 대리운전과 비슷할 수 있습니다. 즉, 내가 직접 운전하는 것이 아닌 대리운전 기사에게 "어디에 있는 집에 갑시다."라고 미리 요청하면 정해진 순서대로 실행되는 원리와 같습니다.

코드 세계는 이름 하나로 여러 메서드를 묶어 실행하는 구조이며, 이벤트를 만들어 내는 또 다른 중간 단계로 사용하기도 합니다.

이벤트

이벤트는 사건 및 사고를 나타냅니다. 윈도 운영 체제에서 여러 폼의 마우스 클릭 이벤트처럼 무엇인가 실행된 결과를 의미합니다.

다음 문장처럼 비유적으로 표현할 수도 있습니다.

> "자동차 세계의 빨간색 스포츠카 속성을 가지는 자동차 개체가 과속이라는 메서드 동작 수행 결과 교통사고라는 이벤트를 발생합니다."

네임스페이스

네임스페이스는 단어 그대로는 이름 공간이지만, 코드 내에서는 클래스 이름의 충돌을 방지하려고 클래스를 묶어 주는 개념으로 사용합니다. 닷넷의 많은 명령어는 System 네임스페이스에 들어 있고, 카테고리별로 네임스페이스가 존재합니다.

자동차 세계에서는 자동차의 브랜드로 네임스페이스를 비교할 수 있습니다.

인터페이스

인터페이스는 프로그램에 대한 표준 설계 역할을 합니다. 메서드 이름 등을 강제로 정의할 수 있고, 큰 프로그램의 골격(뼈대)을 만들어 주는 개념입니다. 인터페이스는 닷넷에서 다중 상속이 가능하게 하는 개념입니다.

자동차 세계에서 자동차 회사는 다르지만, 자동차 주요 부품 등은 공통으로 사용할 수 있는 개념으로 보아도 좋습니다.

특성

특성은 클래스 자체에 대한 설명(메타데이터)을 붙이는 역할을 합니다. 자동차 세계에서는 튜닝처럼 자동차를 꾸며 주는 역할을 합니다.

47.3 개체 지향 프로그래밍의 네 가지 큰 개념

개체 지향 프로그래밍(OOP)에는 네 가지 큰 핵심 개념이 있는데, 추상화(abstraction), 캡슐화(encapsulation), 상속(inheritance), 다형성(polymorphism)이 그것입니다. 캡슐화는 캡슐약처럼 그 안의 내용을 숨기는 것이고, 상속은 부모 재산을 자식에게 상속하여 능력을 주는 것입니다. 다형성은 변신 로봇처럼 다양한 형태를 가질 수 있는 능력이며, 추상화는 인터페이스 또는 추상 클래스에서 상속받아 구현하는 설계 관련 개념입니다.

캡슐화

우리가 지금까지 사용한 필드는 특별한 경우가 아니면 private으로 클래스 안에서만 사용해 왔습니다. 필드는 꽁꽁 숨기는 것이 가장 좋습니다. 즉, 부품 역할을 하는 필드는 가루약을 캡슐에 넣어 관리하는 것처럼 프로그래밍에서도 필드를 꽁꽁 숨기는 개념이 바로 캡슐화입니다. 캡슐화는 구조화된 데이터 개체 값 또는 상태를 숨겨 권한이 없으면 접근하지 못하도록 차단합니다. 캡슐화의 또 다른 의미는 연관된 자료 구조와 메서드(함수)를 한 테두리로 묶는 것입니다. 이 책의 원칙 중 하나는 필드는 private이고 public으로 외부에 공개할 때는 속성을 사용하는 것입니다.

상속

부모 클래스의 멤버를 자식 클래스에서 재사용하는 개념을 상속이라고 합니다.

다형성

특정 클래스의 메서드는 매개변수에 따라 여러 가지 다양한 형태일 수 있습니다. 즉, 이러한 클래스의 특징을 다형성이라고 합니다.

47.4 캡슐화를 사용하여 좀 더 세련된 프로그램 만들기

캡슐화를 사용하여 좀 더 세련된 프로그램을 만들 수 있습니다. 앞에서 필드는 private으로 해당 클래스 내에서 꽁꽁 숨겨야 한다고 몇 번이나 강조했습니다. 필드는 자동차 부품 역할을 하기에, 외부에서 보이는 것보다는 내부에서만 사용하도록 명시하는 것이 가장 좋기 때문입니다. 이를 프로그램 코드에도 적용하면 프로그램을 좀 더 세련되게 표현할 수 있습니다. 이 예제에서는 필드를 만들고 외부에 공개할 때 public한 메서드 또는 public한 속성 등으로 공개하는 식으로 캡슐화를 구현하는 예제를 만들 것입니다. 다음 내용을 입력한 후 실행해 보세요.

캡슐화 사용: EncapsulationNote.cs

```csharp
using System;

namespace EncapsulationNote
{
    public class Person
    {
        //① 필드
        private string name;
        //② 메서드: public 메서드 또는 속성으로 외부에 공개
        public void SetName(string n) => name = n;
        public string GetName() => this.name;
    }

    class EncapsulationNote
    {
        static void Main()
        {
            //ⓐ person 개체 생성
            Person person = new Person();
            //ⓑ Set 메서드로 필드 설정
            person.SetName("C#");
            //ⓒ Get 메서드로 필드 공개
            Console.WriteLine(person.GetName());
```

```
            }
        }
    }
```

```
C#
```

Person 클래스의 인스턴스를 생성한 후 name 필드에 접근하려고 시도하면 private으로 설정했기에 다음 오류가 발생합니다.

```
> Person person = new Person();
> person.name = "Error";
(1,8): error CS0122: 보호 수준 때문에 'Person.name'에 액세스할 수 없습니다.
```

외부에서 필드에 접근하지 못하고 필드 값에 접근할 때는 public 메서드 또는 속성으로만 접근하게 하여 클래스 내 필드 값을 보호할 수 있습니다.

47.5 다형성 기법을 사용하여 프로그램 융통성 높이기

개체 지향 프로그래밍의 다형성을 사용하면 프로그램 융통성이 높아집니다. 여기서 융통성은 한 번 만들어 놓고 여러 경우에 대비해서 처리할 수 있는 기법을 제공한다는 것입니다. 이번에는 다형성을 사용해 보겠습니다. 다음 내용을 입력한 후 실행해 보세요.

다형성 기법 사용: PolymorphismDemo.cs

```
using System;

namespace PolymorphismDemo
{
    //① Animal 클래스: 추상 클래스 및 기본 클래스
    public abstract class Animal
    {
        //동물들은 '울다'라는 기능이 있어야 한다고 명세
        public abstract string Cry();
    }
    //② Dog 클래스
    public class Dog : Animal
    {
        public override string Cry() => "멍멍";
    }
    //③ Cat 클래스
```

```csharp
public class Cat : Animal
{
    public override string Cry() => "야옹";
}
//④ Trainer 클래스
public class Trainer
{
    public void DoCry(Animal animal)
    {
        //뭐가 실행? Dog? Cat? => 모른다(컴파일 시점),
        //언제? 런타임에 Dog/Cat을 알 수 있음
        Console.WriteLine("{0}", animal.Cry());  //다형성: dynamic(동적)
    }
}

class PolymorphismDemo
{
    static void Main(string[] args)
    {
        //ⓐ 기본 개체 생성 방법
        Console.WriteLine((new Dog()).Cry());
        Console.WriteLine((new Cat()).Cry());

        //ⓑ 부모 클래스 변수로 개체 생성
        Animal dog = new Dog();
        Console.WriteLine(dog.Cry());
        Animal cat = new Cat();
        Console.WriteLine(cat.Cry());

        //ⓒ 다형성 테스트:
        //동일한 Cry 메서드를 호출하지만,
        //넘겨준 메시지에 따라 서로 다른 유형의 기능 구현
        //그러한 다형성은 메서드 오버라이드로 구현
        Trainer trainer = new Trainer();
        trainer.DoCry(new Dog());
        trainer.DoCry(new Cat());
    }
}
```

\ 실행 결과 /

멍멍멍
야옹
멍멍멍
야옹
멍멍멍
야옹

①의 Animal 클래스는 다른 클래스의 부모 클래스 역할을 하는 추상 클래스로 만들었습니다. 추상 클래스 안에 정의된 추상 메서드는 따로 메서드 본문을 작성하지 않고 메서드에 대한 시그니처를 제공하는 목적이 큽니다. 인터페이스와 추상 클래스는 다른 클래스에 상속을 주어 특정 메서드를 구현하도록 강제하는 역할을 합니다.

④에서 Trainer 클래스의 DoCry() 메서드는 매개변수로 부모 클래스인 Animal 형식을 받습니다. 부모 클래스 형식으로 매개변수가 설정되면 자식 클래스의 인스턴스를 받을 수 있습니다. 이때 컴파일 시점에서는 어떤 클래스의 인스턴스가 넘어올지 모르므로 실제 코드는 동적으로 런타임할 때 어떤 Cry() 메서드가 실행될지 알 수 있습니다.

이러한 형태가 바로 다형성입니다. 다형성을 사용하면 이처럼 넘어오는 개체를 공통 형식으로 받지만, 해당 개체의 메서드를 호출할 수 있는 융통성이 생깁니다.

47.6 클래스의 멤버 종합 연습: 자동차 클래스 구현하기

이번에는 자동차 클래스를 만들고 클래스의 주요 멤버를 모두 사용하는 예제를 작성하면서 전체 키워드를 정리하는 연습을 하겠습니다. 코드에 있는 #region과 #endregion은 예제 다음 단락에서 바로 이어서 설명할 것입니다. 소멸자 내용을 보려면 닷넷 프레임워크(.NET Framework) 기반으로 콘솔 앱을 만드세요. 일단 다음 내용을 입력한 후 실행해 보세요.

자동차 클래스 구현: CarWorld.cs

```
using System;
using System.Collections;

/*
 *① 네임스페이스: 클래스 이름 충돌 방지
 */
namespace CarWorld
{
    //② 인터페이스: 표준, 다중 상속
    interface IStandard { void Run(); }

    ///<summary>
    ///③ 클래스: 설계도
    ///</summary>
    class Car : IStandard
    {
        #region ④ 필드: Private Member Variables
        private string name;            //필드: 부품
```

```csharp
    private string[] names;             //배열형 필드
    private readonly int _Length;       //읽기 전용 필드
    #endregion

    #region ⑤ 생성자: Constructors
    public Car()
    {
        this.name = "좋은차";           //필드를 기본값으로 초기화
    }
    public Car(string name)             //생성자: 시동, 필드 초기화
    {
        this.name = name;
    }
    public Car(int length)
    {
        this.Name = "좋은차";
        _Length = length;               //읽기 전용 필드는 생성자로 초기화 가능
        names = new string[length];     //넘어온 값으로 요소 생성
    }
    #endregion

    #region ⑥ 메서드: Public Methods
    //메서드: 기능/동작
    public void Run() => Console.WriteLine("{0} 자동차가 달립니다.", name);
    #endregion

    #region ⑦ 속성: Public Properties
    public string Name                  //속성: private 필드 -> 외부 공개
    {
        get { return name; }
        set { name = value; }
    }
    public int Length { get { return _Length; } }
    #endregion

    #region ⑧ 소멸자: Destructor
    ~Car()                              //소멸자: 폐차, 만들어진 객체가 소멸될 때
    {
        Console.WriteLine("{0} 자동차가 폐차됨.", name);
    }
    #endregion

    #region ⑨ 인덱서: Indexer
    public string this[int index]       //인덱서: 카탈로그화
    {
        get { return names[index]; }
        set { names[index] = value; }
```

```
    }
    #endregion

    #region ⑩ 이터레이터: Iterators
    public IEnumerator GetEnumerator()    //반복기
    {
        for (int i = 0; i < _Length; i++)
        {
            yield return names[i];
        }
    }
    #endregion

    #region ⑪ 대리자: Public Delegates
    public delegate void EventHandler();  //대리자: 다중 메서드 호출
    #endregion

    #region ⑫ 이벤트: Public Events
    public event EventHandler Click;       //이벤트
    #endregion

    #region ⑬ 이벤트 처리기: Event Handlers
    public void OnClick()                    //이벤트 핸들러
    {
        if (Click != null)
        {
            Click();
        }
    }
    #endregion
}

class CarWorld
{
    static void Main()
    {
        //ⓐ 클래스, 생성자, 메서드 테스트
        Car campingCar = new Car("캠핑카");
        campingCar.Run();                //캠핑카 자동차가 달림

        //ⓑ 속성 테스트
        Car sportsCar = new Car();
        sportsCar.Name = "스포츠카";
        sportsCar.Run();                 //스포츠카 자동차가 달림

        //ⓒ 인덱서 테스트
        Car cars = new Car(2);
```

```
        cars[0] = "1번 자동차";
        cars[1] = "2번 자동차";
        for (int i = 0; i < cars.Length; i++)
        {
            Console.WriteLine(cars[i]);
        }

        //ⓓ 이터레이터 테스트
        foreach (string name in cars)
        {
            Console.WriteLine(name);
        }

        //ⓔ 대리자, 이벤트, 이벤트 처리기 테스트
        Car btn = new Car("전기자동차");
        btn.Click += new Car.EventHandler(btn.Run);
        btn.Click += new Car.EventHandler(btn.Run);
        btn.OnClick();
    }
  }
}
```

\ 실행 결과 /

```
캠핑카 자동차가 달립니다.
스포츠카 자동차가 달립니다.
1번 자동차
2번 자동차
1번 자동차
2번 자동차
전기자동차 자동차가 달립니다.
전기자동차 자동차가 달립니다.
전기자동차 자동차가 폐차됨.
캠핑카 자동차가 폐차됨.
좋은차 자동차가 폐차됨.
스포츠카 자동차가 폐차됨.
```

이 예제는 상당히 긴데, 지금까지 배운 여러 키워드를 사용했습니다.

전처리기 지시문

앞 예제에서 미리 사용한 전처리기 지시문인 #region과 #endregion은 프로그램 코드에 주석처럼
입력하여 특별한 효과를 거두는 코드 블록입니다. 이 중에서 우리가 사용할 만한 코드는 긴 코드

를 단일 블록으로 표시하는 #region과 #endregion입니다. 이는 프로그램 실행과는 전혀 무관하지만, 비주얼 스튜디오 같은 편집기에서는 그 효과를 충분히 거둘 수 있습니다.

다음과 같이 전처리기 지시문 영역(preprocessor directive)은 한 줄로 줄여 표현할 수 있습니다.

▼ 그림 47-1 전처리기 지시문으로 코드를 블록으로 관리

```
CarWorld.cs ⊕ ✕
DotNet                                              ▾  ⚙ CarWorld.IStandard
    1 ✎   ⊞ using ...
    3
    4   ⊟ /*
    5     *[1] 네임스페이스: 클래스명 충돌 방지
    6     */
    7   ⊟ namespace CarWorld
    8   {
    9       //[2] 인터페이스: 표준, 다중상속
   10       interface IStandard { void Run(); }
   11
   12       /// <summary>
   13       /// [3] 클래스: 설계도
   14       /// </summary>
   15   ⊟   class Car : IStandard
   16       {
   17   ⊞       [4] 필드: Private Member Variables
   22
   23   ⊞       [5] 생성자: Constructors
   39
   40   ⊞       [6] 메서드: Public Methods
   44
   45   ⊞       [7] 속성: Public Properties
   53
   54   ⊞       [8] 소멸자: Destructor
   60
   61   ⊞       [9] 인덱서: Indexer
   68
   69   ⊞       [10] 이터레이터: Iterators
   78
   79   ⊞       [11] 대리자: Public Delegates
   82
   83   ⊞       [12] 이벤트: Public Events
   86
   87   ⊟       #region [13] 이벤트 처리기: Event Handlers
   88   ⊞       public void OnClick()    // 이벤트 핸들러 ...
   95           #endregion
   96       }
   97
   98   ⊟   class CarWorld
   99       {
  100   ⊞       static void Main() ...
  132       }
  133   }
  134
```

개체 지향 프로그래밍 목적은 프로그램을 좀 더 세련되게 하고, 사용 융통성(flexibility)(유연성)과 재사용성을 높이는 데 있습니다. 이 강의에서는 예제를 다루면서 캡슐화, 상속, 다형성의 의미를 기억하고, C# 기초를 넘어 데스크톱, 웹, 모바일 등으로 학습을 확장하며 개체 지향 프로그래밍 및 개발 패턴들을 정리해 나가겠습니다.

4^부

C# 확장 기능

48 제네릭 클래스 만들기

이 강의에서는 유용한 제네릭 클래스 및 제네릭 인터페이스 등을 사용하여 제네릭 클래스를 직접 만들어 보겠습니다. 제네릭 클래스는 형식 매개변수 T에 지정한 형식으로 클래스와 멤버 성질을 결정합니다.

48.1 사용자 정의 클래스를 매개변수로 사용하는 제네릭 클래스

우리는 이미 많은 양의 컬렉션 클래스와 제네릭 리스트를 사용해 왔습니다. 컬렉션을 다룰 때 필요한 데이터 형식만 사용하기에 성능 향상을 가져다 주는 기법을 제네릭이라고 합니다. 제네릭은 C# 2.0 버전부터 등장한 특징 중 하나입니다. 제네릭은 매개변수화된 형식을 만드는 데 사용합니다. 제네릭에 전달하는 매개변수를 형식 매개변수(type parameter)라고 합니다. 형식 매개변수에 int, string 등 기본 형식이 아닌 사용자 정의 클래스를 사용하는 방법을 정리해 보겠습니다.

컬렉션 이니셜라이저로 제네릭 리스트 초기화하기

컬렉션 이니셜라이저(collection initializer)는 컬렉션 값을 초기화하는 쉬운 방법을 제공합니다. 특정 클래스 형식의 리스트를 한 번에 초기화하는 컬렉션 이니셜라이저를 사용해 보겠습니다.

```
> class Person
. {
.     public string Name { get; set; }
. }
>
> List<Person> people = new List<Person>
. {
.     new Person { Name = "백승수" },
.     new Person { Name = "이세영" },
.     new Person { Name = "권경민" }
. };
>
```

```
> foreach (var person in people)
. {
.     Console.WriteLine(person.Name);
. }
백승수
이세영
권경민
```

List<T> 형태의 컬렉션 개체를 선언과 동시에 특정 개체 값으로 초기화할 수 있습니다. 이러한 내용을 컬렉션 이니셜라이저라고 합니다.

제네릭 클래스에 사용자 정의 클래스 사용하기

List<T> 형태의 T에 사용자 정의 클래스를 매개변수로 사용할 수 있습니다. 이렇게 만든 제네릭 개체는 개체 이니셜라이저와 마찬가지로 컬렉션도 이니셜라이저로 컬렉션 개체를 생성할 때 바로 특정 요소로 초기화할 수 있습니다. 또 다른 컬렉션 이니셜라이저 예제를 살펴보겠습니다. 다음 코드의 ①이 컬렉션 이니셜라이저입니다.

```
> class Category
. {
.     public int CategoryId { get; set; }
.     public string CategoryName { get; set; }
. }
>
> //① 컬렉션 이니셜라이저를 사용하여 카테고리 리스트 만들기
> var categories = new List<Category>()
. {
.     new Category() { CategoryId = 1, CategoryName = "좋은 책" },
.     new Category() { CategoryId = 2, CategoryName = "좋은 강의" },
.     new Category() { CategoryId = 3, CategoryName = "좋은 컴퓨터" }
. };
>
> //② foreach 문으로 컬렉션 데이터를 출력
> foreach (var category in categories)
. {
.     Console.WriteLine($"{category.CategoryId} - {category.CategoryName}");
. }
1 - 좋은 책
2 - 좋은 강의
3 - 좋은 컴퓨터
```

이 코드는 카테고리를 다루는 모델 클래스인 Category 클래스의 인스턴스를 여러 개 담을 수 있는 List<T> 형태의 categories 컬렉션을 만들고 출력하는 간단한 예제입니다.

제네릭 개체를 초기화하는 세 가지 방법 정리

단순한 int, string이 아닌 사용자 정의된 클래스를 List<T> 제네릭 리스트 클래스의 T에 전달하여 구조화해서 사용할 수 있습니다. 특정 클래스 형태의 리스트 클래스로 12개월 일사량을 출력하는 방법을 예제로 살펴보겠습니다.

```
public class Insolation
{
    public int Month { get; set; }      //월
    public float Value { get; set; }    //일사량 값
}

//① 개체 형식의 리스트 생성: 컬렉션 이니셜라이저로 값 초기화
List<Insolation> insolations = new List<Insolation>()
{
    new Insolation { Month = 1, Value = 0.3f },
    new Insolation { Month = 2, Value = 0.6f },
    new Insolation { Month = 3, Value = 0.9f },
    new Insolation { Month = 4, Value = 1.2f }
};

//② Add( ) 메서드로 리스트에 값 추가: 개체 이니셜라이저로 값 초기화
insolations.Add(new Insolation() { Month = 5, Value = 1.5f });
insolations.Add(new Insolation() { Month = 6, Value = 1.8f });
insolations.Add(new Insolation() { Month = 7, Value = 1.6f });
insolations.Add(new Insolation() { Month = 8, Value = 1.5f });

//③ AddRange( ) 메서드로 리스트에 값들 추가
var tempInsolations = new List<Insolation>()
{
    new Insolation { Month = 9, Value = 1.2f },
    new Insolation { Month = 10, Value = 0.9f },
    new Insolation { Month = 11, Value = 0.6f },
    new Insolation { Month = 12, Value = 0.1f }
};
insolations.AddRange(tempInsolations);

Console.WriteLine("연간 일사량");        //④ 리스트 출력
```

연간 일사량
```
> foreach (var insolation in insolations)
. {
.     Console.WriteLine($"{insolation.Month:00} - {insolation.Value}");
. }
01 - 0.3
02 - 0.6
03 - 0.9
04 - 1.2
05 - 1.5
06 - 1.8
07 - 1.6
08 - 1.5
09 - 1.2
10 - 0.9
11 - 0.6
12 - 0.1
```

①처럼 List⟨T⟩에 List⟨Insolation⟩ 형태로 사용자 정의 클래스를 넣고 개체를 생성할 수 있습니다. 리스트를 선언과 동시에 초기화할 때는 컬렉션 이니셜라이저를 사용하여 한 번에 데이터 여러 개를 줄 수 있습니다.

이미 기본값으로 초기화된 리스트에 추가로 데이터를 입력할 때는 ②처럼 Add( ) 메서드에 개체를 개체 이니셜라이저로 줄 수 있습니다. 또 ③처럼 AddRange( ) 메서드로 데이터 리스트 여러 개를 한꺼번에 줄 수도 있습니다.

리스트 값을 출력할 때는 foreach 문으로 반복해서 사용합니다.

LINQ로 사용자 정의 제네릭 개체 데이터 다루기

이번에는 LINQ를 사용하여 특정 클래스 형태의 컬렉션 데이터를 다루는 여러 가지 사용법을 알아보겠습니다. 다음 내용을 C# 인터렉티브에서 단계별로 실행해 보세요. 프로젝트 기반 소스는 LinqCollectionDemo.cs 파일입니다.

```
> class Car
. {
.     public string Make { get; set; }
.     public string Model { get; set; }
.     public int Year { get; set; }
. }
```

```
> class NewType
. {
.     public string Maker { get; set; }
. }
>
> List<Car> cars = new List<Car>() {   //컬렉션 이니셜라이저를 사용하여 데이터 담기
.     new Car() { Make = "Camper", Model = "Camper1", Year = 2015 },
.     new Car() { Make = "Camper", Model = "Camper3", Year = 2016 },
.     new Car() { Make = "SUV", Model = "AAA", Year = 2017 },
.     new Car() { Make = "SUV", Model = "BBB", Year = 2018 },
.     new Car() { Make = "SUV", Model = "CCC", Year = 2019 },
.     new Car() { Make = "SUV", Model = "DDD", Year = 2020 }
. };
>
> //LINQ를 사용해서 Camper만 출력: select * from cars where make = 'Camper'
> var campers = from car in cars
.                 where car.Make == "Camper"
.                 select car;
> campers
Enumerable.WhereListIterator<Submission#4.Car> { Submission#4.Car { Make="Camper",
Model="Camper1", Year=2015 }, Submission#4.Car { Make="Camper", Model="Camper3",
Year=2016 } }
>
> //2015년도 이후 출시된 자동차
. var newCars = from car in cars
.                 where car.Year >= 2015
.                 select car;
> newCars
Enumerable.WhereListIterator<Submission#4.Car> { Submission#4.Car { Make="Camper",
Model="Camper1", Year=2015 }, Submission#4.Car { Make="Camper", Model="Camper3",
Year=2016 }, Submission#4.Car { Make="SUV", Model="AAA", Year=2017 }, Submission#4.
Car { Make="SUV", Model="BBB", Year=2018 }, Submission#4.Car { Make="SUV", Model="CCC",
Year=2019 }, Submission#4.Car { Make="SUV", Model="DDD", Year=2020 } }
>
> var orderedCars = from car in cars   //가장 최근에 출시된 자동차부터 정렬
.                      orderby car.Year descending
.                      select car;
> orderedCars
OrderedEnumerable<Submission#4.Car, int> { Submission#4.Car { Make="SUV", Model="DDD",
Year=2020 }, Submission#4.Car { Make="SUV", Model="CCC", Year=2019 }, Submission#4.
Car { Make="SUV", Model="BBB", Year=2018 }, Submission#4.Car { Make="SUV", Model="AAA",
Year=2017 }, Submission#4.Car { Make="Camper", Model="Camper3", Year=2016 },
```

```
Submission#4.Car { Make="Camper", Model="Camper1", Year=2015 } }
>
> var newObjects = from car in cars   //LINQ로 새로운 개체 형식으로 반환
.                     orderby car.Year ascending
.                     select new NewType { Maker = car.Make };
> newObjects
Enumerable.WhereSelectEnumerableIterator<Submission#4.Car, Submission#5.NewType>
{ Submission#5.NewType { Maker="Camper" }, Submission#5.NewType { Maker="Camper"
}, Submission#5.NewType { Maker="SUV" }, Submission#5.NewType { Maker="SUV" },
Submission#5.NewType { Maker="SUV" }, Submission#5.NewType { Maker="SUV" } }
```

List⟨T⟩의 T에 사용자 지정 클래스 설정하기

이번에는 List⟨T⟩의 T 자리에 특정 클래스 형식을 지정하는 예제를 살펴보겠습니다. 다음 내용을
C# 인터렉티브에 입력한 후 실행해 보세요. 프로젝트 기반 소스는 ListOfObject.cs 파일입니다.

1. 전화번호의 지역과 국번을 담을 수 있는 AreaCode 클래스를 만듭니다.

```
> //① 지역과 국번 저장 클래스 선언
> public class AreaCode
. {
.     public string Number { get; set; }
.     public string AreaName { get; set; }
. }
```

2. List⟨T⟩에 List⟨AreaCode⟩ 형태를 지정하여 제네릭 리스트 개체인 areas를 만듭니다.

```
> //② 제네릭 리스트 개체 생성
> List<AreaCode> areas = new List<AreaCode>();
```

3. 속성과 개체 이니셜라이저를 따로따로 사용하여 개체 2개를 만듭니다.

```
> //③ 컬렉션에 포함될 각 개체 생성
> AreaCode seoul = new AreaCode();   //③-1 속성으로 개체 초기화
> seoul.Number = "02";
> seoul.AreaName = "서울";
>
> AreaCode sejong = new AreaCode()   //③-2 개체 이니셜라이저로 개체 초기화
. {
.     Number = "044",
.     AreaName = "세종"
. };
```

4. 컬렉션에 Add( ) 메서드로 AreaCode 개체를 등록합니다.

```
> //④ 컬렉션에 개체 등록
> areas.Add(seoul);
> areas.Add(sejong);
```

5. for 구문 또는 foreach 구문으로 areas 컬렉션 개체의 내용을 출력합니다.

```
> //⑤ 컬렉션의 값을 반복해서 속성으로 출력
> foreach (var area in areas)
. {
.     Console.WriteLine($"번호 : {area.Number}, 지역 : {area.AreaName}");
. }
번호 : 02, 지역 : 서울
번호 : 044, 지역 : 세종
```

앞 코드처럼 단순한 List⟨int⟩ 대신에 List⟨AreaCode⟩ 형태를 사용하여 배열보다 편한 구조를 만들 수 있습니다. 필자는 배열보다는 리스트, 특히 List⟨T⟩ 형태의 컬렉션을 자주 사용하는 편입니다.

Note ≡ **컬렉션 합치기 연습**

컬렉션 2개를 하나로 합치는 기능을 만들어 보겠습니다. 다음과 같이 First와 Second 컬렉션을 합쳐 Merge 컬렉션에 포함하는 기능을 만드는 방법은 많이 있겠지만, List⟨T⟩ 제네릭 클래스의 Add( ) 메서드를 사용하면 쉽게 구현할 수 있습니다.

❤ 그림 48-1 컬렉션 합치기

First

A	B
F1A	F1B
F2A	F2B

Second

B	C
S1B	S1C
S2B	S2C

Merge

A	B	C
F1A	F1B	
F2A	F2B	
	S1B	S1C
	S2B	S2C

앞 그림과 같은 컬렉션 합치기 예제를 만들어 보겠습니다. First와 Second 컬렉션을 Merge 컬렉션에 포함합시다.

```
> class First
. {
.     public string A { get; set; }
.     public string B { get; set; }
. }
>
> class Second
. {
```

◐ 계속

```
      public string B { get; set; }
      public string C { get; set; }
  }

class Merge
  {
      public string A { get; set; }
      public string B { get; set; }
      public string C { get; set; }
  }

var first = new List<First>()
  {
      new First() { A = "F1A", B = "F1B" },
      new First() { A = "F2A", B = "F2B" }
  };
var second = new List<Second>()
  {
      new Second() { B = "S1B", C = "S1C" },
      new Second() { B = "S2B", C = "S2C" }
  };

var merge = new List<Merge>();          //Merge 컬렉션 생성

for (int i = 0; i < first.Count; i++)   //first 컬렉션 추가: for 문 사용
  {
      merge.Add(new Merge() { A = first[i].A, B = first[i].B });
  }

foreach (var s in second)               //second 컬렉션 추가: foreach 문 사용
  {
      merge.Add(new Merge() { B = s.B, C = s.C });
  }

Console.WriteLine($"{"A ",5} {"B ",5} {"C ",5}");  //합친 컬렉션 출력
    A     B     C
foreach (var m in merge)
  {
      Console.WriteLine($"{m.A,5} {m.B,5} {m.C,5}");
  }
  F1A   F1B
  F2A   F2B
        S1B   S1C
        S2B   S2C
```

실행 결과 컬렉션 2개를 제네릭 컬렉션 하나에 포함해서 출력함을 알 수 있습니다.

48.2 사전 제네릭 클래스 소개

닷넷에서 제공되는 컬렉션 클래스는 리스트(list)와 사전(dictionary)으로 구분할 수 있습니다. 리스트와 사전은 다음과 같이 비교할 수 있습니다.

▼ 표 48-1 리스트와 사전 비교

리스트	사전
요소 하나에 값을 저장합니다.	요소 하나에 키와 값을 저장합니다.
인덱스를 사용하여 요소에 접근합니다.	키를 사용하여 요소에 접근합니다.
요소 값 중복을 허용합니다.	요소 중복은 허용하나 키 중복은 허용하지 않습니다.
반복이 빠릅니다.	특정 키에 검색이 빠릅니다.

※ C#에서 리스트 클래스는 List⟨T⟩를, 사전 클래스는 Dictionary⟨TKey, TValue⟩를 가장 많이 사용합니다.

System.Collections.Generic 네임스페이스에서는 Dictionary⟨TKey, TValue⟩ 이외에도 SortedList⟨TKey, TValue⟩, SortedDictionary⟨TKey, TValue⟩ 등 추가 딕셔너리 클래스를 제공합니다. 따로 구분할 필요는 없지만, 다음 내용을 간단히 읽어 보세요. 추가적인 상세한 정보는 마이크로소프트 Docs 온라인 설명서를 참고하세요.

- Dictionary⟨TKey, TValue⟩: 일반적인 형태로 저장하고, 정렬되지는 않습니다.
- SortedList⟨TKey, TValue⟩: 키로 정렬하고, 정렬된 데이터를 빠르게 출력합니다.
- SortedDictionary⟨TKey, TValue⟩: 키로 정렬하고, 정렬되지 않은 데이터를 빠르게 출력합니다.

> Note ≡ **ListDictionary 클래스 소개**
>
> 닷넷에서 제공하는 컬렉션 관련 클래스 중에는 ListDictionary라는 독특한 클래스도 있습니다. 중요하지 않은 클래스이니 코드만 간단히 살펴보겠습니다. 다음 내용을 C# 인터렉티브에 입력한 후 실행해 보세요. 프로젝트 기반 소스는 ListDictionaryDemo.cs 파일입니다.
>
> 1. 네임스페이스를 추가합니다.
>
> ```
> > using System.Collections.Specialized;
> ```
>
> 2. Book 클래스를 하나 만듭니다.
>
> ```
> > class Book
> . {
> .     public string Title { get; set; }
> .     public string Author { get; set; }
> ```

○ 계속

```
.        public string ISBN { get; set; }
. }
```

3. Book 클래스의 개체를 2개 만듭니다. 하나는 속성을 사용하고, 다른 하나는 개체 이니셜라이저를 사용했습니다.

```
> //① 개체의 인스턴스 생성 -> 속성 값 초기화
> Book b1 = new Book();
> b1.Title = "ASP.NET"; b1.Author = "박용준"; b1.ISBN = "1234";
>
> //② Object Initializer(개체 초기화)
> Book b2 = new Book() { Title = "C#", Author = "박용준", ISBN = "4321" };
```

4. ListDictionary 개체에 문자열 키 값을 사용하여 Book 개체 2개를 저장합니다. ListDictionary 클래스는 키와 값을 저장할 때 object 형식을 사용합니다.

```
> //③ ListDictionary 클래스에 개체 담기: Key, Value 쌍으로 개체 값 저장
> ListDictionary ld = new ListDictionary();
> ld.Add("첫번째", b1);
> ld.Add("두번째", b2);
```

5. ListDictionary 개체에 저장된 값을 키로 검색한 후 Book 클래스 형식으로 변환하고 각 속성 값을 출력합니다.

```
> //④ object 형식으로 저장된 값을 Book으로 변환한 후 출력
> ((Book)ld["첫번째"]).Title
"ASP.NET"
> Book b = (Book)ld["두번째"];
> Console.WriteLine("{0}, {1}, {2}", b.Title, b.Author, b.ISBN);
C#, 박용준, 4321
```

ListDictionary 클래스는 제네릭 클래스가 아니기에 거의 사용하지 않습니다. 하지만 키와 값으로 저장되는 클래스 중 하나이기에 이 예제에서 다루어 보았습니다.

Dictionary〈T〉 클래스로 키와 값을 쌍으로 관리하기

Dictionary〈T〉 클래스는 키(key)와 값(value)의 쌍으로 컬렉션을 관리하는 클래스입니다. 이 클래스를 사용하면 표 형태의 많은 데이터양을 편리하게 다룰 수 있는 기능을 제공합니다. Dictionary〈키, 값〉 형태의 컬렉션을 만들고 Add(키, 값) 메서드 또는 [키] 형태로 여러 데이터를 보관하고 사용할 수 있습니다.

다음 내용을 입력한 후 실행해 보세요.

```
> Dictionary<int, int> pairs = new Dictionary<int, int>();
> pairs.Add(1, 100);
```

48

제네릭 클래스 만들기

```
> pairs.Add(2, 200);
> pairs
Dictionary<int, int>(2) { { 1, 100 }, { 2, 200 } }
```

키와 값의 쌍을 관리하는 컬렉션이지만, 키 값이 없는 것을 요청하면 다음 에러가 발생할 수 있습니다. 미리 사용하려는 만큼 키와 기본값으로 초기화해 놓으면 좋습니다.

```
> pairs[99]
지정한 키가 사전에 없습니다.
   + System.ThrowHelper.ThrowKeyNotFoundException()
   + Dictionary<TKey, TValue>.get_Item(TKey)
```

1월부터 12월까지 명확하게 1부터 12까지 데이터를 다루는 형태에서 메모리상에 데이터를 올려두고 사용할 때는 Dictionary<T> 클래스가 유용합니다.

```
> using System.Collections.Generic;
>
> //① 키와 값으로 된 Dictionary<T> 개체 생성
> Dictionary<int, double> keyValuePairs = new Dictionary<int, double>();
>
> //② 1부터 12까지 기본값으로 초기화: 배열과 달리 1부터 12까지 지정 가능
> for (int i = 1; i <= 12; i++)
. {
.     keyValuePairs.Add(i, 0.0);
. }
>
> //③ 월별 전기 요금 사용량 관리
> keyValuePairs[1] = 10.01;  //1월에 10.01kW 사용했다고 가정
> keyValuePairs[2] = 20.02;  //2월에 20.02kW 사용했다고 가정
>
> //④ 월별 사용량 출력
> for (int i = 1; i <= 3; i++)
. {
.     Console.WriteLine($"{i}월 - {keyValuePairs[i]}kW 사용");
. }
1월 - 10.01kW 사용
2월 - 20.02kW 사용
3월 - 0kW 사용
```

이 예제처럼 배열과 달리 0부터 시작하지 않아도 되기에 1부터 12까지 명확한 데이터 처리에 사용하면 편리합니다.

Dictionary⟨T⟩ 클래스에 문자열 키 사용하기

이번에는 Dictionary⟨T⟩ 클래스에 문자열 키를 사용하는 예제를 살펴보겠습니다.

```
> //① Dictionary⟨T⟩ 클래스: 키와 값의 쌍으로 컬렉션 관리
> Dictionary<string, string> nickNames = new Dictionary<string, string>();
> nickNames.Add("Taeyo", "태오");
> nickNames.Add("RedPlus", "레드플러스");
> nickNames.Add("Itist", "아이티스트");
> nickNames
Dictionary<string, string>(3) { { "Taeyo", "태오" }, { "RedPlus", "레드플러스" },
{ "Itist", "아이티스트" } }
>
> //② ContainsKey() 메서드로 키 확인
> if (nickNames.ContainsKey("RedPlus"))
. {
.     Console.WriteLine(nickNames["RedPlus"]);
. }
레드플러스
> nickNames["RedPlus"]
"레드플러스"
> nickNames["RedMinus"]
System.Collections.Generic.KeyNotFoundException: 지정한 키가 사전에 없습니다.
  + System.ThrowHelper.ThrowKeyNotFoundException()
  + Dictionary<TKey, TValue>.get_Item(TKey)
```

①처럼 Dictionary⟨string, string⟩ 형태로 개체를 생성하면 문자열 키와 값을 저장할 수 있는 구조를 만듭니다.

Dictionary⟨T⟩ 클래스는 없는 키 값을 요청하면 에러가 발생하기에 ②처럼 ContainsKey() 메서드로 키 값을 확인한 후 사용할 수 있습니다.

48.3 제네릭 인터페이스

형식 매개변수 T를 쓰는 제네릭 인터페이스를 사용해 보겠습니다.

- ICollection⟨T⟩ 인터페이스: 제네릭 컬렉션 관련 클래스의 부모 역할을 하는 인터페이스 중 하나인 ICollection⟨T⟩ 인터페이스는 제네릭 컬렉션을 조작하는 메서드 정의를 제공합니다. 예를 들어 다음 메서드를 제공합니다.
  - Count: 요소 개수를 반환합니다.

- Add(T): T 개체를 추가합니다.
- Clear(): 항목을 모두 제거합니다.
- Contains(T): 특정 값이 들어 있는지 여부를 확인합니다.
- Remove(T): 맨 처음 발견되는 특정 개체를 제거합니다.

- **IEnumerable⟨T⟩ 인터페이스**: IEnumerable⟨T⟩ 인터페이스는 컬렉션의 데이터를 읽기 전용으로 출력할 때 사용합니다. 출력 전용이라면 IEnumerable⟨T⟩ 인터페이스를 반환값으로 사용하길 권장합니다. 당연한 이야기이지만, 데이터를 수정할 때는 IEnumerable⟨T⟩를 사용할 수 없습니다. 참고로 Entity Framework Core 같은 ORM을 사용할 때는 IEnumerable⟨T⟩ 대신에 IQueryable⟨T⟩ 인터페이스를 사용하길 권장합니다.

문자열 배열을 사용하는 세 가지 방법

이번에는 문자열 배열을 선언해서 사용하는 세 가지 방법을 소개합니다. 가장 기본이 되는 string[]과 List⟨T⟩, IEnumerable⟨T⟩의 세 가지 형태입니다.

```
> //① 문자열 배열을 선언하는 기본적인 방법
> var a1 = new string[] { "Red", "Green", "Blue" };
>
> //② List<T> 개체를 생성한 후 문자열 배열을 ToList() 메서드로 변환
> var a2 = new List<string>(); a2 = a1.ToList();
>
> //③ IEnumerable<T> 개체를 생성한 후 문자열 배열을 바로 대입 가능
> IEnumerable<string> a3 = a1;
>
> //④ IEnumerable<T> 개체를 ToList() 메서드로 List<T> 형태로 변환
> var a4 = a3.ToList();
>
> //⑤ IEnumerable<T> 개체는 주로 foreach 문으로 반복 사용
> foreach (var arr in a3)
. {
.     Console.WriteLine(arr);
. }
Red
Green
Blue
>
> //⑥ string[], List<T> 개체는 for 문으로 반복 가능
> for (int i = 0; i < 3; i++)
. {
```

```
.        Console.WriteLine($"{a1[i]}, {a2[i]}, {a4[i]}");
.    }
Red, Red, Red
Green, Green, Green
Blue, Blue, Blue
```

문자열 배열, 즉 컬렉션 형태의 데이터는 프로그램을 작성하면서 제일 많이 사용하는 형태 중 하나입니다. 이때 string[], List<T>, IEnumerable<T> 형태로 배열을 만들고 사용할 수 있습니다. 학습자 입장에서는 이 세 가지 사용법에 포커스를 먼저 맞춘 후 세부적인 차이점은 차차 알아 가는 방법을 권장합니다.

48.4 제네릭 클래스 만들기

지금까지 우리는 많은 양의 제네릭 클래스를 사용해 왔습니다. 이제는 직접 제네릭 클래스를 만들어 보겠습니다. 제네릭 클래스는 클래스를 생성할 때 <T> 형태로 클래스와 클래스의 멤버 성질을 결정할 수 있습니다.

내장된 제네릭 클래스가 아닌 자신만의 제네릭 클래스를 만들어 보겠습니다. 다음 내용을 입력한 후 실행해 보세요.

```
> //① 클래스<T> 형태로 제네릭 클래스 만들기
> public class Cup<T>
. {
.     public T Content { get; set; }
. }
>
> //ⓐ T에 string을 전달하여 문자열을 저장하는 속성 생성
> Cup<string> text = new Cup<string>();
> text.Content = "문자열";   //string
>
> //ⓑ T에 int를 전달하여 정수형을 저장하는 속성 생성
> Cup<int> number = new Cup<int>();
> number.Content = 1234;   //int
>
> Console.WriteLine($"{text.Content}, {number.Content}");
문자열, 1234
```

①에서 Cup<T> 형태로 형식 매개변수를 갖는 제네릭 클래스를 만들고, ⓐ와 ⓑ에서 필요한 형식을 전달하여 그 형식에 맞게 속성을 만들어 사용하는 코드를 작성했습니다.

제네릭 클래스의 형식 매개변수로 속성 형식 변경하기

T 형식 매개변수에 전달되는 값에 따라 Multi<T> 클래스의 Data 속성 형식이 변경되는 예제는 다음과 같습니다.

```
> public class Multi<T>
. {
.     public T Data { get; set; }
. }
>
> Multi<string> title = new Multi<string>();
> title.Data = "연봉";
>
> Multi<long> income = new Multi<long>();
> income.Data = 100_000_000;
>
> Console.WriteLine($"{title.Data} : {income.Data:#,###}");
연봉 : 100,000,000
```

Multi 클래스에 전달되는 T에 string을 전달하면 Data 속성은 string 형식이 되고, long을 전달하면 Data 속성은 long 형식이 됩니다.

제네릭에 사용자 정의 형식 클래스 전달하기

제네릭 클래스에 기본 형식이 아닌 사용자 정의 형식 클래스를 지정하는 예제를 만들어 보겠습니다.

```
> class Juice { }
> class Coffee { }
>
> //① Cup of T, Cup<T>
. class Cup<T>
. {
.     public T Type { get; set; }
. }
>
> //ⓐ T 형식 매개변수로 Juice 클래스 전송
> Cup<Juice> juice = new Cup<Juice>();
> juice.Type = new Juice();
> Console.WriteLine(juice.Type.ToString());  //GenericNote.Juice
Juice
>
> //ⓑ T 형식 매개변수로 Coffee 클래스 전송
```

```
> var coffee = new Cup<Coffee> { Type = new Coffee() };
> Console.WriteLine(coffee.Type.ToString());  //GenericNote.Coffee
Coffee
```

프로젝트 기반으로 실행하면 다음과 같습니다.

\ 실행 결과 /

```
GenericNote.Juice
GenericNote.Coffee
```

클래스 이름 뒤에 〈T〉 형태를 붙이면 제네릭 클래스가 됩니다. 제네릭 클래스에 전달되는 T 같은 표현은 형식 매개변수로 특정 형식을 매개변수로 받아 해당 클래스 형태로 메서드 등을 만들 수 있습니다.

ⓐ처럼 Cut〈T〉 형태로 만든 제네릭 클래스는 T에 특정 클래스 형식을 담을 수 있는 융통성이 있습니다.

ⓐ에서 Juice 클래스를 T 형식 매개변수로 전송하면 juice 개체의 Type 속성은 Juice 클래스의 인스턴스가 됩니다. ⓑ에서 Coffee 클래스를 형식 매개변수로 전송하면 coffee 개체의 Type 속성은 Coffee 클래스의 인스턴스가 됩니다.

형식 매개변수에 대한 제약조건

제네릭 클래스를 만들 때 형식 매개변수에 제약조건을 줄 수 있습니다. 클래스를 선언할 때 where 키워드를 사용하여 T가 구조체인지 클래스인지를 결정할 수 있습니다.

이번에는 형식 매개변수에 대한 제약조건을 사용해 보겠습니다. 다음 내용을 C# 인터렉티브에서 단계별로 실행해 보세요. 프로젝트 기반 소스는 TypeConstraint.cs 파일에 있습니다.

1. IKs 인터페이스와 GoodCar, BadCar, OfficeCamper 클래스를 선언합니다.

```
> public interface IKs { }
> public class GoodCar { }
> public class { public BadCar(string message) { } }
> public class OfficeCamper : GoodCar, IKs { }
```

2. where와 struct 키워드로 형식 매개변수 T에 값 형식만 받는 제네릭 클래스를 만들 수 있습니다. 참조 형식이 들어오면 다음과 같이 컴파일 에러가 발생합니다.

```
> public class CarValue<T> where T : struct { }   //값 형식만
```

```
> CarValue<int> c = new CarValue<int>();          //struct 성공
> CarValue<string> c = new CarValue<string>();
(1,18): error CS0453: The type 'string' must be a non-nullable value type in order to
use it as parameter 'T' in the generic type or method 'CarValue<T>'
(1,35): error CS0453: The type 'string' must be a non-nullable value type in order to
use it as parameter 'T' in the generic type or method 'CarValue<T>'
```

3. class 제약 조건을 부여하면 참조 형식만 받는 제네릭 클래스를 생성할 수 있습니다. 마찬가지로 값 형식이 들어오면 컴파일 에러가 발생합니다.

```
> public class CarReference<T> where T : class { }          //참조 형식만
> CarReference<string> cs = new CarReference<string>();  //class 성공
> CarReference<decimal> cs = new CarReference<decimal>();
(1,23): error CS0452: The type 'decimal' must be a reference type in order to use it
as parameter 'T' in the generic type or method 'CarReference<T>'
(1,45): error CS0452: The type 'decimal' must be a reference type in order to use it
as parameter 'T' in the generic type or method 'CarReference<T>'
```

4. 제약 조건으로 제공하는 new() 형태는 기본 생성자가 반드시 있는 클래스임을 의미합니다. 기본 생성자 없이 매개변수가 있는 생성자를 T에 전달하면 에러가 발생합니다.

```
> public class CarNew<T> where T : new() { }    //Default 생성자
> public class GoodCar { }
> public class BadCar { public BadCar(string message) { } }
> CarNew<GoodCar> cn = new CarNew<GoodCar>();  //new() 성공
> CarNew<BadCar> bad = new CarNew<BadCar>();
(1,16): error CS0310: 'BadCar' must be a non-abstract type with a public
parameterless constructor in order to use it as parameter 'T' in the generic type or
method 'CarNew<T>'
(1,33): error CS0310: 'BadCar' must be a non-abstract type with a public
parameterless constructor in order to use it as parameter 'T' in the generic type or
method 'CarNew<T>'
```

앞 코드에서 BadCar 클래스는 매개변수가 있는 생성자만 있고, 기본 생성자가 없을 때 CarNew<T>에 전달되면 에러가 발생합니다.

5. 제네릭 제약 조건에 명확하게 특정 클래스 또는 인터페이스를 지정할 때는 해당 형식만 사용할 수 있습니다.

다음 코드의 CarClass<T>는 반드시 GoodCar 클래스를 상속한 클래스만 올 수 있습니다. OfficeCamper 클래스는 GoodCar 클래스에서 파생된 클래스이기에 CarClass<T>에 전달할 수 있습니다. BadCar 클래스를 T에 전달하면 에러가 발생합니다.

```
> public class GoodCar { }
```

```
> public class CarClass<T> where T : GoodCar { }   //GoodCar에서 파생
> public class OfficeCamper : GoodCar, IKs { }
> CarClass<OfficeCamper> cc = new CarClass<OfficeCamper>();
> CarClass<BadCar> badCar;
(1,18): error CS0311: The type 'BadCar' cannot be used as type parameter 'T' in the
generic type or method 'CarClass<T>'. There is no implicit reference conversion from
'BadCar' to 'GoodCar'.
```

6. CarInterface<T>는 IKs 인터페이스만 매개변수로 받을 수 있습니다. 이외의 형태를 지정하면
   에러가 발생합니다.

```
> public class CarInterface<T> where T : IKs { }   //IKs인터페이스
> CarInterface<IKs> h = new CarInterface<IKs>();
> CarInterface<object> ie;
(1,22): error CS0311: The type 'object' cannot be used as type parameter 'T' in the
generic type or method 'CarInterface<T>'. There is no implicit reference conversion
from 'object' to 'IKs'.
```

우리가 새롭게 만드는 형식인 <T> 구조에서 T에 대한 제약을 둘 수 있습니다. 물론 앞에서 나열한
내용 이외에 더 많은 조건을 다룰 수도 있지만, 이 책에서는 한 번 정도 다루는 것으로 마무리하겠
습니다.

제네릭의 T 형식 매개변수를 여러 개 사용하기

이번에는 제네릭의 T 형식 매개변수를 여러 개 사용하는 방법을 알아보겠습니다. 일반적으로 형
식 매개변수는 관행적으로 T, V, ... 형태로 대문자로 시작하는 문자 또는 문자열을 사용할 수 있
습니다.

```
> //① 형식 매개변수 2개 사용
> class Pair<T, V>
. {
.     public T First { get; set; }
.     public V Second { get; set; }
.     public Pair(T first, V second)
.     {
.         First = first;
.         Second = second;
.     }
. }
>
> //② string, bool 2개 형식 받기
```

```
> var my = new Pair<string, bool>("나는 멋져!", true);
. Console.WriteLine($"{my.First} : {my.Second}");
나는 멋져! : True
>
> //ⓑ int, double 2개 형식 받기
> var tuple = new Pair<int, double>(1234, 3.14);
> Console.WriteLine($"{tuple.First}, {tuple.Second}");
1234, 3.14
```

①에서 Pair<T, V> 형태로 형식 매개변수를 2개 받는 제네릭 클래스를 만들었습니다. ⓐ에서는 string, bool을 받고 ⓑ에서는 int, double을 받아 사용하는 형태로 값을 2개 받아 출력해 보았습니다.

제네릭 클래스와 제네릭 메서드

형식 매개변수 T는 클래스에 사용할 수 있으며 마찬가지로 필드, 속성, 메서드의 매개변수 형식 또는 반환 형식에 사용할 수도 있습니다. 제네릭 클래스에서 제네릭 멤버를 함께 사용하는 예제를 살펴보겠습니다. 프로젝트 기반 소스는 GenericMethod.cs 파일에서 살펴볼 수 있습니다.

1. 제네릭 클래스를 만들고 제네릭 멤버를 추가합니다.

```
> //① 제네릭 클래스 설계
> public class Hello<T>
. {
.     private T _message;                              //필드
.     public Hello() { _message = default(T); }       //기본 생성자
.     public Hello(T message) { this._message = message; }  //매개변수가 있는 생성자
.     public void Say(T message) =>
.         Console.WriteLine("{0}", message);           //제네릭 메서드
.     public T GetMessage() => this._message;          //일반 메서드
. }
```

2. Hello 클래스의 기본 인스턴스를 생성한 후 GetMessage() 메서드를 출력하면 기본 생성자로 넘겨준 T의 기본값이 출력됩니다.

```
> (new Hello<string>()).GetMessage()
null
> (new Hello<int>()).GetMessage()
0
```

3. T에 string을 입력하고 매개변수가 있는 생성자에 문자열을 전달한 후 GetMessage() 메서드를 호출하면 전달된 문자열을 그대로 출력합니다.

```
> (new Hello<string>("안녕")).GetMessage()
"안녕"
```

4. decimal 형식을 생성자로 전달한 후 출력하는 내용입니다.

```
> (new Hello<decimal>(12.34m)).GetMessage()
12.34
```

5. 제네릭 메서드인 Say() 메서드는 전달된 T 형식을 받아 그대로 출력합니다. 전달된 T의 형식이 string이면 string 형식을, double이면 double 형식을 Say() 메서드의 매개변수로 받습니다.

```
> (new Hello<string>().Say("Say Hello"))
Say Hello
> (new Hello<double>().Say(3.14))
3.14
```

사용자 정의 클래스를 형식 매개변수로 받는 중요한 제네릭 클래스와 제네릭 인터페이스를 사용했습니다. 그런 다음에 직접 제네릭 클래스를 만들어 보았습니다. 제네릭 클래스는 C#에서 역할이 굉장하니 제네릭 클래스를 잘 익혀 두면 좋습니다.

제네릭 클래스 만들기

49 확장 메서드 만들기

우리는 앞에서 닷넷 API를 다루면서 많은 양의 확장 메서드를 이미 사용해 보았습니다. 이 강의에서는 이러한 확장 메서드를 직접 만들어 보겠습니다.

49.1 확장 메서드

확장 메서드(extension method)는 원본 형식을 변경하지 않고 이미 있는 형식에 추가로 기능을 덧붙일 수 있습니다. 확장 메서드는 이미 만들어 있는 클래스 기능을 확장하고, 클래스와 구조체, 인터페이스에서 사용할 수 있습니다. 특히 봉인(sealed) 클래스는 상속이 불가능하므로 봉인 클래스에 새로운 메서드를 적용하기가 유용합니다.

확장 메서드는 static 키워드가 붙은 클래스에 static 메서드로 만들어집니다. 이때 반드시 동일한 네임스페이스를 참조해야 합니다. 확장 메서드의 첫 번째 매개변수에 this 키워드를 지정하여 확장 메서드를 사용할 개체 형식을 선택할 수 있습니다. 확장 메서드를 사용하면 같은 네임스페이스의 모든 클래스에서 해당 확장 메서드를 호출할 수 있는데, 확장 메서드는 이미 완성된 기존 형식에 새로운 메서드를 추가하는 방법으로 사용합니다.

확장 메서드의 메서드 시그니처는 다음과 같이 표현합니다. 첫 번째 매개변수는 직접 넘겨주는 것이 아닌 정적 메서드로 호출할 개체 형식을 표현합니다.

```
> public static void MethodName(this object obj, int i) { }
> public static void MethodName(this string str, int i) { }
```

확장 메서드 만들기를 정리하면 다음과 같습니다.

- 정적(static) 클래스에 정적(static) 메서드로 구현합니다.
- 첫 번째 메서드 매개변수에 this 키워드를 붙입니다.
- 같은 범위(scope)를 같은 네임스페이스에서 호출할 수 있습니다.
- 확장 메서드도 오버로드가 가능합니다.

49.2 확장 메서드로 문자열 기능 확장하기

먼저 확장 메서드를 만들고 사용해 보겠습니다. 다음 내용을 입력한 후 실행해 보세요. 사용자 정의 형식이 아닌 기본 형식인 string, int, char 등 데이터 형식에 새로운 기능을 추가할 것입니다.

확장 메서드로 문자열 기능 확장: ExtensionFunction.cs

```csharp
using System;

static class ExtensionFunction
{
    //static 클래스 내 static 메서드의 첫 번째 매개변수에 this가 붙은 것은 확장 메서드
    static string Three(this string value)
    {
        //특정 문자열 뒤에 이 메서드가 호출되면 문자열 중 3개만 반환
        return value.Substring(0, 3);
    }

    static void Main()
    {
        Console.WriteLine("안녕하세요.".Three());
    }
}
```

\ 실행 결과 /

안녕하

코드 주석에서 설명한 것처럼 static 클래스에 static 메서드를 만들고, 메서드의 첫 번째 매개변수에 this를 붙이면 확장 메서드가 됩니다. Three() 메서드는 특정 문자열(string) 뒤에 붙이면 해당 문자열 중에 앞에서 세 글자만 반환합니다.

49.3 확장 메서드로 기존 형식에 새로운 메서드 추가하기

이번에는 확장 메서드의 또 다른 예제를 사용해 보겠습니다. 다음 내용을 입력한 후 실행해 보세요.

```
using System;

namespace ExtensionMethodDemo
{
    public static class MyClass
    {
        public static int WordCount(this String str)
        {
            return str.Split(new char[] { ' ', '.', '?' },
                StringSplitOptions.RemoveEmptyEntries).Length;
        }
    }

    class ExtensionMethodDemo
    {
        static void Main()
        {
            string s = "안녕하세요? 확장 메서드... ...";
            Console.WriteLine(s.Length);        //① 문자 개수
            Console.WriteLine(s.WordCount());   //② 단어 개수
        }
    }
}
```

\ 실행 결과 /

```
20
3
```

문자열 변수 s에는 원래 WordCount()라는 메서드가 없지만, 같은 네임스페이스에 정의된 MyClass의 WordCount() 확장 메서드를 s 변수에서 사용할 수 있게 한 것입니다.

49.4 확장 메서드를 사용하여 형식에 메서드 추가하기

다음 코드의 Original 클래스는 아무 멤버도 갖지 않은 클래스이지만, OriginalExtension 클래스에서 NewMethod()를 참조해서 새로운 메서드를 추가하여 사용할 수 있습니다.

664

```csharp
using System;

public class Original { /* Empty */ }

public static class OriginalExtension
{
    public static void NewMethod(this Original original)
        => Console.WriteLine("새로운 메서드 추가");
}

class ExtensionMethodNote
{
    static void Main()
    {
        (new Original()).NewMethod();   //확장 메서드 호출
    }
}
```

\ 실행 결과 /

새로운 메서드 추가

참고로 비주얼 스튜디오에서는 NewMethod()를 작성할 때 인텔리센스에서 아이콘을 확인해 보면 일반적인 메서드 아이콘과는 모양이 다릅니다.

LINQ에서 제공하는 수많은 메서드는 확장 메서드로 구성되어 있습니다. 이러한 확장 메서드만 사용해도 일반적인 프로그래밍은 가능합니다. 이 강의에서는 이미 있는 확장 메서드가 아니라 자신만의 확장 메서드를 직접 만들어 보았습니다.

50 동적 형식

C#은 태생적으로 정적(static) 형식의 언어입니다. 하지만 C# 4.0 버전부터는 파이썬과 자바스크립트처럼 동적(dynamic) 형식도 지원합니다. 이 강의에서는 동적 형식을 간단히 알아보겠습니다.

50.1 dynamic 키워드

C#에서는 dynamic 키워드를 사용하는 동적 형식을 제공합니다. 간단히 말해 컴파일 시점이 아닌 런타임 시점에서 형식이 정해지는 특수한 유형의 형식입니다.

- 컴파일 타임에 형식이 지정되는 프로그램은 편합니다. 바로 int, string 형으로 변수를 선언한 후 해당 값을 사용하면 됩니다.
- 런타임에 형식이 지정되는 프로그램이 필요할 수 있습니다. 이때는 dynamic 키워드를 사용하여 변수를 선언할 수 있습니다.
- dynamic 키워드는 데이터 형식 자리에 오지만, dynamic은 데이터 형식이 아닙니다. 즉, dynamic 키워드는 특정 데이터 형식을 지칭하지 않습니다.
- var 키워드와 비슷하나 컴파일할 때 데이터 형식을 결정하는 var와 달리, dynamic 키워드는 런타임할 때 데이터 형식을 결정합니다.
- 모든 데이터 형식을 선언하는 자리에는 dynamic 키워드를 사용할 수 있습니다.
- 동적 형식은 다른 동적 언어와 통신에 유용합니다.

50.2 dynamic 변수로 런타임할 때 데이터 형식 결정하기

동적 형식을 사용할 수 있도록 dynamic 키워드로 변수를 선언하고 사용하는 예제를 살펴보겠습니다.

```
> dynamic x;
>
> x = 1234;  //① int
```

```
> Console.WriteLine(x);
1234
> Console.WriteLine(x.GetType());
System.Int32
>
> x = "Dynamic Type!";  //② string
> Console.WriteLine(x);
Dynamic Type!
> Console.WriteLine(x.GetType());
System.String
```

동적 형식을 나타내는 dynamic 키워드로 변수를 선언하면 컴파일 시점에서는 형식이 결정되지 않고 실행 시점에서 자동으로 데이터가 결정됩니다. ①의 1234처럼 정수 형식의 데이터가 대입되면 실행 시점에서는 정수 형식으로 처리되고, ②처럼 문자열 데이터가 대입되면 이를 사용하는 실행 시점에서는 문자열로 데이터가 처리됩니다. 컴파일 시점에는 데이터 형식이 결정되지 않기에 필자가 생각하는 dynamic 키워드의 유일한 단점은 비주얼 스튜디오 인텔리센스의 도움을 받을 수 없다는 것입니다.

런타임에 데이터 형식이 결정되는 dynamic 변수

프로그램 코드상에서 dynamic 키워드는 컴파일 시점에는 그 자체로 존재하다가 런타임 시점에 형식 추론으로 데이터 형식이 결정됩니다. 그러기에 없는 속성을 나중에 원하는 만큼 추가해서 사용하는 등 기능을 편리하게 구현할 수 있습니다.

```
> dynamic x = 1;        //컴파일할 때 dynamic, 런타임할 때 System.Int32
> dynamic y = "Hello";  //컴파일 시점에는 dynamic, 런타임 시점에는 System.String
>
> Console.WriteLine($"x : {x}, {x.GetType()}");
x : 1, System.Int32
> Console.WriteLine($"y : {y}, {y.GetType()}");
y : Hello, System.String
```

문자열 변수를 string, var, dynamic 키워드로 선언하기

동적 형식인 dynamic 키워드는 var 키워드와 전혀 다르다는 것을 알아야 합니다. 이번에는 기본 데이터 형식을 지정한 변수와 var 키워드를 사용한 암시적으로 형식화된 변수, dynamic 키워드를 사용하는 동적 형식의 변수를 3개 만들어 간단히 코드로 비교해 보겠습니다.

```
> //① 코드를 작성할 때 문자열로 판단
> string ss = "안녕하세요.";
> Console.WriteLine(ss.Length);   //인텔리센스의 도움을 받음
6
>
> //② 컴파일할 때 문자열로 판단
> var vs = "반갑습니다.";
> Console.WriteLine(vs.Length);   //인텔리센스의 도움을 받음
6
>
> //③ 런타임할 때 문자열로 판단
> dynamic ds = "또 만나요.";
> Console.WriteLine(ds.Length);   //인텔리센스의 도움을 못 받음
6
>
> //④ 런타임할 때 숫자형으로 판단
> ds = 1234;
> Console.WriteLine(ds * 10);     //숫자형 연산이 가능
12340
```

①과 ②는 지금까지 우리가 사용한 강력한 형식의 변수를 선언하는 방식입니다. ③처럼 dynamic 키워드를 사용하면 동적으로 문자열 또는 정수 형식처럼 런타임에 사용할 변수를 동적으로 만들 수 있습니다.

50.3 동적 바인딩

런타임할 때 데이터 형식을 결정하는 것을 동적 바인딩(dynamic binding)이라고 합니다.

```
> dynamic now = DateTime.Now;
> int hour = now.Hour;
> Console.WriteLine(hour);
3
> now.NoProperty
Microsoft.CSharp.RuntimeBinder.RuntimeBinderException: 'System.DateTime'에 'NoProperty'
에 대한 정의가 없습니다.
   + System.Dynamic.UpdateDelegates.UpdateAndExecute1<T0, TRet>(System.Runtime.
CompilerServices.CallSite, T0)
```

DateTime 구조체 형식에는 NoProperty 속성이 없기에 컴파일 시점에는 에러가 발생하지 않지만, 런타임 시점에서는 에러가 발생합니다.

50.4 확장 메서드와 dynamic

확장 메서드는 정적 형식에서는 제대로 호출되지만, 동적 형식에서는 호출되지 않습니다.

동적 형식에서는 확장 메서드가 호출되지 않음: DynamicExtensionMethod.cs

```
using System;

static class DynamicExtensionMethod
{
    //확장 메서드
    static string PreDotNet(this string str) => $"....{str}";

    static void Main()
    {
        string s1 = "DotNet";
        Console.WriteLine(s1.PreDotNet());  //① 실행됨

        dynamic d1 = "Korea";
        Console.WriteLine(d1.PreDotNet());  //② 에러 발생
    }
}
```

\ 실행 결과 /

```
....DotNet

처리되지 않은 예외: Microsoft.CSharp.RuntimeBinder.RuntimeBinderException: 'string'에
'PreDotNet'에 대한 정의가 없습니다.
   위치: CallSite.Target(Closure , CallSite , Object )
   위치: System.Dynamic.UpdateDelegates.UpdateAndExecute1[T0,TRet](CallSite site, T0 arg0)
   위치: DynamicExtensionMethod.Main() 파일 C:\DotNet\DotNet\DotNet\DotNet\52_Dynamic\
DynamicExtensionMethod\DynamicExtensionMethod.cs:줄 14
```

C#에서는 dynamic 키워드를 사용하여 동적 형식을 만들 수 있습니다. 하지만 C#으로만 개발할 때는 강력한 형식이 좋습니다. 동적인 언어와 호환 프로그램을 작성한다든지 웹을 개발할 때 MVC 패턴처럼 컨트롤러에서 뷰로 서로 다른 계층으로 데이터를 전송하는 등 상황에서는 동적 형식을 사용하면 좀 더 편리하게 코드를 작성할 수 있습니다.

오랜 기간 C#을 사용해 왔지만, 학습을 시작하는 일반적인 경우에는 dynamic 형식을 많이 사용하지 않기에 간단히 예제 몇 개만 살펴보는 식으로 마무리했습니다.

51 튜플

메서드의 매개변수를 전달할 때 사용자 정의 클래스를 사용하면 값을 한 번에 여러 개 전달할 수 있습니다. 튜플은 새로운 클래스를 만들지 않고도 언어 차원에서 값을 여러 개 전달할 수 있어 편리합니다. 이 강의에서는 C# 7.0 버전부터 제공되는 튜플이 얼마나 편리한지 배워 보겠습니다.

51.1 튜플

C# 7.0 버전부터 제공하는 튜플(tuple)은 값을 한 번에 하나 이상 전달하거나 제공받을 때 사용하는 데이터 구조입니다. 튜플은 프로그래밍 자체에서 추가 클래스가 아닌 괄호를 사용하여 값을 하나 이상 그룹화합니다.

다음 코드를 살펴보면 괄호를 사용하여 한 번에 정수 값 2개를 x와 y라는 이름으로 반환합니다.

```
> (int x, int y) GetPoint()
. {
.     return (10, 20);
. }
> GetPoint().x
10
> GetPoint().y
20
```

튜플은 함수에서 여러 값을 반환하는 데 많은 도움을 줍니다. 함수에서 여러 값을 반환하는 방법은 많지만, C# 7.0 버전 이후에 새로 도입된 튜플만큼 편리하지는 않습니다.

튜플 형식은 눈에 띄는 몇 가지 장점이 있습니다.

- 명시적인 형식을 지정할 필요가 없습니다. 컴파일러 형식을 유추하여 자동으로 형식을 제공합니다.
- 기존에 사용하던 Tuple 클래스는 Item1, Item2, ... 형태로 접근했지만, 튜플을 사용하면 원하는 이름의 속성을 만들 수 있습니다.

이 내용은 이어지는 각 예제로 좀 더 자세히 살펴보겠습니다.

튜플 리터럴

변수에 괄호를 사용하여 값을 하나 이상 설정하는 것을 튜플 리터럴(tuple literal)이라고 합니다.

```
> var r = (12, 34, 56);  //int 형식 데이터 3개가 r 변수에 담김
> $"{r.Item1}, {r.Item2}, {r.Item3}"
"12, 34, 56"
```

괄호를 사용하여 값 하나 이상을 변수에 선언하면 Item1, Item2, Item3 형태로 저장됩니다.

튜플 리터럴의 여러 가지 사용법

튜플 리터럴의 여러 가지 사용법을 정리해 보겠습니다.

```
> //① 기본: Item1, Item2 형태
> var fhd = (1920, 1080);
> $"Full HD : {fhd.Item1} * {fhd.Item2}"
"Full HD : 1920 * 1080"
>
> //② 이름 지정
> var uhd = (Width: 3840, Height: 2160);
> $"4K UHD : {uhd.Width} * {uhd.Height}"
"4K UHD : 3840 * 2160"
>
> //③ 이름과 형식 지정
> (ushort Width, ushort Height) hd = (1366, 768);
> $"HD : {hd.Width} * {hd.Height}"
"HD : 1366 * 768"
> $"Type({hd.Width.GetType()}, {hd.Height.GetType()})"
"Type(System.UInt16, System.UInt16)"
```

①이 튜플의 기본 사용법이라면, ②처럼 속성의 새 이름을 지정할 수 있습니다. 마찬가지로 var 대신 (int a, int b) 형태로 변수를 사용하여 이름과 형식을 한꺼번에 지정할 수도 있습니다.

튜플 반환

한 번에 하나 이상을 반환시켜 주는 기능을 튜플 반환이라고 합니다. 튜플 반환에는 튜플 리터럴을 사용합니다.

```
> //① 튜플 리턴(Tuple Return) 형식: (int, int)
> static (int, int) Tally1()
. {
.     var r = (12, 3);   //튜플 리터럴에 값 2개 담기
.     return r;          //튜플 리터럴 반환
. }
>
> //② 튜플 리턴에 이름 값 지정 가능
> static (int Sum, int Count) Tally2() => (45, 6);
>
> var t1 = Tally1();
> $"Sum : {t1.Item1}, Count : {t1.Item2}"
"Sum : 12, Count : 3"
>
> var t2 = Tally2();
> $"Sum : {t2.Sum}, Count : {t2.Count}"
"Sum : 45, Count : 6"
```

①의 (int, int)와 ②의 (int Sum, int Count) 형태로 반환값을 하나 이상 지정할 수 있습니다. 기존에는 int, string 등 기본 형식이 아닐 때는 새롭게 모델 클래스를 만들고 이 속성으로 결과를 하나 이상 반환했는데요. 튜플을 사용하면 괄호 기호 안에 결과를 하나 이상 지정하여 반환할 수 있습니다. 튜플 반환에 필요한 결과를 담을 그릇으로 튜플 리터럴을 사용합니다.

이름이 지정된 튜플

튜플 리터럴에는 Item1, Item2 형태보다는 좀 더 의미 있는 이름을 지정할 수 있습니다.

```
> var boy = (Name : "철수", IsStudent : true, OrderPrice : 1_000);
> $"{boy.Name}(초등학생 : {boy.IsStudent}) - 주문 : {boy.OrderPrice:C0}"
"철수(초등학생 : true) - 주문 : ₩1,000"
```

튜플 반환에 기본값 설정하기

이번에는 default 키워드를 사용하여 튜플의 기본 반환값을 설정하는 방법을 알아보겠습니다.

```
> static (int, int) ZeroZero() => default;
> var t = ZeroZero();
> $"{t.Item1}, {t.Item2}"
"0, 0"
```

이 코드 형태는 중요한 것이 아니니 '이러한 모양도 있구나' 정도로 가볍게 살펴보고 넘어갑니다.

튜플 반환값에 이름 지정하기

이번에는 튜플의 반환값에 의미 있는 이름을 지정하는 방법을 알아보겠습니다. 다음 내용을 입력한 후 실행해 보세요.

```
> static (int first, int second) NameTuple()
. {
.     var r = (100, 200);
.     return r;
. }
>
> var t = NameTuple();
> $"{t.first}, {t.second}"
"100, 200"
```

튜플의 반환 형식에 단순히 int 같은 형식만 지정하는 것이 아니라 (int first, int second)로 이름을 지정할 수도 있습니다. 이렇게 이름이 지정된 튜플은 호출하는 쪽에서 t.first 형태로 속성을 받아 사용할 수 있습니다.

튜플 분해하기

튜플 반환값을 원하는 변수로 받아 사용하는 형태를 튜플 분해(deconstructing) 또는 튜플 해체라고 합니다. 다음 내용을 입력한 후 실행해 보세요.

튜플 분해: TupleDeconstructionDescription.cs

```
using System;
using static System.Console;

class TupleDeconstructionDescription
{
    static void Main()
    {
        var (sum, count) = Tally();
        WriteLine($"Sum : {sum}, Count : {count}");
    }

    static (int Sum, int Count) Tally()
    {
```

```
            var r = (s: 12, c: 3);

            Console.WriteLine($"{r.s}, {r.c}");

            return r;
        }
    }
```

```
12, 3
Sum : 12, Count : 3
```

Tally() 함수의 결과는 튜플로 넘어오는데, 이를 var (sum, count) = Tally(); 형태로 받으면
sum 변수에는 Sum 반환값이 저장되고 count 변수에는 Count 반환값이 저장됩니다.

로컬 함수와 튜플 함께 사용하기

로컬 함수는 무겁지 않은 간단한 기능을 사용할 때 유용한데요. 이러한 로컬 함수와 튜플을 함께
사용하는 예제를 만들어 보겠습니다. 다음 내용을 입력한 후 실행해 보세요.

로컬 함수와 튜플 함께 사용: LocalFunctionDescription.cs

```
using static System.Console;

class LocalFunctionDescription
{
    static void Main()
    {
        //① numbers = { 1, 2, 4, 8 }
        int[] numbers = { 0b1, 0B10, 0b0100, 0B0000_1000 };
        var (sum, count) = Tally(numbers);
        WriteLine($"Sum : {sum}, Count : {count}");
    }

    static (int, int) Tally(int[] values)
    {
        var r = (Sum: 0, Count: 0);
        foreach (var v in values)
        {
            Add(v, 1);
        }
```

```
        return r;

        //② 로컬 함수(local function): 함수 내에서 또 다른 함수 정의
        void Add(int s, int c)
        {
            r.Sum += s;     //합계
            r.Count += c;   //건수
        }
    }
}
```

\ 실행 결과 /

```
Sum : 15, Count : 4
```

①처럼 numbers 배열에는 1, 2, 4, 8 같은 데이터가 4개 있습니다. 이것의 전체 합계는 15인 배열을 매개변수로 받아 ②의 로컬 함수에서 합과 건수를 계산한 후 이를 튜플 리터럴로 반환해서 다시 Main() 메서드에서 출력합니다.

Note ☰ C# 7.0 버전 이전의 Tuple⟨T⟩ 클래스

C# 7.0 버전 이전에는 튜플을 지원하지 않아 Tuple⟨T⟩ 클래스를 사용하기도 했습니다. Tuple 클래스를 사용하면 변수 하나에 여러 데이터를 한 번에 저장할 수 있어 편리합니다.

```
> var tp = new Tuple<string, bool, decimal>("철수", true, 1_000);
> $"{tp.Item1}(초등학생 : {tp.Item2})가 {tp.Item3:C0}원짜리 빵을 샀다."
  "철수(초등학생 : true)가 ₩1,000원짜리 빵을 샀다. "
```

Tuple⟨T⟩ 클래스를 사용하면 Tuple⟨string, bool, decimal⟩ 형태로 데이터 형식을 하나 이상 저장할 수 있는 개체가 만들어집니다. 각 개체는 대입된 순서에 따라 Item1, Item2, ... 형태의 속성으로 값에 접근할 수 있습니다. Tuple⟨T⟩ 클래스 예제를 하나 더 사용해 보겠습니다.

```
> //① 생성자를 사용한 튜플 개체 생성
> var one = new Tuple<int>(1234);
> var two = new Tuple<int, string>(1, "C#");
> var many = new Tuple<int, string, string>(2019, "C#", "8.0");
>
> //② Tuple.Create 메서드를 사용한 튜플 개체 생성
> var tuple = Tuple.Create(DateTime.Now.Year, "C# 8.0");
>
> //Tuple로 생성된 개체는 Item1, Item2, Item3 순서의 속성으로 접근
> Console.WriteLine($"{tuple.Item1} - {tuple.Item2}");
2019 - C# 8.0
```

②처럼 Tuple.Create( ) 메서드의 생성자에 값을 넣은 후 그 값의 형식을 유추해서 자동으로 튜플 개체를 만들 수 도 있습니다.

C# 7.0 버전 이후로는 Tuple 클래스의 기능 자체가 C# 언어에 포함되어 괄호 기호로 바로 튜플 리터럴을 생성할 수 있습니다. 따라서 Tuple 클래스보다는 언어에 내장된 튜플 리터럴과 튜플 반환의 기능을 사용합니다.

이 강의에서는 C# 7.0 버전의 가장 큰 특징인 튜플을 정리해 보았습니다. 튜플은 따로 데이터 형식을 사용하지 않고도 데이터를 하나 이상 반환값으로 전달받을 수 있어 편리합니다.

52 클래스 라이브러리와 닷넷 스탠다드

클래스 라이브러리는 재사용 가능한 코드를 DLL 파일로 압축해서 관리하는 기능을 제공합니다. 비주얼 스튜디오에서 제공하는 클래스 라이브러리 프로젝트의 결과물로 만든 DLL 파일을 사용하면 여러 프로젝트에서 공통 코드를 관리할 수 있습니다.

52.1 클래스 라이브러리 프로젝트

윈도 환경에서 콘솔 앱 프로그램으로 컴파일된 결과물은 일반적으로 *.exe 파일입니다. 하지만 클래스 라이브러리 프로젝트를 사용하면 컴파일된 결과물이 *.dll 파일로 만들어집니다.

DLL 파일을 동적 링크 라이브러리(dynamic link library)라고 하는데, 단독으로 실행하지 않고 다른 프로그램에서 참조해서 사용할 수 있는 구조로 되어 있습니다. 말 그대로 라이브러리 파일입니다.

C#으로 만들 수 있는 클래스 라이브러리 프로젝트는 다양합니다.

- 클래스 라이브러리(.NET Framework)
- 클래스 라이브러리(.NET Core)
- 클래스 라이브러리(자마린)
- 클래스 라이브러리(.NET Standard)

여러 클래스 라이브러리 프로젝트 중에서 닷넷 스탠다드는 닷넷을 사용하는 모든 영역에서 공통으로 쓸 수 있는 API를 모아 놓을 수 있기에, 최근 특별한 경우가 아니면 클래스 라이브러리는 닷넷 스탠다드 프로젝트 기반으로 생성합니다. 나중에 닷넷 5가 완성되면 분리했던 라이브러리들을 하나로 통합할 수도 있습니다.

52.2 어셈블리

클래스 라이브러리 프로젝트는 결과물을 DLL 파일로 만듭니다. 단 단독으로 실행할 수는 없습니다. 이러한 DLL 파일은 어셈블리(assembly)로 표현합니다.

어셈블리는 프로그래밍 학습용 자동차 세계에서는 교체 가능한 부품들을 의미합니다. 완성된 조각 하나의 기능을 모두 어셈블리로 보면 됩니다.

C#에서 컴파일된 소스 코드의 결과를 닷넷 어셈블리(.NET Assembly)라고 합니다.

▼ 그림 52-1 어셈블리

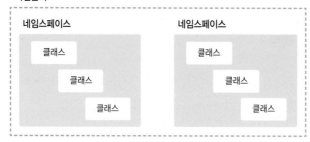

> **Note ≡ | 전역 어셈블리 캐시**
>
> 컴퓨터의 윈도 환경에서는 사용되는 모든 어셈블리를 모아 놓은 폴더를 전역 어셈블리 캐시(Global Assembly Cache, GAC) 영역이라고 합니다. 보통 다음 폴더입니다.
>
>   C:\Windows\Assembly 폴더
>
> GAC 또는 다른 클래스 라이브러리에 있는 어셈블리를 사용하려면 비주얼 스튜디오에서 '참조(reference) 추가'를 해야 합니다. 비주얼 스튜디오의 템플릿으로 제공되는 여러 클래스 라이브러리 프로젝트는 C# 콘솔 앱 프로그램 등에서 '프로젝트 참조 추가'로 가져다 사용할 수 있습니다.

52.3 닷넷 스탠다드 프로젝트로 자신만의 라이브러리 만들기

닷넷 스탠다드(.NET Standard) 기반의 클래스 라이브러리로 자신만의 라이브러리를 만들고, 프로젝트 하나 이상에서 사용하는 방법을 학습하겠습니다. 참고로 필자는 유틸리티(utility)보다는 라이브러리(library)를, 라이브러리보다는 프레임워크(framework)를 더 큰 존재로 표현합니다.

이 실습에서 만드는 프로젝트는 앞으로 이어질 두 강에서도 함께 사용할 것입니다. 여기에서 생성되는 Dul 솔루션은 다음 주소에서 확인할 수 있습니다.

https://github.com/VisualAcademy/Dul

Dul 클래스 라이브러리 프로젝트 만들기

1. 비주얼 스튜디오에서 **파일 > 새로 만들기 > 프로젝트**를 선택합니다. 새 프로젝트 만들기 화면에서 **C# > .NET Standard** 템플릿으로 프로젝트를 만들겠다고 체크한 후 **다음**을 누릅니다.

▼ 그림 52-2 클래스 라이브러리(.NET Standard) 프로젝트 생성

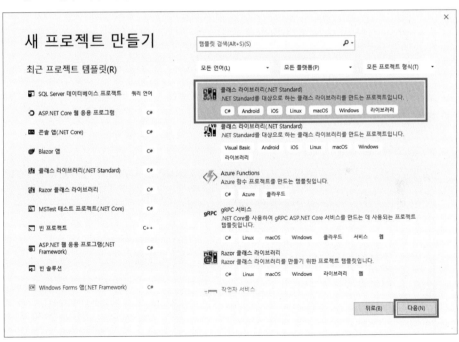

2. 새 프로젝트 구성창에서 프로젝트 이름과 위치를 입력한 후 **만들기**를 누릅니다. 필자는 C 드라이브의 C# 폴더에 Dul 이름으로 프로젝트를 만들었습니다. 프로젝트 이름은 독자가 원하는 이름으로 해도 괜찮습니다.

❤ 그림 52-3 프로젝트 및 솔루션 이름 지정

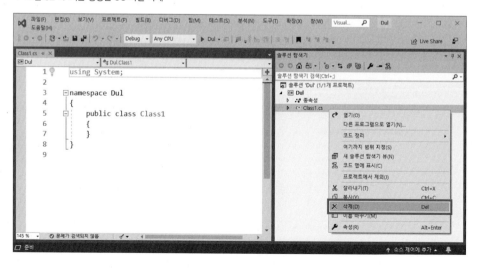

3. 프로젝트를 만든 후 기본적으로 생성된 Class1.cs 클래스에서 마우스 오른쪽 버튼을 눌러 **삭제**를 선택하여 파일을 삭제합니다.

❤ 그림 52-4 기본 생성된 CS 파일 삭제

4. 위쪽 메뉴 **빌드**에서 **솔루션 빌드** 또는 **솔루션 다시 빌드**를 선택하여 빌드하면 프로젝트가 위치한 하위 폴더에 프로젝트 이름으로 DLL 파일을 만듭니다.

✔ 그림 52-5 솔루션 빌드 또는 솔루션 다시 빌드

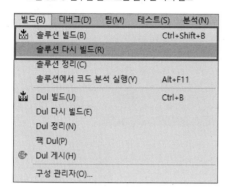

Debug 모드로 빌드하면 다음과 같이 Debug 폴더에 Dul.dll 파일을 만듭니다.

✔ 그림 52-6 Debug 모드로 빌드

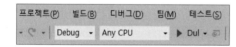

그리고 다음 결과가 나옵니다.

```
1>------ 모두 다시 빌드 시작: 프로젝트: Dul, 구성: Debug Any CPU ------
1>Dul -> C:\C#\Dul\Dul\bin\Debug\netstandard2.0\Dul.dll
========== 모두 다시 빌드: 성공 1, 실패 0, 생략 0 ==========
```

Release 모드로 솔루션을 다시 빌드하면 다음과 같이 Release 폴더에 Dul.dll 파일을 만듭니다.

✔ 그림 52-7 Release 모드로 빌드

그리고 다음 결과가 나옵니다.

```
1>------ 모두 다시 빌드 시작: 프로젝트: Dul, 구성: Release Any CPU ------
1>Dul -> C:\C#\Dul\Dul\bin\Release\netstandard2.0\Dul.dll
========== 모두 다시 빌드: 성공 1, 실패 0, 생략 0 ==========
```

이렇게 만든 DLL 파일은 닷넷 기반인 다른 프로젝트의 bin 폴더에 Dul.dll 파일을 복사하면 Dul 프로젝트에서 만든 기능들을 해당 프로젝트에서 가져다 사용할 수 있습니다.

Dul 프로젝트에 몇 가지 API 추가하기

1. Dul 프로젝트에서 마우스 오른쪽 버튼을 눌러 **추가 > 새 폴더**를 선택한 후 01_Creator 폴더를 만듭니다. 그리고 **추가 > 새 항목**으로 Creator.cs 클래스 파일을 만들고, 다음과 같이 코드를 작성합니다. Creator 클래스는 정적 메서드인 GetName() 메서드로 호출하면 단순하게 프로젝트.dll 파일에 대한 제작자 이름 또는 별명을 문자열로 반환합니다.

▼ 그림 52-8 Creator.cs 파일 생성

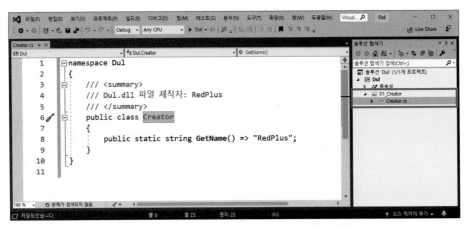

```
//Creator.cs
namespace Dul
{
    ///<summary>
    ///Dul.dll 파일 제작자: RedPlus
    ///</summary>
    public class Creator
    {
        public static string GetName() => "RedPlus";
    }
}
```

클래스 라이브러리 프로젝트는 Main() 메서드에 Console.WriteLine()처럼 직접 내용을 출력하는 기능이 아닌 말 그대로 라이브러리 형태로 주요 API를 담아 놓는 기능을 합니다. 콘솔 앱 프로그램 또는 데스크톱 응용 프로그램에서 공통으로 사용할 기능을 클래스 라이브러리에 모아 놓으면 나중에 재사용하기 좋습니다.

2. 클래스를 하나 더 만들어 보겠습니다. 프로젝트에 02_Mathematics 폴더를 만든 후 Math.cs 이름으로 클래스 파일을 생성하고, 다음과 같이 코드를 작성합니다. Dul 이름이 아닌 다른 이름으로 프로젝트를 만들었다면 네임스페이스에 직접 작성한 솔루션 이름으로 넣어도 됩니다.

▼ 그림 52-9 Math.cs 파일 생성

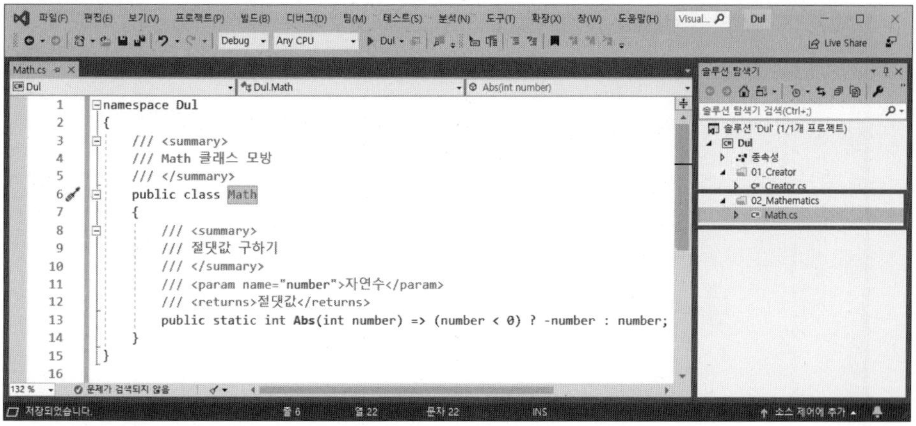

```
//Math.cs
namespace Dul
{
    ///<summary>
    ///Math 클래스 모방
    ///</summary>
    public class Math
    {
        ///<summary>
        ///절댓값 구하기
        ///</summary>
        ///<param name="number">자연수</param>
        ///<returns>절댓값</returns>
        public static int Abs(int number) => (number < 0) ? -number : number;
    }
}
```

당연한 이야기이지만, Math.Abs()는 이미 닷넷에 내장된 API입니다. 하지만 이를 모방하여 자신만의 라이브러리를 만들어 보는 과정으로 Math.cs 클래스를 생성했습니다.

3. 마지막으로 클래스를 하나 더 만들어 보겠습니다. 03_String 폴더를 만든 후 StringLibrary. cs 이름으로 클래스 파일을 생성하고, 다음과 같이 코드를 작성합니다.

▼ 그림 52-10 StringLibrary.cs 파일 생성

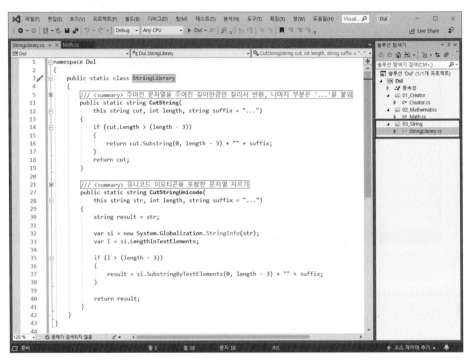

```
//StringLibrary.cs
namespace Dul
{
    public static class StringLibrary
    {
        ///<summary>
        ///주어진 문자열을 주어진 길이만큼 잘라서 반환, 나머지 부분은 '...'을 붙임
        ///</summary>
        ///<param name="cut">원본 문자열</param>
        ///<param name="length">잘라 낼 길이</param>
        ///<returns>안녕하세요. => 안녕...</returns>
        public static string CutString(
            this string cut, int length, string suffix = "...")
        {
            if (cut.Length > (length - 3))
            {
                return cut.Substring(0, length - 3) + "" + suffix;
            }
            return cut;
```

```
        }

        ///<summary>
        ///유니코드 이모티콘을 포함한 문자열 자르기
        ///</summary>
        ///<param name="str">한글, 영문, 유니코드 문자열</param>
        ///<param name="length">자를 문자열의 길이</param>
        ///<returns>잘라진 문자열: 안녕하세요. => 안녕...</returns>
        public static string CutStringUnicode(
            this string str, int length, string suffix = "...")
        {
            string result = str;

            var si = new System.Globalization.StringInfo(str);
            var l = si.LengthInTextElements;

            if (l > (length - 3))
            {
                result = si.SubstringByTextElements(0, length - 3) + "" + suffix;
            }

            return result;
        }
    }
}
```

여기까지 작성한 후 **솔루션 다시 빌드**를 실행하여 Dul.dll 파일을 다시 만듭니다.

콘솔에서 DLL 파일 참조해서 사용하기

1. 바로 앞에서 만든 API를 사용할 수 있게 콘솔 앱 프로그램을 하나 만들어 보겠습니다. 솔루션 탐색기에서 Dul **솔루션**을 클릭한 후 **파일 > 추가 > 새 프로젝트**를 선택하여 새로운 프로젝트를 추가합니다.

❤ 그림 52-11 새 프로젝트 생성

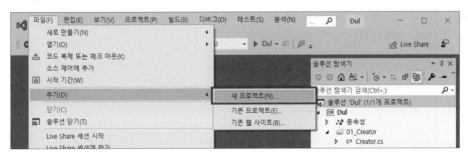

2. 프로젝트 유형은 **콘솔 앱(.NET Core)**을 선택합니다. 물론 .NET Framework 기반의 콘솔 앱을 선택해도 상관없습니다. 선택했다면 **다음**을 누릅니다.

❤ 그림 52-12 콘솔 앱 프로젝트 추가

3. 새 프로젝트 구성창에서 콘솔 앱 이름을 Dul.App으로 입력하고 **만들기**를 눌러 프로젝트를 만듭니다.

❤ 그림 52-13 콘솔 앱 프로젝트 이름 지정

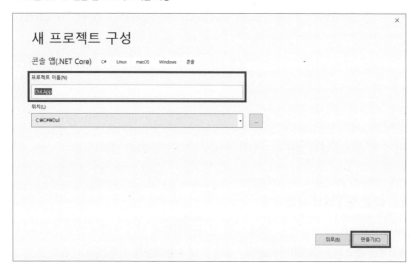

4. Dul 솔루션에 새롭게 만든 Dul.App 콘솔 앱 프로젝트의 모습은 다음과 같습니다.

❤ 그림 52-14 클래스 라이브러리 및 콘솔 앱 프로젝트 생성 확인

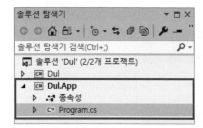

5. 자, 그러면 Dul 클래스 라이브러리를 Dul.App 콘솔 앱에서 사용하려면 Dul.App의 **종속성**(references)에서 마우스 오른쪽 버튼을 눌러 **참조 추가**를 선택합니다.

❤ 그림 52-15 참조 추가

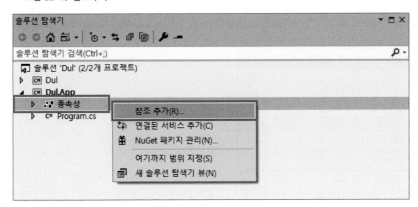

6. 참조 관리자 창에서 솔루션 내 프로젝트인 Dul을 확인한 후 체크박스에 체크하고 **확인**을 누릅니다.

❤ 그림 52-16 참조 관리자에서 클래스 라이브러리 체크

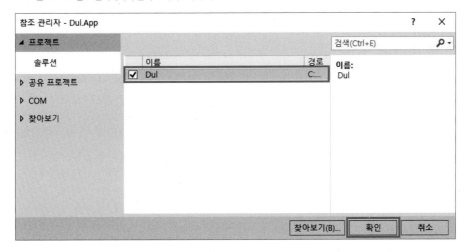

7. 클래스 라이브러리 참조가 끝나면 **종속성** 노드의 하위에 다음과 같이 Dul 항목이 등록된 것을 확인할 수 있습니다. 참고로 이러한 모양은 비주얼 스튜디오 버전에 따라 조금 다르게 보일 수 있습니다.

▼ 그림 52-17 참조가 추가된 모양 확인

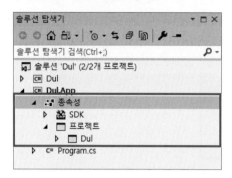

참고로 필자 환경에는 참조 추가가 완료된 후 다음과 같이 bin 폴더에 Dul.dll 파일이 추가되어 있었습니다.

▼ 그림 52-18 DLL 파일 위치 살펴보기

8. Dul.App 콘솔 프로젝트의 Program.cs 파일을 다음과 같이 작성합니다. Dul.dll 파일에 정의된 API를 호출해서 사용합니다.

```csharp
//Program.cs
using System;

namespace Dul.App
{
    class Program
    {
        static void Main(string[] args)
        {
            //① Creator 호출 테스트
            Console.WriteLine(Dul.Creator.GetName());
```

```
//② Math 호출 테스트
Console.WriteLine(Dul.Math.Abs(-1234));

//③ StringLibrary 호출 테스트
Console.WriteLine("안녕하세요.".CutStringUnicode(6));
        }
    }
}
```

9. Dul.App 프로젝트에서 마우스 오른쪽 버튼을 눌러 **시작 프로젝트로 설정**을 선택합니다. 이렇게 시작 프로젝트로 설정한 후 Ctrl+F5를 누르면 다음과 같이 실행됩니다.

```
RedPlus
1234
안녕하...
```

여기까지 실행이 완료되면 클래스 라이브러리에서 생성된 로직을 콘솔(또는 기타 다른 앱) 응용 프로그램에서 참조하는 식으로 공통 코드는 클래스 라이브러리에 넣고, 이를 콘솔과 같은 실행 가능한 프로젝트에서 참조해서 사용합니다.

비주얼 스튜디오에는 많은 수의 **클래스 라이브러리** 프로젝트 템플릿을 제공합니다. 하지만 C#에서는 .NET Standard 템플릿만 사용하면 충분합니다. 이렇게 만든 닷넷 스탠다드 프로젝트의 결과물은 다른 닷넷 기반의 프로젝트에서 참조하여 사용할 수 있는 공통 라이브러리가 되는 것입니다.

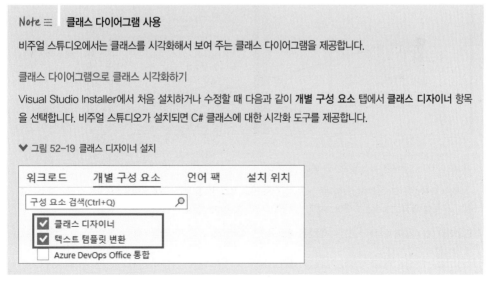

> Note ☰ **클래스 다이어그램 사용**
>
> 비주얼 스튜디오에서는 클래스를 시각화해서 보여 주는 클래스 다이어그램을 제공합니다.
>
> 클래스 다이어그램으로 클래스 시각화하기
>
> Visual Studio Installer에서 처음 설치하거나 수정할 때 다음과 같이 **개별 구성 요소** 탭에서 **클래스 디자이너** 항목을 선택합니다. 비주얼 스튜디오가 설치되면 C# 클래스에 대한 시각화 도구를 제공합니다.
>
> ❤ 그림 52-19 클래스 디자이너 설치

➲ 계속

Dul 프로젝트에서 마우스 오른쪽 버튼을 눌러 새 항목 추가에서 '다이어그램'을 검색합니다. **클래스 다이어그램**을 선택하면 DulClassDiagram.cd 이름으로 추가합니다.

▼ 그림 52-20 클래스 다이어그램 추가

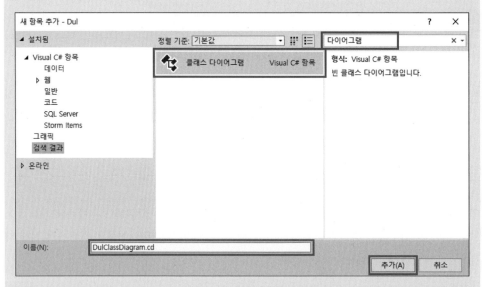

앞에서 생성한 Creator.cs 같은 클래스 파일을 드래그해서 클래스 다이어그램 영역으로 드롭하면 자동으로 시각화된 클래스 그림을 얻을 수 있습니다.

▼ 그림 52-21 CS 파일을 드래그해서 클래스 시각화

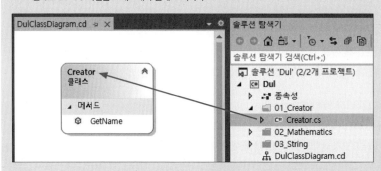

클래스 다이어그램에서 직접 클래스와 멤버 구성하기

DotNet 솔루션에 ClassDiagramDemo란 이름으로 콘솔 프로젝트를 만든 후 프로젝트에서 마우스 오른쪽 버튼을 눌러 새 항목 추가 > 클래스 다이어그램을 선택합니다. MyClassDiagram.cd 이름으로 생성합니다.

만들어진 cd 파일에서 마우스 오른쪽 버튼을 눌러 추가 > 클래스를 선택하면 직접 Person과 Student 같은 클래스 를 생성할 수 있습니다.

🔾 계속

▼ 그림 52-22 클래스 다이어그램에서 직접 클래스 추가

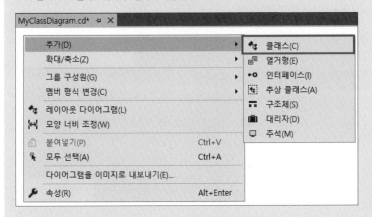

클래스 생성창은 다음과 같습니다.

▼ 그림 52-23 클래스 다이어그램으로 클래스 파일 생성

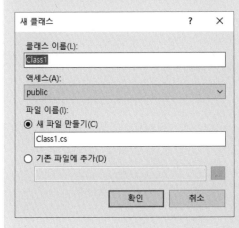

필자가 데모로 생성한 클래스는 다음과 같습니다.

▼ 그림 52-24 클래스 다이어그램으로 클래스를 시각적으로 표현

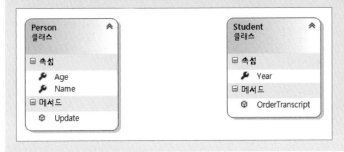

● 계속

자동으로 생성된 Person과 Student 클래스는 다음과 같습니다.

```csharp
//Person.cs
namespace ClassDiagramDemo
{
    //클래스
    public class Person
    {
        //속성
        public string Name { get; set; }

        public int Age
        {
            get
            {
                throw new System.NotImplementedException();
            }
            set
            {
            }
        }

        //메서드
        public bool Update()
        {
            return false;
        }
    }
}

//Student.cs
namespace ClassDiagramDemo
{
    public class Student
    {
        public int Year
        {
            get
            {
                throw new System.NotImplementedException();
            }
            set
            {
```

❍ 계속

```
            }
        }

        public void OrderTranscript(bool official)
        {
            throw new System.NotImplementedException();
        }
    }
}
```

이처럼 클래스 다이어그램을 사용하면 자신이 만든 라이브러리에 대한 시각화된 이미지를 얻을 수 있어 문서 작업 등에 도움이 됩니다.

이 강의에서 처음으로 자신만의 라이브러리인 Dul.dll 파일을 만들어 보았습니다. 참고로 API 3개를 콘솔 앱에서 테스트했습니다. 다음 강의에서는 우리가 만드는 라이브러리를 검증하는 테스트 프로젝트를 사용해 보겠습니다.

클래스 라이브러리와 닷넷 스탠다드

53 테스트 프로젝트와 단위 테스트

비주얼 스튜디오에는 많은 테스트 도구가 내장되어 있습니다. 이 강의에서는 여러 테스트 프로젝트 중 하나인 MSTest를 사용하여 클래스 라이브러리에 작성된 C# 코드 테스트를 진행해 보겠습니다.

53.1 자동 테스트

특정한 API 테스트를 작성해 놓으면 필요할 때 자동으로 진행할 수 있습니다. 이러한 자동 테스트를 진행하면 다음 장점이 있습니다.

- 에러를 쉽게 찾고 수정할 수 있습니다.
- 직접 하나씩 테스트하는 것보다 아주 빠르게 많은 수의 테스트를 진행합니다.
- 작성한 코드 검증을 할 수 있습니다.

MSTest

MSTest는 비주얼 스튜디오에 기본으로 내장된 테스트 프로젝트입니다. C#에서는 다음과 같은 단위 테스트 프로젝트를 사용할 수 있습니다.

- MSTest: 마이크로소프트 공식 단위 테스트 프로젝트
- NUnit: JUnit 영향을 받은 오픈 소스 단위 테스트 프로젝트
- xUnit: 닷넷 전용 오픈 소스 단위 테스트 프로젝트

Assert 클래스의 주요 API 미리 살펴보기

테스트 프로젝트에서 유용하게 사용할 수 있는 Assert 클래스가 있습니다. Assert 클래스는 굉장히 많은 메서드를 제공하기에 다음 항목들을 간단히 살펴보고, 추가 API는 닷넷 API 탐색기를 사용하여 검색해 보길 권장합니다.

- Assert.IsTrue(): 매개변수 값이 true이면 테스트 통과

- Assert.IsNull(): 매개변수 값이 null이면 테스트 통과

- Assert.AreEqual(): 매개변수 값 2개가 같으면 테스트 통과

- Assert.AreNotEqual(): 매개변수 값 2개가 다르면 테스트 통과

53.2 테스트 프로젝트 생성 및 Assert 클래스 사용하기

비주얼 스튜디오에서 기본으로 제공하는 테스트 프로젝트 템플릿을 사용하여 테스트 프로젝트를 만들고, Assert 클래스를 사용해 보겠습니다.

Dul 솔루션에 Dul.Tests 프로젝트 추가하기

1. 앞 강의에서 작성한 Dul 솔루션을 엽니다. 현재까지 Dul 솔루션에는 닷넷 스탠다드 기반의 Dul 프로젝트와 Dul.App 이름의 콘솔 앱 프로그램이 작성되어 있습니다.

2. 솔루션에서 **추가** > **새 프로젝트**를 선택하고 프로젝트 템플릿에서 **MSTest 테스트 프로젝트 (.NET Core)**를 클릭한 후 **다음**을 누릅니다. MSTest 이외에 다른 테스트 프로젝트 템플릿도 보이네요.

▼ 그림 53-1 테스트 프로젝트 추가

3. 테스트 **프로젝트 이름**은 Dul.Tests로 입력하고 **만들기**를 누릅니다.

▼ 그림 53-2 테스트 프로젝트 이름 지정

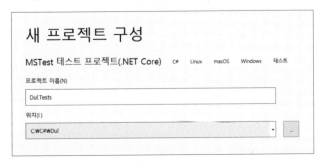

4. 테스트 프로젝트가 만들어지면 기본 생성된 UnitTest1.cs 파일에서 마우스 오른쪽 버튼을 눌러 **삭제**를 선택하여 삭제합니다. Dul.Tests 프로젝트는 Dul 프로젝트에 대한 테스트 프로젝트이기에 Dul.Tests 프로젝트의 **종속성 > 참조 추가**를 선택합니다.

▼ 그림 53-3 테스트 프로젝트에 참조 추가

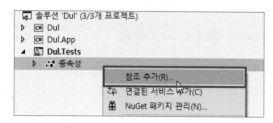

5. 참조 관리자 창에서 닷넷 스탠다드 프로젝트인 Dul 프로젝트를 테스트 프로젝트에 참조 추가하도록 체크박스에 체크한 후 **확인**을 누릅니다.

▼ 그림 53-4 참조 관리자에서 Dul 프로젝트 체크

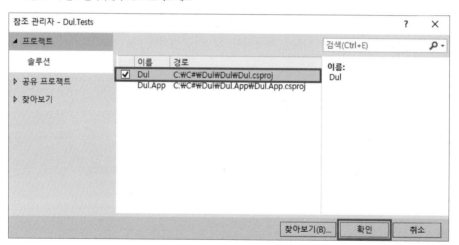

테스트 코드 작성 및 실행하기

1. Dul.Tests 프로젝트에서 마우스 오른쪽 버튼을 눌러 **추가 › 새 폴더**로 00_Assert 폴더를 만
   듭니다. **추가 › 새 항목**으로 AssertDemo.cs 클래스 파일을 만들고, 다음과 같이 코드를 작성
   합니다.

▼ 그림 53-5 AssertDemo.cs 파일 생성

```
//AssertDemo.cs
using Microsoft.VisualStudio.TestTools.UnitTesting;

namespace Dul.Tests
{
    [TestClass]
    public class AssertDemo
    {
        [TestMethod]
        public void AssertAreEqualTest()
        {
            //Assert.AreEqual(
            //    expected: "비교할 첫 번째 개체",
            //    actual: "비교할 두 번째 개체");
            Assert.AreEqual(1234, 1234);
        }
    }
}
```

테스트 프로젝트 코드 내에서 testc와 testm 코드 조각을 사용하면 테스트 클래스와 테스트 메서드 모양을 좀 더 편리하게 만들 수 있습니다.

❤ 그림 53-6 테스트 클래스와 테스트 메서드 코드를 작성하는 코드 조각

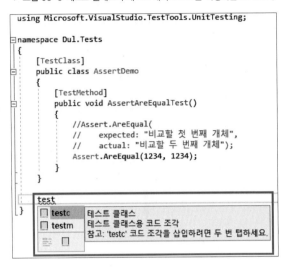

2. AssertAreEqualTest() 메서드 안쪽에서 마우스 오른쪽 버튼을 눌러 **테스트 실행**을 선택합니다.

❤ 그림 53-7 테스트 실행

```
[TestClass]
public class AssertDemo
{
    [TestMethod]
    public void AssertAreEqualTest()
    {
        //Assert.AreEqual(
        //    expected: "비교할 첫 번째 개체",
        //    actual: "비교할 두 번째 개체");
        Assert.AreEqual(1234, 1234);
    }
}
```

	빠른 작업 및 리팩터링...	Ctrl+.
이름 바꾸기(R)...	Ctrl+R, Ctrl+R
Using 제거 및 정렬(E)	Ctrl+R, Ctrl+G
정의 피킹	Alt+F12
정의로 이동(G)	F12
기본으로 이동	Alt+홈
구현으로 이동	Ctrl+F12
모든 참조 찾기(A)	Shift+F12
호출 계층 구조 보기(H)	Ctrl+K, Ctrl+T
테스트 실행(T)	Ctrl+R, T
테스트 디버그(D)	Ctrl+R, Ctrl+T

3. 한 줄짜리 코드고 에러 없이 실행되기에 다음과 같이 테스트 탐색기에서 테스트가 통과했다는 의미로 녹색 아이콘이 출력됩니다. 테스트 탐색기가 보이지 않는다면 **테스트** > **테스트 탐색기**를 선택합니다.

▼ 그림 53-8 테스트 탐색기에서 테스트 실행 결과 확인

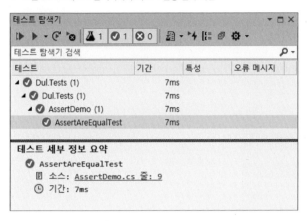

4. actual 매개변수 값을 2345처럼 1234 != 2345 형태로 잘못 넣으면 다음과 같이 빨간색 아이콘이 출력되고, 테스트 실패 상세 메시지가 나타납니다.

▼ 그림 53-9 테스트 탐색기에서 테스트 실패 확인

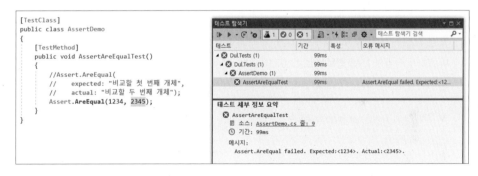

테스트 클래스의 테스트 메서드에서 사용하는 특별한 목적의 Assert 클래스를 사용해 보았습니다. 수많은 API 중에서 Assert.AreEqual() 메서드 하나만 살펴보았지만, 다른 메서드 사용법도 비슷합니다. 계속해서 우리가 직접 만든 API 테스트를 진행해 보겠습니다.

53.3 Dul 프로젝트를 테스트하는 테스트 코드 작성 및 실행하기

비주얼 스튜디오에서 테스트 프로젝트를 만들고, 테스트 클래스와 테스트 메서드도 각각 만들어 기존 또는 새롭게 만든 코드에서 자동으로 테스트를 구현하는 방법을 단계별로 살펴보겠습니다.

Dul 프로젝트에 새로운 API 추가하기

1. 비주얼 스튜디오를 실행하고 Dul 솔루션을 엽니다. 현재 Dul 솔루션 구조는 다음과 같습니다.

▼ 그림 53-10 Dul 솔루션 구조

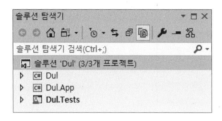

- **Dul.sln**: 솔루션

  - Dul.csproj: .NET Standard 2.0 클래스 라이브러리 프로젝트

  - Dul.App.csproj: 콘솔 앱 프로그램(.NET Core)

  - Dul.Tests.csproj: MSTest Test Project(.NET Core)

2. 닷넷 스탠다드 프로젝트인 Dul 프로젝트에서 **추가 > 새 폴더**로 04_DateTime 폴더를 만듭니다. 그리고 **추가 > 새 항목**으로 DateTimeUtility.cs 클래스 파일을 만들고, 다음과 같이 코드를 작성합니다. 이름이 ShowTimeOrDate()인 유틸리티 메서드도 하나 만들 예정입니다.

▼ 그림 53-11 DateTimeUtility.cs 파일 추가

```csharp
//DateTimeUtility.cs
using System;
using System.Collections.Generic;

namespace Dul
{
    ///<summary>
    ///날짜와 시간 관련 유틸리티
    ///</summary>
    public class DateTimeUtility
    {
        ///<summary>
        ///날짜 형식이 오늘 날짜면 시간 표시, 다르면 날짜 표시
        ///</summary>
        public static string ShowTimeOrDate(object dt, string format = "yyyy-MM-dd")
        {
            if (dt != null && DateTime.TryParse(dt.ToString(), out DateTime dateTime))
            {
                if (dateTime.Date == DateTime.Now.Date)
                {
                    return dateTime.ToString("hh:mm:ss");
                }
                else
                {
                    return dateTime.ToString(format);   //"yyyy-MM-dd" ¦¦ "yy-MM-dd"
                }
            }
            else
            {
                return "";
            }
        }
    }
}
```

3. Dul.Tests 프로젝트에는 이미 Dul 프로젝트에 대한 참조 추가가 있으므로 **2.**처럼 Dul 프로젝트에 새로운 클래스를 추가합니다. 솔루션을 다시 빌드(**빌드 > 솔루션 다시 빌드**)하면 새로운 클래스가 적용된 Dul.dll 파일을 콘솔 또는 클래스 프로젝트에서 다시 참조합니다.

Dul 프로젝트의 주요 API 테스트하기

다음과 같이 01_Creator부터 04_DateTime까지 폴더 4개와 클래스를 추가하고, 각 메서드에서 테스트 코드를 작성하겠습니다. 각 코드는 테스트 클래스와 테스트 메서드를 자동으로 만들어 주는 코드 조각인 testc와 testm을 사용해서 만들면 편합니다.

▼ 그림 53-12 클래스 4개에서 테스트 코드 작성

1. MSTest 프로젝트인 Dul.Tests 프로젝트에 01_Creator 폴더를 만든 후 CreatorTest.cs 파일을 생성합니다. 그리고 다음 테스트 코드를 작성하고 마우스 오른쪽 버튼을 눌러 **테스트 실행**을 선택하여 테스트합니다. 테스트 코드에서 ①~③을 보면 Arrange, Act, Assert 순서대로 테스트를 진행하고 있습니다.

```
//CreatorTest.cs
using Microsoft.VisualStudio.TestTools.UnitTesting;

namespace Dul.Tests
{
    [TestClass]
    public class CreatorTest
    {
        [TestMethod]
        public void GetNameTest()
        {
            //① Arrange(정렬), Setup
            const string expected = "RedPlus";

            //② Act(동작), Execute
            var actual = Creator.GetName();

            //③ Assert(어설션), Verify
            Assert.AreEqual(expected, actual);
```

```
        }
    }
}
```

Dul 클래스 라이브러리의 제작자 이름은 필자 닉네임인 'RedPlus'로 설정되어 있습니다. ①에서 예상 값을 놓고 ② Execute 영역에서 실행된 결괏값을 받은 후 ③ Verify 영역에서 예상 값과 실행 값이 같은지 또는 다른지 등을 검사하는 형태로 테스트가 진행됩니다. expected 변수에 다른 문자열을 입력하면 현재 테스트 메서드는 실행할 때 실패해서 "Red" 메시지가 출력됩니다. 단위 테스트는 Red에서 Green으로 결과를 바꾸어 가는 과정입니다.

2. MSTest 프로젝트인 Dul.Tests 프로젝트에 02_Mathematics 폴더를 만든 후 Dul.Math. Abs.Test.cs 파일을 생성합니다. 다음과 같이 테스트 코드를 작성하고 실행합니다.

```
//Dul.Math.Abs.Test.cs
using Microsoft.VisualStudio.TestTools.UnitTesting;

namespace Dul.Tests.Mathematics
{
    [TestClass]
    public class DulMathTest
    {
        [TestMethod]
        public void AbsTest()
        {
            //① Arrange, Setup
            var expected = 1234;

            //② Act, Execute
            var actual = Dul.Math.Abs(-1234);

            //③ Assert, Verify
            Assert.AreEqual(expected, actual);
        }
    }
}
```

3. MSTest 프로젝트인 Dul.Tests 프로젝트에 03_String 폴더를 만든 후 StringLibraryTest. cs 파일을 생성합니다. 다음과 같이 테스트 코드를 작성하고 실행합니다. 이 테스트 메서드는 Dul 프로젝트의 03_String 폴더에 있는 StringLibrary.cs 파일의 CutStringUnicode() 확장 메서드를 테스트합니다.

```
//StringLibraryTest.cs
using Microsoft.VisualStudio.TestTools.UnitTesting;

namespace Dul.Tests
{
    [TestClass]
    public class StringLibraryTest
    {
        [TestMethod]
        public void CutStringTest()
        {
            //① Arrange, Setup
            var expected = "안녕하...";

            //② Act, Execute
            var actual = "안녕하세요.".CutStringUnicode(6);

            //③ Assert, Verify
            Assert.AreEqual(expected, actual);
        }
    }
}
```

4. MSTest 프로젝트인 Dul.Tests 프로젝트에 04_DateTime 폴더를 만든 후 DateTime
   UtilityTest.cs 파일을 생성합니다. 다음과 같이 테스트 코드를 작성하고 실행합니다.

```
//DateTimeUtilityTest.cs
using Microsoft.VisualStudio.TestTools.UnitTesting;
using System;

namespace Dul.Tests
{
    [TestClass]
    public class DateTimeUtilityTest
    {
        [TestMethod]
        public void ShowTimeOrDateTest()
        {
            //(현재 시간 == 오늘 날짜) => 01:01:01 형태
            var now = DateTime.Now;
            var expeted = now.ToString("hh:mm:ss");
```

```
            //① Assert 클래스의 주요 메서드를 사용하여 테스트 통과 확인
            Assert.AreEqual(expeted, DateTimeUtility.ShowTimeOrDate(now));
        }


        [TestMethod]
        public void ShowTimeOrDateTestOther()
        {
            //(현재 시간 != 오늘 날짜) => 2019-12-20 형태
            var prev = DateTime.Now.AddDays(-7);
            //② Assert 클래스 없이 직접 실행하는 경우는 테스트 바로 통과
            //yyyy-MM-dd 형태
            Console.WriteLine(DateTimeUtility.ShowTimeOrDate(prev));
            //yy-MM-dd 형태
            Console.WriteLine(DateTimeUtility.ShowTimeOrDate(prev, "yy-MM-dd"));
        }
    }
}
```

테스트 프로젝트 내에서 Console.WriteLine() 메서드를 호출하면 테스트 출력창에 해당 내용을 표시합니다.

❤ 그림 53-13 테스트 결과 확인

5. Dul.Tests 프로젝트에서 마우스 오른쪽 버튼을 눌러 **테스트 실행**을 선택하면 프로젝트의 모든 테스트를 한꺼번에 실행합니다.

▼ 그림 53-14 모든 테스트 실행

MSTest 프로젝트를 포함한 수많은 테스트 도구는 C#으로 만든 API를 테스트하는 다양한 방법을 제공합니다. 이 실습 예제에서 다룬 짧은 내용은 지금까지 우리가 만들었고 앞으로 만들 모든 API에 적용할 수 있습니다. 테스트 프로젝트를 만들고 테스트하는 작업은 코드를 더 많이 작성해야 하지만, 만든 API에서 첫 번째 검증 코드를 완성하는 과정이기도 합니다. 따라서 되도록이면 API를 만든 후에는 반드시 테스트 프로젝트에서 해당 API를 테스트하는 테스트 클래스와 테스트 메서드를 생성하길 권장합니다.

단위 테스트는 특정 클래스의 메서드에 있는 논리 오류를 빠르게 찾을 수 있도록 도와주는 기능입니다. 좀 더 나아가 단위 테스트를 편리하게 하는 테스트 프로젝트는 TDD(Test Driven Development) 형태로 프로그래밍을 할 수 있게 합니다. 너무 거창하게 생각할 필요가 없습니다. 닷넷에 있는 API가 아닌 사용자가 만든 API는 직접 테스트 메서드를 생성해서 테스트하는 습관을 들이면 됩니다.

54 NuGet 패키지

NuGet 패키지로 자신이 만든 라이브러리를 전 세계 개발자와 공유할 수 있습니다. 마찬가지로 전 세계 개발자가 만든 유용한 라이브러리 및 프레임워크를 NuGet에서 내려받아 프로젝트에 포함시킬 수도 있습니다.

54.1 패키지 관리자와 NuGet

앞에서 우리는 DLL 파일로 클래스 라이브러리 프로젝트를 만들고 자신만의 라이브러리도 생성해 보았습니다. 이렇게 생성된 DLL 파일은 같은 솔루션이라면 **참조 추가** 메뉴로 쉽게 참조해서 사용할 수 있습니다. 우리가 만든 DLL 파일을 전 세계 개발자와 공유해서 사용하려면 어떻게 해야 할까요? 직접 DLL 파일을 전달할 수도 있고, NuGet 공식 사이트(https://nuget.org)에서 어셈블리 같은 패키지를 공유할 수도 있습니다.

54.2 자신만의 NuGet 패키지 만들기

자신만의 NuGet 패키지를 만들어 전 세계 개발자에게 어떻게 공개하는지 살펴보겠습니다.

Dul 프로젝트로 NuGet 패키지 만들기

1. 앞에서 작업한 Dul 솔루션과 Dul 프로젝트를 비주얼 스튜디오로 엽니다.
2. Dul 프로젝트에서 마우스 오른쪽 버튼을 눌러 **속성**을 선택합니다.

▼ 그림 54-1 프로젝트 속성 선택

3. Dul 프로젝트의 속성창에서 **패키지** 탭을 클릭한 후 다음과 같이 **패키지 버전, 작성자, 회사, 제품, 설명** 등 항목을 입력합니다. 필자는 **빌드 시 NuGet 패키지 생성** 체크박스에도 체크했습니다.

▼ 그림 54-2 프로젝트 속성창의 [패키지] 탭 살펴보기

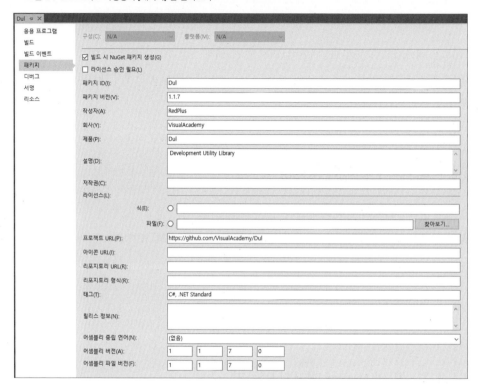

참고로 필자가 입력한 내용은 다음과 같습니다. 자신만의 NuGet 패키지를 만들려면 다음 내용을 자신이 원하는 값으로 설정합니다.

- **패키지 ID**: Dul
- **패키지 버전**: 1.1.7
- **작성자**: RedPlus
- **회사**: VisualAcademy
- **제품**: Dul
- **설명**: Development Utility Library
- **프로젝트 URL**: https://github.com/VisualAcademy/Dul
- **태그**: C#, .NET Standard

4. **3.** 처럼 **패키지** 탭에서 **빌드 시 NuGet 패키지 생성** 체크박스에 체크했다면 Dul 프로젝트를 다시 빌드합니다. 그러면 NuGet 패키지가 만들어집니다.

▼ 그림 54-3 프로젝트 다시 빌드

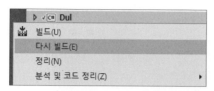

또는 프로젝트에서 마우스 오른쪽 버튼을 눌러 **팩**을 선택하면 NuGet 패키지를 좀 더 편리하게 만들 수 있습니다.

▼ 그림 54-4 비주얼 스튜디오의 [팩]을 선택하여 NuGet 패키지 만들기

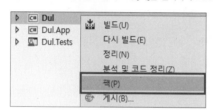

5. 닷넷 스탠다드 기반의 클래스 라이브러리 프로젝트인 Dul의 하위 폴더 bin에 Debug 또는 Release 폴더가 만들어집니다. 필자는 **Release** 모드로 빌드했을 때 다음과 같이 Dul.1.1.7.nupkg 파일이 생성되었습니다. 속성에서 패키지 버전을 작성한 형태로 NUPKG 파일이 생성됩니다. 이렇게 생성된 NUPKG 파일은 NuGet 공식 사이트에 업로드해서 외부에 공개할 수 있습니다.

▼ 그림 54-5 NUPKG 파일로 생성된 NuGet 패키지 확인

NuGet 공식 사이트에 패키지 업로드하기

1. 우리가 생성한 패키지 파일을 외부에 공개할 때는 NuGet 공식 사이트에서 진행합니다. 먼저 NuGet 공식 사이트(https://nuget.org/)에 접속합니다. 필자가 만든 Dul.dll 파일을 등록해 보겠습니다. NuGet 공식 사이트에는 다른 사람이 이미 등록한 패키지와 동일한 이름으로

등록할 수 없습니다. 업로드하는 과정만 익혀 두고, 나중에 자신만의 라이브러리를 만들어 이 과정에 따라 패키지를 업로드해 봅니다.

▼ 그림 54-6 NuGet 공식 사이트

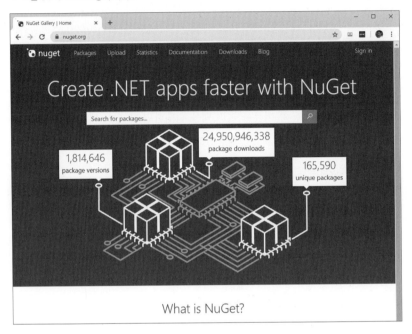

2. NuGet 공식 사이트에서 **Sign in** 링크를 클릭하여 마이크로소프트 계정으로 로그인합니다.[1]

▼ 그림 54-7 NuGet 공식 사이트에 마이크로소프트 계정으로 로그인

3. 예전에는 NuGet 공식 사이트 계정이 따로 있었지만, 현재는 마이크로소프트 계정으로만 로 그인이 가능합니다.

---

1 마이크로소프트 계정은 https://outlook.com에서 만들 수 있습니다.

✔ 그림 54-8 NuGet 공식 사이트에 로그인한 후 모습

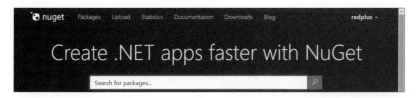

4. NuGet 공식 사이트에 정상적으로 로그인했다면 다음과 같이 **Upload** 버튼을 클릭합니다.

✔ 그림 54-9 [Upload] 버튼 클릭

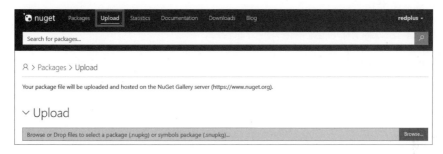

5. **검색** 버튼을 클릭하여 앞에서 생성한 'Dul.1.1.7.nupkg' 같은 자신만의 라이브러리를 첨부한 후 업로드합니다. 업로드된 패키지 파일은 정상 파일인지 유효성 검사를 진행합니다. 당연한 이야기이지만, Dul 이름은 필자가 사용하고 있기에 이 이름으로는 업로드할 수 없습니다.

✔ 그림 54-10 생성된 NuGet 패키지 업로드

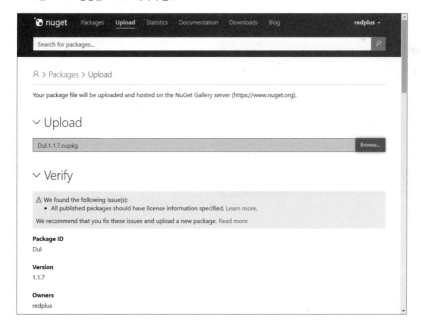

6. 유효성 검사를 한 후 이상이 없다면 Submit을 눌러 최종 업로드합니다.

▼ 그림 54-11 NuGet 패키지 전송 완료

7. 업로드된 패키지는 다시 한참 동안 유효성 검사를 진행합니다. 필자의 컴퓨터 환경에서는 10분 이상 걸렸습니다.

▼ 그림 54-12 NuGet 공식 사이트에 등록된 자신만의 라이브러리

Version	Downloads	Last updated	Status
1.1.7	0	a few seconds ago by redplus	Validating
1.1.6	283	9 months ago by redplus	Listed
1.1.5	159	10 months ago by redplus	Listed
1.1.4	206	2019-02-19 by redplus	Listed

8. 일반적으로 패키지 게시가 완료되면 이메일로 전송합니다. 한참 시간이 흐른 후 앞 리스트를 새로고침해 보면 유효성 검사를 통과하여 정상적으로 Listed된 것을 볼 수 있습니다. 이제 해당 NuGet 패키지는 전 세계 사용자에게 공개됩니다.

▼ 그림 54-13 패키지가 정상적으로 등록되었다는 이메일 내용

9. 자, 드디어 자신만의 라이브러리가 정상적으로 NuGet 공식 사이트에 게시되었습니다.

▼ 그림 54-14 자신만의 라이브러리 등록 버전 정보

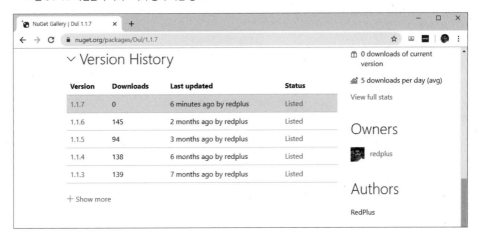

여러 종류의 클래스 라이브러리 프로젝트 결과물은 DLL 파일이고, 이를 포함한 NUPKG 파일을 NuGet 공식 사이트에 업로드하는 과정을 살펴보았습니다. 필자가 만든 Dul.dll 파일은 이미 오래 전에 공개했습니다. 이번에 살펴본 과정을 참고하여 여러분도 자신만의 라이브러리 만들기에 도전해 보세요.

54.3 내가 만든 NuGet 패키지 사용하기

NuGet 공식 사이트에 올린 자신만의 라이브러리를 사용해 보겠습니다.

프로젝트에 Dul 패키지 설치하기

1. Dul 솔루션에서 마우스 오른쪽 버튼을 눌러 **추가 > 새 솔루션 폴더**를 선택한 후 NuGet.Tests 이름으로 솔루션 폴더를 생성합니다.

2. NuGet.Tests 솔루션 폴더에서 마우스 오른쪽 버튼을 눌러 **추가 > 새 프로젝트**를 선택합니다. 나중에는 웹, 데스크톱 등에서 **참조 추가**를 하겠지만, 지금은 **콘솔 앱(.NET Core)** 프로젝트 템플릿을 사용하겠습니다. 선택한 후 **다음**을 누릅니다.

▼ 그림 54-15 콘솔 앱 추가

3. 프로젝트 이름을 입력한 후 **만들기**를 누릅니다. 필자는 프로젝트 이름을 Dul.NuGetPackage. Test로 지정했습니다.

▼ 그림 54-16 콘솔 앱 이름 지정

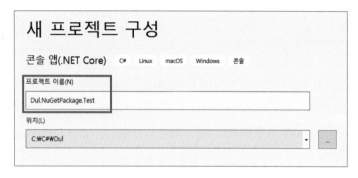

4. 새롭게 만든 콘솔 앱 프로젝트의 **종속성** 노드에서 마우스 오른쪽 버튼을 눌러 **NuGet 패키지 관리**를 선택합니다.

▼ 그림 54-17 NuGet 패키지 관리자 실행

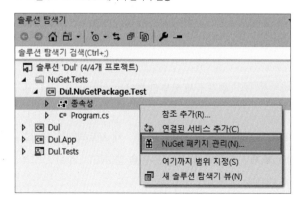

5. NuGet 패키지 관리자의 **찾아보기** 탭에서 Dul을 검색합니다. 다음과 같이 최신 버전의 Dul 패키지가 목록에 나타납니다. 최신 버전을 선택한 후 **설치**를 누르면 프로젝트에 DLL 파일을 추가합니다. 현재 버전은 1.1.7이지만 책을 학습하는 시점에서는 버전이 업데이트될 수 있습니다. 버전이 업데이트되어도 상관없습니다.

▼ 그림 54-18 Dul 라이브러리 검색 및 설치

또는 NuGet 패키지 관리자에서 DLL 파일을 설치하거나 비주얼 스튜디오에서 **보기** > **다른 창** > **패키지 관리자 콘솔**을 선택한 후 직접 명령어를 입력하여 다음과 같이 설치해도 됩니다.

```
PM> Install-Package Dul
```

▼ 그림 54-19 패키지 관리자 콘솔에서 명령어로 패키지 설치

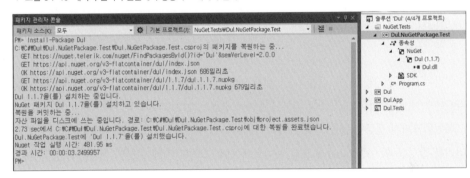

Dul 패키지의 API를 콘솔 앱에서 테스트하기

1. Dul.NuGetPackage.Test 콘솔 앱 프로젝트에서 Program.cs 파일을 열고, 다음과 같이 코드를 작성합니다. NuGet 패키지 관리자로 내려받은 Dul.dll 파일에 정의된 Creator와 Math 클래스 등이 정상적으로 호출됩니다.

```
//Program.cs
using System;
using Dul; //NuGet에서 내려받은 Dul.dll 파일에 대한 네임스페이스 참조

class Program
{
```

```
static void Main()
{
    //① Creator 호출 테스트
    Console.WriteLine(Creator.GetName());

    //② Math 호출 테스트
    Console.WriteLine(Dul.Math.Abs(-1234));    //System.Math와 Dul.Math 충돌 방지

    //③ StringLibrary 호출 테스트
    Console.WriteLine("안녕하세요.".CutStringUnicode(6));

    //④ DateTimeUtility 호출 테스트
    Console.WriteLine(DateTimeUtility.ShowTimeOrDate(DateTime.Now));
}
```

2. 프로젝트를 시작 프로젝트로 설정한 후 Ctrl+F5를 눌러 실행합니다. 정상적으로 실행되는 것을 확인합니다.

```
RedPlus
1234
안녕하...
03:13:32
```

자신만의 NuGet 패키지를 만들고 전 세계 닷넷 개발자에게 공개하는 내용을 다루어 보았습니다. 현재 NuGet 공식 사이트에 업로드된 패키지들은 이처럼 간단한 유틸리티 라이브러리에서 프레임워크까지 굉장히 많은 기능을 담고 있습니다. 여러분도 기회가 되면 자신만의 멋진 라이브러리를 작성한 후 이를 NuGet 공식 사이트에 업로드하여 전 세계 닷넷 개발자와 공유하길 권장합니다.

닷넷에는 기본으로 제공하지 않는 API가 있습니다. 여러분이 이 API를 자주 사용한다면 닷넷 스탠다드 기반의 클래스 라이브러리로 만들 수 있습니다. 먼저 테스트 프로젝트를 사용하여 여러 방법으로 테스트합니다. 그런 다음 오류 없는 API로 만든 후 NuGet 갤러리에 패키지로 배포하면 됩니다. 이 일련의 과정을 강의 3개에 거쳐 살펴보았습니다. 이렇게 만든 라이브러리는 C#의 모든 영역에서 가져다 쓸 수 있습니다. 이 강의 내용을 바탕으로 내 이름의 라이브러리로 만든 후 NuGet에 공개해 보세요.

55 스레드

닷넷에서 스레드(thread)는 작업자 한 명을 나타냅니다. 다중 스레드 또는 다중 스레딩은 여러 작업자를 두고 동시에 여러 작업을 처리하는 것을 의미합니다. 이 강의에서는 다중 스레드를 사용하여 병렬 프로그래밍하는 방법을 알아봅니다.

55.1 스레드

C#의 메인 메서드 코드는 순차적으로 실행됩니다. 하지만 메인 메서드에 또 다른 메서드 단위로 프로그램을 작성해 놓고, 이를 스레드 개체로 실행하면 메서드의 실행 순서를 윈도 운영 체제에 맡길 수 있습니다. 그러면 순차적으로 실행되지 않고 반복적으로 여러 메서드를 나누어서 처리합니다. 스레드는 이처럼 순차적으로 처리되지 않고, 여러 기능을 동시 다발적으로 실행할 때 사용하는 개념이며, 이를 닷넷에서는 Thread 같은 클래스로 제공합니다.

그럼 먼저 프로세스와 스레드를 알아봅시다.

- **프로세스**: 현재 실행 중인 프로그램을 프로세스라고 합니다.
- **스레드**: 운영 체제가 프로세서 시간을 할당하는 기본 단위입니다.

▼ 그림 55-1 프로세스와 스레드

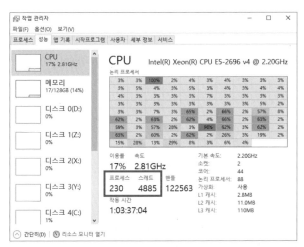

스레드는 작업자 한 명

스레드를 현실 세계에 비유하면 '작업자 한 명'을 의미합니다. 집에서 혼자 아침 식사를 준비한다면 한 명(스레드)만 있어도 충분합니다. 하지만 큰 식당에서는 여러 명(스레드)이 있어야 많은 양의 요리를 준비할 수 있습니다. 참고로 여러 스레드를 사용하여 일을 진행하는 방식을 병렬(parallel) 프로그래밍이라고 합니다.

C#에서 스레드를 만들 때는 System.Threading 네임스페이스에 정의된 ThreadStart 대리자를 사용해야 합니다.

```
public delegate void ThreadStart();
```

ThreadStart 대리자로 스레드를 선언할 수도 있습니다. 스레드는 스레드에 담을 메서드를 여러 개 구현해 놓고 이를 ThreadStart 대리자에 등록하면 됩니다. ThreadStart 대리자 개체를 Thread 클래스의 생성자로 받은 후 Thread 개체의 Start() 메서드를 호출하여 스레드에 담긴 메서드를 호출하는 형태입니다.

```
> using System.Threading;
> public static void Hi() { Console.WriteLine("Hi"); }
> Thread t = new Thread(new System.Threading.ThreadStart(Hi));
> t.Start();
Hi
```

Thread 클래스의 주요 멤버

Thread 클래스에서 제공하는 주요 속성 및 메서드는 다음과 같습니다. 좀 더 자세한 내용은 마이크로소프트 Docs 온라인 설명서를 참고하고, 다음 내용은 간단히 읽은 후 넘어가세요.

- **Priority**: 스레드의 우선순위를 결정합니다. ThreadPriority 열거형의 Highest, Normal, Lowest 값을 갖습니다.
- **Abort()**: 스레드를 종료시킵니다.
- **Sleep()**: 스레드를 설정된 밀리초(1000분의 1초)만큼 중지시킵니다.
- **Start()**: 스레드를 시작합니다.

55.2 스레드 생성 및 호출하기

Thread 클래스와 ThreadStart 대리자를 사용하여 새로운 스레드를 하나 만들고, 이 스레드에 메서드를 담아 실행하는 내용을 코드로 살펴보겠습니다. 먼저 다음 내용을 입력한 후 실행해 보세요.

스레드 생성 및 호출: ThreadDemo.cs

```csharp
using System;
using System.Threading;

class ThreadDemo
{
    static void Other()
    {
        Console.WriteLine("[?] 다른 작업자 일 실행");
        Thread.Sleep(1000);   //1초 대기(지연)
        Console.WriteLine("[?] 다른 작업자 일 종료");
    }

    static void Main()
    {
        Console.WriteLine("[1] 메인 작업자 일 시작");

        //Thread 클래스와 ThreadStart 대리자로 새로운 스레드 생성
        var other = new Thread(new ThreadStart(Other));
        other.Start();          //새로운 스레드 실행

        Console.WriteLine("[2] 메인 작업자 일 종료");
    }
}
```

\ 실행 결과 /

```
[1] 메인 작업자 일 시작
[2] 메인 작업자 일 종료
[?] 다른 작업자 일 실행
[?] 다른 작업자 일 종료
```

이 코드는 메인 작업자와 다른 작업자 두 사람이 일하는 모습을 표현한 것입니다. 메인 작업자 스레드는 일을 시작하자마자 바로 실행되어 먼저 메시지를 출력하지만, 다른 작업자 스레드는 생성한 후 1초간 지연되어 나중에 Other() 메서드 내용을 출력하는 것을 볼 수 있습니다.

코드 위치상으로는 [1]과 [2] 사이에 Other( ) 메서드 코드가 있지만, 스레드의 Start( ) 메서드를 호출할 때 새로운 스레드를 생성하고 실행하는 순간 시간이 필요하기에 메인 작업자 스레드가 먼저 실행되는 형태로 출력했습니다.

55.3 다중 스레드를 사용한 메서드 함께 호출하기

메서드 3개를 서로 다른 스레드 3개에 할당하여 실행하는 프로그램을 만들어 보겠습니다. 다음 내용을 입력한 후 실행해 보세요.

메서드 3개를 서로 다른 스레드 3개에 할당: ThreadPractice.cs

```csharp
using System;
using System.Diagnostics;
using System.Threading;

class ThreadPractice
{
    private static void Ide()
    {
        Thread.Sleep(3000);   //3초 딜레이
        Console.WriteLine("[3] IDE : Visual Studio");
    }

    private static void Sql()
    {
        Thread.Sleep(3000);   //3초 딜레이
        Console.WriteLine("[2] DBMS : SQL Server");
    }

    private static void Win()
    {
        Thread.Sleep(3000);   //3초 딜레이
        Console.WriteLine("[1] OS : Windows Server");
    }

    static void Main()
    {
        //① 스레드
        ThreadStart ts1 = new ThreadStart(Win);
        ThreadStart ts2 = new ThreadStart(Sql);

        Thread t1 = new Thread(ts1);
```

```
        var t2 = new Thread(ts2);
        var t3 = new Thread(new ThreadStart(Ide))
        {
            Priority = ThreadPriority.Highest   //우선순위 높게
        };

        t1.Start();
        t2.Start();
        t3.Start();

        //② 프로세스
        Process.Start("IExplore.exe");          //익스플로러 실행
        Process.Start("Notepad.exe");           //메모장 실행
    }
}
```

\ 실행 결과 /

```
[2] DBMS : SQL Server
[3] IDE : Visual Studio
[1] OS : Windows Server
```

①에서 스레드를 3개 생성하여 실행하면 결과는 매번 다르게 표현될 수 있습니다. ②에서 Process 클래스의 Start() 메서드를 사용하면 윈도 운영 체제에서 인터넷 익스플로러 및 메모장을 실행할 수 있습니다.

55.4 스레드 동기화

여러 스레드를 동시에 실행할 때 발생하는 문제는 한 스레드가 메서드를 실행하는 동안 다른 스레드도 같은 메서드를 실행하려고 해서 오류가 발생한다는 것입니다.

이를 해결하려고 다른 스레드가 액세스하지 못하도록 스레드를 잠글 수 있는데, 이 시점에서 스레드를 잠그는 기능을 스레드 동기화라고 합니다. 자세한 내용은 마이크로소프트 Docs 온라인 설명서에서 lock 문을 참고하세요.

```
> lock (this)
. {
.     //스레드 동기화가 필요한 코드 블록
. }
```

55.5 병렬 프로그래밍

닷넷은 TPL이란 이름의 병렬 라이브러리를 제공하기에 쉽게 병렬 프로그래밍을 할 수 있습니다. C#의 병렬 프로그래밍도 큰 주제이므로 이번에는 동시성(concurrency)과 병렬 처리(parallel processing) 의미만 간단히 살펴보겠습니다. 마찬가지로 좀 더 자세한 내용은 마이크로소프트 Docs 온라인 설명서를 참고하길 권장합니다.

동시성

우리가 지금까지 사용한 for 문은 동시성 방식으로 순서대로 반복합니다. 다음 내용을 입력한 후 실행하면 0부터 순서대로 값이 출력됩니다.

```
//ConcurrencyFor.cs
using System;

class ConcurrencyFor
{
    static void Main()
    {
        for (int i = 0; i < 200_000; i++)
        {
            Console.WriteLine(i);
        }
    }
}
```

다음과 같이 순서대로 값이 실행되는데, CPU 사용량을 보면 논리 프로세서 1개만 100% 사용되는 것을 알 수 있습니다.

▼ 그림 55-2 프로세서 하나만 열심히 일하기

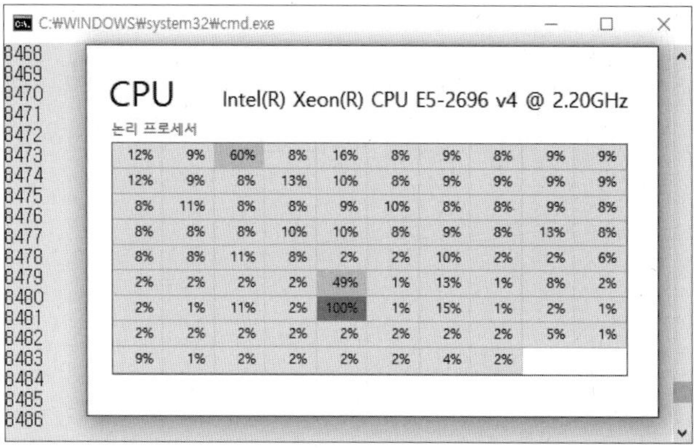

722

병렬 처리

닷넷에서는 병렬 처리를 손쉽게 사용할 수 있는 API를 제공합니다. 다음 Parallel 클래스의 For() 또는 ForEach() 같은 메서드를 사용하면 병렬로 컴퓨터 자원을 최대한 사용하여 빠르게 작업을 처리할 수 있습니다.

```
//ParallelFor.cs
using System;
using System.Threading.Tasks;

class ParallelFor
{
    static void Main()
    {
        Parallel.For(0, 200_000, (i) => { Console.WriteLine(i); });
    }
}
```

다음은 반복을 20만 번 진행하면서 값을 출력하는데, 순서대로 실행되지 않고 다중 스레드로 나누어서 실행되고 있습니다. 참고로 필자 컴퓨터는 CPU 2개를 사용하고 논리 프로세서가 44개인 워크스테이션 PC다 보니, 다음과 같이 많은 코어가 100% 열심히 일을 합니다. 병렬 처리는 동시성과 달리 컴퓨터 자원을 최대한 사용하는데, 이를 직접 코드로 구현하는 것보다는 이미 닷넷에서 제공하는 TPL 라이브러리를 살펴보면 좋습니다.

▼ 그림 55-3 프로세서 여러 개가 열심히 일하기

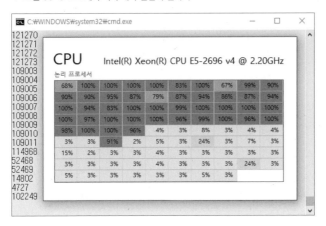

다중 스레드와 병렬 프로그래밍을 맛볼 수 있는 예제 2개를 다루어 보았습니다. 스레드와 병렬 프로그래밍은 C# 고유의 문법이라기보다는 닷넷에서 제공하는 클래스 라이브러리입니다. C#에 이해를 높이고 싶거나 게임 프로그래밍처럼 현업에서 프로그램을 작성하다 성능 이슈가 발생할 때는 마이크로소프트 Docs 온라인 설명서를 참고합니다. 지금은 이 강의 내용 정도만 맛보기로 살펴보고 다음으로 넘어갑니다.

56 비동기 프로그래밍

C#은 async와 await 키워드를 제공하여 손쉽게 비동기 프로그래밍(asynchronous programming)을 구현할 수 있습니다.

동기(synchronous)는 프로그램이 순서대로 실행됨을 의미합니다. 프로그램은 기본적으로 동기로 실행됩니다. 특히 프로그램 코드에서 메서드는 동기로 실행됩니다. 비동기(asynchronous) 프로그램은 메서드 여러 개를 동시에 실행하거나 대기 시점을 변경하여 순서를 재정의할 수 있습니다.

동기는 실행하는 동안 스레드가 차단되는 차단(blocking) 코드를 나타내고, 비동기는 스레드가 차단되지 않는 비차단(non blocking) 코드를 나타냅니다. C#은 async와 await 키워드를 사용하여 아주 쉽게 비차단 코드를 작성할 수 있습니다.

이 강의에서는 비동기 프로그래밍 내용을 배우겠습니다.

56.1 동기 프로그래밍

다음 코드는 전형적인 동기 프로그래밍입니다. 모든 메서드는 호출한 순서대로 실행됩니다.

동기 프로그래밍: SyncDemo.cs

```
using System;

class SyncDemo
{
    static void Sum(int a, int b) => Console.WriteLine($"{a} + {b} = {a + b}");
    static void Main()
    {
        Sum(3, 5);  //Sum( ) 메서드는 호출한 순서대로 실행됨
        Sum(5, 7);
        Sum(7, 9);
    }
}
```

```
3 + 5 = 8
5 + 7 = 12
7 + 9 = 16
```

비주얼 스튜디오의 디버거 기능을 사용하여 F10을 여러 번 누르면 코드가 호출한 순서대로 실행
됩니다.

▼ 그림 56-1 디버거를 사용하여 코드 실행 순서 확인

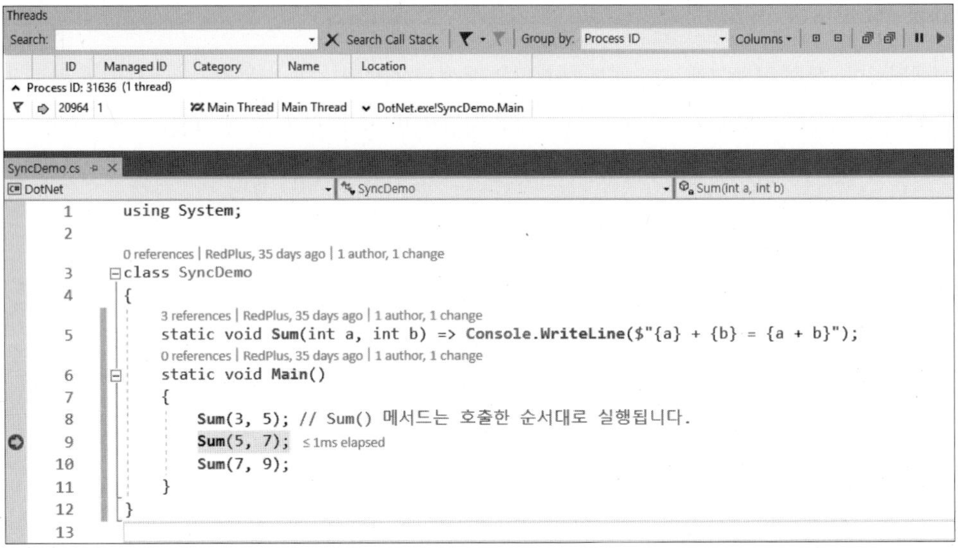

동기 프로그래밍은 지금까지 우리가 사용한 메서드 호출 순서대로 실행되는 것입니다. 그렇다면
비동기 프로그래밍은 메서드를 호출한 순서가 아닌 CPU를 실행한 순서대로 호출할까요? 이 내용
을 계속해서 알아보겠습니다.

56.2 비동기 프로그래밍

비동기 프로그래밍은 쉽게 말해 한 번에 여러 작업을 수행할 수 있도록 도와주는 기능입니다. 예
를 들어 파일, 데이터베이스, 네트워크 등에서 데이터를 가져올 때 시간이 오래 걸릴 수 있습니
다. 이러한 코드를 I/O 바인딩된 코드라고 합니다. 마찬가지로 for 문을 1만 번 이상 수행하는 등
CPU 사용량이 많은 코드를 CPU 바인딩된 코드라고 합니다. 비동기 프로그래밍은 이러한 I/O
바인딩된 코드와 CPU 바인딩된 코드를 유용하게 다룰 수 있습니다.

56.3 비동기 Main( ) 메서드

C# 7.1 버전 이후로는 Main( ) 메서드를 비동기 메서드로 사용할 수 있습니다. 다음 코드는 Main( ) 메서드에 async Task 형태를 붙여 비동기 메서드로 만들고, 닷넷 API에서 제공하는 Task.Delay( ) 메서드를 await 키워드를 붙여 비동기로 호출하는 내용입니다. Task.Delay( ) 메서드는 비동기 메서드 안에서 지정한 밀리초만큼 대기합니다.

다음 코드는 async와 await를 사용한 매우 간단한 코드이므로 한 번 살펴보고 넘어가세요.

async와 await 사용: AsyncMain.cs

```
using System;
using System.Threading.Tasks;

class AsyncMain
{
    static async Task Main()
    {
        await Task.Delay(1000);

        Console.WriteLine("비동기 메인 메서드");
    }
}
```

\ 실행 결과 /

비동기 메인 메서드

C#에서 웹 응용 프로그램 또는 데스크톱 응용 프로그램 등을 만들 때 async와 await 키워드를 많이 사용합니다. 이 두 키워드로 특정 메서드를 비동기 메서드로 사용할 수 있습니다.

비동기 메서드 시그니처, async와 await 키워드

비동기 메서드는 반드시 async 키워드를 메서드 시그니처에 포함해야 합니다. 그리고 비동기 메서드 본문 내에서 반드시 await 키워드를 사용해야 합니다.

async 키워드는 현재 메서드가 비동기 메서드라는 것을 알려 주고, await 키워드는 await 키워드 뒤에 오는 메서드 또는 Task가 실행이 끝날 때까지 대기하는 것을 의미합니다.

- **async**: 비동기 메서드 표시
- **await**: 현재 코드를 실행할 때까지 대기, 스레드의 Start( ) 메서드 호출이 필요하지 않음

비동기 메서드 반환값

비동기로 사용될 메서드 반환값은 void, Task, Task<T> 형태입니다.

초간단 비동기 메서드 만들기

비동기 메서드의 시그니처에는 async를 붙이고 메서드 본문에는 await 키워드를 사용하여 비동기
메서드를 호출할 수 있습니다. 따로 Task.Delay() 메서드는 지정된 밀리초만큼 실행을 멈춥니다.

```
> //① 초간단 async와 await를 사용하는 메서드 만들기
> static async Task RunAsync()
. {
.     string message = "Async";
.     await Task.Delay(1);
.     Console.WriteLine(message);
. }
>
> //② 비동기 메서드 호출
> await RunAsync();
Async
```

56.4 간단한 async와 await 키워드 사용 예제

C# 입문 과정에서 콘솔 기반으로 async와 await 키워드를 사용하기는 쉽지 않습니다. 이 경우에
는 이미 닷넷 API로 제공하는 HttpClient 클래스로 async와 await 키워드가 사용되는 형태를 먼
저 익혀 두면 좋습니다. 우선 비주얼 스튜디오에서 .NET Core 콘솔 프로젝트를 만들고, 다음 내
용을 입력한 후 실행해 보세요. URL 입력 부분에는 실행이 되지 않을 때 다른 URL을 넣어도 됩
니다. 집필 시점에서는 .NET Core 3.1 환경의 콘솔 앱에서 실행했습니다.

async와 await 키워드 사용: AsyncAwaitSimple.cs

```
using System;
using System.Net.Http;
using System.Threading.Tasks;

class AsyncAwaitSimple
{
    //① 비동기 메서드를 호출하는 DoAsync() 메서드를 생성할 때는 async 키워드를 붙임
```

```csharp
    static async Task DoAsync()
    {
        using (var client = new HttpClient())
        {
            //② .NET API의 비동기 메서드를 호출할 때 await 키워드를 붙임
            var r = await client.GetAsync(
                    "https://dotnetnote.azurewebsites.net/api/WebApiDemo");
            var c = await r.Content.ReadAsStringAsync();

            Console.WriteLine(c);
        }
    }

    //③ Main() 메서드를 async 키워드를 붙여 비동기 메서드로 변경
    static async Task Main()
    {
        //④ 비동기 메서드를 호출할 때 await 키워드를 앞에 붙임
        await DoAsync();
    }
}
```

\ 실행 결과 /

```
{"name":"박용준"}
```

C# 7.x 버전 이후로는 콘솔 앱 프로그램의 Main() 메서드에도 async 키워드를 붙일 수 있습니다. void 대신 async Task를 사용하여 Task 클래스를 반환하는 형태로 메서드를 만들고 다른 비동기 메서드도 호출할 수 있습니다.

닷넷에 이미 만들어 둔 HttpClient 클래스를 사용하면 특정 웹 사이트 또는 RESTFul 서비스인 Web API를 호출해서 그 결괏값을 가져올 수 있습니다. HttpClient 클래스의 GetAsync()와 ReadAsStringAsync()는 모두 비동기 메서드이기에 호출할 때 await를 앞에 붙이고 호출하면 됩니다. 참고로 닷넷의 모든 비동기 메서드는 Async 접미사를 붙입니다.

이처럼 비동기 메서드를 호출할 때는 async와 await 키워드를 쌍으로 붙여 호출해야 합니다.

비동기 메서드 호출을 이해할 때는 우선 현재 예제를 그대로 받아들여야 합니다. 비동기 메서드의 반환값은 Task, Task<T> 형태고, async와 await 키워드를 함께 사용해야 컴파일러 경고 없이 프로그램이 잘 실행할 수 있다는 점을 기억합니다.

DoAsync() 메서드에서 async와 await를 쌍으로 사용하는 비동기 호출을 하기에, 이것은 비동기 메서드로 봅니다. 비동기와 동기 호출을 모두 사용하는 메서드가 있다면 이것도 비동기 호출을 하는 비동기 메서드입니다.

참고로 콘솔 앱 프로그램은 UI를 다루지 않지만, Windows Forms와 WPF 같은 프로그램은 async와 await 키워드로 비동기 프로그램을 사용하면 UI 스레드를 차단하지 않아 내려받으면서 다른 동작(버튼 클릭 같은)을 수행할 수도 있습니다.

56.5 Task.Run( ) 메서드로 비동기 메서드 호출하기

동기 메서드 내에서 비동기 메서드를 호출할 때는 Task.Run( ) 메서드를 사용할 수 있습니다. Task.Run( ) 메서드는 CPU 바인딩된(즉, CPU가 오래 처리해야 하는) 코드를 묶어 비동기 처리를 합니다. 다음 내용을 입력한 후 실행해 보세요.

Task.Run( ) 메서드로 비동기 메서드 호출: AsyncAwaitDescription.cs

```
using System;
using System.Threading;
using System.Threading.Tasks;

class AsyncAwaitDescription
{
    static void Main()
    {
        Task.Run(() => DoPrint());  //1, 2, 3, ...
        Console.WriteLine("[?] async await 사용 예제");
        Thread.Sleep(1);
    }

    static async void DoPrint()
    {
        await PrintNumberAsync();
    }

    static async Task PrintNumberAsync()
    {
        await Task.Run(() =>
        {
            for (int i = 0; i < 300; i++)
```

```
            {
                Console.WriteLine(i + 1);
            }
        });
    }
}
```

```
[?] async await 사용 예제
1
2
...(생략)
```

이 코드는 Main()에서 Task.Run() 메서드로 비동기 메서드인 DoPrint()를 사용하는 내용을 보여
줍니다. 마찬가지로 Task.Run() 메서드 앞에 await 키워드를 붙여 비동기 메서드로 만드는 내용
을 PrintNumberAsync() 메서드에 표현해 보았습니다.

56.6 Task.FromResult()를 사용하여 비동기로 반환값 전달하기

비동기 호출을 사용하여 오늘 날짜부터 5일간 날씨와 온도 리스트를 랜덤하게 반환하는 메서드를
비동기 Main()에서 호출하는 예제는 다음과 같습니다. 닷넷 API에서 제공하는 Async 메서드가 아
닐 때는 Task.FromResult() 메서드로 묶어 반환할 수 있습니다.

Task.FromResult() 메서드를 사용하여 비동기로 반환값 전달: WeatherForecastApp.cs

```csharp
using System;
using System.Linq;
using System.Threading.Tasks;

public class WeatherForecast
{
    public DateTime Date { get; set; }
    public int TemperatureC { get; set; }
    public int TemperatureF { get; set; }
    public string Summary { get; set; }
}

public class WeatherForecastService
```

```
{
    private static string[] summaries = new[]
    {
            "Freezing", "Bracing", "Chilly", "Cool", "Mild",
            "Warm", "Balmy", "Hot", "Sweltering", "Scorching"
    };

    public Task<WeatherForecast[]> GetForecastAsync(DateTime startDate)
    {
        var rng = new Random();
        return Task.FromResult(Enumerable.Range(1, 5).Select(idx => new WeatherForecast
        {
            Date = startDate.AddDays(idx),
            TemperatureC = rng.Next(-20, 55),
            Summary = summaries[rng.Next(summaries.Length)]
        }).ToArray());
    }
}

class WeatherForecastApp
{
    static async Task Main()
    {
        var service = new WeatherForecastService();
        var forecasts = await service.GetForecastAsync(DateTime.Now);

        Console.WriteLine("Date\tTemp. (C)\tTemp. (F)\tSummary");
        foreach (var f in forecasts)
        {
            Console.WriteLine($"{f.Date.ToShortDateString()}\t" +
                $"{f.TemperatureC}\t{f.TemperatureF}\t{f.Summary}");
        }
    }
}
```

\ 실행 결과 /

Date	Temp. (C)	Temp. (F)	Summary
2020-03-24	-20	0	Chilly
2020-03-25	45	0	Balmy
2020-03-26	-19	0	Scorching
2020-03-27	48	0	Mild
2020-03-28	-12	0	Bracing

자신만의 비동기 메서드를 만들 때 특정 결괏값을 Task<T>로 돌려주면 Task.FromResult( ) 메서드로 묶어 줍니다. 또 비동기 메서드는 async와 await 키워드 조합으로 호출하면 됩니다.

여기서 한 가지 더 기억할 점은 동기를 포함한 비동기 프로그램도 역시 비동기 프로그램이라는 것입니다.

56.7 async와 await를 사용한 C# 비동기 프로그래밍하기

동기 프로그램을 먼저 생성한 후 이를 비동기 프로그램으로 변경하는 과정을 살펴보겠습니다. 모든 코드는 Dinner 솔루션에 있고 솔루션 탐색기의 프로젝트 구성은 다음과 같습니다.

https://github.com/VisualAcademy/Dinner

▼ 그림 56-2 비동기 프로그래밍 연습용 Dinner 솔루션

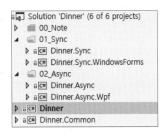

저녁 식사로 동기와 비동기 프로그래밍 비교하기

저녁 식사를 준비하는 과정을 동기 프로그래밍과 비동기 프로그래밍 절차와 비교하면 다음과 같습니다.

동기 프로그래밍(스레드 차단)

1. 밥을 짓습니다. 밥을 다 지을 때까지 보면서 기다립니다.

2. 국을 끓입니다. 국이 완전히 끓을 때까지 보면서 기다립니다.

3. 달걀 프라이를 합니다. 달걀이 다 익을 때까지 보면서 기다립니다.

비동기 프로그래밍(동기 프로그래밍 포함)

1. 밥을 짓습니다. 밥을 다 지을 때까지 다른 일을 하면서(TV 등을 보면서) 기다립니다.

2. 국을 끓입니다. 국이 완전히 끓을 때까지 다른 일을 하면서(TV 등을 보면서) 기다립니다.

3. 달걀 프라이를 합니다. 달걀이 다 익을 때까지 다른 일을 하면서(TV 등을 보면서) 기다립니다.

비동기 프로그래밍(동시 작업 시작)

밥을 짓기 시작합니다. 국을 끓이기 시작합니다. 달걀 프라이를 하기 시작합니다. 다른 일을 하면서(TV 등을 보면서) 모든 작업이 다 끝날 때까지 기다립니다.

동기 프로그래밍과 비동기 프로그래밍 실행 시간

일반적으로 동기 프로그래밍은 (밥 + 국 + 달걀) 시간이 걸리고, 동기 프로그래밍이 포함된 비동기 프로그래밍은 동기 프로그래밍과 동일한 시간이 걸립니다. 순수 비동기 프로그래밍은 (밥 + 국 + 달걀) 중에서 가장 오래 걸리는 시간과 비슷합니다.

솔루션 및 공통 사용 프로젝트 만들기

1. Dinner 이름으로 빈 솔루션을 생성합니다.

프로젝트 형식	템플릿	이름	위치
솔루션	빈 솔루션	Dinner	C:\C#

2. Dinner 솔루션에 Dinner.Common 이름으로 .NET Standard 2.0 프로젝트(또는 닷넷 코어 기반 클래스 라이브러리 프로젝트)를 만듭니다. 기본으로 생성된 Class1.cs 파일은 삭제합니다.

3. Dinner.Common 프로젝트에 Cooking.cs 클래스 파일을 만들고, 다음과 같이 코드를 작성합니다.

```
//Cooking.cs
using System;
using System.Threading;
using System.Threading.Tasks;

namespace Dinner.Common
{
    public class Cooking
    {
        //동기 방식의 밥 만들기 메서드
        public Rice MakeRice()
        {
            Console.WriteLine("밥 생성 중...");
            Thread.Sleep(1001);
            return new Rice();
        }

        //비동기 방식의 밥 만들기 메서드
```

```csharp
    public async Task<Rice> MakeRiceAsync()
    {
        Console.WriteLine("밥 생성 중...");
        await Task.Delay(1001);
        return new Rice();
    }

    //동기 방식의 국 만들기 메서드
    public Soup MakeSoup()
    {
        Console.WriteLine("국 생성 중...");
        Thread.Sleep(1001);
        return new Soup();
    }

    //비동기 방식의 국 만들기 메서드
    public async Task<Soup> MakeSoupAsync()
    {
        Console.WriteLine("국 생성 중...");
        await Task.Delay(1001);
        return new Soup();
    }

    //동기 방식의 달걀 만들기 메서드
    public Egg MakeEgg()
    {
        Console.WriteLine("달걀 생성 중...");
        Thread.Sleep(1001);
        return new Egg();
    }

    //비동기 방식의 달걀 만들기 메서드
    public async Task<Egg> MakeEggAsync()
    {
        Console.WriteLine("달걀 생성 중...");
        await Task.Delay(TimeSpan.FromMilliseconds(1001));
        return await Task.FromResult<Egg>(new Egg());
    }
}

public class Rice
{
    //Pass
}

public class Soup
{
    //Pass
```

비동기 프로그래밍

```
    }

    public class Egg
    {
        //Pass
    }
}
```

Cooking.cs 파일에는 Cooking, Rice, Soup, Egg 클래스가 있습니다. Cooking, Rice, Egg 클래스는
빈 클래스로 만들고, Cooking 클래스에는 밥 만들기, 국 만들기, 달걀 만들기 등 동기 메서드와 비
동기 메서드를 각각 3개씩 구성했습니다.

동기 메서드와 비동기 메서드에서 각각 Thread.Sleep()과 Task.Delay()를 사용하여 1001밀리초
정도 대기하는 코드를 두어 오래 걸리는 시간을 표현했습니다.

동기 프로그램 만들기

1. Dinner 솔루션에서 마우스 오른쪽 버튼을 눌러 **추가 > 새 프로젝트**를 선택합니다. **콘솔 앱**을
   선택한 후 Dinner.Sync 이름으로 콘솔 앱 프로그램을 만듭니다.

프로젝트 형식	템플릿	이름	위치
C#	콘솔 앱 프로그램	Dinner.Sync	C:\C#\Dinner

2. Dinner.Sync 프로젝트에서 마우스 오른쪽 버튼을 눌러 **추가 > 참조**를 선택합니다. 참조 관리
   자 창에서 Dinner.Common 프로젝트에 대한 참조를 선택한 후 추가합니다.

❤ 그림 56-3 Dinner.Common 참조 추가

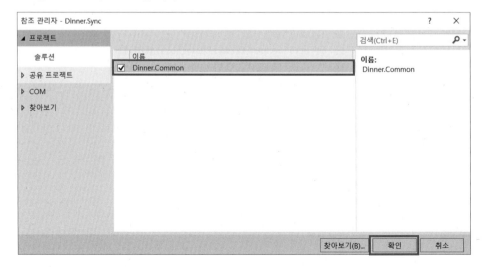

3. Dinner.Sync 프로젝트의 Program.cs 파일에 다음과 같이 코드를 작성합니다.

```
//Program.cs
using Dinner.Common;
using System;
using System.Diagnostics;

namespace Dinner.Sync
{
    class Program
    {
        static void Main(string[] args)
        {
            Stopwatch stopwatch = new Stopwatch();
            stopwatch.Start();

            //① 밥 만들기
            Rice rice = (new Cooking()).MakeRice();   //스레드 차단: true
            Console.WriteLine($"밥 준비 완료 - {rice.GetHashCode()}");

            //② 국 만들기
            Soup soup = (new Cooking()).MakeSoup();
            Console.WriteLine($"국 준비 완료 - {soup.GetHashCode()}");

            //③ 달걀 만들기
            Egg egg = (new Cooking()).MakeEgg();
            Console.WriteLine($"달걀 준비 완료 - {egg.GetHashCode()}");

            stopwatch.Stop();

            Console.WriteLine($"\n시간 : {stopwatch.ElapsedMilliseconds}밀리초");
            Console.WriteLine("동기 방식으로 식사 준비 완료");
        }
    }
}
```

4. Dinner.Sync 프로젝트를 시작 프로젝트로 설정한 후 Ctrl + F5 를 눌러 실행합니다.

```
밥 생성 중...
밥 준비 완료 - 58225482
국 생성 중...
국 준비 완료 - 54267293
달걀 생성 중...
달걀 준비 완료 - 18643596

시간 : 3043밀리초
동기 방식으로 식사 준비 완료
```

동기 프로그램은 모든 작업이 실행되는 동안 스레드를 차단하여 단계별로 실행합니다. 전체 실행 시간은 3초 정도입니다.

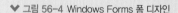

Note ≡   Windows Forms에서 동기 프로그램 작동 방식 확인

이 책 범위에는 Windows Forms가 포함되지 않았기에 지금 설명하는 내용은 참고용으로만 읽고 넘어가세요. 다음 순서대로 따라 하기 쉽지 않으니 예제 소스에서 Dinner 솔루션의 Dinner.Sync.WindowsForms 프로젝트를 참고 하세요. 다음 순서는 참고용으로 표시했습니다.

1. Dinner 솔루션에 Dinner.Sync.WindowsForms 이름의 Windows Forms 프로젝트를 추가한 후 Dinner. Sync.WindowsForms에 Dinner.Common 프로젝트 참조를 추가합니다. 솔루션 탐색기의 Dinner.Sync. WindowsForms 프로젝트의 **종속성**에서 마우스 오른쪽 버튼을 눌러 **참조 추가**를 선택합니다. 이때 나타나는 창 에서 솔루션 내의 Dinner.Common 프로젝트를 체크하여 DLL 참조를 추가합니다.

2. Form1.cs 파일을 FrmDinnerSyncWindowsForms.cs 파일로 이름을 변경합니다.

3. FrmDinnerSyncWindowsForms.cs 파일의 디자인 모드에 다음과 같이 디자인합니다. 버튼 2개 (btnMakeDinner, btnWachingTV)와 다음 그림에서는 볼 수 없지만 레이블 하나(lblDisplay)를 등록합니다.

❤ 그림 56-4 Windows Forms 폼 디자인

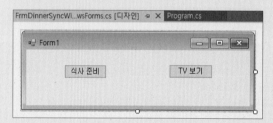

4. FrmDinnerSyncWindowsForms.cs 파일의 코드 모드에 다음과 같이 코드를 작성합니다.

```
//FrmDinnerSyncWindowsForms.cs
using Dinner.Common;
using System;
using System.Diagnostics;
using System.Windows.Forms;

namespace Dinner.Sync.WindowsForms
{
    public partial class FrmDinnerSyncWindowsForms: Form
    {
        public FrmDinnerSyncWindowsForms()
        {
            InitializeComponent();
        }

        private void btnMakeDinner_Click(object sender, EventArgs e)
```

◑ 계속

```
    {
        Stopwatch stopwatch = new Stopwatch();
        stopwatch.Start();

        //① 밥 만들기
        Rice rice = (new Cooking()).MakeRice();
        lblDisplay.Text = $"밥 준비 완료 - {rice.GetHashCode()}";

        //② 국 만들기
        Soup soup = (new Cooking()).MakeSoup();
        lblDisplay.Text = $"국 준비 완료 - {soup.GetHashCode()}";

        //③ 달걀 만들기
        Egg egg = (new Cooking()).MakeEgg();
        lblDisplay.Text = $"달걀 준비 완료 - {egg.GetHashCode()}";

        stopwatch.Stop();
        lblDisplay.Text = $"\n시간 : {stopwatch.ElapsedMilliseconds}밀리초";

        lblDisplay.Text = ("동기 방식으로 식사 준비 완료");
    }

    private void btnWachingTV_Click(object sender, EventArgs e)
    {
        lblDisplay.Text =
            "TV 보는 중... " + DateTime.Now.Millisecond.ToString();
    }
    }
}
```

5. 프로젝트를 시작 프로젝트로 설정한 후 `Ctrl`+`F5`를 누릅니다. **식사 준비**를 누른 후 3초 이내에 **TV 보기**를 누르려고 하면 눌러지지 않습니다. 동기 프로그램은 식사를 준비하는 동안 다른 일련의 작업을 진행할 수 없음을 데모로 확인했습니다. 조금 뒤에 살펴볼 Note에서 동기 방식을 비동기 방식으로 바꾸어서 실행하면 **식사 준비**를 누른 후 **TV 보기**를 누를 수 있습니다.

▼ 그림 56-5 동기 프로그램 실행 테스트

비동기 프로그램 만들기(동기 프로그램 포함)

1. Dinner 솔루션에 닷넷 코어 기반의 콘솔 앱 프로젝트를 추가합니다. 이름은 Dinner.Async
   로 지정합니다.

프로젝트 형식	템플릿	이름	위치
C#	콘솔 앱 프로그램	Dinner.Async	C:\C#\Dinner

2. Dinner.Async에 Dinner.Common 프로젝트 참조를 추가합니다.

▼ 그림 56-6 Dinner.Common 참조 추가

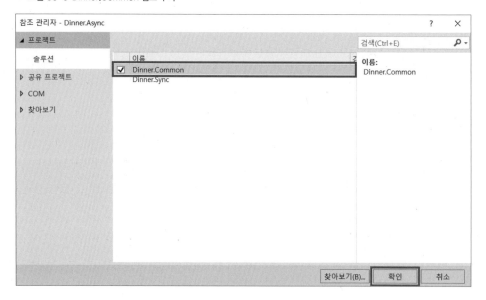

3. Program.cs 파일을 열고, 다음과 같이 코드를 작성합니다.

```
//Program.cs
using Dinner.Common;
using System;
using System.Diagnostics;
using System.Threading.Tasks;

namespace Dinner.Async
{
    class Program
    {
        static async Task Main(string[] args)
```

```
        {
            Stopwatch stopwatch = new Stopwatch();
            stopwatch.Start();

            Rice rice = await (new Cooking()).MakeRiceAsync();   //스레드 차단: false
            Console.WriteLine($"밥 준비 완료 : {rice.GetHashCode()}");

            Soup soup = await (new Cooking()).MakeSoupAsync();
            Console.WriteLine($"국 준비 완료 : {soup.GetHashCode()}");

            Egg egg = await (new Cooking()).MakeEggAsync();
            Console.WriteLine($"달걀 준비 완료 : {egg.GetHashCode()}");

            stopwatch.Stop();

            Console.WriteLine($"\n시간 : {stopwatch.ElapsedMilliseconds}밀리초");
            Console.WriteLine("비동기 방식으로 식사 준비 완료");
        }
    }
}
```

4. 시작 프로젝트로 설정한 후 `Ctrl`+`F5`를 눌러 실행합니다.

```
밥 생성 중...
밥 준비 완료 : 6044116
국 생성 중...
국 준비 완료 : 59817589
달걀 생성 중...
달걀 준비 완료 : 48209832

시간 : 3056밀리초
비동기 방식으로 식사 준비 완료
```

코드를 작성한 후 실행하면 3초 정도 걸립니다. 이 프로그램은 의미상으로 비동기 프로그래밍이
므로 밥을 만들면서 TV를 볼 수 있습니다.

Note ☰ **WPF에서 비동기 프로그램 작동 방식 확인**

WPF에서 비동기 프로그램의 작동 방식을 실습으로 확인해 봅시다.

1. Dinner 솔루션에 Dinner.Async.Wpf 이름의 WPF 프로젝트를 추가합니다.

2. 기본 생성된 MainWindow.xaml 파일의 디자인 모드에서 다음과 같이 디자인합니다. 버튼 2개와 레이블 1개로 된 WPF 폼입니다.

▼ 그림 56-7 WPF 응용 프로그램 폼 디자인

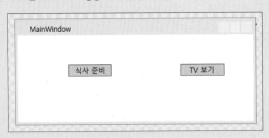

참고용 XAML 소스는 다음과 같습니다.

```xaml
//MainWindow.xaml
<Window x:Class="Dinner.Async.Wpf.MainWindow"
        xmlns="http://schemas.microsoft.com/winfx/2006/xaml/presentation"
        xmlns:x="http://schemas.microsoft.com/winfx/2006/xaml"
        xmlns:d="http://schemas.microsoft.com/expression/blend/2008"
        xmlns:mc="http://schemas.openxmlformats.org/markup-compatibility/2006"
        xmlns:local="clr-namespace:Dinner.Async.Wpf"
        mc:Ignorable="d"
        Title="MainWindow" Height="194" Width="416">
    <Grid>
        <Button x:Name="btnMakeDinner" Content="식사 준비"
                HorizontalAlignment="Left" Margin="88,49,0,0" VerticalAlignment="Top"
                Width="75" Click="btnMakeDinner_Click"/>
        <Button x:Name="btnWachingTV" Content="TV 보기" HorizontalAlignment="Left"
                Margin="283,49,0,0" VerticalAlignment="Top" Width="75"
                Click="btnWachingTV_Click"/>
        <Label x:Name="lblDisplay" Content="" HorizontalAlignment="Left"
                Margin="88,104,0,0" VerticalAlignment="Top"/>
    </Grid>
</Window>
```

3. F7 을 눌러 코드 비하인드로 이동한 후 다음과 같이 코드를 작성합니다.

```csharp
//MainWindow.xaml.cs
using Dinner.Common;
using System;
```

◑ 계속

```csharp
using System.Diagnostics;
using System.Windows;

namespace Dinner.Async.Wpf
{
    public partial class MainWindow : Window
    {
        public MainWindow()
        {
            InitializeComponent();
        }

        private async void btnMakeDinner_Click(object sender, RoutedEventArgs e)
        {
            Stopwatch stopwatch = new Stopwatch();
            stopwatch.Start();

            //① 밥 만들기
            Rice rice = await (new Cooking()).MakeRiceAsync();
            lblDisplay.Content = $"밥 준비 완료 - {rice.GetHashCode()}";

            //② 국 만들기
            Soup soup = await (new Cooking()).MakeSoupAsync();
            lblDisplay.Content = $"국 준비 완료 - {soup.GetHashCode()}";

            //③ 달걀 만들기
            Egg egg = await (new Cooking()).MakeEggAsync();
            lblDisplay.Content = $"달걀 준비 완료 - {egg.GetHashCode()}";

            stopwatch.Stop();
            lblDisplay.Content = $"\n시간 : {stopwatch.ElapsedMilliseconds}밀리초";

            lblDisplay.Content = ("비동기 방식으로 식사 준비 완료");
        }

        private void btnWachingTV_Click(object sender, RoutedEventArgs e)
        {
            lblDisplay.Content =
                "TV 보는 중... " + DateTime.Now.Millisecond.ToString();
        }
    }
}
```

● 계속

4. `Ctrl` + `F5` 를 눌러 WPF 프로젝트를 실행합니다.

▼ 그림 56-8 비동기 프로그래밍 방식의 WPF 프로그램 실행

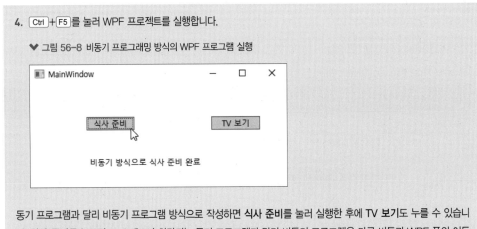

동기 프로그램과 달리 비동기 프로그램 방식으로 작성하면 **식사 준비**를 눌러 실행한 후에 **TV 보기**도 누를 수 있습니다. **식사 준비**를 누르면 UI 스레드가 차단되는 동기 프로그램과 달리 비동기 프로그램은 다른 버튼과 WPF 폼의 이동 작업이 차단되지 않습니다.

여러 작업이 함께 실행되는 비동기 프로그램 만들기

1. Dinner 솔루션에 이름이 Dinner인 닷넷 코어 기반의 콘솔 앱 프로그램 프로젝트를 추가합니다.

프로젝트 형식	템플릿	이름	위치
C#	콘솔 앱 프로그램	Dinner	C:\C#\Dinner

2. Dinner 콘솔 프로젝트에 Dinner.Common 프로젝트 참조를 추가합니다.

▼ 그림 56-9 Dinner.Common 참조 추가

744

3. Dinner 콘솔 프로젝트의 Program.cs 파일을 열고, 다음과 같이 코드를 작성합니다.

```csharp
//Program.cs
using Dinner.Common;
using System;
using System.Collections.Generic;
using System.Diagnostics;
using System.Linq;
using System.Threading.Tasks;

namespace Dinner
{
    class Program
    {
        static async Task Main(string[] args)
        {
            Console.WriteLine("[?] 어떤 방식으로 실행할까요? (0~4 번호 입력)\n" +
                "0. 동기\t\t1. await\t2. Task<T>\t3. WhenAll\t4. WhenAny ");
            var number = Convert.ToInt32(Console.ReadLine());

            switch (number)
            {
                case 1:  //비동기(동기 프로그램을 포함함)
                    {
                        Stopwatch stopwatch = new Stopwatch();
                        stopwatch.Start();

                        Egg egg = await (new Cooking()).MakeEggAsync();
                        Console.WriteLine($"달걀 재료 준비 완료 : {egg.GetHashCode()}");

                        Rice rice = await (new Cooking()).MakeRiceAsync();
                        Console.WriteLine($"김밥 준비 완료 : {rice.GetHashCode()}");

                        Soup soup = await (new Cooking()).MakeSoupAsync();
                        Console.WriteLine($"국 준비 완료 : {soup.GetHashCode()}");

                        stopwatch.Stop();

                        Console.WriteLine($"\n시간 : {stopwatch.ElapsedMilliseconds}");
                        Console.WriteLine("비동기 방식으로 식사(김밥) 준비 완료");
                    }
                    break;
                case 2:  //비동기(함께 실행)
                    {
                        Stopwatch stopwatch = new Stopwatch();
                        stopwatch.Start();
```

```csharp
                    //Async 메서드 3개가 동시 실행
                    Task<Rice> riceTask = (new Cooking()).MakeRiceAsync();
                    Task<Soup> soupTask = (new Cooking()).MakeSoupAsync();
                    Task<Egg> eggTask = (new Cooking()).MakeEggAsync();

                    Rice rice = await riceTask;
                    Console.WriteLine($"식탁에 밥 준비 완료 : {rice.GetHashCode()}");
                    Soup soup = await soupTask;
                    Console.WriteLine($"식탁에 국 준비 완료 : {soup.GetHashCode()}");
                    Egg egg = await eggTask;
                    Console.WriteLine($"식탁에 달걀 준비 완료 : {egg.GetHashCode()}");

                    stopwatch.Stop();

                    Console.WriteLine($"\n시간 : {stopwatch.ElapsedMilliseconds}");
                    Console.WriteLine("비동기 방식으로 식사 준비 완료");
                }
                break;
        case 3:   //비동기(모두 완료되는 시점)
                {
                    Stopwatch stopwatch = new Stopwatch();
                    stopwatch.Start();

                    //Async 메서드 3개가 동시 실행
                    Task<Rice> riceTask = (new Cooking()).MakeRiceAsync();
                    Task<Soup> soupTask = (new Cooking()).MakeSoupAsync();
                    Task<Egg> eggTask = (new Cooking()).MakeEggAsync();

                    //모든 작업이 다 완료될 때까지 대기
                    await Task.WhenAll(riceTask, soupTask, eggTask);

                    Console.WriteLine("식탁에 모든 식사 준비 완료");

                    stopwatch.Stop();

                    Console.WriteLine($"\n시간 : {stopwatch.ElapsedMilliseconds}");
                    Console.WriteLine("비동기 방식으로 식사 준비 완료");
                }
                break;
        case 4:
                {
                    Stopwatch stopwatch = new Stopwatch();
                    stopwatch.Start();

                    //Async 메서드 3개가 동시 실행
```

```
            Task<Rice> rTask = (new Cooking()).MakeRiceAsync();
            Task<Soup> sTask = (new Cooking()).MakeSoupAsync();
            Task<Egg> eTask = (new Cooking()).MakeEggAsync();

            //하나라도 작업이 끝나면 확인
            var allTasks = new List<Task> { rTask, sTask, eTask };
            while (allTasks.Any())  //작업이 하나라도 있으면 실행
            {
                Task finished = await Task.WhenAny(allTasks);
                if (finished == rTask)
                {
                    Rice rice = await rTask;
                    Console.WriteLine($"밥 준비 완료 - {rice}");
                }
                else if (finished == sTask)
                {
                    Soup soup = await sTask;
                    Console.WriteLine($"국 준비 완료 - {soup}");
                }
                else
                {
                    Egg egg = await eTask;
                    Console.WriteLine($"달걀 준비 완료 - {egg}");
                }
                allTasks.Remove(finished);  //끝난 작업은 리스트에서 제거
            }

            stopwatch.Stop();

            Console.WriteLine(
                $"\n시간 : {stopwatch.ElapsedMilliseconds}");
            Console.WriteLine("비동기 방식으로 식사 준비 완료");
        }
        break;
    default:  //동기(Sync)
        {
            Stopwatch stopwatch = new Stopwatch();
            stopwatch.Start();

            //① 밥 만들기
            Rice rice = (new Cooking()).MakeRice();  //스레드 차단: true
            Console.WriteLine($"밥 준비 완료 - {rice.GetHashCode()}");

            //② 국 만들기
            Soup soup = (new Cooking()).MakeSoup();
```

56

비동기 프로그래밍

747

```
                            Console.WriteLine($"국 준비 완료 - {soup.GetHashCode()}");

                            //③ 달걀 만들기
                            Egg egg = (new Cooking()).MakeEgg();
                            Console.WriteLine($"달걀 준비 완료 - {egg.GetHashCode()}");

                            stopwatch.Stop();

                            Console.WriteLine($"\n시간 : {stopwatch.ElapsedMilliseconds}");
                            Console.WriteLine("동기 방식으로 식사 준비 완료");
                        }
                        break;
                }
            }
        }
    }
```

4. 시작 프로젝트로 설정한 후 Ctrl + F5 를 눌러 실행합니다. 실행한 후 0에서 4까지 정수 중 하나를 입력한 후 Enter 를 누르면 동기 또는 비동기 프로그램의 여러 형태에 따른 출력 결과가 나타납니다.

```
[?] 어떤 방식으로 실행할까요? (0~4 번호 입력)
0. 동기        1. await      2. Task<T>      3. WhenAll      4. WhenAny
2
밥 생성 중...
국 생성 중...
달걀 생성 중...
식탁에 밥 준비 완료 : 35320229
식탁에 국 준비 완료 : 17653682
식탁에 달걀 준비 완료 : 42194754

시간 : 1023
비동기 방식으로 식사 준비 완료
```

2를 입력하면 비동기 프로그램으로 메서드가 한꺼번에 실행되어 3초가 아닌 1초만에 모든 작업을 완료하는 것을 확인할 수 있습니다.

동기 프로그램은 스레드가 차단되어 현재 작업 중인 메서드가 완료될 때까지는 다른 작업을 실행하지 않는 형태입니다. 이와 달리 비동기 프로그램은 스레드가 차단되지 않아 작업 하나를 진행하더라도 다른 작업을 실행할 수 있습니다.

C# 입문 과정에서 async와 await 키워드는 이 실습 내용만으로도 충분히 이해할 수 있습니다. 이 실습은 기회가 되면 여러 번 작성하여 실행하면서 의미를 확실히 이해하고 넘어가길 권장합니다.

C# 6.0 버전 이후로는 예외 처리 구문 안에서 await 키워드를 사용할 수 있습니다. 다음 코드를 살펴보세요.

```csharp
//AwaitWithTryCatchFinally.cs
using System;
using System.Threading.Tasks;

class AwaitWithTryCatchFinally
{
    static async Task Main()
    {
        await DoAsync();
    }

    static async Task DoAsync()
    {
        try
        {
            await Task.Delay(1);
        }
        catch (Exception)
        {
            await Task.Delay(1);
        }
        finally
        {
            await Task.Delay(1);
        }
    }
}
```

실행 결과는 아무것도 나타나지 않았지만, await 키워드를 try~catch~finally 구문 안에서도 사용할 수 있음을 확인했습니다.

C#을 사용한 데스크톱, 웹 등 최신 응용 프로그램 제작에서는 비동기 방식의 프로그래밍이 필수입니다. 단지 async와 await 키워드를 사용하고 Task 클래스의 주요 메서드를 사용함으로써 동기에서 비동기로 탈바꿈되는 마법 같은 효과를 낼 수 있습니다. 이 강의 목적은 async와 await 키워드 사용법을 익히는 데 있습니다. 책에서는 이 정도로 다루고 좀 더 자세한 내용은 마이크로소프트 Docs 온라인 설명서에서 비동기 프로그래밍 관련 API를 검색하길 권장합니다.

57 인메모리 데이터베이스 프로그래밍 맛보기

현대적인 응용 프로그램(앱)은 대부분 앱에서 사용하는 데이터를 데이터베이스에 저장합니다. 사실 업무용 앱에서 DBMS[1]를 사용하지 않는 앱은 거의 없다고 보아도 무관합니다. C#에서는 이러한 DBMS와 데이터를 주고받는 클래스를 다수 제공합니다. 이러한 클래스의 집합을 다른 말로 ADO.NET이라고 합니다. ADO.NET을 학습하려면 미리 선행 학습으로 SQL 서버(SQL Server) 같은 관계형 데이터베이스를 다룬 경험이 있어야 합니다. 하지만 이 강의에서는 관계형 데이터베이스를 다룬 적이 없어도 데이터베이스 프로그래밍을 이해할 수 있도록 인메모리 데이터베이스 프로그래밍을 다룹니다.[2]

57.1 인메모리 데이터베이스

인메모리 데이터베이스(in-memory database)는 사실 특별한 개념이 아니고 지금까지 우리가 사용한 변수, 배열, 구조체, 클래스 등에 저장되는 데이터를 다루는 기술이라고 생각하면 됩니다. 인메모리 기술이기에 프로그램을 실행하고 메모리에 저장된 데이터는 프로그램이 종료되면 자동으로 소멸합니다. 이렇게 메모리에 임시로 저장된 데이터들은 파일 또는 데이터베이스에 저장하여 영구적으로 보관할 수 있습니다. 이 강의에서는 메모리상에 데이터를 입력, 조회, 수정, 삭제, 검색 등 작업을 진행하는 방법을 C# 코드로 살펴보겠습니다.

57.2 CRUD 작업하기

데이터베이스를 다룰 때 Create(입력), Read(출력) 또는 Retrieve(검색), Update(수정), Delete(삭제) 등 기능을 줄여 CRUD 또는 CRUD 작업이라고 합니다. 업무용 앱의 로직 대부분은 이러한 CRUD 작업으로 표현할 수 있습니다.

---

1 데이터베이스를 조작하는 별도의 소프트웨어인 '데이터베이스 관리 시스템'을 의미합니다.

2 실제 DBMS와 ADO.NET 관련 클래스 학습을 원할 때는 필자가 집필한 〈ASP.NET & Core를 다루는 기술〉(길벗, 2016)을 참고하세요.

CRUD와 연관된 메서드 이름

CRUD와 관련한 메서드 이름을 지을 때는 Add, Get, Update 또는 Edit, Remove 또는 Delete 등 단어를 많이 사용합니다. 이러한 단어를 접두사 또는 접미사로 사용하는 것은 가이드 라인(권장 사항)이지 필수 사항은 아닙니다.

▼ 표 57-1 CRUD와 연관된 메서드 이름

메서드	설명	예
Add()	데이터 입력 관련 메서드 이름을 지을 때 사용	AddHero()
Get()	데이터 전체를 조회할 때 사용	GetAll(), GetHeroes()
GetById()	단일 데이터를 조회할 때 사용	GetHeroById()
Update(), Edit()	데이터를 수정할 때 사용	UpdateHero()
Delete(), Remove()	데이터를 삭제할 때 사용	RemoveHero()

일반적으로 CRUD와 관련해서 메서드 등 이름을 지을 때 데이터 출력은 Get을 많이 사용합니다. 입력은 Create, Add, New 등을 사용하며 수정은 Update, Modify, Edit, Change, 삭제는 Delete, Remove 중 하나를 사용합니다. 또는 기억하기 편하게 BREAD로 표현할 수도 있습니다. BREAD는 Browse(상세 보기), Read(읽기), Edit(편집), Add(추가), Delete(삭제) 앞 글자를 따서 기억하면 됩니다. 참고로 오랜 기간 필자가 가장 많이 사용한 단어는 입력(Write), 출력(List), 상세(View), 수정(Modify), 삭제(Delete), 검색(Search)입니다. 상태를 저장하는 개념으로 Save와 Store도 많이 사용합니다.

BREAD SHOP 패턴: CRUD 관련 개체 이름 짓기 패턴

데이터 저장소(storage)와 관련한 이름을 짓기가 고민일 때는 필자가 고안한 제과점(BREAD SHOP)을 생각하면 좋습니다. Browse, Read, Edit, Add, Delete, Search, Has, Ordering, Paging 앞 글자만 기억해서 BREAD SHOP으로 기억하면 좋습니다. 다음은 CRUD 작업 관련 이름 짓기의 예입니다.

▼ 표 57-2 이름 짓기 예

이름 짓기	예	이름 짓기	예
Browse: 상세	Browse(), BrowseCategory()	Search: 검색	Search(), SearchCategory()
Read: 출력	Read(), ReadAll(), ReadCategories()	Has: 건수	Has(), HasValue: 여부
Edit: 수정	Edit(), EditCategory()	Ordering: 정렬	Ordering(), OrderingCategory()

❍ 계속

이름 짓기	예	이름 짓기	예
Add: 입력	Add(), AddCategory()	Paging: 페이징	Paging(), PagingCategory()
Delete: 삭제	Delete(), DeleteCategory()		

건수를 구하는 메서드는 Has보다는 Count 단어가 더 맞지만 BREAD SHOP으로 기억하려고 Has를 사용했습니다.

CRUD 관련 페이지 또는 파일 이름은 다음을 많이 사용합니다.

- **Create**: 입력
- **Index**: 출력
- **Details**: 상세
- **Edit**: 수정 또는 삭제
- **Manage**: 관리

57.3 리포지토리 패턴

프로그래밍을 할 때 자주 사용하는 유형을 패턴(pattern)이라고 합니다. 데이터베이스 프로그래밍에서는 일반적으로 리포지토리 패턴(repository pattern)이 가장 많이 사용됩니다.

일반적인 업무용 프로그램을 만들 때 많이 나오는 패턴을 살펴보겠습니다.

- 모델 클래스(model class)는 데이터 구조를 나타냅니다.
- 리포지토리 클래스(repository class)는 데이터에 대한 입력, 출력, 수정, 삭제 등을 담당하는 클래스를 의미합니다.
- 컨텍스트 클래스(context class)는 모델과 리포지토리를 사용하여 업무 하나를 묶어 관리하는 역할을 합니다.

> Note ≡ **리포지토리 패턴 관련 클래스 파일 이름**
>
> 예를 들어 게시판에 대한 모델 클래스는 Board.cs, BoardModel.cs, BoardViewModel.cs 형태를 제일 많이 사용하고, 또 다른 스타일로는 BoardEntity.cs, BoardObject.cs, BoardDto.cs 등으로 만들어서 사용합니다.
>
> 데이터 리포지토리에 대한 CRUD(Create, Read, Update, Delete) 등 업무용 로직을 담고 있는 클래스는 주로 Component, Repository, Service, Controller 접미사를 붙입니다. 그래서 게시판 관련 클래스의 파일 이름은 BoardComponent.cs, BoardRepository.cs, BoardService.cs, BoardController.cs 등으로 표현할 수 있습니다.

모델, 리포지토리, 컨텍스트 클래스를 만들고 사용하기

다음 내용은 모델 클래스를 만들고, 이 클래스를 사용하여 데이터를 채워 넘겨주는 리포지토리 클래스를 만듭니다. 그리고 이를 호출하는 컨텍스트 클래스를 만들고, 마지막으로 Main() 메서드에서 테스트하는 단계로 모델, 리포지토리, 컨텍스트, 메인 클래스의 단계를 사용합니다.

모델, 리포지토리, 컨텍스트 클래스를 만들고 사용: SignBaseSignRepository.cs

```
using System;
using System.Collections.Generic;

///<summary>
///모델 클래스
///</summary>
public class SignBase
{
    public int SignId { get; set; }
    public string Email { get; set; }
    public string Password { get; set; }
}


///<summary>
///리포지토리 클래스
///</summary>
public class SignRepository
{
    public List<SignBase> GetAll()
    {
        var signs = new List<SignBase>()
        {
            new SignBase() { SignId = 1, Email = "a@a.com", Password = "1234" },
            new SignBase() { SignId = 2, Email = "b@b.com", Password = "2345" },
            new SignBase() { SignId = 3, Email = "c@c.com", Password = "3456" },
        };

        return signs;
    }
}

///<summary>
///컨텍스트 클래스
///</summary>
public class SignContext
```

```csharp
{
    public List<SignBase> Signs
    {
        get
        {
            return (new SignRepository()).GetAll();
        }
    }
}

///<summary>
///테스트 클래스
///</summary>
class SignBaseSignRepository
{
    static void Main()
    {
        var signs = (new SignContext()).Signs;

        foreach (var sign in signs)
        {
            Console.WriteLine($"{sign.SignId}, {sign.Email}, {sign.Password}");
        }
    }
}
```

\ 실행 결과 /

```
1, a@a.com, 1234
2, b@b.com, 2345
3, c@c.com, 3456
```

C#을 학습하고 나서 데이터베이스 프로그래밍을 진행한다면, 일반적으로 이 예제에서 다룬 모델 클래스, 리포지토리 클래스, 컨텍스트 클래스 등 단어를 많이 접하게 될 것입니다. 이러한 내용을 가장 최소한의 코드로 표현해 보았습니다.

리포지토리 패턴 사용하기

이번에는 리포지토리 인터페이스를 사용하여 리포지토리 클래스 3개에서 상속하는 리포지토리 패턴 예제를 만들어 보겠습니다. 다음 내용을 입력한 후 실행해 보세요.

```csharp
using System;

public interface ITableRepository
{
    string GetAll();
}

public class TableInMemoryRepository : ITableRepository
{
    public string GetAll()
    {
        return "인-메모리 데이터베이스 사용";
    }
}

public class TableSqlRepository : ITableRepository
{
    public string GetAll() => "SQL Server 데이터베이스 사용";
}

public class TableXmlRepository : ITableRepository
{
    public string GetAll() => "XML 데이터베이스 사용";
}

class RepositoryPatternDemo
{
    static void Main()
    {
        //SQL, InMemory, XML 등 넘어오는 값에 따른 인스턴스 생성(저장소 결정)
        string repo = "SQL";  //여기 값을 SQL, InMemory, XML 중 하나로 변경

        ITableRepository repository;
        if (repo == "InMemory")
        {
            repository = new TableInMemoryRepository();
        }
        else if (repo == "XML")
        {
            repository = new TableXmlRepository();
        }
        else
```

57

인-메모리 데이터베이스 프로그래밍 맛보기

```
        {
            repository = new TableSqlRepository();
        }

        Console.WriteLine(repository.GetAll());
    }
}
```

SQL Server 데이터베이스 사용

string repo 변수에 저장된 값이 SQL, InMemory, XML에 따라 repository 개체가 서로 다른 클래스의 인스턴스로 생성됩니다.

이 예제는 나중에 종속성 주입(의존성 주입(dependency injection)) 개념으로 확장됩니다.

57.4 인메모리 데이터베이스를 만들고 CRUD 작업 수행하기

메모리상에 제네릭 클래스 형태의 정적(static)인 데이터 저장 공간을 만들고, 이곳에 데이터의 CRUD(저장, 조회, 수정, 삭제 등) 작업을 수행하는 예제를 단계별로 진행해 보겠습니다. 카테고리를 관리하는 앱을 제작할 때 필요한 로직을 연습할 예정입니다. 지금까지 배운 C#의 주요 개념을 거의 포함한 만큼 굉장히 긴 실습 예제입니다. 이 책의 완성된 소스를 먼저 실행한 후 다음 따라 하기를 진행해도 됩니다. 완성된 전체 소스는 다음 DotNet 솔루션의 InMemoryDatabase 프로젝트에서 내려받을 수 있습니다.

https://github.com/VisualAcademy/DotNet

InMemoryDatabase 콘솔 프로젝트 만들기

1. 비주얼 스튜디오를 실행하고 InMemoryDatabase 이름으로 닷넷 코어 기반 콘솔 앱 프로그램 프로젝트를 만듭니다. 기본으로 생성된 Program.cs 파일을 InMemoryDatabase.cs 파일로 이름 및 클래스 이름을 변경합니다.

프로젝트 형식	템플릿	이름	위치
C#	콘솔 앱 프로그램	InMemoryDatabase	C:\C#\InMemoryDatabase

2. InMemoryDatabase 솔루션에서 마우스 오른쪽 버튼을 눌러 **추가 > 새 프로젝트 > 클래스 라이브러리**(.NET Standard)를 선택합니다. 새 프로젝트 구성창에서 프로젝트 이름에 Dul.Data를 입력한 후 **만들기**를 누릅니다. 기본으로 생성되는 Class1.cs 파일은 제거합니다.

3. 프로젝트 2개를 만든 후 다음과 같이 솔루션을 구성합니다.

▼ 그림 57-1 인메모리 데이터베이스 연습용 솔루션 구성

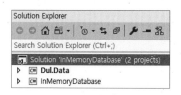

4. InMemoryDatabase 프로젝트에서 마우스 오른쪽 버튼을 눌러 **추가 > 참조**를 선택합니다. 참조 관리자 창에서 Dul.Data 프로젝트 참조를 선택한 후 추가합니다.

▼ 그림 57-2 Dul.Data 참조 추가

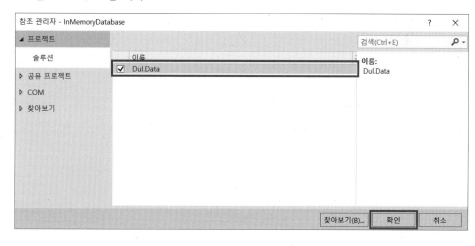

5. 앞으로 계속 진행할 실습을 모두 수행하고 나면 솔루션 모습은 다음과 같습니다.

▼ 그림 57-3 인메모리 데이터베이스 연습용 솔루션 완성 모습

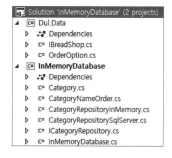

공통으로 사용할 열거형과 제네릭 인터페이스 만들기

1. Dul.Data 프로젝트에 전체 솔루션에서 공통으로 사용할 열거형인 OrderOption.cs 파일을 만들고, 다음과 같이 코드를 작성합니다.

```
//OrderOption.cs
namespace Dul.Data
{
    ///<summary>
    ///SortOrder 열거형: 행의 데이터 정렬 방법을 지정
    ///</summary>
    public enum OrderOption
    {
        ///<summary>
        ///오름차순
        ///</summary>
        Ascending,

        ///<summary>
        ///내림차순
        ///</summary>
        Descending,

        ///<summary>
        ///기본값
        ///</summary>
        None
    }
}
```

OrderOption 열거형은 일반적인 데이터베이스 프로그래밍에서 데이터 정렬 정보를 표현할 때 사용합니다.

2. Dul.Data 프로젝트에 전체 솔루션에서 공통으로 사용할 제네릭 인터페이스인 IBreadShop. cs 파일을 만들고, 다음과 같이 코드를 작성합니다.

```
//IBreadShop.cs
using System.Collections.Generic;

namespace Dul.Data
{
    ///<summary>
    ///제네릭 인터페이스: 공통 CRUD 코드 => BREAD SHOP 패턴 사용
    ///</summary>
```

```csharp
///<typeparam name="T">모델 클래스</typeparam>
public interface IBreadShop<T> where T : class
{
    ///<summary>
    ///상세
    ///</summary>
    T Browse(int id);

    ///<summary>
    ///출력
    ///</summary>
    List<T> Read();

    ///<summary>
    ///수정
    ///</summary>
    bool Edit(T model);

    ///<summary>
    ///입력
    ///</summary>
    T Add(T model);

    ///<summary>
    ///삭제
    ///</summary>
    bool Delete(int id);

    ///<summary>
    ///검색
    ///</summary>
    List<T> Search(string query);

    ///<summary>
    ///건수
    ///</summary>
    int Has();

    ///<summary>
    ///정렬
    ///</summary>
    IEnumerable<T> Ordering(OrderOption orderOption);
```

```
///<summary>
///페이징
///</summary>
List<T> Paging(int pageNumber, int pageSize);
    }
}
```

IBreadShop 제네릭 인터페이스는 앞에서 CRUD와 관련한 개체 이름 짓기 패턴 중에서 자주
사용되는 BREAD SHOP 단어를 미리 인터페이스로 정의해 놓은 형태입니다. 구조가 간단한
데이터를 다룰 때는 이 인터페이스를 상속한 후 기본 코드를 구현하고, 그다음 추가적인 로직
을 구현해 가는 식으로 사용할 수 있습니다.

Ordering() 메서드는 학습 목적으로 읽고 쓰기가 가능한 List<T> 대신에 읽기 전용인
IEnumerable<T>를 사용한 것입니다. List<T> 형태를 사용해도 무관합니다.

3. InMemoryDatabase 프로젝트에 CategoryNameOrder.cs 열거형을 만들고, 다음과 같이
   코드를 작성합니다. 이 코드에서 만든 열거형은 앞에서 작성한 OrderOption 열거형으로 대체
   되어 사용하지는 않습니다. 이러한 코드에는 [Obsolete] 특성을 붙여 관리합니다.

```
//CategoryNameOrder.cs
using System;

namespace InMemoryDatabase
{
    //한국시 발음: 오브설리트
    [Obsolete("OrderOption 열거형을 사용하세요.")]
    ///<summary>
    ///열거형: 카테고리 이름 정렬 방법
    ///</summary>
    public enum CategoryNameOrder
    {
        ///<summary>
        ///오름차순
        ///</summary>
        Asc,

        ///<summary>
        ///내림차순
        ///</summary>
        Desc
    }
}
```

CategoryNameOrder 열거형은 더 이상 사용하지 않는 코드입니다. 리팩터링 개념으로 새로운 열거형을 만들어 대체할 때 기존 코드를 지우면 이를 사용하던 코드에서 에러가 발생합니다. 따라서 점진적으로 업데이트를 하기 위해 [Obsolete] 특성을 적용하여 더 이상 사용하지 않도록 권장한 후 다음 버전에서 제거하는 식으로 프로그램을 작성하거나 유지보수할 수 있습니다.

모델 클래스와 리포지토리 인터페이스 만들기

1. InMemoryDatabase 프로젝트에 카테고리를 관리하는 모델 클래스인 Category.cs 파일을 만들고, 다음과 같이 코드를 작성합니다.

```
//Category.cs
namespace InMemoryDatabase
{
    ///<summary>
    ///모델 클래스: 카테고리 모델 클래스
    ///</summary>
    public class Category
    {
        ///<summary>
        ///카테고리 고유 일련번호
        ///</summary>
        public int CategoryId { get; set; }

        ///<summary>
        ///카테고리 이름
        ///</summary>
        public string CategoryName { get; set; }
    }
}
```

모델 클래스 또는 뷰모델 클래스는 일반적으로 데이터가 저장되는 그릇 구조를 표현합니다. Category 모델 클래스는 다음 블릿 리스트처럼 일련번호와 카테고리 이름으로 된 두 가지 필드만 관리하는 간단한 구조입니다.

- 1 - 책
- 2 - 강의
- 3 - 컴퓨터

2. InMemoryDatabase 프로젝트에 카테고리를 관리할 수 있는 저장소의 인터페이스를 ICategoryRepository.cs 파일로 만들고, 다음과 같이 코드를 작성합니다. IBreadShop<T> 인터페이스 기능을 그대로 물려받아 사용하기에 ICategoryRepository 인터페이스 기능을 간결

하게 유지할 수 있습니다. IBreadShop<T>에 정의되지 않은 새로운 기능을 추가로 구현할 때는 이곳에 메서드 시그니처를 작성합니다. 예를 들어 로그를 남기는 기능을 설계한다면 **void Log(string message);** 형태의 코드를 추가합니다.

```
//ICategoryRepository.cs
using Dul.Data;

namespace InMemoryDatabase
{
    ///<summary>
    ///리포지토리 인터페이스 => BREAD SHOP 패턴 사용
    ///</summary>
    public interface ICategoryRepository : IBreadShop<Category>
    {
        //Empty
    }
}
```

리포지토리 인터페이스는 리포지토리 클래스에서 사용할 멤버에 대한 시그니처를 담아 두는 곳입니다. 이렇게 만들어진 리포지토리 인터페이스는 실제로 코드가 구현되는 하나 이상의 리포지토리 클래스에서 상속받아 사용합니다. 이 실습에서는 IBreadShop<T> 제네릭 인터페이스에 미리 정의한 Browse 메서드부터 Paging 메서드까지 그대로 사용하기에 추가 내용은 구현하지 않을 뿐입니다. IBreadShop<T>에 Category 클래스를 넘겨주어 Category 모델 클래스에 대한 CRUD를 정의해서 사용할 수 있습니다.

데이터 저장소를 위한 리포지토리 클래스 만들기

1. InMemoryDatabase 프로젝트에 이 실습의 핵심 코드를 담을 CategoryRepository InMemory.cs 파일을 만들고, 다음과 같이 코드를 작성합니다. 실제로 데이터베이스는 사용하지 않고, List<T> 형태의 _categories 컬렉션 개체를 생성한 후 이곳에 데이터를 입력, 조회, 수정, 삭제 등 기능을 구현한 클래스입니다.

```
//CategoryRepositoryInMemory.cs
using Dul.Data;
using System.Collections.Generic;
using System.Linq;

namespace InMemoryDatabase
{
    public class CategoryRepositoryInMemory : ICategoryRepository
    {
```

```csharp
//인메모리 데이터베이스 역할을 하는 정적 컬렉션 개체 생성
private static List<Category> _categories = new List<Category>();

public CategoryRepositoryInMemory()
{
    //생성자에서 컬렉션 이니셜라이저를 사용하여 데이터 3개로 초기화
    _categories = new List<Category>()
    {
        new Category() { CategoryId = 1, CategoryName = "책" },
        new Category() { CategoryId = 2, CategoryName = "강의" },
        new Category() { CategoryId = 3, CategoryName = "컴퓨터" }
    };
}

///<summary>
///입력
///</summary>
public Category Add(Category model)
{
    //가장 큰 CategoryId에 1 더한 값으로 새로운 CategoryId 생성
    model.CategoryId = _categories.Max(c => c.CategoryId) + 1;
    _categories.Add(model);
    return model;
}

///<summary>
///상세
///</summary>
public Category Browse(int id)
{
    return _categories.Where(c => c.CategoryId == id).SingleOrDefault();
}

///<summary>
///삭제
///</summary>
public bool Delete(int id)
{
    int r = _categories.RemoveAll(c => c.CategoryId == id);
    if (r > 0)
    {
        return true;
    }
    return false;
}
```

```csharp
///<summary>
///수정
///</summary>
public bool Edit(Category model)
{
    var result = _categories
        .Where(c => c.CategoryId == model.CategoryId)
        .Select(c => { c.CategoryName = model.CategoryName; return c; })
        .SingleOrDefault();
    if (result != null)
    {
        return true;
    }
    return false;
}


///<summary>
///건수
///</summary>
public int Has()
{
    return _categories.Count;
}


///<summary>
///정렬
///</summary>
///<param name="orderOption">OrderOption 열거형</param>
///<returns>읽기 전용(IEnumerable)으로 정렬된 레코드셋</returns>
public IEnumerable<Category> Ordering(OrderOption orderOption)
{
    IEnumerable<Category> categories;

    switch (orderOption)
    {
        case OrderOption.Ascending:
            //[a] 확장 메서드 사용
            categories = _categories.OrderBy(c => c.CategoryName);
            break;
        case OrderOption.Descending:
            //[b] 쿼리 식 사용
            categories = (from category in _categories
                          orderby category.CategoryName descending
                          select category);
            break;
```

```csharp
                default:
                    //[c] 기본값
                    categories = _categories;
                    break;
            }

            return categories;
        }


        ///<summary>
        ///페이징
        ///</summary>
        ///<param name="pageNumber">페이지 번호: 1, 2, 3, ...</param>
        ///<param name="pageSize">페이지 크기: 한 페이지당 10개씩 표시</param>
        ///<returns>읽고 쓰기가 가능한(List) 페이징 처리된 레코드셋</returns>
        public List<Category> Paging(int pageNumber = 1, int pageSize = 10)
        {
            return
                _categories
                    .Skip((pageNumber - 1) * pageSize)
                    .Take(pageSize)
                    .ToList();
        }


        ///<summary>
        ///출력
        ///</summary>
        public List<Category> Read()
        {
            return _categories;
        }


        ///<summary>
        ///검색
        ///</summary>
        public List<Category> Search(string query)
        {
            return _categories
                .Where(category => category.CategoryName.Contains(query)).ToList();
        }
    }
}
```

앞에서 지금까지 배운 내용들을 바탕으로 코드를 작성했고 각 메서드에서 진행하는 코드는 간결
하게 표현했기에, 자세한 설명은 앞 소스 코드의 내용 및 주석을 참고하세요.

Main() 메서드에서 CRUD 테스트하기

1. 지금까지 작성한 내용을 최종적으로 메인 메서드에서 테스트해 보겠습니다. InMemory Database.cs 파일을 열고, 다음과 같이 코드를 작성합니다. 전체 코드를 다 작성해도 되고, 필요한 부분만 순서대로 작성한 후 실행해도 됩니다.

```
//InMemoryDatabase.cs
using Dul.Data;
using System;
using System.Collections.Generic;
using System.Linq;

namespace InMemoryDatabase
{
    class InMemoryDatabase
    {
        //리포지토리 클래스 참조
        static CategoryRepositoryInMemory _category;

        #region Print
        ///<summary>
        ///[0] 카테고리 출력 공통 메서드
        ///</summary>
        ///<param name="categories">카테고리 리스트</param>
        private static void PrintCategories(List<Category> categories)
        {
            foreach (var category in categories)
            {
                Console.WriteLine($"{category.CategoryId} - {category.CategoryName}");
            }
            Console.WriteLine();
        }
        #endregion

        #region Has
        ///<summary>
        ///① 건수
        ///</summary>
        private static void HasCategory()
        {
            if (_category.Has() > 0)
            {
                Console.WriteLine("기본 데이터가 있습니다.");
            }
            else
```

```csharp
        {
            Console.WriteLine("기본 데이터가 없습니다.");
        }
        Console.WriteLine();
    }
    #endregion

    #region Read
    ///<summary>
    ///② 출력
    ///</summary>
    private static void ReadCategories()
    {
        var categories = _category.Read();
        PrintCategories(categories);
    }
    #endregion

    #region Add
    ///<summary>
    ///③ 입력
    ///</summary>
    private static void AddCategory()
    {
        var category = new Category() { CategoryName = "생활용품" };
        _category.Add(category);
        ReadCategories();
    }
    #endregion

    #region Browse
    ///<summary>
    ///④ 상세
    ///</summary>
    private static void BrowseCategory()
    {
        int categoryId = 4;
        var category = _category.Browse(categoryId);
        if (category != null)
        {
            Console.WriteLine($"{category.CategoryId} - {category.CategoryName}");
        }
        else
        {
            Console.WriteLine($"{categoryId}번 카테고리가 없습니다.");
```

```csharp
        }
        Console.WriteLine();
    }
    #endregion

    #region Edit
    ///<summary>
    ///⑤ 수정
    ///</summary>
    private static void EditCategory()
    {
        _category.Edit(new Category { CategoryId = 4, CategoryName = "가전용품" });
        ReadCategories();
    }
    #endregion

    #region Delete
    ///<summary>
    ///⑥ 삭제
    ///</summary>
    private static void DeleteCategory()
    {
        int categoryId = 1;
        _category.Delete(categoryId);
        Console.WriteLine($"{categoryId}번 데이터를 삭제합니다.");
        ReadCategories();
    }
    #endregion

    #region Search
    ///<summary>
    ///⑦ 검색
    ///</summary>
    private static void SearchCategories()
    {
        var query = "강의";
        var categories = _category.Search(query);
        PrintCategories(categories);
    }
    #endregion

    #region Paging
    ///<summary>
    ///⑧ 페이징
    ///</summary>
```

```
private static void PagingCategories()
{
    var categories = _category.Paging(2, 2);
    if (categories.Count > 1)
    {
        categories.RemoveAt(0);  //0번째 인덱스 항목 지우기
    }
    PrintCategories(categories);
}
#endregion

#region Ordering
///<summary>
///⑨ 정렬
///</summary>
private static void OrderingCategories()
{
    var categories = _category.Ordering(OrderOption.Descending);
    PrintCategories(categories.ToList());
}
#endregion

static void Main(string[] args)
{
    _category = new CategoryRepositoryInMemory();

    Console.WriteLine("[1] 기본값이 있는지 확인 : ");
    HasCategory();

    Console.WriteLine("[2] 기본 데이터 출력 : ");
    ReadCategories();

    Console.WriteLine("[3] 데이터 입력 : ");
    AddCategory();

    Console.WriteLine("[4] 상세 보기 : ");
    BrowseCategory();

    Console.WriteLine("[5] 데이터 수정 : ");
    EditCategory();

    Console.WriteLine("[6] 데이터 삭제 : ");
    DeleteCategory();

    Console.WriteLine("[7] 데이터 검색 : ");
```

인메모리 데이터베이스 프로그래밍 맛보기

```
            SearchCategories();

            Console.WriteLine("[8] 페이징 : ");
            PagingCategories();

            Console.WriteLine("[9] 정렬 : ");
            OrderingCategories();
        }
    }
}
```

2. InMemoryDatabase 프로젝트를 시작 프로젝트로 설정한 후 Ctrl + F5 를 눌러 실행합니다.
   실행 결과는 다음과 같습니다. 전체 결과가 길기 때문에 InMemoryDatabase.cs 파일에서
   [1]번부터 [9]번까지 주석 처리해 가며 순서대로 하나씩 실행하는 것도 좋습니다.

   [1] 기본값이 있는지 확인 :
   기본 데이터가 있습니다.

   [2] 기본 데이터 출력 :
   1 - 책
   2 - 강의
   3 - 컴퓨터

   [3] 데이터 입력 :
   1 - 책
   2 - 강의
   3 - 컴퓨터
   4 - 생활용품

   [4] 상세 보기 :
   4 - 생활용품

   [5] 데이터 수정 :
   1 - 책
   2 - 강의
   3 - 컴퓨터
   4 - 가전용품

   [6] 데이터 삭제 :
   1번 데이터를 삭제합니다.
   2 - 강의
   3 - 컴퓨터
   4 - 가전용품

[7] 데이터 검색 :
2 - 강의

[8] 페이징 :
4 - 가전용품

[9] 정렬 :
3 - 컴퓨터
2 - 강의
4 - 가전용품

이 실습은 단계도 많고, 지금까지 C#으로 공부한 여러 개념 중에서 실제 업무용 앱을 작성할 때 가장 많이 사용하는 내용 위주로 다루었습니다. 인메모리 데이터베이스를 다루었지만 영구적인 저장소인 실제 데이터베이스를 사용하는 부분도 이와 동일한 패턴으로 진행됩니다. 이 실습 내용은 여러 번 반복하여 따라 하길 권장합니다.

인-메모리 데이터베이스 또는 인-메모리 컬렉션으로 표현되는 부분을 학습했습니다. 책에서 C# 내용을 다루고, 휘발성이 있는 메모리상에 데이터 구조를 만들어 이곳에서 데이터를 입력, 출력, 수정, 삭제하는 작업을 진행해 보았습니다. 이 강의를 바탕으로 다음 강의에서는 물리적인 파일에 데이터를 저장하는 내용을 학습하겠습니다.

58 스트림과 파일 입출력 맛보기

프로그램 코드에서 작성된 데이터는 목적에 따라 영구적으로 보관해야 할 때가 있습니다. 이때는 파일이나 데이터베이스에 저장합니다. 이번에는 파일에 데이터를 저장하고 이를 사용하는 방법을 알아봅니다.

58.1 System.IO 네임스페이스

C#을 사용하여 파일에 대한 입력과 출력을 담당하는 네임스페이스는 System.IO입니다. 이 네임스페이스에서는 수많은 파일과 디렉터리 관련 클래스를 제공합니다. 이러한 클래스들을 사용하면 파일 생성 및 삭제, 텍스트 파일 읽고 쓰기, 바이너리 파일 읽고 쓰기, CSV 파일 읽고 쓰기 등 파일 처리와 관련한 기능을 수행할 수 있습니다.

자주 사용하는 파일 처리 관련 API는 다음과 같습니다. 간단히 읽고 넘어가세요.

- File.Exists(): 지정된 경로에 파일이 있으면 true를 반환하고, 없으면 false를 반환
- new DirectoryInfo().Parent.FullName: 지정된 경로의 부모 폴더 값 반환
- Path.GetDirectoryName(): 지정한 경로의 디렉터리 값 반환
- Path.Combile(): 경로 2개를 합치거나 경로와 파일 이름을 묶어서 반환
- Directory.Exists(): 지정된 디렉터리가 있는지 확인
- Directory.CreateDirectory(): 디렉터리 생성
- Directory.Delete(): 디렉터리 삭제
- Path.GetFileName(): 파일 이름 추출
- Path.GetExtension(): 파일 확장자 추출
- File.Copy(): 파일 복사
- File.Move(): 파일 이동
- Directory.GetFiles(): 지정된 경로의 파일 이름 리스트를 문자열 배열로 반환

- File.ReadAllText(): 텍스트 파일 읽기

- File.WriteAllText(): 텍스트 파일 쓰기

- File.ReadAllLines(): 텍스트 파일의 모든 줄을 읽어 문자열 배열로 반환

- File.WriteAllLines(): 문자열 배열을 줄 단위로 텍스트 파일에 저장

- File.AppendAllText(): 텍스트 파일에 내용 추가

- File.AppendAllLines(): 컬렉션 형태의 문자열 추가

- File.ReadAllBytes(): 바이너리 파일 읽기

- File.WriteAllBytes(): 바이너리 파일 쓰기

다음은 파일 처리에서 많이 사용하는 File과 Stream 클래스를 정리한 것입니다.

- **File 클래스**: File 클래스는 사용하기 편합니다. 다만 모든 파일 내용을 다 읽어 처리하기에 대용량 파일을 처리할 때는 메모리를 관리하기 어렵다는 단점이 있습니다. File 클래스는 텍스트 파일 및 간단한 바이너리 파일을 다룰 때 권장됩니다.

- **Stream 클래스**: File 클래스와 달리 Stream 클래스는 모든 데이터를 메모리에 올려 두지 않고 사용하기에 대용량 파일 처리에 효과적입니다.

58.2 문자열에서 파일 이름 추출하기

이번에는 문자열에서 파일 이름만 추출하는 프로그램을 만들어 보겠습니다. 다음 내용을 입력한 후 실행해 보세요.

문자열에서 파일 이름 추출: GetFileNameDemo.cs

```csharp
using System;

class GetFileNameDemo
{
    static void Main()
    {
        //아래 전체 경로가 입력되었을 때 파일 이름과 확장자 추출
        //① 입력
        string dir = "C:\\Website\\RedPlus\\images\\test.gif";
        string fullName = String.Empty;
        string name = "";
        string ext = name;
```

```
        //② 처리
        //전체 파일 이름: 마지막 \\ 위치 값 + 1한 위치부터 마지막까지 검색
        fullName = dir.Substring(dir.LastIndexOf('\\') + 1);
        name = fullName.Substring(0, fullName.LastIndexOf('.'));
        ext = fullName.Substring(fullName.LastIndexOf('.') + 1);

        //③ 출력
        Console.WriteLine($"전체 파일 이름 : {fullName}");
        Console.WriteLine($"순수 파일 이름 : {name}");
        Console.WriteLine($"확장자 : {ext}");
    }
}
```

\ 실행 결과 /

```
전체 파일 이름 : test.gif
순수 파일 이름 : test
확장자 : gif
```

문자열에서 파일 이름과 확장자를 구하는 방법은 많습니다. 하지만 매번 이러한 방법을 사용해야
할까요? 그렇지 않습니다. System.IO 네임스페이스에 있는 Path 클래스의 주요 메서드를 사용하
면 편리하게 이 기능을 구현할 수 있습니다.

58.3 Path 클래스로 파일 이름 및 확장자, 폴더 정보 얻기

다음 내용을 C# 인터렉티브에 입력한 후 실행해 보세요. Path 클래스의 GetFileName 같은 정적 메
서드를 사용하면 파일 이름 및 확장자 등을 손쉽게 알 수 있습니다.

```
> var dir = "C:\\Website\\RedPlus\\images\\test.gif";
> Path.GetFileName(dir)
"test.gif"
> Path.GetFileNameWithoutExtension(dir)
"test"
> Path.GetExtension(dir)
".gif"
> Path.GetDirectoryName(dir)
"C:\\Website\\RedPlus\\images"
> Path.GetFullPath(dir)
"C:\\Website\\RedPlus\\images\\test.gif"
```

58.4 파일과 디렉터리 관련 클래스

파일을 생성하고 삭제하는 일반적인 절차는 다음과 같습니다.

- StreamWriter 클래스를 사용하여 텍스트 파일 쓰기
- StreamReader 클래스를 사용하여 텍스트 파일 읽기
- File과 FileInfo 클래스로 파일 정보 얻기
- Directory와 DirectoryInfo 클래스로 폴더 정보 얻기

이 절차대로 하나씩 실습해 보겠습니다.

텍스트 파일을 만들고 문자열 저장하기

이번에는 텍스트 파일을 저장하는 방법을 알아보겠습니다. 윈도 운영 체제의 C 드라이브에 Temp 폴더가 있다 가정하고, 다음 내용을 입력한 후 실행해 보세요. 텍스트 파일을 쓰는 데 StreamWriter 클래스를 사용합니다.

텍스트 파일 만들어 문자열 저장: StreamWriterWriteLineDemo.cs

```csharp
using System;
using System.IO;

class StreamWriterWriteLineDemo
{
    static void Main()
    {
        string data =
            "안녕하세요.\r\n반갑습니다." + Environment.NewLine + "또 만나요.";

        //① StreamWriter 클래스를 사용하여 파일 생성
        //C 드라이브에 Temp 폴더를 미리 생성해야 함
        StreamWriter sw = new StreamWriter("C:\\Temp\\Test.txt");

        //② Write() 메서드: 저장
        sw.WriteLine(data);

        //③ StreamWrite 개체를 생성했으면 반드시 닫기
        sw.Close();

        //④ 메모리 해제
```

58

스트림과 파일 입출력 맛보기

775

```
        sw.Dispose();
    }
}
```

이 실행의 결괏값은 따로 콘솔 화면에는 나타나지 않습니다.

앞 코드를 실행하면 C 드라이브의 Temp 폴더에 Test.txt 파일이 만들어지고 data 변수에 지정된 문자열 값이 저장됩니다. 문자열의 \r\n 또는 Environment.NewLine 값은 텍스트 파일에서 줄 바꿈을 나타냅니다.

①의 StreamWriter 같은 파일 처리 관련 클래스의 인스턴스를 생성하고 사용했다면, 반드시 ③과 ④처럼 닫기와 해제 작업을 하는 것이 좋습니다.

▼ 그림 58-1 저장된 텍스트 파일

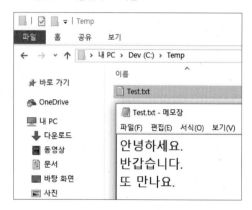

텍스트 파일의 내용을 읽어 출력하기

이번에는 텍스트 파일의 내용을 읽는 방법을 알아보겠습니다. 다음 내용을 입력한 후 실행해 보세요. 텍스트 파일의 내용을 읽을 때는 StreamReader 클래스를 사용합니다.

텍스트 파일의 내용을 읽어 출력: StreamReaderReadToEndDemo.cs
```
using System;
using System.IO;

class StreamReaderReadToEndDemo
{
    static void Main()
    {
        //① StreamReader 클래스로 텍스트 파일 읽기
        StreamReader sr = new StreamReader(@"C:\Temp\Test.txt");
```

```
        //② ReadToEnd( ) 메서드로 텍스트 파일의 내용을 읽어 콘솔에 출력
        Console.WriteLine("{0}", sr.ReadToEnd());  //전체 읽어 오기

        //③ 사용 후 파일을 닫고 메모리 정리
        sr.Close();
        sr.Dispose();
    }
}
```

\ 실행 결과 /

```
안녕하세요.
반갑습니다.
또 만나요.
```

StreamReader 클래스는 텍스트 파일 같은 파일 내용을 읽을 때 사용합니다. ReadToEnd( ) 메서드 등을 사용하여 텍스트 파일 내용을 읽어 올 수 있습니다.

이 예제 역시 ③처럼 Close()와 Dispose( ) 메서드를 호출하여 메모리를 정리하는 작업을 습관적으로 하면 좋습니다. 그렇지 않으면 파일이 사용 중이라는 예기치 않은 에러를 만날 수 있습니다.

텍스트 파일 정보 얻기

이번에는 텍스트 파일의 정보를 얻는 방법을 알아보겠습니다. 다음 내용을 입력한 후 실행해 보세요.

텍스트 파일 정보 얻기: FileAndFileInfo.cs

```
using System;
using System.IO;

class FileAndFileInfo
{
    static void Main()
    {
        string file = "C:\\Temp\\Test.txt";

        //① File 클래스: 정적 멤버 제공
        if (File.Exists(file))                          //파일이 있다면
        {
            Console.WriteLine("{0}", File.GetCreationTime(file));
            File.Copy(file, "C:\\Temp\\Test2.txt", true);  //파일 복사 테스트
```

```
        }

        //② FileInfo 클래스: 인스턴스 멤버 제공
        FileInfo fi = new FileInfo(file);
        if (fi.Exists)                              //파일이 있다면
        {
            Console.WriteLine($"{fi.FullName}");  //파일 이름 출력
        }
    }
}
```

\ 실행 결과 /

```
2020-01-26 오후 8:40:35
C:\Temp\Test.txt
```

파일을 다룰 때는 이 예제처럼 정적 클래스인 File 또는 인스턴스 클래스인 FileInfo를 사용해도 동일한 결과를 얻을 수 있습니다.

폴더 정보 얻기

이번에는 폴더 정보를 얻는 방법을 알아보겠습니다. 다음 내용을 입력한 후 실행해 보세요. 폴더 정보를 얻을 때는 Directory 또는 DirectoryInfo 클래스를 사용합니다.

폴더 정보 얻기: DirectoryAndDirectoryInfo.cs

```
using System;
using System.IO;

class DirectoryAndDirectoryInfo
{
    static void Main()
    {
        string dir = "C:\\";

        //① Directory 클래스
        if (Directory.Exists(dir))
        {
            Console.WriteLine("[1] C 드라이브의 모든 폴더 목록 출력");
            foreach (string folder in Directory.GetDirectories(dir))
            {
                Console.WriteLine($"{folder}");
```

```
        }
    }

    //② DirectoryInfo 클래스
    DirectoryInfo di = new DirectoryInfo(dir + "Temp\\");
    if (di.Exists)
    {
        Console.WriteLine("[2] C 드라이브 Temp 폴더의 모든 파일 목록 출력");
        foreach (var file in di.GetFiles())
        {
            Console.WriteLine($"{file}");
        }
    }
}
```

\ 실행 결과 /

```
[1] C 드라이브의 모든 폴더 목록 출력
C:\DotNet
C:\Program Files
C:\Program Files (x86)
C:\ProgramData
C:\Temp
C:\Users
C:\Windows
C:\책
[2] C 드라이브 Temp 폴더의 모든 파일 목록 출력
Test.txt
Test2.txt
```

앞 실행 결과는 필자의 컴퓨터 환경 중 일부를 표시했습니다. Directory 또는 DirectoryInfo 클래스의 GetDirectories() 메서드는 전체 디렉터리 리스트를 보여 주고, GetFiles() 메서드는 전체 파일 리스트를 보여 줍니다.

58.5 텍스트 데이터를 컬렉션 데이터로 가져오기

이번에는 텍스트 파일 데이터를 읽어 컬렉션 형태의 데이터로 읽어 오는 방법을 알아보겠습니다. 다음 내용을 입력한 후 실행해 보세요. 먼저 C 드라이브 Temp 폴더의 Src.txt 파일에 다음 데이

터가 있다고 가정하겠습니다. 이 예제를 실행하려면 Src.txt 파일을 만든 후 다음 데이터를 입력하세요.

```
//C:\Temp\Src.txt
백승수,112,2019-09-01,1234
이세영,114,2020-10-02,2345
한라산,119,2021-11-03,3456
```

텍스트 데이터를 컬렉션 데이터로 가져오기: TextToCollection.cs

```csharp
using System;
using System.Collections.Generic;

namespace DotNet
{
    public class Record
    {
        public string Name { get; set; }
        public string PhoneNumber { get; set; }
        public DateTime BirthDate { get; set; }
        public string AuthCode { get; set; }
    }

    class TextToCollection
    {
        static void Main()
        {
            //① 텍스트 파일 읽기
            string[] lines =
                System.IO.File.ReadAllLines(
                    @"C:\Temp\src.txt", System.Text.Encoding.Default);
            foreach (var line in lines)
            {
                Console.WriteLine(line);
            }

            //② 문자열 배열 정보를 컬렉션 형태의 개체에 담기
            List<Record> records = new List<Record>();
            foreach (var line in lines)
            {
                string[] splitData = line.Split(',');
                records.Add(
                    new Record
```

```
                {
                    Name = splitData[0],
                    PhoneNumber = splitData[1],
                    BirthDate = Convert.ToDateTime(splitData[2]),
                    AuthCode = splitData[3]
                });
        }

        //③ 데이터 하나만 출력하기
        Console.WriteLine(records[0]?.Name ?? "데이터가 없습니다.");
    }
  }
}
```

\ 실행 결과 /

```
백승수,112,2019-09-01,1234
이세영,114,2020-10-02,2345
한라산,119,2021-11-03,3456
백승수
```

이 예제에서는 구분자로 콤마를 사용하는 텍스트 파일의 데이터를 읽어 List⟨T⟩ 형태의 C# 컬렉션으로 변환합니다. ①처럼 파일 내용을 File.ReadAllLines() 메서드로 읽은 데이터를 ②에서 List⟨Record⟩ 형태의 리스트에 담는 작업을 보여 줍니다.

지금은 간단한 텍스트 파일에서 컬렉션으로 데이터를 옮겨 보았는데요. 실제 현업에서는 텍스트 파일, XML 파일, JSON 파일, CSV 파일, 엑셀 파일 등 수많은 데이터 형식을 사용할 수 있습니다. 물론 그때마다 서로 다른 API를 사용해야 합니다.

C#의 API를 사용하면 텍스트 파일 이외에도 이진 파일에 대한 입출력 기능 및 윈도 운영 체제의 레지스트리에 대한 입출력 기능을 구현할 수 있습니다. 이 부분은 마이크로소프트 Docs 온라인 설명서에서 찾아보길 권하며, 이 책에서는 다루지 않겠습니다.

변수, 배열, 클래스, 컬렉션이 아닌 영구적으로 저장할 수 있는 파일에 데이터를 저장하고 읽어 오는 간단한 파일 처리를 학습했습니다. 일단 이 정도로 파일 처리를 다루고, 다음 강의에서 텍스트 파일이 아닌 XML과 JSON 파일을 다루는 부분으로 확장해 나가겠습니다.

59 XML과 JSON 맛보기

이 강의에서는 XML과 JSON 데이터를 다루는 데 사용하는 닷넷 API를 하나씩 소개하겠습니다. 이 두 가지 데이터를 다루는 API를 모두 다루려면 책 한 권 이상의 분량이 필요하기에 소개하는 차원에서 1~2개만 다룰 것입니다.

59.1 XElement 클래스를 사용하여 XML 요소를 생성하거나 가공하기

이번에는 XML 데이터를 다루는 XElement 클래스를 사용해 보겠습니다. 다음 내용을 입력한 후 실행해 보세요. XElement 클래스는 XML 요소를 생성하거나 담을 수 있는 그릇입니다.

XElement 클래스를 사용하여 XML 요소를 생성 및 가공: XElementDemo.cs

```
using System;
using System.Linq;
using System.Xml.Linq;

class XElementDemo
{
    static void Main()
    {
        //① XML 요소 생성
        XElement category = new XElement("Menus",
            new XElement("Menu", "책"),
            new XElement("Menu", "강의"),
            new XElement("Menu", "컴퓨터")
        );
        Console.WriteLine(category);

        //② XML 요소 가공
        XElement newCategory = new XElement("Menus",
            from node in category.Elements()
            where node.Value.ToString().Length >= 2
            select node
```

```
        );
        Console.WriteLine(newCategory);
    }
}
```

```
<Menus>
  <Menu>책</Menu>
  <Menu>강의</Menu>
  <Menu>컴퓨터</Menu>
</Menus>
<Menus>
  <Menu>강의</Menu>
  <Menu>컴퓨터</Menu>
</Menus>
```

XML 데이터를 다루는 클래스 중에서 XElement 클래스를 사용하여 XML 데이터를 만들고, XML 데이터에 LINQ를 사용하여 XML 요소를 가공합니다. 이 책에서 많이 이야기했지만, 지금 학습하는 시점에서는 '이러한 클래스도 있고 이렇게 하면 이러한 결과가 나오는구나' 정도로 가볍게 살펴보고 넘어갑니다.

59.2 JSON 데이터 직렬화 및 역직렬화하기

JSON(JavaScript Object Notation) 데이터는 최근 프로그래밍에서 많이 사용하는 데이터 구조입니다. C# 개체를 JSON 문자열로 변환하는 내용을 직렬화(serialize)라고 하며, 그 반대로 JSON 문자열을 C# 개체로 변환하는 것을 역직렬화(deserialize)라고 합니다.

- **직렬화**: C# 개체를 JSON 데이터로 변환
- **역직렬화**: JSON 데이터를 C# 개체로 변환

이러한 JSON 직렬화 및 역직렬화를 편리하게 사용할 수 있는 API는 JSON.NET 이름의 다음 URL에 있는 NuGet 패키지를 활용합니다.

https://www.nuget.org/packages/Newtonsoft.Json/

59

XML과 JSON 맛보기

JSON 데이터 다루기

JSON 데이터를 다루는 다음 내용을 C# 인터렉티브에서 단계별로 실행해 보세요. 프로젝트 기반 소스는 JsonConvertDemo.cs 파일에 있습니다.

1. 먼저 JSON.NET을 사용하려면 Newtonsoft.Json.dll 파일을 NuGet 패키지 관리자를 사용하여 참조해야 합니다. C# 인터렉티브에서는 다음 코드로 참조 가능합니다.

```
> #r "Newtonsoft.Json"
```

2. DLL 파일을 참조한 후 코드 위쪽의 네임스페이스를 참조합니다.

```
> using Newtonsoft.Json;
```

3. 샘플 클래스인 Shirt를 다음과 같이 만듭니다.

```
> public class Shirt
. {
.     public string Name { get; set; }
.     public DateTime Created { get; set; }
.     public List<string> Sizes { get; set; }
. }
```

4. 먼저 C# 개체를 JSON 데이터로 변환하는 직렬화 예제를 구현하겠습니다. 직렬화는 JsonConvert 클래스의 SerializeObject() 메서드를 사용합니다.

```
> //① 직렬화(serialize) 데모
. Shirt shirt1 = new Shirt
. {
.     Name = "Red Shirt",
.     Created = new DateTime(2020, 01, 01),
.     Sizes = new List<string> { "Small" }
. };
. string json1 = JsonConvert.SerializeObject(shirt1, Formatting.Indented);
. Console.WriteLine(json1);
{
  "Name": "Red Shirt",
  "Created": "2020-01-01T00:00:00",
  "Sizes": [
    "Small"
  ]
}
```

앞 실행 결과처럼 shirt1의 C# 개체는 json1의 JSON 데이터로 변환된 것을 알 수 있습니다.

5. 이번에는 JSON 데이터를 C# 개체로 변환하는 역직렬화를 구현하겠습니다. 역직렬화는 JsonConvert 클래스의 `DeserializeObject()` 메서드를 사용합니다.

```
> //② 역직렬화(deserialize) 데모
. string json2 = @"{
.      'Name': 'Black Shirt',
.      'Created': '2020-12-31T00:00:00',
.      'Sizes': ['Large', 'Small' ]
. }";
. Shirt shirt2 = JsonConvert.DeserializeObject<Shirt>(json2);
. Console.WriteLine($"{shirt2.Name} - {shirt2.Created}");
Black Shirt - 2020-12-31 오전 12:00:00
> Console.WriteLine(string.Join(",", shirt2.Sizes.ToArray()));
Large,Small
```

Json2 문자열에 저장된 JSON 데이터를 형태가 같은 Shirt 개체로 변환하여 각 속성 값을 출력한 것처럼 JSON.NET을 사용하면 쉽게 직렬화 및 역직렬화를 구현할 수 있습니다.

닷넷에서는 많은 수의 XML과 JSON 관련 API를 제공하는데, 필요할 때마다 이들을 모두 호출해서 사용할 수 있어야 합니다. 이 책을 모두 학습한 후 웹과 모바일 프로그래밍을 좀 더 공부하고 싶을 때는 관련 도서나 마이크로소프트 Docs 온라인 설명서로 XML과 JSON 관련 API들을 자세히 알아보길 권장합니다. 현재는 '이러한 것이 있구나' 정도로 짧게 소개만 했습니다.

60 네트워크 프로그래밍 맛보기

C#에서 다루는 데이터는 인메모리, 파일, XML과 JSON을 포함하여 여러 데이터를 인터넷 같은 네트워크를 통해서 주고받을 수 있습니다. 이 강의에서는 웹 프로그래밍은 아니지만 네트워크를 통해서 데이터를 주고받는 간단한 기능을 살펴보겠습니다.

60.1 HttpClient 클래스로 웹 데이터 가져오기

닷넷에서 제공하는 HttpClient 클래스를 사용하면 인터넷에 연결된 네트워크상의 데이터를 가져오거나 전송할 수 있습니다. 다음 예제는 닷넷 코어 콘솔 프로젝트에서 http://www.microsoft.com 웹 사이트의 HTML 문서를 읽어 콘솔에 출력합니다.

HTML 문서를 읽어 콘솔에 출력: HttpClientDemo/HttpClientDemo.cs

```csharp
using System;
using System.Net.Http;
using System.Threading.Tasks;

class HttpClientDemo
{
    static async Task Main()
    {
        //① HttpClient 개체 생성
        HttpClient httpClient = new HttpClient();

        //② GetAsync() 메서드 호출
        HttpResponseMessage httpResponseMessage =
            await httpClient.GetAsync("http://www.microsoft.com/");

        //③ HTML 가져오기
        string responseBody = await httpResponseMessage.Content.ReadAsStringAsync();

        //④ 출력
        Console.WriteLine(responseBody);
    }
}
```

출력 내용은 때에 따라 다르기에 따로 표현하지 않았습니다. HTML로 내려받은 문자열은 웹 브라우저 같은 프로그램에서는 HTML을 실행해서 보여 주지만, 이 예제에서는 그대로 텍스트로 화면에 출력합니다.

GetAsync()처럼 해당 URL로 데이터를 전송하는 PostAsync() 메서드도 제공합니다. HttpClient 클래스와 같은 API는 때에 따라 더 향상된 클래스로 추가해서 제공하기도 합니다.

Note ≡ **WebClient 클래스로 웹 데이터 읽어 오기**

이번에는 WebClient 클래스를 사용해 보겠습니다. 다음 URL은 원하는 값으로 변경해서 사용하면 됩니다. 출력 결과물은 따로 표시하지 않겠습니다.

```
//WebClientDemo.cs
using System;
using System.Net;
using System.Threading;

class WebClientDemo
{
    static void Main()
    {
        WebClient client = new WebClient();

        //동기적으로 출력
        string google = client.DownloadString("http://www.google.co.kr");
        Console.WriteLine("Google : " + google.Substring(0, 10));  //20글자만 가져오기

        string naver = client.DownloadString(new Uri("http://www.naver.com"));
        Console.WriteLine("Naver : " + naver.Substring(0, 10));

        //비동기적으로 출력
        client.DownloadStringAsync(new Uri("http://www.dotnetkorea.com"));
        client.DownloadStringCompleted += Client_DownloadStringCompleted;
        Thread.Sleep(3000);  //잠시 대기
    }

    private static void Client_DownloadStringCompleted(object sender,
        DownloadStringCompletedEventArgs e)
    {
        string r = e.Result.Replace("\n", "").Substring(0, 10);
        Console.WriteLine($"DotNetKorea : {r}");
    }
}
```

HttpWebRequest 클래스를 사용하여 웹 페이지 가져오기

이번에는 HttpWebRequest 클래스를 사용해 보겠습니다. 다음 URL은 원하는 값으로 변경해서 사용하면 됩니다. 출력 결과물은 따로 표시하지 않겠습니다.

```
//HttpWebRequestDemo.cs
using System;
using System.IO;
using System.Net;

class HttpWebRequestDemo
{
    static void Main()
    {
        //아래 URL에서 HTML 문서를 가져올 수 있다고 가정
        string url = "http://www.google.com";

        var req = HttpWebRequest.CreateHttp(url);
        var res = req.GetResponse() as HttpWebResponse;

        var stream = res.GetResponseStream();

        using (var sr = new StreamReader(stream))
        {
            var html = sr.ReadToEnd();
            Console.WriteLine(html);
        }
    }
}
```

닷넷 API 브라우저에서 보면, System.Net.Http 네임스페이스로 수많은 API를 제공하고 있습니다. 이 역시 모두 다 알 수 없고, 그럴 필요도 없습니다. C# 콘솔 기반이 아닌 웹 앱과 모바일 앱 등으로 확장해 나가면 더 쉽게 사용할 수 있는 환경이 됩니다. 더 자세한 네트워크 프로그래밍 내용은 우선 ASP.NET 같은 웹 프로그래밍을 접한 후 마이크로소프트 Docs 온라인 설명서 등 네트워크 관련 API를 참고하길 권장합니다. 이 강의도 짧게 마무리하겠습니다.

61 함수와 함수형 프로그래밍 소개하기

C#은 본래 OOP(개체 지향 프로그래밍) 기반의 프로그래밍 언어입니다. 하지만 C#은 절차 지향과 더불어 함수형 프로그래밍 스타일을 지원합니다. 함수형 프로그래밍은 함수 형태로 계산을 진행하고, 변경되는 변수 사용을 멀리하는 스타일을 의미합니다. 이번에는 함수형 프로그래밍의 몇 가지 특징을 C#으로 표현해 보겠습니다.

61.1 함수형 프로그래밍

프로그래밍을 작성할 때 사용할 수 있는 프로그래밍 패러다임에는 절차 지향, 개체 지향, 함수형 세 가지가 가장 일반적입니다. 이 책에서도 31강의 알고리즘과 절차 지향 프로그래밍, 47강의 개체와 개체 지향 프로그래밍과 이 강의의 함수와 함수형 프로그래밍에서 세 가지 체계를 정리합니다.

함수형 프로그래밍은 상태 값을 가지지 않는 함수들을 연속으로 호출해서 사용하는 개발 스타일로 볼 수 있습니다. 메서드 체이닝을 사용하는 LINQ의 확장 메서드들이 함수형 프로그래밍의 전형적인 예입니다.

61.2 문과 식

C#의 문법은 문(statement)과 식(expression)으로 표현합니다. 가장 간단한 차이는 '문은 여러 줄로 표현하고, 식은 한 줄로 표현할 수 있다'는 것입니다. 참고로 함수형 프로그래밍에서는 문 대신 식을 사용하면 좋습니다. 자세한 설명은 어렵지만, 문은 파생 작업(부작용(side effect))이 발생할 가능성이 높기에 식을 사용하여 결괏값을 바로 가져오는 형태로 프로그래밍하길 권장합니다.

다음 예제는 기능이 동일한 함수를 만들 때 ①은 문을 사용하여 만들고, ②는 식을 사용하여 만드는 것을 비교해서 보여 줍니다.

```
//① 문을 사용하여 시험 결과 판정
static string GetResultWithStatement(int score)
{
```

```
.        string r;
.        if (score >= 60)
.        {
.            r = "합격";
.        }
.        else
.        {
.            r = "불합격";
.        }
.        return r;   //변하는 값 반환
.    }
>
> Console.WriteLine(GetResultWithStatement(60));    //ⓐ 문 호출
합격
>
> //② 식을 사용하여 시험 결과 판정
> static string GetResultWithExpression(int score) =>
.        score >= 60 ? "합격" : "불합격";                  //변하지 않는 값 반환
>
> Console.WriteLine(GetResultWithExpression(60));  //ⓑ 식 호출
합격
```

문과 식을 구분하는 예제이기에 어느 것이 더 좋은 방식이라고는 할 수 없습니다. 하지만 최근 C#
의 경향은 문보다는 식을 사용하여 코드를 간결하게 유지하는 형태가 많아서 이 예제를 소개했습
니다.

변경할 수 없는(immutable)

프로그래밍에서는 영어 단어로 immutable 또는 immutability가 자주 나옵니다. 우리말로 해석
하면 '변경할 수 없는'입니다. 함수처럼 프로그램 코드 내에서 변경할 수 있는 값으로 무언가를 관
리하면 중간에 잘못된 값으로 변경될 수 있는 파생 작업(부작용)이 발생할 수 있습니다. 반면에 변
경할 수 없는 변수 또는 값으로 결과가 주어지는 환경에서는 파생 작업이 발생하지 않습니다. 그
러기에 문보다는 식을 사용하길 권장하는 것입니다.

61.3 고차 함수

함수 자체를 매개변수 또는 반환값으로 가지는 함수를 고차 함수(higher-order function)라고 합니
다. 고차 함수는 함수 자체를 데이터로 봅니다.

다음 이어지는 함수 예제 4개에서 고차 함수의 네 가지 유형을 정리해 봅시다. 따로 설명하지 않고, 함수를 생성하고 호출하는 단계로 한 번씩 실행해 보겠습니다.

```
> //① 매개변수가 Action<T>
> static void FunctionParameterWithAction(Action<string> action, string message)
. {
.     action(message);
. }
>
> //ⓐ Action<T> 매개변수 전달: 문자열을 받아 출력하는 함수 정의
> Action<string> action = message => Console.WriteLine(message);
> FunctionParameterWithAction(action, "고차 함수 : 매개변수");
고차 함수 : 매개변수
>
> //② 매개변수가 Func<T>
> static void FunctionParameterWithFunc(Func<int, int> func, int number)
. {
.     int result = func(number);
.     Console.WriteLine($"{number} * {number} = {result}");
. }
>
> //ⓑ Func<T> 매개변수 전달: 정수 값을 받아 두 번 곱한 후 다시 정수 값 반환
> Func<int, int> func = x => x * x;
> FunctionParameterWithFunc(func, 3);
3 * 3 = 9
>
> //③ 반환값이 Action<T>
> static Action<string> FunctionReturnValueWithAction() =>
.     msg => Console.WriteLine($"{msg}");
>
> //ⓒ Action<T> 반환값
> FunctionReturnValueWithAction()("고차 함수 : 반환값");
고차 함수 : 반환값
>
> //④ 반환값이 Func<T>
> static Func<int, int> FunctionReturnValueWithFunc() => x => x * x;
>
> //ⓓ Func<T> 반환값
> int number = 3;
> int result = FunctionReturnValueWithFunc()(number);
> Console.WriteLine($"{number} * {number} = {result}");
3 * 3 = 9
```

함수와 함수형 프로그래밍 소개하기

LINQ의 Aggregate 메서드를 사용하여 최댓값, 최솟값 구하기

LINQ에서 제공하는 Aggregate 확장 메서드는 매개변수로 Func<T> 형태의 대리자를 받는 대표적인 메서드입니다. 다음 코드처럼 Aggregate 확장 메서드에 람다 식을 전달하여 최댓값 또는 최솟값을 구할 수 있습니다.

```
> int[] numbers = { 1, 2, 3, 4, 5 };
>
> //① Aggregate 확장 메서드로 최댓값 구하기
> int max = numbers.Aggregate((f, s) => f > s ? f : s);
> Console.WriteLine(max);
5
>
> //② Aggregate 확장 메서드로 최솟값 구하기
> int min = numbers.Aggregate((c, n) => c < n ? c : n);
> Console.WriteLine(min);
1
```

Aggregate() 확장 메서드는 이외에도 다양하게 접근할 수 있으니, 관심 있는 독자는 마이크로소프트 Docs 온라인 설명서의 자료를 참고하세요.

61.4 LINQ로 함수형 프로그래밍 스타일 구현하기

우리는 이미 LINQ를 배웠고 활용하고 있습니다. 사실 C#에서 함수형 프로그래밍 스타일은 LINQ로 구현할 수 있습니다. LINQ의 파이프라인(메서드 체이닝)을 사용하면 하나의 코드 흐름으로 원하는 결과를 얻어 낼 수 있습니다.

다음 코드처럼 x 개체에 F(), G(), H(), I(), Run() 메서드를 파이프라인으로 호출하는 형태로 함수형 프로그래밍 스타일을 표현할 수 있습니다.

```
x.F().G(1).H(2, 3).I(4, 5, 6).Run()
```

C#은 제네릭, 확장 메서드, LINQ를 제공하여 함수형 프로그래밍 스타일을 쉽게 표현할 수 있습니다. 절차 지향형, 개체 지향형, 함수형 세 가지 스타일을 지니는 C#을 사용하면 프로그래머에게 여러 가지 도구를 제공할 수 있어 편리합니다.

62 모던 C#

C#은 2002년 처음 1.0 버전이 나온 후로 계속해서 발전하여 현재 8.0 버전까지 이르렀습니다. 이 책을 보는 시점에 따라서는 그 이후의 버전이 나왔을 수도 있겠네요. 이 강의에서는 비교적 가장 최신의 C# 문법을 정리해 보겠습니다.

62.1 C#의 새로운 기능

C#은 20년 가까이 계속 업데이트되었고 앞으로도 계속 업데이트될 예정입니다. 필자는 C# 베타 버전 때부터 사용해 오고 있습니다. 그래서 운이 좋아 이렇게 독자들과도 만날 수 있었던 것 같습니다.

1.0 버전부터 5.0 버전까지는 큼지막한 기능들이 추가되는 형태로 발전해 왔습니다. 그렇지만 그 이후로는 큰 기능보다는 작지만 프로그래밍에 도움을 주는 소소한 기능들이 추가되는 형태로 발전해 왔습니다.

이 책의 집필 시점인 현재는 최신 버전이 8.0입니다. 그래서 여기에서는 비교적 최신 버전인 8.0에 대한 몇 가지 정보를 추가로 정리할 것입니다.

> Note ≡ **C# 8.0 버전 이후**
>
> 앞으로 어떤 버전이 나올지는 아무도 모릅니다. 다행인 것은 마이크로소프트는 C#의 새로운 기능이 출시되면 마이크로소프트 Docs의 다음 URL에서 가이드를 제공하므로, 최신 버전의 C#이 궁금하다면 다음 URL을 참고하세요.
>
> • **C#의 새로운 기능 정보를 제공하는 웹 사이트**
> https://docs.microsoft.com/ko-kr/dotnet/csharp/whats-new/index

C#의 최신 기능들은 다음과 같습니다.

null 가능 참조 형식	C# 8.0 버전에 추가	
패턴 매칭	C# 7.0	• is 패턴 • switch 문과 when 키워드를 함께 사용
	C# 8.0	• 위치 패턴(positional pattern) • 속성 패턴(property pattern) • 튜플 패턴 • switch 식
인덱스와 범위	Span⟨T⟩: C# 7.0 Range: C# 8.0 범위 연산자: . . 인덱스 연산자: ^	
System.Text.Json	JSON 데이터 읽기: Utf8JsonReader, JsonDocument	JSON 데이터 쓰기: JsonSerializer

62.2 패턴 매칭하기

패턴 매칭(pattern matching)(패턴 일치)도 C#의 최신 기능 중 하나입니다. 이를 사용하면 개발자가 패턴과 값이 일치하는지 테스트해서 일치한다면 새로운 변수에 대입할 수 있습니다. 이것은 매우 강력한 형식의 제어 구조입니다.

패턴 매칭을 if 문으로 표현하기

예제에서 사용하는 핵심 코드와 의미는 다음과 같습니다.

- **코드**: if (shape is Rectangle r)
- **의미**: 만약 shape 변수 값이 Rectangle 클래스와 패턴이 맞는다면 Rectangle 형식의 r 변수에 저장하세요.

다음 내용을 입력한 후 실행해 보세요.

패턴 매칭을 if 문으로 표현: PatternMatchingIf.cs

```
using System;

namespace PatternMatchingIf
```

```
    {
        class Shape { }

        class Rectangle : Shape
        {
            public string Name { get; set; } = "사각형";
        }

        class PatternMatchingIf
        {
            static void Main() => ShowShape(new Rectangle());

            static void ShowShape(Shape shape)
            {
                //① if 구문을 사용한 패턴 매칭
                if (shape is Rectangle r)
                {
                    Console.WriteLine(r.Name);
                }
            }
        }
    }
}
```

\ 실행 결과 /

사각형

Main() 메서드가 시작되자마자 ShowShape() 메서드에 매개변수로 Rectangle 클래스의 인스턴스를 넘겼습니다. 이를 받는 ShowShape() 메서드의 shape 변수는 그 패턴(성질)이 Shape 클래스와 일치하기에 ①의 r 변수에 담겨 사용됩니다.

ShowShape() 메서드에는 Rectangle 클래스의 인스턴스가 전달될 때만 if 문이 실행됩니다.

패턴 매칭을 switch 문으로 표현하기

패턴 매칭을 switch 문으로 표현해 보겠습니다. 다음 내용을 입력한 후 실행해 보세요.

패턴 매칭을 switch 문으로 표현: PatternMatchingWithSwitch.cs

```
using System;
using static System.Console;
```

```csharp
class Circle
{
    public int Radius { get; set; } = 10;
}

class Rectangle
{
    public int Length { get; set; }
    public int Height { get; set; }
}

class PatternMatchingWithSwitch
{
    static void Main()
    {
        PrintShape(new Circle());                          //원
        PrintShape(new Rectangle { Length = 20, Height = 10 }); //직사각형
        PrintShape(new Rectangle { Length = 10, Height = 10 }); //정사각형
    }

    static void PrintShape(object shape)
    {
        switch (shape)
        {
            case Rectangle s when (s.Length == s.Height):
                WriteLine($"정사각형 : {s.Length} x {s.Height}");
                break;
            case Rectangle r:
                WriteLine($"직사각형 : {r.Length} x {r.Height}");
                break;
            case Circle c:
                WriteLine($"원 : 반지름({c.Radius})");
                break;
            case null:
                throw new ArgumentNullException(nameof(shape));
            default:
                WriteLine("<기타 도형>");
                break;
        }
    }
}
```

```
원 : 반지름(10)
직사각형 : 20 x 10
정사각형 : 10 x 10
```

62.3 C# 8.0 버전의 기능을 테스트 프로젝트에서 실행하기

C# 8.0 버전의 최신 기능을 .NET Core 테스트 프로젝트에서 테스트해 보겠습니다.

.NET Core 테스트 프로젝트 만들기

1. DotNetCore.Tests란 이름으로 **C# + MSTest + .NET Core 3.1** 기반의 테스트 프로젝트를 만듭니다.

프로젝트 형식	템플릿	이름	위치
C#	MSTest 테스트 프로젝트(.NET Core)	DotNetCore.Tests	C:\C#\DotNetCore.Tests

▼ 그림 62-1 MSTest 테스트 프로젝트 생성

2. 기본으로 생성된 UnitTest1.cs 파일은 삭제합니다.

null 가능 참조 형식(nullable reference types) 테스트하기

C# 8.0 버전에서는 null에 대한 좀 더 엄격한 제약을 제공합니다. 비주얼 스튜디오 또는 비주얼 스튜디오 코드를 사용하여 null 값을 다룰 때 경고 수준이 이전 버전보다 더 강력합니다.

1. DotNetCore.Tests 프로젝트에서 마우스 오른쪽 버튼을 눌러 **프로젝트 파일 편집**을 선택하여 CSPROJ 파일의 편집 화면으로 들어갑니다.

▼ 그림 62-2 프로젝트 파일 편집

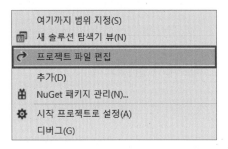

2. DotNetCore.Tests.csproj 파일의 여러 항목 중에서 〈PropertyGroup〉 섹션의 〈Nullable〉 항목이 enable로 되어 있는지 확인하고, 없으면 다음 코드처럼 추가합니다.

```
//DotNetCore.Tests.csproj
<Project Sdk="Microsoft.NET.Sdk">

  <PropertyGroup>
    <TargetFramework>netcoreapp3.0</TargetFramework>
    <IsPackable>false</IsPackable>
    <Nullable>enable</Nullable>
  </PropertyGroup>

</Project>
```

3. DotNetCore.Tests 프로젝트에 NullableReferenceTypeTest.cs 클래스 파일을 만들고, 다음과 같이 테스트 클래스와 테스트 메서드를 작성합니다. 이 상태에서 빌드하면 비주얼 스튜디오의 C# 컴파일러는 Name 속성에 밑줄을 표시하고, null 값이 들어올 가능성이 있다고 작은 경고를 표시할 것인데, 무시합니다.

```
//NullableReferenceTypeTest.cs
using Microsoft.VisualStudio.TestTools.UnitTesting;
using System;

namespace DotNetCore.Tests
{
    class Person
    {
        public string Name { get; set; }
    }
```

```
[TestClass]
public class NullableReferenceTypeTest
{
    [TestMethod]
    public void NullableEnableTest()
    {
        Console.WriteLine((new Person()).Name);
    }
}
```

이 경고를 없애고 싶다면 Name 속성을 다음 코드처럼 null 가능 참조 형식으로 변경합니다.

```
public string? Name { get; set; }
```

튜플 리터럴에 default 키워드 사용하기

1. DotNetCore.Tests 프로젝트에 DefaultDeconstructionTest.cs란 이름으로 클래스 파일을 만들고, 다음과 같이 테스트 코드를 작성합니다.

```
//DefaultDeconstructionTest.cs
using Microsoft.VisualStudio.TestTools.UnitTesting;

namespace DotNetCore.Tests
{
    [TestClass]
    public class DefaultDeconstructionTest
    {
        [TestMethod]
        public void DefaultTest()
        {
            (int number, string? name) = (default, default);

            Assert.AreEqual(0, number);
            Assert.IsNull(name);
        }
    }
}
```

잘 실행되네요. 튜플 리터럴에 default 키워드를 사용하면 해당 변수는 해당 데이터 형식의 기본 값으로 초기화됩니다.

우선 짧은 실습 예제로 C# 8.0 버전의 새로운 기능을 테스트해 보았습니다.

62.4 C# 8.0 버전의 새로운 기능 열 가지 소개하기

하나의 .NET Core를 기반으로 하는 C# 프로젝트를 만들고 C# 8.0 버전의 주요 특징 열 가지를 모두 적용하는 예제를 만들어 보겠습니다.

.NET Core 3.1 기반의 C# 콘솔 프로젝트 만들기

1. SeeSharp.Eight 이름으로 .NET Core 3.1 이상의 C# 콘솔 앱 프로젝트를 만듭니다.

프로젝트 형식	템플릿	이름	위치
C#	콘솔 앱 프로그램	SeeSharp.Eight	C:\C#\SeeSharp.Eight

2. SeeSharp.Eight 프로젝트에서 마우스 오른쪽 버튼을 눌러 **프로젝트 파일 편집**을 선택하여 CSPROJ 파일의 편집 화면으로 들어갑니다.

3. SeeSharp.Eight 파일의 여러 항목 중에서 ⟨PropertyGroup⟩ 섹션의 ⟨Nullable⟩ 항목이 enable로 되어 있는지 확인하고, 없으면 다음 코드처럼 추가합니다.

```
//SeeSharp.Eight.csproj
<Project Sdk="Microsoft.NET.Sdk">

  <PropertyGroup>
    <TargetFramework>netcoreapp3.0</TargetFramework>
    <IsPackable>false</IsPackable>
    <Nullable>enable</Nullable>
  </PropertyGroup>

</Project>
```

C# 8.0 버전의 새로운 기능 열 가지가 적용된 코드 작성하기

Program.cs 파일에 200줄 가까이 되는 다음 내용을 입력한 후 실행해 보세요.

C# 8.0 버전의 새로운 기능 열 가지: DotNet\SeeSharp.Eight\Program.cs

```
using System;
using System.Collections.Generic;
using System.Threading.Tasks;

namespace SeeSharp.Eight
```

```csharp
{
    //인터페이스
    public interface IEmployee
    {
        public string Name { get; }
        public decimal Salary { get; }
        //[!] C# 8.0: Default interface members
        public string Id { get => $"{Name}[{this.GetHashCode()}]"; }
    }

    //클래스
    public class Person
    {
#nullable disable
        public string Name { get; }
        public Person(string name) => Name = name;

        //[!]
        public string FirstName { get; set; }
        public string MiddleName { get; set; }
        public string LastName { get; set; }
#nullable enable

        public Person(string first, string last)
        {
            FirstName = first;
            MiddleName = null;
            LastName = last;
        }

        public Person(string first, string middle, string last)
        {
            FirstName = first;
            MiddleName = middle;
            LastName = last;
        }
    }

    //Abstract 클래스
    public abstract class Employee : Person, IEmployee
    {
        public Employee(string name, decimal salary)
            : base(name) => Salary = salary;
```

```csharp
    public decimal Salary { get; protected set; }
}

public class Professor : Employee, IEmployee
{
    public string Topic { get; }
    public Professor(string name, decimal salary, string topic)
        : base(name, salary) => Topic = topic;

    //Deconstruct 메서드
    public void Deconstruct(out string name, out string topic)
        => (name, topic) = (Name, Topic);

    //인덱스 및 범위
    //public string Id => $"{Name}[{Topic[0..3]}]";
    public string Id => $"{Name}[{Topic[..3]}~{Topic[^3..^0]}]";
}

public class Administrator : Employee
{
    public string Department { get; }
    public Administrator(string name, decimal salary, string department)
        : base(name, salary) => Department = department;
}

public static class Service
{
    #nullable disable
    static Person[] people = null;
    #nullable enable

    static Service()
    {
        //null 병합 할당 연산자: ??=
        people ??= new Person[]
        {
            new Professor("RedPlus", 1_____000, "Computer Science"),
            new Administrator("Taeyo", 2_000, "ABC"),
            new Professor("Itist", 3_000, "Computer Science")
        };
    }

    public static IEnumerable<IEmployee> GetEmployees()
```

```
    {
        foreach (var person in people)
        {
            if (person is IEmployee employee)
            {
                yield return employee;
            }
        }
    }

    //C# 8.0 비동기 스트림(Asynchronous streams)
    public static async IAsyncEnumerable<IEmployee> GetEmployeesAsync()
    {
        foreach (var person in people)
        {
            await Task.Delay(500);
            if (person is IEmployee employee) yield return employee;
        }
    }
}

class Program
{
    static async Task Main(string[] args)
    {
        //C# 8.0 - 정적 로컬 함수(Static Local Function)
        static void Print(string message) => Console.WriteLine(message);

        //ⓐ 동기 방식 출력
        foreach (var employee in Service.GetEmployees())
        {
            Print($"Name : {employee.Name}");
        }
        Print("=======================================");
        foreach (var employee in Service.GetEmployees())
        {
            //패턴 매칭: C# 7.0
            if (employee is Administrator administrator
                && administrator.Department is "ABC")
            {
                Print($"Administrator : {administrator.Name}");
            }
        }
```

```csharp
Print("=======================================");

//ⓑ 비동기 방식 출력
await foreach (var employee in Service.GetEmployeesAsync())
{
    //패턴 매칭: C# 8.0 속성 패턴
    if (employee is Professor
    {
        Topic: "Computer Science", Name: var name
    } professor)
    {
        Print($"Professor : {name} ({professor.Id})");
    }
}
await foreach (var employee in Service.GetEmployeesAsync())
{
    //패턴 매칭: C# 8.0 위치 패턴
    if (employee is Professor(var name, "Computer Science") professor)
    {
        Print($"Professor : {name} ({professor.Id})");
    }
}

//C# 8.0 - nullable 참조 형식
var red = new Person("YJ", "Park");
var length = GetMiddleNameLength(red);
Console.WriteLine(length);  //0

//Switch 식
Print("=======================================");
await foreach (var employee in Service.GetEmployeesAsync())
{
    Console.WriteLine(GetDetails(employee));
}

static string GetDetails(IEmployee person)
{
    return person switch
    {
        Professor p when p.Salary > 1_000 => $"{p.Name} - {p.Topic} - Big",
        Professor p => @$"{p.Name} - {p.Topic}",
        Administrator a => $"{a.Name} - {a.Department}",
        _ => $@"Who are you?"
```

```
            };
        }
    }

    static int GetMiddleNameLength(Person? person)
    {
        //is { }
        if (person?.MiddleName is { } middle) return middle.Length;
        return 0;
    }
  }
}
```

\ 실행 결과 /

```
Name : RedPlus
Name : Taeyo
Name : Itist
======================================
Administrator : Taeyo
======================================
Professor : RedPlus (RedPlus[Com~nce])
Professor : Itist (Itist[Com~nce])
Professor : RedPlus (RedPlus[Com~nce])
Professor : Itist (Itist[Com~nce])
0
======================================
RedPlus - Computer Science
Taeyo - ABC
Itist - Computer Science - Big
```

C# 8.0 버전에 처음 소개된 기능 및 앞으로 추가될 최신 기술들은 C# 6.0 버전 이후 정책에 기초하여 개발자를 도와주는 작은 기능 위주로 계속 추가하고 있습니다. 이 책이 출간된 이후로도 계속해서 새로운 기능들을 추가할 예정인데요. 이 책에 다 담지 못한 C#의 기능들은 마이크로소프트 Docs 웹 사이트의 C# 카테고리를 참고합니다.

62

마당 C#

memo

부록

A 디버거 사용하기

요즘은 많은 개발 도구가 디버거 기능을 제공하지만, C# 개발 환경에서는 오래 전부터 비주얼 스튜디오의 디버거 기능을 제공해 왔습니다. 부록 A에서는 비주얼 스튜디오의 디버거 기능을 알아보겠습니다.

A.1 버그

여러 가지 프로그램을 사용하면서 에러 또는 버그라는 말을 들어보았을 텐데요. 프로그램에서 버그(bug)는 잘못 작성된 프로그램 문제를 의미합니다. 버그는 컴파일 타임 버그, 런타임 버그로 나눌 수 있습니다. 소스 코드를 잘못 작성해서 나타나는 컴파일 타임 버그는 비주얼 스튜디오의 컴파일러가 알아서 잡아 줍니다. 다만 런타임 버그는 프로그램을 실행할 때만 발생하는 버그이기에 잡기가 매우 어렵습니다. 비주얼 스튜디오는 훌륭한 디버깅 기능을 제공하는데, 이를 잘 사용하면 프로그램 오류를 찾아내는 데 걸리는 시간을 줄일 수 있습니다. 이러한 과성을 디버깅(에러 잡기)이라고 합니다.

C#의 주요 디버깅 기능은 다음과 같습니다.

- **중단점 설정/해제(F9)**: 중단점(브레이크 포인트)은 프로그램의 특정 지점까지만 실행시키고자 할 때 사용합니다. 즉, 중단점이 설정된 곳에서 프로그램 실행이 멈춥니다. 프로그램을 작성할 때 뜻밖의 에러를 만나면 에러가 발생할 만한 부분을 찾아서 중단점을 설정해 놓고, 중단점 이전에 작성된 변수에 마우스 커서를 올려 해당 변수에 값이 제대로 들어 있는지 확인합니다.

- **한 단계씩 코드 실행(F11)**: C#의 프로그램 코드를 한 줄씩 실행하면서 프로그램 상태를 확인할 수 있습니다.

- **프로시저 단위 코드 실행(F10)**: 프로그램 소스 코드의 프로시저 단위별로 프로그램 실행 단계를 이동시켜 가면서 프로그램을 처리합니다.

A.2 디버거 사용하기

비주얼 스튜디오의 디버거 기능을 사용하는 예제를 만들어 보겠습니다. 다음 내용을 입력한 후 실행해 보세요.

디버거를 사용하는 기본 코드 작성: DebugDemo.cs

```csharp
using System;

class DebugDemo
{
    static void Main()
    {
        int number1 = 10;
        int number2 = 20;
        int number3 = 30;

        Console.WriteLine(number1);
        Console.WriteLine(number2);
        Console.WriteLine(number3);
    }
}
```

＼ 실행 결과 ／

```
10
20
30
```

디버깅 환경은 디버그와 릴리스 환경을 선택할 수 있습니다. 먼저 디버거를 사용하기 전에 솔루션 구성을 확인해야 합니다.

이제 비주얼 스튜디오의 도구 모음에서 다음과 같이 **Debug**와 **Any CPU**가 기본값으로 선택되어 있는지 확인합니다. 다른 값으로 선택되어 있으면 **Debug**와 **Any CPU**로 변경합니다.

▼ 그림 A-1 솔루션 구성을 Debug로 설정

```
DebugDemo - Microsoft Visual Studio
파일(F)  편집(E)  보기(V)  프로젝트(P)  빌드(B)  디버그(D)  팀(M)  도구(T)  아키텍처(C)  테스트(S)  분석(N)  창(W)  도움말(H)

          Debug  ▾  Any CPU  ▾  ▶ 시작 ▾

DebugDemo.cs  ✕           Debug
DebugDemo                  Release
                           구성 관리자...    gDemo                    ▾  ⚙ Main()
 2
 3    ☐ class DebugDemo
 4      {
 5    ☐     static void Main()
 6          {
 7              int number1 = 10;
 8              int number2 = 20;
 9              int number3 = 30;
10
11              Console.WriteLine(number1);
12              Console.WriteLine(number2);
13              Console.WriteLine(number3);
14          }
15      }
16
```

A.3 중단점 사용하기

중단점은 브레이크 포인트(break point)라고도 하는데, 디버거가 프로그램의 특정 지점에서 실행을 멈추도록 합니다. 프로그램을 작성한 후 에러가 발생하거나 정상적으로 동작하지 않을 때 특정 지점에서 프로그램을 멈추고 상태를 살펴볼 수 있습니다.

소스 코드에 커서를 두고 F9를 누르면 자동으로 중단점이 설정됩니다. 다시 F9를 누르면 중단점이 해제됩니다. 한 번 사용해 볼까요?

1. 소스 코드 편집창에서 Main() 메서드의 여는 중괄호 {가 있는 줄에 커서를 둡니다.

2. 이곳에 중단점을 설정하려면 **디버그 > 중단점 설정/해제**를 선택합니다.

   ▼ 그림 A-2 중단점 설정

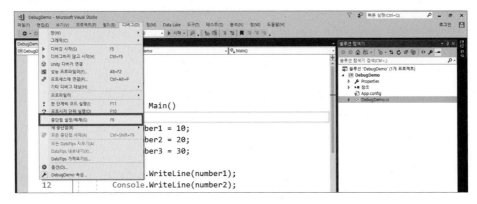

810

다음과 같이 프로그램 소스 코드의 왼쪽 여백을 클릭해도 중단점을 설정할 수 있습니다.

▼ 그림 A-3 소스 코드 편집창의 왼쪽 여백(회색 공간)을 클릭하여 중단점 삽입

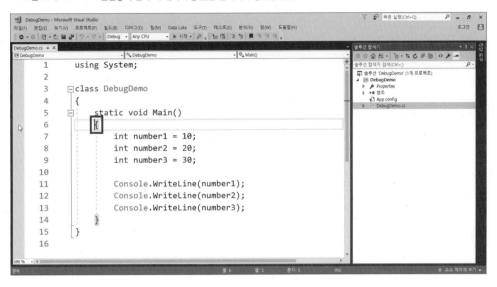

중단점 설정이 완료되면 해당 줄 왼쪽 여백에 빨간색 원이 표시됩니다.

▼ 그림 A-4 중단점 설정 완료

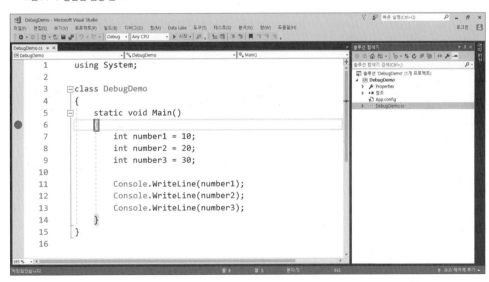

디버거 사용하기

중단점에 마우스 커서를 두면 중단점 위치 정보를 볼 수 있습니다.

▼ 그림 A-5 중단점이 설정된 상태

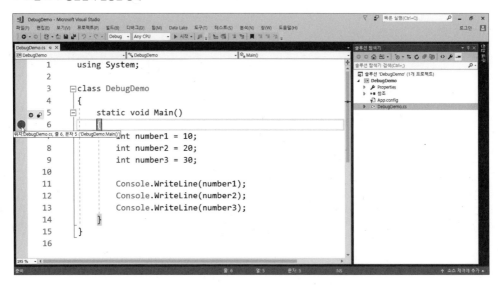

중단점이 설정된 상태에서 디버깅을 시작(**디버그 > 디버깅 시작**)하면 중단점이 설정된 줄에서 프로그램이 멈춥니다. F5를 눌러 디버깅을 시작합니다. 중단점이 설정된 위치에서 프로그램 실행이 멈춥니다. 중단점 모양은 노란색 화살표로 표시됩니다. 노란색 화살표는 현재 프로그램 실행 위치를 나타냅니다.

▼ 그림 A-6 디버깅 시작 후 중단점에서 실행 멈춤

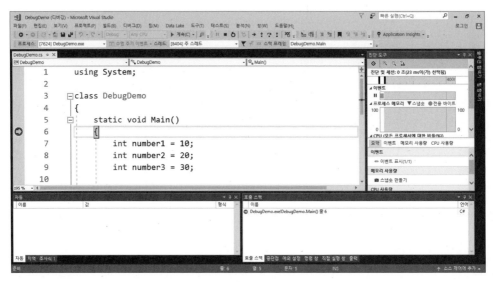

A.4 한 단계씩 코드 실행하기

지금부터 소스 코드를 한 줄씩 실행해 보겠습니다. F11을 누르세요. 그러면 노란색 화살표가 한 줄 아래로 이동합니다. 한 단계씩 줄 단위로 프로그램 코드를 실행합니다. F10을 눌러 프로시저 단위로 실행해도 동일합니다.

❤ 그림 A-7 한 단계씩 코드 실행

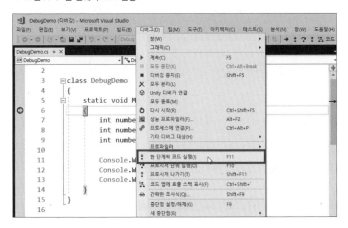

한 단계씩 코드를 실행하면 다음과 같이 노란색 화살표가 중단점 다음 줄로 이동합니다. 화면 아래쪽의 자동창을 살펴보면 number1 변수가 생성되었다고 나옵니다. 아직 number1에는 소스 코드에서 지정한 10이 할당되지 않은 상태입니다.

❤ 그림 A-8 자동, 지역 조사식 창 사용

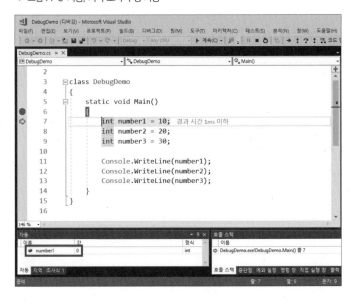

다시 F11 을 누르면 노란색 화살표가 다음 줄로 이동하고 자동창에는 number1 값이 10으로 바뀝니다. 이제 int number1 = 10;은 완전히 실행되었습니다. 디버깅 상태에서 변수에 할당된 값을 확인하려면 해당 변수에 마우스 커서를 올립니다. 표시되는 작은 툴팁에서 변수 값을 확인할 수 있습니다.

▼ 그림 A-9 변수에 할당된 값 확인

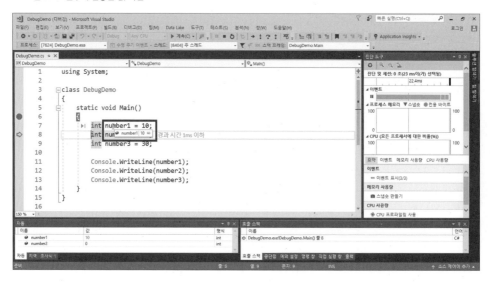

다시 F11 을 눌러 실행 위치를 다음 줄로 이동하고 number1과 number2 변수에 할당된 값을 마우스 커서를 올려 툴팁에서 확인합니다. 자동창에서는 이전 줄과 현재 줄의 변수를 확인할 수 있습니다.

▼ 그림 A-10 변수 상태를 툴팁과 자동창에서 확인

한 단계씩 코드를 실행한 후 Console.WriteLine() 메서드를 진행하면 명령 프롬프트 창에 값이 단계별로 출력됩니다. 그림에서는 12번 줄까지 실행했으므로 명령 프롬프트 창에는 "10"과 "20"이 출력된 상태입니다. 노란색 화살표는 현재 줄을 실행하려고 대기 중인 상태이므로 "30"은 아직 명령 프롬프트 창에 출력되지 않았습니다.

▼ 그림 A-11 디버깅에 따른 명령 프롬프트 변화

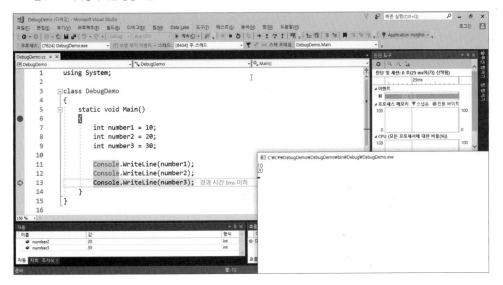

디버깅을 중지하려면 Shift + F5 (또는 **디버그 > 디버깅 중지**)를 누릅니다.

▼ 그림 A-12 디버깅 중지

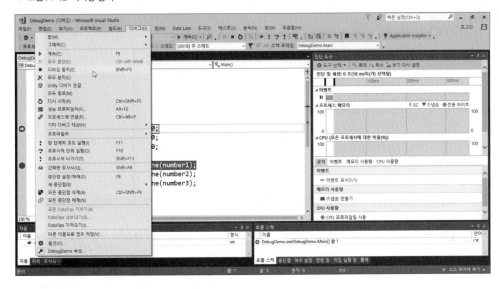

A

디버거 사용하기

중단점은 필요한 위치에 여러 개 설정할 수 있습니다.

▼ 그림 A-13 중단점 여러 개 설정

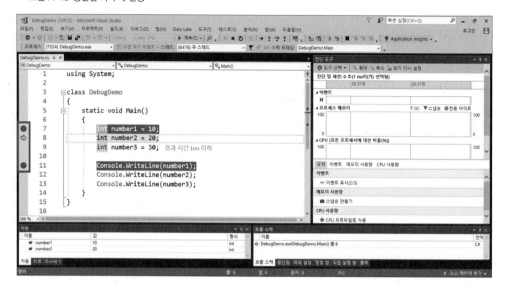

중단점이 여러 개 설정된 상태에서 '한 단계씩 코드 실행'이 아닌 다음 '중단점'으로 바로 이동하려면 [F5]를 다시 누릅니다. 그러면 바로 다음 중단점까지 코드가 실행되면서 노란색 화살표가 이동합니다.

▼ 그림 A-14 계속 버튼을 클릭하거나 [F5]를 눌러 다음 중단점까지 실행

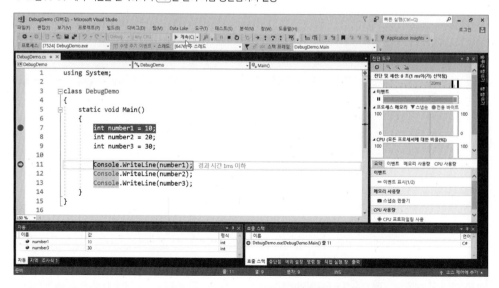

디버깅 중에 다시 특정 지점으로 이동해서 소스 상태를 확인해야 할 때가 있습니다. 이때는 노란색 화살표를 마우스로 끌어 원하는 실행 위치로 이동시킬 수 있습니다.

❤ 그림 A-15 노란색 화살표를 마우스로 끌어 실행 위치 변경

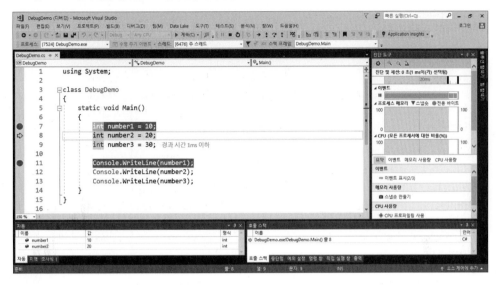

노란색 화살표에 마우스 커서를 두면 툴팁 정보가 표시됩니다.

❤ 그림 A-16 노란색 화살표로 툴팁 정보 표시

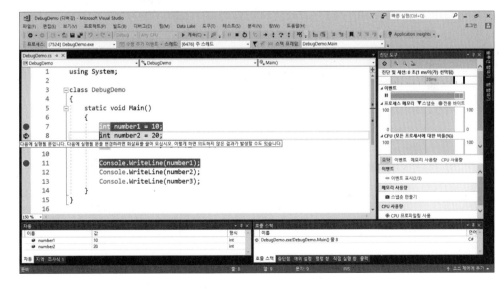

A.5 비주얼 스튜디오의 디버깅 도구 사용하기

비주얼 스튜디오는 디버깅과 관련한 유용한 도구를 많이 제공하는데, 이 중 몇 가지 도구만 살펴보 겠습니다. 자동창에서는 이전에 사용한 변수와 현재 줄에 표시된 변수 내용을 보여 줍니다.

▼ 그림 A-17 자동창에서 변수 내용 확인

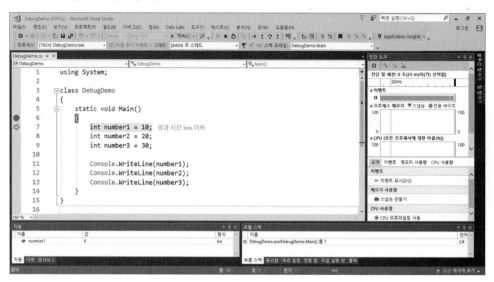

지역창에서는 현재 메서드(Main)에서 사용 중인 변수 내용을 보여 줍니다.

▼ 그림 A-18 현재 메서드에서 사용 중인 변수 내용을 지역창에서 확인

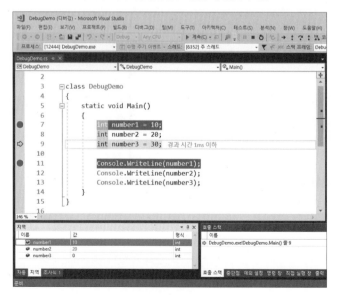

조사식 1 창에서는 변수 내용을 새로운 값으로 변경할 수 있습니다.

▼ 그림 A-19 조사식 1 창에서 변수 내용 직접 변경

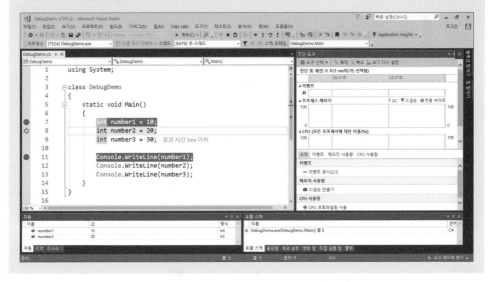

Note ≡ 진단 도구

디버깅할 때 소스 코드 편집창 오른쪽에 진단 도구가 나온다면 x 버튼을 클릭해서 진단 도구창을 닫을 수 있습니다.

▼ 그림 A-20 진단 도구창 닫기

비주얼 스튜디오 디버거의 필수 단축키를 정리하면 다음과 같습니다.

- **중단점 삽입/삭제:** F9
- **디버깅 시작:** F5
- **디버깅 중지:** Shift + F5
- **한 단계씩 코드 실행:** F11
- **프로시저 단위 실행:** F10

지금까지 비주얼 스튜디오에서 제공하는 디버거의 기본 기능을 살펴보았습니다. 디버거는 훨씬 더 많은 기능과 메뉴를 제공합니다. 디버거를 적극적으로 사용해서 코드 분석과 버그를 찾는 연습을 꾸준히 하면 좋습니다.

B 팁과 트릭

부록 B에서는 본문에서 다루지 않은 몇 가지 팁을 정리했습니다. 가볍게 읽어 보세요.

B.1 인텔리센스와 코드 조각

코드 편집기에서 제공하는 기능 중 인텔리센스는 자동으로 코드를 입력하게 도와주고 가이드합니다. 메모장 같은 에디터는 모든 내용을 직접 입력해야 하지만, 비주얼 스튜디오와 비주얼 스튜디오 코드 같은 전문 도구는 인텔리센스의 도움을 받아 좀 더 빠르고 정확하게 소스 코드를 작성할 수 있습니다.

비주얼 스튜디오의 인텔리센스

비주얼 스튜디오에서는 입력하는 도중 일어나는 실수를 방지할 수 있는 인텔리센스 기능을 제공합니다. 현재 코드를 작성하는 도중에 필요한 명령어가 생각나지 않을 때도 코드 입력창에서 Ctrl + SpaceBar 를 누르면 관련 가이드를 받아 볼 수 있습니다.

코드 작성 영역에 cla 정도만 입력하면 다음과 같이 클래스용 코드 조각을 볼 수 있습니다.

▼ 그림 B-1 인텔리센스

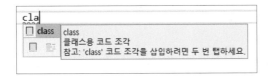

cla를 입력한 후 Tab 을 두 번 누르거나 class를 입력한 후 Tab 을 두 번 누르면 다음과 같이 자동으로 클래스 코드가 작성됩니다. 작성된 코드에서 클래스 이름을 변경한 후 Enter 를 누르면 해당 이름으로 클래스가 생성됩니다.

▼ 그림 B-2 클래스 생성

인텔리코드

인텔리센스 기능에서 가장 많이 사용하는 API는 다음과 같이 별표로 표기되는데, 이를 인텔리코드(IntelliCode)라고 합니다.

▼ 그림 B-3 인텔리코드

인텔리센스와 인텔리코드의 도움을 받아 코드 작성하기

이제 인텔리센스 기능을 사용해 보겠습니다. 다음 내용을 입력한 후 실행해 보세요. 주석 내용을 실제 코드에 적용해서 네임스페이스, 클래스, Main() 메서드, Console.WriteLine() 메서드까지 빠르게 작성해 보세요.

인텔리센스와 인텔리코드 도움 받기: IntelliSenseDemo.cs

```csharp
using System;

//namespace 탭 탭
namespace IntelliSenseDemo
{
    //class 탭 탭
    class IntelliSenseDemo
    {
        //svm 탭 탭
        static void Main(string[] args)
        {
            //cw 탭 탭
            Console.WriteLine("비주얼 스튜디오의 인텔리센스(IntelliSense)");

            //[Ctrl+SpaceBar]와 IntelliCode 제안
            Console.WriteLine("비주얼 스튜디오의 인텔리코드(IntelliCode)");
        }
    }
}
```

비주얼 스튜디오의 인텔리센스(IntelliSense)
비주얼 스튜디오의 인텔리코드(IntelliCode)

B.2 자리 표시자 주요 서식

이번에는 자리 표시자(place holder)의 주요 서식을 정리했습니다.

- D: 십진수 표시

- X: 16진수 표시

- C: 통화량 표시

- E: 부동소수점(지수) 표시

- F: 부동소수점(기본) 표시

- G: 부동소수점(E, F와 비슷) 표시

- N: 콤마 구분 표시

자리 표시자는 간단히는 인덱스만 표현하지만, {인덱스,길이:서식} 같은 형태로 추가적인 서식을
지정할 수 있습니다. {n} 형태에 추가적으로 옵션을 줄 수도 있는데, {0,10} 형태로 10칸을 잡아
놓고 데이터를 출력하거나 {0:C} 형태로 통화량을 의미하는 키워드인 C를 사용하여 원 단위로 표
시합니다. 예를 들어 {0,-10:C} 형태의 서식을 사용하면 10칸 자리를 잡아 놓고 데이터를 통화량
으로 표시하며, 마이너스 기호를 사용했으므로 왼쪽 정렬로 출력됩니다.

❤ 표 B-1 자리표시자 서식

서식	설명
{0,5}	5칸 잡고, 0번째 인덱스 값을 표현합니다.
{0,5:F3}	5칸 잡고, 부동소수점 실수를 소수점 3자리까지 표현합니다.
{0:N}	세 자리마다 콤마로 구분해서 출력합니다.

다음 내용을 C# 인터렉티브에서 단계별로 실행해 보세요.

```
> Console.WriteLine("자리" + "표시자");
자리표시자
> Console.WriteLine("{0} {1} {2}", "안녕", "방가", "또봐");
```

B

부록 트리

```
안녕 방가 또봐
> Console.WriteLine("{0} {1} {0}", "안녕", "또봐");
안녕 또봐 안녕
> Console.WriteLine("[{0,-10:C}]", 1234);      //왼쪽 원 표시
[₩1,234    ]
> Console.WriteLine("{0,10}", 1234);           //10칸 잡고 오른쪽 정렬
      1234
> Console.WriteLine("{0,-10}", 1234);          //10칸 잡고 왼쪽 정렬
1234
> Console.WriteLine("{0,10:D}", 16);           //십진수: 16
        16
> Console.WriteLine("{0,10:X}", 16);           //16진수: 10
        10
> Console.WriteLine("{0,10:N}", 1234);         //콤마 구분: 1,234.00
  1,234.00
> Console.WriteLine("{0,10:C}", 1234);         //통화량: \1,234
    ₩1,234
> Console.WriteLine("{0,10:E}", 1234.5678);
1.234568E+003
> Console.WriteLine("{0,10:F}", 1234.5678);
   1234.57
> Console.WriteLine("{0,10:G}", 1234.5678);
 1234.5678
```

자리 표시자의 여러 서식은 외울 필요 없이 그때그때 찾아서 사용합니다.

B.3 checked와 unchecked

프로그램을 작성하다 보면 원하는 대로 결괏값이 나타나지 않을 때가 많이 발생합니다. 예를 들어 다음 코드를 작성하면 256이 아닌 0이 나타납니다.

```
> byte b = 255;
> b++;
> b
0
```

byte 형식은 0부터 255까지 작은 정수를 담을 수 있는 그릇인데, 255인 상태에서 1을 증가시키면 256이 되는 것이 아니라 오버플로가 발생하여 다시 0이 됩니다. C# 컴파일러는 이러한 오버플로 에러는 기본값으로 발생시키지 않습니다.

산술 연산 구문을 checked {} 구문으로 묶어 주면 다음과 같이 오버플로 오류가 생기지 않게 알려
주는 오류를 발생시킬 수 있습니다.

```
> byte b = 255;
> checked
. {
.     b++;
. }
산술 연산으로 인해 오버플로가 발생했습니다.
```

작은 값을 감소시킬 때도 동일한 예외가 발생합니다.

```
> byte b = 0;
> checked
. {
.     b--;
. }
산술 연산으로 인해 오버플로가 발생했습니다.
```

checked와 달리 unchecked는 오버플로 예외를 발생시키지 않습니다.

```
> byte b = 255;
> unchecked { b++; }
> b
0
```

B.4 전처리기 지시문과 조건부 컴파일

C#에서는 #define, #if, #else, #endif 등을 사용하여 조건부 컴파일을 할 수 있습니다.

전처리기 지시문 사용: DefineDemo.cs

```
#define YES

using System;

class DefineDemo
{
    static void Main()
    {
```

```
#if YES
        Console.WriteLine("YES");
#else
        Console.WriteLine("NO");
#endif
    }
}
```

\ 실행 결과 /

```
YES
```

#define 기호를 사용하여 YES를 정의해 놓으면 #if YES 코드 영역이 실행됩니다. 이러한 기능은
C# 코드 외부에서 컴파일러 설정 값으로 들어오는 조건에 따라 다르게 컴파일할 때 사용할 수 있
습니다.

B.5 암호화 연습: 초간단 문자열 인코딩 및 디코딩

프로그래밍 영역에서 읽기 쉬운 문자열을 읽기 어려운 암호화된 문자열로 변경하는 것은 자주 사
용하는데, 이를 위한 API와 알고리즘이 많이 있습니다. String을 Byte로 변경하는 것을 인코드
(encode)라고 하며, 반대로 Byte를 String으로 변경하는 것을 디코드(decode)라고 합니다. 간단하
게 Base64 방식을 사용하면 문자열을 암호화할 수 있습니다. 이번에는 문자열을 인코딩하고 디
코딩하는 방법을 데모 소스로 살펴보겠습니다. 다음 내용을 입력한 후 실행해 보세요.

초간단 문자열 인코딩과 디코딩: StringConverterDemo.cs

```
using System;

namespace StringConverterDemo
{
    ///<summary>
    ///문자열 변환기
    ///</summary>
    public class StringConverter
    {
        ///<summary>
        ///초간단 문자열 인코딩
        ///</summary>
        public static string ConvertToSimpleEncoding(string original)
```

```csharp
        {
            byte[] byt = System.Text.Encoding.UTF8.GetBytes(original);
            return System.Convert.ToBase64String(byt);          //암호화
        }
        ///<summary>
        ///초간단 문자열 디코딩
        ///</summary>
        public static string ConvertToSimpleDecoding(string modified)
        {
            byte[] byt = System.Convert.FromBase64String(modified);
            return System.Text.Encoding.UTF8.GetString(byt);   //복호화
        }
    }
    class StringConverterDemo
    {
        static void Main()
        {
            string s = "안녕하세요.";
            Console.WriteLine("[1] 원본 : {0}", s);

            s = StringConverter.ConvertToSimpleEncoding(s);    //인코딩
            Console.WriteLine("[2] 인코딩 : {0}", s);

            s = StringConverter.ConvertToSimpleDecoding(s);    //디코딩
            Console.WriteLine("[3] 디코딩 : {0}", s);
        }
    }
}
```

\ 실행 결과 /

```
[1] 원본 : 안녕하세요.
[2] 인코딩 : 7JWI64WV7ZWY7IS47JqULg==
[3] 디코딩 : 안녕하세요.
```

사실 암호화는 굉장히 복잡한 기술이지만, 그 기본은 이 예제에서 살펴본 것처럼 안녕하세요. 문
자열을 7JWI64WV7ZWY7IS47JqULg==처럼 사람이 읽기 어렵게 만드는 것입니다. 닷넷에서 사용할 수
있는 암호화 API로는 C# 암호화, .NET 암호화 등이 있으며, 이 키워드로 검색하면 좀 더 자세한
내용을 확인할 수 있습니다.

B.6 C#에서 이메일 보내기

이번에는 C#에서 외부 서비스를 이용하여 이메일을 전송하는 방법을 알아봅니다. C#에서 이메일을 전송하는 기능은 C# 고유의 기능이라기보다는 이메일 서버의 SMTP 서비스를 닷넷에서 사용하는 외부 서비스 개념입니다. 그렇기에 이메일을 전송하는 방법은 정형화되지 않아 여러 가지가 있으며, 다양한 외부 패키지도 사용할 수 있습니다. 여기에서는 닷넷 프레임워크 기반의 C#에서 외부 SMTP 서비스를 이용하여 이메일을 보내는 내용을 다루어 보고자 합니다.

System.Net.Mail 네임스페이스

C#에서 이메일을 전송하려면 System.Net.Mail 네임스페이스에 있는 여러 가지 클래스를 사용해야 합니다. 이메일 전송 관련 주요 클래스는 다음 표와 같습니다.

▼ 표 B-2 이메일 보내기 관련 주요 클래스

클래스 이름	설명
SmtpClient	SMTP 메일 서비스를 이용하여 이메일을 전송하는 부분을 담당합니다.
MailMessage	이메일의 주요 항목(받는 이, 보내는 이, 내용 등)을 구성하는 개체를 생성한 후 SmtpClient 클래스에 전달합니다.
Attachment	이메일을 전송할 때 파일 첨부와 관련된 부분을 담당합니다.
MailAddress	전송할 이메일 주소를 저장할 개체를 생성합니다.

C#에서 MS 계정을 사용하여 이메일 보내기

C#에서는 마이크로소프트의 계정 정보를 사용하여 이메일을 보낼 수 있습니다. 다음 내용을 입력한 후 실행해 보세요. 이 코드는 실행해도 이메일이 정상적으로 전송되지 않을 수 있습니다. 대부분의 이메일 서비스 업체는 이미 잘 알려진 이메일 이외에는 받지 않기 때문입니다.

C#에서 MS 계정을 사용하여 이메일 보내기: SendMailTest.cs

```
using System.Net;
using System.Net.Mail;

class SendMailTest
{
    static void Main()
    {
```

```
        SmtpClient SmtpServer = new SmtpClient("smtp.live.com");
        var mail = new MailMessage();
        //① 보내는 이메일 넣는 곳
        mail.From = new MailAddress("youremail@yourdomain");
        //② 받는 이메일 넣는 곳
        mail.To.Add("youremail@yourdomain");
        mail.Subject = "메일 보내기 테스트";
        mail.IsBodyHtml = true;
        string htmlBody;
        htmlBody = "안녕하세요. <em>아웃룩</em> 메일 보내기 테스트입니다.";
        mail.Body = htmlBody;
        SmtpServer.Port = 587;
        SmtpServer.UseDefaultCredentials = false;
        //③ outlook.com 이메일 계정 정보
        SmtpServer.Credentials =
            new NetworkCredential("youremail@yourdomain", "password");
        SmtpServer.EnableSsl = true;
        SmtpServer.Send(mail);
    }
}
```

예제 실행 결과는 다음과 같습니다.

▼ 그림 B-4 실행 결과

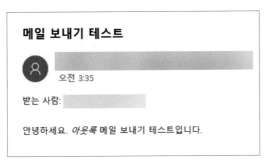

이 코드의 ①, ②, ③에 마이크로소프트의 계정 정보를 정확히 입력하면, 닷넷 프레임워크 기반의
C# 콘솔 앱 프로그램에서 이메일을 전송할 수 있습니다.

이처럼 C#에서는 굉장히 많은 방식으로 이메일을 보내 주는 기능을 제공하는데요. 이 예제는 이
러한 여러 방식 중 하나로 참고해서 실행해 봅니다.

지금까지 C# 세계의 많은 영역을 여행했습니다. 여기까지 학습하느라 고생 많으셨습니다. 하지만 아직 반의 반도 여행하지 못한 느낌입니다. 책을 마무리하면서 앞으로 우리가 어떤 분야를 배워야 하는지 간단히 이야기하고 싶습니다.

리팩터링

리팩터링은 동작을 변경하지 않으면서 좀 더 간편하게 유지 관리하고 파악하며 확장할 수 있도록 코드를 수정하는 프로세스입니다. 다음 URL에서 여러 코드 리팩터링 예제를 살펴볼 수 있습니다.

https://docs.microsoft.com/ko-kr/visualstudio/ide/refactoring-in-visual-studio

웹과 데이터베이스 프로그래밍

이 책에서는 웹 프로그래밍과 SQL 서버, PostgreSQL 같은 관계형 데이터베이스는 다루지 않았습니다. C#을 사용하여 SQL 서버 같은 데이터베이스 프로그래밍 내용을 학습하고 싶다면 필자가 쓴 〈ASP.NET & Core를 다루는 기술〉(길벗, 2016)이나 다른 도서를 참고하기 바랍니다. 웹에서 검색해도 좋습니다.

이제, 다음 단계로 이동

여기까지가 C#의 기초 입문 과정이었습니다. 생각보다 오래 걸렸죠? 이제 다음 단계로 이동할 차례입니다. 다음 단계로는 아래 목록 중 하나를 선택할 수 있는데, 개인적으로는 ASP.NET을 추천합니다.

- ASP.NET
- Windows Forms
- WPF
- IoT
- Azure Cloud
- Unity
- ML.NET

이 책과 함께한 독자에게 행운이 가득하길 바랍니다!

감사합니다.